**B. E. Tschertok**

# Raketen und Menschen

## *Der Sieg Koroljows*

**Elbe-Dnjepr-Verlag**
**Germany**
**2000**

**ISBN 3-933395-01-1**

B. E. Tschertok
Raketen und Menschen
Maschinostroeinie, 1996, russ. 442 S.

Übersetzer und Herausgeber:
Dr. R. Meier
Bahnhofstraße 35
04860 Klitzschen
Tel. und Fax: 03421 / 709064
e-Mail: Elbe-Dnjepr@t-online.de
http://Elbe-Dnjepr.de

Umschlaggestaltung: Tatjana Meier

# Vorwort

Ende 1994 erschien der 1. Band meiner Memoiren „Raketen und Menschen". Unmittelbar danach erhielt ich Briefe und mündliche Reaktionen, Telefonanrufe, die sowohl Lob als auch berechtigte Bemerkungen ausdrückten. Das Interesse, mit dem mein Buch aufgenommen wurde, übertraf meine Erwartungen. Viele Leser stellten die Frage nach der Fortsetzung meiner Memoiren. Ohne schriftstellerische Erfahrung habe ich meine Kräfte überschätzt, als ich davon ausging, daß es in einem, bestenfalls in zwei Büchern möglich sein würde, die Entwicklung der sowjetischen Raketen- und Weltraumtechnik und die wichtigsten und bedeutendsten ihrer Schöpfer darzustellen, mit denen ich viele Jahre die Freude der Siege und die Bitterkeit der Niederlagen geteilt habe.

Das erste Buch meiner Memoiren beginnt mit den Ereignissen des Jahres 1945. Ich berichtete über die Tätigkeit der sowjetischen Spezialisten in Deutschland beim Studium der Raketengeheimnisse des besiegten Gegners.

Das neue Buch setzt nicht nur die Erzählung über die sich anschließenden Ereignisse fort, sondern berichtet auch über meine frühen Arbeitsjahre in der Luftfahrtindustrie. Als ganz junger Mensch wurde ich Zeuge und Teilnehmer ihrer Gründung und Entwicklung.

Den Hauptinhalt dieses Buches bilden die Ereignisse der Jahre von 1956 bis zum April des Jahres 1961. In der Geschichte der Weltraumfahrt ist das die Periode des quantitativen Sprungs im Raketenbau, der Beginn der Epoche bemannter Weltraumflüge. In diesen Jahren waren die triumphalen Erfolge der sowjetischen Kosmonautik der Stimulus für die intensive Beschleunigung der Arbeiten in den USA. Das Atomraketenwettrüsten der zwei Supermächte wurde mit dem hemmungslosen Wettbewerb der zwei Staaten beim Erreichen der Priorität in der Weltraumfahrt verflochten. Neue Kollektive und Tausende von Menschen begannen ihre Tätigkeit in der Weltraumfahrt. Das schöpferische Potential, die Selbstlosigkeit und der Enthusiasmus dieser Menschen bestimmte das Schicksal der Völker und Staaten sehr wesentlich.

Dabei wird nicht nur über die Technik berichtet sondern auch über die Atmosphäre, in der wir lebten und arbeiteten. Es werden viele neue Episoden und Einzelheiten erzählt, die ich einfach nicht verschweigen konnte. Erstaunt mußte ich feststellen, daß ich viele interessante Ereignisse des Zeitraums von 1960-1970 aus Platzgründen nicht in das zweite Buch aufnehmen konnte. Diese sind zur Veröffentlichung im dritten Band vorgesehen. Zusammen mit den Mitarbeitern des Verlages „Maschinostroenie", der Luft- und Raumfahrtliteratur herausgibt, beschlossen wir, für die neuen Bücher meiner Memoiren den Titel „Raketen und Menschen" beizubehalten.

Ich bedanke mich hiermit sehr herzlich bei der Leitung des „Internationalen Konzerns des kosmischen Nachrichtenwesens" für die finanzielle

Unterstützung, die es dem Verlag „Maschinostroenie" ermöglicht, das Risiko der weiteren Herausgabe der Bücher meiner Memoiren zu übernehmen.

Ich bedanke mich des weiteren bei meinen Veteranen der Raketen- und Weltraumtechnik, die mir ihre Erinnerungen übermittelt haben. Sie haben mir geholfen, die Ereignisse und Fakten zu präzisieren, die aus meinem Gedächtnis verschwunden waren, und Fragen zu klären, auf die ich in den Archiven keine Antwort finden konnte. Meine aufrichtige Dankbarkeit gilt des weiteren Tatjana Petrowna Kulikowa, die meine schwer lesbaren Aufzeichnungen in den PC eingegeben hat sowie Michail Nikolaewitsch Turtschin, der den Computersatz des Buches besorgte. Durch ihre aufopferungsvolle und selbstlose Arbeit wurde die Herausgabe des Buches wesentlich beschleunigt.

# *Kapitel 1*

## Von der Schule zum Flugzeugwerk

### *Zwischen zwei Flugplätzen.*

Moderne Jungen, die kaum das Laufen gelernt haben, kennen sich schon in Automarken aus. Für mich begann das Kennenlernen der Transportprobleme mit den Mucken und Spitznamen der Pferde, die die Grundlage allen Transports bildeten. Dies galt für die Fabriken, den Reiseverkehr in Moskau, für den Transport in die Dörfer, um Kartoffeln und Gemüse herbeizuschaffen, sowie für die schnelle medizinische Hilfe, die in schweren Fällen die Kranken in das bekannte Soldatenkowsker Krankenhaus gebracht haben (das heutige Botkinsker). Das Fabrikkomitee und die Leitung der Nishnechodinsker Textilfabrik, in der meine Eltern arbeiteten und wohnten, hielten auch in den schwersten und hungrigsten Jahren Pferde, um den Kindern Freude zu bereiten.

Am Vorabend des neuen Jahres 1919 wurden Dutzende Kinder auf Schlitten zum ersten russischen Tannenfest in den Kolonnensaal der Adelsversammlung gebracht. Dies war mein erster Besuch im Kolonnensaal, dem zukünftigen Haus der Gewerkschaften. In der Folgezeit war ich unzählige Male in diesem für das alte Moskau populärstem Saal. Viele Besuche des Kolonnensaales sind aus meinem Gedächtnis vollkommen verschwunden. Aber einige mit diesen Besuchen verbundene Ereignisse haben sich für immer in mein Gedächtnis eingegraben.

An die Neujahrsfeier des Jahres 1919 im Kolonnensaal erinnere ich mich nach 77 Jahren noch sehr gut. Ein Stückchen echtes, mit Marmelade bestrichenes Weißbrot hat sich ebenso in mein Gedächtnis eingegraben, wie die durch die Vielzahl des Spielzeuges das kindliche Vorstellungsvermögen ergreifende große Tanne, der Schein der elektrischen Kronleuchter und die Musik, denn zu Hause war die Petroleumlampe die wichtigste Lichtquelle. Die Fabrik, die sich in zehn Kilometer Entfernung von der Hauptstadt Moskau befand, hatte bis 1912 keinen Anschluß an das Moskauer Elektronetz.

Für die junge Generation ist es schwer vorstellbar, daß in den heutigen Paradegebieten von Serebrjanij Bor die Menschen lebten und arbeiteten, ohne solche elementaren Errungenschaften der Zivilisation wie das Gas, den elektrischen Strom, das Telefon, die Wasserleitung u. a. in Anspruch nehmen zu können.

In der Fabrik wurden alle Werkbänke mit Hilfe komplizierter Transmissionen über eine vielstufige Riemenanlage angetrieben. Derselbe Dieselmotor versorgte am Abend die Fabriksiedlung für ein paar Stunden mit Strom.

Im Gedenken an meine Eltern empfinde ich große Dankbarkeit. In erster Linie bin ich Ihnen für die Wahl des Wohnortes dankbar. Sie haben sich nicht geirrt. Um zu zeigen, auf welche Weise die Geographie und das soziale Umfeld der ehemaligen Moskauer Vorstadt mein Schicksal bestimmt hat, beziehe ich mich auf die in meinem Gedächtnis erhalten gebliebenen Fragmente. Ich wähle jene Episoden aus, die für alle jene interessant sind, die sich für die unwiederholbare Geschichte Rußlands und Moskaus interessieren.
Meine Mutter, Sofia Jawtschunowskaja, arbeitete in der Nishnechodinsker Textilfabrik und war die einzige Hebamme in unserem Bezirk. Mein Vater, Ewsej Tschertok, arbeitete als Buchhalter in derselben Fabrik.
Das soziale Mikroklima wurde durch das Milieu der Fabrikarbeiter bestimmt, mit deren Kindern ich mich schnell anfreundete. Der Bürgerkrieg war noch nicht beendet und wir spielten selbstverständlich nicht Indianer, sondern „Rote" und „Weiße". Keiner wollte Weißer sein. Bei meinen heutigen Besuchen des Arbeiterwohnheimes, das wir als „Schlafzimmer" bezeichneten, hörte ich Gespräche über einen schnellen Sieg „Unserer". „Unsere", das war die Rote Armee und es gab keinerlei Zweifel am Recht der Sache des Proletariats. Nur zu Hause tauchte manchmal der „Sozialistische Westnik" – eine Untergrundzeitung der Menschewiki – auf, die meiner Mutter irgendwie zugestellt wurde. Sie versteckte die Zeitung immer sorgfältig, und gerade dies rief meine Neugier hervor.
Ich erinnere mich daran, als wir im Club der Roten Armee das Stück über die große französische Revolution spielten. Der Vater lächelte: „Was wißt ihr über diese Revolution!" Aber die Mutter förderte meine gesellschaftlichen Heldentaten auf jede Art. Sie erzählte mir zuerst über die Zeit von Robespiere, Marat und Danton und berichtete mir, was das war, die Bastie und die Guillotine.
Die geographische Lage unseres Wohnortes verhalf mir dazu, daß ich schon mit sieben Jahren nicht schlecht schwamm und bald mit meinen Altersgenossen zu Wasserwanderungen aufbrach. Wir paddelten gegen die schnelle Strömung bis zur geheimnisvollen Studener Schlucht. Diese auch an heißen Tagen kalte Schlucht wurde häufig von Archeologiestudenten besucht. Sie füllten ihre Rucksäcke mit alten Versteinerungen und belehrten uns, die neugierigen Eingeborenen mit Eifer: wer vor Tausenden Jahren wer war. Am Grunde der Schlucht befand sich eine kristallklare Quelle, die sogar Heilwasser spenden sollte.
Im Jahre 1932 wurde diese Gegend durch den Bau des Karamyschewsker Staudamms im Rahmen des Baus des Moskau-Wolga-Kanals eingenommen. Zuerst schüttete man die Schlucht zu. Am selben Platz entstand ein von Stacheldraht umzäuntes Lager für Strafgefangene, die den Kanal bauten. Jetzt befindet sich an dieser Stelle eine Transportmagistrale.
Als wir heranwuchsen, paddelten wir mit unseren Booten auf dem Fluß bis Fili und dann bis Kunzewo. Unser Traum war immer Krylatskoe. An seinem hohen Ufer hing wie ein Leuchtturm ein weißer Glockenturm. Die starke Strömung mit dem Paddelboot zu überwinden, war sehr schwer. Deshalb lernte ich die

entferntere Umgebung mit meinen Altersgenossen auf dem Fahrrad der Firma „Dux“ kennen. Das Dux-Werk stellte in diesen Jahren erstaunlich haltbare Fahrräder her. Später wurde es zum Flugzeugwerk Nr. 1 mit dem Namen „Progreß“. Qualifizierte Arbeitskräfte konnten es sich leisten, für ihren Sohn ein solches Fahrrad zu kaufen. Die Moskauer Umgebung war zu dieser Zeit ökologisch erstaunlich sauber. Das konnte man schon daran erkennen, weil auf unserem Tisch Fische erschienen, die aus der Moskwa oder dem Fabrikteich, den der Staudamm des Flusses Chodynka bildete, stammten. In diesen Hungerjahren war dies eine gute Unterstützung.
Ein Kilometer von der Fabrik entfernt verlief die Choroschewsker Chaussee, die die Krasnaja Presna und den Serebjanij Bor verband. Diese Chaussee war gepflastert und deshalb bei jedem Wetter befahrbar. Mit acht Jahren lief ich zu dieser Straße, um nach seltenen Autos Ausschau zu halten. Wir hatten immer die heimliche Befürchtung, daß die auf der anderen Seite der Straße gelegenen Pulverlager, die neben dem Sendemast der Chodynsker Radiostation lagen, eines Tages explodieren würden. Für solche Ausflüge bin ich immer bestraft worden. Fakt war, daß allen hier Wohnenden die Existenz der Choroschewsker Pulverlager Furcht einflößte. Es gingen Gerüchte um, daß die konterrevolutionären Feinde früher oder später diese mit Sicherheit in die Luft sprengen würden, und dann würde unsere Fabrik und alles Leben darin vernichtet werden.
Das Interessanteste dabei ist, daß diese Lager tatsächlich in die Luft geflogen sind. Dies geschah im Sommer 1920. Ich war wieder unterwegs, um zu erkunden, wie der „Radiosender arbeitet“. Auf dem Wege sah ich ungewöhnlich hohe Rauchsäulen und Feuerchen, die über dem Pulverlager tanzten. Leute, die mir entgegen kamen, schrien: „Die Lager brennen“. Als achtjähriger Junge rannte ich im Galopp in Richtung des Dorfes Schelepich. In meinem Rücken begann es, alsbald zu krachen und zu donnern. Die mit mir Flüchtenden schrien, daß es notwendig sei, sich hinter dem Pumpenhaus zu verstecken; denn dort war ein hoher fester Gang. Als ich das Flußufer erreicht hatte, verschwand ich mit letzter Kraft hinter dem vor mir auftauchenden steinernen Gebäude der Pumpstation. Plötzlich schlugen vor mir Flammen hoch. Mir kam mit Sand und Erdfetzen angefüllter heißer Wind entgegen.
Es schien mir, als sei ich in eine Grube gefallen. Eine starke Hand zog mich dort heraus und ließ mich nicht los. Jetzt rannte ich und hielt mich an der Hand fest. Erst als ich den Schrei hörte: „Versuch nicht, Dich loszureißen, ich halte dich trotzdem fest“ erkannte ich Vera, eine junge Arbeiterin aus der Färberei der Fabrik, die die Mutter häufig besuchte. Mit dem Strom der Flüchtenden erreichten wir die Eisenbahnbrücke in Fili. Die Wache ließ alle passieren, wir befanden uns auf dem anderen Filewsker Ufer und konnten Luft holen. Dort, von wo aus ich geflüchtet war, erhob sich eine pilzförmige hohe Säule, aus der Fetzen von irgend etwas Unbekanntem flogen. Ich erinnere mich, daß man uns mit Wasser versorgte und aus einem Kessel der Roten Armee mit Grütze speiste. Nachts schliefen wir in Zelten.

Man gestattete uns am folgenden Tag nicht, nach Hause zurückzukehren. Unter der Obhut von Vera lief ich nach Hause zurück. Die Mutter war davon überzeugt, daß ich umgekommen oder verwundet im Gebiet der Lager zurückgeblieben sei. Sie hatte sich ins Feuer gestürzt und blieb nur deshalb am Leben, weil die Rotarmisten sie in einem Unterschlupf festgehalten hatten, bis die gefährlichste Phase der Explosionen vorüber war. Anschließend half man ihr beim nutzlosen Suchen und brachte sie schließlich verzweifelt nach Hause. Hier hatte sich schon eine Schlange leicht Verwundeter gebildet, die verbunden werden mußten. Es war erstaunlich, daß unter den Bekannten weder Tote noch Schwerverletzte waren.

Unser Nachbar, ein Meister aus der Fabrik, ein ehemaliger Artillerist, hatte zusammen mit seiner Familie während der Zeit der Explosionen in einem Keller Unterschlupf gefunden. Als das furchtbarste vorüber war, hatte er auch versucht, meine Leiche zu suchen. Als dieser mich nun ganz unversehrt erblickte und die Mutter unverändert in ihrem Zustand verharrte, schlug er vor, mich durchzuprügeln. Diese Methode wandte er häufig bei der Erziehung seiner fünf Kinder an. Dieses Mal jedoch setzte er seine Absicht nicht in die Tat um. Aber sehr schnell ergab sich ein Anlaß, um seine Erziehungsmaßnahmen trotzdem anzuwenden.

Die unmittelbaren Zerstörungen und Brände in der Umgebung der explodierten Lager waren erstaunlich gering. Aber im Umkreis von drei Kilometern waren Tausende von Artilleriegeschossen unterschiedlichen Kalibers, Handgranaten und Kisten mit Patronen zerstreut. Die Abteilungen der Roten Armee, die man zum Einsammeln und Unschädlichmachen der für die Bevölkerung so gefährlichen Dinge, wie Munition, eingesetzt hatte, waren ihrer Aufgabe nicht gewachsen. Niemand konnte sich logisch erklären, warum in den Lagern eine solche Menge Artilleriegeschosse gelagert wurden, wenn in der zaristischen Armee ein katastrophaler Mangel an Munition im Krieg mit den Deutschen herrschte. Die Rote Armee war mit diesen Dingen ebenfalls nicht ausreichend versorgt und gezwungen, die erbeuteten Munitionsvorräte im Kampf mit den Weißen einzusetzen.

Die Pioniere, die damit beschäftigt waren, ganze Stapel von Geschossen in der Spigener Schlucht zu sprengen, klärten die neugierigen Jungen auf, wer in Munitionsfragen wer war. Ich erkannte, daß sich der Krieg fortsetzen würde und beschloß, daß es auf jeden Fall besser sei, sein eigenes Munitionsarsenal zu besitzen. Zusammen mit meinen Altersgefährten, unbemerkt von den Erwachsenen, legten wir unter der Terrasse ein Lager mit Dutzenden von Drei- und nicht explodierten Sechs-Zoll-Granaten an, von Handgranaten des Typs „Flasche“ und „Zitrone.“ Glücklicherweise waren die Granaten ohne Zünder. Wir lernten es, den Sprengstoff aus den Geschossen herauszuholen, sie ins Lagerfeuer zu werfen und uns an dem Flammeneffekt zu ergötzen.

Irgend jemand von den Erwachsenen, der die Gartengeräte unter der Terrasse hervorholte, entdeckte unseren Vorrat. Es wurden sofort Pioniere herbeigerufen und die Parteigruppe der Fabrik forderte Nachforschungen. Ich bekannte meinen

Eltern unsere geheime Absicht, daß wir der Roten Armee ein Geschenk zur Vernichtung der Weißen hatten machen wollen.
Jetzt bestand unser Nachbar auf der Anwendung seiner Erziehungsmethode. Und hier wurde ich zum ersten und letzten Mal in meinem Leben von meinem Vater geschlagen, der dazu ein gewöhnliches Lineal aus dem Büro verwendete.
Nur zwei km von dem vernichteten Pulverlagern entfernt begann das Antennenfeld des in Rußland größten Chodynsker Radiosenders. Mehr als 100 Meter hohe stählerne und hölzerne Masten waren in einer Entfernung von 100 Metern voneinander verteilt. Zwischen ihnen waren in Girlanden von Isolatoren wurstähnliche Antennen aufgehängt. Auf der Erde war ein Drahtnetz mit Gegengewichten gespannt. Das gesamte Territorium wurde durch Stacheldraht geschützt, und die Bevölkerung betrachtete dies als ein verbotenes Gebiet. Das Fabrikkomitee organisierte jedoch für die Arbeiter und Schüler Exkursionen zum Radiosender.
Ich erblickte zum ersten Mal einen arbeitenden großen Sender, der serienweise grelle Blitze als Punkte und Striche in den Äther versandte. Anschließend zeigte man uns den Akkumulatorensaal. 12.000 dieser Glasgefäße erzeugten 24.000 Volt. „Jede Berührung ist tödlich", erklärte uns der Führer. Es war furchterregend, rätselhaft und außerordentlich interessant. In einem Saal lärmten die hochfrequenten Maschinengeneratoren. Hier erblickte ich zum ersten Mal die berühmten Maschinen von Professor Wologdin. Mit dem Professor selbst wurde ich später als Student bekannt. Ich besuchte den Radiosender mit den Exkursionen dreimal, um herauszubekommen, warum es möglich war, den Radiosender über Tausende von Werst zu empfangen. Es ist möglich, daß durch diese Nachbarschaft meine später aufkeimende Leidenschaft zur Elektrizität und zur Funktechnik beeinflußt worden ist.
Bei uns war häufig mein Vetter Mischa Wolfson zu Gast. Er war sechs Jahre älter als ich und konnte sehr gut über die technischen Wunder erzählen. Er führte mich in die Abenteuer- und wissenschaftlich-phantastische Literatur ein. Deshalb kam es zu Konflikten mit meinen Eltern. Sobald es mir möglich war, legte ich die „Aufzeichnungen eines Jägers" beiseite und vertiefte mich in: „Aelita", „Die Kinder des Kapitäns Grand" oder in eins der Indianerbücher von James Cooper. Als mich mein Vater mit nach Moskau nahm, besuchte ich zum ersten Mal ein richtiges Kino. Es war dies das Kino „Ars" auf dem Twersker Boulevard. Auf der Leinwand sah ich „Aelita" und war vollkommen ergriffen. Eben das war es, womit ich mich beschäftigen sollte. Man konnte jetzt über Radio die geheimen Signale vom Mars: „Anta, Odeli, Uta" empfangen.
So wurde ich von der Funktechnik ergriffen. Diese Leidenschaft entstand parallel zu meiner Liebe zu den Flugzeugen. Sechs Kilometer weiter in östlicher Richtung von unserer Wohnung befand sich die traurig bekannte Chodynka. Zu Beginn der 20er Jahre wurden die hier vorhandenen vielzähligen Gruben und Hügel eingeebnet, und es entstand der zentrale Flughafen der Republik. Ich liebte es, mit meinen Freunden und manchmal auch allein bis zum Flugfeld vorzudringen, um mich dann im Gras hinzulegen und die Starts und Landungen

der Flugzeuge zu beobachten, die solchen Bücherregalen sehr ähnelten, bei denen die Bretter mit Bindfäden zusammengehalten wurden.
Sehr bald wurde meine Bekanntschaft mit der Konstruktion und dem Aufbau der Flugzeuge inhaltsreicher. Eben jene Vera, die mich aus der Feuersbrunst der brennenden Pulverlager weitergeschleppt hatte, heiratete einen Bordmechaniker, der in Chodynka arbeitete. Mit seiner Hilfe lernte ich, mich in der Vielgestalt der Flugapparate auszukennen. Wenn ich ein Flugzeug in der Luft erblickte, mußte ich am Fluggeräusch seinen Typ erkennen. Es gab eine Vielzahl von Flugzeugen, ein- und zweimotorige, Bi- und Monoplane sogar Triplane und die ausländischen „Junkers", „De Havilland", „Avro", „Fokker", „Dornier", „Sopwith", „Vickers", „Nieuport". „Warte ab", beruhigte mich unser Bordmechaniker, „bald werden auch unsere Flugzeuge erscheinen." Nach kurzer Zeit tauchten auf dem Chodynker Flugfeld unsere Flugzeuge auf, die der De Havilland sehr ähnlich waren. Es waren die ersten sowjetischen Aufklärungsflugzeuge R1 und R2.
Und schon während der Zeit der NÖP (Neue Ökonomische Politik) im Jahre 1923 rückte die Luftfahrt näher an unsere Fabrik heran. Auewiesen auf dieser Seite der Moskwa wurden zum Flugplatz der auf Konzessionsbasis arbeitenden Junkers-Flugzeugwerke. Die sowjetische Regierung erlaubte es der deutschen Firma Junkers, die im Waldgebiet von Fili leerstehenden Gebäude der Russisch-Baltischen Fabrik zu nutzen. Die Deutschen begannen mit dem Bau von Ganzmetall-Militärflugzeugen. Auf deutschem Territorium durften sie infolge des Versailler Vertrages keine Militärflugzeuge bauen. Wenn wir durch den Fluß schwammen, war es uns möglich, näher an die am Rande des Waldes stehenden Flugzeuge heranzukommen. Sie wurden nicht streng bewacht. Für kleine Dienstleistungen und den Bordmechanikern erwiesene Hilfsdienste erlaubte man es uns Jungens, die Flugzeuge zu besichtigen und sie sogar mit den Händen zu berühren. In Fili wurde mit der Produktion der einmotorigen zweisitzigen Aufklärungsflugzeuge Ju- 20 und Ju- 21 begonnen. Die Flugzeuge von Junkers waren in klassischer Form gebaute, freitragende Eindecker. Sie wurden vollkommen aus gewelltem Aluminium gefertigt. Ein Teil der Flugzeuge war nicht mit Radfahrwerken, sondern mit Schwimmflossen ausgestattet. Auf speziellen Transportwagen ließ man die Wasserflugzeuge in der Moskwa zu Wasser. Das Starten und Landen der Wasserflugzeuge auf dem Fluß, den wir als unser heimatliches Territorium betrachteten, störte die friedliche Existenz der Fischer, der Rotarmisten, die im Fluß ihre Pferde badeten, sowie der Gäste, die aus Moskau zur Erholung und zu Bootstouren kamen.
Nach einem oder zwei Jahren erschienen auf dem Flugplatz auch zwei- und dreimotorige Junkers. Diese Flugzeuge flogen auch im Winter, nachdem das Radfahrwerk durch Schneekufen ersetzt wurde.
Im Jahre 1923 gab es noch ein Ereignis, das für mich persönlich Anlaß war, mich vollkommen der Luftfahrt zu widmen und meinen Altersgenossen zu erklären, daß ich zukünftig eine Luftfahrtkarriere anstreben würde. In Moskau eröffnete man auf dem Territorium des heutigen Gorkiparks für Kultur und

Erholung die erste landwirtschaftliche Ausstellung. Diese Ausstellung war im Leben des Landes ein großes Ereignis. Das Land ging vom System des Kriegskommunismus zur Neuen Ökonomischen Politik über. Dabei war es erlaubt und wurde sogar gefördert, daß sich kapitalistische Unternehmer in der Kleinproduktion und im Handel entwickelten. Unsere Nishnechodinsker Fabrik ging vom Staatseigentum einer privaten Aktiengesellschaft in Pacht über. Die zu dieser Zeit teuren Tuchwaren der Fabrik wurden auf der Ausstellung gezeigt. Und ich durfte meinen Vater auf die Ausstellung begleiten. Er war mit seinen Dingen beschäftigt, ich schlenderte den ganzen Tag durch die Ausstellung und besichtigte die echten Zelte der aus dem Norden kommenden Rentierzüchter, die Jurten der mittelasiatischen Nomaden und die neuen prächtigen Häuser der Bauern aus Mittelrußland. Alle Wohnstätten demonstrierte man zusammen mit den Bewohnern, mit lebenden Kamelen, Hirten mit Pferden und vielen anderen Tieren. Gleichzeitig wurden landwirtschaftliche Produkte aller geographischen Zonen des Landes verkauft.

Mein größtes Interesse galt jedoch dem Passagierflugzeug von Junkers. Am Ufer hatte sich eine nicht allzu große Schlange aus soliden Bürgern versammelt, aus der für eine mir nicht bekannte Summe vier Passagiere im Wasserflugzeug Platz nahmen. Es startete, machte eine Rundflug über Moskau und landete nach fünf Minuten wieder an der Anlegestelle. Nachdem ich meinen Vater am Ende des Tages ausfindig gemacht hatte, beeinflußte ich ihn offensichtlich so, daß er mit sehr einflußreichen Personen sprach und mich in die Warteschlange zu der Junkers brachte. Alles weitere war wie im Märchen. Das erste Mal in meinem Leben flog ich! Dieser erste kommerzielle Flug gab mir in der Folgezeit das Recht, auf alle herabzublicken, die noch nicht geflogen waren.

Am 21. Januar 1924 starb Lenin. Ungeachtet der Tatsache, daß es ständig Bulletins über die schwere Krankheit Lenins gegeben hatte, nahm man die Nachricht über seinen Tod in unserer Familie und in den uns bekannten Arbeiterfamilien als großes Unglück auf. Der Schmerz war aufrichtig. Ich erinnere mich an die Worte meiner Mutter: „Jetzt kann alles sterben." Der Vater war vorsichtig und bat sie, nichts Überflüssiges zu erzählen, besonders nicht ihren vielzähligen Patienten.

Während der Trauertage wurde in der Fabrik fast nicht gearbeitet. Ungeachtet der strengen Fröste, es waren bis zu minus 25°, gingen die meisten Arbeiter zum Hause der Gewerkschaften, um von Lenin Abschied zu nehmen.

Nach familiären Auseinandersetzungen erklärte meine Mutter, daß sie verpflichtet sei, von diesem großen Menschen Abschied zu nehmen und mich und andere Kinder, deren Eltern es erlaubten, mitnehmen würde. So gingen ca. acht oder neuen vermummte Jungen, mit meiner Mutter an der Spitze, zu Fuß zum Gewerkschaftshaus. Ich erinnere mich, daß wir uns häufig an den Lagerfeuern erwärmten, die von den Rotarmisten entlang des gesamten Weges entzündet worden waren.

Wir gelangten in den Kolonnensaal, nachdem wir sechs Stunden im Frost zugebracht hatten. Ich erinnere mich an die Worte eines Passanten: „Laßt die Kinder näher heran." So befand ich mich das zweite Mal in meinem Leben im

Kolonnensaal. Er war nicht mehr in dem Zustand wie zur Neujahrsfeier. Die Leute bewegten sich langsam vorwärts, um den in einem roten Sarg liegenden Lenin zu besichtigen. Mein Freund Paschka Lebed sagte ziemlich laut: „Er sieht aus wie auf dem Porträt.“ Dabei erhielt er von irgend jemanden einen Genickstoß. Die Mutter neigte sich zu mir herüber und flüsterte: „Sieh, dort stehen die Krupskaja, Bucharin, Sinowjew, Dsershinski!“ Langsam schob man uns weiter und wir befanden uns erneut im Frost.
Der zehn Kilometer lange Rückmarsch nach Hause, jetzt schon in der Dunkelheit, war sehr schwierig, aber es kehrten alle zurück und keiner war erfroren.
Nach zwei Tagen wurde mit meiner Zeichnung „Lenin im Sarge“ und der Beschreibung unseres Marsches zum Kolonnensaal eine Trauerwandzeitung in der Fabrik ausgehängt.

## *Die Schule der 20er Jahre*

In den 20er Jahren bestand die mittlere Bildung aus der 9-Klassen-Schule. Die ersten vier Jahre bezeichnete man als erste Stufe oder als Anfangsschule und mit den letzten drei ergab sich dann die obligatorische 7-Klassenbildung. Nach der 7. Klasse konnte man ins Technikum eintreten, arbeiten gehen oder noch zwei Jahre weiter lernen. Für die letzten zwei Jahre, die 8. und 9. Klasse, war in jeder Schule eine bestimmte Spezialisierung vorhanden, die dem Absolventen erlaubte, ein Attestat zu erhalten, um bestimmte spezielle Berufe zu beginnen. Die mittlere Reife wurde auch von den Fabrikwerksschulen vermittelt. Ich träumte davon, in eine funkelektrotechnische oder bestenfalls in eine flugtechnische Werksschule einzutreten. Aber in der näheren Umgebung gab es keine ähnliche Schule.
Im Herbst des Jahres 1924 trat ich in die 5. Klasse der einheitlichen Arbeitermittelschule ein und legte die Examen für die erste Stufe ab. Dies bewältigte ich durch Unterstützung meiner Eltern. Ich wurde in die Schule Nr. 70 des Krasnopresensker Rayons aufgenommen. Sie befand sich in der Sadowo-Kudrinsker Straße. Die Lehrer der unteren Klassen, die sich loyal zur Sowjetmacht verhielten, blieben auf ihren Arbeitsplätzen. Neue Lehrer kamen aus der nebenan gelegenen ehemaligen Realschule.
Das Mädchengymnasium und die Knabenrealschule waren nach den Erzählungen der Lehrer in diesem Moskauer Gebiet privilegierte Lehranstalten. Die Gebäude waren am Ende des vergangenen Jahrhunderts gebaut worden, besaßen eine Architektur des monumentalen klassischen russischen Biedermeiers und ein fürstlich bürgerliches, großzügiges Interieur. Sehr breit angelegte Korridore, riesige Klassenzimmer, sehr gut ausgestattete Kabinette, eine reiche Bibliothek, ein Lesesaal sowie eine große Aula. Und dies alles war jetzt den Arbeiterkindern übergeben worden. Im übrigen gehörten zu der 5 b, in die ich gekommen war, wesentlich mehr Kinder der Intelligenz und der neuen NÖP-Bourgeoisie als Arbeiterkinder von Krasnaja Presnja. An das Gebäude der

Schule schloß sich ein Park mit alten Linden an, in welchem sich Sportplätze und eine Manege zum Reiten befanden.
Die Sadowo-Kudrinsker Straße war, wie der gesamte Gartenring dieser Jahre, tatsächlich eine Gartenanlage. Linden trennten alle Häuser von der Fahrbahn, deren Hauptteil die Straßenbahnschienen der Ringlinie B einnahmen. Bei gutem Wetter, wenn die Fenster geöffnet waren, störte der Straßenlärm unseren Unterricht überhaupt nicht. Wenn ich jetzt vorausschaue, kann ich berichten, daß bald zwischen unserer Schule und den höheren Kursen in Marxismus, die im Gebäude der ehemaligen Realschule stattfanden, das erste Planetarium im Lande errichtet wurde. Das große Territorium des Schulgartens wurde dem sich erweiternden Moskauer Zoopark zugeordnet. Unmittelbar nach dem Krieg wurde das Schulgebäude der wissenschaftlichen biophysikalischen Gesellschaft übergeben, die sich mit technischen Problemen der Erhaltung des Körpers Lenins befaßte. Zur Schule fuhr ich gewöhnlich mit Autobussen der Firma „Leyland", die hier seit 1924 vom Theaterplatz bis nach Serebrjanij Bor fuhren. Ich erhielt das Geld für die Fahrt und für ein französisches Brötchen, welches sechs Kopeken kostete. Bis zur 7. Klasse bekamen die Schüler ein kostenloses Frühstück, und das Brötchen ersetzte das Mittagessen. Formal besaß die Schule eine humanitäre und eine bibliographische Abteilung. Aber die Mathematik-, Physik- und Chemielehrer gaben den Lehrern in den humanitären Fächern keine Unterrichtszeit ab, und außerdem waren sie sehr initiativreich bei der Organisation von Zirkeln in ihren Fächern am Werke.
Schon in der 6. Klasse gab es Schüler, die sich speziell mit der Funktechnik befaßten. Der Physiklehrer organisierte einen Funkkurs. Bald überschritt die Tätigkeit dieses Kurses die Grenzen unserer Schule, und ich wurde Mitglied der Schülersektion des zentralen Amateurfunkclubs, der in der Nikolsker Straße ansässig war. Dort erlebte ich zum ersten Mal einen echten Professor, Bontsch-Bruewitsch, den ich aus der Funkzeitschrift der Funkamateuringenieure Schaposchnikows kannte. Kuksenko und Termen waren als Schöpfer des ersten elektronischen Musikinstruments in der Welt bekannt.
Das nächste Treffen mit Kuksenko hatte ich dann 21 Jahre später im Dienstzimmer des Ministers für Bewaffnung. Über dieses Treffen habe ich schon im ersten Buch „Raketen und Menschen" berichtet.
Im Jahre 1926 demonstrierte Lew Termen im Club der Funkamateure auf der Nikolsker Straße 3 den ersten in der Welt arbeitenden elektromusikalischen Spieler, die „Stimme von Termen". Dieses Konzert rief nicht nur bei den Funkamateuren, sondern auch bei den professionellen Musikern großes Interesse hervor. Das Auditorium war von dem eleganten 30jährigen Ingenieur begeistert, der im wahrsten Sinne des Wortes Musik aus der Luft zauberte. Das hölzerne Schränkchen hatte zwei Antennen, eine Ring- und eine Stabantenne. Mit leichten schwimmenden Bewegungen seiner Hände veränderte Termen die Höhe und Lautstärke des Tons. Die Musik, die faktisch aus dem Nichts kam, erinnerte abwechselnd an eine Geige, eine Flöte und an ein Violoncello. Der Leiter unserer Sektion erzählte uns, daß Lew Sergeewitsch im Jahre 1921 sein Gerät zuerst dem 8. Allrussischen elektrotechnischen Kongreß demonstriert

hatte und anschließend im Kreml direkt vor Lenin. Bald danach waren wir über die Nachricht erzürnt, daß Termen in Moskau in der nächsten Zeit keine Konzerte mehr geben würde, weil er ins Ausland führe. Ich habe Termen dann anschließend für sehr lange vergessen.

Im Jahre 1928 abonnierte ich die Technische Enzyklopädie. Es war eine teure Ausgabe, aber die Eltern, die meine Neigung zur Technik unterstützten, scheuten diesen Aufwand nicht. In 26 Bänden wurde eine kolossale Masse technischen Wissens vermittelt, das ein großes Gebiet der angewandten Wissenschaft und der praktischen Technik jener Jahre umfaßte. Im letzten Band entdeckte ich die Beschreibung und die elektrische Schaltung des Apparates von Termen. Ich konnte feststellen, daß in dem Schränkchen eine Schaltung mit elf elektrischen Röhren untergebracht war. Über das Schicksal von Termen nach seiner Reise ins Ausland wurde nichts mitgeteilt.

65 Jahre nach dem Konzert in der Nikolsker Straße hörte ich erneut die Musik von Termen. Und was sehr unwahrscheinlich war, ich erblickte den lebendigen Termen selbst. Das Treffen fand in der Wohnung von Natascha Koroljowa, der Tochter von Sergej Pawlowitsch Koroljow, statt. Zum Geburtstag des Vaters hatte Natascha die Verwandten und seine Berater eingeladen. Sie lud zu solchen Treffen jene ein, die Koroljow schon lange Zeit kannten, bevor er Chefkonstrukteur wurde.

Termen war im Jahre 1938 nach seiner Rückkehr aus den USA verhaftet worden. In den Goldminen von Kulimar lernte er Koroljow kennen. Nach dem Willen Berijas (Geheimdienstchef unter Stalin) arbeiteten beide während der Zeit des Krieges im Flugzeugwerk in Omsk. Dorthin wurde das aus Gefangenen bestehende Konstruktionsbüro Tupolews evakuiert. Termen versuchte, bei Tupolew ein funkgesteuertes unbemanntes Flugzeuges zu entwickeln. Daraus wurde jedoch nichts, und man schickte Termen in ein völlig anderes, zu dieser Zeit absolut geheimes Institut, wo er einen Apparat zum Abhören, zur Codierung und zur geheimen Nachrichtenübermittlung entwickelte. Die Tätigkeit dieser Einrichtung ist von Solshenizin in seinem Roman „Im ersten Kreis“ ausführlich beschrieben worden.

Selbst der Fakt des Zusammentreffens mit dem 95 Jahre alten Termen an sich, der zu Natascha mit seinem Musikapparat kam und darum bat, seine musikalischen Fähigkeiten zu demonstrieren, war phantastisch. Im Jahre 1926 war es uns Funkamateuren nicht erlaubt, den Wunderholzschrank zu berühren. Jetzt, 65 Jahre später erlernte ich unter Lew Termens geduldiger Anleitung das Spielen auf seinem Instrument, das er im Jahre 1920 erfunden hatte!

Nach diesem Ausflug kehre ich in die 20er Jahre zurück.

Die Eltern konnten mir keine ausreichenden Mittel zur Verfügung stellen, um die neuen teuren Funkutensilien zu kaufen, es reichte mal gerade für Schuhe, neue Kleidung (ich wuchs sehr schnell) und speziell für neue Lehrbücher. Vom Vater erhielt ich Geld für die Funkliteratur. Ich abonnierte alle drei zur damaligen Zeit erscheinenden populären Funkjournale: „Funkamateur“, „Radio für alle“ und „Funkneuigkeiten“. Zum Studium der Grundlagenliteratur fuhr ich nach dem Besuch der Schule in die Rymjanzewsker Bibliothek und saß dort bis zum späten Abend beim Lesen der Zeitschriften: „Drahtlose Telegrafie und Telemetrie“, „Elektronische Röhren“, und die Neuigkeiten der funktechnischen Literatur. Mein Wissen zum Studium dieser Literatur reichte oft nicht, besonders dann, wenn es um die Fundamente der höheren Mathematik ging!

Von 1923 an wurde damals auf dem Twersker Boulevard einmal jährlich eine Buchmesse durchgeführt. Dort war es möglich, die neueste Literatur verbilligt zu kaufen. Als ich zur Schule kam, machten sich meine Eltern mit dem Literaturprogramm für die folgenden drei Jahre bekannt und, nachdem sie die Forderungen mit unserer Hausbibliothek verglichen hatten, stellten sie eine Liste der fehlenden russischen Literatur zusammen, gaben mir Geld und den Auftrag, auf dem Twersker Boulevard die billigsten Ausgaben nach der Liste zu kaufen. Groß war allerdings ihr Unverständnis, als ich anstelle „Die Helden unserer Zeit“ und „Heimat“ sowie der gesammelten Gedichte Nekrassows, Blocks und Brjussows u.v.a. nicht notwendiger Bücher, sechs kleine Hefte der theoretischen Physik, die in Berlin herausgegeben waren, vorlegte. In Folge des häuslichen Skandals riet mein ältester Vetter dem Vater, die teuren Ausgaben von „Krieg und Frieden“, „Anna Karenina“ und die acht in Leder gebundenen Bände von Gogol vor mir zu verstecken, um zu verhindern, daß ich sie gegen Funkamateurliteratur eintauschte. Während der Umsiedlung zur Zeit des Krieges war es nicht möglich, die unikale Ausgabe von Tolstoi zu erhalten, aber von den acht Bänden Gogols verschwand nur einer. Fünf Bände der theoretischen Physik aus dem Jahre 1923 sind bis heute wohl erhalten in meiner Bibliothek.

Jetzt über meine erste Literaturarbeit.

Vor dem oben beschriebenen Skandal stellte mein Vater das Fehlen der mir zum Geburtstag geschenkten Ausgabe von „Brehms Tierleben“ in drei Bänden fest. Ich gestand, daß ich die Bücher verkauft hatte, um mir zwei neue Röhren des Typs „Mikro“ für den Bau eines Radioempfängers zu kaufen. Für mich war es außerordentlich wichtig, sehr rasch einen Empfänger zu bauen, der besser war, als der meines Klassenkameraden Sergej Losjakow. Ich beschloß, einen riskanten Schritt zu tun. Ich fertigte eine vollkommene Beschreibung des von mir ausgedachten Schaltplanes eines reflektierenden, aus zwei Röhren bestehenden Radioempfängers an und auf einer getrennten Liste das äußere Design, das der damaligen Zeit entsprach. Zum Abschluß führte ich eine Liste der europäischen Länder auf, die man erfolgreich empfangen konnte, wenn man meinen Ratschlägen folgte. All dies sandte ich an die Redaktion des Journals „Radio für alle“ ein.

Ungefähr nach einem Monat bemerkte ich auf meinem Schulweg am Zeitungskiosk am Kudrinsker Platz, daß meine Zeichnung auf dem bunten Umschlag der Zeitschrift abgebildet war. Ich nahm mein ganzes Geld zusammen und kaufte 2 Exemplare dieser Zeitschrift. In der Klasse wurde mein Artikel mit Bewunderung und Scherzen aufgenommen und gab zu Spielen Anlaß. In der Literaturstunde, als unser Lehrer sich gesetzt hatte, stand meine Nachbarin auf, ging mit meiner Zeitschrift nach vorn und erklärte ihm, ohne zu lachen: „Alexander Alexandrowitsch anstelle meines Referates ‚Über das Leben der Natascha Rostowa' schlage ich vor, daß wir uns den neuen Schriftsteller aus unserer Klasse mit seinem Artikel anhören". In der Klasse wurde es still und der Lehrer wandte sich an uns, nachdem er die Zeitschrift durchgeblättert hatte. „Ich sehe, daß es heute für Euch schwer wird, Euch in die Epoche von ‚Krieg und Frieden' zu versetzen. Ich befreie Dich von dem Referat, aber innerhalb der nächsten Woche wirst Du zusammen mit dem neuen Schriftsteller ein gemeinsames Referat zum Thema ‚Natascha und der Fürst Andrej ausarbeiten. Heute werde ich Euch außerhalb des Programms etwas über die russischen Symbolisten erzählen".

Die Klasse applaudierte einträchtig. Uns war die Vorliebe unseres Lehrers für die Symbolisten schon bekannt. Er selbst war ein kleiner Poet. Zwei Stunden hörten wir sehr ruhig die zu dieser Zeit verbotene Lektion über die Poesie von Balmonto, von Bely, den frühen Block und Brjussow.

Erst drei Monate später erhielt ich das Honorar in Höhe von 60 Rubeln. Das war zur damaligen Zeit äußerst wenig, aber es war das erste, mit der Wissenschaft verdiente Geld. Dieser Artikel war die Krone meiner radiotechnischen Beschäftigung dieser Jahre.

Die Schüler beteiligten sich auch an der Politik, insbesondere an der lautstarken Kampagne im Kampf mit den Trotzkisten.

Es war im Herbst 1927. Zu dieser Zeit lief ein heißer Kampf der Stalinisten mit der Trotzkistischen Opposition. Am 7. 11., als wir von der Demonstration anläßlich des 10. Jahrestages der Oktoberrevolution zurückkehrten, wurden wir Zeuge eines Versuchs des Auftretens der Trotzkisten auf der Mochowaja. Am Hause des ZIK, des zentralen Ausführungskomitees, wo das Empfangskomitee Kalinins war, hing das Porträt von Trotzki. Auf dem Balkon der 4. Etage trat Sinowew auf. Unerwartet erschienen auf dem Balkon Soldaten und begannen mit langen Stangen das Porträt Trotzkis abzureißen. Das Volk auf der Straße war wütend, es war nicht leicht zu unterscheiden, ob hier mehr Anhänger oder Gegner Trotzkis vorhanden waren. Aus dem Tor der Moskauer Universität schritten, die Internationale singend, die Trotzkisten der Universität. Auf der Straße begann ein Handgemenge, bei dem man nicht erkennen konnte, wer sich mit wem prügelte.

Am dritten Tag wurde in unserer 7"A" lebhaft über Maßnahmen im Kampf mit den Trotzkisten, die sich in der Schule eingegraben hatten, diskutiert. Während der großen Pause begannen wir mit dem Schrei: „Schlagt die Trotzkisten" in die Klasse 7"B" einzudringen. Diese waren zur Verteidigung bereit. An der Tafel stand die Losung: „Schlagt mit der Faust auf die Bürokraten und die Vertreter der NÖP-Politik!". Uns riefen sie entgegen „Opportunisten! Verräter!". Nach einer leichten Prügelei kamen wir überein, unsere Diskussion auf zivilisierte Weise fortzusetzen.

An die Schuljahre erinnere ich mich mit Befriedigung. Das Lernen war interessant, und ich lernte eine Menge neuer Kameraden sowie neuer Hobbys kennen.

Die Jungen beschäftigten sich mit Schach, Physik und Funktechnik. Es gab aber auch Zirkel, an denen sich Mädchen beteiligten. Der Chemielehrer vermittelte uns die Perspektive der Chemisierung der Volkswirtschaft auf so interessante Weise, daß an dem von ihm organisierten Zirkel fast die gesamte Mädchenschaft teilnahm. Ich war der Beste in Chemie und nahm auch zwei Jahre an diesem Zirkel teil. Die in dieser Zeit anerzogenen Verhaltensweisen haben mir später sehr geholfen.

Eine weitere allgemeine Beschäftigung war der Kriegsdienst. Die Tochter eines der führenden Befehlshaber des Moskauer Militärbezirks besuchte unsere Schule. So organisierten sich Schießzirkel. Einmal in der Woche trainierten wir anfangs mit Kleinkalibergewehren und dann schon mit richtigen Gewehren. Bei einem Schießwettbewerb gewann ich einen zur damaligen Zeit wertvollen Preis – ein Schachspiel. Der Militärkurs wurde mit dem Training am MG Maxim und mit einem Militärschießen beendet. Dabei verwandten wir keinerlei Zeit zum Exerzieren, zum Drill oder zum Studium der Wachdienstanweisung. In den folgenden zwei Jahren beschäftigten wir uns mit dem Bibliothekswesen. Dazu gehörte die theoretische Klassifizierung der Literatur und wir mußten ein Produktionspraktikum in großen Bibliotheken absolvieren. Ich leistete mein Praktikum in der Militärbibliothek des zentralen Flugplatzes auf dem berühmten Feld Chodynka ab. Die humanitäre Richtung der Schule forderte das Studium der Kunstgeschichte, der Geschichte der revolutionären Bewegung und als Pflichtfach - das Studium der russischen klassischen Literatur. „Iso" – so bezeichneten wir einen jungen Architekten, der sehr viel Zeit dafür aufwandte, um mit uns durch Moskau zu spazieren und uns die verschiedenen architektonischen Stile zu erklären.

Wir besuchten mit ihm alte Kirchen, waren in der Tretjakow-Galerie, in den Museen der darstellenden Kunst. Wir waren in der Lage, ein Gebäude ohne Fehler zu klassifizieren: Das ist Biedermeier, das ist Barock, das ist Modernismus, das ist die russische Klassik u. s. w. Die Schule verfügte über Geld, um Exkursionen durchzuführen. Im Frühjahr 1928 besuchte ich zum ersten Mal Leningrad und verbrachte eine ganze Woche mit der gesamten Klasse in dieser Stadt, die wir eroberten.

Der Umfang der in der Schule gelehrten humanitären Wissenschaften war nicht groß, aber ich habe mich nicht nur einmal mit Dankbarkeit an die Lehrer erinnert, die manchmal auf eigenes Risiko von den Direktiven abwichen und in uns im buchstäblichen Sinne des Wortes, das Vernünftige, Gute und Ewige säten. Wir befaßten uns nicht mit der russischen oder der Weltgeschichte. Solche Fächer gab es einfach nicht. Dafür hatten wir zwei Jahre lang Gesellschaftskunde. In diesem Fach beschäftigten wir uns mit der Geschichte der kommunistischen Idee, „beginnend bei Thomas Morus bis zu Lenin" sowie mit der Weltrevolutionsbewegung. Der kluge Lehrer in Gesellschaftskunde führte die Lehrveranstaltungen so durch, daß wir uns bei der Behandlung der französischen Revolution und der Pariser Kommune nebenbei mit der Geschichte Europas vom alten Rom bis zum Weltkrieg beschäftigten. Beim Studium der Details der Dekabristenbewegung und der Revolution von 1905 waren wir gezwungen, in die russische Geschichte einzudringen.

Viele Jahre später begriff ich, welche große erzieherische Funktion die unmittelbare Beschäftigung mit der lebendigen Geschichte, den tatsächlichen Kunst- und Architekturwerken hat. Ich begriff dies auch noch deshalb, weil ich Ende der 20er Jahre in der sowjetischen 9-Klassenschule noch eine umfassendere humanistische Ausbildung erhielt als meine Söhne in der 11-Klassenschule der Nachkriegszeit und mein Enkel nach 60 Jahren! Dabei ist es natürlich so, daß sie das Fernsehen einsetzen konnten, das moderne Kino und umfangreiche Hausbibliotheken. Es ist jedoch etwas anderes, selbst die Feuchtigkeit der Alexejewsker Ravelin zu spüren, als im Fernsehen die Petropawlowsker Festung von zu Hause aus zu betrachten.
Wenn ich mich jedoch an meine fünf Schuljahre erinnere, so hat mir die Zeit niemals gereicht. An den Winterabenden war es notwendig, auch noch die Eisbahnen zu besuchen. Dies waren die „Partisanenteiche", die „Iskra" auf der Presna sowie das „Stadion der Jungen Pioniere". Das waren drei Eisbahnen, auf denen wir uns außerhalb der „Arbeitszeit" trafen. Hier liefen wir nicht nur Schlittschuhe, die Eisbahnen waren Orte des Treffens und der Unterhaltung. In diesen strengen puritanischen Zeiten war es nicht möglich, daß ein Junge von vierzehn bis fünfzehn Jahren Hand in Hand mit einem Mädchen ging. Während des Schlittschuhlaufens jedoch konnte man ein Mädchen an der Taille umfassen, mit ihr auf dem Eis bis zur vollkommenen Erschöpfung drehen und sie dann nach Hause begleiten, ohne Gefahr zu laufen, von irgend jemanden belehrt zu werden. So war der Ehrenkodex während des Schlittschuhlaufens. Skiwettbewerbe fanden im Petrowsker Park statt.
Der Abschnitt vom heutigen Leningrader Prospekt von der Metrostation „Dynamo" bis zur Station „Aeroport" war eine ausgezeichnete Trasse, die an Sonntagen von der Moskauer Skielite belegt wurde. Die wenigen Kutschen und Autos waren dabei keine Störfaktoren.
Im Frühjahr des Jahres 1929 beendeten wir die 9. Klasse in einer feierlichen Atmosphäre, dort erhielten wir unsere Zeugnisse, die den erfolgreichen Abschluß der Mittelschule bestätigten. Man entließ uns in das Leben, wo jeder seinen eigenen Weg wählen mußte. Selbstverständlich träumte jeder von uns davon, sofort in die Hochschule einzutreten. Die Bildung, die uns die Schule Nr. 70 vermittelt hatte, war nicht umsonst gewesen.
Als wir uns vor vierzig Jahren mit verschiedenen ehemaligen Klassenkameraden trafen, stellten wir fest, daß allein aus unserer Klasse vier Doktoren der Wissenschaft, fünf Kandidaten der Wissenschaften und drei Betriebsleiter hervorgegangen waren. Lediglich drei Mädchen wurden berufsmäßige Bibliothekarinnen, andere wurden Pädagogen, Bauleute und zwei erhielten sogar eine höhere Literaturausbildung. Einer unserer Klassenkameraden beendete das Konservatorium in der Klavierklasse. Alle, an die wir uns als Absolventen des Jahres 1929 erinnern konnten, erhielten früher oder später eine Hochschulausbildung. Drei davon kehrten von den Fronten des Großen Vaterländischen Krieges nicht zurück. Schon in diesen Jahren begann meine umfassende Beschäftigung mit der Technik und den exakten Wissenschaften. Bei den Wettbewerben zum Eintritt in die technischen Hochschulen kamen

sieben bis neun Kandidaten auf einen Platz. Eine Barriere für den Eintritt in diese Hochschulen waren jedoch nicht nur die notwendigen Aufnahmeprüfungen. Außer der gewöhnlichen Aufnahmekommission arbeiteten noch sogenannte Auswahlkommissionen, die dafür sorgen mußten, daß unter den Aufgenommenen hauptsächlich Arbeiter waren, die mindestens drei Jahre gearbeitet hatten, Mitglied der Gewerkschaft, Arbeiter- oder Bauernkinder waren und auf den restlichen Plätzen wurden Angestellte sowie Kinder von Angestellten aufgenommen.

In der Rubrik soziale Herkunft zählte ich als Sohn eines Angestellten, so daß ich keine Hoffnung auf eine Aufnahme hatte. Ungeachtet dessen machte ich den Versuch, in die Elektrotechnische Fakultät der Moskauer Technischen Universität aufgenommen zu werden. Aus Naivität ging ich davon aus, daß meine funktechnischen Arbeiten irgendwie eine Rolle spielen könnten, deshalb beschrieb ich diese in meinem Lebenslauf sehr genau und bezog mich auf meine schon erreichten drei Autorenzeugnisse und auf meine Zeitschriftenartikel. Die Prüfungen bestand ich, aber selbstverständlich paßte ich nicht in die Rubrik „soziale Herkunft". Ein Mitglied der Aufnahmekommission erklärte mir ehrlich: „Arbeiten Sie drei Jahre und kommen Sie anschließend zurück, wir werden Sie dann als Arbeiter und nicht als Sohn eines Angestellten aufnehmen".

Unter allen möglichen Berufen erschien mir die Arbeit eines Elektromonteurs am interessantesten. Das Krasnopresensker Silikatwerk lag unserer Wohnung am nächsten. Das Werk war mit ausländischer Technologie ausgerüstet und begann mit der Produktion von weißen Silikatmauersteinen.

Man stellte mich in diesem Betrieb auf Probezeit als Elektromonteur ein. Zu Beginn war ich einem strengen alten Elektriker, einem Letten, der schlecht russisch sprach, zugeordnet. Ich wäre wahrscheinlich als Lehrling geführt worden. Aber unerwartet ergab es sich, daß der Betrieb einen deutschen, elektrisch angetriebenen Bagger kaufte. Die Firma entsandte einen deutschen Monteur zur Montage und Übergabe dieser Maschine an den Betrieb. Der Deutsche sprach nicht russisch und es war notwendig, ihm sprachlich zu helfen. Mein Schuldeutsch erwies sich als ausreichend, und der Deutsche sagte: „Sehr gut". Ich arbeitete einen Monat mit ihm zusammen und erhielt eine sehr gute Bewertung von einem „ausländischen Spezialisten". So war es mir möglich, die moralisch für mein Selbstbewußtsein und meinen Lohn erniedrigende Stufe eines Lehrlings zu umgehen, und ich wurde sofort als Elektromonteur vierten Grades nach der siebengradigen Arbeiterskala eingestuft.

Die Arbeit als Elektromonteur in dieser Ziegelfabrik war sehr schwer. Die Silikatziegel bestanden aus einem Gemisch von Sand und nicht gelöschtem Kalk. Der Sand wurde eben mit diesem elektrisch angetriebenen Bagger gewonnen. Er fraß sich in den Berg hinein, der im Winter für die örtlichen Skifahrer als einzige Sportmöglichkeit diente. Mit Sand beladene Loren wurden mitttels Drahtseil zu einem hohen Turm gezogen und dort mit dem ungelöschten Kalk gemischt. Zu den Pflichten eines Elektromonteurs gehörte übrigens auch das Ankoppeln des sich häufig ablösenden Stahlseils. Ich erinnere mich bis heute sehr genau, wieviel Flüche ich diesem Seil widmete, wenn im Winter bei

eisigem Wind mit bloßen Händen gegen alle Regeln des Arbeitsschutzes die sich auflockernden Stahlfasern zusammengefügt werden mußten. Sie drangen bis auf das Blut der ungehorsamen steifgefrorenen Finger.
Noch mühevoller war es, die Ursache für das Versagen des elektrischen Anschlusses der Kugelmühlen aufzuspüren, die zum Zerkleinern des Kalkes dienten.
Der ätzende Nebel des Kalkstaubs machte das Atmen nur durch eine Schutzmaske möglich, diese jedoch verhinderte, die verflochtenen Drähte in den Verteilerkästen genau zu überblicken. Eine unvorsichtige Bewegung und ein Stromschlag zwangen mich, darüber nachzudenken, daß es Vorschrift war, Gummihandschuhe und die für diese Fälle notwendigen Galoschen zu tragen. Galoschen waren keine vorhanden, und die dicken Handschuhe machten es unmöglich, die feinen Mechanismen der Schalter der schwedischen Firma „Asea" zu regulieren. Ich lernte es, auch am Ende eines Arbeitstages auf die aus Nörgelsucht gemachten Bemerkungen des betrunkenen Meisters keine bissigen Antworten zu geben. Als Strafe mußte ich unter den höhnischen Bemerkungen der anderen Monteure auf den Masten die Leitung zum Arbeiterdorf reparieren und mich mit der schmutzigsten Arbeit eines Elektrikers, der Reparatur des Elektronetzes in den Wohnheimen, beschäftigen.
Jedoch nach einem schweren Jahr in der Schule der Arbeit wurde ich ein vollberechtigtes Mitglied des Arbeitskollektivs, Mitglied der Gewerkschaft und bewies, daß ich mich vollkommen selbständig ernähren konnte.
Bald begannen meine ehemaligen Jugendfreunde, mit denen ich gewandert war, mich zu agitieren. Ihre Eltern hatten die Tätigkeit in der Textilfabrik aufgegeben, eine Überfahrt über die Moskwa organisiert und arbeiteten jetzt in Fili in der Fabrik Nr. 22. Sie organisierten auch für ihre Söhne Arbeit in dieser Fabrik. Sie versprachen mir, mich dort zu fördern.
Ich blickte immer häufiger mit Trauer auf das gegenüber gelegene Ufer.
Dort stellten sie am Waldrand auf dem Fabrikflugplatz zweimotorige Bomber des Typs TB-1 in einer Reihe auf. Im Herbst 1929 realisierte man mit einem solchen Flugzeug, das man als „Land der Sowjets" bezeichnete, den Überflug von Moskau nach New York. Das gesamte Land verfolgte diesen Flug mit großer Anteilnahme. In den Zeitungen erschienen von August bis Oktober ständig die Namen der Piloten S.A. Schestakow, F.E. Bolotow sowie des Navigators B.F. Sterlikow und des Bordmechanikers D.W. Fufaew .
Im März des Jahres 1930 bezeichnete mich die Leitung des Ziegelwerkes als „Zugvogel". Ich kündigte meine Arbeit in dieser Fabrik und begann meine Tätigkeit im Werk Nr. 22, das den Namen 10. Jahrestag der Oktoberrevolution trug.

## *Das Werk Nr. 22*

Im Werk Nr. 22 arbeitete ich acht Jahre lang. Im August des Jahres 1930 begann ich in der Elektrogeräteabteilung als Elektromonteur 4. Ordnung. Im August

1938 war ich Leiter der Konstrukteurbrigade „Spezialausrüstung und Bewaffnung von Flugzeugen“. Zu dieser Zeit war dies ein hoher Ingenieursrang, aber ich hatte noch keinen Hochschulabschluß und beendete im September desselben Jahres die Arbeit, um das Studium abzuschließen.
Vier Kurse des Moskauer Energetischen Institutes hatte ich im Abendstudium ohne Unterbrechung der Arbeit abgeschlossen. Der fünfte und letzte Kurs erforderte die tägliche Anwesenheit im Institut.
Dem Direktor der Fabrik, Boris Nikolaewitsch Tarasewitsch, versprach ich, nach einem Jahr zurückzukehren und die Diplomarbeit zu einem perspektivischen Thema des neuen schnellen Sturzkampfbombers anzufertigen. Mir wurde die Arbeit im betrieblichen Konstruktionsbüro mit einer wesentlichen Gehaltssteigerung und sogar mit einem Versprechen auf Wohnung garantiert. Nach einem Jahr kehrte ich jedoch nicht in das Werk Nr. 22 zurück.
Erst nach 30 Jahren durchschritt ich wieder die Eingangspforte zu diesem Betriebsgelände, dem ehemaligen Werk Nr. 22. Jetzt war hier das M. W. Chrunitschew-Werk – SICH – stationiert. Zu dieser Zeit war es schon ein kosmischer Betrieb. Ich mußte häufig in dieses Werk, und jedesmal erinnerte ich mich an meine Jugend.
Jetzt alles der Reihe nach. Ich beginne mit der Geschichte des Betriebes.
Das Flugzeugwerk in Fili begann seine Existenz im Jahre 1923. Alles fing mit dem in einem Waldmassiv nicht zu Ende gebauten, vergessenen Gebäudekomplexes des Russisch-Baltischen Eisenbahnbaubetriebes an. Im Jahre 1923 wurde dieser Gebäudekomplex von der Firma Junkers erworben.
In diesen Jahren war die deutsche Firma Junkers die einzige in der Welt, die den Bau von Ganzmetall-Flugzeugen beherrschte.
Im Jahre 1926 wurde von der sowjetischen Regierung der Konzessionsvertrag mit den Deutschen aufgekündigt. Den in dieser Fabrik zurückbleibenden wenigen sowjetischen Spezialisten wurde die Aufgabe gestellt, die deutschen Erfahrungen zu nutzen und die Serienproduktion der von Andrej Nikolaewitsch Tupolew entwickelten sowjetischen Ganzmetall-Flugzeuge zu organisieren. Es waren dies die zweisitzigen Aufklärer ANT-3 (R-3) sowie der Jäger ANT-5 (I-4).
Der erste Direktor des Betriebes, Fedor Malachow, organisierte unter Schwierigkeiten eine Gruppe von 40 Konstrukteuren und Technologen, die die Zeichnungen der Tupolewschen Flugzeuge in Serie umzusetzen begannen.
Die Ausrüstung und die Gebäude des Betriebes waren in einem beklagenswerten Zustand. Mit der einsetzenden Kälte zündeten die Arbeiter direkt in den Betriebshallen Lagerfeuer an, um sich zu erwärmen, weil die Heizung noch nicht arbeitete. Die Arbeiter wohnten in den umliegenden Dörfern, die Moskauer kamen mit der Eisenbahn zur Arbeit und schlugen sich von der Bahnstation über Kilometer von Schmutz zum Betrieb durch.
Der 44 Jahre alte, hühnenhafte, blonde Direktor Malachow schmiedete sein Kollektiv unter der Losung zusammen: „Das Arbeitsvolk baut die Luftflotte!“. In Fili sollte ein riesiges Flugzeugwerk entstehen. Das Werk wurde dem Volkskommissar Woroschilow unterstellt und erhielt die Bezeichnung Nr. 22

sowie den Namen: „10. Jahrestag des Oktober“. Mit großer Initiative organisierte man den Bau von neuen Betriebsgebäuden, von Hangaren, Wohnheimbaracken und mehretagigen Wohnhäusern.
Im Sommer 1928 begannen vom Betriebsflugplatz anstelle der Junkers, von Tupolew entworfene R-3 und I-4 zu starten. Die ersten Testpiloten des Betriebes, Moiseew und Losowskij, flogen sie.
Im Jahre 1928 begann das Konstruktionsbüro des Betriebes, das als KOSTR (betriebliches Konstruktionsbüro) bezeichnet wurde, die Zeichnungen für die Serienproduktion des Flugzeuges TB-1 (ANT-4) zu fertigen. Der Versuchsbetrieb des ZAGI baute lediglich zwei Exemplare als Versuchsmuster.
Die TB-1 war zu dieser Zeit der in der Welt beste, schwere zweimotorige Ganzmetall-Bomber. Sein Baumuster als freitragender Tiefdecker war im weiteren die Grundlage für die Entwicklung schwerer Fernbomber nicht nur in der UdSSR. Die Ingenieure der Firma Boeing verhehlten nicht, daß ihre ersten „fliegenden Festungen“ und die „Superfestungen“ dem Muster der TB-1 nachgebaut worden waren. Die Amerikaner erblickten die TB-1, das Flugzeug des Landes der Sowjets, am 30. Oktober des Jahres 1929 in New York.
Ich sah das Flugzeug, als es im Jahre 1930 aus den USA zur Reparatur in das Werk zurückkehrte. Die silbrige Duraluminium-Außenhaut war mit Autogrammen der begeisterten Amerikaner übersät. Ich erinnere mich an eine in russischer Sprache abgefaßte Aufschrift: „Ich, ein russischer zaristischer Gendarm, bin begeistert von den Heldentaten meines Volkes“. Die Unterschrift war nicht zu entziffern. Die TB-1 wurde im Betrieb Nr. 22 serienmäßig bis zum Beginn des Jahres 1932 gebaut und verblieb bis zum Jahre 1936 in der Armee.
Als ich im Betrieb zu arbeiten begann, ging das neue Tupolew-Flugzeug R-6 in Serie. Planmäßig sollte dies ein Flugzeug der Fernaufklärung und ein Luftkreuzer für die Begleitung der Bomber werden. Der Betrieb Nr. 22 stellte insgesamt mehr als 50 solcher Flugzeuge her, anschließend wurde die Produktion dieses Typs in ein anderes Werk verlagert.
Im Jahre 1930 begann im Betrieb Nr. 22 die Produktion der ersten Tupolew-Passagier-Flugzeuge vom Typ ANT-9. Dies war ein dreimotoriges Flugzeug für neun Passagiere und eine Crew von zwei Piloten. Im Unterschied zu den Passagierflugzeugen dieser Zeit vom Typ Junkers und Fokkers hatte es einen weiträumigen Fahrgastraum, bequeme geflochtene Sessel und sogar ein Büfett.
Im Jahre 1929 unternahm M.M. Gromow mit acht Passagieren an Bord des Flugzeuges ANT-9, das die Bezeichnung „Flügel der Sowjets“ erhielt, den berühmten Flug Moskau – Berlin – Travemünde – Paris – Rom – Marseilles – London – Paris – Warschau – Moskau über eine Entfernung von mehr als 9000 km in 53 Flugstunden.
Ich begann meine Arbeit im Jahre 1930 in der schon laufenden Serienproduktion dieser Flugzeuge. Das Werk stellte mehr als siebzig ANT-9 her und beendete im Jahre 1932 die Produktion dieses Typs.
Die größte Anerkennung erwarb das Werk Nr. 22 durch die Produktion von Hunderten der schweren Bomber TB-3 (ANT-6). Zu dieser Zeit war es die gelungenste Schöpfung von Tupolew. Die TB-3 war der erste viermotorige

freitragende Eindecker in der Welt, der in Anlehnung an das Konstruktionsschema der TB-1 entwickelt wurde. Die ersten TB-3 hatten eine Geschwindigkeit von 200 km/h, eine Reichweite von 1400 km und waren in der Lage, 3 t Bomben zu transportieren. Sieben Maschinengewehre sollten den Bomber vor den Jägern zuverlässig schützen. Im Werk wurde erneut gebaut, jetzt ein weiträumiges hohes Fabrikgebäude zur Endmontage sowie Hangare und eine Flugzeuglackiererei.

Die Serienproduktion der TB-3 in der Flugzeugindustrie zu Beginn der 30er Jahre verfolgten das Oberkommando der Luftstreitkräfte sowie Stalin persönlich mit außerordentlicher Aufmerksamkeit. Großen Einfluß auf die Doktrin der Luftstreitkräfte übte die zu dieser Zeit moderne Theorie des italienischen Generals, Julio Douhet, aus. Douhet behauptete, daß die Entwicklung der Flugzeuge die gesamte militärische Strategie revolutioniert. Er verabsolutierte die Bedeutung der strategischen Bomber. Die Konzeption von Douhet ging von der Notwendigkeit aus, mächtige und unabhängige Luftstreitkräfte zu entwickeln, die fähig sind, den Ausgang des Krieges durch selbständiges Handeln zu entscheiden.

In einer Lektion für die Betriebsleitung, die ich im Jahre 1932 hörte, vertrat einer der Lehrer der Akademie der Luftstreitkräfte die Meinung, daß Hunderte Bomber TB-3 im Formationsflug sich gegenseitig vor Jägern schützen könnten. Durch Abwurf von Tausenden Spreng- und Brandbomben wären sie in der Lage, den strategischen Erfolg zu sichern. Der Gesamtsieg wäre dadurch garantiert.

Die Serienproduktion des Flugzeuges TB-3 begann im Jahre 1932.

Das Flugzeug TB-3 wurde während der Produktion ständig modernisiert. Man baute stärkere Triebwerke und verbesserte Waffensysteme ein. Das Flugzeug TB-3 stellte mehrere Schwerlasthöhenflugweltrekorde auf. Weltbekannt wurden diese Flugzeuge durch das Aussetzen der Expedition von Papanin auf dem Nordpol im Jahre 1937.

Im Zeitraum von 1932 - 1937 lieferte das Werk mehr als 800 Bomber TB-3 aus.

Im Militäreinsatz 1939 tat sich der Typ TB-3 auf dem Chalchin-Gol (Japan – Mongolei) hervor. Es war der letzte erfolgreiche Einsatz. In der Anfangsperiode des Großen Väterländischen Krieges wurden diese Flugzeuge fast ohne Gegenwehr durch die stark bewaffneten deutschen Jäger vernichtet.

Wir kehren zur Geschichte des Betriebes zurück.

Im Jahre 1927 wurde Sergej Gorbunow als 25järiger Absolvent der Shukowski-Akademie der Luftstreitkräfte zum Leiter des betrieblichen technischen Büros (nach heutigen Vorstellungen wäre es die Abteilung des Cheftechnologen) ernannt. Er hatte im Jahre 1924 noch unter deutscher Leitung in diesem Betrieb ein Praktikum absolviert. Während der Ausbildung in der Akademie erkannte man seine glänzenden Fähigkeiten. Sergej Gorbunow hätte ein hervorragender Flugzeugkonstrukteur werden können. Bis zu seinem Eintritt in die Akademie war er Sekretär des Komsomol und dann Parteiorganisator der Sarajsker Abteilung des Rjasansker Gouvernements. Er war Delegierter des 3. Komsomolkongeresses und hörte die berühmte Rede Lenins. Möglich, daß ihn sein Bestreben zu aktiven organisatorischen Tätigkeiten nach oben trug. Er verbrachte Tag und Nacht im Betrieb, entwickelte Pläne zur Generalrekonstruktion und für Neubauten im Betrieb. In diesen Jahren gab es noch nicht die vielfältigen Projektionsinstitute. Gorbunow plante zusammen mit dem Direktor Malachow und einer kleinen Gruppe von Enthusiasten das gigantische Flugzeugwerk.

Im Jahre 1929 ernannte man Gorbunow zum Chefingenieur und im Jahre 1930 zum technischen Direktor. Er realisierte für den Flugzeugbau neue Ideen: Fließbandproduktion, Abteilungen mit einem geschlossenen Produktionszyklus, die Überprüfung der neuen Technologien in den Labors. Er entwickelte reich ausgestattete, für den gesamten Betrieb tätige Labors sowie Erprobungsstände in den Abteilungen. Außerdem organisierte er mit den Militärvertretern ständige Qualitätskonferenzen.

Im Jahr 1930 wurde das Werk dem Volkskommissar der Schwerindustrie Ordshonikidse unterstellt. Auf seinen Vorschlag hin wurde die gesamte Luftfahrtindustrie in einem einheitlichen „Luftfahrttrust" vereinigt. Im August 1931 ernannte Ordshonikidse Malachow zum Chef des „Flugzeugtrusts". Sergej Gorbunow wurde mit 29 Jahren Direktor des größten europäischen Flugzeugwerkes. Insgesamt zwei Jahre waren Gorbunow vergönnt, als mit allen Mitteln ausgestatteter Betriebsleiter zu arbeiten. Ich bin so kühn zu behaupten, daß die Vorkriegsjahre des Betriebes die besten waren. In diesen Jahren mischte sich Gorbunow auch in mein Schicksal ein.

Im August 1930 empfing mich vor meiner endgültigen Bestätigung durch die Kaderabteilung des Betriebes Nr. 22 der Leiter der Besonderen Abteilung (Sicherheit), der sich für meine berufliche Biographie, meine Allgemeinbildung und mein elektrotechnisches Grundlagenwissen interessierte. Ähnliche Aussprachen führten die Leiter der Produktionsabteilungen mit jedem durch, der im Betrieb arbeiten wollte. Wenn im Betrieb eine Gruppe von Absolventen der gewerkschaftlichen Technikerschulen, betrieblicher Bildungseinrichtungen oder von anderen Betrieben aufgenommen werden sollte, dann führte der Chefingenieur oder der technische Direktor diese Aussprachen durch. Jeden jungen Hochschulabsolventen, der im Betrieb arbeiten wollte, empfing der Direktor persönlich.

Schon einen Tag nach meiner Aussprache erhielt ich einen Ausweis mit Paßbild, eine Karte zum Betreten des Betriebes und zur Bedienung des Zeitautomaten für die Registratur von Arbeitsbeginn und -ende, eine Karte für den Besuch des Betriebsrestaurants und, was in dieser Zeit besonders wertvoll war, eine Arbeitskombination genau in meiner Größe mit sehr vielen Taschen. Der Chef der Elektroabteilung erklärte mir, daß ich mindestens drei Monate im Betrieb als diensthabender Elektromonteur in einer dreischichtig arbeitenden Brigade tätig sein würde.

Die Arbeit als diensthabender Elektriker setzte voraus, daß man die Gesamtstruktur des Betriebes und die technologischen Prozesse jeder Betriebsabteilung vorher studiert hatte. Ich erhielt in einer sehr kurzen Zeit eine Vorstellung davon, wie Flugzeuge gebaut werden. Die Arbeit in der zweiten und in der Nachtschicht machte es möglich, sich mit den Produktionsprozessen jeder Abteilung genau vertraut zu machen, sich mit den Leuten zu verständigen, ihre Beschwerden über die Ausrüstungen oder ihr Lob über neue Geräte anzuhören. Die größten Sorgen für die diensthabenden Elektriker waren die rund um die Uhr arbeitenden mechanischen Abteilungen.

Hunderte neuer Metallbearbeitungsmaschinen waren zu eintypigen technologischen Operationen in Gruppen angeordnet. In der menschenleeren Automatenabteilung „Pitler“ wurde fast der gesamte für den Betrieb notwendige Umfang, d. h. die gesamte Nomenklatur von Schrauben, Bolzen und Muttern gedreht. Die Werkbänke hatten einen vielstufigen Riemenantrieb, der von einem E-Motor angetrieben und über die Transmission für die ganze Linie übertragen wurde. Wenn ein Antriebsriemen riß, so führte das zum Stillstand einer Linie von fünf bis acht Automaten. Der Abteilungsmeister rannte durch den Betrieb und suchte den diensthabenden Elektriker, der verpflichtet war, den Riemen zu nähen, erneut aufzulegen und die Transmission in Bewegung zu setzen, die Schmierung der Lager zu überprüfen und festzustellen, ob der Elektromotor überlastet war. Die Stillstandszeit der Werkbänke hielt der Diensthabende im Tagebuch fest. Wenn die vorgegebene Norm der monatlichen Stillstandszeit überschritten wurde, wirkte sich das sehr negativ auf die Bezahlung aus.

Da war es schon angenehmer, in der Abteilung der Fräsautomaten zu arbeiten. Die Fräsautomaten der Firma „Wanderer“ hatten individuelle Elektroantriebe mit entsprechenden Schutzschaltern. Es war allgemein üblich, daß Frauen an den Fräsautomaten arbeiteten. Die Fräserinnen waren im Wettbewerb um die Sauberkeit der Werkbänke und des gesamten Arbeitsplatzes den Männern überlegen. Aber bei der Produktivität, besonders in den Nachtschichten, waren die Männer besser. Um sich eine Pause zu organisieren, waren die Gescheitesten unter ihnen in der Lage, einen solchen Arbeitsrhythmus zu finden, daß der automatische Schutz ansprang. Dann war ein Zusammentreffen mit dem diensthabenden Elektriker unausweichlich. Der gegenseitige Austausch von Liebenswürdigkeiten konnte im Fall einer solchen Havarie mit einer aufklärenden Belehrung oder sogar mit einer Absprache über ein Treffen im Betriebsstadion enden, wo die Vorbereitungen zur Erfüllung der Normen für das Sportabzeichen „Bereit zur Arbeit und zur Verteidigung“ abgelegt werden konnten.

An den Drehbänken sehr verschiedener Firmen arbeitete hauptsächlich die alte Arbeitergarde. Die Dreher standen untereinander im Wettbewerb, um die Erlaubnis für die kompliziertesten Arbeitsoperationen zu erhalten. Sie waren in der Lage, einfache elektrische Fehler selbst zu beseitigen, wenn die Werkbank einen individuellen Antrieb hatte. Sie brauchten die Elektriker dann nicht unnötig in Anspruch zu nehmen.

Die Abteilungen zur Fertigung der Tragflügelmittelteile, der Flügel und des Rumpfes waren mit dem Lärm Hunderter pneumatischer Hämmer erfüllt. Um ein Ganzmetall-Flugzeug herzustellen, war es notwendig, Hunderttausende von Nieten anzubringen. Die gewellte Duraluminium-Außenhaut wurde mit Nieten an der tragenden Konstruktion der Längsträger, Rippen und Spanten befestigt.

Die Längsträger wurden in ganzer Flügellänge aus Rohren in speziellen Hellings genietet. Die „geschlossene“ Methode der Splintvernietung erforderte unbedingt die Teilnahme von zwei Personen: eines qualifizierten Bohrer-Nieters sowie einer Hilfsperson, die mit einer speziellen Vorrichtung das lange, nicht sichtbare Rohr zur Vernietung festhielt. In der Helling wurde dann auch die Montage der genieteten Konstruktion des gesamten Tragflügelmittelteiles, des Flügels und des Rumpfes durchgeführt. Das Nieten begleiteten solche maschinengewehrartige Salven, daß man nur mit Hilfe von Gebärden etwas erklären konnte. Für die Elektriker bestand die Hauptsorge in diesen Abteilungen darin, alle Hellings mit Handlampen zu versorgen und die Zuverlässigkeit der Isolation der zu den Elektrobohrern führenden Kabel zu überprüfen. Die Arbeiter wurden über die Technik der elektrischen Sicherheit nicht belehrt. Die Elektriker waren verpflichtet, darauf zu achten, daß in den Hellings der Nieter die Spannung mit 220 Volt nicht durchschlug. Das gelang nicht immer.
Als ich abends einmal in einer Bereitschaftsschicht arbeitete, kam ein Bursche zu mir, der ein junges Mädchen auf den Armen trug, es war seine Helferin beim Nieten. Sie hatte einen Stromschlag durch einen fehlerhaften Elektrobohrer erhalten, das Bewußtsein verloren und war von der Helling heruntergefallen. Der Sanitätsdienst arbeitete aus irgendwelchen Gründen nicht, und der Bursche hatte beschlossen, daß ich der Verantwortliche für die fehlerhafte Elektrik sei. Ich hatte, wie jeder Elektromonteur, eine Erste-Hilfe-Prüfung bei Elektrounfällen gemacht und begann zum ersten Mal in meinem Leben nach allen Regeln die Wiederbelebung mit Hilfe der künstlichen Beatmung. Nach fünfzehn Minuten erlangte das Mädchen wieder das Bewußtsein, und der Bursche von hühnenhafter Gestalt umarmte mich vor Freude. Ich riet ihm: „Umarmen Sie das Mädchen und nicht mich.“ – „Das kann ich nicht. Sie ist krankhaft streng und verzeiht mir das nicht“, widersprach er.
Mehrmals, wenn ich die Abteilung der Fertigung der Tragflügelmittelteile besuchte und unsere Schichten übereinstimmten, beobachtete ich dieses Paar, das konzentriert auf der Helling arbeitete. Wenn der Bursche mich erblickte, lächelte er freundlich, das Mädchen tat so, als ob es mich nicht bemerke.
Die Gefahr der Verletzung durch Stromschlag verminderte sich in dem Maße, wie die Elektrobohrer durch pneumatische ersetzt wurden. Nach einem Jahr waren die elektrischen Bohrmaschinen durch pneumatische ersetzt. Der Lärm der pneumatischen Hämmer erfüllte zusätzlich das charakteristische Heulen der Preßluft, die aus Hunderten pneumatischen Bohrmaschinen austrat.
Die wenigsten Sorgen bereiteten dem Diensthabenden die Vorbereitungsabteilungen sowie die Fahrgestell- und Rahmenfertigung. In diesen arbeiteten qualifizierte Schlosser, Blechner und Schweißer.
In die Abteilung der Endmontage ging ich mit Begeisterung und Zittern, wie ein Gläubiger in das Gotteshaus. Hier war es sauber, ruhig und hell. Die Mechaniker der Flugzeugendmontage galten als Arbeiteraristokraten. Wegen Kleinigkeiten wandten die sich nicht an die Diensthabenden. Sie hatten ihre eigenen Flugzeugelektriker, die die laufenden Reparaturen der Hilfsgeräte und

Elektroinstrumente selbst ausführten. Auf der Stufenleiter der Arbeiterhierarchie standen die Bordmechaniker des Flugplatzes am höchsten. Von ihnen hing die Übergabe der Flugzeuge an die Militärvertreter sowie die Durchführung der notwendigen betrieblichen Flugerprobung ab. Der Leiter aller Bordmechaniker war Nikolaj Nikolaewitsch Godowikow. Über seine Fähigkeiten, die Fehler nach dem Motorengeräusch der Propellergruppe festzustellen, gab es Legenden. Von den diensthabenden Elektrikern forderte er, daß zur Nachtzeit die mächtigen Leuchten auf den offenen Stellplätzen sowie die Handlampen, mit deren Hilfe man jeden beliebigen Platz innerhalb des Flugzeuges erreichen konnte, fehlerfrei arbeiteten.
Im Verlaufe der ersten Monate meiner Arbeit als Diensthabender wurde ich allmählich von dem im Betrieb herrschenden kultivierten Geist der Verneigung vor der Technik erfaßt. Die Fabrikwände waren mit Losungen versehen wie: „Die Technik löst alles!" – „Die Technik den Massen!" – „Jeder Arbeiter – ein Rationalisator und Erfinder!" – „Was hast Du getan, um Dir die Technik anzueignen?" Diese Losungen blieben nicht leere Aufrufe. Sie fanden unter der Arbeiterjugend breiten Widerhall. Die Abteilungskommission überprüfte jeden Rationalisierungsvorschlag und prämierte ihn bei Annahme entsprechend gut. Man führte Bücher der „Stoßarbeiter" und „Stachanowarbeiter" ein. Dies ermöglichte den Besuch der besten Restaurants sowie den Erwerb von Kleidung, die auf andere Weise nicht zu bekommen war. Für besonders wertvolle Vorschläge wurden auch hohe Geldprämien ausgezahlt.
Auf diesem Gebiet arbeitete ich bald erfolgreich. Ich machte einige Vorschläge zur Einführung individueller Antriebe der durch Transmissionen angetriebenen Werkbänke. Obwohl noch nicht eine einzige Werkbank nach meinen Vorschlägen umgebaut war, wurde ich schon Besitzer eines persönlichen „Stoßarbeiterbuchs". Bald erhielt ich das Autorenzeugnis über einen „fotoelektrischen Automaten zum Schutze elektrischer Geräte". Nicht lange danach erfolgte meine Aufnahme in die „Gesellschaft der Erfinder der UdSSR". Nach einiger Zeit machte ich den Vorschlag, und dieser wurde angenommen, die Hellings mit speziellen Verteilerleisten auszurüsten, um die Bohrmaschinen sowie die Handlampen dort anzuschließen und dann die beweglichen Beleuchtungen auf eine ungefährliche Spannung umzustellen. Der letzte Vorschlag war bei weitem nicht neu, jedoch noch nicht realisiert, weil es keine 12-Volt-Lampen gab. Nachdem ich einen Auftrag des Komsomolkomitees erhalten hatte, organisierte ich eine Delegation, die in das Moskauer Elektrowerk entsandt wurde. Den Komsomolzen des Elektrowerkes konnten wir beweisen, wie wichtig diese 12-Volt-Produktion für die Luftfahrt war. Sie organisierten sehr schnell die Produktion der defizitären Lampen und der dazu notwendigen Transformatoren. Für die erfolgreiche Arbeit wurde ich in diesem Fall mit einem Bezugsschein für eine Lederjacke ausgezeichnet. Während des Bürgerkrieges waren schwarze Lederjacken die modische Bekleidung der Tschekisten sowie der Kommandeure der Roten Armee. Zur Zeit der NÖP wurde diese Mode von der proletarischen Jugend angenommen. Ich war auf meine ehrlich verdiente Jacke sehr stolz.

Im Frühjahr 1931 entstand die Bewegung zum Übergang der Betriebsabteilungen und sogar einzelner Arbeitsbrigaden zur wirtschaftlichen Rechnungssführung. Das Komsomolkomitee ergriff die Initiative und organisierte in verschiedenen Abteilungen Jugendbrigaden der wirtschaftlichen Rechnungsführung. In unserer Elektroabteilung entstand auch eine Brigade der wirtschaftlichen Rechnungsführung, und ich wurde dort Mitglied. Unsere aus acht Mitgliedern bestehende Brigade gab die Verpflichtung ab, in kürzester Zeit die Elektrogeräte für eine automatisierte Fabrikküche mit vier Eßsälen und ein Restaurant für die „Stachanowarbeiter" zu organisieren. Wir mußten viele technologische Elektrogeräte, die Beleuchtung sowie die Belüftung und weitere Geräte in Betrieb nehmen. Wir arbeiteten mit großem Enthusiasmus und erreichten zusammen mit den Bauarbeitern in der vorgegebenen Frist die Einrichtung der zweiten Fabrikküche Moskaus.
Aufgrund der Arbeitserfolge unserer Brigade delegierte man mich als Vertreter der Fabrik Nr. 22 zum Treffen der Stoßarbeiter der jungen wirtschaftlichen Rechnungsführungsbrigaden der Stadt Moskau in den Kolonnensaal des Hauses der Gewerkschaften. Der Vorsitzende des Moskauer Komsomol, Sascha Lukjanow, forderte von unserer Delegation, mit einem Bericht über unsere Arbeitsergebnisse aufzutreten. Ich wurde beauftragt, von der hohen Tribüne aus zu sprechen. Bei meinem dritten Besuch des Kolonnensaals erhielt ich die Möglichkeit, mit meiner ganzen Stimme über die Arbeitserfolge der Komsomolzen des Betriebes Nr. 22 und insbesondere über die unserer Brigade der wirtschaftlichen Rechnungsführung zu berichten.
Weil ich wahrscheinlich die Sache mit Übereifer anging, versagte meine Stimme. Mir erklärte man später, daß ich, anstelle mit normaler Stimme zu sprechen, plötzlich mit künstlicher Kinderstimme in hohen Tönen gesprochen hätte. Im Saal wurde es still, und dann brach ein Gelächter los. Lukjanow verlor die Fassung in dieser Situation nicht und begann zu applaudieren. Der Saal stimmte freundlich in diesen Applaus mit ein. Ich gewann meine Fassung wieder, wurde durch einen Ruf aus dem Saal ermuntert: „Setze Deine Rede fort, ohne zaghaft zu sein!" und beendete meine flammende Rede mit normaler Stimme. Unter erneutem Beifall verließ ich stolz die Bühne. In unserer Brigade machte man sich über mich lustig: „Das hast Du Dir gut ausgedacht. Alle anderen Auftritte wird man vergessen, aber über die Fabrik Nr. 22 wird jetzt der Ruhm durch ganz Moskau dringen."
Das Land erlebte die schwierige Periode des Übergangs aus einem technisch rückständigen, hauptsächlichen Agrarland in ein entwickeltes Industrieland. Alles, was dazu führte, daß die Fristen der Einführung neuer Flugzeuge verkürzt werden konnten, unterstützte und stimulierte man auf jede Art und Weise.
Im Juni 1931 veröffentlichte die Zeitung „Prawda" einen Beschluß des Zentralen Ausführungskomitees ZIK der UdSSR über die Auszeichnung einer Gruppe von Arbeitern unseres Werkes mit dem Leninorden. Unter ihnen waren Malachow und Gorbunow. Sie wurden für die Erfüllung des Fünfjahrplanes in 2,5 Jahren ausgezeichnet. Die Losung: „Die Technik löst alles!" wurde durch

eine neue Losung ergänzt: „Die Kader, die die Technik in der Periode der sozialistischen Rekonstruktion beherrschen, lösen alles!“
Mitte des Jahres 1931 begann das Konstruktionsbüro KOSTR mit der Fertigstellung der Zeichnungen für die Serienproduktion des Flugzeuges TB-3. Das Konstruktionsbüro übergab die Zeichnungen in das TECHNO-Büro der Abteilung der technologischen Vorbereitung. Hier verteilte man die Aufgaben auf die Betriebsabteilungen und erarbeitete die technologische Dokumentation. Das PRIPO-Büro projektierte die Ausrüstungen, die Hellings und alle möglichen technologischen Zusatzausrüstungen.
Das Programm sah die Herstellung Hunderter TB-3 vor und war von entsprechendem politischem Rummel begleitet. Woroshilow besuchte das Werk zweimal. In einer der Abteilungen verlieh man ihm den Titel „Ehrennieter“ und stufte ihn in die 5. Lohngruppe ein.
Die Werkskonferenz des Komsomol wurde im Jahre 1931 vom Sekretär des ZK der Kommunischtischen Partei Rußlands (Bolschewiki) Pawel Postyschew besucht. Seine Rede zeichnete sich durch einen charakteristischen Akzent aus. Er rief den Komsomol des Werkes dazu auf, die führenden kapitalistischen Länder in der Technik einzuholen und zu überholen. „Die Flugzeugindustrie“, sagte Postyschew, „das ist jener Zeig, der fähig ist, die übrigen hinter dem Weltniveau zurückgebliebenen Zweige nach sich zu ziehen. Nur Sie, die Jugend ist in der Lage, diese große historische Aufgabe zu erfüllen.“ Ich führe den Inhalt dieser Rede aus dem Gedächtnis an. Wir nahmen sie mit aufrichtiger jugendlicher Begeisterung auf. Unter den besonders Ausgezeichneten und Postyschew Vorgestellten war auch ich. Nach 25 Jahren erfuhren wir aus der Rede Chrustschows über das tragische Schicksal Postyschews. Er war als „Volksfeind“ im Jahre 1939 heimlich umgebracht worden.
Im Zeitraum von 1929-1933 wurden praktisch die kompliziertesten Aufgaben bei der Schaffung der materiell-technischen Basis der sowjetischen Luftfahrt geschaffen. Die Beschlüsse des Politbüros und der Parteikongresse gingen von der Möglichkeit eines militärischen Angriffs der kapitalistischen Staaten auf den ersten proletarischen Staat der Welt aus.
Die Doktrin vom Aufbau und vom Einsatz der Luftstreitkräfte arbeiteten in dieser Zeit kompetente und denkende Militär-Intellektuelle aus, die die Macht und das Recht hatten, Entscheidungen zu fällen. Zu ihnen gehörten vor allen Dingen Michail Tuchatschewskij, Petr Baranow, Jan Alksnis und die Elite des Lehrkörpers der Akademie der Luftstreitkräfte.
Die Konstruktionskollektive, die im ZAGI um Tupolew arbeiteten, entwickelten nicht nur Flugzeuge. Tupolew setzte die Spezialisten seines Kollektivs zur Organisierung der Leitung der Flugzeugindustrie ein, die auf die massenweise Produktion schwerer Flugzeuge gerichtet waren. Die Kader, die die Technik beherrschten, lösten tatsächlich Aufgaben historischen Maßstabs. In den obersten Leitungsetagen der Luftfahrtmacht wurde eine Umorganisierung der leitenden Kader durchgeführt. Alle Flugzeugwerke wurden Ordshonokidse unterstellt. Er begann damit, daß er zuerst Woroschilow und dann Stalin überredete, Baranow vom Oberkommando der Luftstreitkräfte der Roten Armee

zu entfernen und ihn an die Spitze der Ersten Hauptverwaltung des Allrussischen Sowjets der Volkswirtschaft zu stellen, die die Flugzeugindustrie leitete, und ihn gleichzeitig zum ersten Stellvertreter des Volkskommissariats der Schwerindustrie zu ernennen. Anstelle von Baranow wurde im Jahre 1931 sein Stellvertreter Alksnis ernannt.
Die Verstärkung der oberen Leitungsstrukturen löste jedoch nicht das Hauptproblem. Die Entwicklung der Flugzeugindustrie wurde durch das große Kaderdefizit gebremst. Die Zahl der Arbeiter, Meister, Konstrukteure und Ingenieure reichte nicht aus. In unserem Werk ergab sich folgende ungewöhnliche Situation: Neue Abteilungen, die zur Produktion des Bombers TB-3 vorgesehen waren, übergaben die Bauarbeitern schlüsselfertig, aber man hatte niemanden, der darin arbeiten konnte. Die Kaderabteilung stellte täglich Dutzende neue Arbeiter ein. hauptsächlich waren das Jugendliche, die vor dem schweren Leben in den Dörfern flüchteten und überhaupt keine Ahnung davon hatten, was Arbeit und Arbeitsdisziplin in einem Betrieb bedeuten. Die Technologie des Flugzeugbaus war ihnen völlig unbekannt. Zur beschleunigten Qualifizierung wurden in den Abteilungen zweimonatige Kurse eingerichtet, und nach der Absolvierung verteilte man diese jungen Leute auf die Arbeitsplätze. Die niedrige Qualifikation der neuen Arbeitskräfte führte zu einer wesentlichen Verminderung der Qualität der Produktion und zum Sinken der Arbeitsproduktivität. Es entstand die reale Gefahr, daß die Pläne zur Serienproduktion des TB-3 nicht erfüllt werden könnten.
Die Abteilungsleiter, die die schlecht vorbereitete Masse der Arbeiter einstellen mußten, forderten Meister, Technologen, Konstrukteure, Techniker und Ingenieure. Solche waren leider in zwei bis drei Monaten in den Abteilungen selbst nicht auszubilden. Es war notwendig, das Problem der Qualifizierung der Kader in einem zu dieser Zeit unbekannten Tempo zu lösen. Baranow versprach Gorbunow jegliche Hilfe bei der Verteilung der Spezialisten, der Absolventen der Akademie der neuen Luftfahrtinstitute und -technikums. Aber dies erforderte Zeit.
Nachdem Gorbunow zum Leiter des Betriebes avanciert war, wandte er sich an die Partei- und Komsomolkomitees, bei der Erziehung der jungen Arbeiter und der Organisation eines eigenen Systems zur Vorbereitung der Ausbildung leitender Kader allseitige Hilfe zu gewähren.
Im August des Jahres 1931 wandte sich der neue Sekretär des Betriebskomsomolkomitees Ptja Petuchow mit einer eiligen unerwarteten Initiative zur Organisation von Kaderumbesetzungen an mich. Hinter seinem Rücken nannte man ihn Petuschok (Hähnchen). Petuschok war übervoll von neuen Ideen. Seinen Vorgänger, den klugen und ruhigen Sascha Wasiljew, hatte man auf den Posten, Sekretär des Frusensker Komsomolgebietskomitees, umgesetzt, für ihn war der Posten des Sekretär des Moskauer Komitees vorgesehen. Wasiljew besuchte das Werk häufig, unterstützte aber das forsche Handeln von Petuschok nicht immer.
Petuschok erklärte, indem er sich auf die Autorität von Postyschew, Wasiljew und Gorbunow stützte, daß die Produktion des TB-3 Sache der Ehre des

Betriebskomsomol sei. Aber mit Meetings brachte man die Sache nicht voran. Er schlug mir vor, sein Stellvertreter zu werden und gleichzeitig im Komitee den Posten des Chefs der Produktion der ökonomischen Abteilung zu übernehmen. „Deine Aufgabe“, so überzeugte mich Petuschok, „ist es, bei der Produktion der TB-3 faktisch der jugendliche Stellvertreter des technischen Direktors zu werden. Alle, die dieses Flugzeug produzieren sollen, sind Jugendliche unseres Alters. Das heißt, wir müssen zu den Beherrschern der Produktion werden! Du bist Erfinder und findest schnell heraus, wer wo einsetzbar ist, kennst alle Leiter der Abteilungen, gehst den Abteilungssekretären zur Hand. Letztlich kannst Du immer noch in die Elektroabteilung zurückkehren!“
Insgesamt 1,5 Jahre arbeitete ich jetzt im Betrieb. In der Brigade der wirtschaftlichen Rechnungsführung hatte ich gut verdient. Nach einem Jahr erreichte ich schon die Zuordnung als Arbeiter mit drei Dienstjahren und träumte von der elektro-physikalischen Fakultät des Moskauer Energetischen Instituts. Als Arbeiter, Erfinder, Komsomolze und noch mit einer Empfehlung des Betriebes würde man mich wahrscheinlich nehmen. Daran zweifelte ich nicht. Eine Absage motivierte ich damit, daß ein Elektromonteur, der lediglich die fünfte Lohngruppe erhält, für die unvermeidliche Nichterfüllung einer so verantwortlichen Aufgabenstellung mit großem Schwung aus dem Komsomol ausgeschlossen würde. Petuschok beharrte auf seiner Position und versprach mir, ein ernsthaftes Gespräch im Parteikomitee zu führen.
Nach zwei Tagen kam der Leiter der Elektroabteilung zu mir. Er war der Schrecken aller gesellschaftlichen Funktionäre. Er erklärte mir, daß ich nach der Arbeit zum Direktor kommen solle.
Abends wurde ich sofort von Gorbunow empfangen. Mir war unklar, wozu dies notwendig sein sollte, dabei noch in seinem Arbeitszimmer und mit ihm allein. Er betrachtete mich aufmerksam und hartnäckig mit seinen schwarzen Augen. Seine wohlproportionierten Gesichtszüge wurden durch einen Seitenscheitel unterstrichen, der das dichte und sorgfältig gekämmte schwarze Haar teilte. In den Knopflöchern der dunkelblauen Feldbluse waren Rhomben befestigt als Zeichen des hohen Grades eines Brigadeingenieurs. Seine Brust war mit dem neuen Leninorden geschmückt. Jetzt überzeugte ich mich, wie recht jene hatten, die sagten: „Wir haben einen jungen, strengen, schlanken und schönen Direktor.“
Das Treffen mit Gorbunow war von Petuschok organisiert worden. Er war sichtlich davon ausgegangen, daß die Autorität des Direktors meine Starrsinnigkeit überwinden würde. Gorbunow führte aus, daß ich die Ausbildung als Ingenieur nach drei bis vier Jahren erhalten werde. Er beabsichtige, in nächster Zeit eine technische höhere Lehranstalt im Betrieb zu organisieren. Fähige Arbeiter, die Mittelschulbildung hätten, würden, ohne den Betrieb zu verlassen, eine Hochschulausbildung erhalten. Meine erste Aufgabe bestünde darin, mich mit den Produktionsplänen und den Hauptaufgaben der wichtigsten Abteilungen bekanntzumachen. Die Komsomolarbeit müsse so organisiert werden, daß sie jeden jungen Arbeiter erreicht.

Gorbunow führte aus, daß er es nicht mit einer verschwommenen jungen Masse und mit schreihälsigen Sekretären der Abteilungen zu tun haben möchte. In jeder Abteilung gäbe es Talente, sie müßten nur entdeckt werden. Sie müßten Vorbilder in der Produktivität, bei der Rationalisierung und bei der Qualität der Arbeit sein. Wichtig sei es, daß die Jugend die Jugend überzeugt. Es sei notwendig, nach der Arbeit möglichst viele junge Leute in die technischen Schulen zu bringen. Man müsse solche Leute suchen und ihnen zeigen, daß sie gestern keine Ausbildung hatten, heute Meister ihres Berufs geworden sind und jetzt als Stoßarbeiter auftreten. Die notwendige Hilfe würde der Leiter der Produktionsabteilung des Betriebes, Fedor Schpak, geben. Er würde die Gespräche mit den Abteilungsleitern übernehmen. Innerhalb des Gespräches von einer halben Stunde bezauberte und überzeugte mich der junge Direktor. Er war ein Mensch, der im Verlaufe des Gespräches Energie ausstrahlte und eine große Redseligkeit an den Tag legte.
Am folgenden Tag war ich schon kein Elektromonteur mehr, sondern leitender Komsomolarbeiter. Schpak machte mich mit der Produktionsplanungstechnik bekannt und versorgte mich mit anschaulichen Grafiken, die man heute in der modernen Wissenschaft als Netzwerke bezeichnet. Bis zum Gespräch mit Schpak war ich selbstherrlich der Meinung gewesen, ich wüßte, womit sich jede Abteilung befaßte. Aber jetzt überzeugte ich mich davon, daß dies ein völliges Hirngespinst gewesen war. Schpak zeigte mir die kritischsten Stellen und erklärte mir geduldig, worauf die Komsomolzen ihre Energie in erster Linie richten müßten. Für mich kam es darauf an, meinen gesamten Lebenswandel zu verändern.
Ich war jetzt häufig während aller drei Schichten im Betrieb. Es war notwendig, nach der Schicht mit irgend jemandem zusammenzutreffen, Abteilungsversammlungen mit der Jugend zu organisieren, die Inhalte von Wandzeitungen zu begutachten, Programme der technischen Ausbildung zu erarbeiten, an operativen Produktionsbesprechungen teilzunehmen und Rechenschaft über meine Tätigkeit im Komsomolkomitee abzulegen, in die Gebietskomitees des Komsomol zu fahren und andere Betriebe zum Erfahrungsaustausch aufzusuchen.
Gorbunow war tatsächlich bestrebt, im Betrieb ein Institut zu organisieren, das technische Hochschulausbildung vermittelte. Um die Solidität zu unterstreichen, wurde sie als Fakultät der besonderen Verwendung – FON – bezeichnet. Fast das gesamte Partei- und Komsomolaktiv nahm viermal in der Woche bis um 21 Uhr in halbschläfrigem Zustand an den Lektionen über höhere Mathematik, Physik, Materialkunde und Philosophie teil.
In den Abteilungen wurde die Produktion vorbereitet, und es wurden bereits Teile und Aggregate für die TB-3 gefertigt. Um eine Vorstellung über dieses neue Flugzeug zu erhalten, besuchte ich das Konstruktionsbüro KOSTR. Der Komsomolsekretär der Organisation des Konstruktionsbüros, Larisa Dobrowolskaja, leitete eine Gruppe der Innenspezialausrüstung. Mit ihrer Hilfe machte ich mich das erste Mal mit der Konstruktion und dem Gesamtaufbau des Flugzeuges bekannt. Für mich waren das auch die ersten Lehrstunden beim

Lesen von Flugzeugkonstruktionzeichnungen sowie die Bekanntschaft mit dem Gesamtsystem der zeichnerischen Dokumentationen, die im Flugzeugbau eingeführt worden war.
Häufig hatte ich weder die Kraft noch die Zeit, um über die Moskwa bis nach Hause zu gelangen. Ich nächtigte in der Komsomolkommune. In diesen Jahren gab es eine solche Form des Wohnheims.
Ungeachtet dieser Anspannung durch das Fabrikleben fanden wir irgendwie Zeit zu kollektiven Besuchen der Theater und Kinos. Solche Besuche lenkten von der Hast und den Schwierigkeiten des Lebens ab, schweißten das Komsomolaktiv zusammen. Ich erinnere mich an die „Optimistische Tragödie" von Wischnewskij im Kammertheater, an das „Poem über das Beil" von Pogodin im Theater der Revolution, an „Zeit, vorwärts!" von Kataew im Experimentaltheater sowie an den Film „Treffen". Die zu dieser Zeit im ganzen Land berühmtesten Schauspieler sahen es als Ehre an, uns im Betrieb zu besuchen. Bei solchen Anlässen wurde die provisorische Estrade in der neuen Abteilung der Endmontage eingerichtet, und die Opernsänger sangen begeistert klassische Arien vor einem viele Tausende umfassenden Auditorium, das zwischen den halb montierten Bombern eingerichtet worden war.
Von den 12.000 jungen Arbeitern und Angestellten des Betriebes war die Hälfte schon Mitglied der Komsomolorganisation. Das Leitungskomitee des Komsomol erfreute sich unter den Massen der Jugend großer Autorität. Im Vergleich zur Komsomolorganisation war die Parteiorganisation des Betriebes verhältnismäßig schwach. Dies erklärte sich durch das niedrige Durchschnittsalter der Arbeiter. Für die alten Bolschewiken war das Entgleiten der Komsomolorganisation aus dem Parteieinfluß eine gefährliche Erscheinung. Sie stützten sich auf Trotzki, der mit der Jugend unter der Losung: „Die Jugend – das Barometer der Revolution" begonnen hatte.
Der Parteisekretär Aralow war einer der Veteranen des Betriebes, die hier noch seit der Zeit der Firma Junkers beschäftigt waren. Er war auf diesen verantwortlichen Posten durch die Parteiorganisationen der Abteilungen gewählt worden, die in ihm ihren Vertreter sahen, der aus der arbeitenden Masse hervorgegangen war und die Produktion und die Bedürfnisse der Arbeiter kannte. Aralow verhielt sich gegenüber den Komsomolinitiativen positiv, ehrfurchtsvoll. Das Hauptaktiv des Komsomolkomitees, darunter auch ich, wurden immer zu den Sitzungen des Parteikomitees eingeladen, und wir bereiteten uns sogar darauf vor, um nicht passive Hörer, sondern Teilnehmer an der Diskussion der Fragen zu sein, die die Jugend bewegten.
Auf einer dieser Sitzungen des Parteikomitees schlug Aralow allen Mitgliedern des Komsomolkomitees und den Sekretären der führenden Abteilungen vor, in die Partei einzutreten. Nach seiner Meinung sollte dies den Parteieinfluß und die Kontrolle über die Tätigkeit des Komsomolaktivs sichern. So wurde ich 1931 Kandidat und 1932 Mitglied der WKP(B) (Kommunistische Partei der Bolschewiki).
An einem Tag Anfang des Jahres 1932 kam der Aufruf – und dies war außergewöhnlich – während der Arbeitszeit ins Parteikomitees zu kommen. Das

Partei- und Komsomolaktiv tagte. Der Sekretär des Gebietskomitees, (das war zu dieser Zeit der Frunsensker Rayon) Ruben, war zu uns gekommen. Wir hatten ihn noch nie in der Fabrik gesehen. Ich war bei ihm in einer Villa des Gebietskomitees auf dem Subowsker Boulevard bei der Aufnahme in die Partei gewesen. Zusammen mit Ruben war eine uns unbekannte Frau erschienen. Sie war hochgewachsen, hatte das Haar kurz geschnitten und trug ein schwarzes „englisches Kostüm". Äußerlich machte sie den Eindruck einer Vierzigjährigen. Ihr Anblick assoziierte den Eindruck einer strengen klassischen Dame – der Schrecken aller Mädchengymnasien.
Ruben sagte, daß wir uns auf Grund seiner Forderung zusammengefunden hätten, um uns mit einem geheimen Beschluß des Politbüros bekanntzumachen. Er las einen kurzen Auszug aus einem Dokument, von Stalin unterschrieben, vor. Im Beschluß hieß es, daß der Betrieb Nr. 22 für die Verteidigung des Landes keine geringere Bedeutung als ein Armeekorps hätte. Für die Stärkung der Leitung des Betriebes und die Sicherung der Kontrolle seiner Arbeit durch das ZK hielt es das Politbüro für notwendig, die Stelle eines Parteiorganisators des ZK mit gleichzeitiger Tätigkeit als Sekretär des Parteikomitees des Betriebes einzuführen. Zum Parteiorganisator des ZK wurde im Betrieb Nr. 22 durch Politbürobeschluß Olga Alexanderowna Mitkewitsch ernannt.
„Was den Sekretär des Parteikomitees, den Genossen Aralow betrifft, so wird er zur Arbeit in unser Kreiskomitee versetzt", sagte Ruben abschließend.
Für Aralow und alle Versammelten kam diese Mitteilung völlig unerwartet.
„Gibt es noch Fragen?", fragte Ruben.
Alle waren verblüfft und schwiegen. Plötzlich meldete sich unser Komsomolsekretär Petuchow und forderte: „Möge sie über sich erzählen!"
Mitkewitsch (jetzt verstanden wir, wen Ruben mitgebrachte hatte) stand auf, blickte ruhig und aufmerksam von einem zum anderen und begann zu berichten: Im Jahre 1889 war sie als Kind einer verarmten Adelsfamilie geboren worden. Sie nahm an der revolutionären Bewegung des Jahres 1903 teil. Im Jahre 1905 trat sie in die Russische Sozialdemokratische Arbeiterpartei (Bolschewiki) ein und begann ein illegales Leben im Untergrund. Sie studierte am Moskauer Handelsinstitut, und anschließend beendete sie die chemische Abteilung der höheren Moskauer Frauenkurse. Im Jahre 1917 nahm sie an den Oktoberkämpfen in Moskau teil.
Während der Kämpfe mit Denikin wurde sie zum Kommissar der 13. Division der 8. Armee ernannt. Sie kämpfte von Woronesh bis Grosni in der Roten Armee. Im Jahr 1920 befahl sie das Zentralkomitee von der Militärfront an die Wirtschaftsfront. Sie arbeitete im Donbass, in Nikolaew und Charkow. Sie war Leiter einer Schachtverwaltung gewesen und wurde Direktor der Textilfabrik in Jaroslawl. Im April des Jahres 1927 nahm sie als Mitglied der sowjetischen Delegation an der ersten Stillen-Ozean-Konferenz der Gewerkschaften in Kanton teil. Sie war lange Zeit als Vertreter des Vollzugskomitees der Komintern in China gewesen und hatte am Parteitag der Chinesischen Kommunistischen Partei teilgenommen. Im Jahre 1930 rief man sie aus China nach Moskau zurück. Hier arbeitete sie im Apparat des ZK der KPdSU(B) als

Stellvertreter des Leiters der Organisationsabteilung.
„So wurde ich durch einen Politbürobeschluß zu Ihnen in den Betrieb geschickt. Ich rechne auf Ihre Hilfe“, beendete die Mitkewitsch ihren Auftritt.
Als wir uns nach dem Parteikomitee verabschiedeten, waren wir vom Erfolg der Kaderumstellungen überzeugt. Ich äußerte Dobrowolskoj gegenüber den Gedanken, daß eine Frau, die das Vertrauen Stalins besitzt, andere Frauen mitreißen müsse.
„Unter den heute Anwesenden waren nur zwei Frauen, und die Mitkewitsch hat einen besonders aufmerksamen Blick auf Dich geworfen“, sagte ich.
„Die Mitkewitsch wird, ihrer Biographie zufolge, bei uns ein echter Kommissar“, antwortete Larisa. „Es ist schwierig vorauszusagen, wie sie ihre Kriegserfahrung nutzen wird. Schade ist nur, daß sie keinerlei weibliche Anmut einer Heldin der ‚Optimistischen Tragödie‘ besitzt“.
Tatsächlich gab es im äußeren Anblick von Olga Mitkewitsch und Alisa Koonen, die wir vor kurzem in dem Kammertheater in der Rolle des weiblichen Kommissars gesehen hatten, keinerlei gemeinsame Züge.
Die Mitkewitsch begann, die Zusammensetzung der Parteileitung sehr schnell zu verändern. Aus dem Apparat des Zentralen und des Moskauer Parteikomitees und sogar aus dem Institut der Roten Professoren kamen neue Genossen, durch die sie die Parteisekretäre der Grundorganisationen der Produktionsabteilungen ersetzte. Auch die Zusammensetzung des Apparates des Parteikomitees erneuerte sie.
Anschließend wurde auch der Komsomol von dem Wechsel ergriffen. Anstelle von Petja Petuchow kam Nikolaj Bogdanow, den die Mitkewitsch aus dem Moskauer Komitee mitbrachte, als Leiter in das Betriebskomitees. Bogdanow entschied, daß es in den Hauptabteilungen notwendig sei, von der Arbeit freigestellte Komsomolsekretäre in den Zellen einzusetzen. Er verminderte den Apparat des Komitees, übernahm selbst die Leitung der Produktionsabteilung, und mir schlug er vor, als arbeitsbefreiter Sekretär in der Mitglieder stärksten Abteilungsorganisation – der Endmontageabteilung – zu arbeiten.
Mit dieser Abteilung war ich gut bekannt, und das Jugendkollektiv nahm mich wohlwollend auf. Mein Übergang von der gesamtbetrieblichen Tätigkeit zur Arbeit in der Endmontageabteilung fiel in die Zeit der Kampagne zur Herstellung der Flugzeuge ersten TB-3. Schon zu Jahresbeginn arbeiteten wir angespannt. Die Arbeit wurde rhythmisch in Übereinstimmung mit den Zeitplänen von Schpakowskij organisiert. Ende März lud Gorbunow zu einer Besprechung, auf der er erklärte, daß er gerade erst von Baranow angerufen worden sei. Im Auftrage Stalins bat er darum, zur Luftparade am 1. Mai einige TB-3 vorzubereiten. Bisher hatte noch kein Flugzeug die Endmontageabteilung erreicht, und in etwas mehr als einem Monat solllte der Rote Platz überflogen werden! So etwas hatte es noch nicht gegeben. Wir vereinbarten zur Parade drei Gruppen, das hieß, neun Flugzeuge und eins zur Reserve vorzubereiten. Das betriebliche KB-KOSTR erhielt den Auftrag, eilig alles, was möglich war, zu vereinfachen. Die Bewaffnung war zu entfernen, des weiteren die unter den Flügeln angebrachten Benzintanks, alle Nachtflugausrüstungen usw. Die

Kampagne war sogar für die kampferprobtesten Veteranen ungewöhnlich. Jetzt hatte sie auch die Endmontageabteilung erreicht. Der Abteilungsleiter, der immer sehr ruhige und gelassene Morosow, hatte sich eine Endmontagetechnologie sorgfältig ausgedacht. Er bereitete ein Brigade vor, die in einem geschlossenen Produktionszyklus arbeitete. Für jedes Flugzeug ernannte er einen Verantwortlichen. Wenn die Aggregate in der Entmontageabteilung eintrafen, gingen die Monteure zur 24stündigen Arbeit über.

Eine Woche vor dem Feiertag begannen die Flüge auf dem Werksflugplatz. Alle Flugzeuge starteten und landeten ohne besondere Vorkommnisse, obwohl diese großen Flugzeuge für die Piloten sehr ungewohnt waren. Vor dem Feiertag wurden alle neun Maschinen nach Chodynka auf den Zentralen Flugplatz gebracht.

Am 1. Mai führte unser Betrieb traditionsgemäß den festlichen Zug der Demonstranten des Frunsensker Rayons an. Wir waren die ersten, die das von den Truppen befreite Pflaster des Roten Platzes betraten. Über unsere Köpfe brausten viele Doppel- und Anderthalbdecker, Aufklärungsflugzeuge und Jäger. Es folgten einige Staffeln der TB-1. Wir bemühten uns, nicht zu schnell zu sein. Wo waren unsere TB-3? Wir befanden uns schon auf der Höhe des Mausoleums und schrien ungestüm „Hurra!“ Stalin begrüßte uns und sah zum Himmel. Von oben, vom Twersker Boulevard, erhob sich ein vorher nicht zu vernehmendes Brausen. Sehr riskant, in einer Höhe von nicht mehr als 500 m flogen in exakter Anordnung von drei Flugzeugen in einer Gruppe neun viermotorige Giganten. Ich sah weder das Mausoleum noch die Tribüne noch jene Militärattachés, über die später die Zeitungen schrieben.

In der Kehle saß ein Kloß der Begeisterung. Ich klopfte irgend jemanden auf die Schulter und mir klopfte jemand auf die Schulter. Wir wurden von allen geschoben, und man bat uns, möglichst schnell zu gehen. Ich sah, daß die Mitglieder unserer Abteilung Tränen vergossen. Dies waren die unverhohlenen Tränen der Begeisterung. Auch ich mußte das Taschentuch benutzen.

Die Komsomolzen der Endmontageabteilung waren die Initiatoren der Organisation einer betrieblichen Fliegerschule, von Segelflug- und Fallschirmzirkeln. Durch aktive Unterstützung von Gorbunow begann auf dem Betriebsflughafen vom Jahr 1931 an, eine Flugschule vollberechtigt zu arbeiten. Zum Leiter der Schule wurde das energische Mitglied des Komsomolkollektivs Semen Salmanow ernannt. Zusammen mit ihm und dem neuen Sekretär der lautstarken Delegation des Komsomolkomitees kämpften wir uns bis zum Helden des Bürgerkrieges, dem Armeebefehlshaber Ejdeman durch. Er war in diesen Jahren Vorsitzender der mächtigen Osoawiachim. Ihm waren Hunderte Flug-, Segelflug- und Fallschirmschulen unterstellt. Viele Absolventen dieser Schulen traten in die Militärflugzeugschulen ein, nachdem sie eine gute Flugvorbereitung erhalten hatten.

Bei Ejdeman erbettelten wir zwei Schulflugzeuge U-2 (in Folge die berühmte Po-2) außerdem beauftragte er den bekannten Fliegerfallschirmspringer Moschkowski, die Patenschaft über unseren Fallschirmzirkel zu übernehmen,

und entsandte den Instrukteur für Fallschirmsport Ljamin für ständig zu uns. Die werkseigene Flugschule begann, noch im Jahre 1930 zu arbeiten. Von denen, die fliegen wollten, gab es keine Absagen. Der Testpilot des Betriebes, Petr Losowskij, arbeitete als Instrukteur auf gesellschaftlicher Grundlage.
Die Schule bildete Piloten ohne Unterbrechung des Arbeitsverhältnisses aus. Das Komsomolkomitee widmete der Flugschule besondere Aufmerksamkeit und unterstützte die Initiative des Leiters der Schule auf jede mögliche Art und Weise. Salmanow hatte zu Gorbunow ein besonderes Verhältnis, und dieser fand Mittel, um Fliegerbekleidung, Flugzeuge für den Fallschirmsport, außerdem Fallschirm- und Trainingsflugzeuge und alles, was für die Flugschule notwendig war, anzuschaffen. Bis zum Ende des Jahres 1933 bildete die Schule mehr als 40 Sportpiloten aus. Viele der Absolventen der Schule wurden professionelle Flieger.
Einer der Absolventen der Werksflugschule war Alexej Godowikow, der Sohn von Nikolaj Godowikow, von dem ich mich am 12. August 1937 für immer vor seinem Flug mit der N-209 über den Nordpol in die USA verabschiedete. Alexej Godowikow starb im Jahr 1942, als er sein Flugzeug als Führungsflugzeug auf einen feindlichen Bomber Ju 88 steuerte. Unweit von der Straße des Akademikers Koroljow, in der ich jetzt wohne, befindet sich die Straße Godowikow, die zur Erinnerung an den Flieger, den Helden der Sowjetunion A. N. Godowikow, benannt wurde. Er starb während der Kriegszeit, als man den Tod von Fliegern als unausweichliche Gesetzmäßigkeit aufnahm.
Während der Friedenszeit war dies ein außerordentlicher Vorgang. Aber auch in der Werksflugschule ging es nicht ohne tragische Ereignisse ab.
An einem heißen Junitag des Jahres 1931 führte Petr Losowskij bei einem Demonstrationsflug die Kunstflugfiguren höchster Schwierigkeit mit einem Jäger I-4 aus. Er kam nicht aus dem Trudeln heraus und zerschellte an der Erde. Der Tod des Piloten, des Lieblings des Komsomol, erschütterte uns alle. Es bestand die Gefahr, daß die Flugschule selbst aufgelöst werden könnte. Zu dieser Zeit besaß diese Schule auch schon staatliche Instrukteure der Osoawiachim. Gorbunow gelang es, die Schule zu erhalten, und diese setzte die Ausbildung junger Piloten fort.
Der Fallschirmsport besaß einen größeren Massencharakter als der Flugzeugsport. Die Fallschirmsprünge von speziellen Türmen und dann vom Flugzeug aus wurden zum Massensport.
Als Leiter der Komsomolorganisation der Endmontage war ich verpflichtet, möglichst viele Komsomolzen durch das eigene Beispiel zum Eintritt in die Fallschirmschule anzuspornen. Die Beschäftigung in der Fallschirmschule begann unter der Leitung von Ljamin, der mehr als 500 Sprünge, darunter auch verzögerte, ausgeführt hatte. Nachdem wir die Technik des Zusammenlegens des Fallschirms geübt und einige Sprünge vom Turm ausgeführt hatten, gingen wir zum Flug mit einer U-2 über und erwarteten mit Ungeduld den Beginn der tatsächlichen Sprünge aus 800 m Höhe.
Für die ersten Sprünge versammelten wir uns am Sonntag auf dem Werksflugplatz. Ljamin selbst bestimmte die Reihenfolge der ersten fünf. In

seiner Liste war ich der 4. Als erster sprang der Bordmechaniker des Flugplatzes, als zweiter eine Komsomolaktivistin unserer Abteilung und als dritter ein Stoßarbeiter – ein Flugzeugmonteur.
Die ersten zwei Sprünge verliefen erfolgreich. Beim dritten Sprung öffnete sich der Fallschirm nicht. Vollkommen bestürzt eilten wir zum Ort, wo unser Kamerad hingestürzt war. Er lag im hohen Grase am Ufer der Moskwa. Die rechte Hand war fest um den Ring des Hauptfallschirms gepreßt, den er so nicht öffnen konnte. Was hatte ihn daran gehindert, den Ring zu ziehen? Ljamin befreite vorsichtig den Ring aus den fest gepreßten noch warmen Fingern. Wir halfen ihm, den Fallschirm des Verstorbenen anzulegen. Ljamin überredete den Piloten, dieser startete, Ljamin sprang und zeigte die volle Funktionsfähigkeit des Fallschirms.
Das Springen in der Fallschirmschule wurde unterbrochen. Erst nach einem Monat versammelten wir uns wieder auf dem Werksflugplatz. Jetzt durften die Sprünge fortgesetzt werden. Ljamin entschied sich, einen Probesprung zu machen, um die notwendige Korrektur durch den Wind zu berücksichtigen. Während der Zeit des Starts und des Fluges bis zu dem von Ljamin ausgewählten Landeplatz, verstärkte sich der Wind. Wir sahen, daß der Fallschirmspringer in den äußersten Winkel des Flugplatzes, zum Bauplatz des Karamyschewsker Staudamms getrieben wurde. Ljamin landete in der Flußmitte. Die Fallschirmkuppel deckte ihn dicht zu. Er hatte keine Möglichkeit zu atmen, und die Flugausrüstung zog ihn auf den Grund.
Einige Häftlinge, die am Staudamm beschäftigt waren, rannten zum Wasser. Einem gelang es sogar, in das Wasser zu springen und zu schwimmen. Die Aufseher schrien: „Zurück!“ und gaben Warnschüsse ab. Wir rannten zum Ufer und gleichzeitig fuhr vom Werksanlegeplatz ein Kahn heran. Bevor sie Ljamin herausgezogen, zum Ufer gebracht und von der Fallschirmausrüstung befreit hatten, vergingen 30 Minuten. Es gelang nicht, ihn zu retten. Nach diesem Ereignis beendete die Fallschirmschule praktisch ihre Arbeit.
Der Parteiorganisator des ZK, Olga Mitkewitsch, und der Betriebsdirektor Gorbunow besichtigten häufig gemeinsam die Abteilungen und organisierten Produktionsaktive. Die Produktion des TB-3 fieberte dahin. Die Konstruktion und in die Gerätestruktur verbesserte sich quantitativ sehr. Das zweirädrige Fahrwerk wurde durch ein vierrädriges ersetzt, das Material der Halbachsen des Fahrwerkes sowie der am Motor befindliche Rahmen wurden ausgetauscht. Die Triebwerke M-17 ersetzte man durch verschiedene Modifikationen des leistungsfähigeren M-34. Die Verglasung des „Mosselprom“, d. h. der Nasenteil der TB-3, so nannte man das Cockpit des Navigators, wurde verändert. Die Konstrukteure des ZAGI nannten das Nasenteil „Schnauze Archangelskis“ [1]. Man entschied sich auch dafür, daß unter dem Rumpf angeordnete, herausklappbare Maschinengewehr, das man im ZAGI als „Hose von Nadaschkewitsch“ [2] bezeichnete, abzubauen. Den wenig leistungsstarken

[1] Archangelski - Flugzeugkonstrukteur
[2] Nadaschkewitsch - Waffenkonstrukteur

äußeren Elektrogenerator mit dem Windmotor ersetzte man durch einen Generator, der von einem Flugzeugmotor angetrieben wurde. Es gab noch viele verschiedene andere Veränderungen, darunter auch solche, die von Beanstandungen der Luftstreitkräfte ausgingen.
Auf einer Qualitätskonferenz erklärte Gorbunow, daß die im Werk hergestellten Flugzeuge im Vergleich zu denen vom ZAGI um 800-900 kg schwerer waren. Ein solcher Verlust an Bombenlast war nicht hinzunehmen, deshalb mußten Maßnahmen ergriffen werden, um einen Wettbewerb zur Gewichtsverminderung zu organisieren. Für jeden angenommenen Vorschlag gab es eine Prämie von 100 Rubel/kg. Sehr bald trafen im betrieblichen Konstruktionsbüro und anderen Dienststellen des Betriebes viele Vorschläge ein. Im Verlaufe eines halben Jahres magerte das Flugzeug um mehr als 800 kg ab.
Die Übergabe unserer Produktion fertiger Bomber an die Flugabteilungen der Luftstreitkräfte vollzog sich auf dem Betriebsflugplatz wenig feierlich. Die Crews der Militärabteilungen vollzogen im Verlaufe von zwei bis drei Tagen die technische Übernahme von drei Maschinen und flogen ohne besonderes feierliches Zeremoniell zu ihren Militärflugplätzen. Die Mehrzahl der Maschinen flog nach Westen in die Kiewer und Belorussischen Gebiete.
Im Sommer des Jahres 1933 schlug die Mitkewitsch der Komsomolleitung vor, die gewöhnliche Übergabe der leistungsfähigen Flugzeuge an die heldenhaften Piloten der Luftstreitkräfte in einen Feiertag zu verwandeln. Es stand gerade die Übergabe einiger Dutzend Maschinen an einen besonderen, fernöstlichen Militärbezirk bevor.
Die Abnahme der Flugzeuge leitete der Held des ersten legendären Überflugs Moskau – New York, der Pilot Schestakow. Er befehligte im Fernen Osten eine Formation von Flugzeugen des Typs TB-1. Jetzt stand der Wechsel der TB-1 gegen die TB-3 bevor. Vor der Ankunft der Fernostler wurden die 18 Maschinen zusätzlich noch einmal eingeflogen. Außerplanmäßige Durchsichten erfolgten. Alle gefundenen Fehler wurden sofort beseitigt.
Die Feierlichkeiten der Übergabe eröffnete ein Meeting auf dem Flugfeld. Schestakow und seine Crews wurden nach der ersten Besichtigung der Flugzeuge zu einem fröhlichen Picknick mit einer Bootsfahrt auf der Moskwa eingeladen. Die Fernöstler übernahmen die neue Technik im Verlaufe von einigen Tagen und erledigten die Formalitäten der Übergabe. Die Mitkewitsch stellte Schestakow die Komsomolbrigade vor, die die Patenschaft über die Flugzeuge für den Fernen Osten übernommen hatte. Ich nutzte die Möglichkeit und erzählte, daß in unserem Betrieb, das aus Amerika zurückgekehrte Flugzeug „Land der Sowjets“ mit allen Autogrammen der Amerikaner vorhanden war. Zur großen Verärgerung Schestakows konnte jedoch niemand sagen, wo sich dieses Flugzeug jetzt befand. Nicht nur zu dieser Zeit, sondern auch in den Folgejahren mußten wir feststellen, daß wir dieses materielle geschichtliche Zeugnis unachtsam verloren hatten. Es besaß einen steigenden historischen Wert. Unsere Flugzeugmuseen können unseren Nachkommen nicht nur das Flugzeug „Land der Sowjets“ nicht zeigen, sondern auch viele andere

sowjetische Flugzeuge nicht, die in die Weltflugzeuggeschichte eingegangen sind.
Die feierliche Übergabe der Flugzeuge endete mit einem großartigen Bankett in der Fabrikküche. Am frühen Morgen des folgenden Tages begleiteten wir Schestakow und seine Crew. Die Flugzeuge starteten, eins nach dem anderen ordnete sich in Dreiergruppen ein, und sie flogen gen Osten. Die TB-3 war in der Lage, die Entfernung nach Chabarowsk mit vier Zwischenlandungen zu bewältigen.
Die Mitkewitsch teilte später mit, daß sie von Schestakow ein Telegramm erhalten habe, in dem dieser für den herzlichen Empfang und die leistungsstarken Flugzeuge gedankt hatte.
Das außerordentlich hohe Tempo der Industrialisierung in den Jahren 1931-1933 erforderte, riesige Menschenmassen in der Industrie aufzunehmen. Diese kamen hauptsächlich aus den Dörfern. Es waren nichtqualifizierte und häufig lese- und schreibunkundige Menschen. Ungeachtet des sozialistischen Wettbewerbs, der Einführung der Titel Stoßarbeiter und Stachanowarbeiter und der Einführung moralischer und materieller Stimuli war die Arbeitsdisziplin und die Qualität der Produktion niedrig.
Eine der härtesten Maßnahmen zur Verbesserung der Disziplin in der Industrie war das Gesetz über den Ausschuß und die Arbeitsbummelei aus dem Jahre 1932. Durch dieses Gesetz wurde eine Verspätung bei der Arbeit, die mehr als 20 Minuten betrug, mit Entlassung geahndet. Für Arbeitsversäumnisse und für Produktion von Ausschuß wurden die Schuldigen vor Gericht gebracht. Als Verspätung rechnete auch die Rauchpause, wenn sie länger als 20 Minuten dauerte. In unserem Betrieb waren solche harten Gesetze bei weitem nicht notwendig. Die administrativen Maßnahmen, die Anziehungskraft der technischen Schulung, die effektiven Stimulierungsmethoden, die aktive Tätigkeit der gesellschaftlichen Organisationen unterstützten den Geist des betrieblichen Patriotismus im Arbeitskollektiv. Die Menschen arbeiteten zum überwiegenden Teil mit Enthusiasmus.
In den ersten Wochen nach der Veröffentlichung des Gesetzes bestrafte man viele Unschuldige, weil das Gesetz mit Übereifer angewandt wurde.
Ein Komsomolmitglied, ein Montageschlosser der Motor-Propeller-Gruppe, wir nannten ihn Igor, an den Familiennamen erinnere ich mich nicht mehr, besaß das Talent eines wirklichen Erfinders. Viele seiner Vorschläge zur Technologie der Montage und Konstruktion des Flugzeuges TB-3 waren schon realisiert. Der letzte Vorschlag, der ihm Ruhm im Betrieb und eine stattliche Prämie einbrachte, war die Vereinfachung des komplizierten Handsteuerungssystems der Umdrehungszahl und der Leistung der Triebwerke. Auf verschiedenen Versammlungen wurde dieser Vorschlag von Igor als Beispiel der unerschöpflichen potentiellen Möglichkeiten des Arbeiterschöpfertums gewürdigt. An einem trüben Tag überraschte mich der Abteilungsleiter mit der Mitteilung: „Unser berühmter Erfinder hat einen halben Tag gebummelt. Ich bin verpflichtet, ihn zu entlassen, und wenn die Sache ihren Gang geht, wird er auch noch vor Gericht gestellt. Er ist Dein Komsomolmitglied, deshalb warne ich

Dich.“ Der erschütterte Igor erklärte mir alles sehr einfach: „Gestern habe ich geheiratet und wir haben gefeiert. Ich habe es einfach verschlafen. Die erste Nacht, verstehst Du das nicht?“

Ich entschied, zum Direktor zu gehen und es alles so darzulegen, wie es war. Gorbunow hörte mich an, sah irgendwie zur Seite, schrieb lange, und dann unterbrach er mich: „Wir beide haben das Gesetz nicht gemacht und wir können es auch nicht verändern.“ Ohne Zeit zu verlieren, ging ich ins Parteikomitee. Die Mitkewitsch sagte: „Der Direktor ist verpflichtet, ein Beispiel zur Einhaltung des Gesetztes zu geben. Wie hart das auch sein möge. Ich kann versprechen, daß Igor nicht vor Gericht kommt. Du wirst noch heute eine offene Komsomolversammlung der Abteilung einberufen. Igor muß aus dem Komsomol ausgeschlossen werden. An diesem Beispiel mußt Du zeigen, daß das Gesetz für alle gilt. Und erkläre ihm, wenn er drei bis vier Monate irgendwo auf einer Baustelle ohne Disziplinverstöße gearbeitet hat, dann kann er in das Werk zurückkehren, und wir werden ihn wieder einstellen.“

Igor kehrte nicht wieder zurück. Wir verloren einen Menschen, der tatsächlich den göttlichen Funken besaß.

Ungeachtet aller Schwierigkeiten war Mitte 1933 die Produktion der TB-3 in Serie angelaufen.

Im August 1933 wurde durch einen Beschluß des Präsidiums der Zentralen Ausführungskommission der UdSSR (ZIK) der Betrieb für den Bau der schweren Flugzeuge und die gute Arbeitsorganisation mit dem Leninorden ausgezeichnet. In diesen Jahren war dies eine große Ehre. Mit dem Leninorden und dem Roten Stern wurden achtzehn der besten Arbeiter geehrt. Gorbunow und die Mitkewitsch erhielten den Leninorden, Godowikow den Roten Stern. Anläßlich dieses Ereignisses fand im Park von Fili ein großes Meeting statt, auf dem der Leiter der Luftstreitkräfte der Roten Arbeiterarmee (RKKA), Ja.I. Alksnis, auftrat. In ihren an die Arbeiter der Flugzeugindustrie gerichteten Reden riefen Alksnis und dann Woroschilow dazu auf, Flugzeuge und Motoren zu entwickeln, die besser sind als die ausländischen. Das Flugzeug TB-3 war 1933 das tragfähigste, aber hinsichtlich der Geschwindigkeit und der Gipfelhöhe hätte es wesentlich besser sein können, wenn unsere Triebwerksindustrie nicht zurückgeblieben wäre.

Im August 1933 wurde zum ersten Mal der Tag der Luftfahrt gefeiert. Dieser Feiertag wurde in vollem Maße genutzt, um die Jugend für neue Heldentaten in der Produktion zu begeistern. Auf allen Massenveranstaltungen sprachen wir davon, daß das Land der Sowjets Flugzeuge haben müsse, die „höher, schneller und weiter“ als alle anderen fliegen müßten. Das Werk Nr. 22, das beste Werk der Flugzeugindustrie, war direkt für die Erfüllung dieser Aufgabe verantwortlich.

Das Werk durchlebte eine Periode des Aufschwungs. Auf allen Rayon- und Gesamtmoskauer Versammlungen und Konferenzen fühlten wir stets die besondere Verehrung zu den Delegierten des Betriebes Nr. 22. Die ständige zielgerichtete Propaganda zeigte ihre Wirkung. Die neuen Parteisekretäre der Parteiorganisation, die in die Hauptabteilungen der Parteileitung kamen, waren

Parteigänger der Mitkewitsch, und diese organisierten eine Atmosphäre der Einheit und des beständigen feierlichen Arbeitsaufschwungs.
In dieser Periode waren Gorbunow und Mitkewitsch verdiente Autoritäten. Für uns Komsomolzen waren es Lehrer, Abgötter, Lebensvorbilder. Völlig unerwartet führten diese Abgötter einen Schlag gegen ihre eigene Autorität. Zunächst kamen durch Tratsch verbreitete Gerüchte über die intime Nähe des Direktors zur Parteiorganisatorin des ZK auf. In den Komsomolkreisen war die Autorität und der Kult Gorbunows so groß, daß die erste Reaktion war: „Quatsch, Gerüchte, das kann nicht sein. Gorbunow hat eine junge hübsche Frau. Er ist ihr Freund noch von der Komsomolarbeit in Sarajsk her. Mitkewitsch ist genauso Frau, wie sie Parteikommissar mit einer langen vorrevolutionären Parteizugehörigkeit ist. Sie ist vierzehn Jahre älter. Wenn er schon den Verstand verliert, dann sollte sie soviel Willenskraft und gesunden Menschenverstand besitzen und keinerlei Anlaß für solche Art von Getratsch geben."
Aber der Tratsch und die Gerüchte bestätigten sich. Gorbunow überließ seiner Frau die Wohnung in der Werkssiedlung in Fili und zog selbst zur Mitkewitsch, die in einem neuen Regierungshaus in der „Uferstraße" wohnte. Das war alles unwahrscheinlich und dies um so mehr, weil Gorbunow hinsichtlich der Frage der Vetternwirtschaft im Betrieb übergenau war. Seinen jüngeren Bruder Wladimir, der spätere Mitentwickler des Jägers LaGG – Lawotschkin, Gorbunow, Gudkow – beklagte sich darüber, daß Sergej ihn nur deshalb nicht eingestellt hatte, weil er fürchtete, der Vetternwirtschaft beschuldigt zu werden.
Dieses schwere Problem löste sich völlig unerwartet, weil Gorbunow bei einer Flugzeugkatastrophe mit dem Flugzeug R-6 starb. Dieser Flugzeugtyp war moralisch verschlissen. Im betrieblichen Konstruktionsbüro hatte man die Idee, dieses Flugzeug in ein Transport-Passagier-Flugzeug umzubauen. Das Versuchsmuster war im Betrieb als einziges Exemplar hergestellt worden. Aus dem Flugzeug entfernte man die gesamte Bewaffnung. Im Rumpf baute man acht Passagiersessel ein. Das Cockpit der Crew wurde verglast.
Mit dem Flugzeug wurden erste Probeflüge im Gebiet unseres Flugplatzes durchgeführt. Unerwartet kam die Anordnung, es für einen Weitflug vorzubereiten und zusätzliche Benzintanks einzubauen.
Am 5. September 1933 flogen Gorbunow, der Leiter der Hauptverwaltung der Flugzeugindustrie Baranow, der Leiter der Hauptverwaltung der Zivilluftflotte beim sowjetischen Ministerrat Golzman, sein Stellvertreter Petrow, das Mitglied des Präsidiums der Staatlichen Plankommission Sarsar und die Frau von Baranow (die ihren Mann gebeten hatte, sie zu ihren Kindern mitzunehmen, die sich auf der Krim erholten) mit diesem Flugzeug auf die Krim. Der Chefpilot der Hauptverwaltung der Flugzeugindustrie Dorfman und der Bordmechaniker Plotnikow flogen es. An diesem Tag war kein Flugwetter, aber Baranow bestand auf dem Flug. Um 9 Uhr nahm das überlastete Flugzeug Kurs nach Süden. Zwanzig Minuten nach dem Start erlitt es im Raum Podolsk im Moskauer Gebiet eine Havarie. Alle Passagiere und die Crew kamen ums Leben. Nach Schlußfolgerungen der Havariekommission war das Flugzeug durch die Wolken

an die Erde gedrückt worden. Geräte und Funkeinrichtungen für den Blindflug waren nicht vorhanden. Dorfman war gezwungen, das Flugzeug so zu steuern, daß er den Sichtkontakt mit dem Boden nicht verlor. Als man über Podolsk flog, riß das Flugzeug mit den Rädern den Draht einer hohen Amateurantenne ab und schleppte ihn mit sich. Die Antenne war an einem hohen Mast befestigt gewesen. Dann touchierte das Querruder der linken Flügelfläche die Spitze einer hohen Trauerweide. Die linke Flügelkonsole riß ab, das Flugzeug fiel mit der Spitze nach unten auf die Erde und zerschellte.

Die Nachricht über den Tod Gorbunows, Baranows und des Leiters der zivilen Flugzeughauptverwaltung erschütterte das Kollektiv. Am Morgen des 6. September fand im Werk ein Trauermeeting statt, auf dem der Landsmann Gorbunows aus Sarajsk, der zukünftige Sekretär des ZK der KPdSU und zukünftiges Akademiemitglied, B. H. Ponomarjow, auftraten. Auf dem Meeting verabschiedete man einen Aufruf an die Regierung mit der Bitte, dem Werk den Namen Gorbunows zu verleihen. So erhielt das Werk Nr. 22 anstelle 10. Jahrestag des Oktober den Namen Gorbunow. Der Name Gorbunows wurde auch dem Kulturpalast und einer Straße im Kunzewsker Rayon Moskaus verliehen. Der Abschied von den Verstorbenen erfolgte im Kolonnensaal. Baranow und Golzman wurden auf dem Roten Platz beigesetzt, die restlichen auf dem Donsker Friedhof.

Den Kandiden für den neuen Direktor des Werkes, des besten Flugzeugwerkes im Lande, sollte Ordshonikidse vorschlagen. Alle warteten, daß die Mitkewitsch uns den möglichen Kandidaten mitteilen würde. Irgend jemand, der mit den Beamten des Volkskommissariats der Schwerindustrie Umgang hatte, verbreitete das Gerücht, daß Michail Moiseewitsch Kaganowitsch, der Bruder von Lasar Kaganowitsch, Mitglied des Politbüros, zum Direktor ernannt würde. Das Gerücht bestätigte sich nicht. Michail Kaganowitsch wurde zum Leiter der Hauptverwaltung der Flugzeugindustrie anstelle des verstorbenen Baranow ernannt. Ende 1933 berief man Olga Mitkewitsch zum Direktor des Gorbunow-Werkes Nr. 22. Für die Kader der Flugzeugproduktion war dies die zweite Erschütterung. Mitkewitsch wurde als kluger, willensstarker und fester Parteileiter verehrt. Aber als Leiterin des größten europäischen Flugzeugwerkes konnten die Flugzeugbauer sie sich nicht vorstellen. Und dies um so mehr, da ihr direkter Vorgesetzter Michail Kaganowitsch nach allgemeiner Meinung ebenfalls ein großer Dilettant in der Flugzeugindustrie war.

Die Testpiloten waren die aggressivsten gegenüber den nicht kompetenten Leitern in der Flugzeugtechnik, außerdem die Flugplatzbordmechaniker, die Spezialisten der Flugerprobungsstation des Betriebes und die alten Abteilungsmeister der Endmontage. Sie erlaubten sich in der ersten Zeit ihrer Arbeit scharfe Ausfälle an die Adresse der Mitkewitsch, als diese sich über die niedrige Qualität der Arbeit einzelner Abteilungen oder die Verzögerung bei der Lieferung komplettierender Teile erregte. Das Gesetz über die Verspätung und die Arbeitsbummelei war eine direkte Bedrohung für die Flugplatzordnung. Die Mechaniker schämten sich nicht, wenn es möglich war, sich zum Sonnenbad in das duftende Gras zu legen oder an einem heißen Tag im Fluß zu baden, ehe sie

erneut in das durch die Sonne aufgeheizte Flugzeug zurückkehrten. Für sie verkörperte die Mitkewitsch die Partei, die Druck forcierte und sich ein neues strenges Gesetz ausgedacht hatte. Der Chefbordmechaniker Nikolaj Godowikow pfiff die besonders eifrigen Kritiker zurück, was ihm aber nicht immer gelang.
Wenn kein Flugwetter war oder einfach aus anderen Gründen, dachten sich die Flieger und Bordmechaniker der Flugerprobungsstation verschiedene Spiele aus. Dobrowolskaja erzählte, wie sie im Januar 1932 versucht hatten, sie zum Objekt ihrer Späße zu machen.
Der Leiter des KOSTR rief vom Flugplatz an mit der Bitte, die Konstrukteurin Dobrowolskaja zur Klärung einer von ihr unterschriebenen Zeichnung zu schicken. Ihre Zeichnung hatte zur Tätigkeit der Flugerprobungsstation keinerlei Beziehung. „Aber von diesen Trunkenbolden kann man alles erwarten“, sagte der Leiter.
Sie besaß ein anziehendes Äußeres, war noch vom Frost gerötet und ging in das verrauchte Zimmer, wo die gesamte Flugzeugelite das Maul aufsperrte. Der durch seine Vorliebe zum reinen Alkohol bekannte Leiter der Flugerprobungsstation, der ehemalige Militärflieger Chrisantow, wandte sich an den Bordmechaniker: „Barabanow, was haben Sie auf Deinen Anruf hin, für eine Schönheit gesandt. Erkläre, was Sache ist.“
Der Liebhaber aller Arten von Spielen, der Bordmechaniker Barabanow, erklärte: „Da war ein Konstruktionsfehler an einem Flugzeug. Das Problem bestand darin, ich habe jetzt die Nummer vergessen, eine Schraube hatte sich am Heckspornrad festgeklammert. Wir haben es selbst repariert. Wir können auf das Flugfeld gehen, um es zu überprüfen!“ Die versammelte Meute konnte nicht an sich halten und brach in ein fröhliches Gelächter aus.
Es war ein alter Scherz, mit Bart und die Dobrowolskaja wollte selbst lachen, aber sie zeigte Charakter. „Auf der nächsten Qualitätskonferenz werde ich um das Wort bitten, um darüber zu berichten, wie erfolgreich Sie Konstruktionsfehler beseitigen.“ Sie drehte sich um, verließ das Zimmer und krachte die Tür mit aller Kraft zu.
Ein noch größerer Liebhaber von Spielen und scharfsinnigen Situationen war der neue Parteisekretär der Flug- und Erprobungsstation Klewanskij. Es erheiterte ihn, als er über die Situation mit der Schraube und dem Spornrad informiert wurde, und er überredete dann die Dobrowolskaja, auf der Konferenz nicht aufzutreten. Wer so etwas in Gegenwart der Mitkewitsch erzählen würde, den könnte sie ernsthaft fragen: „Zeigen Sie, warum sich die Schraube am Spornrad festklammern kann?“ Klewanskij warnte alle Bordmechaniker, daß, wenn sie sich bei einer laufenden Inspektion des Flugplatzes durch die Mitkewitsch bei ihr mit ähnlichen Scherzen über die Qualität beschwerten, sie entlassen würden.
Die Testpiloten, Bordmechaniker und die Motorspezialisten hatten keine guten Beziehungen zur Partei- und Komsomolleitung. Die Aufrufe zur Beherrschung der Technik, der Sozialistische Wettbewerb, der Aufruf, „alle 420 Minuten einer Schicht zu nutzen“, all dies war nichts für sie. Die Mitkewitsch, die eine große Erfahrung bei der Zähmung widerspenstiger Massen besaß, begriff, daß für den

Posten der Parteileitung der Flug- und Erprobungsstation ein solcher Mensch gefunden werden mußte, der das Vertrauen und die Verehrung durch seine besonderen menschlichen Eigenschaften erwerben mußte.
Sie hatte Klewanskij im Moskauer Komsomolkomitee ausgesucht. Er besaß ein entwickeltes Gefühl für Humor und verfügte jeder Zeit über Witze, Sprichwörter, Anekdoten und lustige Geschichten. Wenn er, seine Fähigkeiten nutzend, erzählte, erreichte er die Entspannung einer beliebigen Situation. Er festigte das Kollektiv der Versuchs- und Erprobungsstation, vertrieb die Säufer, festigte die Disziplin und erreichte eine hohe Bewertung seiner Tätigkeit beim Parteikomitee. Klewanskij erschütterte uns jedoch alle.
Die Leitung der Partei, mit Stalin an der Spitze, ließ nicht die kleinste Schwächung des innerparteilichen Drucks zu. Unter der Losung des Kampfes mit den Überresten des Kapitalismus in der Wirtschaft und im Bewußtsein der Menschen wurde erhöhte Wachsamkeit gefordert, die Entlarvung der schädlichen Tätigkeit der bürgerlich-technischen Intelligenz, der Trotzkisten und rechten Abweichler. Von jedem Parteimitglied wurde außer der Beherrschung der Technik seines Faches, noch die systematische Entlarvung der Ideologie der feindlichen Klassen gefordert.
Den allgemeinen Aufrufen folgten Parteisäuberungskampagnen unter der Losung der Befreiung der Partei von fremden und entarteten Elementen. Die Atmosphäre eines allgemeinen Arbeitsaufschwungs wurde von der Notwendigkeit begleitet „zu entlarven, zu brandmarken und mit der Wurzel auszurotten".
Die Parteiorganisation des Betriebes war noch nicht darüber informiert worden, daß der Vater von Klewanskij, ein großer Wirtschaftsfachmann, wegen seiner Verbindung zu den Trotzkisten aus der Partei ausgeschlossen worden war. Der Ausschluß des somit vorbelasteten Sohnes war entschieden. Die Seele der Partei- und Komsomolgemeinde, der lustige und optimistische Klewanskij erschoß sich. In seinem Abschiedsbrief schrieb er, daß er nicht leben könne, wenn man ihn aus der Partei ausschließt.
Der Selbstmord Klewankijs aktivierte in allen Organisationen des Betriebes die Kampagne, die „verdeckten Klassenfeinde" zu entlarven. Diese Kampagne beeinflußte auch mein weiteres Schicksal.
Unter den verschiedenen im Parteikomitee grassierenden Mitteilungen erschien auch eine anonyme Nachricht, dessen Autor behauptete, daß Tschertok bei seinem Parteieintritt die Wahrheit über seine Eltern verschwiegen habe. In der anonymen Nachricht hieß es, daß sie im Ausland gelebt hätten, die Mutter ein aktives Mitglied der Partei der Menschewiki gewesen sei und der Vater während der Zeit der NÖP als Buchalter in einem Privatbetrieb gearbeitet hätte.
Vor uns stand die Säuberung der Partei, und in dieser Situation mußte ich mich so verhalten, daß meine Personalakte nicht zur Parteisäuberungskommission gelangte. Andernfalls wäre das Parteikomitee des Betriebes schuldig gewesen, weil sie die Akte nicht bis zu Ende geprüft hatten, warum haben sie auf die Parteisäuberungskommission gewartet? Bogdanow kam dem Parteikomitee zuvor, organisierte eine erweiterte Sitzung des Komsomolkomitees und trat dort

mit einer entlarvenden Rede auf. „Tschertok“, sagte er, „ist noch kein Klassenfeind, aber wir können keine Leute in unseren Reihen dulden, die nicht bis zu Ende ehrlich sind und ihre Vergangenheit verbergen.“ Die Mehrheit der Auftretenden waren Leute, mit denen ich bei der Arbeit fast nichts zu tun hatte. Die mir nahestehenden Genossen schwiegen betroffen.
In einer Rede zu meiner Rechtfertigung erklärte ich, daß meine Mutter drei Jahre vor meiner Geburt aus der Partei ausgetreten war. Mein Vater arbeitete in einer staatlichen Fabrik, die im Jahre 1922 an eine Privatgesellschaft vermietet worden war. Alle Arbeiter und Angestellten hatten ihre Arbeitsplätze behalten. Das Wahlrecht des Vaters wurde nicht gelöscht und der Mutter wurde sogar vorgeschlagen, in die WKP(B) (bolschewistische Partei) zur Zeit der Leninschen Aufrufe einzutreten. Die gesamte Geschichte meiner Eltern hatte ich im Jahre 1931 vor der Aufnahme als Kandidat in die Bolschewistische Partei Wasserman dargelegt. Er war in der damaligen „besonderen Abteilung“ das Eichmaß des Parteigewissens und das Beispiel eines technischen Leiters mit einem vorrevolutionären Parteialter seit 1905. Wasserman hatte mir aufmerksam zugehört und sich mit dem Sekretär der Parteizelle in der Abteilung beraten. Er sagte mir, daß ich zu diesem Thema in der Versammlung nicht auftreten müsse: „Die Eltern sind ehrliche Menschen, Du arbeitest ausgezeichnet, bist Stoßarbeiter, Erfinder. Daß Du in Polen geboren wurdest, ist in allen Fragebögen vermerkt. Wer will, kann sich darüber informieren.“
Nachdem ich diese Geschichte kurz erzählt hatte, endete ich damit, daß ich mir ein Leben außerhalb des Komsomol und der Partei nicht vorstellen könne.
Die Mehrheit stimmte für den Ausschluß aus dem Komsomol und die mir nahestehenden Kollegen für einen strengen Verweis mit Verwarnung.
Formal war ich aus dem Komsomol ausgeschlossen, blieb aber Parteimitglied. Dies geschah in den für das Werk trüben Tagen. Gorbunow war gestorben, aber die Mitkewitsch noch nicht ernannt. Es war dies keine Zeit für mich. Zu Hause erzälte ich die Vorfälle meinen Eltern, ohne ihnen etwas zu verbergen. Die Mutter ging, ohne mir etwas davon zu sagen, nach Fili und traf sich mit der Mitkewitsch. Beide haben mir damals von diesem Treffen nichts erzählt.
Schließlich fand das Parteikomitee Zeit, den Beschluß des Komsomolkomitees zu beraten und sprach mir einstimmig einen „strengen Verweis mit Verwarnung und Eintrag in die Registratur aus“. Insbesondere wurde festgelegt, daß ich in meinem Beruf arbeiten solle. Die Mitkewitsch wies mir Arbeit in der Abteilung des Betriebes zu, in der ich noch gestern Komsomolsekretär gewesen war.
So wurde ich erneut Elektromonteur, aber nicht in der Industrie, sondern für Flugzeugelektroausrüstungen. Mein damaliger Fall endete nicht mit dem Ausschluß aus der Partei. Ich verarbeitete das alles sehr schwer. Nach vielen Jahren bewertete ich das Erlebte nicht als Niederlage, sondern als Geschenk des Schicksals.
In der Abteilung kannte man mich gut, und zur Umerziehung wurde ich in die Frauenstoßbrigade von Lidija Petrowna Koslowskaja geschickt. Diese Brigade befaßte sich mit der Montage der Zündungen, übergab diese auf dem Flugplatz den Bordmechanikern und überprüfte sie an schon arbeitsfähigen Motoren. Die

Koslowskaja freute sich: „Schließlich habe ich unter meinen Arbeitern wenigstens einen Mann und dabei noch einen von den früheren Leitern.“ Die ihr unterstellten Mädchen hielt sie an der kurzen Leine. Im übrigen wurde die Koslowskaja im Betrieb nicht nur von den ihr unterstellten Arbeitern etwas gefürchtet. Sie war im Betrieb nach einigen Jahren „Verbesserungslager“, auf der berühmt berüchtigten Solowka, aufgenommen worden. Die Arbeitsdisziplin und die Qualität der Arbeit waren in der Brigade der Koslowskaja vorbildlich. Ihre kriminelle Vergangenheit war schwer zu überprüfen. Sie achtete in der Brigade streng darauf, daß alle in der 420-Minutenschicht auch arbeiteten. Sie war immer korrekt, freundlich und mit ihren Kolleginnen in der Abteilung umgänglich. Sie konnte Sympathie erwecken und dies auch bei der nörglerischen Leitung.

Die verwegensten Skandalmacher, die Bordmechaniker des Flugplatzes, die bei jeder Kleinigkeit mit den Meistern und Brigadieren der Montageabteilung in Streit gerieten, hüteten sich davor, sich mit der Koslowskaja anzulegen. Sie konnte so auf die ungerechtfertigten Meckereien reagieren und gebrauchte dabei solche Ausdrücke, daß sogar die ehemaligen Motorspezialisten das Kinn hängen ließen. Wenn dann noch irgend jemand als Schulmeister auftreten wollte, war für diesen Fall die Technik eines Hochspannungsschlages mit Hilfe eines Handzündmagneten vorgesehen, den man gewöhnlich zum Anlassen der Flugzeugtriebwerke nutzte. Während der Arbeit innerhalb des weiträumigen Rumpfes der TB-3 war es möglich, den Beleidiger mit dem Zündkabel in Berührung zu bringen. Eine Zündentladung von 20.000 Volt durchschlug die Kleidung, rief keine Brandwunden, aber eine kurzzeitige Nervenreizung hervor.

Das Porträt der Koslowskaja zierte die Ehrentafel, und im Jahre 1935 wurde sie mit dem Orden des Roten Stern der Arbeit ausgezeichnet. Wahrscheinlich war der Kaderabteilung, in der die biographischen Daten aus den Fragebögen aufbewahrt wurden, und den Menschen, die der Koslowskaja vertrauten, ihre kriminelle Vergangenheit bekannt.

Ihre Eltern waren sehr reich gewesen, und in der Kindheit war sie an Luxus gewöhnt. Die Revolution hatte ihr alles genommen. Nachdem sie alles verloren hatte und von den Eltern getrennt war, wurde die Koslowskaja zum aktiven Mitglied einer Räuberbande. Von Natur mit Organisationstalenten und Unternehmensgeist ausgestattet, war sie sehr bald zum Chef der Bande geworden. Für solche Verbrechen drohte ihr die Todesstrafe. Aber unter Berücksichtigung ihrer Jugend und weil sie zum ersten Mal verurteilt wurde, erhielt sie vom Gericht acht Jahre Haft. Die Fähigkeiten der Koslowskaja während ihres Aufenthaltes im Verbesserungsarbeitslager auf den Solowezker Inseln erlaubte ihr, eine vorzeitige Entlassung zu erreichen. Sie erhielt eine Charakteristik, die ihr die Umerziehung bestätigte und ihr das Recht gab, sogar in einem Flugzeugwerk zu arbeiten.

An einem heißen Tag der Übergabe der laufenden Flugzeuge erwartete ich die technische Endkontrolle der montierten Elektroausrüstungen. Gewöhnlich wurde die Abnahme von dem ehemaligen Matrosen der Ostseeflotte, den wir als Sascha-bozman bezeichneten, vorgenommen. Er überprüfte die Ästhetik der

verlegten Kabelbäume und die Befestigung der Schellen, die die Kabelbäume an die geriffelte Konstruktion der Verkleidung preßten, sorgfältig.
Anstelle von Sascha-Bozman erschien zusammen mit der Koslowskaja eine neue Arbeiterin im Firmenanzug der zivilen Luftflotte. Die Koslowskaja stellte sie vor: „Hier ist der neue Kontrollmeister Katja Golubkina." Unsere neue Kontrolleurin hatte vor kurzem das Tuschinsker Technikum für Flugzeugspezialausrüstungen der zivilen Flugzeughauptverwaltung beendet und befand sich zum ersten Mal im Innenraum eines schweren Bombers. Dieses Treffen wurde fortgesetzt. Nach drei Jahren wurde Katja meine Frau.
Die Arbeit an Zündsystemen und an Flugzeugelektroausrüstungen bestimmte im weiteren mein Schicksal. Ich mußte das Flugzeugzündsystem auf unserem Flugplatz den Bordmechanikern, den Militärvertretern und den Crews, die die Flugzeuge übernahmen, übergeben. In diesem System gab es viele Probleme. Unsere Flugzeugindustrie hatte gerade damit begonnen, sich die Produktion eines so schwierigen Gerätes wie einer Magnetzündspule anzueignen. Zu diesem Zeitpunkt wurden alle Triebwerke mit Magneten der Schweizer Firma „Szinzilla" oder der deutschen „Bosch" ausgestattet. Über die Triebwerke, die mit unseren Magneten bestückt waren, beschwerten sich die Bordmechaniker, weil die Zündung mit Unterbrechungen arbeitete und nicht die geforderte Leistung entwickelte.
Es kann sein, daß ich mich unter dem Einfluß solcher Diskussionen dafür entschied, mit der Nutzung eines solchen komplizierten und launenhaften Gerätes wie der Magnetspule und gleichzeitig mit dem Monopol der Firmen „Szinzilla" und „Bosch" Schluß zu machen. Heute bin ich selbst über die Kühnheit und Naivität des 21jährigen Elektromechanikers erstaunt.
Durch meine Funkamateurtätigkeit hatte ich von den bemerkenswerten Eigenschaften der piezoelektrischen Kristalle gehört. Die schon damals in breitem Umfang angewandten Quarzkristalle gaben bei der mechanischen Nutzung eine so schlechte elektrische Leistung, daß sie für die Erzeugung eines Zündfunkens keinerlei Chance hatten.
In irgend einem Funkjournal las ich über die wunderbaren Eigenschaften der Kristalle des Seignettesalzes (ferroelektrische Eigenschaften). Diese Kristalle besitzen eine piezoelektrische Effektivität, die tausendmal größer als die der gewöhnlichen Quarzkristalle ist. Ich begann, Literatur zu suchen. Und mir fiel das gerade erst erschienene Büchlein: „Die Seignetteelektrizität" in die Hände. Ich versuchte fieberhaft, es zu studieren, doch in dem Buch war sehr viel für mich unverständliche Physik dargestellt (ich hatte nur Mittelschulbildung und war im übrigen Autoditakt). Ich hatte den Kern des Problems verstanden – die Seignettesalze würden die Technik der Zündung revolutionieren. Heute ist das Ende des Jahrhunderts der Zündmagnete und der europäischen Monopolfirmen gekommen. Innerhalb einer Woche hatte ich mir eine neue Schaltung ausgedacht und an einem arbeitsfreien Tag zeichnete ich diese mit Tusche auf Zeichenpapier mit Pause. Ich brachte das Ganze in die notwendige Form der Beschreibung, „einer großen Erfindung des Jahrhunderts". So wurde mein Vorschlag vom Betriebserfinderrat bewertet.

Nach einem Monat erhielt ich das Anmeldezeugnis und nach einem halben Jahr das Urheberzeugnis. Dann erhielt ich die Kopie der positiven Bewertung eines Experten. Dort hieß es: „Im Unterschied zu allen existierenden Systemen der Elektrozündung, die mit einem Gemisch im Zylinder des Motors mit innerer Verbrennung arbeiten, ist das vorgestellte Verfahren darauf begründet, einen elektrischen Funken in der Kerze des Zylinders nicht mit Hilfe eines Zündmagneten, eines Akkumulators oder einer Dynamomaschine zu erhalten, sondern mit Hilfe des piezoelektrischen Effekts. Unzählige Versuche haben gezeigt, daß die Kristalle des Seignettesalzes einen wesentlich höheren piezoelektrischen Effekt liefern. Dieser im Vergleich zu allen piezoelektrischen Kristallen große Effekt wird auch bei dem vorgeschlagenen Zündverfahren eines Motors mit innerer Verbrennung benutzt.
Das vorgeschlagene Verfahren hatte gegenüber den vorhandenen folgende Vorteile: Einfachheit, infolgedessen eine große Zuverlässigkeit der Konstruktion beim Betrieb, weil sich drehende magnetische Massen, Spulen, Kollektoren und übrige Elemente fehlen. Dadurch wird andererseits die elektrische Schalung vereinfacht. Die Leichtigkeit und die Kompaktheit infolge des Fehlens massiver Magnetsysteme oder von Akkumulatoren hat für die Flugzeugtriebwerke sehr große Bedeutung. Die Einfachheit und die billige Fertigung der Geräte macht das vorgeschlagene Verfahren wirtschaftlich vorteilhafter. (Experte W. M. Malyschka, Redakteur A. A. Denisow)".

Es gab auch noch andere positive Bewertungen, aber dies reichte schon aus, um mit der Suche nach den wundertätigen Kristallen des Seignettesalzes zu beginnen, die ich bis zu dieser Zeit noch nicht in den Händen gehalten hatte und deren Eigenschaften ich bis zu dieser Zeit nur aus der Literatur kannte.

Die Kampagnearbeit hielt mich von meiner Beschäftigung mit den neuen Zündprinzipien ab. Ich beschäftigte mich mit der Elektrifizierung des Bombenabwurfs und der Ausrüstung der Flugzeuge mit Funkstationen. Man teilte mich der Brigade für allgemeine Spezialausrüstungen und der Bewaffnung zu, und ich mußte mich mit den elektrischen Navigationsgeräten und den zu dieser Zeit neuesten elektrischen Systemen des Bombenabwurfs beschäftigen.

In der TB-3 wurden die Bomben mit einem Gewicht bis zu 100 kg innerhalb des Rumpfes in Spezialkassetten gelagert. Die schwereren Bomben hingen so unter dem Flügelmittelteil, daß sie das Öffnen der Bombenluken und den Abwurf der inneren Bomben nicht störten. Für das Abwerfen der Bomben mußte ein mechanisches Schloß des Bombenhalters geöffnet werden. Dies tat der Navigator, der durch ein System mehrerer Stahltrosse mit jedem Bombenhalter verbunden war. Der Navigator schaute in eine optische Zieleinrichtung und gab dem Piloten Anweisungen zur Führung des Flugzeuges auf einem Kampfkurs. In einem vorher berechneten Moment zog er mit ganzer Kraft den Handgriff des mechanischen Bombenwerfers. Zum Abwerfen aller Bomben mußten große physische Kräfte aufgewendet werden, wobei der Handgriff des Bombenwerfers vor- und zurückgeführt werden mußte. Dabei wurden durch den Stahltrossenantrieb die Schlösser des Bombenwerfers geöffnet. Die Bomben

konnten einzeln oder in Serie abgeworfen werden. Beim Serienabwurf mußte man verschiedene Zeitintervalle zwischen den einzelnen Abwürfen einhalten.
Der Salvenbombenabwurf erforderte den gleichzeitigen Abwurf aller Bomben. Mit Hilfe der mechanischen Trossenantriebe war dies nur schwer zu verwirklichen. Die Trossen zogen sich heraus, und die Ordnung des Abwurfs wurde gestört. Manchmal erwiesen sich alle Berechnungen des Navigators als falsch, und die Bomben verfehlten ihr Ziel.
Die Luftstreitkräfte forderten im Jahre 1932, elektrische Bombenwerfer zu entwickeln. Anstelle der Trosse führten jetzt Kabelbäume zu den Bombenhaltern. In den Bombenhaltern waren die mechanischen Schlösser mit pyrotechnischen Vorrichtungen ausgerüstet. Mit Hilfe eines elektrischen Impulses wurde eine Pyropatrone gesprengt, die bei der Explosion Gas bildete, das einen Kolben bewegte, der das Schloß des Halters öffnete .
Der in einem Spezialkonstruktionsbüro entwickelte Bombenwerfer, der dann im Betrieb „Awiapribor“ serienmäßig hergestellt wurde, war ein äußerst kompliziertes elektrisches Gerät.
Die ersten Elektroabwerfer akzeptierten die Erprober des NII (Wissenschaftlich Technisches Institut) der Luftstreitkäfte mit Mühe zur Hälfte. Die an uns gelieferten, serienmäßig hergestellten Bombenwerfer führten zum Abbruch der Flugerprobung und zum Zorn der Erprober als diese versuchsweise Bombenmuster auf die Erde warfen.
Neue Sorgen bereiteten der Abteilung für Spezialausrüstung die Flugzeugfunkstationen. Erst im Jahre 1933 wurde unsere leistungsfähige Bomberwaffe mit Empfangs- und Sendestationen sowie mit Flugzeugeinrichtungen ausgerüstet, die die sieben Crewmitglieder untereinander verband.
Noch eine Sensation rief eine bei uns gelandete TB-3 hervor, die mit einem völlig geheimen Autopiloten ausgerüstet war. Der pneumatische Autopilot machte durch seine Kompliziertheit Angst, und die serienmäßig produzierten Flugzeuge rüstete man nicht damit aus. Für die Nachtnavigation und für den Flug unter schwierigen Wetterbedingungen wurde das Flugzeug des Kommandanten mit den ersten Funkhalbkompassen und mit Empfängern zum Empfang der Signale der Funkfeuer ausgerüstet.
Diese neuen Geräte führten zu so vielen Versagern, daß der Flugplatz sich mit Dutzenden nicht übergebener Flugzeug füllte. Ich wurde in den Rang eines Elektrofunktechnikers ernannt und war für die Installation, Regulierung und Übergabe der Funkgeräte verantwortlich.
Im Januar/Februar 1934 fand der 17. Parteitag der KPdSU statt. Er war zum Parteitag der Sieger erklärt worden. Der zweite Fünfjahrplan war in allen Kennzahlen vorfristig erfüllt worden. Die Stalinsche Politik der Umwandlung des Landes aus einem rückständigen Agrarland in ein leistungsfähiges Industrieland fand die einstimmige Unterstützung des Parteitages. Die Mitkewitsch war Parteitagsdelegierte der Moskauer Stadtparteiorganisation. Über die Ergebnisse des Parteitages und über ihre Eindrücke berichtete sie auf dem Parteiaktiv.

Ich war in Ungnade gefallen und nahm nicht am Aktiv teil. Aber bald nahm die Mitkewitsch die Meister und Brigadiere bei ihren Rundgängen zusammen und sprach eine strenge Rüge wegen des Verzuges der Übergabe der Flugzeuge aus. Sie stützte sich auf den Beschluß des Parteitages und forderte von uns allen heroische Anstrengungen, um das Flugfeld frei zu bekommen.
Nach dem allgemeinen Gespräch nahm mich die Mitkewitsch auf die Seite und fragte, warum ich mich über den Beschluß des Parteikomitees nicht beschweren würde. „Die Sache ist nur die", erklärte sie, „die Kommission riskiert nicht, solche frischen und strengen Strafen zu löschen, eher wird sie Dich einfach aus der Partei ausschließen."
Es tauchte eine neue Sorge auf. Nachdem ich die Prozedur des Einspruch des Beschlusses der Grundorganisation studiert hatte, ging ich schrittweise vor. Zunächst wandte ich mich an die „Troika" (Geheimpolizei) des Stadtbezirkes zur Überprüfung der Personalangelegenheiten. Dann wurde ihr Beschluß durch das Raykombüro, das sich in der bekannten Villa des Subowsker Boulevard befand, bestätigt. Dies war jedoch nicht ausreichend, deshalb wurde meine Angelegenheit von der Gesamtmoskauer „Troika" auf dem Alten Platz verhandelt. Den drei alten Bolschewiken erschien ich als unerfahrener Jüngling. Sie hielten mir eine Moralpredigt und wandelten meine „strenge Strafe mit Eintrag" großherzig in eine nur „strenge Strafe" um. Die Parteisäuberungskommission machte sich mit allen Protokollen bekannt und hörte meine Beichte und die Lobeshymnen der parteilosen Meister. Sie „säuberten" mich endgültig und strichen meine Parteistrafe.
Jetzt verwandte ich meine ganze freie Zeit auf die Erfindung eines einfachen und zuverlässigen Elektrobombenabwurfgerätes. Woher und auf welche Weise dem Erfinder die Erleuchtung kommt, ist schwer zu erklären. Vor allen Dingen ist der Wunsch notwendig, unter allen Umständen etwas auszudenken, was es noch nicht gibt oder das Vorhandene durch etwas wesentlich Besseres zu ersetzen. Die zweite Bedingung ist die Kompetenz, das unbedingte Begreifen der Zielaufgabe und das Wissen über den Erfindungsgegenstand. Als dritte Bedingung würde ich die Eingebung bezeichnen, die den Autor davor schützt, ein Perpetuum mobile oder das Fahrrad neu erfinden zu wollen. Dabei ist es notwendig, die Fähigkeit zu besitzen, die vorgeschlagene Alternative in einem frühen Stadium kritisch zu bewerten, ehe man in kindische Freude über die eigene Genialität verfällt. Und jetzt, wenn dem Erfinder vollkommen klar ist, das alles beschrieben und berechnet ist, sogar schon Expertisen eingegangen sind und kein Zweifel am Neuheitsgrad und den Vorteilen der Erfindung besteht, beginnt die schwierigste Etappe, die Realisierung, experimentelle Erprobung und Einführung. Und hier ergibt sich der prinzipielle Unterschied zwischen dem Schöpfertum des Erfinders und Ingenieurs gegenüber dem des Schriftstellers oder Künstlers.
Die von mir vorgeschlagenen Elektrobombenabwurfgeräte nannte ich elektronisch. Anstelle eines komplizierten elektro-mechanischen Zeitmechanismus für die Auswahl der Zeitintervalle bei Serienbombenwürfen hatte ich ein elektronisches Zeitrelais mit einem großen Zeitregulierungsbereich

des Bombenabwurfs eingesetzt. Ich mußte außerdem eine Schaltung anfertigen, die die Zeit des Relais mit Hilfe eines Generators in Impulse umwandelte. Anstelle eines komplizierten Mechanismus zur Auswahl der notwendigen Bombenhalter verwendete ich einen einfachen und billigen Sucher, der in automatischen Telefonanlagen eingesetzt wird. Als dies alles zusammen mit einer Quecksilberthyratronröhre, die auf einer Furnierplatte verlötet wurde, zu funktionieren begann, meldete die Militärvertretung des Betriebes meine Fähigkeiten an die Abteilung für Bewaffnung der Verwaltung der Luftstreitkräfte.

Nach einer Mitteilung in die Warwarka, wo zu dieser Zeit die Verwaltung der Luftstreitkräfte untergebracht war und von Alksnis geleitet wurde, schickte man mich nach entsprechender Information in das Haus auf dem Roten Platz, in dem die Verwaltung der militärischen Erfindungen untergebracht war. Der Leiter der Verwaltung Gluchow rief mich nach einigen Tagen zu sich und teilte mir mit, daß Tuchatschewskij einverstanden sei und die Entwicklung und Fertigung der Versuchsmuster nach dem Vertrag bezahlen würde, den ich mit der Verwaltung der Luftstreitkräfte abzuschließen hätte.

Nach dem Ablegen der Aufnahmeprüfung wurde ich im August 1934 schließlich Student des MEI – des Moskauer Energetischen Molotow-Institutes. Aufgrund materieller Überlegungen konnte ich nicht aufhören zu arbeiten und begann das Studium in der Abendfakultät ohne Arbeitsunterbrechung. Das MEI war vor drei Jahren aus der Moskauer Technischen Universität ausgegliedert worden und befand sich in verschiedenen Gebäuden des Rayons Korowoi Brod (Furt) auf der Radiostraße. Die Metro wurde gerade erst gebaut. Nach 420 Minuten Arbeit in der Schicht fuhr ich in anderthalb Stunden von Fili zum MEI. Unterwegs stillte ich in der Straßenbahn meinen Hunger.

Die Abendfakultät begann um 18 Uhr und endete um 22 Uhr. Jeder Student besaß eine Produktionserfahrung von ca. drei bis vier Jahren. Auf Grund der eigenen Produktionserfahrungen überzeugten wir uns davon, wie wichtig es war, systematisiertes wissenschaftliches Grundlagenwissen zu erhalten. Gerade eben dieser Wunsch stand höher, als die täglichen Sorgen und er zwang uns, die Lektionen aufmerksam zu verfolgen, uns nicht in den Seminaren zu verzetteln und die Laborarbeiten rationell zu gestalten. Die Professoren und Lehrer verstanden, daß sie es nicht mit Schülern zu tun hatten, sondern mit qualifizierten Arbeitern, Technikern und praktischen Konstrukteuren. Im Lernprozeß wurde eine spezifische Interessengemeinschaft hergestellt. Während der kurzen Pausen entspannte man sich. Weil wir in allen Fragen erwachsene Leute waren, standen wir zu dieser Zeit faktisch Kopf. Ungeachtet der Aufrufe des Dekans, keinen Unfug zu treiben und sich mehr zurückzuhalten.

Am Jahresende fand ich einen Platz im Institut und entdeckte einen Sektor der wissenschaftlichen Forschungsarbeit, der verschiedene Aufträge der Industrie ausführte. Nach einem kurzen Gespräch erklärte sich der Chef eines großen Elektromaschinenlabors einverstanden, ein kleines Speziallabor zur Entwicklung meiner Elektrobombenwurfgeräte zu organisieren. Diese Arbeit hatte zu den leistungsstarken elektrischen Maschinen keinerlei Bezug, brachte

mir aber einen Vertrag mit der Verwaltung der Luftstreitkräfte, die zu dieser Zeit großes Prestige und Einfluß hatte.
Auf Bitten der Verwaltung der Militärerfinder unterstellte mich das Werk der Verwaltung der Luftstreitkräfte und ich leitete ein Speziallabor des MEI. Außer mir arbeitete ein Mechaniker in diesem Labor. Der Mechaniker gehörte zu jenen, von denen man sagt, daß sie „goldene Hände" haben. Er war weit über 50 Jahre alt und verhielt sich mir gegenüber gönnerhaft. Er begann damit, daß er mir vorschlug, nicht täglich im Labor zu erscheinen. Er mache alles selbst, wenn ich ihm nur logisch erkläre, wo diese Bomben hängen, die einzeln oder alle abgeworfen werden müssen. Letztendlich fanden wir eine gemeinsame Sprache. Am Tag arbeitete ich mit ihm im Labor, an dessen Tür ein Schild: „Speziallabor! Eintritt streng verboten!" angebracht war. Abends ging ich dann in ein anderes Gebäude und beschäftigte mich mit meinen studentischen Aufgaben.
In dieser Zeit mußte ich zu Konsultationen und zur Bestellung neuer Teile in viele wissenschaftliche Einrichtungen fahren, in Betriebe Moskaus und Leningrads. Es waren sehr viel interessante Leute zu kontaktieren, der Umgang mit ihnen bereicherte den Ideenvorrat und manchmal war ich gezwungen, meine früheren Interessengebiete zu überdenken.
Im Labor für Elektronenautomatik des Allunions-Elektrotechnischen Instituts, in den Betrieben „Swetlana" und „Krasnaja Sarja", im Verwaltungsapparat der Luftstreitkräfte, im Institut für Telemechanik traf ich mit Leuten zusammen, die mich berieten und mir uneigennützig halfen. Und es ergab sich, daß ich mich nach drei bis vier Jahren erneut mit einigen von ihnen traf. Jaswoin – Direktor von „Swetlana", Olechnowitsch – Leiter des Labors der Elektrotechnischen Instituts, Wasinger – ein Militär-Ingenieur in der Verwaltung der Luftstreitkräfte, Gluchow – der Leiter der Verwaltung der militärischen Erfinder, alle verschwanden sie im Jahre 1937. Wenn man erklärte: „Er arbeitet nicht mehr hier", wußte ich, daß man keine weiteren Fragen stellten durfte.
Ich brauchte eine besonders temperaturbeständige Thyratronröhre, die im Leningrader NII der Telemechanik entwickelt worden war. Es war eine mit Argon gefüllte Röhre. Nachdem ich die notwendigen Briefe von der Abteilung der Militärerfinder des Volkskommissariats der Seekriegsflotte erhalten hatte, fuhr ich nach Leningrad, um eine Thyratronröhre zu ergattern und mich unabhängig davon um das Seignettesalz zu kümmern
Ungeachtet meiner Jugend und meines geringen Dienstalters wirkten die Briefe der hohen Militärinstanzen entsprechend. Diese Briefe waren auf Bögen der Verwaltung der militärischen Erfinder beim Leiter für Bewaffnung der Roten Armee geschrieben. Alle, an die Briefe dieser Art gerichtet waren, wußten, daß der Leiter für Bewaffnung, der Stellvertreter des Volkskommissariats, Marschall Tuchatschewskij, war. Deshalb sagten die Direktoren der Institute und Betriebe, deren Arbeitszimmer ich betrat, um meine Teile zur Komplettierung für den Bombenwurfgeräte zu erhalten, nicht ein einziges Mal ab.
Der Entwickler der Thyratronröhren Egorow-Kusmin, ein zu dieser Zeit bekannter Spezialist, verwendete zwei Tage, um die Eignung seiner Röhren für

meine Schaltung zu überprüfen. Er versorgte mich mit einem Paar fertiger Röhren und versprach mir, noch fünf andere und noch zuverlässigere herzustellen.
Während dieser Dienstreise hatte ich ein zufälliges Treffen mit dem jungen Kurtschatow. Wenn Kurtschatow nach zwanzig Jahren nicht ein weltbekannter Wissenschaftler geworden wäre, würde ich mich nicht an ihn erinnern, wie ich mich an Hunderte anderer nicht erinnere.
Das NII der Telemechanik befand sich in einem Wald neben dem Physikalisch-Technischem- Institut. Auf meine Bitte hin war Jegorow-Kusmin einverstanden, mich in das Physikalisch-Technische-Institut zu führen, um dort die notwendigen Leute für eine Konsultation über Fragen der Piezokristalle zu finden. Ich wurde irgend jemandem in einem Arbeitszimmer vorgestellt. Man zeigte mir die Monografie „Seignetteelektrik" von Kurtschatow und erklärte, daß es vorerst nur um eine Konsultation ginge. Man suchte die Autoren. Bald wurde klar, daß einer der Autoren und zwar Nemenow überhaupt abwesend ist und Igor Kurtschatow morgen kommen werde.
Und am folgenden Tag fand das Treffen tatsächlich statt. Ins Labor zu Kurtschatow lud man mich nicht ein. Er kam zu mir ins Vorzimmer. Ein hochgewachsener, brünetter, sehr bescheiden gekleideter Mensch schaute mich mit seinen schwarzen Augen ruhig an. Er interessierte sich dafür, wer ich sei und welche Konsultation ich brauche.
Ich hatte schon den Expertenkommissionen und Spezialisten verschiedenster Ebenen die unterschiedlichsten Erklärungen gegeben. Nachdem ich aus meiner Akte die notwendige elektrische Schaltung herausgezogen hatte, begann ich die Prinzipien und Vorteile des von mir vorgeschlagenen Zündverfahrens zu erklären. Als die Sache zum entscheidenden Punkt der Schaltung kam, den Kristallen des Seignettesalzes, unterbrach mich Kurtschatow. Er hatte alles viel eher begriffen, als ich das geplant und in meinem umfangreichen Bericht vorbereitet hatte. Er fragte mich: „Dieses Gerät soll ununterbrochen in Flugzeug- oder Automotoren arbeiten, bei Hitze und Kälte, ist das so?" Ich bestätigte, daß es so sein solle.
Ich will das vorgetragene Urteil über meine schon allgemein anerkannte Erfindung nicht wörtlich wiedergeben. Aber der Sinn war folgender. Das Erfindungskomitee hätte mir völlig zu Recht das Autorenzeugnis verliehen. Es sei die Anerkennung meiner Priorität bei der praktischen Nutzung des piezoelektrischen Effektes auf dem Gebiet der Luftfahrt und Automobiltechnik. Eine prinzipielle Möglichkeit der Nutzung dieses Gedankens rufe nach seiner Meinung keinen Widerspruch hervor. Nur, sei die praktische Realisierung über ein Labormuster hinaus praktisch sinnlos. Die Kristalle des Seignettesalzes sind sehr flüchtig, und gegenüber Temperatur- und Feuchtigkeitsunterschieden empfindlich. Mein Vorschlag erwies sich als verfrüht. Wenn es neue piezoelektrische Materialien geben würde, dann wäre es praktisch möglich, diese Idee zu realisieren. Aber im Moment hieße dies nur, sie zu kompromittieren.

Kurtschatow lobte das Prinzip und beerdigte die Hoffnung auf die Realisierung der Erfindung. Er machte dies wohlwollend, ruhig, und er überzeugte mich, daß die Zeit für die Entwicklung eines solchen Systems erst noch käme.
Ich war davon nicht besonders berührt. Zu dieser Zeit war ich durch die Entwicklung meines Bombenwurfgerätes so überlastet, daß mein Interesse dem System der piezoelektrischen Zündung gegenüber allmählich erkaltete. Nur als es notwendig war, in Fragebögen meine Erfindungen aufzuzählen, grub ich in meinen Papieren herum und suchte die Nummer des Autorenzeugnisses. Aber es war alles umsonst. Kurtschatow behielt recht. Nach zehn/zwölf Jahren erschien eine neue Materialgruppe, die Piezokeramik. Jetzt kann jede Hausfrau mit Hilfe des stetig arbeitenden piezoelektrischen Feuerzeugs die Gasflamme entzünden. Es war nicht meine Absicht, für ein solches Küchenfeuerzeug ein Autorenzeugnis zu erhalten. Meinem Enkel, dem ich diese Geschichte erzählte und ihm das Prinzip der Wirkung des Küchenfeuerzeugs erklärte, sagte nur: „Ach Opa, Opa!“
Die Namen der Entwickler unserer Atomwaffen und aller Wissenschaftler, die Beziehungen zu den Problemen der Kernwissenschaften hatten, wurden am Anfang der fünfziger Jahre zuverlässig geheimgehalten. Sogar wir, die Raketenspezialisten, die in hohem Maße Zugang zu geheimen Arbeiten hatten, wußten zu dieser Zeit nichts darüber, wer was im Königreich der Atome war und was dort geschah. Erst nach der offiziellen Mitteilung über die Entwicklung unserer Atombombe hörte ich im August des Jahres 1949 zum ersten Mal den Namen Kurtschatow. Bald nach einem der anstehenden Erprobungen einer Atombombe auf dem Semipalatinsker Schießplatz wurden Koroljow und Mischin eingeladen. Koroljow erzählte nach seiner Rückkehr, von den Eindrücken überwältigt, daß alle Probleme von einem „Schwarzen Bart“, dem Akademiemitglied Igor Wasilewitsch Kurtschatow geleitet würden. Er war zu dieser Zeit schon zweifacher Held der Sozialistischen Arbeit. Jetzt erinnerte ich mich daran, daß ich mich mit einem gewissen Kurtschatow im Leningrader Physikalisch-Technischen Institut getroffen hatte. Zu Hause suchte ich in meinen alten Bücherunterlagen das, wie durch ein Wunder nach so vielen Umzügen erhalten gebliebene, dünne Büchlein hervor – die Monografie „Seignetteelektrik“ von I. W. Kurtschatow und L. M. Nemenow. Alles ist aufgegangen. Es war eben jener Kurtschatow, den ich im Jahre 1934 wegen meiner Erfindung konsultiert hatte.
Inzwischen bereitete man im Betrieb eine Sensation internationalen Maßstabs vor. Im November 1934 wurde in Paris die Weltflugzeugausstellung eröffnet. Zum Flug nach Paris zur Ausstellung wurden TB-3 in der Exportvariante vorbereitet. Es wurden alle Waffen entfernt und neue Funkgeräte eingebaut. Die Instrumentetafeln des Piloten und des Bordmechanikers wurden durch modernere ersetzt. Alles in der Innenausrüstung wurde mit Chrom oder dem Lack „Frost“ überstrichen. Mit einem Wort: unser trister dunkelgrüner Bombenträger verwandelte sich in ein komfortables orange-blaues Flugzeug, das mit den modernsten Navigationsgeräten ausgerüstet war.

Die sowjetische Delegation flog mit der Mitkewitsch an der Spitze nach Paris. Olga Mitkewitsch, die Leiterin der sowjetischen Delegation, die ehemalige Mitarbeiterin der Komintern, die drei europäische Sprachen beherrschte und Direktorin des größten europäischen Flugzeugwerkes war, rief in allen Schichten der französischen Gesellschaft, stärkstes Interesse hervor. Für die französischen Kommunisten war dies eine hervorragende Quelle für eine anschauliche Agitation und Propaganda. Der sowjetische Pavillon genoß größte Aufmerksamkeit. Die Mitkewitsch organisierte eine Vielzahl von Pressekonferenzen, besuchte Arbeiterklubs, traf sich mit den Vertretern der Wirtschaftskreise. Dies waren Sternstunden ihres Lebens. Aber die Geschichte mischte sich in ihr Schicksal ein.

Am 1. Dezember wurde Kirow in Leningrad ermordet. Die Mitkewitsch verstand, daß dieser Mord schwere Folgen für die Partei und das Land haben würde. Sie unterbrach ihren Aufenthalt in Paris und kehrte vorzeitig nach Moskau zurück.

Im Winter des Jahres 1935 wurde ich auf Anordnung der Mitkewitsch in die Fabrik gerufen. Ich wurde in eine Kommission zur Klärung der Ursachen des massenweisen Versagens der Bombenwurfgeräte berufen. Zum Vorsitzenden der Kommission war Alexandr Nadaschkewitsch ernannt worden. Er war Leiter der Entwicklung für Flugzeugwaffen im Konstruktionsbüro Tupolews.

Die Mitkewitsch selbst versammelte die gesamte Kommission auf dem Werksflugplatz, zeigte Dutzende Flugzeuge, die auf dem Flugfeld standen und erklärte: „Wir können diese Flugzeuge deshalb nicht übergeben, weil die Bomben sich nicht wie vorgesehen, abwerfen lassen. Sie fallen, wenn sie wollen. Unternehmen Sie irgend etwas! Der Plan des Werkes ist unerfüllbar. Eine solche Schande hat es noch nicht gegeben. Ich habe Entwickler, Theoretiker und Praktiker in die Kommission berufen. Sind Sie nicht in der Lage herauszufinden, was zu tun ist? Tschertok, Du entwickelst ein neues Gerät, aber das wird so schnell nicht werden. Untersucht, was wir mit den Flugzeugen machen können. Helfen Sie dem Betrieb!“

An uns wandte sich kein Parteiorganisator des ZK, sondern eine in Not geratene Betriebsdirektorin. In ihren Aufrufen klangen Anflüge des Entsetzens.

Nadaschkewitsch, der immer elegant gekleidet war und einen keilförmigen Professorenbart trug, galt als größter Spezialist der Flugzeugwaffen. Er nahm sich drei „Praktiker“ – darunter war auch ich – und sagte zu uns: „Väter! Schaut die gesamte Leitung von der Zahnstange bis zum elektrischen Bombenwurfgerät und bis zu jeder Pyropatrone durch. Wir werden die Defekte unter allen Umständen finden!“

Mit den Elektromeistern, Majorow und Ejgor, und einer Monteursbrigade gingen wir Flugzeug für Flugzeug durch, benannten und befühlten jede Zuleitung und jeden Klemmkasten. Wir wechselten einige elektrische Bombenwurfgeräte aus. Wir isolierten eine Vielzahl nicht isolierter Stellen. Wir verschrotteten eine Partie von Pyropatronen. Das Problem bestand auch darin, daß die Zuverlässigkeit und Sicherheit der Pyropatronen für unipolare

Schaltungen der Flugzeugelektrogeräte im Prinzip schwer erreichbar war. Ungeachtet dessen half die intensive prophylaktische Reparatur.
Nach zwei Wochen begannen die Flugzeuge, zu den Militärbasen zu fliegen.
Ich kehrte in mein Speziallabor zurück und genoß die Dankbarkeit von Nikolaj Godowikow, der zu dieser Zeit Leiter der Organisation der technischen Kontrolle war und die Planverletzung wegen der schlechten Qualität der hergestellten Flugzeuge machte ihm schwer zu schaffen.
Das Treffen auf dem Flugplatz mit Olga Mitkewitsch war das letzte. Es begannen schwarze Tage der Repression nicht nur gegen die am Tode Kirows unschuldigen Monarchisten, sondern auch gegen viele Parteimitglieder, die der Sympathie zu Kirow verdächtigt wurden. Das Problem bestand darin, daß auf dem XVII. Parteitag viele Delegierte die Kandidatur Kirows auf den Posten des Generalsekretärs gefordert hatten. Mitkewitsch war unter ihnen. Es kam die Zeit, mit allen abzurechnen, die der Sympathie mit Kirow verdächtigt wurden.
Die Situation im Betrieb war schwer. Es verschwand ein Abteilungsleiter der Parteiorganisation nach dem anderen, sie waren alle durch die Mühe der Mitkewitsch aus dem Apparat des ZK und des Moskauer Komitees in den Betrieb geschleust worden. Dann begannen die Verhaftungen auch unter den führenden Spezialisten des Betriebes. Anfang des Jahres 1935 erkrankte die Mitkewitsch. Es wurde erklärt, daß sie von ihrem Posten als Direktor entbunden und zum Studium an die Shukowski-Akademie der Luftstreitkräfte delegiert worden sei.
Ich verplapperte mich vor meiner Mutter und erzählte ihr, daß die Mitkewitsch nicht mehr bei uns Direktor sei. Zu meinem Erstaunen nahm die Mutter das sehr schwer. Zum ersten Mal erzählte sie mir daraufhin von dem Treffen mit der Mitkewitsch wegen meines Schicksals. Während der Zeit dieses einmaligen Treffens stellten sie fest, daß beide gemeinsame Bekannte während der Untergrundtätigkeit gehabt hatten. Die Mitkewitsch war nach den Worten der Mutter eine außerordentliche und hervorragende Frau. „Solche Menschen veredeln die Partei, aber es gibt ganz wenige davon“, sagte sie.
Während ihres Studiums bei den Luftstreitkräften versuchte die Mitkewitsch sich für viele sogenannte „Volksfeinde“ und für ehrliche, der Partei ergebene Menschen zu bemühen. Im Jahre 1937 erkrankte sie erneut schwer. Es ist bekannt, daß sie aus dem Krankenhaus an Stalin und Berija einen Brief geschrieben hat. Sofort nach ihrer Entlassung aus dem Krankenhaus wurde sie inhaftiert.
Ihr weiteres Schicksal ist mir nicht bekannt. Nach dem XX. Parteitag wurde sie postum rehabilitiert. Mir war es nicht möglich, die Umstände ihres Todes, den Ort und das Datum zu erforschen.

## *Im Konstruktionsbüro Bolchowitinows und im KOSTR*

Ende des Jahres 1933 wurde von einer Initiativgruppe führender Wissenschaftler der Shukowskij-Militärakademie der Luftstreitkräfte das

Projekt eines schweren viermotorigen Fernbombers entwickelt, der in den nächsten Jahren die moralisch verschlissene TB-3 ablösen sollte. Gestützt auf die Errungenschaften der Luftfahrttechnik sollte es ein Bomber werden, der einen qualitativ neuen Schritt im Flugzeugbau darstellte. Er sollte eine Geschwindigkeit bis zu 330 km/h entwickeln, in einer Höhe von 6000-7000 m fliegen und bis 5000 kg Bomben bei einer maximalen Reichweite von 5000 km befördern.

Der Leiter der Luftstreitkräfte Alksnis wandte sich an die Mitkewitsch mit dem Vorschlag, im Werk Nr. 22 ein spezielles Konstruktionsbüro für die Entwicklung der DB-A, des Fernbombers „Akademija“, zu schaffen. Der Vorschlag wurde von der Hauptverwaltung der Luftfahrtindustrie von Tuchatschewskij und Ordshonikidse unterstützt. So wurde im Werk ein eigenes Erprobungs- und Konstruktionsbüro geschaffen. Im Unterschied zum Büro für die Serienproduktion, dem KOSTR, wurde dies als KB-22 oder Konstruktionsbüro Bolchowitinows bezeichnet. Dieses letzte große Projekt, das die Mitkewitsch auf Initiative von Alksnis verwirklichen konnte, spielte über viele Jahre in der Geschichte der Raketentechnik eine große Rolle.

Ende 1934 war mein Elektrobombenwurfgerät endgültig einsatzbereit. Ich beeilte mich sehr und jagte nach zwei Hasen. Der erste war mein Bestreben, das Gerät in die staatliche Erprobung des NII der Luftstreitkräfte zu geben und das „Rote Buch“, die offizielle Aufnahme zu den Flugerprobungen, zu erhalten. Der zweite war der heiße Wunsch, zusammen mit Katja im Jahre 1935 den Elbrus zu besteigen. Beide Hasen habe ich nicht erlegt.

Während der laufenden Erprobung der Absprengung Dutzender von Pyropatronen erschienen in meinem Speziallabor der Vorsitzende der Fabrikgesellschaft der Erfinder mit einem kleinen Aktiv und danach zwei hochrangige Militäringenieure. Es waren Viktor Bolchowitinow und Michail Schischmarew. In ihrer Anwesenheit wurde mir das Abzeichen „Ehrenerfinder der UdSSR“ verliehen. Die Gäste machten sich mit dem Inhalt meiner Arbeit bekannt und stellten mir nicht nur technische, sondern auch taktische Fragen zum Bombenabwurf. Dabei stritten sie sich untereinander. Aus dem Gespräch wurde mir klar, je höher unsere Vögel flogen, um so schwieriger wurde es, die Bomben genau zu werfen. Für einen hoch und schnell fliegenden Bomber war das Erreichen eines klein dimensionierten Zieles – einer Brücke, eines Gebäudes oder eines Schiffes – eine völlig hoffnungslose Angelegenheit. Es waren neue Zielmethoden notwendig und die Vereinigung des Ziels mit dem Abwurfgerät in ein einheitliches System. Kurz gesagt, man schlug mir vor, unmittelbar zur Arbeit in das neue Konstruktionsbüro überzuwechseln und die Brigade der Spezialausrüstungen zu leiten. Die Brigade war fast vollständig zusammen, aber der Leiter fehlte noch. Es wurde ein weiterer neuer Bomber geplant, so daß es notwendig war, ein Maximum an Initiative und Erfindergeist zu entwickeln, um die Verteidigungsfähigkeit des Flugzeuges beim Angriff von Jägern und die Genauigkeit beim Bombenabwurf zu maximieren. Ich sollte die Arbeit unmittelbar antreten. Der neue Bomber, in der Zukunft die Schönheit und der Stolz unserer Luftstreitkräfte, sollte im März 1935 fliegen! Ich übernahm

alle Sorgen bei der Erprobung des Elektrobombenwurfgerätes im NII der Luftstreitkräfte Bolchowitinows und bekam dazu einen Helfer. Auch eine Erfinderprämie würde ich durch die Verwaltung der Luftstreitkräfte erhalten.
Ich erbat einen Tag Bedenkzeit. Vor mir stand eine schwere Entscheidung Katja gegenüber wegen des Elbrus sowie eine weitere wegen des MEI und der Auflösung des Speziallabors mit dem Mechaniker und dessen Arbeitsstelle. Katja nahm es entsprechend auf und sagte, daß für mich die Entwicklung eines neuen Bombers wichtiger sei als der Elbrus. Aber sie gab die Hoffnung nicht auf und beschloß, die Reise nicht abzusagen. Dem Mechaniker schlug ich vor, mit mir zusammen in den Betrieb überzuwechseln. Er war einverstanden. Im MEI waren sie empört und forderten von mir die Zahlung einer Konventionalstrafe, wenn ich die Arbeit nicht dem Vertrag entsprechend beende.
Nach einem Tag machte ich mich mit der mir übergebenen Brigade bekannt. Es waren dort schon zehn Leute, vier Ingenieure, drei technische Konstrukteure, zwei Zeichnerinnen und eine Kopiererin. Außer den Zeichnerinnen und der Kopiererin begannen die anderen, zum ersten Mal in der Luftfahrt zu arbeiten und gleich in einem neuen Konstruktionsbüro. Ungeachtet dessen, daß ich ein Student des zweiten Studienjahres war, sollte ich ihnen Verstand beibringen. Sie verhielten sich mir gegenüber sehr vertrauensvoll. Bolchowitinow hatte sie schon zusammengenommen und ihnen gesagt, daß der Leiter der Brigade Tschertok, ein erfahrener Mitarbeiter des Betriebes Nr. 22, sei.
Mit der neuen Rolle als Leiter einer Konstruktionsbrigade fertig zu werden, halfen mir meine Produktionserfahrung und die allgemeine schöpferische Atmosphäre im KB Bolchowitinows. Hier hatte sich eine Gemeinschaft verschiedener Enthusiasten der Luftfahrt zusammengefunden. Es waren alles Gleichgesinnte, die den Wunsch hatten, das Monopol Tupolews bei der Herstellung schwerer Flugzeuge zu brechen. Bolchowitinow und die mit ihm zusammen angetretenen Wissenschaftler und Professoren der Luftstreitkräfte zeichneten sich durch eine ungewöhnliche Intellektualität und Demokratie für Produktionsarbeiter aus. Durch diese ihre Züge wurde eine Atmosphäre des Wohlwollens, der Offenheit und der gegenseitigen Hilfsbereitschaft geschaffen. Keinerlei Geschrei, sogar keine Gespräche in unangemessenem Tonfall, beständige Korrektheit, ausgeglichen im Umgang mit Gleichen und Ungleichen, Toleranz gegenüber anderen Meinungen – das war das psychologische Klima im jungen Kollektiv.
Zwei Elektroingenieure meiner Brigade, Anatoli Busukow und Efim Sprinson, entwickelten die elektrische Schaltung des zukünftigen Flugzeugs. Beide hatten Erfahrung mit industriellen Elektrogeräten, und das Flugzeug erschien ihnen als einfache Aufgabe. Semen Tschishikow, ein ehemaliger Modelleur des Gießereibetriebes war Absolvent des MEI und baute furchtlos Instrumentetafeln und Bordgeräte. Die Entwicklung der elektrischen Schaltungen für die Bewaffnung, die Zündung und die Herstellung der Zeichnungen der Kabelbäume nahm ich auf mich. Shenja Iberschtein erwies sich als unersetzbare Persönlichkeit bei der Aneignung der Dokumentationen für alle gekauften

Geräte und Ausrüstungen. Wir entwickelten Parameter für das neue Flugzeug und stellten wirtschaftliche Kontakte mit den Moskauer Betrieben Lepse, „Awiapribor", „Elektroswet", dem Lehrstuhl für Spezialausrüstungen der Luftstreitkräfte und den Leningrader Betrieben „Teplopribor", „Elektropribor" sowie den Funkwerken Moskaus und Gorkis her.

Von den ersten Tagen an vertiefte ich mich dermaßen in die interessanten und umfangreichen Arbeiten, daß es mir schwer wurde, mich nach Schtschelkowo loszureißen, wo Zauberer mein Elektrobombenwurfgerät erprobten. Die Militärerprober ernüchterten mich durch ihre Schlußfolgerung, in der nach einer Aufzählung von Vor- und Nachteilen, anstelle eines zentralen Gerätes für die schweren Bomber verschiedene einfachere lokale Geräte für jedes Bombenkaliber entwickelt werden sollten. Dabei bemerkten sie, daß der TB-3 bald aus der Bewaffnung ausscheidet und für die schweren neuen Flugzeuge noch Zeit zur Entwicklung vorhanden sei.

In Leningrad sah ich im Betrieb „Elektropribor" zum ersten Mal ein amerikanisches elektrisches Zielgerät der Firma „Sperry" und eine Eigenentwicklung des Betriebes, ein sogenanntes „Vektorziel". Wir vereinbarten, ein Vektorziel zu entwickeln, das in seinem Anwendungsteil das Elektrobombenwurfgerät einschließen sollte.

Davon überzeugte mich der junge Ingenieur der Firma „Elektropribor", Sergej Farmakowskij.

Nach 50 Jahren treffe ich mich häufig mit dem Doktor der technischen Wissenschaften Sergej Fedorowitsch Farmakowskij. Wir leiten gemeinsam regulär die Versammlungen der Wissenschaftler in der Akademie der Wissenschaften zu Problemen der Navigation und Steuerung der Bewegung. Jetzt haben wir noch mehr gemeinsame wissenschaftliche Interessen als in den Jugendjahren.

Nachdem ich von der beliebten Dienstreise nach Fili in das KB Bolchowitinows zurückgekehrt war, galt für mich die Ordnung des nicht normierten Arbeitstages und der Nichtgewährung freier Tage. Es lief ein Kampf nicht nur um die Geschwindigkeit des zukünftigen Flugzeugs, sondern auch um die Geschwindigkeit seiner Entwicklung. Als Hauptdenkzentrum des KB erwiesen sich die drei erstrangigen Militäringenieure: Bolchowitinow, Schischmarew und Kurizkes.

Bolchowitinow war zum Chefkonstrukteur ernannt worden und nahm das Risiko auf sich, ein schweres Flugzeug in Konkurrenz zur Tupolow ANT-6 zu entwickeln, ohne Produktionserfahrung im Flugzeugbau zu besitzen. Das Bestreben zum Neuerertum zeigte sich besonders in dem nicht realisierten Projekt eines superschweren Flugzeugs zum Transport von Panzern.[1]

Bolchowitinow verfügte zweifellos über die Ehrenhaftigkeit, die allgemeine technische Bildung und Kompetenz für Probleme der Projektierung.

[1] Ein solches Flugzeug hatten Luftstreitkräfte ohne Teilnahme von Betrieben zu entwickeln versucht.

Kurizkes war eine allgemein anerkannte Autorität auf dem Gebiet der Flugzeugaerodynamik. Er verhielt sich kritisch gegenüber der Absicht, die TB-3 zu modernisieren und ging davon aus, daß es notwendig sei, sofort einen qualitativen Sprung zu machen, „A“ zu sagen und dann auch zu „B“ überzugehen. „B“ – ein Bomber, der in seinen Parametern die „fliegende Festung“ von Boeing übertraf – das war sein Traum. Kurizkes verstand, daß man zu Beginn einen Betrieb erobern mußte, um dann das Kollektiv im Verlauf der Arbeit an „A“ zu festigen. Aber das war für ihn eine schwierige Arbeit, denn die Theorie, das war nicht seine Sache.

Als erfahrenster in dieser Troika erwies sich Schischmarew. Er hatte schon Flugzeuge gebaut, die in die Bewaffnung aufgenommen worden waren. Es waren dies die Aufklärer R-Sch und die berühmte R-5. Es gab viele Fälle, in denen ich mich von seiner allseitigen Ingenieurintuition überzeugen konnte. Wenn man ihn konsultierte, dachte er etwas nach, zeichnete eine Skizze und gab selbstlos unerwartete und originelle Empfehlungen, die keinerlei Widerspruch hervorriefen.

Für alle drei war das allgemeine psychologische Bild die Originaltität des ingenieurmäßigen Denkens. Diese Fähigkeit, nicht standardmäßig zu denken, kultivierten sie im Kollektiv, zum großen Ärger der Technologen und Produktionsspezialisten. Das nicht standardmäßige und originelle Denken im Produktionsprozeß zerstörte die Zeitpläne in den Abteilungen der Betriebe.

Das KB Bolchowitinows belegte eine Produktionshalle, nachdem das serienmäßige KOSTR in ein neues Gebäude umgezogen war. Zu Beginn gab es keine einzelnen Arbeitszimmer, nicht einmal für Bolchowitinow. Er setzte sich zusammen mit Kurizkes und Schischmarew hinter eine Trennwand aus Glas. Dort versammelten sich ständig die Leiter der Brigaden und die führenden Ingenieure zur Beratung der allgemeinen Probleme und zur Orientierung eines jeden auf ein einheitliches Endziel. Manchmal gab es stürmische Diskussionen. Bolchowitinow nahm mit Hilfe des Rechenschiebers die Vorschläge an oder lehnte sie ab, wenn sie die Gewichtsparameter und die Dauerfestigkeit des Flugzeugs beeinflußten. Kurizkes fühlte sich für die aerodynamischen Formen verantwortlich und kämpfte gegen jeden Vorschlag, der den Frontwiderstand zu erhöhen drohte. Schischmarew demonstrierte mit seinem Erfindervermögen die Fähigkeit, aus „ausweglosen Situationen herauszukommen“.

Auf solchen Beratungen war es nie langweilig. Dort machte ich mich auch noch mit anderen Militäringenieuren aus der Akademie bekannt. Es waren dies Pesozkij, Kano und Frolow. Aber am meisten hatte ich zu solchen Leuten Kontakt, die wie ich Arbeiter gewesen waren und in das KB aus den Abteilungen und Betriebszweigen gekommen oder hierher von der Kaderabteilung entsandt worden waren.

Die Werkskonstruktionsingenieure Saburow, Kiritschenko, Alschwang, Archidjaskonskij, Gorelik und Isaew trugen die Hauptlast der Arbeit zur Herstellung der technischen Arbeitsdokumentation, die nach kurzer technologischer Bearbeitung direkt in die Abteilungen des Betriebes gelangten. Ein großes Hilfsmittel bei der Arbeit war ein Holzmodell des Flugzeuges im

Maßstab 1:1. Mit Hilfe dieses Modells wurde der Aufbau des Cockpits der Piloten, des Navigators sowie die Sicht- und Schießzonen modelliert und die Frage des Einsatzraumes des Flugzeuges geklärt. Vor einer endgültigen Übergabe der Zeichnungen in die Produktion wurde das Modell von einer speziellen Modellkommission der Verwaltung der Luftstreitkräfte bestätigt, danach war es verboten, Veränderungen am Aufbau vorzunehmen.
Die erste Modellkommission, in der ich als Vertreter der Entwickler arbeitete, wurde von Alksnis geleitet. Bis zu diesem Zeitpunkt hatte ich Alksnis lediglich ein einziges Mal auf einer Gesamtbetriebsversammlung im Jahre 1932 gesehen.
Unsere militärische Führung hatte eine hohe Meinung von Alksnis. Er war seit 1931 Chef der Luftstreitkräfte, und nach Meinung Bolchowitinows zeigte er eine seltene Hartnäckigkeit beim komplexen Aufbau der Luftflotte. Er beschränkte sich bei weitem nicht auf die militärische Befehlsgewalt. Alksnis verfolgte die Ausarbeitung von Vorschlägen zur Entwicklung der Flugzeugtechnik mit großer Aufmerksamkeit. Er befaßte sich mit der Kontrolle der Erprobung, Organisation von Weitflügen und der Arbeit von Militärspezialisten in der Industrie. Er hielt es für notwendig, persönlich die Modellkommission zu leiten. Das ermöglichte ihm, unmittelbare Kontakte mit den führenden Spezialisten der Flugzeugkonstruktionsbüros zu unterhalten.
Bei der Arbeit in der Modellkommission für die DB-A wurde Alksnis von dem bekannten Testpiloten des NII der Luftstreitkräfte Njuchtikow, Stefanowskij und dem Hauptnavigator der Luftstreitkräfte Streligow begleitet.
Bis zur Besichtigung des Modells hielt Bolchowitinow einen allgemeinen Vortrag über die Hauptbesonderheiten des Flugzeugs. Er sprach leise und ruhig, wie er es von den Vorlesungen in der Akademie gewöhnt war.
Die DB-A hatte eine Startmasse von 24 t, das war um 6 t höher als das der TB-3. Dadurch war es möglich, die Bombennutzlast zu erhöhen und die Reichweite auf 8000 km zu vergrößern. Die DB-A hatte eine glatte Außenhaut anstatt der Riffeln und, was sehr wichtig war, ein Fahrwerk, das nach dem Start in eine spezielle Vorrichtung (in die „Hosen“) eingezogen wurde. Wir rechneten mit einer Geschwindigkeit von nicht weniger als 330 km/h bei einer Dienstgipfelhöhe von 8000 m. Der Rumpf des Flugzeuges war im Unterschied zur TB-3 in Schalenbauweise gebaut, das heißt, die gesamte Außenhaut wurde zur Erhöhung der Festigkeit ausgenutzt. Die Spanten hatten keinen durch Scheidewände getrennten inneren Raum tragender Streben. Deshalb war das Flugzeug sehr geräumig und für den Transport von Gütern geeignet.
Alksnis hörte sich die Ausführungen Bolchowitinows über die Grundparameter des neuen Bombers aufmerksam an, dann ging er zur Übung über. Er setzte sich auf den Platz des ersten und zweiten Piloten, kroch durch die Luke in das Cockpit auf den Platz des Navigators, was bei seinem großen Wuchs nicht so einfach war, befragte uns, die Entwickler des Flugzeuges, sehr genau und stellte manchmal sehr unerwartete Fragen. Die größte Aufmerksamkeit, so schien es uns, zeigte er gegenüber den Arbeitsbedingungen der Flieger bei Langzeitflügen, den Funkgeräten sowie den Abwehrwaffen. Später, auf der Sitzung der Modellkommission, machte er gegenüber Bolchowitinow

Forderungen insbesondere zum letzten Punkt geltend: „Der Bomber muß eine leistungsfähige Bewaffnung mit Feuerwaffen besitzen, um nach Möglichkeit keine toten Zonen für die ungefährliche Annäherung der Jäger zu bieten. Bei Ihnen ist der hintere und besonders der untere Teil schlecht geschützt. Dies ist ein Nachteil der TB-3. Obwohl die Dienstgipfelhöhe und die Geschwindigkeit der DB-A wesentlich höher sind, so ist zu beachten, daß die Geschwindigkeit der Jäger in der nächsten Zeit um 100 bis 150 km/h ansteigen wird."

Beim Mittagessen, das immer nach Beendigung der Arbeit der Modellkommission stattfand, diskutierte man über die Rolle der schweren Bomber. Man vergaß nicht, auf die Doktrin Douhets hinzuweisen. In Verbindung damit wandte sich irgend jemand mit der Frage an Alksnis, ob er die Entwicklung eines sechsmotorigen Bombers TB-4 durch Tupolew befürwortet. Dieses Flugzeug hatte vier Triebwerke, die in Gondeln unter den Flügeln angeordnet waren und zwei in Tandemanordnung unter dem Rumpf. Es war dies ein Riese, der bis zum Bau der ANT-20 („Maxim Gorki") als größtes Flugzeug der Welt galt. Alksnis äußerte sich sehr negativ über die Vergrößerung solcher langsam fliegenden Giganten und bat Bolchowitinow, einen Vorschlag für ein schnelleres, höher fliegendes und weitreichenderes Flugzeug als die DB-A zu machen. Ungeachtet dessen brachten wir bei dem Essen Toaste auf den erfolgreichen Flug der DB-A aus. Am 2. Mai 1935 vollführte die DB-A den Erstflug.

Die Sommerferien befreiten mich von den abendlichen Fahrten in das Institut. Die Abendstunden verbrachte ich gewöhnlich mit meinen Mitarbeitern in den nicht verstummenden Fabrikabteilungen.

Die Produktion der ersten beiden DB-A Flugzeuge fiel zeitlich mit der Kampagne zur Aufnahme der Serienproduktion des Schnellbombers SB (ANT-40) von Tupolew zusammen.

Die Abteilung wurde von den großmaßstäbigen Aggregaten der TB-3 befreit und führte die Technologie zur Produktion des vergleichsweise kleinen Flugzeuges SB ein. Die Produktion des gewöhnlichen und zu dieser Zeit vom Arbeitskollektiv geliebten Flugzeuges TB-3 stellte man zeitweilig ein.

In der Endmontageabteilung, die nach der Übergabe der letzten TB-3 Flugzeuge verwaiste, wurden die ersten SB aufgereiht. Den Monteuren, die sich daran gewöhnt hatten, in dem weiträumigen Rumpf und den dicken Flügeln der TB-3 zu arbeiten, fiel es schwer, sich an den engen Aufbau der SB zu gewöhnen. An einem der Abende traf ich in der Abteilung die Koslowskaja, die zusammen mit Katja die Schaltungen des neuen Flugzeuges studierte.

Katja, von der Sonne verbrannt, war, ausgezeichnet mit dem Alpinistenabzeichen der UdSSR für die Ersteigung des Elbrus, zurückgekehrt. Sie war von der Schönheit und der Größe des Kaukasus überwältigt. Ich gab ihr mein Wort, daß ich im nächsten Jahr unbedingt mit ihr in die Berge fahren werde.

Die Koslowskaja äußerte sich mit der ihr eigenen Direktheit über die Schwierigkeiten der Montage der Geräte auf der SB und ließ die Gelegenheit nicht aus, die Meinung des Bordmechanikers Barabanow zu vertreten, der am

Rundflug der ersten Serienmaschine teilgenommen hatte: „Auf der SB zu fliegen, ist dasselbe, wie eine Tigerin zu küssen, man hat viel Angst und keinerlei Befriedigung.“

Im Sommer des Jahres 1935 begannen in der Endmontagehalle die Arbeiten an der zweiten DB-A. Zu dieser Zeit war die Abteilung mit hellblauen SB vollgestopft. Die aufregendste Operation nach der Montage der SB war die Überprüfung des einziehbaren Fahrwerks. Das Flugzeug stand auf Böcken, und mehrmals überprüfte man das Ein- und Ausfahren des Fahrwerkes. Dabei heulte der elektrohydraulische Antrieb wie eine Sirene.

Der führende Konstrukteur des Flugzeuges SB war Alexandr Archangelskij, der Stellvertreter Tupolews. Zur Unterstützung der schnellstmöglichen Überführung der SB in die Produktion hatte Tupolew Archengelskij und ein großes Konstrukteurskollektiv in das Werk kommandiert. Das KB Archangelskijs befand sich eine Etage tiefer als das von Bolchowitinow. Wir scherzten darüber, indem wir behaupteten, daß dies so gemacht worden war, um Tupolew zu ermöglichen, uns von unten anzugreifen, ohne daß wir uns von oben schützen konnten.

Das Flugzeug SB gehörte zur Klasse der Frontbomber. Es hatte eine für ein Tupolow-Flugzeug ungewöhnliche Stromlinienform. Es war elegant, hatte ein vollkommen einziehbares Fahrwerk und eine glatte Oberhaut mit versenkten Nieten. Die Geschwindigkeit der SB erreichte 450 km/h, die Dienstgipfelhöhe betrug 10 km. Bald wurde die SB zur Sensation, als sie im spanischen Bürgerkrieg am Himmel auftauchte. In Spanien wurden die Produkte des Werkes Nr. 22 zum ersten Male in breitem Maße unter Kampfbedingungen eingesetzt.

Das zweite Treffen mit Alksnis fand zu Beginn des Jahres 1936 ebenfalls im KB Bolchowitinows statt. Alksnis kam mit den Parametern des amerikanischen Fernbombers Boeing B-17, der „fliegenden Festung“, deren Flugerprobung schon begonnen hatte. Bolchowitinow und Kurizkes breiteten auf dem Tisch die Gesamtansicht unseres Bombers zum Vergleich aus. Er wurde damals als „B“ bezeichnet. Unsere Parameter waren besser als die amerikanischen. Aber die Fristen! „Die B-17 fliegt schon“, sagte Alksnis, „aber wann wird Eure ‘B’ dies tun?“ Bolchowitinow erklärte, daß, wenn das Werk Nr. 22 in Ruhe arbeiten könne, die „B“ in zwei Jahren fertig sein würde. Das Betriebskollektiv der Ingenieure, Technologen und Produktionsarbeiter bewies, daß es zu Heldentaten fähig war.

Unsere strategischen Luftstreitkräfte stützten sich auf 800 viermotorige TB-3. Im Jahre 1936 waren dies schon moralisch veraltete Flugzeuge, die aus der Bewaffnung hätten genommen werden müssen und nur für den Militärtransport oder im äußersten Falle für Luftlandeoperationen hätten eingesetzt werden sollen. In den ersten Kriegstagen jedoch, in dem allgemeinen Chaos schickte man die Staffeln der TB-3 sinnlos den angreifenden deutschen Kolonnen entgegen. Sie wurden ein leichter und sicherer Fang für die Me 109, die zu dieser Zeit eine Kanonenbewaffnung (Kanone mit einem Kaliber von 20 mm) und eine Maximalgeschwindigkeit von 570 km/h gegenüber dem MG von 7,62 mm auf der TB-3 bei einer Maximalgeschwindigkeit von 250 km/h hatte. Der Me 109 davonzufliegen, gelang in mittleren Höhen auch der neuen Tupolew TB-7 nicht, die eine Geschwindigkeit von 430 km/h in einer Höhe von 8600 m entwickelte. Auch in geringer Höhe konnte unsere DB-A den Messerschmitts nicht entkommen.

Die Rettung der Bomber war entweder das Fliegen in großer Höhe (dann jedoch fiel die Genauigkeit des Bombenabwurfs stark ab) oder die Deckung durch die eigenen Jäger. Aber die eigenen Jäger waren nicht fähig, den Bomber zum Ziel und zurückzubegleiten und dann noch auf dem Weg zu kämpfen. Die Reichweite der Bomber betrug im Jahre 1935 bis 2800 km (Boeing B-17) und die der Jäger etwa 600 km. Dies war einer der Gründe dafür, warum die Diskussion äußerst angespannt darüber war, ob eine umfangreiche Bomberflotte aus schweren und Fernbombern notwendig sei.

Die weiteren Ereignisse zeigten, daß eine Bomberflotte die Lufthoheit bei gut organisierter Luftabwehr nicht erringen kann. Das strategische Bombardement Deutschlands hatte keinen entscheidenden Einfluß auf den Verlauf des Krieges. Die Theorie Douhets bewahrheitete sich während des 2. Weltkrieges nicht. Die Herrschaft in der Luft wurde mit Hilfe von schnellen, gut bewaffneten Jägern, schnellen Bombern, Sturzkampfbombern und Jagdbombern erreicht.

Die dreieinhalb Jahre vor Beginn des 2. Weltkrieges in Fili geführten Diskussionen unter Teilnahme von Alksnis, berührten tatsächlich die Rolle der strategischen Militärluftstreitkräfte in einem zukünftigen Krieg. Von der Unvermeidbarkeit des Krieges waren wir überzeugt und wir hielten das alle für eine gesetzmäßige Entwicklung im historischen Prozeß des Kampfes des ersten Staates einer proletarischen Diktatur mit der ihm feindlichen kapitalistischen Welt.

Bolchowitinow und seine Umgebung verstanden, wie im übrigen die gesamte Leitung der Luftstreitkräfte, daß die über 800 TB-3 veraltet waren und zukünftig die Flugzeuge den Typ der „fliegen Festung" besitzen mußten. Dabei hatte dieser amerikanische Gigant vier Motoren mit einer Leistung von 1200 PS, eine Startmasse von 26.760 kg, er war mit 13 großkalibrigen Maschinengewehren (12,7 mm) bewaffnet und trug mehr als 2700 kg Bomben über eine Entfernung von 2730 km. Zur Crew gehörten fünf Schützen, die den Schutz des Flugzeuges vor Jägern in vollem Umfang gewährleisteten. Man ging davon aus, daß beim Formationsflug einer großen Zahl solcher Festungen diese sich dann gegenseitig unterstützen und einen Feuervorhang bilden, der für die Jäger undurchdringbar sein würde. So dachten die Amerikaner, die die B-17 entwickelt hatten, und so dachten auch unsere Theoretiker.

Alksnis war damit einverstanden, die veralteten TB-3 auszutauschen, und er war dagegen, daß solche Monster wie die TB-4 entwickelt wurden. Er äußerte den Gedanken, und das hörte ich zum ersten Mal, daß es möglich sei, die Eigenschaften eines Bombers mit denen eines Jägers zu vereinigen. In unserer Firma rief dieser Wunsch keinen Enthusiasmus hervor. Und was das Flugzeug betreffe, sagte er, müsse man sich mit der Hauptverwaltung der Flugzeugindustrie beraten, weil jetzt Tupolew, die TB-7 (ANT-42) baut. Und es

würde kaum möglich sein, unterschiedliche Typen schwerer Bomber gleichzeitig in Serie zu bauen.
Tatsächlich saß der Gedanke über die TB-7 in unserem Bewußtsein als ständiger Quälgeist. Außer der Tatsache, daß Tupolew Tupolew war, war er ja noch ein enger Vertrauter von Michail Kaganowitsch und Ordshonikidse, die in diesen Jahren zusammen mit Alksnis bestimmten, welche Flugzeuge in die Serienproduktion gingen. Der Bau von ein oder zwei Versuchsflugzeugen wurde von keinem unterdrückt. Im Gegenteil, in der Mitte der dreißiger Jahre wurden viele Konstruktionsbüros geboren, von denen jedes seine Konzeption auf dem Gebiet der „Luftherrschaft“ besaß und dementsprechend diesen oder jenen Flugzeugtyp baute. Aber der Weg in die Serienproduktion, um so mehr die Aufnahme in die Bewaffnung, war um vieles schwieriger und komplizierter als die Entwicklung von ein oder zwei Flugzeugen, die dem Einfluß der neuen Richtung einer kapriziösen Flugzeugmode entsprachen.
Unser neues Flugzeug DB-A wurde im Werk zärtlich als „Annuschka“ bezeichnet. Die Montage des Flugzeuges erfolgte im Nachhinken zum Zeitplan und die technische Unerfahrenheit des jungen Konstruktionskollektives wirkte sich aus. In der Endmontageabteilung mußten viele Teile am Ort gefertigt werden. Die große Erfahrung der Montageschlosser glich die Fehler der jungen Konstrukteure wieder aus.
Die erste selbständige Arbeit Isaews auf dem Gebiet des Flugzeugbaues, ein Mechanismus eines halbeinziehbaren Fahrwerkes, forderte verschiedene Nacharbeiten. Die großen Reifen mußten synchron in die Verkleidung spezieller „Hosen“ bis zum Anschlag eingefahren werden. Und auf dem umgekehrten Weg sollten sie zuverlässig fixiert werden und die Landebereitschaft signalisieren. Das Ein- und Ausfahren des Fahrwerkes erfolgte mit einem hydraulischen System. Der Druck in den Antriebszylindern wurde mit Hilfe von Preßluft aus Flaschen erzeugt, die man mit Hilfe eines speziellen Kompressors aufpumpen konnte. Für den Fall des Versagens der Hydraulik war ein Havariesystem des Ausfahrens mit einer Handwinde vorgesehen. Nikolaj Godowikow versuchte, die Räder von Hand auszufahren und sagte, daß es notwendig sei, einen Kraftmenschen mit in die Luft zu nehmen. Auch Isaew selbst gelang diese Operation nicht.
Bis zum Eintritt in das KB Bolchowitinows hatte Isaew keinerlei Beziehung zur Luftfahrt. Nachdem er versucht hatte, als Bergbauingenieur in den Kohlenschächten und als Bauarbeiter von Magnitogorsk und Saporoshstal zu arbeiten, entschied er, daß seine Zukunft nur in der Luftfahrttechnik liegt. Seinen Antrag auf Aufnahme in den Betrieb reichte er über die Direktorin O. A. Mitkewitsch ein. Die Direktorin schickte den zukünftigen berühmten Raketentriebwerkskonstrukteur zu Gesprächen in das KB Bolchowitinows. Bolchowitinow vertraute ihm, und unter der Kontrolle von Schischmarew erhielt er den Auftrag, ein Fahrwerk für die DB-A zu entwickeln. In der Endmontageabteilung demonstrierten die Erprober der serienmäßig hergestellten SB die Geschwindigkeit und Leichtigkeit, mit der das Fahrwerk dieses Flugzeuges eingezogen werden konnte. Trotzdem gab es viele Witzeleien

über die „Annuschka“, die nicht lernen wollte, die Räder schnell in die Verkleidung einzuziehen. Isaew dachte sich verschiedene Varianten der Anordnung der selbständig arbeitenden Kontrollkontakte aus und wechselte die Konstruktion der Handwinde zum wievielten Mal aus. Tschishikow baute eine spezielle Signaltafel zur Information über die Lage des Fahrwerks. Die Technologen kämpften um die Dichtheit des Hydrauliksystems. Bolchowitinow selbst überprüfte die Berechnungen der Festigkeit der Fahrwerksbeine und die sehr erfahrenen Betriebsmechaniker überdachten und bearbeiteten die Einzelteile nach ihrem Gutdünken bis zu Ende.

Auf dem Flugplatz begannen die vielstündigen Probeläufe der Technik, das Einlaufen der Propeller mit verstellbarer Schrittweite, das Tarieren der Benzinmesser und die endlosen Nacharbeiten der Auspuffkollektoren. Bei einem neuen Motortriebwerk Mikunins vom Typ M-34RFN (ein schubverstärktes, geregeltes Triebwerk mit Belüftung) brannten die Auspuffstutzen durch und sie mußten ständig erneuert werden. Mein Arbeitstag begann auf dem Flugplatz. Zusammen mit den Ingenieuren anderer Betriebe nutzten wir das Einlaufen der Triebwerke zur Überprüfung und Regulierung der Spannungsstabilisatoren und der Funkgeräte.

Der Werkstestpilot, N. G. Kastanaew, der sich mit Mühe in das enge Cockpit der SB zwängte, wartete mit Geduld auf den Erstflug des weiträumigen Flugzeuges. Schließlich kam die Zeit des Anrollens auf dem Flugplatz. Bei einem der Anflüge zerbrach das Fahrwerk. Dies war eine außerordentliche Situation, in deren Folge wir zum ersten Mal von Isaew die Ausrufe hörten: „Ich werde mir eine Kugel in die Stirn jagen“. In Abhängigkeit von der Situation waren Ausrufe wie: „Kugel in die Stirn“ der Ausdruck äußerster Enttäuschung, Erregung, Empörung und Zorn. Alles wurde durch den Tonfall bestimmt.

Im Jahre 1940 erholten wir uns mit ihm zusammen in Koktebel. Wir spielten Krocket. Isaew drohte im harten Streit mit dem Gegner: „Ich jage Dir eine Kugel in den Kopf!“ Im November des Jahres 1941, als wir halb erfroren im Waggon eines Güterwagens von Moskau in den Ural fuhren, schoß Isaew aus einem Flugzeugmaschinengewehr Salven in den schwarzen Himmel und träumte dabei: „Ich jage den ‘Messerschmitts’ eine Kugel in die Stirn!“. Als wir am 15. Mai 1942 nach dem ersten Flug Bachtschiwandshis mit dem Flugzeug BI bei der Landung die Beine des Fahrwerkes zerbrachen, schrie er: „Kugel in die Stirn!“ Genauso, wie bei der „Annuschka“ fünf Jahre vorher. Sogar als er der nach Gluschko zweite Chefkonstrukteur von Raketentriebwerken geworden war, schoß er bei jedem ernsthaften Fehler in den vielen Systemen der Flüssigkeitstriebwerke, die in seinem berühmten KB entwickelt wurden, weiter “Kugeln in die Stirn!“ .

Der Winter begann, und die „Annuschka“ mußte für die Flugerprobung auf Schneekufen gestellt werden. Die ersten Flüge waren erfolgreich, wenn man davon absieht, daß die gewöhnlichen Fehler, wie Undichtheiten im Ölsystem der Triebwerke, auftraten.

Zusammen mit dem Funkingenieur des Gorkier Funkwerkes Traskin nahm ich an den Flügen teil und überprüfte die neue sehr leistungsfähige

Flugzeugfunkanlage. Die wichtigsten Funkgeräte wurden im Heckteil des weiträumigen Rumpfes in einer schallisolierten Kabine des Funkers untergebracht. Die Sender und Empfänger dieser Jahre waren mit Dutzenden von Röhren ausgestattet. Sie waren gegen Erschütterungen beim Start und bei der Landung sowie gegenüber den Vibrationen, die durch die arbeitenden Flugzeugtriebwerke hervorgerufen wurden, sehr empfindlich. Um den Einfluß dieser Belastungen auszuschalten, wurden alle röhrenbestückten Geräte an Federstoßdämpfern aufgehängt. Trotzdem wurde bei einer Bruchlandung ein schwerer Sender durch einen Stoß gegen den Rahmen zerstört. In diesen Fällen wechselte Traskin die leistungsfähige Generatorröhre aus.

Nach Dutzenden von Flügen war das Flugzeug eingeflogen. An den frostigen Tagen des Februar 1936 wurde die Demonstration einer neuen Flugzeugtechnik auf dem Flugplatz in Monino angesetzt. Kastanaew demonstrierte die Steig- und Manövrierfähigkeit der „Annuschka" glänzend. Zum Abschluß entschied er sich, Eindruck auf die anwesenden hohen Militärführer zu machen. Er wollte im Tiefflug an der Tribüne vorbeifliegen, auf der Tuchatschewskij, Alksnis und viele andere hohe Leiter Platz genommen hatten. Kastanaew hatte die notwendige Höhe erreicht und begann, den Flugplatz im Sturzflug anzufliegen, um eine große Geschwindigkeit zu erreichen. Plötzlich stellte sich einer der Schneekufen, der an die Verkleidung schlug, unter dem Einfluß des Gegenwindes um $90^0$ nach oben. Jetzt hatte das Flugzeug ein unsteuerbares Höhenruder, welches das Flugzeug auf den Boden zu treiben drohte.

Die Gefühle sind nicht zu beschreiben, die in diesem Moment die Entwickler des Flugzeuges als Zuschauer erfaßte. Ich wollte die Augen zukneifen, um das furchtbare Ende nicht zu sehen. Es vergingen Sekunden bis zum unausweichlichen Aufprall, doch plötzlich zog der Motor durch und das Flugzeug begann, die Nase zu heben. Die Geschwindigkeit fiel stark ab und die Kufen standen plötzlich nach unten am richtigen Platz. Jetzt drohte die Wand aus Kiefern als Hindernis, auf das Kastanaew zusteuerte. Aber er schaffte es, Gas zu geben. Er gewann an Höhe und überflog eben diesen Wald, machte einen Kreis, landete wohlbehalten und rollte an den Standplatz heran.

Bei der Untersuchung des Vorfalls wurde klar, daß die Dämpfungsschnur, die das vordere Kufenende am Flugzeug festhielt, nicht für das Moment berechnet war, das bei der Beschleunigung des Flugzeuges auftrat. Den Durchmesser der Schnur hatte Isaew persönlich ausgewählt und berechnet. Als er Bolchowitinow berichtete, erklärte er: „Kugel in die Stirn! Ich habe mit dem Rechenschieber gerechnet und mich um eine Stelle geirrt!"

Das Flugzeug wurde durch die Selbstbeherrschung und durch die außerordentliche physische Kraft Kastanews gerettet. Mit großer Anstrengung hatte er das Steuerrad an sich gezogen und war bestrebt gewesen, mit dem Höhenruder das Abkippmoment zu überwinden, das durch die Schneekufen hervorgerufen worden war. Das war ihm gelungen.

Im Frühjahr wurden die Betriebserprobungen beendet, und es begannen die Flüge nach dem staatlichen Erprobungsprogramm sowie Rekordflüge. In diesen Jahren war das Aufstellen von Weltrekorden für die Flugzeugkonstrukteure und

die Flieger mehr als eine Prestigefrage. Jedes neue Flugzeug sollte zumindest einen Rekord aufstellen.
Mit Hilfe der „Annuschka" wurden viele sowjetische und vier Weltrekorde aufgestellt. Die Rekordflüge absolvierten N. G. Kastanaew, G. F. Bajdukow und A. A. Njuchtikow.
Auf der Maiparade des Jahres 1936 flog unsere „Annuschka" mit voller Geschwindigkeit über den Roten Platz. Kastanaew flog eine nach oben offene Spirale. Dieses ergreifende Schauspiel rief einen Sturm der Begeisterung hervor. Erneut, wie im Jahre 1932 als unsere ersten TB-3 über den Roten Platz flogen, hatte ich einen Kloß der Begeisterung im Hals. Jetzt schritt ich nicht zusammen mit den Arbeitern an der Spitze der Kolonne des Betriebes der als Vorbild geltenden Endmontageabteilung, sondern irgendwo in der Mitte der Masse der Konstrukteurintelligenz.
Im Betrieb Nr. 22 kamen und gingen die Direktoren nach der Mitkewitsch, ohne eine Spur zu hinterlassen. Im Sommer 1936 erschien im Betrieb der Chefingenieur Boris Nikolaewitsch Tarasewitsch, der in Ermangelung eines Direktors alle Macht an sich riß. Bis zum Jahre 1930 war Tarasewitsch Direktor des Kolomensker Lokomotivbauwerkes gewesen, war 1930 inhaftiert und in der Sache der „Prompartii" (Industriepartei) verurteilt worden.
In der russischen Geschichte der Vorrevolutions-, der Sowjet- und der postsowjetischen Zeit war die Industriepartei die einzige Organisation der technischen Intelligenz, die wahrhaft technokratische Prinzipien vertrat. Der Leiter der Industriepartei, der Wissenschaftler und Wärmetechniker mit einem Weltnamen, Professor Leonid Ramsin, ging aufrichtig davon aus, daß die Macht im Lande in den Händen der Wissenschaftler, Ingenieure und Leiter der Industrie sein müsse. Einen direkten Schaden hat die Industriepartei nicht angerichtet. Sie träumte davon, die Diktatur des Proletariats durch die Diktatur der Wissenschaftler, Ingenieure und Industriellen zu ersetzen.
Mit den Mitgliedern der Industriepartei ging man zu dieser Zeit human, aber listig um. Die Verurteilten arbeiteten für eine lange Zeit zusammen unter der Leitung des Chefideologen Ramsin in einem speziell geschlossenen wärmetechnischen Institut an der Entwicklung neuer Typen von Dampfkesseln. Ramsin konstruierte tatsächlich einen Feinrohrdurchgangskessel, den man als „Ramsinkessel" bezeichnete. Der Intellekt der Mitglieder der Industriepartei wurde mit hohem Nutzen eingesetzt.
Unter Berücksichtigung dessen, daß die Verurteilten mit voller Hingabe zum Nutzen des Staates, der proletarischen Diktatur arbeiteten, wurden sie befreit und zu verantwortungsvoller Arbeit herangezogen. So wurde eins der Mitglieder der Industriepartei ein ehemaliger „Schädling und Diener des Weltimperialismus", technischer Leiter des Betriebes Nr. 22.
Der schon ergraute Chefingenieur hatte eine leichte Glatze, war nicht sehr groß, aber sehr lebendig und beweglich. Er begann, Ordnung und eiserne Disziplin unter den Arbeitern und der Intelligenz zu schaffen. Manchmal prahlte er mit seiner angeblichen antisowjetischen Vergangenheit: „Ich war an dieser 'Influenza' schon erkrankt, deshalb können Sie sich über mich beschweren und

mich beschuldigen, wie Sie wollen, aber merken Sie sich, daß ich mit Faulen, Nichtqualifizierten und Dämagogen keine Geduld aufbringen werde."

Tarasewitsch zeigte sehr schnell, wie ein richtiger Betriebsingenieur handelt, außerdem verfügte er über das Direktorenrecht. Er ignorierte die Partei und gesellschaftlichen Organisationen höflich und verteilte mutig Strafen für offensichtliche Fehler in der Arbeit der Ingenieure, Technologen, Abteilungsleiter und stellte für leitende Posten nur Leute ein, wenn er ihre fachlichen Fähigkeiten und ihre technische Kompetenz bewertet hatte. Die Parteizugehörigkeit spielte für ihn keine Rolle.

Zwischen Bolchowitinow und Tarasewitsch kam es sehr bald wegen der Serienproduktion der DB-A zu Differenzen. Der Betrieb erhielt einen äußerst schwierigen Plan zur Herstellung der SB. Außerdem wurde gefordert, die Produktion der TB-3 wieder aufzunehmen. Tupolew begann schon die Vorbereitung der Serie der TB-7 (ANT-42) zu propagadieren. Deshalb überzeugte Tarasewitsch die Hauptverwaltung der Luftfahrtindustrie, in der der Chefkonstrukteur Tupolew nebenamtlich als Chefingenieur arbeitete, daß die Serienproduktion der DB-A in dem Kasaner Flugzeugwerk eingerichtet werden müsse. Eine solche Entscheidung wurde gefällt und durch das Volkskommissariat der Schwerindustrie sanktioniert. Bolchowitinow schlug man vor, mit seinem gesamten Kollektiv nach Kasan umzuziehen.

Dies war ein schwerer Schlag gegen unser junges KB. Bolchowitinow konnte nicht absagen, denn es hätte den Verzicht auf die Einführung des Flugzeuges in die Serienproduktion bedeutet. Allen Mitarbeitern des KB wurde vorgeschrieben, nach Kasan zu gehen, anfangs auf eine lange Dienstreise, und dann würde entschieden werden.

Sofort zerfiel das Denkzentrum: Kurizkes, Schischmalew und andere Lehrer der Akademie waren nicht damit einverstanden, die Akademie zu verlassen. Nach langen Gesprächen war Bolchowitinow einverstanden, mich nicht mit nach Kasan zu nehmen, ich mußte das Institut beenden. Aus familiären Gründen sagten noch zwei Dutzend Mitarbeiter ab, nach Kasan überzuwechseln. Im Herbst 1936 stellte das KB Bolchowitinow im Werk Nr. 22 seine Tätigkeit ein.

Die vom KB übriggebliebenen Kader gingen zu Tarasewitsch ins KOSTR, dem KB für Serienproduktion. Ich wurde zum Leiter der Brigade für Spezialausrüstungen und Bewaffnung ernannt und war damit erneut Leiter eines schon existierenden und lange in der Serienproduktion arbeitenden Kollektivs.

Zu Beginn meiner Tätigkeit im Betrieb wurde ich auf Befehl Tarasewitschs für die selbständige Veränderung der Befestigung eines Relais in der SB gerügt. Ich hatte dies auf Bitten des Militärvertreters verändert.

„Hier bin ich der Chef und nicht der Militärvertreter", erklärte mir Tarasewitsch. „Wenn es den Militärvertretern gefiele, dann würden sie die Arbeit in der Abteilung ganz einstellen. Sie sollten über jede Veränderung sieben Mal nachdenken und dann meine Erlaubnis einholen. Es handelt sich hier um die Serienproduktion und nicht um die Willkür von Bolchowitinow."

Meine mir Unterstellten lachten listig. Ihnen gefiel es, daß der als Neuerer tätige Leiter sofort an Ort und Stelle zurückgepfiffen wurde. Je weniger Änderungen, um so besser!
Aber auch bei der Serienproduktion der SB gab es noch einen anderen Chef, das KB Archangelskijs. Sie hatten das Recht, Veränderungen im Namen des Chefkonstrukteurs durchzuführen. Alle Veränderungen fielen in die Kompetenz unseres KOSTR. Jeder Brigadier, der mit einer Änderung durch den Chefkonstrukteurs beauftragt wurde, berichtete Tarasewitsch persönlich darüber. Nur er, nachdem er sich mit Archangelskij abgestimmt hatte, konnte entscheiden, welche Veränderung in die Serie tatsächlich eingeführt wurde.
Während die Atmosphäre im KB Bolchowitinows mit dem Geist der Romantik und schöpferischer Diskussionen angereichert war, erwies sich die Arbeit im KOSTR als langweilig und mittelmäßig. Hier jedoch durchlebte ich die Schule der Konstrukteursdisziplin einer Großserienproduktion und machte mich intensiv mit allen Fragen der Zeichnungen vertraut. Diese Erfahrung, die man in keinem Institut erlernen kann, kam mir bei der Organisation der Serienproduktion unserer ersten Raketen sehr zu statten.
Und wiederum ging es nicht ohne Sommervorkommnisse ab. Sie belebten die eintönige Arbeit mit den Zeichnungen für die Serienproduktion. In der Flug- und Erprobungsstation waren die auf Spiele und riskante Scherze ausgerichteten Jäger nicht verschwunden. Ich will einen solchen Fall beschreiben.
Im Jahre 1936 begann in Spanien der Bürgerkrieg, in dessen Verlauf die Sowjetunion der Armee der republikanischen antifaschistischen Regierung Spaniens mit Militärberatern, Freiwilligen und Waffen half. Die republikanische Armee hatte faktisch keine eigene Luftwaffe. An der Seite des aufständischen Generals Franko kämpften die deutschen und italienischen Flieger mit „Messerschmitts“ und „Junkers“. Auf der Seite der Republikaner kämpften sowjetische Freiwillige auf den „Tschajkas“ (I-153) und „Ischaks“ (I-16). Dies waren von Polikarpow Anfang der 30er Jahre entwickelte Jäger. Sie hatten gegenüber den Messerschmitts 109, an Geschwindigkeit und Bewaffnung nichts zu bieten. Zur Verstärkung der Luftflotte der Republikaner erhielt das Werk Nr. 22 den Auftrag, die Herstellung der SB zu erhöhen und 10 SB für die Spanier bereitzustellen. Es wurde gefordert, das Flugzeug so aufzubereiten, daß es zerlegt, in eine große Holzkiste verpackt und bei Ankunft schnell unter feldmäßigen Bedingungen montiert werden konnte. Das war eine äußerst anstrengende Arbeit. Bei den Flugabnahmeerprobungen gab es Beanstandungen, die drohten, die Versendung des Flugzeuges nach Odessa und von dort über das Meer nach Spanien zu kippen.
Besonders ein Militärvertreter verärgerte die Flug- und Erprobungsstation bei der Ausfüllung der Dokumente für die Übergabe. Seine formalen Beziehungen und seine ständigen Schikanen brachten sogar Tarasewitsch in Wut. Er wandte sich an den Leiter der Militärabnahme: „Wer von uns ist der Saboteur? Ich, den man noch in den 30er Jahren verurteilte, oder Ihr Militäringenieur zweiten Ranges wegen dessen Schikanen die Flugzeuge nicht nach Spanien gehen?“

Trunkenbolde und Rowdys der Flug- und Erprobungsstation, so nannten wir sie damals im KOSTR, dachten sich eine riskante Maßnahme aus. Dem schikanösen Militärvertreter schlug man vor, selbst den Platz im Cockpit des Navigators einzunehmen und sich davon zu überzeugen, daß das Schießen während des Fluges aus dem Maschinengewehr vom vorderen Feuerpunkt aus völlig einwandfrei möglich ist. Der Militärvertreter schoß tatsächlich während des Fluges, ohne Patronen zu schonen, und teilte dem Flieger über Sprechfunk mit, daß er das Flugzeug abnimmt, er könne zur Landung übergehen. Aber der Flieger teilte plötzlich mit, daß das Fahrwerk nicht einzuziehen sei. Er müsse eine Bauchlandung mit eingezogenem Fahrwerk machen. In diesem Falle könne er nicht im vorderen Cockpit bleiben. Bei der Landung würden unweigerlich seine Beine beschädigt, aber nur im „schlimmsten Fall"?. Kurz gesagt, er hatte dies entschieden, gab dem Militärvertreter den Befehl, die untere Havarieluke zu öffnen, auf Befehl abzuspringen und sich mit dem Fallschirm zu retten. Eine Erfahrung zum Verlassen der SB mit dem Fallschirm gab es noch nicht. Der unglückselige Militärvertreter zog sich beim Verlassen des Flugzeuges starke Prellungen zu, und bei der Landung brach er sich ein Bein.
Der von seinem Passagier befreite Flieger vollführte mit dem Flugzeug Manöver, die helfen sollten, das Fahrwerk auszufahren. Als er sich davon überzeugt hatte, daß sich der Sanitätswagen dem Fallschirm des Militärvertreters näherte, fuhr er das Fahrwerk aus und landete wohlbehalten. Der Militärvertreter lag für drei Monate im Krankenhaus. Die Übergabe der Flugzeuge erfolgte ohne Verzögerung. Darüber, daß das Fahrwerk des Flugzeuges völlig in Ordnung gewesen war, erfuhren am Anfang nur wenige. Das dritte Mitglied der Crew, der Bordmechaniker, der im Mittelteil am Platz des Funkers gesessen hatte, behauptete, daß während des Versuches des Fahrwerkausfahrens der Elektromotor der hydraulischen Pumpe starken Lärm gemacht hätte. In der Flug- und Erprobungsstation erschienen noch verschiedene Zeugen, die bestätigten, daß dies nicht der erste Fall des Lärmens des Elektromotors gewesen sei. Es sei sogar schon vorgekommen, daß das Fahrwerk ohne Befehl ausgefahren sei. Der Flieger, der den Militärvertreter abgesetzt hatte, schlug vor: „Laßt einen Elektriker mitfliegen und untersuchen, was dort vor sich geht!"
Zur Wahrheitsfindung schlug Tarasewitsch vor, daß ich fliegen solle. Ich bereitete Kabel und Geräte mit den Betriebselektrikern vor und transportierte alles in das hintere Cockpit des Schützenfunkers. Vor dem Flug war der Pilot offenbar darüber entsetzt, daß ich mich nicht in das vordere Cockpit des Navigators setzen wollte. Der Bordmechaniker weigerte sich ebenfalls, im vorderen Cockpit zu fliegen, und begründete es damit, daß der Konstrukteur vielleicht etwas nicht so wie notwendig geschaltet haben könnte, um das Fahrwerk auszufahren. Er wolle nicht mit dem Fallschirm aus einem so schnellen Flugzeug abspringen, denn er sei noch nicht einmal mit dem Fallschirm vom Turm gesprungen.
So flogen wir ohne Bordmechaniker. Während des Fluges traten keinerlei Fehler und Geräusche auf. Der Pilot allerdings beeilte sich nicht mit der Landung und

zeigte mir, daß, mit der SB zu fliegen, „viele Ängste bereite und keine Befriedigung bringe“. Nach der Landung eröffnete mir Godowikow, zu dem ich gute Beziehungen hatte, die Ursache des Versagens des Fahrwerkes: „Gott sei Dank, der Militärvertreter ist am Leben geblieben und wir haben mit seinen Schikanen nichts mehr zu tun. Und was Du Tarasewitsch berichten willst, mußt Du Dir selbst ausdenken.“ Godowikow war ein guter Mensch. Er hatte sich sehr gegrämt, als er von der Maßnahme der Bordmechaniker der Flug- und Erprobungsstation erfuhr, und weil sie dadurch den Militärvertreter ins Krankenhaus befördert hatten. Katja arbeitete als Kontrollmeisterin und war Godowikow unterstellt. „Einen besseren Leiter als Nikolaj Nikolaewitsch kann man sich nicht vorstellen“, sagte sie. Bei meinem Bericht an Tarasewitsch führte ich aus, daß alles völlig in Ordnung sei und es nicht gelungen war, den Vorfall zu reproduzieren. Wahrscheinlich sei es eben dieser seltene Fall der Zerstörung durch ein Fremdteilchen, das zwischen die Einschaltkontakte des Elektromotors geraten war.

Nach der angespannten Arbeit verbrachten wir, Katja und ich, die arbeitsfreien Tage und zwei Abende in der Woche auf der Wassersportstation „Krylja Sowjetow“ an der Borodinsker Brücke. Wir beide gefielen dem Trainer der Schule des akademischen Ruderns. Ich war Ruderer beim Männervierer und Katja bei den Frauen. Das akademische Rudern erwies sich als eine sehr schwierige und große Leidenschaft erfordernde Sportart. Im August bei einem Wettkampf wurde die Mannschaft von Katja Moskauer Meister in ihrer Klasse, und meine Mannschaft kam nur auf den dritten Platz.

Um von der Trainingsgemeinschaft der Vierer in den akademischen Wettkampf zu kommen, mußte man den ganzen Tag trainieren, um im Oktober wiederholt an den Gesamtmoskauer Wettkämpfen teilzunehmen. Ich hatte mich aber vor einem Jahr verpflichtet, eine Reise ins Gebirge zu machen. Ungeachtet des Protestes der Trainer erklärten wir beide unseren Austritt aus der Mannschaft bis zum nächsten Jahr und verabschiedeten uns in ein Berglager. Die Reise durch den Kaukasus, die wir im Herbst 1936 vollführten, war, vom touristischen und alpinisitschen Standpunkt aus betrachtet, keineswegs eine besondere Reise, aber es blieben die Erinnerungen an die wirklich schöne Natur – „schöner als die Berge, können nur die Berge sein“. Wenn man jetzt versuchen würde, die im Jahre 1936 befahrene Reiseroute zu wiederholen, die durch Kabardino-Balkarien, Swanetien, Grusinien, Abchasien und Aserbaidschan führte, so bestünden wenig Chancen, dies wegen der inneren militärischen Auseinandersetzungen in diesem Gebiete unbeschädigt zu tun.

Für das KB Bolchowitinows endeten im Jahre 1936 in Kasan die quälenden organisatorischen Arbeiten an der Serienproduktion der DB-A. Die Stimmung im Kollektiv war pessimistisch. Die Serie beschränkte sich auf 6 Flugzeuge. Dies wurde damit begründet, daß vorausgehende militärische Erprobungen notwendig seien. Die Hauptverwaltung der Luftfahrtindustrie wollte Zeit gewinnen, um die Flugerprobungen der ANT-42 (TB-7 später in Pe-8 umbenannt) zu beginnen. Dieses Flugzeug war in allen Parametern besser als die DB-A. In einer Flughöhe von 8000 m entwickelte sie eine Geschwindigkeit

von mehr 400 km/h. Der neue viermotorige Bomber war faktisch ein fünfmotoriger. Im Mittelflügelteil war ein Triebwerk mit einem Kompressor installiert, der die vier Triebwerke während des Höhenfluges belüftete und das hermetische Cockpit mit Luft versorgen konnte. Im weiteren wurde das fünfte Triebwerk fallengelassen und es wurden die Mikulin-Triebwerke AM-34FRNW verwendet, die sich selbst belüfteten. Die TB-7 verfügte über eine leistungsfähige Bewaffnung zur Verteidigung. Die ANT-42 (nur 69 Stück, Anm. des Übers.) war in allen flugtaktischen Parametern besser als die „fliegende Festung" von Boeing, die vor einem Jahr in Dienst gestellt worden war.
Die Entwicklung eines solchen Flugzeuges war eine große Errungenschaft des Kollektivs von Tupolew und der sowjetischen Flugzeugindustrie.
Bolchowitinow verstand, daß die DB-A die Konkurrenz mit der TB-7 nicht bestehen wird. Er begann die Arbeit an zwei neuen, ungewöhnlichen Projekten, dem Jäger „I" und dem schnellen Jagdbomber „S". Das Flugzeug „I" wurde von Isaew projektiert und mit zwei Leitwerksträgern (Doppelrumpf), zwei Leitwerken sowie mit fernbedienten MG's für die Verteidigung des hinteren Raumes ausgestattet. Für den Frontangriff waren zwei SCHKAS MG's und zwei Flugzeugkanonen SCHWAK des Kalibers 20 mm vorgesehen.
Isaew war von diesem Projekt sehr angetan. In der weiteren Arbeit gewann er mich für die Entwicklung eines ferngesteuerten beweglichen MG's zur Verteidigung der hinteren Halbsphäre. Ich träumte seit langem von der Entwicklung eines ferngesteuerten MG's mit Hilfe eines synchron gekoppelten Systems. Diese Aufgabe war auf Seeschiffen gelöst, und die Zeit war reif, auch in der Luftwaffe eine ähnliche Technik einzuführen.
Bis zur praktischen Realisierung ist die Sache nicht gediehen. Es wären mehrere Entwicklungsjahre notwendig gewesen, und dabei störte der Krieg. Aber während der Arbeit an diesem System, das Bolchowitinow sehr interessierte, wurde ich bei der Entwicklung von synchron gekoppelten Systemen mit A. G. Iosifjan und D. W. Swetscharnikow näher bekannt. Andronik Iosifjan war in diesen Jahren schon durch sein ungewöhnliches Projekt eines „elektrischen Hubschraubers" bekannt geworden. Die erste Bekanntschaft begann im Jahr 1936 und ging in eine langjährige Zusammenarbeit und Freundschaft über, die bis zum Ende seines Lebens hielt.
Die Hauptaufmerksamkeit im KB beanspruchte das Projekt „S"-Tandem. Die Neuheit des Flugzeuges „S" bestand in der Anordnung zweier Motoren hintereinander. Eine lange Welle des hinteren Triebwerks verlief zwischen den V-förmig angeordneten Zylindern des vorderen. Zwei Propeller, jeder von einem Triebwerk angetrieben, drehten sich in unterschiedlichen Richtungen. Der Frontwiderstand wird durch diese Anordnung um die Größe vermindert, die ein Motor ausmacht. Dadurch kann die Geschwindigkeit um mehr als 25 % gegenüber der klassischen zweimotorigen Anordnung erhöht werden. Nach Berechnungen sollte die „S" eine Geschwindigkeit von 700 km/h bei einer Reichweite von 700 km erreichen.

Die Idee der Tandemanordnung der Motoren, die in „S“ realisiert werden sollte, wurde beim Bomber „B“ genutzt. Anstelle der klassischen Anordnung von vier Motoren des Flugzeuges in der Flügelspitze wurde eine Tandemanordnung gewählt, wodurch die Geschwindigkeit bei einer Dienstgipfelhöhe bis zu 11 km mehr als 550 km/h betragen sollte.
Ungeachtet dieser neuen Projekte wurde die Modernisierung der „Annuschka“ fortgesetzt. Auf dem Flugzeug DB-A2 wurden verbesserte Triebwerke des Typs M-34 FRN mit Turbokompressoren und Propellern variabler Schrittweite eingesetzt. Anstelle der Unterbringung des Fahrwerkes in „Hosen“ wurde es vollkommen eingezogen. Die Drehkranzlafette im Rumpfmittelteil erhielt eine SCHWAK-Kanone und einen Antrieb. In den Cockpits unter dem Flügelmittelteil wurden zwei MG’s eingesetzt, die einen Rundumbeschuß ermöglichten. Die Zahl der Crewmitglieder wuchs von sechs auf elf an.
Trotz dieser wesentlichen Verbesserungen half es nichts. Die TB-7 flog im Frühjahr 1937, war in allen Parametern besser und zog mit großem Abstand davon.

## *Arktische Triumphe und Tragödien*

Bei der Erschließung der Arktis Ende der 20er, Beginn der 30er Jahre kam es zu bewegenden Ereignissen. Die Arktis war noch ein Gebiet, in dem man in vollen Maße Heroismus zeigen konnte. Die Presse berichtete in großer Aufmachung über die Arbeit der Arktisstationen und der Expeditionen. Besonders unterstrich man die mit der Erschließung der Arktis verbundene Romantik. Die große Bedeutung der arktischen Gebiete für die Wirtschaft der Sowjetunion war so offensichtlich, daß niemand bezweifelte, den notwendigen Aufwand zur Erschließung der Arktis auch tatsächlich zu leisten. Die Arktisreisen fanden in den verschiedenen Gesellschaftsschichten großen Widerhall. Die politische Bedeutung des Lärms, der um jedes arktische Abenteuer erhoben wurde, war groß. Die Aufmerksamkeit der Menschen an solchen Maßnamen lenkte von den Schwierigkeiten des Alltagslebens, der Repression und der durch die Kollektivierung verursachten Lebensmittelkrise ab.
Die Erfolge bei der Erschließung der Arktis hoben das internationale Prestige der Sowjetunion an. Die Intelligenz, die von den kulturellen und wissenschaftlichen Beziehungen zur Außenwelt isoliert war, sah in der Arktisforschung eine Hoffnung auf internationale Zusammenarbeit. Die Gesellschaft war sich darüber einig, daß die Arktis sowjetisch sein müsse.
Eine solches Solidaritätsverständnis war der Stalinschen Leitung sehr zum Vorteil. Die heroischen Heldentaten der Eisbrecherbesatzungen, der Polarflieger und der Überwinterer, die Rekordflüge der sowjetischen Flugzeuge sowie die Rettung der verunglückten Expeditionen war eine anschauliche Demonstration der Geschlossenheit der gesamten Gesellschaft im Interesse eines allgemein menschlichen Zieles.

Die Rettung der italienischen Expedition Nobile durch die Eisbrecher „Krasin“ und „Malygin“ im Jahre 1928, die internationale Arktisexpedition mit Hilfe eines deutschen Zeppelins im Jahre 1931, die Fahrt des Eisbrechers „Alexandr Sibirjakow“ sowie des Dampfschiffes „Tscheljuskin“, die Rettung der gesamten Mannschaft der „Tscheljuskin“ durch Flieger – all dies und andere Ereignisse wurden in breitem Stile beschrieben und erregten alle Schichten der sowjetischen Gesellschaft.

Im Jahre 1932 wurde die Hauptverwaltung des Nördlichen Seeweges „Glawsewmorput“ gebildet, die unmittelbar dem Rat der Volkskommissariate unterstellt war. Zum Leiter des Glawsewmorput ernannte man den bekannten Wissenschaftler und Leiter von Polarexpeditionen, Otto Julewitsch Schmidt, zu seinem Stellvertreter und Leiter, den Polarflieger Mark Iwanowitsch Schewelew.

Die Erforschung des sowjetischen Arktisgebietes wurde mit noch nicht dagewesener Initiative fortgesetzt. Nach der Organisation ständig arbeitender Basen, der meteorologischen Stationen auf dem Festland und auf den am nördlichsten gelegenen Inseln wurden die Probleme der Entwicklung einer ständigen Station im zentralen Teil der Arktis immer aktueller. Dort war nach Meinung der Wissenschaftler die Wetterküche des gesamten Eismeerbassins. Aber wie sollte man am Pol die dort überwinternden Mitarbeiter mit wissenschaftlichen Geräten, Lebensmittelvorräten, Funkstationen, Zelten und Treibstoff für die über Monate dauernde Arbeit versorgen? Dies war eins der Hauptprobleme.

Einer der Initiatoren, der den Einsatzes des Flugzeuges TB-3 in der Arktis vorschlug, insbesondere zum Transport der Expedition in das Nordpolgebiet, war der Polarflieger Michail Wodopjanow, einer der fünf ersten, die wegen der Rettung der Tscheljuskinbesatzung mit dem Titel „Held der Sowjetunion“ ausgezeichnet worden waren.

In diesen Jahren führten die Vorschläge, die von bekannten Fliegern ausgingen und die direkt an Stalin oder Mitglieder der Regierung gerichtet waren, zu schnelleren Entscheidungen als die der Kollektive der Volkskommissariate oder der Wissenschaftler. Die Vorschläge Wodopjanows wurden von Schmidt und Schewelew entschieden unterstützt. Das Werk Nr. 22 erhielt von der Hauptverwaltung der Flugzeugindustrie den Auftrag, nicht weniger als vier Flugzeuge TB-3 in einer speziellen Arktisvariante zu bauen.

Mitte des Jahres 1936 fertigte das KOSTR die Zeichnungen an. Die Weiterentwicklung führten wir nach der Konsultation mit Polarbesatzungen durch. So machten wir uns der Reihe nach mit Wodopjanow, Babuschkin, Masuruk, Alexeew, Golowin und Moschkowskij bekannt.

Die Funkapparatur wurde vollkommen modernisiert. Im Heckteil wurde in einer beheizbaren Kabine des Funkers eine neue Funkstation montiert. Sie konnte nicht nur mit Hilfe des Elektronetzes des Flugzeuges, sondern auch mit Hilfe eines autonomen Havarieelektrogenerators arbeiten. Er diente ebenfalls als Energiequelle im Stand. Es war zu konstatieren, daß die Zuverlässigkeit des Anlassers des kleinen Motors bei Frost hätte besser sein können. Wegen der

Brandgefahr galt die Vorschrift, diesen nur außerhalb des Flugzeuges zu benutzen.
Im Vorderteil war ein Funkhalbkompaß und ein Empfänger für die Navigation mit Funkfeuern installiert. Die Funkstation konnte mit zwei Antennentypen arbeiten. Beim Stand auf der Erde und während des Fluges ließ eine spezielle Winde unter der Last eines Gewichtes die Antenne nach unten. Das Cockpit der Piloten und die für alle Winde offenen Luken der MG-Drehkränze wurden so verglast, daß der Rumpf vom Wind nicht durchblasen werden konnte. Besondere Aufmerksamkeit diente der einfachen Umrüstung des Flugzeuges von Rädern auf Schneekufen. Diese Operation war nicht unter warmen Fabrikbedingungen, sondern unter Winterbedingungen auf einem nördlichen Flugplatz durchzuführen. Dabei mußte absolute Zuverlässigkeit gewährleistet sein. Die Flugzeuge wurden zur Verbesserung der Sichtbarkeit vor dem Hintergrund der Schneedecke mit greller gelber Farbe lackiert.
Die Arbeiter beschäftigten sich mit der arktischen TB-3 ebenso enthusiastisch wie die Kollegen der Abteilung mit der SB für die spanischen Antifaschisten.
Im Verlauf des Winters 1937 wurden die vier orangefarbenen Giganten erprobt und vom Leiter der Polarluftfahrt Schewelew abgenommen. Er kam mit einem Funkingenieur der Glawsewmorput – einem großen blauäugigen Blonden, der ein beneidenswertes Wissen der Polarfunkbedingungen demonstrierte. Er kritisierte Details des Funkgerätes und forderte dessen Verbesserung. Meine Konstrukteure und Werksmonteure waren durch die Belehrungen des jungen Funkingenieurs beleidigt. Er trug seine Kritik mit der Sicherheit eines Polarforschers vor.
Auf diese Weise traf ich zum ersten Mal mit Boris Konoplew, dem zukünftigen Chefkonstrukteur der Interkontinentalrakete R-16 zusammen.
Vier Flugzeuge wurden zur weiteren Vorbereitung für den Flug nach Norden auf den Zentralen Flugplatz überführt. Ich kann mich damit „rühmen“, daß ich am Flug zum Nordpol ganz am Anfang auf dem 6-km-Abschnitt von Fili nach Chodynka teilgenommen habe.
Am 22. März 1937 startete ein Flugzeug nach dem anderen vom Zentralen Flugplatz. Es waren dies die Flugzeuge N-170 mit den Fliegern Wodopjanow und Babuschkin, die N-171 mit dem Flieger Molokow, die N-172 mit Alexeew und die N-169 mit Masuruk. Drei Stunden früher war die N-166 gestartet. Dies war die der Polarfliegerei übergebene R-6 unseres Betriebes. Der Flieger Golowin flog sie. Er hatte in der Arktis als Eiskundschafters gearbeitet.
Damit war die zeitweilige arktische Tätigkeit unseres Betriebes beendet. Wir warteten auf Nachrichten über die Landung unserer Flugzeuge am Nordpol.
Der erste sowjetische Flieger, der den Nordpol überflog, war Golowin mit der N-166.Wir jubelten: zum ersten Mal überflog ein Aufklärungsflugzeug des Betriebes Nr. 22 den Nordpol. Das war am 5. Mai. Am 21. Mai des Jahres 1937 landete die TB-3 N-170, die in unserem Betrieb gefertigt worden war, auf dem Eis. Sie wurde der Welt unter der Bezeichnung Papanin-Flugzeug bekannt.
Über dieses historische Ereignis erfuhr die Welt erst 12 Stunden nach der Landung. Die Ursache dafür war das niedrige technische Niveau unserer

Funkgeräte. So lange, bis die N-170, das Flugzeug von Wodopjanow, in dem sich der Leiter der Expedition Schmidt befand, zur Landung ansetzte, konnte die ganze Welt dem Funkgespräch über den Verlauf des Fluges folgen.

Als der Pol erreicht war, teilte Schmidt mit: „Wir gehen herunter und suchen einen Landeplatz!" Danach brach die Funkverbindung zur Expedition ab. Das Flugzeug antwortete nicht auf Rufe der Bodenstation. Hatte es schon wieder eine Tragödie in der Arktis gegeben? Mußten wir erneut Rettungsexpeditionen organisieren?

Die Rufzeichen der Flugzeuge waren der ganzen Welt und allen Kurzwellenamateuren bekannt. Aber niemand hatte im Verlauf der letzten 12 Stunden nach Erhalt der letzten Funksprüche etwas unternommen.

Und dabei war alles so einfach.

Die Wärmebelastung des Umformers (des Motorgenerators), der die 12-Volt-Spannung des Bordnetzes in die Hochspannung für den Sender umwandelte, war nicht auf eine so lange Arbeit ausgelegt. Möglich, daß dieses Gerät einen Produktionsdefekt hatte. Kurz gesprochen, der Umformer hatte gebrannt.

Die Funkstation des Bombers, die speziell für diese arktische Expedition vorbereitet worden war, eine dreifache Abnahme und Erprobung durchlaufen hatte, schwieg. Das Flugzeug besaß keine Reserve. Nach dem Triumph der wohlbehaltenen Landung und den Hurra-Schreien auf dem Eis wurde die Funkstation von Papanins Funker Krenkel schnell aus dem Flugzeug getragen. Diese Funkstation sollte die Verbindung mit der Welt im Verlaufe der gesamten Arbeit der Station „Nordpol" halten. Aber der legendäre Funker der Tscheljuskinsker Episode, Krenkel, konnte nicht so schnell einen Kontakt herstellen. Während des Fluges waren die Akkumulatoren der Funkstation eingefroren.

Es war notwendig, einen Benzinhilfsmotor anzulassen und mit dem Ladestrom den Akku aufzutauen. Der Hilfsmotor hatte lange geniest und war ebenfalls nicht angesprungen. Um einen halben Tag versetzt, berichtete Schmidt über die wohlbehaltene Landung nach Moskau. Jetzt konnte man die Entscheidung treffen und die restlichen drei Flugzeuge auf das Eis entsenden.

In einem so verantwortlichen und großen System erwies sich die Zuverlässigkeit der Funkverbindung als eines der schwächsten Glieder. Leider hat uns der dann einsetzende Lärm der Feiern anläßlich der Polarsiege gestört, diese Vorfälle zu analysieren und daraus entsprechende Schlußfolgerungen zu ziehen.

Am 6. Juni 1937 gab Schmidt auf einem feierlichen Meeting den Befehl, die Staatsflagge der UdSSR über der ersten Station „Nordpol 1" zu hissen. Vom Eis starteten nacheinander wohlbehalten vier TB-3. In Moskau erwartete sie ein triumphaler Empfang.

Am 18. Juni 1937 begann der Transpolarflug Tschkalows, Bajdukows und Beljakows. Nach 63 Stunden und 25 Minuten landete das Flugzeug ANT-25 in den USA auf dem Flugplatz von Pearson-Field in der Nähe der Stadt Vancoover. Mit diesem Flug wurde der kürzeste Weg über das Eis der Arktis von der UdSSR in die USA eröffnet.

Kaum war der Triumph über dieses historische Ereignis verstummt, als man die Welt erneut über den folgenden Transpolarflug informierte.
Am 12. Juli 1937 startete derselbe von Tupolew stammende einmotorige Flugzeugtyp vom Schtschelkowsker Flugplatz des NII der Luftstreitkräfte mit Gromow, Danilin und Jumaschew in die USA. Nach 62 Stunden und 17 Minuten Flugzeit landeten sie wohlbehalten im Gebiet von Los Angeles und erzielten damit zwei Weltrekorde für den Direktflug auf einer geraden und auf einer gebrochenen Linie. Ich war Zeuge des Volksjubels bei der Fahrt der Fliegerhelden durch die Moskauer Straßen und kann den triumphalen Empfang unserer Mannschaft mit dem allgemeinen Jubel am 12. April im Jahre 1961 vergleichen.
Mit den Transpolarflügen der Mannschaften von Tschkalow und Gromow hatte unser Betrieb formal nichts zu tun. Aber in der Mannschaft Tschkalows war der zweite Pilot Georgi Bajdukow, der von Tschkalow direkt mit Egor angeredet wurde. Bajdukow war 1937 Hörer der Akademie der Luftstreitkräfte und gleichzeitig Testpilot unseres Betriebes. Er erprobte nicht nur die serienmäßige SB, sondern nahm auch zusammen mit Kastanajew und Njuchtikow an den Flügen der DB-A teil. Im Mai 1937 stellten Bajdukow und Kastanajew an Bord der DB-A einen Geschwindigkeitsrekord mit einer Last von 5 t bei einer Reichweite von 1000 und 2000 km auf.
Weder Bolchowitinow noch anderen Spezialisten, die in Moskau oder Kasan gearbeitet hatten, war der Gedanke gekommen, die Zuverlässigkeit der zu Polarflügen eingesetzten Flugzeuge entsprechend zu erhöhen.
Ich kann die Frage nicht mit Sicherheit beantworten, wer zum ersten Mal auf diese Idee kam. Nach Erzählungen Bajdukows schlug er dem Polarflieger Siegesmund Lewanewskij zum ersten Mal vor, sich mit dem Flugzeug Bolchowitinows bekanntzumachen. Nach Erinnerungen Bajdukows und Wodopjanows war Stalin Lewanewskij ungeachtet der Tatsache, daß seine Verwandten in Polen lebten und sein Bruder polnischer Militärflieger war, sehr wohlwollend gesinnt. Es war möglich, daß Stalin die Verdienste Lewanewskijs im Bürgerkrieg entsprechend würdigte.
Vor dem Abflug Tschkalows in die USA über den Nordpol war unter den in das Politbüro Gerufenen auch Lewanewskij. Offensichtlich erinnerte sich Stalin an dessen Mißerfolg bei dem Versuch, im August 1935 einen Transporlarflug mit Hilfe der ANT-25 zu vollführen. Damals war der zweite Pilot neben Lewanewskij Bajdukow gewesen. Als Navigator flog Lewtschenko. Sie flogen von Moskau bis zur Barentsee. Von dort kam das Flugzeug zurück und landete bei Leningrad. Die Ursache des Mißerfolgs war ein intensiver Ölaustritt durch ein Entlüftungsrohr. Das Öl überzog die Flügel, das Glas der Cockpithaube und drang in das Cockpit ein. Nach diesem Vorfall wurde die Crew in das Politbüro gerufen. Lewanewskij hatte Stalin damals erklärt, daß man mit einem einmotorigen Flugzeug nicht über den Nordpol fliegen könne.
Dies führte zu einem sehr gespannten Verhältnis zwischen Tupolew und Lewanewskij. Stalin schlug der Crew von Lewanewskij vor, nach Amerika zu fahren und zu erkunden, was dort gekauft werden kann, um den geplanten Flug

über den Nordpol zu realisieren. Aber Bajdukow fuhr nicht mit Lewanewskij in die USA und wurde somit erneut zweiter Pilot auf der weiterentwickelten ANT-25. Jetzt mußte er mit Tschkalow fliegen. Lewanewskij berichtete nach seiner Rückkehr im Kreml, daß er auf seiner Reise in den USA nichts Passendes für einen Flug über den Nordpol gefunden hätte, aber er hatte drei Wasserflugzeuge gekauft.
Bajdukow vergaß nicht, daß Lewanewski der Autor der Idee des Fluges über den Nordpol gewesen war.
Er schlug ihm vor, sich mit Bolchowitinow zu treffen und die DB-A zu besichtigen. Bolchowitinow war eilig aus Kasan gerufen worden und erhielt die Anweisung, Lewanewskij das Flugzeug zu zeigen.
Nach der ersten Bekanntschaft mit Lewanewskij versammelte Bolchowitinow die wenigen noch im Werk Nr. 22 verbliebenen Berater, darunter war auch ich. Er war von der Idee nicht begeistert, die einzige noch verbliebene DB-A, die noch in der Flugerprobung war, für Transportflüge einzusetzen. Als ich erzählte, wie wir die TB-3 beim Umbau zur arktischen Variante verändert hatten und den Gesamtarbeitsumfang in nicht mehr als zwei Monaten würden erledigen müssen, verfinsterte er sich vollkommen. „Das Flugzeug erhalten wir auf keinen Fall zurück und wann wir das nächste bekommen, weiß niemand“ sagte er.
In den ersten Junitagen trafen sich die Entwickler der DB-A auf dem Werksflugplatz zum ersten Mal mit Lewanewskij. Ich kannte zu dieser Zeit die komplizierte militärische Biographie Lewanewskijs noch nicht.
Geschniegelt und gebügelt, äußerlich beseelt von einem aufmerksamen und durchdringenden Blick machte er den Eindruck eines gut erzogenen Aristokraten. So lange die Vorbereitungen für den Start liefen, war er sehr verhalten und schweigsam. Offensichtlich erregte ihn das Verhalten Bolchowitinows.
Kastanajew startete mit dem Flugzeug, gewann an Höhe und ging im Sturzflug mit großer Geschwindigkeit über dem Flugplatz in eine sehr runde Schraubenkurve über. Er betäubte uns mit dem Gebrüll der vier beschleunigten Motoren und schoß steil nach oben. Das Flugzeug war leer und nur für die Demonstration aufgetankt. Kastanaew gelang es, effektvoll, für einen so schweren Bomber nicht typische Figuren, an den Himmel zu zaubern.
Lewanewski verwandelte sich, als er den Flug beobachtete. Wir hatten von dem schweigsamen Gast niemals eine so stürmische Reaktion erwartet. Das Flugzeug war noch nicht gelandet, als Lewanewskij strahlend vor Begeisterung Bolchowitinow um den Hals fiel und sagte: „Geben Sie mir, geben Sie mir dieses Flugzeug! Das muß ich den Amerikanern zeigen! So etwas haben die sich nicht träumen lassen!“ Welche Gespräche zwischen Lewanewskij und Bolchowitinow stattfanden, habe ich nicht gehört.
Es ist bekannt, daß Lewanewskij am nächsten Tag im Kreml war. Danach wurde auch Bolchowitinow dorthin gerufen. Und einen Tag später versammelte Bolchowitinow im Arbeitszimmer Tarasewitschs das Konstruktionskollektiv. Diesem wurde erklärt, daß die Regierung der Bitte Lewanewskijs

nachgekommen sei und ihm erlaubt habe, die Route Moskau – Nordpol – Alaska zu befliegen.
Von diesem Tag an waren wir alle dazu aufgerufen, die DB-A für den Transpolarflug umzurüsten. Dies kostete uns insgesamt sechs Wochen.
Es war eine sehr ehrenvolle Aufgabe. Während Bolchowitinow mißmutig war, weil dem Chefkonstrukteur das einzige DB-A - Flugzeug weggenommen wurde, so war ich aus einem völlig anderen Grund unzufrieden. Die Vorbereitung der arktischen Expedition und jetzt noch der Überflug nahmen mir die Möglichkeit, den dritten Kurs mit allen Prüfungen abzuschließen. Die Prüfungsperiode hatte gerade erst begonnen, vor mir lagen noch vier schwere Examen und mir drohte der Übergang zur Kasernierung. Es gelang mir, noch vor der vollen Kasernierung die Examen in Philosophie und Maschinenbau abzulegen. Vor mir lagen noch die Hauptprüfungen in Elektrotechnik und Vektorrechnung. Die Patriarchen der Elektrotechnik, Professor Krug, und der Vektoranalyse, Professor Schpielrejn, waren bei der Abnahme der Examina gnadenlos. Es wurde ein umfangreiches Wissen des jeweiligen Fachs gefordert. Tarasewitsch versprach mir, ein unterstützendes Papier auszustellen.
Bolchowitinow zog zusammen mit dem Stellvertreter für Konstruktionsfragen, Saburow, in das Werk um. Es begann eine Kampagne zur Herstellung der Zeichnungen für den Umbau des bewaffneten Bombers in ein friedliches Transportflugzeug, das auf dem kürzesten Weg über den Nordpol nach Amerika fliegen sollte, um schwarzen Kaviar als Geschenk für den Präsidenten Roosevelt und teure Pelze des russischen Nordens als Geschenk für seine Frau Eleonore zu überbringen.
Bolchowitinow hatte schon den Spitznamen „Patron“ verpaßt bekommen. Man sagte, daß Isaew ihn als erster so genannt habe. „Unser Patron hat mit dem Umbau begonnen“, sagte der führende Flugerprober, der Militäringenieur Frolow. Er hatte schon mit mir darüber diskutiert, wie das Transportflugzeug aussehen sollte, wenn wir die „Annuschka“ umgebaut haben würden. Vorerst war es jedoch zur Transport-Passagier-Variante für die Transpolarflüge noch weit. Nach vorläufigen Berechnungen würde das leere Flugzeug, wenn wir alle Waffen ausbauten, 16 t wiegen. Um eine Reichweite von nicht weniger als 8000 km zu erreichen, müßten 16,5 t Benzin und 900 kg Öl getankt werden. Die Crew mit der Ausrüstung und den Lebensmittelvorräten würden 1,5 t wiegen, hinzu käme dann noch ein Minimum verschiedenen Gepäcks, so daß wir insgesamt etwa 35 t Startmasse erhalten würden. Mit Hilfe der Leistung der Triebwerke M-34FRN zu je 840 PS bei einer Flughöhe von 4000 m wäre dies die Grenze für die Startmasse. Aber es war erst des Unglücks Anfang.
Meine Gruppe, die sogenannte „Bodenmannschaft“ befand sich in einer äußerst schwierigen Lage. Für die Herstellung der elektrischen Schaltungen und der Montagezeichnungen der neuen Geräte waren Ausgangsdaten von den Kooperationsbetrieben notwendig. Sie wußten bisher nichts von der gefaßten Entscheidung. In den ersten Tagen wurden die Bevollmächtigten der Hauptverwaltung der Flugzeugindustrie und der Luftstreitkräfte zu uns abkommandiert.

Meine Aufgabe bestand darin, über die Anfangsschwierigkeiten zu informieren. Die Hauptentwickler aller Betriebe erhielten die Anweisung, unsere Aufgaben als die wichtigsten zu betrachten.
Zusammen mit Tschishikow und den Ingenieuren des Gorkier und Moskauer Funkwerkes bauten wir Geräte und Funkanlagen. Die neue leistungsfähige Funkstation „Omega“ wurde im Heckteil und der speziell geheizten Kabine des Funkers untergebracht. Die „Omega“ konnte auf Kurz- und Langwelle, im Telegrafen- und Telefonmodus arbeiten. Aus dem Cockpit des Navigator wurde die Zieleinrichtung, der Bombenabwurfgeräte, des Maschinengewehr und das vordere Schießgerät entfernt. Hier sollte sich der Bordfunker zusammen mit dem Navigator aufhalten. Wir installierten in das Navigatorcockpit eine zweite Funkstation, die ohne Langwelle arbeitete und rüsteten so den Funkerplatz aus.
Die Crew stellte Lewanewskij zusammen. Es wurde ein spezieller Stab für den Überflug gebildet. Mit der Auswahl der Piloten war alles klar: Lewanewskij und Kastanaew. Zur Wartung der vier Triebwerke, zu denen ein Zutritt über die dicken Flügel möglich war, mußten zwei Bordmechaniker mitfliegen. Der erste war Grigorij Pobeshimow, der zusammen mit Lewanewskij zum Kauf der Flugzeuge in den USA gewesen war. Pobeshimow war ein erfahrener Polarbordmechaniker, aber das Flugzeug DB-A kannte er nicht und mit dem Triebwerk M-34FRN hatte er noch nichts zu tun gehabt.
Die Kandidatur Godowikows schlug Kastanaew vor. Er sagte zu Bolchowitinow, daß dies der einzige unter den Fabrikarbeitern sei, der an dieser Maschine alles kennt, ein hervorragendes Gefühl für das Triebwerk besitzt, sich augenblicklich in den launenhaften Ölsystemen und in den Benzinleitungen zurechtfindet und wenn nötig, in die entlegensten Stellen des Flugzeuges zu kriechen, in der Lage ist.
Oh, Nikolai Nikolaewitsch flog sehr gern. Aber er strebte nicht nach Ruhm und nach keinem Orden. In seinen 44 Jahren hatte er schon den Leninorden und den Orden Roter Stern erhalten und in den USA war er auch schon zusammen mit dem Konstrukteur Wladimir Gorbunow im Jahre 1934 gewesen. Das aller wichtigste aber war, er liebte seine Familie. Er hatte sieben Kinder. Doch er, Godowikow, konnte nicht absagen. Er verstand, daß er in der Mannschaft der einzige sein würde, der alle Mechanismen des Flugzeuges kennt und fähig war, nicht nur als Bordmechaniker, sondern auch als Bordingenieurs zu arbeiten.. Er hatte sich aktiv in den Prozeß des Umbaus eingeschaltet. Wir hatten mit ihm zusammen die Gerätetafeln des Bordmechanikers umgebaut, die Distanzbenzinmesser installiert und viel Zeit für die Einführung einer Neuheit, den elektrischen Gasanalysator, aufgewendet. Diese Geräte machten es möglich, die Zusammensetzung der Auspuffgase zu analysieren, um das optimale Betriebsverhalten auszuwählen.
Bei dem Einbau der Navigationsgeräte war der Navigator der Mannschaft, Viktor Lewtschenko, eine große Hilfe gewesen. Die größte Aufmerksamkeit verlangte der Umbau der Astrokuppel für die Sonnenkursbestimmung. Anschließend installierten wir den amerikanischen Funkkompaß „Ferchild“, die

Anzeigegeräte des Funkkompasses waren auf drei Arbeitsplätze verteilt, auf die des Navigators sowie des linken und rechten Piloten.
Als letzter wurde Leonid Kerber in die Crew aufgenommen. Er war der Sohn eines Vizeadmirals der russischen Flotte und konnte wegen seiner nicht proletarischen Abstammung niemals in ein Institut eintreten, um eine höhere funk- und elektrotechnische Ausbildung zu erhalten. Während seiner 34 Lebensjahre hatte dieser talentierte Autodidakt die praktische Schule eines Militärtelefonisten, eines Funkers des Zentralen Flugplatzes sowie des Leiters einer Spezialausrüstungsbrigade für Flugzeuge im KB Tupolews durchlaufen. Die beste Charakteristik Kerbers wurde von Amik Awetowitsch Engibarjan gegeben. Dies war ein Spezialist von Tupolew, der ihn auf einen leitenden Posten in der Hauptverwaltung der Flugzeugindustrie gebracht hatte.
Amik Engibarjan selbst war eine farbige Figur in der jungen Flugzeugelektrotechnik. Als ein willensstarker energischer Leiter des sich schnell entwickelnden Zweiges, war er für die Vorbereitung des Flugzeuges für den Überflug verantwortlich und leistete jede Hilfe. Als er Kerber Bolchowitinow vorstellte, führte Engibarjan aus: „Dieser Mensch kann alles, wenn notwendig ersetzt er auch den Navigator. Außerdem ist er ein vorzüglicher Funker und dazu noch ein Spezialist der gesamten Flugzeugelektrik."
Ich überzeugte mich sehr schnell von der Richtigkeit dieser Charakteristik. Zusammen mit Busukow machten wir Kerber mit der Schaltung der Elektrogeräte des Flugzeuges bekannt. Er erfaßte sie augenblicklich, wobei er ein gutes Gefühl für Humor zeigte, wenn er mit irgend etwas unzufrieden war.
Zusammen mit Kerber beschäftigten wir uns intensiv mit der Zuverlässigkeit des Systems der Elektroversorgung. Das System, das im Betrieb Lepse entwickelt worden war, bestand aus zwei Generatoren, die mit Hilfe innerer Motoren arbeiteten, Pufferakkumulatoren und Relaisregulatoren besaßen, die die Spannung stabilisierten und die Akkumulatoren zum Laden einschalteten, wenn der Motor auf Touren gekommen war. Goldobenko, der Vertreter des Betriebes Lepse, beschäftigte sich die ganze Zeit mit den Reglern. Wir scherzten darüber und äußerten die Befürchtung, daß er diese für immer „verreguliert".
In zwanzig Arbeitstagen rund um die Uhr wurde das Flugzeug im Betrieb auf ungewöhnliche Weise lackiert, es erhielt einen schwarzblauen Rumpf und rote Flügel. Anschließend wurde es auf den Schtschelkowsker Flugplatz des NII der Luftstreitkräfte überführt. Es erhielt die Nummer N-209 der Polarluftfahrt. Mit dieser Nummer sollte das Flugzeug für immer in die Geschichte der Erschließung der Arktis eingehen.
Die gesamte „Bodenmannschaft" mit Bolchowitinow an der Spitze – den Rechnern, den Motorspezialisten, den Konstrukteuren und sogar den Zeichnerinnen – versammelte sich im Dienstgebäude des NII, das sich in ein KB mit Wohnheim und Vollpension verwandelt hatte.
Lewaneskij wurde eilig nach Sewastopol gerufen, um die drei aus den USA eingetroffenen Wasserflugzeuge zu übernehmen, die eingeflogen werden mußten. Die ersten Flüge nach Schtschelkowo unternahm Kastanaew ohne ihn.

Dem führenden Flugerprobungsingenieur Frolow, bereiteten die Propellermotorgruppen die größten Sorgen. Die Stutzen der Auspuffkollektoren verbrannten, der Bezinverbrauch lag über dem berechneten. Dies wurde durch die Gasanalysatoren angezeigt. Bei allen Boden- und Flugerprobungen sollte die Motorlaufzeit niedrig gehalten werden. Sie betrug insgesamt 100 Stunden. Bei einer Fluglänge von 35 Stunden für Kontrollflüge blieb für die Störbeseitigung am Boden sehr wenig Zeit.

Der Leiter der Rechengruppe, Max Arkadewitsch Tajz, war Mitarbeiter des ZAGI. Er beschwerte sich darüber, daß sein Rechenschieber durch die ständigen Verbesserungen und Überrechnungen der Reichweite immer in Aktion sei. In Abhängigkeit vom Trockengewicht der Konstruktion, der Veränderung der Zusammensetzung des Gepäcks, des Sicherheitsvorrates an Lebensmitteln, der Angaben über die Benzin- und Ölvorräte, der Ratschläge der Meteorologen zur Auswahl der Flugroute und der Flughöhe wurde diese ständig verändert. Die Rechengruppe sollte auch davon ausgehen, daß die von den Meteorologen vorausgesagten negativsten Bedingungen eintreten könnten. Aber wer konnte voraussehen, daß diese negativsten Bedingungen im August am Pol tatsächlich auftreten würden. Es gab keinerlei Statistik. Die Ratschläge der Meteorologen gingen alle von einer Grundtatsache aus – je näher der Herbst, um so schlechter das Wetter. Man sollte also nach Möglichkeit früher fliegen.

Nach zwei Wochen Nacharbeit und Kontrollflügen vom Schtschelkowsker Flugplatz aus, kam es zur ersten Havariesituation. Kerber war zur gewohnten Arbeitszeit nicht anwesend. An seiner Stelle wurde uns nach einem Tag das neue Mitglied der Crew, der Funker Nikolai Galkowskij vorgestellt. Die Zeit hatte uns schon gelehrt, daß man wegen solcher Vorkommnisse keine Fragen stellen sollte.

Galkowskij arbeitete im NII der Luftstreitkräfte. Er war Flaggfunker auf feierlichen Flugparaden in Moskau gewesen und hatte an Überflügen in Europa teilgenommen. Im September sollte er eine Tätigkeit an der Shukowskij-Militärakademie der Luftstreitkräfte aufnehmen.

Genau wie Godowikow, Frolow und der Elektromeister Majorow war ich darüber besorgt, daß es dem neuen Crewmitglied in der verbleibenden Zeit nicht möglich sein würde, sich mit dem neuen Flugzeug im notwendigen Maße vertraut zu machen. Lediglich Kerber wäre es möglich gewesen, noch bestimmte Dinge umzuorganisieren, weil er die entsprechende Erfahrung besaß.

Der letzte Kontrollflug war auf den 28. Juli ohne Zwischenlandung für die Strecke Moskau – Melitopol – Moskau angesetzt. Die Fluglänge betrug insgesamt 2.000 km. Galkowskij, der sich im Verlauf von drei Tagen mit der N-209 vertraut gemacht hatte, bat mich, am Flug teilzunehmen, um die gesamte Elektroapparatur überprüfen zu können. Ich wurde in die Crew dieses Kontrollfluges aufgenommen.

Kastanaew befand sich während des gesamten Fluges auf dem linken Sessel des Chefpiloten. Lewanewskij ging lächelnd und fröhlich im gebügelten Anzug mit einem schneeweißen Hemd und grellem Schlips im Flugzeug auf und ab und beobachtete die Arbeit der Crewmitglieder. Zeitweilig setzte er sich auf den rechten Sessel und versuchte, das Flugzeug zu steuern. Godowikow und Pobeshimow beschäftigten sich während des ganzen Fluges mit den Triebwerken. Ich hielt mich hauptsächlich im Heck auf und überprüfte die Arbeit der Funkstation. Galkowskij arbeitete während der ganzen Zeit zusammen mit Lewtschenko im Cockpit des Navigators.

Bis Melitopol flogen wir bei gutem Wetter in einer Höhe von ungefähr 3000 m. Als wir auf den Rückweg einschwenkten, veranstaltete Godowikow ein Mittagessen, das hauptsächlich aus schwarzem Kaviar und Schokolade bestand. Ich war gierig und wurde bestraft. Eine uns entgegenkommende Gewitterfront führte zu starkem Schaukeln und zwang uns, auf eine Höhe von über 5.000 m zu gehen. Lewanewskij, der bemerkte, daß es mir schlecht wurde, ordnete an, die Sauerstoffmasken aufzusetzen. Er selbst setzte, ungeachtet der Kälte, seine Spaziergänge im eleganten Anzug fort.

Bei der Überprüfung der Arbeit des Senders „Omega" auf allen Wellen von 25 bis 1200 m schlug ich Galkowskij vor, in das Heck zu gehen, aber er hatte keine Zeit. Lewtschenko zwang ihn, die Funkpeilung bestimmter Orte zu trainieren. Aber irgend etwas klappte mit ihrer Orientierungsmethodik nicht.

Nach diesem Flug kam Tupolew, um den Zustand der Vorbereitungen zu überprüfen. Er hörte Tajz, Engibarjan und seinen Motorspezialisten, den Ingenieur Rodsewitsch, an. Dieser half unserer Brigade, die Störungen der Propellermotorgruppe zu beseitigen. Er stellte dem ermüdeten Bolchowitinow und Kastanaew einige Fragen. Lewanewskij war an diesem Treffen nicht beteiligt.

Am 12. August sollte die N-209 starten. Am Vorabend wurde das Flugzeug auf eine Betonanhöhe bugsiert, von der aus zur Erleichterung des Starts das Anrollen aller mit Treibstoff überladenen Flugzeuge, die eine weite Strecke vor sich hatten, begann. Am Morgen des 12. August begannen das Auftanken und die Hast der letzten Vorbereitungsstunden. Godowikow, Pobeshinow und Galkowskij waren fast ständig im Flugzeug. Zusammen mit dem für die Erprobung Verantwortlichen kontrollierten sie die letzten Aktionen beim Verstauen der Ausrüstung, der Lebensmittelreserve, der warmen Kleidung, des Werkzeugs sowie eines Rettungsbootes.

Frolow erwähnte nebenbei, daß Lewanewskij am Vorabend gefordert hatte, beliebige Gegenstände herauszuschmeißen, um anstelle des Gepäcks zusätzlich Benzin zu tanken. Das Flugzeug wurde mit Hilfe einer Kraftmeßwaage gewogen. Das Startgewicht überschritt die zulässige Grenze von 35 t.

Gegen Tagesmitte kamen Korrespondenten, verschiedene Kameramänner und Begleitpersonal. Lewanewskij war von einer Menge Pressevertretern umringt. Der durch die schlaflosen Nächte bleiche Bolchowitinow sprach über irgend etwas mit Kastanaew und hielt sich von den Korrespondenten fern. Der erregte Godowikow stritt mit einer Gruppe von Motorspezialisten und Konstrukteuren.

Ich ging auf die Anhöhe zum Flugzeug und wollte Godowikow oder Godowskij die elektrischen Handlampen übergeben, die zusammen mit anderen angeblich nicht notwendigen Gepäckstücke ausgesondert worden waren. Neben dem Flugzeug patrouillierte ein hoher Militär. Er hielt einen Jungen an der Hand, der

etwa 8-9 Jahre alt war, zeigte auf das Flugzeug und erklärte ihm etwas. Als ich näher herankam und die vier Sterne auf dem Kragenspiegel erblickte, wußte ich, daß dies Alksnis war. Die peinlich genauen Vertreter der Presse erkundeten etwas, aber keiner von ihnen ging und stellte dem Befehlshaber der Luftstreitkräfte der Roten Arbeiterarmee irgendwelche Fragen.
Als erster ging Godowikow nach der Verabschiedung von den Begleitern an das Flugzeug. Er schien etwas verwirrt. Nachdem er mich erblickt hatte, nahm er ein Paket, aber augenscheinlich hatte er nicht verstanden, was ich über die Lampen gesagt hatte.
Godowikow brachte seine beliebte Redewendung an: „Ein Kügelchen war, ein Kügelchen ist nicht vorhanden". Er schüttelte mir die Hand und begab sich in das Flugzeug: „Auf Wiedersehen, viel Glück, Nikolai Nokolaewitsch", rief ich. Aber er winkte mit der Hand, drehte sich um und verschwand im Rumpf. Dann erschien er plötzlich im Dunkel der Eingangsluke und schrie: „Auf Wiedersehen Boris, es ist kein Kügelchen vorhanden", und verschwand endgültig.
So erinnere ich mich an den traurigen Abschied von Godowikow. Er war meiner Meinung nach vom unglücklichen Ausgang des Überfluges überzeugt. Wie die anderen Mitglieder der Crew sich verabschiedeten, daran kann ich mich nicht mehr erinnern. Als letzter stieg der erregte und glückliche Lewanewskij ins Flugzeug.
Bolchowitinow sprach mit dem Piloten ab, daß Kastanaew das Flugzeug starten und in den ersten Stunden führen sollte.
Der Betonweg verwaiste. Alle entfernten sich vom Flugzeug. Ein Propeller nach dem anderen begann, sich widerwillig zu drehen. Schließlich arbeiteten alle vier.
Die Rotarmisten eilten zu den Rädern und zogen die Bremsklötze weg. Die Motoren heulten auf, und das Flugzeug rollte vom Berg. Es bewegte sich unerträglich lange auf dem Startstreifen. Es schien so, als ob es sich bis zum Wald nicht vom Beton abheben würde. Kastsanaew gelang es, ganz am Ende der Betonbahn zu starten. Es war 18 Uhr 15 Minuten. Dann sagte jemand, der die Zeit gestoppt hatte, daß der Start 37 Sekunden gedauert habe. Die N-209 gewann langsam Höhe über dem Wald und ließ eine Rauchspur des rechten äußeren Motors zurück.
Nach einer so lang anhaltenden Spannung war unklar, was wir jetzt tun und wohin wir uns bewegen sollten. Niemand ging vom Flugfeld. Nach ca 40 Minuten erhielt Alksnis den ersten Funkspruch. Er las ihn laut vor:
*„Hier ist – RL. 19 Uhr, 40 Minuten. Wir haben Mütterchen Wolga überflogen, die Reisegeschwindigkeit beträgt 205 km/h. Die Flughöhe 820 m. Ich höre Moskau sehr gut auf der Wellenlänge 32,8. Alles in Ordnung. Das Befinden der Mannschaft ist gut""*
„Ein guter Funkspruch", sagte Alksnis. Er nahm seinen Sohn, der sich eng an ihn schmiegte, bei der Hand, und ohne irgend welche Anweisungen zu geben, verließ er den Flugplatz..
Aus Schtschelkowo wurden die meisten Mitglieder der „Bodenmannschaft" der N-209 auf den Nachrichtenpunkt der Luftstreitkräfte, auf den Zentralen

Flugplatz, verlegt. Hier war Nikolaij Schelimow, der Stellvertreter des Leiters für Nachrichtenverbindungen der Luftstreitkräfte, für die Funkverbindungen mit der N-209 verantwortlich. Vor uns lagen noch 30 Stunden bis zur Landung des Flugzeuges Lewanewskijs in Alaska. In dieser Zeit konnten wir nicht schlafen. In Fairbanks würde die Crew ein feierlicher Empfang erwarten.

Ich werde nicht detailliert beschreiben, was in diesen Stunden alles vor sich gegangen ist. Dazu gibt es eine Menge Publikationen, die das weitere Schicksal der N-209 wiedergeben.

Wir waren bestrebt, die Funker nicht zu stören. In der Mitte des folgenden Tages zeigte man Bolchowitinow ein Telegramm, das Lewtschenko und Galkowskij unterschrieben hatten. Das Telegramm hatte folgenden Wortlaut:

*„Breite 87 Grad 55 Minuten, Länge 58 Grad. Wir fliegen über Wolken, überqueren Fronten. Höhe des Fluges 6000 m. Wir haben Gegenwind. Alles in Ordnung. Die Technik arbeitet ausgezeichnet. Das Befinden ist gut. 12 Uhr 32 Minuten"*

Bolchowitinow weckte den vor sich hinduselnden Tajz, und sie berechneten beide, nachdem sie den Rechenschieber genommen hatten, wie hoch der Brennstoffverbrauch sein würde, wenn während des gesamten Fluges in Höhe von 6000 m Gegenwind herrschen würde.

Am 13. August erhielten sie um 13 Uhr 40 Minuten ein von der Gesamtmannschaft unterschriebenes letztes Telegramm, dessen voller Text in Moskau empfangen worden war:

*„Wir überfliegen den Pol. Ihn zu erreichen war schwierig. Ab Mitte der Barentsee war die ganze Zeit starke Bewölkung. Die Flughöhe beträgt 6000 m. Die Temperatur minus 35$^0$. Das Kabinenfenster ist mit Eis überzogen. Starker Gegenwind. Teilen Sie uns das Wetter auf der anderen Seite des Pols mit. Es ist alles in Ordnung."*

Nachdem ich von den 35$^0$ Kälte erfahren hatte, bekam ich Schüttelfrost und begann, mich mit den Genossen über ein mögliches Versagen der Geräte und des Einfrierens der Akkumulatoren zu beraten. Tschishikow und Alschwang bestätigten bald meine Befürchtungen. Nach ihrer Meinung konnten sich in den Röhren der Manometer der Höhen-, der Geschwindigkeits- und der Benzinmesser Eispfropfen bilden. Unsere Gespräche wurden durch ein neues Funktelegramm, das der Diensthabende Bolchowitinow gereicht hatte, unterbrochen.

*„RL. 14 Stunden 32 Minuten. Der rechte äußere Motor ist in Folge eines Fehlers im Ölsystem ausgefallen. Wir fliegen mit drei Motoren. Die Flughöhe beträgt 4600 m bei dichter Bewölkung."*

Dies war das 12. Funktelegramm. „Wer hat unterschrieben?" fragte Bolchowitinow. „Galkowskij", antwortete der Funker.

Irgend jemand bat, etwas zu präziseren, zu fragen, aber das hatte jetzt schon keine Bedeutung mehr. Wir konnten mit nichts helfen, außer mit dem Ratschlag, tiefer zu fliegen. Die Höhe von 4600 m war für drei Motoren eine Grenzhöhe, wenn das Flugzeug noch nicht vereist war. Aber die Vereisung des Flugzeugkörpers war beim Durchfliegen einer auf minus 35$^0$ abgekühlten feuchten Wolkendecke unvermeidbar. Die einzige Möglichkeit wäre, noch tiefer zu fliegen, um abzutauen. Bolchowitinow war damit einverstanden, auf 2000 m herunterzugehen. Eine solche Höhe könnte nach Berechnungen das erleichterte Flugzeug sogar mit zwei Motoren fliegen. Dieser Rat wurde Galkowskij gesendet.

Ob sie unser Funktelegramm erhalten haben, bleibt ein Rätsel. Der Kontakt zum Flugzeug war unterbrochen. Jakutsk, Cap Schmidt und Alaska teilten mit, daß sie auf der Welle der Funklinie abgehackte, nicht zu identifizierende Mitteilungen erhalten hatten. Es war schwierig, ihre Glaubwürdigkeit zu überprüfen.

Nach einigen Stunden entstand um Bolchowitinow und um uns alle eine eigenartige Leere. Wir waren nun sogar für den Stab des Überflugs nicht mehr notwendig. Vor der Regierungskommission und dem Stab stand die Aufgabe, die Suche und Rettung der Mannschaft zu organisieren, wenn sie noch am Leben war.

Wir gingen am Morgen des 14. August auseinander. In dieser Zeit waren alle Fristen, sogar die unmöglichsten verflossen, Alaska zu erreichen.

Ich schlief mich einen Tag aus, fuhr in den Betrieb und stellte einen Urlaubsantrag, um meine akademischen Prüfungsschulden abzuarbeiten. Der stellvertretende Chefingenieur schlug mir lächelnd vor: „Ich kann Dir noch einen Tag geben, um die Zwiebäcke zu trocknen, aber morgen erhalten wir drei Flugzeuge der Polarexpedition zur Reparatur, sie fliegen zur Suche. Solange wir sie nicht übergeben haben, kann ich Dir keinen Urlaub geben."

Wir wurden tatsächlich kaserniert. Es begannen die verrückten Tage der Organisation der Suche nach der Mannschaft der N-209.

Wir bereiteten drei TB-3 vor, die schon am Nordpol gewesen waren. Ich beteiligte mich an ihrem Einflug. Das letzte Flugzeug überführten wir am internationalen Tag der Jugend auf den Zentralen Flugplatz. Alexeew steuerte das Flugzeug. Wir flogen niedrig über den mit Demonstranten gefüllten Petrowsker Park und den Twersker Boulevard, kehrten um und landeten in Chodynka. Diese drei schweren Flugzeuge wurden von Schewelew befehligt. Erst nach einem Monat erreichten sie die Rudolfsinsel. Noch drei Wochen später machte Wodopjanow einige ergebnislose Flüge in die zentrale Arktis.

Das Verschwinden der N-209 war eine Tragödie, die in der Weltpresse breit ausgewalzt wurde. An die Adresse der Mächtigen gingen Dutzende Vorschläge ein, wie man besser suchen könnte.

Zu Beginn des Jahres 1938 wurde die Suche nach der N-209 von Alaska aus fortgesetzt. Im Frühjahr überflog Moskowskij mit unserer TB-3 die Eisfelder im Norden, im Westen des Franz-Joseph-Landes zwischen dem Archipel und dem Nordpol.

Was hätte man zu dieser Zeit noch machen können?

Straßen, Schiffe, Schulen, Technika erhielten den Namen Lewanewskij, Kastanaew oder Godowikow.

Die Arktis hat bis heute ihr Geheimnis nicht preisgegeben. Journalisten, Historiker und einfach Enthusiasten führten initiativreiche Untersuchungen über die möglichen Ursachen und den Ort der Katastrophe der N-209 durch.

Im Jahre 1987 schlug mir die Direktion des Moskauer Hauses der Wissenschaftler vor, als Vorsitzender einer Konferenz zu arbeiten, die dem 50. Jahrestag des Überfluges gewidmet war. Es war eine sehr repräsentative Versammlung. Mit ihren Versionen traten auf: der Flieger Njuchtikow, der die DB-A erprobt hatte, der Polarflieger Masuruk, der Journalist Jurij Salnikow, der die vollkommensten Materialien über den Überflug gesammelt hatte, und der Flugingenieur Nikolai Jakubowitsch, der erneut die Parameter des Flugzeuges unter den Bedingungen der Vereisungen berechnet hatte. Jakubowitsch berechnete die Grenzreichweite des Fluges der N-209 nach dem Versagen des äußersten rechten Motors. Exakt ausgeführte Berechnungen zeigten, daß unter den Bedingungen eines havarielosen Fluges es mit drei Motoren möglich gewesen wäre, das nahegelegene Ufer von Alaska zu erreichen. Damit stimmten die neuen Hypothesen überein, die sich auf einen damals vorhandenen Aufenthaltsort von Eskimos in Alaska beziehen, die angeblich Flugzeuglärm gehört hatten. Salnikow, der sich in den USA befand, unternahm sogar eine Reise nach Alaska. In den verflossenen Jahren wurden am Ufer und den angrenzenden Inseln keinerlei Spuren eines Flugzeuges festgestellt. Wenn man davon ausgeht, daß sich der Flug mit geringen Abweichungen auf dem kürzesten Weg zum Festland bis zum vollen Verbrauch des Treibstoffs ausdehnte, dann ist das Flugzeug in den Ufergewässern untergegangen.

Ich überzeugte mich noch einmal davon, daß die Version, die wir eine Woche nach dem Start beraten hatten, die wahrscheinlichste war. Das Flugzeug hatte an Höhe verloren und war schnell vereist. Die Eisschicht könnte einige Tonnen ausgemacht haben. Die Aerodynamik des Flugzeuges veränderte sich. Das Eis könnte die Ruder verkeilt und das Flugzeug seine Steuerbarkeit verloren haben. Anstelle eines allmählichen Sinkens war ein schneller Absturz erfolgt. Möglich, daß es mit unwahrscheinlichen Anstrengungen gelungen war, das Flugzeug aufzurichten. Bei dem Versuch der Landung mit Rädern auf dem Packeis konnte das Flugzeug beschädigt, Galkowskij verwundet oder getötet worden sein. Die Verbindung mit Hilfe der Heckfunkstation, sogar wenn die Crew am Leben geblieben war, wäre ohne Funker nicht möglich gewesen. Infolge der starken Vereisung des Flugzeuges konnte es schon in der Luft zerstört worden sein.

Ich unterstütze die Version, daß die Katastrophe ein bis zwei Stunden nach dem letzten Funktelegramm eingetreten ist. Nach Zeitberechnungen geschah dies in einer Entfernung von 500 bis 1000 km nach Süden zum Pol hin, im amerikanischen Sektor der Arktis. Im Frühjahr 1938 waren die Meeresströmungen und die Richtung der Eisdrift schon bekannt. Mit großer Wahrscheinlichkeit kann man behaupten, daß, wenn das Flugzeug beim Fallen nicht ins Wasser geraten ist, es mit dem Eis in Richtung Grönland und von dort in den Atlantischen Ozean getrieben worden ist.

Die nicht vorhersehbare schnelle Drift des Eises, auf dem sich die Station „Nordpol“ befand, bestätigt diese Hypothese. Im Februar 1938 drohte den vier

Papaniz der unausweichliche Tod am Ufer Grönlands, wenn sie nicht rechtzeitig die Hilfsschiffe erreicht hätten.
Der August 1937 blieb in meinem Gedächtnis als Monat des tragischen Untergangs der N-209 haften. Der mir am nächsten stehende Mensch war für mich Godowikow. Aber auch die anderen waren mir während des Monats der ununterbrochenen gemeinsamen Vorbereitung unter den heißen Bedingungen des Flugplatzes gute Freund geworden.
In der Geschichte der arktischen Überflüge blieb die Heldentat Lewanewskijs und seiner Mannschaft für immer erhalten.

## *„Alles Tatsächliche ist vernünftig...“*

Im MEI des Jahre 1937 stand eine Philosophiepflichtvorlesung auf dem Lehrplan. Zum Abschluß fanden fakultative theoretische Konferenzen statt. Auf einer dieser Konferenzen trat ich mit einem Referat über die philosophische Bedeutung der Relativitätstheorie Einsteins auf. Mein Opponent war „Söhnchen“, das heißt Germogen Pospelow.
Bis zum Wesen der Sache sind wir nicht vorgedrungen, weil wir ganz am Anfang wegen des berühmten Satzes von Hegel: „Alles Tatsächliche ist vernünftig, alles Vernünftige ist tatsächlich“, aneinander gerieten. „Söhnchen“, der mich von streng materialistischer Position aus angriff, führte ein anderes Hegelzitat an: „In seiner Entwicklung erscheint das Tatsächliche als das Notwendige.“ Daraus wird die Schlußfolgerung gezogen, gegen die in diesen Jahren niemand angehen konnte, daß alles, was unser Führer und Lehrer tut, vernünftig und notwendig ist.
Ich erinnere mich, daß wir sogar darüber stritten, inwieweit es vernünftig und notwendig sei, heroische Heldentaten in der Arktis zu vollbringen und dann im Anschluß daran sekundären Heroismus bei der Rettung der primären Helden aufzubringen.
Nach der Mitteilung über die Beendigung der Suche nach der N-209 wurden Gerüchte verbreitet, daß Lewanewskij überhaupt nicht umgekommen, sondern irgendwo in Norwegen oder Schweden gelandet sei und um politisches Asyl gebeten habe. Ähnliche Gerüchte sind in einer Atmosphäre des Terrors und beim Fehlen zuverlässiger Informationen natürlich. Viele hofften, daß die Mannschaft am Leben sei. Die Studenten waren in ihren Gesprächen an den Abenden offener als bei der Arbeit. Über mich spöttelten sie: „Trockne Deinen Zwieback zum zweiten Mal, jetzt besonders wegen der Verbindung zu Lewanewskij.“
Bis heute kann ich die Logik des NKWD nicht begreifen. Faktisch war der ganze Kaderbestand des Kollektivs von Tupolew, der die triumphalen Überflüge von Tschkalow und Gromow in die USA ermöglicht hatte, repressiert. Und aus unserem Kollektiv von Bolchowitinow wurde trotz des offensichtlichen Untergangs der N-209 niemand angerührt.

In dieser Zeit verschwanden aus der mir unterstellten Brigade im KOSTR zwei Ingenieure, die keinerlei Beziehungen zur arktischen Thematik hatten. Beide Ingenieure, die Brüder Owtschinnikow, waren in ihrem Konstrukteurkollektiv verdienstvolle Autoritäten. Der ältere, Iwan Owtschinnikow, ein Elektroingenieur, hatte eine Umschulung vom allgemeinen Industrieelektriker zum Flugzeugelektriker gemacht, sehr bald zum Schrecken der Elektriker des ZAGI, weil er in ihrer Arbeit viele Fehler entdeckte und keine Gelegenheit ausließ, um aus diesem Anlaß Witze zu machen. Als ich im KOSTR zum Leiter ernannt wurde, war er mir, weil er älter war und mehr Dienstjahre hatte, eine große Hilfe.
Der jüngere, Anatoli Owtschinnikow, kam als Absolvent des neuen Institutes MAI (Moskauer Luftfahrtinstitut) in das Werk Nr. 22. Der hochgeschossene dunkelhaarige, immer elegant angezogene und wohlwollend lächelnde Anatolij wurde zur Zierde der Männerabteilung unserer Brigade. Im Sommer 1938 nahm ich mir zusammen mit Katja ein Zimmer in der Datschensiedlung Bakowka. Hier trafen wir mit Anatolij Owtschinnikow zusammen, der in der Nachbarschaft mit seiner Frau einquartiert war. Dieses schöne Paar konnte man nur gern haben.
Beide Brüder Owtschinnikow wurden inhaftiert. Ein Agent, der ihre Arbeitsplätze durchsuchte, warnte, daß sich die Mitarbeiter nicht für das Schicksal der inhaftierten „Feinde des Volkes“ interessieren sollten.
Im Werk wurden fast alle alten Parteimitglieder inhaftiert. Zur Rückversicherung säuberte die Kaderabteilung den gesamten Bestand der Arbeiter und verfolgte die Angaben in den Fragebögen genau. Vor der Entlassung wurde jeder, der irgend einen Fleck hatte, in ein spezielles „Zimmer Nr. 16“ gerufen. Dort wurde ihm die Entscheidung über seine Entlassung wegen dieses oder jenen Verdachtes, wegen seiner politischen Unzuverlässigkeit mitgeteilt. Solche Verdächtigen gab es einige Hunderte. Sogar der ehemalige „Schädling“ Tarasew erregte sich und erklärte, daß im „Zimmer Nr. 16“ ein Saboteur säße, der alle guten Kader aus dem Betrieb entläßt. Und zum Erstaunen aller wurde Tarasewitsch ganz oben erhört. Im Betrieb ging das Gerücht um, daß der grausame Inspektor aus diesem Zimmer verhaftet worden war.
Aber ehe es so weit war, wurde Katja in das „Zimmer Nr. 16“ gerufen. Dort erklärte man ihr, daß ihr Vater Semen Golubkin in den Jahren 1922 bis 1925 in Sarajsk einen großen Garten besessen und ihn mit Lohnarbeitern bearbeitet habe. Aus diesem Grunde wurde ihm das Wahlrecht aberkannt. Sie als Tochter eines Entrechteten würde entlassen werden. Die Wahrheit war, daß es mildernde Umstände geben würde. Anna Semenowna Golubkina, die Schwester des Vaters und folglich die Tante von Katja, war eine bekannte russische Bildhauerin. Durch einen Beschluß des Zentralen Ausführungskomitees der UdSSR wurde allen nahen Verwandten von Anna Golubkina eine persönliche Pension zugebilligt. Durch denselben Beschluß wurde in Moskau eine Gedenkstätte und Werkstatt der Anna Golubkina eröffnet. Der zweite mildernde Umstand sei der Mann von Katja, Boris Tschertok als Mitglied der Partei und Ehrenerfinder.

In Folge dieser mildernden Gründe würde man sie nicht entlassen, aber um weiteren Schaden von ihr abzuwenden, erwarte man von ihr, daß sie selbst kündige. Weil sie niemanden, weder mich noch andere in die Geschichte hineinziehen wollte, der fähig wäre, für sie einzutreten, unterschrieb Katja die Erklärung, ehe sie das „Zimmer 16" verließ.
Unter Tausenden Geschichten, die mit den Repressierten verbunden waren, gab es auch welche mit einem glücklichen Ende, indem die Haft das Leben des Betroffenen rettete. Kerber war im Juli aus dem Bestand der Crew der N-209 ausgeschlossen worden, weil man ihn im August inhaftieren wollte. Nach dem Besuch einer verkürzten Vorlesung im Fach „Teuflische Wissenschaft" „Archipel GULAG" kehrte Kerber zu seiner beliebten Arbeit im Kollektiv von Tupolew zurück. Zu dieser Zeit wurden fast alle Mitglieder des Kollektivs, mit dem in der ganzen Welt bekannten Konstrukteur der „ANT" an der Spitze, inhaftiert. Im Tupolewschen ZKB-29 auf der Gorochowsker, der heutigen Radiostraße, wurden ein relativ komfortables Spezialgefängnis mit Hallen für die Konstrukteure und ein Werk für Versuchskonstruktionen eingerichtet. Dort arbeiteten die inhaftierten Spezialisten .
Über das Leben, die Arbeit und die Sitten im Gefängnis, das sie als „Scharaschka" bezeichneten, hat Kerber Memoiren geschrieben. Ungeachtet der ganzen Tragik der beschriebenen Ereignisse sind die Erinnerungen Kerbers mit dem ihm eigenen Optimismus und dem Gefühl für Humor durchwoben.
Schon während der Zeit des Chruschtschowschen Tauwetters, als alle Häftlinge aus der Scharaschke rehabilitiert wurden, traf ich mit Kerber zusammen, der zu Koroljow kam. Nach einem kurzen sachlichen Gespräch erinnerten wir uns an die N-209. Ich äußerte Kerber gegenüber den Gedanken, daß er im Unterschied zu Tausenden anderen Repressierten, den Tschekisten dankbar sein könne, daß sie ihn im August 1937 inhaftiert hatten. Wenn sie ihn von dieser Aktion verschont hätten, dann müßte man sich jetzt an das Eisgrab Kerbers in der Arktis erinnern. Er war in keiner Weise einverstanden. „Wenn ich geflogen wäre, hätte das nicht geschehen müssen", sagte Kerber kategorisch, so daß ich nicht weiter alte Wunden aufriß. Im Jahre 1987 kam Kerber in das Haus der Moskauer Wissenschaftler an dem Abend, der dem 50. Jahrestag des Fluges und dem Untergang der N-209 gewidmet war. Er blieb auch 50 Jahre danach bei seiner Meinung. Wenn er geflogen wäre, dann wäre der Flug erfolgreich beendet worden.
Im Jahre 1993 begleitete ich den ehemaligen Funker, Doktor und Professor, Leonid Lwowitsch Kerber, auf seinem letzten Weg und dachte über sein Selbstvertrauen und die Festigkeit seiner Meinung nach. Es hätte nicht in seinen Kräften gestanden, die Funktion des einen Motors zu garantieren. Die Tschekisten retteten Kerber vor dem Tod in der Arktis und schenkten ihm damit zusätzliche 50 Lebensjahre.
Im selben August 1937 wurde Alksnis inhaftiert. Mein Treffen mit ihm auf dem Schtschelkowsker Flugplatz im August war das letzte. Mit den besten Befehlshabern der Roten Armee rechneten die Straforgane schnell und gnadenlos ab. Nach offiziellen Angaben brechen die veröffentlichten Daten über

das Leben von Alksnis im Jahre 1938 ab. Ungeachtet der erfolgten Rehabilitation, gibt es keinerlei Informationen über das Datum und den Ort der Erschießung von Alksnis.

In der Periode von 1922 bis 1937 hat die sowjetische Luftfahrt einen quantitativen und qualitativen Sprung gemacht.

Innerhalb von nur acht Jahren wurden folgende Flugzeuge entwickelt, in die Serienproduktion überführt, in die Bewaffnung der Luftstreitkräfte und in die zivile Luftfahrt aufgenommen:

- Bomber – TB-3 (ANT-6), SB (ANT-40), DB-3 (ZKB-30), TB-7(ANT-42), DB-A (in kleiner Serie),
- Aufklärer – R-5 und R-6
- Jäger – I-16,I-15, I-153
- Schulflugzeug – U-2 (Po-2).

Diese Flugzeuge wurden in der ganzen Welt bekannt. Außerdem wurden viele nur in zwei Exemplaren entwickelt und erreichten die Serie nicht, weil die Industriekapazitäten dazu nicht ausreichten. Unter ihnen waren mit hervorragenden Parametern epochale Flugzeuge wie die ANT-25, „Maxim Gorki", TB-4 und viele andere.

Die 30er Jahre brachten den sowjetischen Flugzeugkonstrukteuren insgesamt und besonders den Piloten viel Ruhm. Am Anfang dieses Dezeniums war unsere Luftfahrt mit einem großen Rückstand gegenüber dem Ausland gestartet.

Die Luftfahrtjugend aller Kollektive der Chefkonstrukteure, die innerhalb von sieben Jahren den Sieg im Großen Vaterländischen Krieg errang, war in dieser oder jener Form mit den Namen Tuchatschewskij und Alksnis verbunden. Das waren talentierte und weitsichtige Leiter, die sich um die komplexe und allseitige Entwicklung der Luftflotte sorgten, engen Kontakt zu den Luftfahrt-KB's und der Industrie hielten und viel für die Vervollkommnung der militärischen Vorbereitung der Piloten und die Entwicklung neuer Technikzweige taten.

Lange vor der Entwicklung der Raketenstartrampen in den Infanterietruppen wurden die Flugzeuge mit Raketengeschossen ausgerüstet. Dies war zweifellos ein Verdienst der militärischen Leitung der Luftstreitkräfte dieser Jahre. Sie erkannte als eine der ersten die Entwicklung des Leningrader Gasdynamischen Labors und des RNII an. Die Flugzeuge wurden um vier Jahre früher mit Raketen ausgerüstet als die Infanterie.

Zum Ende des Jahres 1937 hatten unsere Luftstreitkräfte 8000 Flugzeuge aller Klassen, darunter 2400 schwere und Schnellbomber, mehr als die Hälfte waren im Werk Nr. 22 hergestellt worden. In Moskau, Kasan, Kujbyschew, Woronesch, Komsomolsk am Amur, Gorki, Rybinsk, Kiew und anderen Städten entstanden große Betriebe der Flugzeugindustrie. Diese spiegelten zu dieser Zeit das Niveau des technischen Fortschritts wider. Und gerade in dieser Periode, als die Sowjetunion die industriell entwickelten Länder hätte überholen können, begannen die massenweisen Repressionen, die einen schweren Schlag gegen den wissenschaftlich-technischen Fortschritt bedeuteten.

In diesem Zusammenhang möchte ich mich nochmals über die Rolle der Persönlichkeit in unserer Geschichte äußern.
Alksnis wies als erster prophetisch, fünf Jahre vor dem Angriff des faschistischen Deutschland, von Beginn der Kriegshandlungen an auf die Gefahr des unmittelbaren Angriffs des Agressors auf die Flugplätze hin, weil es dessen Ziel sei, die unbegrenzte Luftherrschaft zu erobern. Im Jahre 1936 schrieb Alksnis an den Volkskommissar Woroschilow: „Die Flugplätze der Luftstreitkräfte sind von den ersten Stunden des Krieges an die Hauptangriffspunkte der Luftwaffe des Gegners."
Die Deutschen bestätigten die Wahrheit der Worte Alksnis und vernichteten unsere Flugplätze in den ersten Kriegsstunden. Den ersten entscheidenden Schlag gegen unsere Luftwaffe führten die Deutschen, indem sie die Flugzeuge, die unbeweglich auf den Flugplätzen standen, vernichteten. Einige Tausend, genaue Ziffern sind bis jetzt nicht bekannt, unserer Flugzeuge wurden in den ersten Kriegstagen außer Gefecht gesetzt. Gleichzeitig waren die Verluste der Deutschen bedeutungslos. Als Folge davon blieben die Städte, die strategischen Zentren, die Infanterietruppen ungeschützt vor der deutschen Luftwaffe, die kampflos die absolute Lufthoheit errang.
Nach der Inhaftierung von Alksnis wurde A.D. Loktionow im Dezember 1937 zum Befehlshaber der Luftstreitkräfte ernannt. Er hatte bis zu dieser Zeit den mittelasiatischen Militärbezirk befehligt. Nach zwei Jahren, im November 1939, wurde Ja.W. Smuschkewitsch zum Chef der Luftstreitkräfte. Er war zweifacher Held der Sowjetunion und ehemaliger Kommandeur einer Luftwaffenbrigade, Held des Krieges in Spanien und Teilnehmer an den Kämpfen am Fluß Chalchin-Gol und in der Karelischen Landenge.
Bolchowitinow, der regulär mit den höchsten Befehlshabern der Luftstreitkräfte zusammenkam, erzählte seinem engsten Freundeskreis: „Dort herrscht eine Atmosphäre der vollkommenen Mißhelligkeit, aber es ist eine bestimmte Aufhellung sichtbar. Smuschkewitschist ist ein Kampfflieger mit einem weiten Gesichtskreis und Verständnis für die Perspektive. Sich mit ihm zu treffen, ist interessant und nützlich."
Die Berichte über Smuschkewitsch, die ich neben anderen Mitarbeitern durch Bolchowitinow gehört hatte, werden durch die Erinnerungen Schachurins bestätigt, der im Jahre 1940 zum Volkskommissar der Flugzeugindustrie ernannt wurde. Er schreibt: „Unter vielen Luftfahrtkommandeuren hohen Ranges, mit denen ich das Schicksal teilte, traf ich keinen so mutigen und in seinen Urteilen so kühnen Menschen, mit einem solchen Charme, wie ihn Smuschkewitsch besaß."[1] Smuschkewitsch vertrat seine Meinung kühn und nachhaltig, auch bei Zusammentreffen mit Stalin. Nach Meinung Schachurins bestimmten diese Treffen jenes Programm zur Erweiterung der Luftfahrtproduktion, das eine große Rolle im Krieg gespielt hat. Smuschkewitsch leitete die Luftstreitkräfte weniger als ein Jahr und wurde erschossen.

[1] Schachurin, A. J.; Flügel des Liedes, 2. Auflage, Moskau: Politisdat, 1985, S. 14-15

Im Herbst des Jahres 1940 wurde P.W. Rytschagow zum Chef der Luftstreitkräfte ernannt. Er war ein Jagdflieger, Held der Sowjetunion und hatte sich auch im spanischen Bürgerkrieg, am See Chasan und im Finnländischen Krieg ausgezeichnet. Rytschagow hatte erst zu Beginn der dreißiger Jahre die Flugschule beendet und konnte sich die Vielgestaltigkeit und den Gesamtkomplex der Probleme überhaupt nicht vorstellen, die vor der „Besten Luftfahrt in der Welt" am Vorabend des Krieges standen. Ungefähr so beschrieben die soliden Professoren der Militärakademie der Luftstreitkräfte ihren hohen Chef Rytschagow. Ihn ereilte das Schicksal seiner Vorgänger.

Schließlich ernannte man im April 1941 P. F. Shigarew zum Chef der Luftstreitkräfte. Er war der einzige, der die Shukowskij Akademie der Luftstreitkräfte absolviert hatte. Bis zu seiner Ernennung war er Chef der Verwaltung der militärischen Vorbereitung der Militärakademie.

Innerhalb von dreieinhalb Vorkriegsjahren gab es fünf Leiter der Luftstreitkräfte! Lediglich Alksnis schaffte es, auf diesem Posten mehr als fünf Jahre durchzuhalten, und hatte so die Möglichkeit, eine bestimmte strategische Doktrin durchzusetzen. Er hatte engen Kontakt zu den Flugzeugkonstrukteuren und wußte, was man von ihnen fordern mußte.

Die Stalinsche Leitung verstand ausgezeichnet, wie groß die Bedeutung der Wissenschaft für die ökonomische und politische Souverenität des Landes, zur Sicherung der historischen Interessen seiner Völker war.

Gleichzeitig verfuhr die Leitung so, daß sie wirklich danach strebte zu beweisen, daß „alles Tatsächliche unvernünftig ist". Der intellektuelle Vorlauf, den die UdSSR bis zu dem Jahre 1937 besaß, verschwand im Ergebnis der Vernichtung der progressiv denkenden Militärintelligenz allmählich. Dies war einer der Gründe für die schweren militärischen Niederlagen, die wir in den Jahren 1941-1942 erlitten haben.

Innerhalb von dreieinhalb Jahren bis zu Kriegsbeginn war es praktisch niemandem möglich, ernsthaft, kompetent und mit dem Gefühl der staatlichen Verantwortlichkeit eine Bewaffnungspolitik für den bevorstehenden Krieg zu überdenken und zu realisieren.

Die militärischen Leiter der Luftstreitkräfte und mit ihnen Tausende untergeordnete erfahrene Befehlshaber bis hin zu den Kommandeuren der Fliegerregimenter und Staffeln wurden einer nach dem anderen ausgewechselt.

In der Industrie war nach dem Tode Baranows, der Inhaftierung Tupolews und danach auch des stellvertretenden Volkskommissars Kaganowitsch, dem rätselhaften Selbstmord Ordshonikidses die rhythmische Arbeit der Betriebe desorganisiert. Die Entwicklung neuer Versuchs- und perspektivischer Flugzeuge erfolgte in bedeutendem Umfang im Selbstlauf ohne feste Kontrolle von seiten der militärischen Auftraggeber. Das ZKB-29 von Tupolew war jetzt Berija unterstellt, und dieser diktierte angeblich auf Weisungen Stalins den Konstrukteuren, welches Flugzeug sie entwickeln sollten. Diese Technologie der Leitung des Tupolewer Kollektivs wurde sehr lebendig in den oben angeführten Memoiren Kerbers über die Arbeit in der „Scharaschka" beschrieben.

Die traurige Erfahrung mit dem Flug der N-209 zeigte, wie notwendig in der Luftfahrt zuverlässige Funkverbindungen sind. Die Repression schwächte unsere Nachrichten- und Funktechnik in entscheidendem Maße. Schon während des Krieges mit Finnland zeigten sich markante Schwächen unserer Nachrichtentechnik, ungeachtet der Errungenschaften unserer Wissenschaftler, auf dem Gebiet der Funktechnik.

In den ersten Tagen des Krieges zeigte sich unser Rückstand gegenüber der deutschen Nachrichtentechnik im allgemeinen und auf dem Gebiet der Luftfahrt im besonderen. Die Flugzeugsende- und Empfangsstationen waren kompliziert und von geringer Qualität. Es wurden hauptsächlich die Kurz- und Mittelwellen genutzt und die Funkstationen lediglich in den Flugzeugen der Staffelkommandeure eingesetzt. So waren z. B. im Moskauer Militärbezirk am 1. Januar 1940 lediglich in 43 von 583 Jägern Funkstationen vorhanden. Die Hauptarten der Nachrichtenmittel in der Luft waren Signalraketen und die Zeichengebung mit den Flügeln (das Nicken mit den Flügeln). Die Systeme der Bodenfunkstationen für den Betrieb unter komplizierten Wetterbedingungen und nachts wurden erst entwickelt.

Das Fehlen von Funkgeräten am Boden und in der Luft führte im ersten Kriegsjahr zu zusätzlichen Verlusten. In vielen Fällen war es nicht möglich, die Flüge zu steuern, im Luftkampf zu bestehen und die Rückführung der Flugzeuge auf den eigenen Flugplatz nachts oder bei schlechtem Wetter zu realisieren. Erst während des Krieges wurde die Führung der Flugzeuge über Funk innerhalb der Gruppe vom Boden aus und die elementare Funknavigation eingeführt.

Ich weise auf dieses Problem auch deshalb hin, weil ich während des Krieges direkte Beziehungen zum Funk in der Luftfahrt hatte.

Auf den Sitzungen der Vollversammlung der Wissenschaft sitze ich oft neben meinem Kommilitonen aus der Studentenzeit, dem Akademiemitgleid Pospelow. Beim Durchstöbern meiner Akten fand ich seine Niederschriften über die Philosophie Hegels. Nachdem ich sie dem Autor nach 50 Jahren zurückgegeben hatte, fragte ich ihn, was er jetzt davon hält.

„Das ist alles Quatsch!", sagte Germogen Sergeewitsch Pospelow, Akadmiemitglied, General und Spezialist der Entwicklung von Systemen der künstlichen Intelligenz.

# *Kapitel 2*

## Der Zweite Weltkrieg

### *Die Rückkehr zu Bolchowitinow*

Im Herbst 1938 wurde ich uneingeschränkt Student. Ich war vollkommen von Produktionssorgen befreit.

Die Professoren und der Lehrkörper waren in den profilgebenden Disziplinen eng mit der Industrie verbunden. Für viele war die Lehrtätigkeit mit der wissenschaftlichen Forschungsarbeit in den Zweiginstituten und KB's verflochten. Die Seminare und sogar die Prüfungen hatten bei uns den Charakter scharfer Diskussionen.

Die Vorlesung über elektrische Spezialmaschinen wurde von Professor Andrej Nikolaewitsch Larionow gehalten. In seinem Auftrag beschäftigte ich mich im Rahmen eines Kursprojektes mit einem konstant erregten Wechselstromgenerator. Larionow war der Chefentwickler des Elektroantriebes des größten Flugzeuges der Welt „Maxim Gorki", das jedoch tragisch abstürzte. Die wissenschaftlichen Interessen Larionows gingen weit über den beschränkten Rahmen der Vorlesungen über elektrische Spezialmaschinen hinaus. Seine Auftraggeber aus dem Konstruktionsbüro Tupolews lebten und arbeiteten in derselben Straße, in der er uns seine Vorlesungen hielt. Aber jetzt waren für ihn die zukünftigen Häftlinge unerreichbar und eine Zusammenarbeit mit ihnen unmöglich. Er träumte von der praktischen Weiterentwicklung und Anwendung elektrisch hochfrequenter Hochspannungswechselstromgeneratoren im Flugzeugbau. In mir gewann er einen glühenden Verfechter dieser Idee.

Ich hielt den Kontakt zu Bolchowitinow. Dieser hatte nach dem Untergang der N-209 einen großen Teil seiner Zeit in Kasan zugebracht. Er machte mir Hoffnung, daß ich, wenn ich in das Werk Nr. 22 zurückkehre, für immer in seinem Konstruktionsbüro arbeiten könne. Bolchowitinow versicherte, daß er im Jahre 1939 mit seinem Kollektiv nach Moskau oder in die nähere Umgebung der Stadt zurückkehren würde.

Die Freunde und Mitkämpfer unseres Patrons in der Akademie arbeiteten weiterhin am Projekt eines schnellen Fernbombers. Ungeachtet des Machtwechsels kam im Volkskommissariat der Flugzeugindustrie und in den höchsten Militärkreisen die Hoffnung auf, daß für die Entwicklung der neuen schweren Maschine die Mittel bereitgestellt werden und dies um so mehr, weil die Amerikaner und Engländer diese Entwicklungsrichtung nicht aufgeben, sondern weiterverfolgen würden.

Der Patron war natürlich kein gewöhnlicher Chefkonstrukteur. Während seiner Arbeit in Kasan leitete er studentische Diplomprojekte aus dem MAI und von

Hörern der Shukoswki-Akademie der Luftstreitkräfte. Dabei wählte er die unwahrscheinlichsten Ideen aus oder schlug diese vor. Als ich das Wechselstromthema erwähnte, war er begeistert. Eine neue Idee – er garantierte seine Unterstützung. Bolchowitinow fand immer Zeit, um sich neue Ideen anzuhören und zu begutachten: Ich habe niemals erlebt, daß er gesagt hätte „Quatsch, Unsinn, daraus kann nichts werden". Mit „Unsinn" hat sich jedoch niemand an ihn gewandt.
Larionow überzeugte ich davon, daß er Mittel finden möge, um für das schwere Flugzeug Wechselstromsysteme zu projektieren. Als ich mit dieser Arbeit begann, bat ich ihn, als Betreuer meiner Diplomarbeit zu wirken. Er erklärte sein Einverständnis, und wir begannen mit der Entwicklung des Generators.
Es ging dann wie im Märchen weiter.
Anfang 1939 kehrte Bolchowitinow tatsächlich aus Kasan zurück. Das ganze KB wurde in Chimki im Werk Nr. 84 neu organisiert. Dieser Betrieb übernahm die Serienproduktion des zweimotorigen in Lizenz gefertigten amerikanischen Transportflugzeuges der Firma „Douglas". Obwohl das Flugzeug die exakte Kopie der amerikanischen „Douglas DC-3" war, erhielt dieses Flugzeug die Bezeichnung Li-2. Dies waren die Anfangsbuchstaben des Namens B. P. Lisunow, des Chefingenieurs des Werkes Nr. 84.
Als sich Bolchowitinow in Chimki eingerichtet hatte, begann ich bei ihm in einer verkürzten Arbeitswoche meine Tätigkeit. Ich erhielt den Auftrag, das gesamte System der Elektrogeräte als Wechselstromanlage zu entwickeln. Das Flugzeug existierte zu dieser Zeit erst in den Grundvorstellungen. Nach dem Projekt sollte es der mit der größten Reichweite, der schnellste, der mit der größten Flughöhe und der am besten ausgerüstete Bomber der Welt werden.
Das OKB Bolchowitinows wurde nicht im Werk Nr. 84 eingerichtet. Für einen Betrieb, der sich mit der Serienproduktion der Kopie eines amerikanischen Flugzeuges beschäftigte, war dies eine fremdartige Produktion. Der Patron liebte es nicht, in den Korridoren der Macht umherzuschweifen und Gaben für sein Kollektiv zu erbitten. Dort, wo man mit Ellenbogen arbeitete, konnte man ihn leicht hinaus- und abdrängen. Bei den Kämpfen auf der untersten Ebene, wenn es im Volkskommissariat notwendig war, diese oder jene Frage durchzusetzen, liebte er es, die besonders Aktiven mit seinem Wahlspruch abzukühlen: „Wer es eilig hat, möge sich beeilen, aber wir werden mit Euch arbeiten". Ungeachtet dessen erkämpfte er den Beschluß über den Bau des Betriebes Nr. 293 in der Nachbarschaft des Betriebes Nr. 84.
So erhielten wir in Chimki einen neuen Bauplatz und Bolchowitinow wurde Direktor und Chefkonstrukteur des Betriebes Nr. 293 des Volkskommissariats der Flugzeugindustrie.
Auf dem neuen Bauplatz befand sich früher die Firma „Fotolet" – eine Organisation, die sich mit der Luftbildfotografie beschäftigte. In den bescheidenen Holzgebäuden dieser Firma kam die Konstruktionsbrigade nur mit Mühe unter. Nebenan begann der Bau eines großen Versuchsbetriebes. Im Jahre 1940 begann der Betrieb schon zu arbeiten.

Als ich mit der neuen Arbeit begann, gelang es mir, ein kleines Zimmer im alten Gebäude der Firma „Fotolet“ zu erkämpfen. Ich erhielt das Recht, einen Vertrag über die Entwicklung und Lieferung von Bauelementen der Wechselstromanlage für den zukünftigen Bomber abzuschließen. Als wichtigsten Kooperationspartner wählte ich das Elektro-Maschinenlabor des Elektrotechnischen Lenin-Allunions-Institutes. Der wissenschaftliche Leiter des Labors war das Akademiemitglied Klafdij Ippolitowitsch Schenfer – ein Weltklassespezialist auf dem Gebiet der elektrischen Maschinen. Beim ersten Treffen schätzte er sofort das Problematische und die Zukunftsträchtigkeit des Themas ein. Persönlich nahm Schenfer nicht an der Arbeit teil. Er begründete es damit, daß er mit Forschungsarbeiten zum Thema elektrischer Asynchronmaschinen ausgelastet sei. Er schlug mir aber vor, einen Vortrag für die im Labor beschäftigte „Jugend“ zu halten. Die im Labor beschäftigten Ingenieure nahmen meine Vorschläge mit großem Interesse auf. Besonders aktiv waren der Maschinenkonstrukteur Boris Sadowskij und der Maschinenberechnungsspezialist Theodor Soroker. Ein Jahr nach Beginn der gemeinsamen Tätigkeit war ich davon überzeugt, daß ihr schöpferischer Beitrag meinem tiefen Traum völlig reale Züge annehmen ließ. Das Laborkollektiv entwickelte Generatoren, Elektroantriebe, Motorgeneratoren, Antriebsmechanismen in Form von Reduktoren mit eingebauten Antrieben, Fernsteuerschalter und vieles andere mehr.
Wenn ich von den heutigen Positionen auf das im Jahre 1938 ausgedachte System schaue, dann muß ich gestehen, daß es sich insgesamt um ein interessantes und technisch anziehendes Abenteuer gehandelt hat. Es mußten Hunderte, technisch schwierigste Probleme gelöst werden, von denen ein Teil bis heute nicht befriedigend gelöst werden konnte.
Wir hatten ein System des Dreiphasenwechselstroms mit einer Frequenz von 500 Hz, einer Spannung von 48 Volt ausgewählt und beschäftigten uns lange mit Stabilisierungsmethoden. Einen Spannungsstabilisator hatten wir relativ schnell ausgedacht und erprobt. Bei der Frequenzstabilisierung traten, so schien es uns, unüberwindbare Schwierigkeiten auf. Die Generatoren wurden aus Flugzeugmotoren gewonnen, deren Drehzahlen in weiten Grenzen schwankten. Die Frequenz des Stromes sollte am Generatorausgang 500 $\pm$ 10 Hz betragen.
Wie konnte das erreicht werden? Es waren eine Menge von Ideen studiert worden. Wir setzten auf einen hydraulischen Umformer, der an der Eingangswelle eine variable Umdrehungszahl besaß und am Ausgang eine streng konstante Umdrehungsgeschwindigkeit garantierte.
Das erstaunlichste der Geschichte war dabei, daß die wichtigsten Versuchsmuster der Hauptaggregate im Labor nicht nur projektiert, sondern auch gefertigt und erprobt worden waren. Bald war mein kleines Arbeitszimmer in der „Fotolet“ mit grünen Firmenkästen angefüllt, deren Inhalt aus Eisen und Kupfer gefertigte Erzeugnisse waren. Im Raum neben mir arbeitete die Brigade Isaews. Nach der anstehenden Einlagerung einer Partie von grünen Kisten sagte Isaew, der bei uns vorbeischaute: „Jetzt begreife ich, warum sich in unserem Gebäude der Fußboden durchbiegt. Um sein neues System in die Luft zu

erheben, ist zweifellos ein superschwerer Bomber notwendig, aber Platz für die Bomben wird dort keiner übrigbleiben!"

Isaew komplettierte zu dieser Zeit seine Brigade mit herausragenden „Wunderkindern". So schätzte er die jungen Ingenieure ein, von denen jeder einen Spitznamen erhielt, der Namen und Vornamen ersetzte. Niemand beschwerte sich darüber. Der Geist des schöpferischen Enthusiasmus, der ein würziges Gemisch aus Optimismus und Humor darstellte, verbreitete sich aus den Konstruktionsbüros auf die gesamte „Fotolet". Diese fröhliche Brigade war mit ständigen Änderungen des Projektes des Jägers I beschäftigt. Noch größere Sorgen bereiteten die Mechanismen der beweglichen Flügelklappen des Flugzeuges „S". Dieser Mechanismus sollte die Flügelflächen nach dem Start und dem Erreichen der notwendigen Geschwindigkeit verkleinern. Bei der Landung verminderten die Flügelklappen die Landegeschwindigkeit.

Das erste Flugzeug des Typs S wurde in Kasan hergestellt. Bei der Flugerprobung, die in einem Luftfahrtforschungsinstitut durchgeführt wurde, erreichte dieser Nahbomber, der vom Testpiloten Boris Kudrin geflogen wurde, eine Geschwindigkeit von 570 km/h. Dies war damals die Grenzgeschwindigkeit für Jäger. Die Flugerprobung zeigte jedoch, daß die Abstimmung der Tandem-Triebwerke und die Verbesserung der Flügeleigenschaften eine große Nacharbeit erforderte. Kein Serienproduktionsbetrieb wollte sich mit dem schwierig zu produzierenden Flugzeug anfreunden.

Ende des Jahres 1939 begann ich schließlich mit dem Schreiben meiner Diplomarbeit. Darin kritisierte ich die Mängel der vorhandenen Elektroversorgungssysteme und schlug ein neues perspektivisches Wechselstromsystem für schwere Flugzeuge vor. Die starke Seite dieser Arbeit waren die Hinweise auf die vom Autor entwickelten technischen Parameter elektrischer Maschinen zukünftiger Systeme und die Fotos fertiger universeller Elektroantriebsmaschinen.

Mein Betreuer, Professor Larionow, erklärte, daß er meine Arbeit wie einen spannenden Roman gelesen hätte. Es sei nur schade, meinte er, daß die Arbeit den Stempel „Geheim" trage. Ein solches Werk sollte weit verbreitet werden.

Nachdem ich meine Arbeit verteidigt und das Diplom mit Auszeichnung erhalten hatte, trennte ich mich trotzdem nicht vom MEI. Im Herbst 1940 wurde ich „ohne Arbeitsunterbrechung" in die Aspirantur aufgenommen. Nach Empfehlung des Werkleiters, des Akademiemitgliedes W. S. Kulebkin, sollte ich im Studienjahr 1940/41 in der Abendabteilung eine Vorlesung zum Thema „Flugzeugspezialausrüstungen" halten. Viel Zeit mußte ich zur Bereisung des Dreiecks - Wohnung am Ufer der Moskwa – Betrieb Nr. 293 in Chimki – MEI und WEI in Lefortowo aufwenden. Aber irgendwie reichten die Kräfte für alles.

Nachdem ich mich erneut mit den Problemen des Betriebes Nr. 293 beschäftigte, stellte ich fest, daß unser Patron eine spezielle waffentechnische Gruppe gebildet hatte. Sie beschäftigte sich mit rein mechanischen Methoden der Fernsteuerung. Er tat dies trotz seiner Sympathie für meine Ideen der elektrischen synchronen Fernsteuerung der Maschinengewehr- und

Kanonenwaffen. In der Spezialgruppe arbeitete der junge Ingenieur Wasilij Mischin. Er entwickelte so etwas wie einen von Hand gesteuerten Manipulator. Der in einer hermetischen durchsichtigen Kanzel sitzende Schütze sollte das einige Meter von ihm entfernte Maschinengewehr oder die Kanone mit Hilfe dieses rein mechanischen Manipulators bedienen. Die Kinematik des ferngesteuerten Manipulators war sehr scharfsinnig (intelligent). Mit dieser Arbeit begann der schöpferische Weg des zukünftigen Beraters des Chefkonstrukteurs Koroljow.

Der Manipulator aus dem Jahre 1940 konnte nicht bis zur vollen Arbeitsreife geführt werden. Dafür waren auf Vorrat einige Flugzeugmaschinengewehre SCHKAS und einige der neuesten Kanonen SCHWAK erworben worden. Im Herbst des Jahres 1941 wurden diese ohne jeglichen Manipulator auf bewegliche Lafetten montiert, die wir auf einen offenen Eisenbahnwaggon setzten, um während unserer Überfahrt von Chimki in den Ural mögliche Angriffe deutscher Flugzeuge abzuwehren.

Das Werk Nr. 293 war drei km von der Eisenbahnstation Chimki entfernt. An Herbst- und Wintertagen fuhren wir mit Linienbussen von der Station zum Werk. In den Warteschlangen an den Autobushaltestellen traf man ständig ein und dieselben Bekannten. Aber dann tauchte ein junger Mann unter den Fahrgästen auf, leicht und modisch, aber nicht der Jahreszeit entsprechend, gekleidet. Auf dem großen Kopf saß verwegen ein moderner Filzhut, der die hohe Stirn nicht verdeckte. In dem offenen Gesicht stand ein kaum sichtbares Lächeln. Es schien so, als ob er sich durch die Menschenschlange und die Gespräche im Autobus nicht von seinen inneren Gedankengängen, die er belächelte, abhalten ließ. Ich traf diesen jungen Menschen einige Male im Empfangszimmer des Patrons.

Dann tauchte er in unserem „Fotolet“ auf und wir erfuhren, daß dies der neue Leiter der Triebwerksgruppe, Alexandr Jakowlewitsch Beresnjak, sei. Einer der Witzbolde aus der Isaew-Gruppe, der das Monopol zur Entwicklung der neuen Triebwerke verteidigte, sagte:

„Dieser Beresnjak ist ein großes Rätsel. Er lächelt wie Mona Lisa.“

Das Geheimnis, daß das Auftauchen Beresnjaks in unserer Gesellschaft hervorrief, lüftete sich bald. Bolchowitinow betreute die Diplomarbeit des MEI-Studenten Beresnjak. Er verteidigte dieselbe 1938 sehr erfolgreich. Die Besonderheit der Arbeit war die Kopplung der Triebwerke, die als Tandem im Rumpf gelagert waren, ähnlich der Kopplung in unserem Flugzeug „S“.

Bolchowitinow beschloß, die Idee der Kopplung mit Hilfe des talentierten Studenten zu überprüfen. Bei der Konstruktion des einsitzigen Flugzeuges machte Beresnjak viele originelle Vorschläge. Einer davon war die Verdampfungskühlung der Triebwerke. Das Wasser zirkulierte nicht durch die Radiatoren, sondern verdampfte in die Atmosphäre. Der Wasservorrat reichte für eine Flugstunde. Zur Verminderung des Widerstandes hatte der Rumpf nicht die gewöhnliche Verkleidung. Der Pilot befand sich in einer Glaskuppel, die sich vor der Landung über den Rumpf erhob. Nach dem Projekt war das Flugzeug in der Lage, in einer Höhe von ca. 7000 m eine Geschwindigkeit von

940 km/h zu entwickeln. Ein solches Flugzeug wäre auch in der Lage, den Weltrekord in der Geschwindigkeit, der bei 709 km/h lag, zu brechen. Und zu dieser Zeit hielt die sowjetische Luftfahrt alle Geschwindigkeitsrekorde.
Das Projekt wurde dem eben erst ernannten stellvertretenden Kommandeur der Luftstreitkräfte der UdSSR, dem Corps-Kommandeur Smuschkewitsch, vorgelegt. Er war vom Volkskommissar für Verteidigung, Woroschilow, persönlich beauftragt worden, nach Möglichkeiten zu suchen, den Geschwindigkeitsweltrekord durch einen sowjetischen Piloten mit Hilfe eines sowjetischen Flugzeuges zu brechen. Die Leitung der Luftstreitkräfte konsultierte Professor Pyschnow, der vor Bolchowitinow keinerlei Geheimnisse hatte (die Ehefrauen von Pyschnow und Bolchowitinow waren Schwestern). Im Ergebnis wurde Beresnjak zu Bolchowitinow geschickt, um das Projekt fertig zu entwickeln.
Zu dieser Zeit zog das OKB Bolchowitinows aus Kasan nach Moskau, um sich dann in Chimki einzurichten. Es tobte ein Überlebenskampf, und es ging nicht um Geschwindigkeitsweltrekorde. Die Serie von fünf DB-A Flugzeugen war in Kasan nicht fertiggestellt worden. Die Flugerprobung der Flugzeuge „S" mit den gekoppelten Triebwerken gestaltete sich schwierig. Das Projekt des Jägers „I" wurde ständig geändert. Der schwere Bomber „B" war noch im Anfangsstadium. Es war eben jenes Flugzeug, für das ich mit großem Eifer die Wechselstromanlage entwickelte.
Beresnjak stürzte sich in die laufende Arbeit und übernahm die Leitung der Gruppe. An den Abenden setzte er die Überarbeitung der Flugzeugkonzeption fort und berechnete die zukünftige Geschwindigkeit des Flugzeuges. Die Kopplung der zwei Kolbentriebwerke verlief schleppend wie bisher. Die Propeller-Motorgruppe mit den gleichachsigen Propellern (der Anordnung der Propeller auf einer Achse) erforderte lange Nacharbeiten. Die pessimistischsten Aussagen machten jedoch die Aerodynamiker. Sie schätzten ein, daß die Schallmauer mit Hilfe von kolbenmotorgetriebenen Propellerkonstruktionen nicht zu erreichen sei. Der junge Ingenieur Beresnjak hatte natürlich schon von Raketen und Raketentriebwerken gehört. Aber mit der Idee aufzutreten, beim Flugzeugbau völlig auf die Kolbenmotoren zu verzichten, hatte sich noch niemand gewagt.
Im Jahre 1956 führte mich der Zufall in Kislowodsk mit Beresnjak zusammen. Wir waren zur gleichen Zeit in diesem Kurort, jedoch in verschiedenen Sanatorien untergebracht. Nachdem wir die Zeiten der Behandlungen aufeinander abgestimmt hatten, nahmen wir an den traditionellen Bergbesteigungen des kleinen und großen Sattels teil und wanderten auf den langen Routen. Bei den Diskussionen über vergangene, gegenwärtige und zukünftige Projekte fragte ich Beresnjak, wann er das erste Mal in seinen Plänen darüber nachgedacht hätte, auf die Kolbenmotore zu verzichten und nur Raketenflüssigkeitstriebwerke in seinem Flugzeug zu verwenden.
„Weißt Du", sagte er, „ich kann diese Frage nicht genau beantworten. Wo und wann das erste Mal? Es gibt keine genaue Zeit und keinen genauen Ort. Diese Idee ist irgendwann spontan über mich gekommen. In Gedanken und auf dem

Papier habe ich alle möglichen und manchmal auch dumme Konstruktionen ausgedacht und gezeichnet. Das Raketenflüssigkeitstriebwerk war schon längst erfunden, und es erschien mir sehr einfach. Über die Turbinenluftstrahltriebwerke (TL-Triebwerke) gab es keine vernünftigen Informationen. Es existierten nur Ideen. Ich kämpfte mich mit Mühe bis nach Lichobor durch. Dort erblickte ich zum erstenmal in einem Stand ein Flüssigkeitsraketentriebwerk, das mich an eine Flasche erinnerte. Als ich verstand, was dies für eine großartige Flasche ist, wieviel Treibstoff sie verbraucht, habe ich beschlossen, darauf zu spucken und sie zu vergessen. Aber es gab nichts anderes. Eben überhaupt nichts!"

Die weitere Präzisierung der Einzelheiten der Geburt der Idee der berühmten BI wurde durch einen Imbiß unterbrochen, den wir nach ermüdenden Wanderungen aufsuchten. Zur Auffrischung unserer Kräfte verzehrten wir ein Glas frischer Sahne, tranken ein Glas trockenen Wein dazu und träumten davon, uns an alles zu erinnern und es aufzuschreiben. In diesen Jahren war es uns leid, Zeit für die Geschichte zu verschwenden.

Nach einem schweren Studienjahr und in Erwartung der Diplomarbeit überredete mich Imogen Pospelow, mich in Koktebel zu erholen. Koktebel besaß zwei Vorteile: Erstens befand sich dort ein Ferienheim des MEI, in dem der Aufenthalt für Studenten Groschen kostete und zweitens war Koktebel der beste Ferienort an der Schwarzmeerküste. Im Sommer des Jahres 1939 verbrachte ich mit Pospelow einen herrlichen Monat beim Schwimmen und beim Bergsteigen im Karadaga-Gebirge. Zu unserer Gesellschaft gehörte damals noch ein Student, der Chemiker Michail Slinko. Nach vielen Jahren wurden wir alle drei Mitglied der Akademie der Wissenschaften der UdSSR. Auf den gemeinsamen akademischen Sitzungen lassen wir keine Möglichkeit aus, uns gegenseitig zu bespötteln, weil es durch die altersbedingten Unpäßlichkeiten unmöglich ist, die herrlichen „Ufer der Tawriden" und die glänzenden Felsen des Karadaga-Gebirges der Studentenzeit zu erreichen.

Auf der Arbeit berichtete ich in Anwesenheit von Isaew über das sagenhafte Koktebel. Isaew forderte daraufhin von mir, einen Aufenthalt im Ferienheim des MEI für die ganze Brigade zu organisieren.

Aus heutiger Sicht erscheint mir die damalige Überzeugtheit von unserer völligen Sicherheit und der gelassenen Aufnahme der Ereignisse, die die Welt erschütterten, als erstaunlich. Am 1. September 1939 begann der zweite Weltkrieg. Im März 1940 wurde unser ruhmloser Krieg in Finnland beendet. In den zwei Sommermonaten des Jahres 1940 kapitulierte Holland, Belgien und Frankreich vor dem faschistischen Deutschland. Die Deutschen okkupierten Norwegen, die sowjetischen Truppen besetzten Lettland, Litauen und Estland. In ganz Europa widerstand allein England Hitlerdeutschland. Und in dieser Situation beschäftigten sich Isaew und ich damit, einen kollektiven Urlaub auf die Krim zu organisieren.

Zur Beruhigung unseres Gewissens, gingen wir zum Patron, um uns mit ihm zu beraten. Er verhielt sich unserer Bitte gegenüber sachlich und sagte beruhigend: „Kämpfen werden wir, aber nicht früher als in zwei Jahren, womit, das ist eine

andere Frage. Aber in einem Monat seid Ihr weder mit der „B“ noch mit der „I“ fertig.“ Unser Patron war ein leidenschaftlicher Segelsportler und plante einen Segelurlaub. Er konnte uns nicht absagen. Ich überredete Katja, mit in den Urlaub zu fahren und den anderthalbjährigen Valentin in die Obhut der Großmutter zu geben. Isaew riskierte nicht, seine Frau Tanja auf die Krim mitzunehmen. Sein Erstgeborener war erst vier Monate alt.
So erholten wir uns im letzten Friedenssommer zusammen mit Katja in Koktebel. Wir waren in Gesellschaft von Isaew und dessen Konstruktionsbrigade sowie von Tschishikow, der sich uns angeschlossen hatte.
Isaew machte uns mit seinem Freund Jurij Beklemischew bekannt, der als Schriftsteller unter dem Namen Jurij Krymow arbeitete. Seine Erzählung „Tanker ‘Derbent’“ hatte großen Erfolg. Krymow erholte sich ebenfalls in Koktebel auf der Datsche des Dichters Maximlian Woloschin, die in eine Denkwerkstatt für sowjetische Schriftsteller verwandelt worden war. Krymow erzählte, daß er dieses Pseudonym in Gedanken an die bemerkenswerte Zeit, die er in Koktebel verbracht hatte, und der gemeinsamen mit Isaew durchlebten Abenteuer angenommen habe. Sie unterbrachen sich gegenseitig und erzählten mit Begeisterung über ihre Abenteuer aus der noch nicht so weit entschwundenen Jugendzeit. Sie waren beide ausgezeichnete Erzähler.
In Koktebel offenbarte mir Isaew zum ersten Mal, mit welchen Schwierigkeiten er die Arbeit bei Bolchowitinow begonnen hatte. Die Kaderabteilung lehnte ihn ab, weil er keinen entsprechenden Beruf hatte. Er hatte das Diplom eines Bergbauingenieurs. Dann hatte er eine rührende Erklärung an den „verehrten Genossen Direktor“ geschrieben, in der er versicherte, daß das Risiko nicht groß sei und „in einem Jahr würde er ein Flugzeugingenieur“ sein. „Der verehrte Genosse Direktor“ war Ende 1934 Olga Mitkewitsch. Die Darstellung Isaews hatte durch seine Direktheit und durch seinen sehnlichen Wunsch, in der Luftfahrt zu arbeiten, ihre Seele erreicht. Die Mitkewitsch ordnete an, Isaew einzustellen und ihn im OKB bei Bolchowitinow arbeiten zu lassen. Schon allein durch diese Entscheidung hat sie einen wichtigen Beitrag zur Raketentechnik geleistet.
Wir absolvierten schwierige Wanderungen auf dem felsigen Ufer, wir studierten alle Buchten und gelangten schwimmend bis zum Goldenen Tor. Wir spielten leidenschaftlich Quartett und Volleyball. Die Gedanken an die nicht vollendeten Projekte wichen jedoch nicht aus dem Kopf.
Der Jäger „I“, für den sich Isaew verantwortlich fühlte, enthielt eine Menge origineller Lösungen. Die Hauptbesonderheit war die Tandem-Kopplung zweier Motoren, aber nicht mit ziehenden, sondern mit schiebenden Propellern. Die mit zwei Kanonen und zwei großkalibrigen Maschinengewehren ausgerüstete Pilotenkanzel lag vor den schiebenden Motoren. Der Rumpf war als Doppelrumpf ausgebildet. Zwischen den beiden Trägern befand sich hinter dem Heckleitwerk ein fernbedientes Maschinengewehr. Isaew hoffte, daß ich mein Versprechen zur Fernbedienung dieses Maschinengewehrs aus der Pilotenkanzel einlöse. Ich hatte dies tatsächlich versprochen, aber wie der Pilot auf den Gegner zielen sollte, wenn er diesen von hinten angriff, dazu konnte ich keine

Lösung finden. Ja, und in Wirklichkeit war mein Gehirn mit dem schweren Bomber „B“ und dem Wechselstrom beschäftigt.
Zeitungen erhielten wir nicht und Radio gab es im Ferienheim ebenfalls nicht. Alle Neuigkeiten erfuhren wir durch Tschishikow, der seine Zeit mit Bekannten im Nachbarferienheim der Militärakademie verbrachte. Er übermittelte uns bei einem Treffen die Nachricht über den Beginn des Luftkrieges um England. Unser Radio übertrug mit Hinweis auf deutsche Quellen Nachrichten über Großbrände und Zerstörungen in London.
Krymow hielt es als erster nicht mehr aus. „Sorglos im warmen Meer schwimmen und in der Sonne aalen, wenn sich so etwas zusammenbraut, kann ich nicht. Wenn Hitler mit England fertig wird, dann ist der Krieg für uns unvermeidbar“, sagte er voraus.
Wir hielten es ebenfalls nicht mehr aus und verließen drei Tage vor der geplanten Frist Koktebel.

## *Zu Kriegsbeginn*

Im Frühjahr 1941 war die Hoffnung auf die Serienproduktion des Bombers DB-A schon verflogen. In der Kasaner Flugzeugfabrik war eine Serie von 16 Flugzeugen geplant, aber die DB-A wurde durch die Konkurrenz der TB-7 von Tupolew durch die besseren Flugeigenschaften geschlagen. Ungeachtet dessen, daß Tupolew zum „Volksfeind“ erklärt worden war, wurde die TB-7 (Pe-8) in Serie gebaut. Ende 1940, nach der Fertigstellung von zwölf Flugzeugen stellte man die Arbeiten an unserer „Annuschka“ ein.
Das Flugzeug „S“ bestand, ungeachtet einer Reihe Verbesserungen, die die erfahrenen Konstrukteure Salaman Izkowitsch und Ilja Flerow vornahmen, die Konkurrenz mit der Pe-2 von Petljakow nicht. Hoffnungen auf die Serienproduktion der „S“, nachdem der mehrfach einsetzbarer Sturzkampfbomber Pe-2 in die Bewaffnung aufgenommen worden war, gab es nicht.
Die Weiterentwicklung des Tandems zweier Triebwerke führte zum Projekt des Flugzeugs „I“, eines Sturzkampfbombers mit einem Doppelrumpf und einem schiebenden Tandem. Isaew, der von Bolchowitinow mit der Leitung dieser Arbeiten betraut worden war, brachte zusammen mit Izkowitsch und dem Professor der Luftfahrtakademie Dsjuboj eine Vielzahl neuer Konstruktionselemente in das Projekt ein. Z. B. war zum ersten Mal ein Katapultsitz für den Piloten vorgesehen. Viele notwendige Schaltungen für die elektrische Fernsteuerung der Waffen wurden von mir entwickelt. Als sich Isaew und Beresnjak mit dem Raketenabfangjäger beschäftigten, verlangsamten sich die Arbeiten am Jäger „I“ und nach dem 22. Juni wurden sie völlig eingestellt.
Die Zusammenarbeit mit dem Professor der Luftstreitkräfte, die im Jahre 1937 mit dem Umzug zerstört worden war, wurde wieder aufgenommen und Bolchowitinow kam auf die Idee zurück, einen schnellen hochfliegenden

Fernbomber zu entwickeln. Dieser erhielt den Index „B“ anstelle von „D“. Es handelte sich um das Projekt eines viermotorigen Schnellbombers mit zwei Triebwerkstandems sowie ziehenden und schiebenden Propellern. Die Crew war in einer hermetischen Kabine untergebracht. Die Steuerung des Flugzeuges sollte mit Hilfe elektrischer Antriebe erfolgen.

Und auch für dieses Flugzeug entwickelte ich eine Wechselstromanlage sowie eine Schaltung für die Fernbedienung der Ruder, der Flügelklappen, der Kanonen und Maschinengewehre und hoffte, den elektrischen Bombenabwerfer wieder zum Leben zu erwecken.

Alles, was die Konstruktion des Bombers „D“ betraf, lief bis zum Sommer 1941 nur auf dem Papier, außer meiner Arbeiten zum Wechselstrom. Die konstant magnetisch erregten Generatoren, alle möglichen Wechselstromantriebe mit den Reduktoren und den Spannungs- und Frequenzstabilisatoren füllten allmählich den gesamten freien Raum in meiner Spezialgeräteabteilung. Dies war Anlaß für Scherze und Lästerungen der Nachbarn in dem engen Gebäude an meine Adresse und an den Patron: „Alle für den Bomber ‚D‘ vorgesehenen Mittel wurden für den Wechselstrom aufgebraucht und für das Flugzeug selbst ist nichts übriggeblieben.“

Das zeitlich allerletzte Projekt eines Abfangjägers mit einem Flüssigkeitsraketentriebwerk wurde vom Patron genehmigt und als fakultatives Projekt im April 1941 in den Arbeitsplan aufgenommen.

Für das kleine Entwicklungskollektiv des Entwurfsprojektes, das den Index BI erhielt, ordnete Bolchowitinow an, einen getrennten Raum zur Verfügung zu stellen. Der Chefingenieur des Betriebes, Ing.-Oberst Wolkow, betrachtete, wie viele andere Luftfahrtwölfe, die Beschäftigung Isaews und Beresnjaks als kindliches Vorhaben und stellte ihnen ein 25 $m^2$ großes Zimmer zur Verfügung. Dort begann die Arbeit am Entwurfsprojekt. Am Morgen des 21. Juni 1941 fand ich Isaew und Beresnjak heiß streitend in diesem „geheimen“ Zimmer. Ich wollte die Vorschläge zur Steuerung der Startautomatik des Flüssigkeitsraketentriebwerkes, die ich nach einer Beratung mit Schtokolow im RNII-NII-3 erarbeitet hatte, mit ihnen abstimmen. Außerdem brauchte ich für die elektrischen Schaltungen die letzten Bewaffnungsvarianten: Vier Maschinengewehre oder zwei Kanonen?

Beresnjak teilte mir mit, daß alle Maschinengewehre zu entfernen seien. Dafür sollten zwei SCHWAK-Großkanonen installiert werden und dazu 90 Schuß Munition. Hinsichtlich der Startschaltung des Flüssigkeitsraketentriebwerkes konnte ich alles, was ich mit Schtokolow abgesprochen hatte, vergessen. Das von Duschkin bereitzustellende Turbopumpenaggregat befand sich in einem sehr jämmerlichen Zustand und es gab praktisch keine Hoffnung, es im nächsten Jahr zu erhalten.

Hier erklärte Isaew ebenfalls, daß er heute Nacht und morgen am Sonntag noch einmal alles überrechnen würde, und wir könnten am Montag erneut mit dem Entwurfsprojekt beginnen, in dem kein Turbopumpenaggregat notwendig sein würde. So gingen wir auseinander, um uns am Montag erneut zu treffen.

Am Samstagabend fuhr ich nach Udelnaja. Bei Katinas Mutter in der Atmosphäre des Kiefernwaldes fühlte sich der zweijährige Valentin wohler als auf dem Fabrikgelände, wo wir mit meinen Eltern wohnten.
Der Sonntag, der 22. Juni, versprach, ein heißer sonniger Tag zu werden. Wir schickten uns zusammen mit Katja an, die nahegelegenen Teiche zu besuchen, um dort zu baden und Valentin das erste Mal mit dem Wasser bekanntzumachen. Irgend jemand aus der Nachbarschaft schrie kurz vor unserem Aufbruch: „Um 12 Uhr wird eine Regierungserklärung übertragen." Wir warteten noch. Alle Bewohner der Datschensiedlung versammelten sich an der schwarzen „Schüssel", dem Lautsprecher des Übertragungsnetzes. Eine kurze Ansprache Molotows trennte die Zeit in zwei Epochen: Die Zeit „vor dem Krieg" und „während des Krieges".
„ ... Unsere Sache ist gerecht, der Feind wird geschlagen, der Sieg wird unser sein!" Mit diesen Worten wurden keine konkreten Anweisungen gegeben, was jetzt zu machen sei. Es war klar, das friedliche Leben war vorbei – jetzt mußten alle etwas tun, daß der „Sieg unser sein würde". Bis zu diesem Sommertag hatte jeder seine persönlichen Freuden, Glück und Kummer. Für alle rückte das Persönliche plötzlich in den Hintergrund. Und es gab ein gemeinsames Unheil und eine gemeinsame Sorge – den Krieg.
Der kleine Valentin, der nichts verstand, schaute auf den entsetzten Papa und die Mama: „Und wann gehen wir an die Teiche?" fragte er. Wohin sollten wir gehen, an welche Teiche?! Ich war überzeugt, daß die Deutschen noch in dieser Nacht mit dem Bombardement Moskaus beginnen würden. Wir entschlossen uns, auf dem Grundstück Gräben als Unterstand auszuheben. Nachdem wir die Technik dieser Verteidigungsmaßnahmen erörtert hatten, begab ich mich nach Chimki. Die Züge waren ungewöhnlich überfüllt. Die Datschenbewohner und die Erholungssuchenden strömten nach Moskau zurück.
Als ich im Betrieb ankam, standen am Eingang schon eine Menge Bekannter. Die Versammelten berieten, wo die Leitung sein könnte und was jetzt zu tun sei. Jedem war klar, daß die Arbeiten an der „S", „I" und um so mehr an der „D" jetzt sinnlos waren.
Am Abend erwarteten wir den Patron. Durch das Tor kam ein knatterndes Motorrad. Isaew fuhr es und auf dem Sozius saß der Patron selbst. Er hatte Isaew von hinten umfaßt und trug eine aufgeknöpfte Feldbluse. Ohne um Erlaubnis zu fragen, versammelten sich alle im geräumigen Arbeitszimmer und Bolchowitinow sagte mit seiner gewohnten ruhigen Stimme sehr gelassen, daß es jetzt unbedingt notwendig sei, die Pläne zu überprüfen. „Jetzt wird die Arbeit am Abfangjäger mit dem Flüssigkeitsraketentriebwerk das aller wichtigste. Vom morgigen Tag an werden alle, die nicht in die Armee eingezogen werden, kaserniert." Er wandte sich an seine Stellvertreter. „Es ist notwendig, Betten in den Fabrikhallen und in dem KB zu organisieren, des weiteren ist die dreimalige Essenversorgung sicherzustellen. Es sind zuverlässige Luftschutzkeller einzurichten und die Wachen sind zu verstärken."
Am folgenden Tag erzählte Isaew einem ihm nahestehenden Genossen über seine sonntägliche Reise zum Patron. Fast die ganze Nacht hatte sich Isaew mit

dem neuen Aufbau des Flugzeuges befaßt. Er beschloß, das Turbopumpenaggregat zu entfernen und die Treibstoffkomponenten mit Preßluft zu befördern. Der Gesamtumfang der notwendigen Preßluft mußte bestimmt werden. Das heißt, die Zahl der Flaschen und der Platz für dieselben mußte kalkuliert werden. Das Flugzeug mußte erneut zentriert, die Tanks durch festere ersetzt und das Gewicht erneut überprüft werden. Am Morgen, als es so schien, daß alles fertig sei, war er eingeschlafen.

Molotows Auftritt weckte ihn. Er betankte das bei ihm zu Hause stehende Motorrad und eilte zur Datsche Bolchowitinows. Die Datsche befand sich an dem Ufer des Moskwa-Wolga-Kanals. Als er dort ankam, erfuhr er von den auf der Datsche Anwesenden, daß Viktor Fedorowitsch mit seiner Jacht auf den Pestowsker, Jachromsker oder Kljasminsker Stausee gesegelt sei. Auf der Jacht gab es keinen Rundfunkempfänger. Was war zu tun? Isaew machte am Ufer Halt und verbesserte in Erwartung des Patrons sein nächtlich erarbeitetes Projekt weiter.

Isaew empfing den braungebrannten Segler, informierte ihn über die letzten Neuigkeiten, schlug ihm vor, sofort mit ihm in das Volkskommissariat zu Schachurin zu fahren und diesem den Vorschlag zu machen, jetzt unmittelbar den Raketenabfangjäger zu bauen. Bolchowitinows zog sich um, um im Volkskommissariat in voller Uniform zu erscheinen. Er nahm auf dem Sozius des Motorrades Platz und sie fuhren eilig in die Ukrainische Gasse in Moskau.

Das Volkskommissariat schwirrte wie ein aufgescheuchter Bienenhaufen. Schachurin fand fünf Minuten Zeit, um Bolchowitinow zu empfangen. Der Volkskommissar schlug vor, das Entwurfsprojekt in einer Woche im Konzept zu vollenden und es dann zur Diskussion zu stellen. Erst auf dem Weg vom Volkskommissariat erklärte Isaew dem Patron, daß das Entwurfsprojekt von Null an entwickelt werden mußte. „Bei Verzicht auf die Turbopumpenförderung des Treibstoffes wird das Flugzeug leichter, es braucht weniger Treibstoff und es wird alles einfacher, außerdem verkürzen sich die Fristen wesentlich. Von Kostikow und Duschkin ist nur die ‘Flasche’ notwendig.“

Von Dienstag an wurden alle, die nicht in der Nähe des Betriebes in Chimki wohnten, tatsächlich kaserniert. Das Entwurfsprojekt wurde schon nach zwölf Tagen beendet. Dem Projekt entsprechend hatte das Flugzeug eine Flügelspannweite von lediglich 6,5 m, eine Länge von 6,4 m und das Fahrwerk wurde vollkommen pneumatisch angetrieben. Die Startmasse betrug 1650 kg, davon 710 kg Salpetersäure und Kerosin.

Den Verzicht auf die Turbopumpe und den Übergang auf Preßluftförderung des Treibstoffes nahmen Kostikow und Duschkin ohne jeden Enthusiasmus auf, letztendlich waren sie einverstanden. Es dauerte zwei Tage, um den Brief an den Volkskommissar aufzusetzen. In diesem wurden alle Vorteile aufgezeigt und ein Minimum von Bauteilen vorgeschlagen, um mit dem Bau des Flugzeuges in drei bis vier Monaten beginnen zu können. Ein Monat verging bis zur staatlichen Erprobung und für November war die Beschlußfassung für die Serienproduktion vorgesehen. Bei der Abstimmung der Fristen kam Streit darüber auf, ob solche

Flugzeuge in einem halben Jahr noch notwendig sein würden. Zu dieser Zeit wird der Krieg beendet und der Sieg mit uns sein.
Der Brief wurde von Bolchowitinow, Kostikow, Duschkin, Isaew, Beresnjak, dem Militärabnahmebeauftragten des RNII und dem Werk Nr. 293 unterschrieben.
Am 9. Juli war der Brief bei Schachurin. Schachurin trug den Vorschlag persönlich bei Stalin vor und am nächsten Tag wurden Bolchowitinow, Kostikow und Beresnjak in den Kreml berufen, wo sie einen Beschlußentwurf für das unlängst gegründete Staatliche Verteidigungskomitee formulierten. Schon am nächsten Tag unterzeichnete Stalin den Beschluß. Schachurin bereitete einen genauen Befehl vor, in welchem ein Monat für die Flugerprobung beim Bau des ersten Flugzeuges vorgesehen war. Dies löste bei uns im Betrieb einen Schock aus. Noch nicht eine einzige Zeichnung befand sich in der Produktion.
Im RNII entwickelte das Versuchstriebwerk bisher einen Schub von 600 kg, anstelle der geforderten 1100 kg des Entwurfsprojektes.
„Es ist Krieg. Jetzt muß jeder zu den Fristen ein anderes Verhältnis an den Tag legen", so übermittelte Bolchowitinow die Worte Schachurins, der bei der Endredaktion des Befehls trotzdem noch fünf Tage zusätzlich einräumte.
Gut war, daß es sich um eine Vollholzkonstruktion des Flugzeuges handelte. Der Bau begann ohne detaillierte Zeichnungen. Die wichtigsten Bauelemente wurden in natürlicher Größe auf das Furnier gezeichnet. Es war die sogenannte Schnürboden-Schablonentechnologie. Die Tischler der nahegelegenen Möbelfabrik hatten so das ganze Leben lang gearbeitetet und Flugzeuge gebaut. Sie brauchten einen Auftrag des Konstrukteurs, jedoch keine Zeichnung. Aber die Stahlflaschen für die Preßluft, die festen geschweißten Tanks für die Salpetersäure und das Kerosin, die Reduktoren, die Rohrleitungen, die Ventile, die Steuerung der Ruder, das Fahrwerk, die elementaren Elektrogeräte, dies alles forderte andere Fristen zur Konstruktion und Produktion.
Der Krieg entwickelte sich nach einem vollkommen unvorhergesehenen Szenarium. Niemand mehr sprach von unserem Sieg bis zum Jahresende. Auf dem Flugplatz in Chimki tauchten Ende Juni Kampfjäger auf, im Juli wurden diese der Luftverteidigung unterstellt und dienten zur nordwestlichen Abschirmung Moskaus.
Am 22. Juli erhielt ich für einen Tag Urlaub, um die Familie zu besuchen. Und gerade am Abend dieses Tages wurde von der deutschen Luftwaffe der erste große Luftangriff auf Moskau geflogen. Der Luftalarm wurde ausgelöst, als ich mich im Petrowsker Park in der Nähe der Metro-Station „Dynamo" befand. Ich rannte zu Fuß auf die Choroschewsker Chaussee und suchte keinen Schutz in der Metro. Dutzende Scheinwerfer warfen ihre Strahlen an den Himmel, um leuchtende Punkte zu erfassen. Am Abendhimmel explodierten Hunderte Granaten der Flakgeschütze. Die Umgebung war vom Lärm der Kanonade erfaßt. Es hagelte Splitter auf den Boden. Aber direkte Bombeneinschläge in unmittelbarer Nähe waren nicht zu verzeichnen. Als ich in bereits völliger Dunkelheit, das elterliche Haus erreichte, dauerte der Angriff noch an. Die

Eltern fand ich mit den Arbeitern der Fabrik in den Schützengräben, dem Unterstand, der zum Teich hin offen war. Die nicht sichtbaren Flaks setzten das Feuer fort. Die Scheinwerfer kreisten am Himmel. Irgendwo über Chodynka war ein Feuerschein sichtbar, aber ein Bombardement, wie ich es mir vorgestellt hatte, gelang den Deutschen nicht. Die Moskauer Luftabwehr konnte den ersten Luftangriff abwehren.
Am 1. September, fünf Tage später, als im Befehl Schachurins vorgesehen, wurde das erste Flugzeug BI in das NII zur Flugerprobung überstellt. Tatsächlich war es kein Flugzeug, sondern nur die Zelle. Das Triebwerk fehlte. Kostikow und Duschkin wagten es nicht, uns ein nicht fertig entwickeltes und häufig explodierendes Aggregat zu liefern.
Die Erprobung der Zelle des Flugzeuges BI wurde dem Testpiloten Boris Kudrin übertragen. Bis zu diesem Zeitpunkt hatte er die Triebwerkskopplung erprobt. Die Erprobungen begannen mit dem Anrollen auf dem Flugplatz im Schlepp eines Flugzeuges.
In den ersten Septembertagen war das gesamte Betriebskollektiv, außer jenen die unmittelbar mit dem Beginn der Flugerprobung beschäftigt waren, mobilisiert worden, um Panzerabwehrgräben auf der Leningrader Chaussee in Höhe des Dorfes Tschernaja Grjas auszuheben. Auf beiden Seiten unseres Abschnitts wühlten, soweit das Auge reichte, Tausende Frauen und Jugendliche in der Erde. Den wenigen Männern, die noch nicht eingezogen worden waren, war es peinlich. Wir arbeiteten dort von Sonnenauf- bis Sonnenuntergang mit zwei kurzen Eßpausen. In dieser Zeit berichtete der Parteiorganisator über die letzten Neuigkeiten der Smolensker Schlacht. Die ersten Erfolge der Roten Armee, die am 6. September Elno befreiten, führten zu einem Freudentaumel. Warum sollten in Moskau Befestigungsbauten errichtet werden, wenn der Feind schon zum Stehen gebracht worden war? Wir glaubten, daß die Faschisten nach Westen vertrieben würden. Aber unsere Freude währte nicht lange.
Nachdem wir von den Erdarbeiten zurückgekehrt waren, erfuhr ich, was auf dem Flugplatz des LII vor sich ging. Unsere Brigade, die das Flugzeug vorbereitet hatte, war am Morgen erschienen und mußte feststellen, daß das Flugzeug verschwunden war. Es stellte sich heraus, daß am Vorabend der Stellvertreter des Volkskommissars für Versuchsflugzeugbau, Alexandr Sergeewitsch Jakowlew, eingetroffen war. Hinter dem Rücken wurde er von anderen Chefkonstrukteuren ASJA genannt. Als er das Flugzeug Bolchowitinows erblickt hatte, interessierte er sich für die Ergebnisse der Windkanalversuche. Es stellte sich heraus, daß das Flugzeug die Windkanäle des ZAGI nicht durchlaufen hatte. Jakowlew ordnete unmittelbar an, die einzigste bisher fertige Zelle auf das Territorium des ZAGI zu schaffen, um es im neuen Windkanal zu überprüfen. Dieses befand sich ganz in der Nähe des Flugplatzes.
Beresnjak und Isaew waren empört, weil sie darin ein gegen Bolchowitinow gerichtetes Ränkespiel Jakowlews sahen. Gerechterweise muß jedoch gesagt werden, daß sich die Anweisungen Jakowlews als nützlich erwiesen. Die Windkanalversuche wurden unter Leitung des 25jährigen führenden Ingenieurs

Bjuschgens durchgeführt. Es war dies seine erste Bekanntschaft mit der Raketentechnik. 45 Jahre später ist Georgij Sergeewitsch Bjuschgen Mitglied der Akademie, Held der Sozialistischen Arbeit, Lenin- und Shukowskij-Preisträger, Träger vieler Orden, er fertigte die aero- und gasdynamischen Gutachten für das Raumschiff „Buran“ an.
Die Windkanalversuche des BI ergaben eine unzureichende Seitenstabilität. Während des Fluges hätte das Flugzeug vom Kurs abkommen können. Der Patron befahl, ungeachtet der Ungeduld Isaews und Beresnjaks, das Seitenruder an der hinteren Flanke zu vergrößern, zwei Scheiben an der Seite des Höhenleitwerks anzubringen und die Verkleidung des Sporns zu vergrößern. Auf allen historischen Fotos aus dem Jahre 1942 sind die zwei vertikalen Scheiben, die nach den Windkanalversuchen angebracht wurden, sehr gut zu sehen. Schließlich flog Kudrin mit der Zelle ohne Triebwerk und Kanonen im Schlepp des Bombers Pe-2. In einer Höhe von 3000 m klinkte sich Kudrin aus und ging in den Gleitflug über. Er war ein erfahrener Segelflieger und der motorlose Flug war für ihn nicht neu.
Insgesamt wurden 15 solche Schleppflüge durchgeführt. Kudrin und andere Piloten, die die Zelle der BI gesteuert hatten, bestätigten, daß es nach dem Abschalten des Raketentriebwerkes in einer Höhe von 3000 bis 5000 Metern möglich sein wird, daß der Abfangjäger im Gleitflug auf den eigenen oder einen in der Nähe gelegenen Flugplatz zurückkehren kann. So war das auch geplant.
Während der Flugerprobung kam es an der zentralen Front zu einer bestimmten Beruhigung. An den Luftalarm gewöhnten sich die Moskauer und suchten bereitwillig die Metro, die nahegelegenen Luftschutzkeller oder die offenen auf nicht bebauten Flächen gelegenen Splittergräben auf.
Ende September erfuhr ich bei einem Besuch meiner Eltern, daß Mischa, mein Vetter I. F. Tewosjan, der sich freiwillig an die Front aus dem Apparat des Volkskommissariat gemeldet hatte, in der Smolensker Schlacht verwundet worden war und sich im Krankenhaus befand. Er schickte einen Brief voller Optimismus und Glauben an unseren Sieg und sagte voraus, daß unser nächster großer Krieg gegen China geführt werden würde. Ich konnte mich nicht mehr mit ihm darüber streiten. Nach einem Monat kehrte er an die Front zurück und fiel bei Wjasma.
Am 30. September begannen neue deutsche Angriffe auf Moskau. Wir hielten jeden Morgen den Atem an, wenn wir die Nachrichtenzusammenfassung des Sowinformbüros anhörten. Es lief uns kalt den Rücken hinunter, wenn solche nahe gelegenen Städte, wie Kaluga, Gshatsk, Medyn, Moshaisk, Wolokolamsk genannt wurden. Wir versammelten uns vor der Karte und interpretierten die kurzen Mitteilungen des Sowinformbüros auf unsere Weise. Mit jedem Tag wurde uns klarer, daß sich Moskau unter dem unmittelbaren frontalen Angriff der Deutschen befand und sie es gleichzeitig von Norden und Süden umgingen. Von Nordwesten wurde die Hauptstadt durch ein Wasserhindernis, den Moskwa-Wolga-Kanal abgeschirmt. Im Falle eines forcierten Durchbruchs der faschistischen Panzerarmeen würden wir uns in Chimki mit unserem Betrieb

und allen Vorbereitungen zur Produktion des Flugzeuges BI auf der „deutschen Seite" befinden.
Aus Moskau trafen immer alarmierendere Nachrichten ein. Ein Militärbetrieb nach dem anderen mußte evakuiert werden. Nach einer der ständig eintreffenden beunruhigenden Nachrichten, führte Isaew mit mir ein vertrauliches Gespräch. Er schlug vor, eine Partisanenabteilung zu organisieren. Isaew sprach mit großer Begeisterung und schlug faktisch vor, an einem touristischem Feldzug teilzunehmen. Dieses Gespräch fand am Vorabend des Durchbruchs der faschistischen deutschen Armee an der Moshaisker und der Wolokolamsker Front statt.
Am 15. Oktober faßte das Staatliche Verteidigungskomitee den Beschluß über die beschleunigte Evakuierung aller zentralen Partei- und Staatsorgane aus Moskau. Am 16. Oktober 1941 begann die massenweise Evakuierung, die in die nicht offizielle Kriegsgeschichte als „Moskauer Panik" eingegangen ist. An diesem Tag erhielten die Volkskommissare, die Leiter aller zentralen Einrichtungen, die Betriebsdirektoren den strengsten Befehl, ihre Einrichtungen und Betriebe auf jegliche Art nach Osten an neue Standorte zu verlegen.
Ohne einen ihrer unterstellten Mitarbeiter zu informieren, verschwanden am 16. Oktober Bolchowitinow und der Chefingenieur Wolkow. Später erfuhren wir, daß sie es nicht mit der Angst bekommen, sondern einen Befehl Schachturins erfüllt hatten. Die Direktoren und Chefkonstrukteure wurden in das Volkskommissariat geladen und ihnen wurde befohlen, nicht mehr auf die Arbeitsstellen zurückzukehren, sondern sofort aus Moskau auszureisen. Bolchowitinow und Wolkow fuhren in den Ural, an den von Schachurin bestimmten Siedlungspunkt Bilimbaj. Dies liegt 60 km westlich von Swerdlowsk. Sie waren, wie auch die übrigen Leiter, angewiesen, mit den örtlichen Organen das Eintreffen des zu evakuierenden Betriebes vorzubereiten, um die Arbeit unmittelbar fortsetzen zu können.
Am nächsten Tage schwappte die Moskauer Panik auch auf Chimki über, aber einen offiziellen Evakuierungsbefehl hatten wir nicht erhalten. Alles in die Luft sprengen, vernichten und selbst zu den Partisanen gehen – so gestimmt fuhr ich am 17. Oktober nach Moskau. Ich hoffte, daß Katja, die sich noch in Udelnaja befand, in das Museum der Golubkina zu ihrer Cousine Vera, der Museumsdirektorin, gefahren war. Tatsächlich hatte Katja, nachdem sie von der Panik gehört hatte, alle Sachen zu einem Gebinde zusammengerafft und war mit dem Sohn zur Bahnstation geeilt. Aus Moskau fuhren ständig überfüllte Züge durch, ohne anzuhalten. In den Zügen befanden sich sogar Waggons der Metro. Aber nach Moskau fuhr nicht ein einziger. Zug. Schließlich hatte einer der nach Moskau fahrenden überfüllten Züge in Udelnaja gehalten.
Mit Hilfe der Mutter und der Schwester hatten sie sich in den überfüllten Waggon gezwängt. Irgendwie war es Katja gelungen, sich mit dem großen Gebinde und dem zweijährigen Sohn vom Bahnhof zur Großen Lewschinsker Gasse durchzuschlagen. Hier fand ich sie. Nun war vor mir Polja Swerewa, die ehemalige Frau Sergej Gorbunows, hier eingetroffen. Einige Jahre nach dem Tode Gorbunows hatte sie den bekannten Testpiloten geheiratet, der im LII

arbeitete. Am Tag der Panik, erinnerte sie sich an ihre Landsleute, war zur Golubkina gefahren und hatte vorgeschlagen, das LII und das ZAGI nach Nowosibirsk in Militärzügen zu evakuieren. Vera erklärte, daß sie das Museum nicht aufgäbe. Zur Evakuierung sei sie nicht bereit. Aber Katja solle zusammen mit dem Sohn diese Gelegenheit nutzen.

Ich war mit dem Vorschlag einverstanden. Zu Katja sagte ich heimlich, daß ich mit Isaew zu den Partisanen gehe. Ich bat sie, mir sofort meinen Übergangsmantel abzuschneiden, damit ich bequemer springen könne. Aus irgendwelchen Gründen wurde mein Wunsch jedoch nicht erfüllt.

Nachdem ich nach Chimki zurückgekehrt war, hielt ich es für notwendig, den Parteiorganisator zu informieren, daß ich mich in die Liste der Freiwilligen eintrage. Anstelle der Unterstützung für meine nicht sanktionierte Selbständigkeit, wurde mir die strengste Parteistrafe angedroht, aber trotzdem wurde unsere aufrichtige patriotische Anwandlung registriert und ich erhielt den Auftrag, dem parteilosen Isaew alle Partisanenabsichten aus dem Kopf zu vertreiben. Man benachrichtigte uns gerade darüber, daß zur Evakuierung ein spezieller Militärzug bereitgestellt würde, und verpflichtete uns, nichts anzubrennen oder zu sprengen, sondern organisiert, alle wertvollen Ausrüstungen, mobilen Sachwerte und Dokumente zu demontieren und zu verpacken. Das gesamte Arbeitskollektiv sollte in den nächsten Tagen mit den Familien in das Dorf Bilimbaj in den Ural umgesetzt werden und dort die Arbeit fortsetzen.

Mir und allen, die ihre Familien in Moskau hatten, schlug man vor, diese schnell nach Chimki zu bringen, um die Evakuierung vorzubereiten. Anstelle nach Osten zu flüchten, sollten wir unsere Verwandten den angreifenden Deutschen entgegenschicken. Wie durch ein Wunder gelang es mir, Katja mit dem Söhnchen auf dem Bahnsteig des Kasaner Bahnhofs aufzugreifen. Sie wartete auf den Zug zum Abtransport nach Nowosibirsk. Zum Glück hatte sich die Bereitstellung der Waggons verzögert. Wir kehrten erneut zum Museum der Golubkina zurück. Hierher waren auch meine Eltern gekommen. Sie hatten mit einem Fuhrwerk hierher fahren müssen. „Je näher die Front, um so größer die Ordnung“, tröstete ich sie.

Auf dem Wege nach Chimki hatten sie aus dem Lautsprecher den Aufruf des Sekretärs des ZK und des Moskauer Parteikomitees Tscherbakow an die Hauptstädter gehört: „Um Moskau werden wir hartnäckig, erbittert und bis zum letzten Tropfen Blut kämpfen.“ Auf der Leningrader Chaussee bewegten sich mit Gewehren bewaffnete Volkssturmeinheiten in Frontrichtung. Panzer und Artillerie waren dort nicht vertreten. Durch die Station Chimki fuhren Züge mit Verwundeten nach Moskau. Würden die Deutschen durch die ausgehobenen Befestigungen aufgehalten werden können? Und wenn nicht? Werden die aus Eisenträgern geschweißten Panzerhindernisse, die auf allen Moskauer Straßen aufgebaut worden waren, in der Lage sein, die Lawine der deutschen faschistischen Truppen aufzuhalten?

Nach der Aufgabe des „Partisanenprojekts“ erklärte Isaew dem Parteiorganisator, wenn wir seiner Dummheit wegen unbewaffnet in die

Krallen der Deutschen laufen würden, dann könne er sich eine Kugel in die Stirn jagen.
Tag und Nacht bauten wir Werkbänke ab, schmierten sie, wickelten sie ein und verpackten alles, was möglich war, in Kästen, kennzeichneten diese, legten Verzeichnisse an und verluden alles. Ich erdreistete mich, zusammen mit den Genossen gegen den Protest des Stabes des Zuges alle Arten von Wechselstrommaschinen zu verpacken und zu verladen. Die verschlossenen beheizbaren Güterwaggons wurden mit Schlafpritschen und eisernen Öfen ausgerüstet und mit Brennholz versorgt.
Die Mutter wollte uns am liebsten alle ziehen lassen und sich in einem Krankenhaus eine Arbeit suchen, um Verwundete zu pflegen. Der Vater aber hielt sie davon ab.
Ich schaffte es, die Familie rechtzeitig nach Chimki zu bringen. Am 20. Oktober wurde in Moskau und den angrenzenden Gebieten der Belagerungszustand ausgerufen. Der Straßenverkehr wurde stark kontrolliert. In einem Beschluß des Staatlichen Verteidigungskomitees hieß es: „Wer die Ordnung verletzt, wird unmittelbar zur Verantwortung gezogen und zur Aburteilung dem Militärtribunal übergeben. Provokateure, Spione und andere feindliche Agenten, die zur Zerstörung der Ordnung aufrufen, werden auf der Stelle erschossen."
In unserem Zug nahmen wir einen Waggon der Luftverteidigung auf. Dort wurden jene Maschinengewehre und Kanonen postiert, die Isaew im Partisanenkrieg hatte einsetzen wollen. Meine Familie kam zusammen mit den Familien Mischin, Tschishikow und Busukow in einem beheizbaren Güterwaggon unter. Der gesamte Zug wurde für die Reise mit Weißbrot, Butter und Graupen versorgt. In „unserem" Waggon überzeugten wir uns davon, daß wir, wenn wir alle Vorräte zusammennahmen, in den nächsten zwei Wochen nicht hungern würden.
Unser Zug war einer der letzten, der die Betriebe der Moskauer Vorstädte evakuierte. Am 25. Oktober verließ er Chimki und fuhr langsam über die Brücke des Moskwa-Wolga-Kanals. Die vordersten deutschen Truppenteile befanden sich an diesem Tag auf der Linie Kalinin – Jachrom – Klin. Sie erreichten Tula und Kaschira. Aus den letzten Gesprächen mit den Piloten unseres Militärflugplatzes, die alles von oben beobachten konnten, gewannen wir den Eindruck, daß sich die Deutschen übernommen hatten und der Angriff zum Stehen kommen müßte.
Wir bewegten uns sehr langsam nach Osten, weil wir ständig die Gegenzüge passieren lassen mußten. Nach Westen fuhren Militärzüge mit gut gekleideten Rotarmisten. Sie trugen helle Schafshalbpelze. „Woher kommt Ihr?" fragten wir sie auf den Stationen, wo sie kochendes Wasser in Empfang nahmen. „Sibirische Kämpfer!" antworteten sie fröhlich. Das waren im Gegensatz zum Moskauer Volkssturm richtige Kämpfer.
Die Bahnstationen waren mit den Zügen der nach Osten zu evakuierenden Betriebe überfüllt. Sie fuhren mit den Familien, die nur den notwendigsten Hausrat mitgenommen hatten, dafür aber mit allen Werkbänken, Werkzeugen und allen Materialvorräten. Wieviel Bekannte haben wir auf diesem Weg

getroffen! Es schien so, als bewege sich ganz Moskau nach Osten, um den Ural, Sibirien und Mittelasien zu besiedeln.
Uns entgegen nach Westen fuhren ohne Halt die mit Panzern und Kanonen verschiedenen Kalibers beladenen Züge. Dies erfreute uns und ließ Hoffnung aufkommen. Unser Zug kämpfte sich praktisch durch die seltenen „Fenster" nach Osten, die sich im Strom der Waffen und Truppen, die auf der „grünen Straße" nach Moskau eilten, manchmal öffneten.
Erst am 1. November erreichten wir Kasan. Hier erhielten wir die letzten Nachrichten über den Verlauf der Schlacht um Moskau. Es schien so, als ob der Angriff auf Moskau hatte aufgehalten werden können. Dies redeten wir uns, von Hoffnung getragen, gegenseitig ein. Tatsächlich hatte sich die westliche Verteidigungsfront in den letzten Oktobertagen stabilisiert.
In Bilimbaj trafen wir am Morgen des 7. November ein. Uns empfing Kälte von minus $24^0$. Ungeachtet des Feiertages, des 24. Jahrestages der Oktoberrevolution, wurde das Entladen des Zuges in Stoßarbeit angeordnet. Die örtlichen Organe brachten alle Angekommenen zunächst direkt auf dem kalten Fußboden der weiträumigen Kirche unter. Während die Frauen in der Kirche die Kinder versorgten und das Alltagsleben organisierten, begann das Kollektiv der Männer, die Ausrüstungen in die uns übergebene Roheisengießerei zu schleppen. Nach Angaben der ansässigen Bewohner war das Werk zur Zeit Katharinas der Großen errichtet worden. Einige Tage vor uns war hier das Kollektiv des KB des Hubschrauberproduzenten Kamow-Mil sowie das Priwalow Gerätewerk, in dem Fallschirmlandeausrüstungen produziert wurden, eingetroffen.
„Die Demidowskaja Technologie aus Peters Zeiten", sagte Wolkow als er uns traf. Er hatte schon alles besichtigt. Er und Bolchowitinow hatten den Befehl Schachurins ausgeführt und waren, wie sie gingen und standen in Sommerkleidung auf dem „SMKE" (einem Jeep) aus Moskau abgefahren. Ihre Autofahrt hatte auf den damaligen russischen Straßen 15 Tage gedauert. Und trotzdem hatten sie es geschafft und waren vor dem Eintreffen des Zuges zur Stelle, um vor den anderen den größten Teil des Betriebsgeländes zu belegen, die Kirche zur Einquartierung der Übersiedler vorzubereiten und sie später auf die Holzhäuser der Bauern und Anwohner zu verteilen.
Meine Mutter war sofort voll bei der Sache. Sie fand bereits am ersten Tag das örtliche Krankenhaus und wurde als Oberschwester eingestellt. Aus dem Krankenhaus brachte sie die unwahrscheinliche Neuigkeit über die Militärparade am 7. November auf dem Roten Platz mit.
Als Arbeiter der „Transportbrigade" unserer Abteilung hatten wir während des Ausladens der Kisten und Werkbänke mit den Kollegen die Möglichkeit, den zukünftigen Arbeitsplatz zu besichtigen. Das Werk war lange vor Kriegsbeginn stillgelegt worden und jetzt bei starkem Frost machte das vom ersten Schnee bedeckte Gebäude einen niederschmetternden Eindruck. Die Fenster waren zerschlagen, die Rahmen herausgerissen. Wir sahen weder Tore noch Türen. Die Kuppelöfen und noch andere Gießereiausrüstungen waren durch die Eisensauen zerschlagen. Auf dem Hofe und unter dem zerlöcherten Dach lagen

Haufen der durch den Frost versteinerten Schlacke sowie Tonnen aller Arten von Metallschrott. Bolchowitinow hatte irgendwo einen Baumeister aufgetrieben, mit dem er in einem kleinen Büro noch vor unserer Ankunft so etwas wie ein Reproduktionsprojekt erarbeiten konnte. Der Eisengießereifriedhof mußte in ein Flugzeugwerk umgewandelt werden.

Bilimbaj war praktisch ein großes Dorf, das durch die Eisengießerei am Ufer des stürmischen Flusses Tschusowa emporgewachsen war. Die ehemaligen Metallurgen mußten zu Flugzeugbauern umqualifiziert werden. Aber hinter den dicht verschlossenen Türen aller Häuser waren nur Frauen und Alte übrig geblieben. Die gesamte Jugend war in der Armee.

An einem der ersten Tage, als wir mit Entladungsarbeiten beschäftigt waren, erschien unerwartet Beresnjak. Aber in welchem Zustand. In einem fleckigen eleganten Mantel mit einem Filzhut und mit verbundenen Ohren. Es stellte sich heraus, daß er am 16. Oktober vom Patron einen besonders wichtigen Auftrag erhalten hatte. Er hatte als unsere Vorhut mit einer kleinen Gruppe sofort in das Dorf Bilimbaj fahren sollen. Anfangs waren sie in einem offenen Güterwaggon gefahren und der Regen hatte sie durchnäßt. Hinter Kasan setzte der Frost ein. Die Gruppe um Beresnjak in ihrer leichten Kleidung, in der Nähe deutscher Panzer hielt man für Kriegsgefangene. Nach vielen Tagen Strapazen hatten sie schließlich Bilimbaj erreicht, aber die besonders „wichtige Aufgabe“ konnten sie nicht mehr erfüllen.

Wir begannen mit der Säuberung und Beräumung des Betriebsgeländes und bildeten folgende Brigaden: Entlader, Umsetzer, Zimmerleute und Glaser. Als erstes säuberten wir die untere Etage, um dort Werkbänke aufzustellen. In der zweiten Etage richteten wir die Montageabteilung, das KB und das Labor ein. Wir arbeiteten im Durchschnitt täglich 12 bis 14 Stunden. Unser stärkster Feind war der Frost. Anfang Dezember sank die Temperatur auf minus $40^0$. Bei diesem Frost konnte man nur mit Fausthandschuhen unter Einsatz von Brechstange und Vorschlaghammer arbeiten.

Unser Parteisekretär Nejman war in der Parteikreisleitung gewesen, und vor Erregung außer Atem teilte er uns die letzten Neuigkeiten aus Moskau mit, wo unsere Truppen zum Angriff übergegangen waren. Jeder von uns hatte im Grunde seines Herzens von einem solchen Wunder geträumt. Jetzt, da es sich vollzog, gab es uns Kraft und Freude und forderte von uns, aktiv tätig zu werden.

Ich erhielt den Auftrag, die Elektrogeräte und die Beleuchtung des Betriebes zu projektieren und zu montieren. Die Brigade der Glaser wurde von Semen Tschishikow geleitet. Die Elektromonteure und Glaser konnten nicht in Fausthandschuhen arbeiten. Alle 20 Minuten liefen wir zu den Öfen, um die steif gewordenen Finger aufzuwärmen und dann schnell zum Arbeitsplatz zurückzukehren.

Die Lebensmittelreserven gingen im Dezember zu Ende. Die Mittel zur Lebenserhaltung waren 600 g Brot/Person und heiße „Bilimbaicha“, so nannten wir die schwarzen Nudeln, die in kochendem Wasser ohne jedes Fett zubereitet wurden. Die Teller für das „erste“ und das „zweite“ Essen, das war dann das

Mittagessen, nahmen wir im Barackentrakt ein. Wir bezeichneten dies als „Restaurant Großer Ural“. Als Helfer erwies sich der Alkohol. Er wurde in kleinen Dosen an die Arbeiter verteilt, bewacht und von Zeit zu Zeit gegen Milch oder Fleisch bei den Einheimischen eingetauscht.
Bald gelang es, so etwas Ähnliches wie einen Kindergarten in der Dorfschule zu organisieren und die Mehrzahl der Frauen konnte so bei der Arbeit helfen. Katja arbeitete in der Brigade zum Aufbau der „Versuchsstation“. Mit solch einem großen Namen wurde ein primitiver Stand bezeichnet, der am Uferdamm des künstlichen Sees errichtet und sich durch den Damm des Betriebes und dem Zufluß der Tschusowaja gebildet hatte. Der Stand war aus Eisenrohren geschweißt und mit Furnier „Chalabudu“ verkleidet. Dort sollte der Flugzeugrumpf ohne Flügel zusammen mit der Pilotenkanzel untergebracht werden. Der wichtigste Inhalt des Rumpfes waren Flaschen mit Salpetersäure, Kerosin und Preßluft. Das Heck des Rumpfes mit dem Triebwerk war zur Seeseite gerichtet. Im Falle von Schwierigkeiten bei den Feuerversuchen, sollte alles, was mit der Salpetersäure verbunden war, in das Wasser laufen. Jetzt war das Wasser mit einer dichten Eisschicht bedeckt. Aus Geheimhaltungsgründen wurde der Stand durch einen hohen Zaun vor Neugierigen geschützt.. In den ersten Tagen begannen die Feuerversuche noch nicht, sondern lediglich die Durchspülerprobungen. Die Schneedecke um den Stand herum färbte sich dreckig braun.
Die Salpetersäuredämpfe durchtränkten die Standarbeiter. Wenn Katja von der Arbeit nach Hause kam, verbreitete ihre löchrige Wattejacke in unserer Hütte ebenfalls das angenehme Aroma der Salpetersäure. Meine Eltern waren getrennt von uns untergebracht. Mehr als zwei bis drei Zugezogene ließen die Einheimischen nicht in ihre Siedlungen.
Eine moralische Unterstützung in dem sehr schweren Leben der letzten Monate des Jahres 1941 war die Nachricht über die Zerschlagung der Deutschen vor Moskau. Im Grunde seiner Seele hatte das jeder von uns, der Moskau in den tragischen Tagen verlassen hatte, geglaubt und erwartet. Jetzt begannen die Diskussionen darüber: „War es notwendig, Moskau zu evakuieren?“
Erst nach der Rückkehr nach Moskau verstanden wir, wie groß die Wahrscheinlichkeit dafür gewesen war, daß Chimki genommen wurde. Ende November verliefen die Kämpfe schon östlich der Krjukower und Jachromsker Stauseen, auf denen unser Patron in den ersten Kriegstagen noch segeln gewesen war. Es waren lediglich 20 Minuten Fahrt eines guten Panzers, die die Deutschen von Chimki getrennt hatte.
Aber das Wunder, an das wir fest geglaubt hatten, war eingetreten.

## *Im Ural*

Zum Neuen Jahr waren der Heizkessel und die Heizanlage im Betrieb wieder hergestellt und alle Arbeitsräume konnten beheizt werden. Meine Brigade fertigte die ersten Elektrogeräte und setzte die Beleuchtung instand. In der ersten Etage lärmten die Drehbänke. In der zweiten Etage konnten die Konstrukteure an den Zeichenbrettern ohne Wattejacken und Fausthandschuhe arbeiten. In der Zulege- oder Montagehalle begann gleichzeitig die Produktion von drei Flugzeugen nach den Schablonen.

Aus meiner kleinen Mitarbeiterzahl bildete ich drei Gruppen. Anatolij Busukow war für die gesamte elektrische Schaltung des Flugzeuges verantwortlich, Semen Tschishikow konstruierte und fertigte die Instrumententafel des Piloten und Larisa Perwowa entwickelte aus den Zündkerzen des Flugzeugtriebwerkes Glühkerzen zum Zünden eines Flüssigkeitsraketentriebwerkes. Die Ingenieure projektierten und zeichneten nicht nur, sondern arbeiteten auch überlegt mit ihren Händen.

Nachdem ich von der Verantwortung für die industriellen Elektrogeräte befreit worden war, trat ich eine Dienstreise „von Europa nach Asien“ an. So bezeichneten wir die 60 km weite Reise über die Uralkämme (durch das Uralgebirge). Der Witz der Sache bestand darin, daß wir auf dem Wege nach Swerdlowsk die Grenze zwischen Europa und Asien überschritten. An dieser Grenze war ein Obelisk aufgestellt, der die beiden Erdteile trennte. Eine Menge wissenschaftlicher Organisationen war aus Moskau und Leningrad nach Swerdlowsk evakuiert worden. Ich versuchte, die Verbindungen zu den funktechnischen Organisationen wieder herzustellen, aber es kam nichts Konkretes dabei heraus.

Bolchowitinow teilte verärgert mit, daß sich unser Werkstestpilot Boris Kudrin im Krankenhaus befände. Das Kommando des NII der Luftstreitkräfte, das sich auf dem Flugplatz Kolzowo bei Swerdlowsk befand, schickte uns einen neuen Testpiloten, Hauptmann Grigorij Jakowlewitsch Bachtschiwandshi. Der Pilot stellte sich bald vor und gefiel allen sofort.

Jeder Brigadier wurde beauftragt, den Piloten persönlich detailliert mit dem Bau des Flugzeugs bekanntzumachen. Beresnjak und Isaew begannen als erste. Sie brauchten dazu zwei ganze Tage. Nachdem Bachtschi, so wurde er von Beresnjak getauft, mit ihnen fertig war, kam er zu mir. Er zweifelte nicht an der Zuverlässigkeit unseres Flugzeuges und entwickelte sehr respektvolle Beziehungen zu uns Konstrukteuren. Keinerlei Hochnäsigkeit, die vielen Testpiloten eigen war, konnten wir beim ihm feststellen.

Auf der Instrumententafel veränderte Tschishikow auf seine Bitte hin die Anordnung zweier Geräte. Busukow versetzte die Lampe der Instrumentenbeleuchtung an einen anderen Platz. Dann wählten und bauten wir gemeinsam den Schießsteuerknopf sowie die Kippschalter zum Einschalten der Ventile beim Anlassen des Triebwerkes und den Knopf zum Einschalten der Zündung an einen Hebel.

Mehrmals versetzte uns Bachtschi in Erstaunen, als er aus Kolzowo mit einem leichten Sportflugzeug auf dem verschneiten See landete und bis zum Stand heranrollte. In seinem schwarzen ledernen Raglan (Lederzeug), dem Pilotenhelm, den geputzten Chromlederstiefeln, mit denen er durch den Schnee stapfte, erinnerte er an einen Gesandten aus einer fernen Welt der warmen Moskauer Flugplätze.

In den ersten Tagen des Umganges mit Bachtschi verwunderte mich seine Überzeugtheit von unserer Arbeit. Es schien so, als ob nicht wir ihn, sondern er uns davon überzeugen mußte, daß hier das Flugzeug der Zukunft gebaut wird. Die konzentrierte Salpetersäure gelangte auf die Kabel, die Teile der Elektrogeräte sowie auf die Holzkonstruktion des Flugzeuges und zerstörte alles schonungslos. Beim Betanken der Flaschen während der Standerprobung verbrannten die roten Dämpfe die Dielen. Durch Lecks gelangte die Salpetersäure auf die Nähte der Rohrleitungen, auf die Ventile und den Triebwerkseingang. Die Technologie einer zuverlässigen Abdichtung (Hermetisierung) ist eines der schwierigsten Probleme der Raketentechnik noch nach Dutzenden von Jahren geblieben. Aber zu dieser Zeit im Jahre 1942 war das erstickende Aroma der Salpetersäure für Bachtschi angenehmer als Kölnisch Wasser.

Bachtschiwandshi war noch jung. Von 1938 an diente er im NII der Luftstreitkräfte. Man vertraute ihm die Erprobung der hochfliegenden Flugzeuge an. In den ersten Kriegstagen wurden viele Testpiloten des NII der Luftstreitkräfte als Kampfpiloten eingesetzt. Bachtschi hatte im Verband einer Jägerstaffel in den ersten Monaten an den Luftkämpfen teilgenommen und sechs gegnerische Flugzeuge abgeschossen. Die Verluste unter den von ihrer Ausbildung her einmaligen Testpiloten des NII der Luftstreitkräfte waren sehr hoch. Die Leitung dachte darüber nach. Und schon im August 1941 wurde damit begonnen, die noch nicht verletzten Testpiloten von der Front abzuziehen. Nahe von Swerdlowsk, wohin das NII der Luftstreitkräfte aus Schtschelkowo bei Moskau evakuiert worden war, wurde die Erprobung der neuen Luftfahrttechnik fortgesetzt. Dabei handelte es sich sowohl um sowjetische als auch um Technik, die allmählich von den Verbündeten eintraf. Vor dem Zusammentreffen mit uns hatte Bachtschi schon eine amerikanische „Kobra“ geflogen. Ihn ergriff die Einfachheit der BI im Vergleich zur komplizierten schweren „Kobra“. Es war interessant, Bachtschi anzuhören und seinen nicht standardmäßigen Gedanken über Flugzeuge zu folgen. Er bestach durch seinen Verstand, die natürliche Einfachheit ohne Ziererei, das unmittelbare innere Durchgehen der möglichen Flugsituationen. Für ihn waren die Testflüge keine Arbeit, sondern eine Lebensform. Er war ein Pilot von „Gottes Gnaden“.

Während der Erörterung der laufenden Probleme der Steuerung der BI sowie des Flugerprobungsprogramms äußerte der Pilot interessante, durch Kampferfahrung begründete Gedanken. Das Fehlen der Funkverbindung zur Steuerung des Luftkampfes war nach seiner Meinung eines der schwachen Seiten unserer Jägerflotte.

Ende Januar war der Stand an dem zugefrorenen See in Betrieb genommen worden und begann, die Umwelt mit dem charakteristischen Gebrüll des Flüssigkeitsraketentriebwerks (FRT) zu belästigen. Die FRT-Entwickler befehligten Arvid Pallo aus Swerdlowsk zur Arbeit auf den Stand nach Bilimbaj. Kostikow, Pobedonoszew und Duschkin sah ich in Bilimbaj lediglich ein einziges Mal. Bolchowitinow und Beresnjak, die das RNII in Swerdlowsk besuchten, wurde mitgeteilt, daß sich neue Aufgaben ergeben haben und die

Hauptkräfte zur Vervollkommnung der „Katjuschas“ eingesetzt werden müßten. Das Triebwerk und das Triebwerksaggregat insgesamt erforderten gemeinsame Nachentwicklungen während der Erprobung, die letztlich die Flugerlaubnis ermöglichten. Die Feuererprobung auf dem See hätte am 20. Februar 1942 fast zum Tode des Testpiloten an seinem Geburtstag geführt. Bachtschi sollte programmgemäß das Standtriebwerk selbst starten und wieder anhalten. Dabei saß er in einer Attrappe des Pilotensessels. Beim ersten Kampftraining, das Bachtschi unter der Leitung von Pallo absolvierte, explodierte das Triebwerk. Die Düse flog weit auf das Eis des Sees. Die Brennkammer schlug auf die Flaschen auf. Aus den zerborstenen Rohrleitungen trat unter Druck Salpetersäure aus. Bachtschi wurde schwer am Kopf getroffen. Sein lederner Raglan war von roten Flecken übersät. Die Brille rettete Pallo das Augenlicht. Das Gesicht war von der Säure verbrannt. Beide wurden sofort ins Krankenhaus gebracht. Bachtschi konnte schnell entlassen werden. Die Spuren der furchtbaren Verbrennungen im Gesicht Arvid Pallos blieben für das ganze Leben zurück.

In den schwersten Wintermonaten des Jahres 1942 versuchten wir, noch ein weiteres exotisches Projekt eines Raketenflugzeuges mit einem völlig anderem als dem FR-Triebwerk in Angriff zu nehmen. Weder Hunger noch Kälte konnten die im Kollektiv geborene Initiative beeinträchtigen.

Sogar dann nicht, als wir zum Holzeinschlag ausrückten. In der stärksten Januarkälte des Jahres 1942, die $50^0$ minus erreichte, war das Holzproblem am schwierigsten. Die Einheimischen waren nicht in der Lage, die zugereisten Evakuierten mit Heizmaterial zu versorgen. Die Holzbeschaffung wurde zu einer Tätigkeit wie die eigentliche Arbeit. In den Arbeitsräumen, die innerhalb von drei Monaten buchstäblich aus der Gießereiasche des Betriebes entstanden waren, war es warm. Die kinderlosen Junggesellen zogen es vor, am Arbeitsplatz zu übernachten. Während der Nacht verwandelte sich das Konstruktionsbüro in ein weiträumiges allgemeines Schlafzimmer.

Unerwartet erhielt unser Kollektiv starken Zuwachs. Bolchowitinow nahm die Leitung zusammen und erklärte, daß das Volkskommissariat beschlossen habe, das Kollektiv von Archip Ljulka, dem Leiter des SKB-1 des Leningrader Kirow-Werkes, in unser Kollektiv aufzunehmen. Die von Ljulka bearbeitete Thematik war der unserer neuen Raketenrichtung sehr ähnlich. Schon im Jahre 1935 entwickelte Ljulka das erste Projekt eines Turbinenluftstrahltriebwerkes. „Es ist eine zu unserer Entwicklungsrichtung alternative Entwicklung der Raketenluftfahrt“, sagte der Patron. „Wir müssen uns den neuen Kollegen gegenüber, die unter großen Schwierigkeiten aus der Blockade Leningrads evakuiert wurden, sehr aufmerksam verhalten. Es gelang, nicht nur die Menschen zu evakuieren, sondern mit ihnen auch das Wissen über die Konstruktion des Versuchstriebwerkes mit einem Schub von 500 kp.“

Ein Gasturbinentriebwerk (GTT) wurde von Ljulka im Jahre 1938 in Charkowsker Luftfahrtinstitut theoretisch berechnet. Das erste Triebwerk RD-1 wurde in Leningrad in dem von Ljulka geleiteten Spezialkonstruktionsbüro SKB-1 im Kirow-Werk entwickelt. Im Jahre 1941 sollten die Standerprobungen

beginnen. Aber der Krieg und bald die völlige Blockade Leningrads vereitelten alle Pläne.
Bolchowitinow interessierte sich schon lange vor Kriegsbeginn für die verschiedenen Arten von Luftstrahltriebwerken. Er verstand, daß durch die Propellerkolbentriebwerke, die Geschwindigkeit und Höhe prinzipiell begrenzt wird. Als sich die Möglichkeit ergab, wandte sich Bolchowitinow mit der Bitte an Schachurin, Ljulka aus Leningrad zu evakuieren. Schachurin sprach sich mit den Leningrader Machthabern ab und Ljulka wurde zusammen mit den am Leben gebliebenen Mitarbeitern gerettet.
Wir lebten in Bilmbaj im Zustand des Halbhungers. Was jedoch Hunger tatsächlich bedeutete, erfuhren wir von den geretteten Leningrader Ljulkas. Den schwarzen „Bilimbaicha", der unserer Meinung nach kaum eßbaren dicken Suppe, aßen sie und achteten dabei auf jeden Tropfen. Nicht eine Brotkrume ließen sie umkommen.
Im Kollektiv von Ljulka waren einige Spezialisten der automatischen Regelung. Bolchowitinow schlug vor, daß diese bei mir arbeiten sollten. Ljulka erklärte sich unter der Bedingung einverstanden, daß ich die Technik der Regelung und Steuerung des TL-Triebwerkes entwickeln würde. Drei Tage wandte ich auf, um die Prinzipien des TL-Triebwerkes zu studieren. Ljulka persönlich erklärte den Unterschied zwischen den zwei Klassen von Raketentriebwerken – FRT (Flüssigkeitsraketentriebwerken) und TL-Triebwerk (Turbinenluftstrahltriebwerken).
Er kritisierte die FRT nicht, die gezwungen waren, den Treibstoff und Oxidator mit sich zu führen. Aber mit leichtem Humor versuchte er, die russische mit der singenden ukrainischen Sprache, die er perfekt beherrschte zu vermischen und bewies, daß alles den richtigen Platz einnehmen muß und schilderte die Arbeit des TL-Triebwerkes. Dieses nutzt den Luftsauerstoff, der durch den Lufteinlauf aus der Atmosphäre gewonnen wird. Die Luft wird durch den Kompressor verdichtet und gelangt dann in die Brennkammer, wohin das Benzin oder noch besser das Kerosin eingespritzt wird, das sich bei der Verbrennung bildende Gas wird durch die Turbine und den sich drehenden Kompressor befördert und schließlich durch die Düse ausgestoßen. Dabei bildet sich keine grelle leuchtende Fackel, wie beim Flüssigkeitstriebwerk, sondern ein bei Tageslicht fast unsichtbares Gas, das schon von der Turbine verarbeitet wurde.
Nachdem ich mich mit den Arbeits- und Regelungsprinzipien des Turbinenluftstrahltriebwerkes bekannt gemacht hatte, kam ich zu der Schlußfolgerung, daß die wichtigsten Probleme der automatischen Regelung des TL-Triebwerkes ohne jede elektrische Einwirkung gelöst werden müssen. Dabei sollten die Möglichkeiten der rein mechanischen und pneumohydraulischen Automatik angewendet werden. Ljulka war damit nicht einverstanden und der Streit drang bis zu Bolchowitinow vor. Letztlich hatte ich mit der Arbeit zur Regelung des TL-Triebwerkes nichts mehr zu tun, denn die Ingenieure von Ljulka befaßten sich selbständig damit.
Ljulka arbeitete weniger als 1,5 Jahre in Bilimbaj. Im Jahr 1943 fuhr er nach Moskau und erhielt bald am Ufer der Jausa eine eigene Produktionsbasis.

Während der Kriegszeit war dies eine Seltenheit. In den Nachkriegsjahren reproduzierte unsere Motorbauindustrie die deutschen Beutemotoren JUMO-004 und BMW-003 für die ersten sowjetischen Düsenflugzeuge. Aber schon im Jahre 1948 baute das Ljulka-Kollektiv leistungsfähige sowjetische TL-Triebwerke.
Ein technisch-geschichtliches Paradoxon – die Flüssigkeitstriebwerke – die spezielle Oxidatoren verwendeten, wurden wesentlich früher breit eingesetzt als die Raketentriebwerke (heute spricht man von Düsen- oder Strahltriebwerken), die als kostenlosen Oxidator den Sauerstoff der Erdatmosphäre nutzen.
In diesem schweren Jahre 1942 war die wichtigste Aufgabe für unser Kollektiv, ein zuverlässiges Triebwerk für das Flugzeug BI zu erhalten. Die Triebwerke Ljulkas waren ferne Zukunft, aber die explodierenden Flüssigkeitstriebwerke hatten wir „in den Händen“.
Bolchowitinow erhielt unter Schwierigkeiten die Erlaubnis zum Besuch des Spezialgefängnisses des NKWD beim Werk Nr. 16 in Kasan. Zusammen mit Isaew flogen sie für ein paar Tage nach Kasan und trafen sich dort mit Valentin Gluschko. Isaew erzählte begeistert über dieses Treffen. Nach seinen Worten brachten zwei Tage Konversation mit dem Gefangenen Gluschko und dessen Mitarbeiter für den Patron und ihn selbst mehr Informationen über das Flüssigkeitstriebwerk als alle vorherigen Gespräche mit dem RNII.
„Diese Gefangenen leben besser als wir“, erzählte Isaew, „sie haben Stände, Labors und eine Produktion, von der wir nur träumen können. Sie sind so bewacht, daß ein offenes Gespräch über das Leben nicht möglich war. Dafür werden sie aber viel besser mit Lebensmitteln versorgt als wir, die wir in Freiheit leben. Das Wichtigste aber, die Triebwerke arbeiten bei ihnen außerdem zuverlässiger.“
Dieses erste Zusammentreffen in Kasan im Winter 1942 bestimmte das weitere Schicksal Isaews. Er blieb seinem damals gefaßten Beschluß, der Entwicklung zuverlässiger FRT, bis zum Ende seiner Tage treu.
Nach der Rückkehr aus der Evakuierung organisierte Isajew ein spezielles Triebwerks-KB. Sein Nachkriegsaufenthalt in Deutschalnd entschied sein Ingeneurschicksal endgültig. Er wurde zum Führer bei der Konstruktion von FRT für die Luft- und Raketenabwehr, Unterseeboote, kosmische Apparate und vieles andere. Das von ihm geschaffene Kollektiv gab den erstaunlichen Enthusiasmus Isaews weiter. Mit seinem Namen sind die Auffasungen einer Schule des Raketentriebwerkbaues untrennbar verbunden.
Der Winter des Jahres 1941-1942, den wir in Bilimbaj verbrachten, war der schwerste aller Vor- und Kriegswinter. Zu Beginn die schwere physische Arbeit beim Bau des Betriebes und bei Frösten bis zu minus $50^0$. Dann der Bau des Flugzeuges, die Nacharbeiten sowie die Feuerprobung der Triebwerke und dies alles bei einer Lebensmittelversorgung an der Grenze des Überlebens. Erstaunlich war, daß unter diesen schweren Bedingungen niemand über Krankheiten klagte, wie sie in den Friedenszeiten typisch sind. Aber es traten für Kriegszeiten typische Krankheiten auf. Irgendwo bei Swerdlowsk formierte sich ein Teil der polnischen Truppen und dort brach eine Flecktyphusepidemie

aus. Meine Mutter ging freiwillig in die Brigade, die losfuhr, um den Flecktyphus zu bekämpfen. Sie schützte sich nicht entsprechend und nach 10 Tagen brachte man sie nach Bilimbaj mit über $40^0$ Fieber. Als ich in das Krankenhaus eilte, erkannte sie schon niemanden mehr, weder mich noch den Vater. Eine Ärztin, die sie begleitet hatte, erklärte, daß keiner von den Typhuskranken, die in den kalten Baracken lagen, an ihrer Krankheit schuld sei. Sie hatte die eigene Sicherheit überhaupt nicht beachtet. Als sie erkannte, daß sie sich angesteckt hatte, bat sie darum, sie schnell nach Bilimbaj zu bringen, um sich von Mann und Sohn verabschieden zu können. „Und wir haben es trotzdem nicht geschafft", weinte die Ärztin, „die wenigen Stunden haben nicht gereicht."

Die Mutter starb am 27. März. Auf der Beerdigung sagte der Chefarzt, daß das medizinische Personal nicht nur an der Front, sondern auch im Hinterland Heldentaten vollbringe. „Die selbstlose Arbeit von Sofia Borisowna ist dafür ein Beispiel." Dieser Tod war ein furchtbarer Schlag für den Vater und für mich.

Eine Woche nach der Beerdigung der Mutter erfuhren wir von den anderen schweren Verlusten unter den Verwandten. In Swerdlowsk trafen wir meinen Vetter Menasij Altschuler. Die Verwandten nannten ihn Nasik. Er war Eisenbahningenieur, mein Altersgenosse. Es war gelungen, Nasik und seine Frau halbtot über das Eis des Ladogasees zu evakuieren. Er erzählte, daß in Leningrad sein Vater, ein Mathematikprofessor, seine Mutter, die Schwester meines Vaters, und der jüngste Bruder, mein Namensvetter, an Hunger gestorben waren.

## *15. Mai des Jahres 1942*

Im April fühlten wir, daß es auch im Ural Frühling werden kann. Das erste Flugzeug transportierten wir auf zwei Lkw's nach Kolzowo zur Sommerbasis des NII der Luftstreitkräfte. Es wurde im Hangar montiert und aufgestellt, mit einer Zeltplane abgedeckt und von Posten bewacht. Hinter die Zeltplane durften nur die Teilnehmer der Flugerprobung schauen.

Zum leitenden Ingenieur, der für die Vorbereitung der Flugerprobung unseres Betriebes verantwortlich war, hatte Bolchowitinow noch vor der Evakuierung den ruhigen, sehr gescheiten Alexej Rosljakow bestimmt. Zum leitenden Ingenieur des NII der Luftstreitkräfte wurde Michail Tarakanowskij ernannt. Er verfügte als Flugzeugerprobungsingenieur schon über eine große Erfahrung.

Mit dem Beginn der Erprobung übersiedelten alle damit Beschäftigten in das Wohnheim des NII der Luftstreitkräfte nach Kolzowo.

Man begann damit, das Flugzeug im Schlepp eines Lkw über den Boden des Flugplatzes zu ziehen, um die Schüttelfestigkeit zu überprüfen (Bufetting). Sie brachen ein Bein des Fahrwerks ab. Es wurde repariert. Man überprüfte das Betanken und stellte das Auslaufen des Sauerstoffs durch den Hahn fest. Der Sauerstoff wurde aufgefangen und der Hahn ausgebessert. Es gab verschiedene kleine Beanstandungen.

Am 25. April 1942 erging der Befehl über die Bildung einer Staatlichen Erprobungskommission. Zum Leiter der Kommission ernannte man den Professor der Akademie der Luftstreitkräfte, General Wladimir Pyschnow. Die Staatliche Kommission bestätigte das Programm. Begonnen wurde mit dem Rollen über den Flugplatz und das Anfliegen in eine Höhe von ein bis zwei Metern.
Am 30. April führte Bachtschi zum ersten Male die Feuererprobung des Triebwerkes auf dem Flugplatz durch. Es war dies eine Sensation für die Militärflieger, die nicht begreifen konnten, warum um ein so kleines Vögelchen – eine Zelle – eine so große Zahl Ingenieure und hohe Militärränge besorgt waren.
Am 2. Mai vollführte Bachtschi das erste Anrollen auf dem Flugplatz nicht im Schlepp eines Lkw, sondern mit Hilfe des arbeitenden Triebwerks. Es war bereits Abend, es dunkelte, und der helle Feuerschweif, der mit Tosen aus dem Heck des kleinen Flugzeugs ausbrach, machte einen ungewöhnlichen Eindruck. Während des Anrollens überzeugte sich Bachtschi, daß sich das Heck mit steigender Geschwindigkeit erhob. Er gab Gas und die Maschine hob vom Boden ab. Das Flugzeug flog in einer Höhe von einem Meter ca. 50 m weit und landete fließend. Bei der Überprüfung wurde ein dampfender Sauerstoffstrahl festgestellt. Es war erneut eine Reparatur notwendig. Bachtschi stieg nach dem Anflug aus dem Cockpit und meldete: „Das Flugzeug kann zum Flug zugelassen werden."
Nach dem Anrollen und dem Start wurde repariert, reguliert und die Dichtheit wiederholt überprüft. Die Barographen, die Fahrtenschreiber, die Überlastungsmesser sowie die Winkel- und Querruderwinkelschreiber wurden justiert, das Flugzeug gewogen und getrimmt.
Der erste Flug sollte am 12. Mai stattfinden. Es war ein Flug, der gute Sicht während der ganzen Zeit vom Start bis zur Landung voraussetzte, aber mit dem Wetter klappte es nicht, es regnete.
Das Flugzeug besaß keinerlei Funkgerät, außerdem gab es noch keine „schwarzen Boxen" und keinerlei Funkortungsgeräte auf dem Flugplatz. Alle Hoffnungen lagen auf der visuellen Kontrolle vom Boden aus sowie dem Pilotenbericht nach der Landung und der Auswertung der an Bord installierten empfindlichen Meßgeräte, wenn sie, so Gott wollte, erhalten blieben.
Der Vorsitzende der Staatlichen Kommission Pyschnow berief eine Sitzung ein, auf der die Ergebnisse der Standerprobungen, des Anrollens sowie des Anfliegens und die Bemerkungen der führenden Ingenieure Rosljakow und Tarakanowskij diskutiert wurden. Sie betrachteten den auf starkes Zeichenpapier aufgetragenen Flugplan. Bachtschi meldete Flugbereitschaft.
Schließlich wurde der Flug auf Anraten des meteorologischen Dienstes auf 12,00 Uhr am 15. Mai angesetzt. Aber zu dieser Zeit zog sich der Himmel erneut mit niedrig hängenden Wolken zu. Wir schimpften auf das Wetter und fühlten mit Hunderten von Neugierigen, die sich ungeachtet der Geheimhaltung, um ihre Sichtmöglichkeit zu verbessern, auf den Dächern der Hangare, der Häuser und auf Bäumen eingefunden hatten. Alle wollten das Ereignis

bewundern, dessenthalben war auf dem Flugplatz seit dem Morgen Stille eingekehrt. Alle anderen Flüge waren abgesetzt worden. Zum ersten Male wurde die Landung von Militärflugzeugen verboten, die Kolzowo als Zwischenflugplatz bei ihrem Flug von den sibirischen Fabriken an die Front nutzten.

Nach vielen Tagen angespannter Arbeit schuf das Nichtstun in Erwartung besseren Wetters eine nervöse Situation. Auch Bachtschi war nervös. Um 16,00 Uhr schlug der Leiter des NII der Luftstreitkräfte, P. I. Fedorow, der nicht weniger nervös war als wir alle, Bachtschi vor, einen Flug mit einem Trainingsflugzeug zu absolvieren, um die Sicht- und Orientierungsverhältnisse auf dem Flugplatz zu überprüfen. 20 Minuten später meldete Bachtschi nach Absolvierung des Fluges: „Jetzt kommt unser Wetter, man kann fliegen."

Der Tag ging zu Ende, jetzt mußte geflogen werden. Noch einmal, zum wiederholten Male wurde das Flugzeug überprüft. Am allermeisten hatte sich Arvid Pallo an die Salpetersäuredämpfe gewöhnt. Bolchowitinow umarmte und küßte Bachtschi wie ein Mann.

Der Pilot verschwand leichtfüßig im Cockpit, begann sich einzurichten und gab Gas. Er bewegte den Hebel „zu sich – von sich" und betätigte das Pedal. Alle entfernten sich vom Flugzeug, außer Pallo. Er wollte sich zum letzten Male davon überzeugen, daß keinerlei Lecks vorhanden waren. Außen war alles trocken. Bachtschi sagte ruhig: „Weg vom Heck!" und schloß das Cockpit. Er öffnete die Komponentenzufuhr und schaltete die Zündung ein.

Wir versammelten uns alle ca. 50 m vom Flugzeug entfernt. Jeder von uns hatte die Arbeit des Triebwerkes auf dem Stand und beim Anrollen des Flugzeuges auf dem Flugplatz nicht nur einmal verfolgt. Als aus dem Heck des kleinen Flugzeuges die grelle Flamme herausschoß, zuckten alle zusammen. Offensichtlich wirkte die Nervenanspannung des langen Wartens.

Das Gebrüll des Triebwerkes über den in Stille versunkenen Flugplatz und die grelle Fackel verkündeten den Beginn einer neuen Ära. Hunderte Menschen beobachteten am 15. Mai 1942, wie das Flugzeug auf dem Rollfeld schnell Anlauf nahm, leicht vom Boden abhob und mit schnellem Höhengewinn startete. Mit arbeitendem Triebwerk machte das Flugzeug auf der einen Seite eine Wende von $90^0$, dasselbe Manöver auf der anderen Seite und schaffte es gerade noch, vom Steigen in den Horizontalflug überzugehen. Dann war die Fackel erloschen.

Rosljakow, der neben mir stand, schaute auf die Stoppur: „65 Sekunden, der Treibstoff ist aufgebraucht."

Die BI landete, d. h., sie näherte sich mit nicht arbeitendem Triebwerk der Erde. Dies war für Bachtschi die erste Landung in dieser Betriebsart. Es wurde eine harte Landung, ein Fahrwerkteil brach ab, das Rad löste sich und sprang über den Flugplatz. Bachtschi gelang es, die Kanzel zu öffnen und sich aus der Maschine zu befreien, ehe Fedorow und Bolchowitinow sowie die Feuerwehr und das Sanitätsauto herbeigeeilt waren. Bachtschi war über die mißglückte Landung sehr betrübt. Man bedenke, welch ein Unglück – das Fahrwerk war

zerbrochen. Die herbeieilende Menge begann, ungeachtet seines Protestes, Bachtschi in die Luft zu werfen.
Am späten Abend versammelten wir uns alle im weiträumigen Restaurant des NII der Luftstreitkräfte zu einem festlichen Abendessen. Fedorow, Bolchowitinow, Pyschnow saßen zusammen mit Bachtschi an der Stirnseite des Tisches. Fedorow eröffnete das für diese Zeit luxuriöse Bankett und beglückwünschte Bolchowitinow, Bachtschi und uns alle zum großen Erfolg. Die Daten der Fahrtenschreiber waren schon ausgewertet. Der gesamte Flug hatte 3 Minuten und 9 Sekunden gedauert. Nach 60 Sekunden betrug die Höhe 840 m, die Maximalgeschwindigkeit 400 km/h und die maximale Steigleistung 23 m/s.
Einen Tag später fand ein feierliches Treffen in der Montagehalle unseres Betriebes in Bilimbaj statt. Über dem Präsidiumstisch hing ein Plakat: „Gruß an Hauptmann Bachtschiwandshi, der den Flug in das Neuland vollendete!"
Fedorow und Pyschnow sandten einen optimistischen Bericht an die Leitung der Luftstreitkräfte und den Volkskommissar Schachurin. Als Antwort beschloß das Staatliche Verteidigungskomitee den Bau einer Serie von 20 Flugzeugen, wobei alle festgestellten Mängel zu beseitigen und die Flugzeuge voll zu bewaffnen seien.
Im Kollektiv herrschte eine gehobene Stimmung. Sie wurde durch den anbrechenden Sommer verstärkt. Nach dem Omen der Einheimischen versprach es, warm zu werden. Aber mein Schicksal war es, den Sommer nicht im Ural verbringen zu können. Nachdem sich Bolchowitinow davon überzeugt hatte, daß die Grundprobleme der Zündung und Steuerung der FRT gelöst waren, kam er auf die Idee der Funksteuerung des Abfangjägers zurück. Er wollte diese Aufgabe schon für die nächste Serie lösen und schlug mir vor, nach Moskau zurückzukehren. Dorthin zogen allmählich die Volkskommissariate und die wissenschaftlichen Organisationen aus der Evakuierung.
Ich ließ die nach dem Tod der Mutter verwaiste Familie in Bilimbaj zurück und flog mit Militärflugzeugen und Zwischenlandungen innerhalb von 2 Tagen nach Moskau. Nach Bilimbaj kehrte ich nicht wieder zurück und nahm so nicht an den weiteren Flugerprobungen der BI teil. Die Ereignisse entwickelten sich dort folgendermaßen. Bolchowitinow entband Isaew von den Nacharbeiten am Flugzeug. Er erhielt den Auftrag, sich um das Triebwerksaggregat zu kümmern und unter Nutzung von Konsultationen bei Gluschko im Spezialgefängnis in Kasan sich vollkommen vom Triebwerk Duschkin – Kostikow zu befreien. Dies war nach Meinung unseres Patron um so wichtiger, weil Kostikow ein FRT für sein eigenes Flugzeug vorbereitete und so nicht daran interessiert war, uns eine Serie zuverlässiger Triebwerke zu übergeben.
Den zweiten Flug absolvierte Bachtschiwandshi erst am 10. Januar 1943 mit dem zweiten Exemplar der BI. Es war Winter und die Räder des Fahrwerkes wurden durch Schneekufen ersetzt. Das FRT entwickelte jetzt einen Schub von 800 kg. Innerhalb von 63 s war eine Höhe von 1100 m bei einer Geschwindigkeit von 400 km/h erreicht. Die Landung auf Kufen verlief erfolgreich.

Unerwartet wurde Bachtschiwandshi nach Moskau gerufen, um das Projekt und Modell unseres Konkurrenten zu überprüfen. Es handelte sich um das Versuchsmuster des Abfangjägers „302“. Auf diesem sollten Triebwerke Duschkins und ein Staustrahltriebwerk zur Erhöhung der Reichweite installiert werden.

Mit dem dritten Flug der BI wurde Oberstleutnant Konstantin Grusdew beauftragt. Das Triebwerk hatte bei diesem Flug einen maximalen Schub von 1100 kg und das Flugzeug erreichte innerhalb von 58 s eine Höhe von 2190 m mit einer Geschwindigkeit, die bei 675 km/h lag. Schon beim Start verlor das Flugzeug die linke Kufe. Ein Funkgerät war nicht an Bord des Flugzeuges, so daß es nicht möglich war, dem Piloten mitzuteilen, daß bei der Landung ein Unfall drohe. Grusdew ging in vollem Bewußtsein der Sicherheit zur Landung über, ohne zu wissen, was passiert war. Trotzdem kam der erfahrene Flieger so fließend am Boden auf, daß er, als er diesen mit einer Kufe berührt hatte, sofort verstand, daß die zweite nicht in Ordnung war. Als er die Geschwindigkeit verminderte, kippte die Maschine leicht um und legte sich auf den Flügel.

Nachdem Bachtschi aus Moskau zurückgekehrt war, vollführte er am 11. und 24. März den vierten und fünften Flug. Dabei arbeitete das Triebwerk 80 Sekunden lang und das Flugzeug erreichte eine Höhe von 4000 m bei einer maximalen Steigleistung von 82 m/s. Beim sechsten Flug am 21. März erhob sich zum ersten Mal das dritte Exemplar der BI in die Luft. Die Erprobung erfolgte mit dem voll munitionierten Flugzeug bei maximalem Schub. Die Aufgabe des siebten Fluges am 27. März war das Erreichen der maximalen Geschwindigkeit im horizontalen Flug.

Fedorow, Bolchowitinow, Beresnjak und Isaew waren bei jedem Flug anwesend. Als wir uns in Moskau trafen, erzählte Isaew, daß alle bei diesem Flug einen Geschwindigkeitsweltrekord erwartet hatten. Der steile heftige Start mit dem Übergang in den Horizontalflug dauerte 78 s. Die charakteristische rote Wolke zeigte an, daß das Triebwerk ausgeschaltet war. Für 2 s war die Sicht durch kleine Haufenwolken versperrt. Im weiteren vollzog sich etwas völlig Unerklärbares. Das Flugzeug kam ohne Nase aus der Wolke und im steilen anhaltenden Sturzflug auf die Erde zugeflogen.

Ich war nicht Augenzeuge dieses Fluges. Nach anderen Darstellungen war keinerlei Wolke vorhanden, das Flugzeug ging aus dem Horizontalflug mit Maximalgeschwindigkeit unter einem Winkel von $45^0$ in den Sturzflug über und bohrte sich 6 km vom Flugplatz entfernt in die Erde.

Vom Tod Bachtschiwandshis erfuhr ich bei meinem Aufenthalt im Volkskommissariat der Flugzeugindustrie. Dort traf die Nachricht direkt aus Kolzowo ein.

Der 27. März wurde für mich zu einem schwarzen Tag. Es war der Sterbetag der Mutter, und nach einem Jahr stirbt an demselben Tag Bachtschiwandshi. 25 Jahre später stirbt an demselben Tag Gagarin. Ich habe mich immer für einen hartnäckigen Atheisten und Materialisten gehalten, der an keinerlei Omen oder Unglücksdaten glaubt, nach dem Zusammentreffen all dieser Daten beschleicht mich vor jedem 27. März eine innere Angst vor Unglücksnachrichten.

Nach diesem Unglück wurden die Flüge auf der BI eingestellt. Der zweite Pilot, der mit der BI geflogen war, Grusdew, verstarb ebenfalls bald bei einem Flug mit dem von den Amerikanern stammenden Jäger „Aerokobra“.
Die Spezialkommission zur Untersuchung der Absturzursache der BI konnte den wahren Grund der Katastrophe nicht ermitteln. Es wurde festgestellt, daß das Flugzeug eine Geschwindigkeit von 800 km/h erreicht hatte. Die tatsächliche Geschwindigkeit in der Luft wurde nicht dokumentiert, weil die Aufzeichnungsgeräte bei der Katastrophe zerstört wurden und exakte Messungen am Boden nicht vorlagen. Es muß daran erinnert werden, daß der offizielle Weltrekord zu dieser Zeit 709,2 km/h betrug.
Die Kommission hatte festgestellt, daß das Flugzeug in der Luft nicht zerstört worden war. Es mußte davon ausgegangen werden, daß bei hohen Fluggeschwindigkeiten neue Erscheinungen auftraten, die die Steuerbarkeit und die Belastung der Steuerungsorgane beeinflußten. Vier Jahre später wurde im neuen Windkanal des ZAGI festgestellt, daß bei Geschwindigkeiten von 800 bis 1000 km/h die Möglichkeit besteht, daß das Flugzeug in den Sturzflug übergeht.
Bachtschiwandshi war der erste Mensch der Sowjetunion, der mit Hilfe eines FRT unmittelbar von der Erde gestartet war. Schon nach dem Krieg erfuhren wir bei unserem Aufenthalt in Deutschland, daß etwa zur gleichen Zeit von Messerschmitt der Jäger Me-163 mit einem FRT der Firma „Walter“ gebaut worden war. Das Flugzeug wurde in einer kleinen Stückzahl montiert und nahm nicht an Luftkämpfen teil. Aber auch die „Messerschmitt-163“ war nicht das Erste. Das wirklich erste Flugzeug, das man mit Hilfe eines Raketentriebwerkes geflogen hat, war die He-176 der Firma E. Heinkel.
Lange Zeit erinnerte man sich an Bachtschiwandshi nur im engen Kreis der Teilnehmer der Ereignisse der vergangenen Kriegsjahre. Zur Erinnerung an ihn wurde viel von seinen Testpilotenfreunden getan. Erst 1973, 30 Jahre nach seinem Tod, wurde ihm der Titel „Held der Sowjetunion“ verliehen. Auf dem Flughafen in Swerdlowsk, dem ehemaligen Militärflugplatz Kolzowo, wurde eine Bronzebüste aufgestellt. Im Jahre 1984 wurde ihm in seiner Heimat in der Staniza Brinkowskaja im Kuban ein Denkmal errichtet.
Die Geschichte der Raketentechnik hat Bachtschiwandshi und Gagarin hervorgebracht. Beide starteten mit Raketentriebwerken von der Erde aus. Beide starben bei Flugzeugkatastrophen im Alter von 34 Jahren. Beide starben am 27. März. In beiden Fällen hat die Unfallkommission, die über einen Zeitraum von 26 Jahren arbeitete, die wahre Todesursache der Flieger nicht festgestellt. Bachtschiwandshi ist ohne Funkanlage geflogen. Das Flugzeug Gagarins – Seregina besaß eine moderne Flugzeugfunkanlage, trotzdem sind die wahren Ursachen rätselhaft geblieben.
Ich kannte die verstorbenen Flieger und kann behaupten, sie waren außerordentliche Menschen. Gagarin hat nicht gekämpft, er mußte keine Feinde im mörderischen Kampf abschießen. Dafür kam ihm das Schicksal zu, erster Kosmonaut der Erde zu sein. Dann mußte er die Straße des Ruhms durchschreiten und das hält selten einer aus. Gagarin hat durchgehalten. Bachtschiwandshi hat in den Gesprächen mit uns, niemals seine Rolle

hervorgehoben und sich nicht für einen über den Schöpfern der Flugzeuge stehenden berühmten Flieger gehalten. Es gab keinerlei Anzeichen von Überheblichkeit in seinem Charakter. Dies galt auch für Gagarin. Obwohl es bei dem Weltruhm Gagarins möglich gewesen wäre, sich anders zu verhalten.
In welchem Maße waren die Schöpfer der neuen Technik an der Katastrophe schuld? Der Tod eines Testpiloten ist genauso möglich, wie der Tod eines Piloten im Luftkampf. Ihr Gegner ist die Ungewißheit, jener „Flug ins Neue", über den wir noch wenig wissen. Bachtschi starb während des Krieges im Luftkampf mit einem noch unbekannten Gegner, der Transschallgeschwindigkeit. Und solche Luftkämpfe wurden noch viele Jahre bis zum Endsieg an den Kriegsfronten fortgesetzt. Die Schöpfer der neuen Technik sind in dem Sinne schuldig, daß sie vieles noch nicht verstanden. Aber das ist eine Gesetzmäßigkeit des historischen Fortschritts.

## *Erneut in Moskau*

Im Sommer des Jahres 1942 lebte man in Moskau unter den Bedingungen einer Frontstadt. Die Sperrstunden wurden genau eingehalten, auf den Straßen patrouillierten Rotarmisten, an den Frontscheiben der Autos waren Passierscheine aufgeklebt. Die Fenster der Häuser waren über Kreuz mit Papierstreifen beklebt, Verdunklung war Vorschrift. Abends wurden über der Stadt Hunderte Sperrballons als Luftsperre aufgelassen. In den Geschäften und Restaurants wurden alle Waren streng auf Abschnitte der Lebensmittelkarten ausgegeben. Es gab keineswegs irgend etwas reichlich. Aber keiner der vielen Menschen, die ich getroffen habe, mußte hungern. Auf jeden Fall war es in Bilimbaj viel schlechter.
Die Straßen und besonders das Zentrum wurden sauber gehalten. Es gab keinen Müll, keine zerschlagenen Mauersteine, keine Brandspuren, wie sie für bombardierte Städte typisch sind.
Die wichtigsten Strafsachen waren Taschendiebstähle von Lebensmittelkarten. Dabei handelte es sich um hungrige Jugendliche. Aber über bewaffnete Anschläge, um Karten zu rauben, hat man nie etwas gehört. Die mit dem Belagerungszustand am 20. November 1941 eingeführte Ordnung zeigte Wirkung.
Die Deutschen waren lediglich 150 bis 200 km von Moskau zurückgedrängt worden. Luftalarm gab es bei Einbruch der Dunkelheit häufig, aber Anzeichen von Panik nicht. Die Metro und der überirdische Transport wurden nur während des Luftalarms angehalten. Die Metrostationen dienten als Luftschutzräume. Alle Radioempfänger mußten im ersten Kriegsmonat auf speziellen Sammelpunkten abgegeben werden. dafür arbeitete der drahtgebundene Rundfunk ganztägig ohne Pause. Schwarze Teller, d. h. Lautsprecher, waren in jeder Wohnung vorhanden. Auf den Straßen und Plätzen übertrugen leistungsstarke Lautsprecher die täglichen Informationen des Sowinfobüros, sie waren wenig tröstend: Im Norden wurde die Blockade Leningrads fortgesetzt,

im Süden entflammte die Schlacht um Stalingrad. Europa wurde von Hitler kontrolliert, aber die Engländer hielten sich tapfer und wehrten die Luftangriffe erfolgreich ab. Amerika half uns mit Flugzeugen, Büchsenfleisch und Eipulver. Das empfanden wir als gut und trösteten uns, daß wir in der Welt nicht allein sind. Nach allen objektiven Merkmalen war alles sehr schwer, aber erstaunlich war, daß in dieser schwersten Situation, die Überzeugtheit vom Endsieg und die Sicherheit Moskaus als etwas Selbstverständliches betrachtet wurden. Durch diese Stimmung unterschieden sich die hungrigen Moskauer des Sommers 1942 von den noch satten des Jahres 1941.

Am 16. Oktober hatten alle Volkskommissare und die führenden Regierungseinrichtungen in furchtbarer Eile Moskau verlassen. Im Sommer 1942 wollte sich niemand mehr daran erinnern. Die Leitung aller Zweige der Verteidigungsindustrie, der Umbau aller nicht militärischen Zweige unter der Losung: „Alles für die Front – alles für den Sieg!" ging erneut von Moskau aus.

Im Volkskommissariat der Luftfahrtindustrie stellte ich fest, daß alle Arbeitszimmer besetzt waren und in den Vorzimmern kreischende, schwatzende Schreibmaschinen standen. Die Korridore waren erneut mit zur Berichterstattung eilenden Beamten und von vor Müdigkeit erblaßten Abgesandten der fernen Betriebe angefüllt.

Mir wurde unbürokratisch ein Nachtpassierschein ausgehändigt. Ich erhielt Lebensmittelkarten und man schlug mir vor, unverzüglich auf dem von uns verlassenen Betriebsgelände in Chimki die Fernsteuerung der Bordfunkstationen sowie bequeme Hebel für die Steuerräder zu organisieren sowie Maßnahmen zu ergreifen, um die Bordempfänger von dem Einfluß der Zündfunken zu entstören. Mein Einspruch, daß ich nicht von diesem „Lehrstuhl" und mit einem besonderen Auftrag nach Moskau geflogen sei, um die Funksteuerung des Abfangjägers BI zu realisieren, wurde nicht zur Kenntnis genommen. „Es ist Krieg und wichtig ist jeder Tag. Eure BI wird schon noch irgendwann fertiggestellt, aber Funkverbindungen sind im Kampf nicht morgen sondern heute wichtig und wären schon gestern notwendig gewesen. Wir haben schon Jäger, die nicht schlechter als die deutschen sind, aber die Funkanlagen sind abscheulich."

Im NISO, dem wissenschaftlichen Institut für Flugzeuggeräte, das den Auftrag hatte, mir zu helfen, traf ich viele alte Bekannte, die bereits aus der kurzen Evakuierung zurückgekehrt waren. Dort arbeitete mein Schulfreund Sergej Losjakow, sein Chef Wenjamin Smirnow, die Spezialingenieure für Flugzeuggeräte, Niklolaj Tschistjakow und Viktor Milschtein, der Funksystementwickler Jurij Bykow und vor allem der ungewöhnliche initiativreiche und energische Chefingenieur Nikolaj Rjasanzew. Geholfen wurde mir durch Ratschläge, Zeichnungen, technische Muster der Verbündeten sowie durch Beuteexemplare. Zum Sommerende des Jahres 1942 arbeitete in dem von uns im Oktober 1941 stillgelegten Werk Nr. 293 schon eine Abteilung für Spezialausrüstungen. Auf dieser Produktionsbasis hatte sich der allseitig begabte Meister Sokolow mit einer Brigade aus zwei Mechanikern und einem Dreher niedergelassen. Drei Konstrukteure und zwei Zeichnerinnen arbeiteten

vom frühen Morgen bis zum späten Abend und nach meiner Überprüfung zeichneten sie einen großen Teil ihrer Arbeiten nochmals um. Zwei Funkingenieure waren in Moskau und auf den Militärflugplätzen unterwegs und versuchten, das Labor mit Meßtechnik sowie Mustern realer Funkstationen zu komplettieren. Als Haupterrungenschaft betrachtete ich jedoch die Brigade der „besonderen Verwendung". Sie bestand aus fünf Personen. Es waren dies ein Ingenieur, zwei praktische Techniker und zwei „goldene Hände" - Mechaniker. Sie hatten den Auftrag, auf den Frontflugplätzen unsere Produkte zu übergeben und einzuführen. Weite Dienstreisen waren dazu nicht notwendig. Etwa 30-50 km von Moskau entfernt waren Luftwaffeneinheiten stationiert, die unmittelbar an den Luftkämpfen teilnahmen. Einen solchen Flugplatz besuchte ich bei Kalinin, um mit meinen eigenen Ohren die Effektivität unserer Maßnahmen zu überprüfen. Die Überprüfung war elementar.
Zwei Jak-Gruppen erhoben sich in die Luft. Alle Flugzeuge einer Gruppe waren mit abgeschirmten Zündungskabeln sowie Störfiltern und ferngesteuerten Funkgeräten ausgestattet. Die Jäger der anderen Gruppe waren mit denselben nicht entstörten Funkgeräten bestückt. Der Regimentskommandeur gab den Befehl zur Kursänderung, er übergab Codeziffern, fragte nach der Verständlichkeit der Befehle und forderte eine Antwort.
Die Gruppe mit den verbesserten Funkgeräten führte alle Befehle exakt aus. Sie antworteten unmittelbar auf die gestellten Fragen und gingen auf Befehl exakt zur Landung über. Von der zweiten Gruppe kamen jedesmal Anfragen: „Wir haben Sie nicht verstanden, wiederholen Sie bitte!" Die Reaktionen entsprachen nicht immer den Befehlen und schließlich übernahm der Kommandierende vom funkführenden Offizier das Mikrophon und rief solche durchdringenden russischen Ausdrücke hinein, daß alle Störungen unterdrückt wurden und die Gruppe zur Landung überging.
Nach diesem Test baute unsere Brigade, stimuliert durch die Sommerfront-Versorgungspakete, die Geräte aller Flugzeuge des Regimentes in Tag- und Nachtarbeit um. Eine Aufgabe dieses Regimentes der Luftstreitkräfte war der Begleitschutz der Jagdbomber, die das nahe Hinterland des Gegners regelmäßig angriffen. Nach einem planmäßigen Angriff berichteten die Piloten des Begleitschutzes: „Das ist jetzt eine ganz andere Sache. Wir haben sogar zu fluchen aufgehört. Es ist alles deutlich hörbar." Sie kehrten zum ersten Mal ohne Verlust zurück.
Als alle Arbeiten abgeschlossen waren, erhielten wir den Dank des Regiments. Mit trockener und flüssiger Nahrung belohnt, kehrten wir auf unseren Flugplatz in Chimki zurück.
Im November 1942 traf Landegut zur Vorbereitung der Wiederansiedlung aus Bilimbaj in Chimki ein. Der Stalingrader Sieg überstrahlte für eine Zeit die Gerüchte über die Mißerfolge an den anderen Fronten. Nach Moskau zurückkehren wollte das KB des NII, Betriebe und Menschen, die im Oktober 1941 in Panik geflohen waren. Unter der Leitung von Nikolaj Wolkow wurden in der ganzen Fabrik Rekonstruktionsarbeiten durchgeführt.

Eine der ersten Gruppen, die aus Bilimbaj nach Moskau zurückkehrte, wurde vom Stellvertreter Ljulkas, Eduard Luss, geleitet. Mit dieser Gruppe kehrte auch meine Familie im Februar 1943 zurück. Auf dem Rückwege war sie im Jahre 1943 mehr erschöpft als 1941. So trafen Katja und der Sohn mit dem stark gealterten Vater ein. Das Wohnungsproblem stand nun in ganzer Härte. So lange ich allein gewesen war, hatte ich es vorgezogen, auf der Arbeitsstelle zu wohnen und ein Klappbett zu benutzen. Mit großer Mühe gelang es, auf halb legalem Wege zeitweilig in der Nowoslobodsker Straße in einzelne getrennte Zimmer einzuziehen. Den vierjährigen Sohn gaben wir erneut in die Obhut der Großmutter nach Udelnaja.

Katja begann, mit großem Engagement in der betrieblichen Auslieferungsversandabteilung zu arbeiten. Dort formierten wir eine Brigade, die Frontregimenter der Luftstreitkräfte besuchte.

Der Vater begann als Spediteur in der Transportabteilung unseres Betrieb. Seine Kräfte verließen ihn jedoch sehr schnell. Er erkrankte und starb am 19. März, das waren sieben Tage vor dem Sterbetag der Mutter.

Nach dem Tode Bachtschiwandshis kehrte der Patron nach Chimki zurück. Nachdem er sich mit meiner Tätigkeit auf dem Gebiete der Militärluftfahrt informiert hatte, sagte er, daß dies eine nützliche Arbeit sei, aber eben keine für uns notwendige Beschäftigung. Er wiederholte seine Forderungen, wenn er in Moskau wieder das Kommando übernehmen sollte: „Erstens, Organisation der Arbeit zur Steuerung des Abfangjägers auf den Gegner. Zweitens, müssen wir für die neuen Feuerungserprobungsstände, die wir hier in der nächsten Zeit bauen, die modernsten Meßgeräte organisieren. Das Flugzeug werden wir umbauen. Wir erhöhen den Schub des Triebwerkes. Von den Preßluftflaschen werden wir uns verabschieden und zu dem Triebwerk mit einem Turbopumpenaggregat zurückkehren. Isaew muß Kontakt zu Gluschko herstellen und die Kasaner Erfahrungen auswerten.. Das Flugzeugprojekt des RNII ist fehlgeschlagen. Schachurin wird uns in nächster Zeit besuchen und wir werden die Idee der Vereinigung des RNII mit unserem Betrieb diskutieren. Aber selbstverständlich mit einer neuen Leitung. Kostikow wird dann nicht mehr Leiter sein!“

Isaew kehrte nach Chimki zurück. Er wurde durch die Möglichkeit stimuliert, seine eigne Produktions- und Versuchsbasis für FRT zu organisieren. Er konnte die von der Leitung in vertraulichen Gesprächen erkundeten Geheimnisse vor den Freunden nicht verbergen. Er und Beresnjak hatten an dem Treffen Bolchowitinows mit Schachurin teilgenommen. Nach den Worten Isaews versicherte der Patron, das das Schicksal des RNII vorentschieden sei: „Das Institut geht unter einer neuen aus der Luftfahrt kommenden Leitung zur Luftfahrt über. Schachurin trifft sich häufig mit Stalin. Er wartet einen günstigen Moment ab und erhält wahrscheinlich sein Einverständnis zur Reorganisation des RNII-NII-3.“

Durch eine solche Perspektive begeistert, begann ich erneut mit dem NISO. Smirnow und Losjakow entführten mich auf den Zentralen Flugplatz. Am äußersten Ende des Flugfeldes, irgendwo dort befand sich das Lager der

Division zur besonderen Verwendung. Dort stand ein verhülltes Flugzeug Pe-2. Nach dem es nach langen Bemühungen gelungen war, eine Crew zu finden, die Bewachung zu eliminieren und das Flugzeug zu enthüllen, sah ich, daß es mit den unterschiedlichsten Antennentypen voll behängt war. Nachdem ich eidesstattlich versichert hatte, daß ich beim Umgang mit den Funkspezialisten anderer Organisationen schweigen werde, wurde mir mitgeteilt, daß hier ein im Dezimeterwellenbereich arbeitendes Bordfunkortungssystem erprobt wird. Es war im NISO nach Ideen von Gerz Aronowitsch Lewin entwickelt worden.
Es gab zunächst zwei Probleme. Das erste war das Gewicht. Wenn im Flugzeug das Ortungsgerät installiert wird, dann muß das Gewicht der Bewaffnung um 500 kg vermindert werden. Das zweite Problem war der „Schlüsseleffekt". Wenn bei eingeschaltetem Ortungsgerät sich ein Mensch dem Flugzeug mit einem Schlüsselbund in der Tasche näherte, dann begannen die Anzeigegeräte zu flimmern.
„Nun das ist doch gut, Ihr Ortungsgerät ist sehr empfindlich", lobte ich den Entwickler unbedacht.
„Es ist sogar außerordentlich empfindlich", erklärte Smirnow. „Das Problem besteht darin, wenn Sie die Hand in der Tasche bewegen und mit den Schlüsseln klappern, dann ist nicht mehr auszumachen, was auf den Anzeigegeräten vor sich geht und eben dies ist der sogenannte Schlüsseleffekt."
Nachdem ich einen ganzen Tag auf der mir noch aus den Kindheitserinnerungen bekannten Chodynka zugebracht hatte, überzeugte ich mich davon, daß sich in der nahen Zukunft auf der Grundlage dieses Systems für unsere BI nichts entwickeln lassen würde.
Sergej Losjakow machte mir Hoffnungen, nachdem er sich von meinem Pessimismus überzeugt hatte. Er erzählte mir, daß er sich vor kurzem mit unserem gemeinsamen Schulkameraden Abo Kadyschewitsch getroffen habe. Dieser sei Assistent und Absolvent der physikalischen Fakultät der Moskauer Staatlichen Universität. Er entwickelte interessante Ideen und Projekte.
Ich suchte Kadyschewitsch auf. Er war zur Schulzeit Schachmeister unserer 70. Schule. Er entwickelte tatsächlich originelle Gedanken. „Es ist nicht notwendig, an Bord eines Flugzeuges ein schweres und kompliziertes Ortungsgerät zu installieren. Die Aufgabe der Führung muß auf den Boden verlegt werden."
Er hatte das amerikanische Radarsystem SCR-584 studiert, das wir unlängst im Leasing für die Luftabwehr erhalten hatten. Ich ging davon aus, daß dieses prächtige Gerät zum Zielen beim Schießen eingesetzt werden kann. Die Amerikaner waren in der Entwicklung weiter als wir und wahrscheinlich auch weiter als die Deutschen. Wenn man dieses Gerät weiter entwickeln würde, könnte es gleichzeitig den Abfangjäger und das Ziel verfolgen. Außerdem könnte das Gerät eingesetzt werden, um den Jäger nach dem Angriff auf den Flugplatz zurückzuführen.
Kadyschewitsch war ein talentierter Physiker. Aus rein physikalischen Vorstellungen bezifferte er das Gewicht der Flugzeugausrüstungen bei seinem Projekt mit nicht mehr als 10 kg.

„Das ist keine Phantasie. Der mir bekannte Funkingenieur Roman Popow arbeitet schon an realen Schaltungen und der Apparatur.“
Nach einem Monat arbeiteten Roman Popow und Abo Kadyschewitsch schon im Werk Nr. 293 in der Abteilung für Spezialausrüstungen. Für sie war im Rahmen der Spezialabteilung ein spezielles Funklabor eingerichtet worden. Wir teilten Bolchowitinow unsere Bereitschaft mit, eine Liste mit den Namen jener Funkingenieure vorzubereiten, die bei uns arbeiten sollten, um das Radargerät zur Bestimmung der Koordinaten des Flugzeuges ROKSA zu entwickeln – so bezeichneten wir die neue Idee.
Die Idee interessierte viele Funkspezialisten. Sogar der zu dieser Zeit allmächtige Axel Iwanowitsch Berg kam nach Chimki und unterhielt sich mit Bolchowitinow, nachdem er von dieser Idee gehört hatte. Ihn interessierte nicht nur die Funktechnik, sondern auch das Flugzeug, dessentwegen wir dieses ganze Süppchen kochten.
Er war ein entschlossener Mensch, liebte neue Ideen, und ohne langes Schwanken unterstützte er uns, und dank seiner Hilfe erhielten wir die amerikanische Funkstation SCR. Die größte Sorge hatten wir mit der militärischen Besatzung dieser Station. Drei Offiziere und fünf Rotarmisten mußten eingesetzt und nach amerikanischen Frontnormen beköstigt werden.
Alle organisatorischen Probleme wurden schnell gelöst und Roman Popow erwies sich als talentierter Ingenieur und guter Organisator. Nachdem er fünf Spezialisten erhalten hatte, gab er den Schwur ab, daß nach weniger als einem halben Jahr die neue Idee vordemonstriert werden kann. Wenn bis zu dieser Zeit kein Raketenflugzeug vorhanden sein sollte, könnten wir die Prinzipien mit Hilfe eines gewöhnlichen Jägers erproben.
Bald nach dem Erlaß des Befehls über die Umwandlung der NII-3 und des NII-1 wurde ich aus Chimki „entfernt“ und nach Lichobor versetzt. Hier nahm ich die Stelle des Chefs der Abteilung für Automatik und elektrische Messungen ein. Es war schade, daß ich von der gemütlichen Spezialausrüstungsabteilung im Werk Nr. 293 und von den Arbeiten auf den Militärflugplätzen Abschied nehmen mußte. In Chimki hinterließ ich eine Filiale mit Roman Popow als Leiter, der das System ROKS entwickelte und eine Gruppe, die die Meßtechnik bediente und an der elektrischen Zündung arbeitete, die von Isaew entwickelt worden war.
Im Jahre 1944 half mir Pobedonoszew beim Kennenlernen der Kader des NII-3 sehr. Er machte mich als erstes mit Tichonrawow, Artemew und verschiedenen anderen im Institut noch vorhandenen Erstentwicklern der „Katjuscha“ bekannt. Ich informierte mich über verschiedene Seiten der Vorgeschichte unserer Raketentechnik. Aber zu dieser Zeit erinnerte sich im NII-1 niemand an die Familiennamen Koroljow und Gluschko.
Während meiner einjährigen Arbeit im NII-1 gelang es mir, die Kollektive der Automatik- und Gerätespezialisten der Betriebe Nr. 293 und des NII-3 zu vereinigen. In meiner neuen Abteilung waren zwei Mitglieder, die heute schon für immer in die Geschichte unserer großen Raketentechnik und Kosmonautik eingegangen sind. Nikolaj Piljugin kam in das NII-1 unmittelbar nach dessen

Gründung aus dem NII, wo er sich mit Autopiloten beschäftigte. Leonid Woskresenskij kam in das NII-3 noch vor dessen Reorganisation aus dem Stickstoffinstitut. Zu Kriegsbeginn hatte er im Stickstoffinstitut Brennflaschen zur Panzerbekämpfung entwickelt. Nachdem er in das NII-3 übergewechselt war, begann Woskresenskij, sich mit dem Pneumo-Hydro-Schaltungen der FRT zu beschäftigen.

Eine der ersten schöpferischen Errungenschaften der neuen Abteilung war die Vereinheitlichung des Systems der Automatik und seiner Elemente für FRT. Schon vor dem Abflug nach Deutschland im April 1945 erfuhr ich, daß ich für diese Arbeit zusammen mit Woskresenskij mit dem Kampforden „Roter Stern“ ausgezeichnet werden sollte.

Den Orden bekamen wir erst nach der Rückkehr aus Deutschland, im Jahre 1947 im Kreml überreicht. Unmittelbar nach Erhalt des Ordens gingen wir in die Twersker Straße, der damaligen Gorkistraße, in das Restaurant „Aragwi“. Woskresenskij ging zum Direktor und fragte diesen, ob er den Genossen Tschertok kenne, der gerade erst im Kreml gewesen sei. Der Direktor des Restaurants bedauerte sehr, daß er ihn nicht kannte, war aber froh, ihn kennenzulernen. Nach diesem Auftritt wurde uns zu Ehren in der entsprechenden Abteilung des Saales ein Bankett organisiert. Ich erinnere mich an diesen Abend auch noch deshalb, weil wahrscheinlich alle aus Deutschland zurückgekehrten: Koroljow, Pobedonoszew, Tichonrawow, Piljugin, Woskresenskij, Mischin und ich das letzte Mal in Militäruniform auftraten. Wir kamen alle aus dem NII-1, in dem im Juli 1944 eine wirkliche Raketeneuphorie begann, nachdem wir uns über die deutschen Fernraketen informiert hatten.

Praktisch von Mitte des Sommers 1944 an beschäftigten sich Pobedonoszew, Tichonrawow, Piljugin, Mischin, ich und noch fünf weitere Spezialisten aus verschiedenen anderen Gebieten lange Zeit mit dem Studium der Beutetechnik. Wir reproduzierten anhand der Splitter, die wir von einem deutschen Schießplatz in Polen erhalten hatten, anhand von Aussagen Gefangener sowie anhand von Material der Abwehr, die Dimensionen der Rakete, die eine wichtige Rolle in der Anfangsetappe der Raketentechnik spielen sollte.

Die deutsche „Geheimwaffe der Vergeltung“ V-2 beeinflußte unser Institut in Moskau sehr wesentlich, noch ehe die Deutschen zum ersten Mal die Rakete auf London abfeuerten. General Fedorow wollte persönlich an der Suche der Reste der deutschen Raketentechnik in Polen teilnehmen. Das Flugzeug, mit dem er nach Polen flog, stürzte bei Kiew ab. Zusammen mit Fedorow starben zwölf Menschen, darunter war auch Roman Popow. Mit dem Tod Popows wurde faktisch die Entwicklung des Systems ROKS beendet. Nach Dutzenden von Jahren stellte ich fest, daß die damals entwickelte Idee in bestimmtem Maße die Vorwegnahme der Prinzipien war, nach denen die Funkortungssysteme der Luftabwehr Moskaus entwickelt worden waren, dessen Hauptschöpfer Alexandr Raspletin war.

Meine Tätigkeit im NII-1 endete faktisch am 23. April 1945, als ich für unbestimmte Zeit von Bolchowitinow als Mitglied der „Kommission zur

besonderen Verwendung“ zu General Petrow entsandt wurde. In das NII-1 bin ich nicht wieder zurückgekehrt.
Damit wurde eine mit kurzen Unterbrechungen fast zehnjährige Arbeitsperiode im Kollektiv von Viktor Fedorowitsch Bolchowitinow beendet.
Wenn ich an diese Zeit zurückdenke, erinnere ich mich unverändert an Bolchowitinow, den wir nicht anders als den Patron nannten, mit einem gemischten Gefühl von Ärger und Dankbarkeit. Dankbarkeit für die Erziehung im Stile warmer, menschlicher Beziehungen in einem schöpferischen Kollektiv, unabhängig von der Dienststellung. Der Chefkonstrukteur Bolchowitinow war niemals ein großer und furchteinflößender Leiter. Er war unser älterer Kollege, der mit den zu dieser Zeit notwendigen Rechten und Pflichten ausgestattet war. Wir fürchteten ihn nicht, sondern liebten ihn einfach. Das Gefühl des Ärgers war mit der offensichtlichen Ungerechtigkeit des Schicksals mit solchen wissenschaftlichen Konstrukteuren wie Bolchowitinow verbunden. Um ein vollwertiger Chef oder General zu werden, mußte man außer der Intelligenz sogenannte außerordentliche organisatorische Fähigkeiten besitzen.
Bolchowitinow liebte Talente und hatte keine Bedenken, im Unterschied zu anderen, daß seine Schüler fähig waren, ihn und seinen Ruhm zu übertreffen.
Isaew, Beresnjak, Mischin, Piljugin, ehemalige Berater und Schüler Bolchowitinows, wurden selbst zu Chefs. Ihre Erfolge verdankten sie in vielem der Schule Bolchowitinows.
Eine der Eigenschaften, die in dieser Schule kultiviert wurde, war die Fähigkeit zu denken und im Prozeß der täglichen Arbeitshast, einzelne Fakten und Ereignisse zu verallgemeinern und die Entwicklungskräfte der Wissenschaft und Technik zu begreifen. Jedoch konnte sich keiner meiner Freunde der Kriegsjahre vorstellen, an welcher Revolution der Wissenschaft wir beteiligt waren. Ungeachtet der Tatsache, daß in unserem Kollektiv die ungewöhnlichsten Ideen gefördert wurden, kam niemand auf die phantastische Idee, eine solche militärische Rakete zu entwickeln, die fähig gewesen wäre, über den Ozean zu fliegen. Wenn wir diese Seite umblättern, kehren wir aus der Zeit der Kriegsjahre in das friedliche 1957 zurück. Räumlich bewegen wir uns aus dem Uraler Bilimbaj und dem Vormoskauer Chimki zu dem Siedlungspunkt Tjuratam und wir verlieren uns in der uferlosen Kasachischen Steppe.

# *Kapitel 3*

## Die Rakete R-7 – Vorstoß in den Weltraum

### *Der Schießplatz wird gebaut und arbeitet*

Nach unseren Vorstellungen und nach allen Direktiven sollte das Jahr 1957 zum Jahr der Geburt der ersten interkontinentalen Rakete R-7 werden.

In der technischen Dokumentation wird der Index R-7 nicht verwendet. In allen nicht geheimen Zeichnungen, in der Korrespondenz und sogar in vielen geheimen Dokumenten, war die Rakete keine Rakete, sondern ein Produkt mit dem Index 8K71. Nur in den Dokumenten im Range von ZK-Beschlüssen der KPdSU und des Ministerrates, von Beschlüssen der Kommission für militär-industrielle Fragen sowie bei der Umsetzung dieser Beschlüsse und Entscheidungen in den Befehlen der Minister wurde die interkontinentale Rakete mit ihrem richtigen Namen R-7 bezeichnet. Im übrigen vertauschten wir in unserer inneren geheimen Dokumentation in Übereinstimmung mit den Standards zur Führung der technischen Dokumentation häufiger die Buchstaben und die Ziffern. Das heißt, man sagte nicht R-7, sondern 7R. Dieses bezog sich auf alle „vorhergehenden" Produkte. Die Systeme der Raketenkomplexe hatten ebenfalls kodidifizierte Indizes, die man in allen technischen Dokumentationen und in der nicht geheimen Korrespondenz verwendete.

Eine solche „dreidimensionale Buchführung" bei der Bezeichnung der Raketen und Dutzende von dazugehörigen komplizierenden Systemen, erfordern entweder ein gut funktionierendes Gedächtnis oder Handbücher in Form der verbotenen Notizbücher. Wir scherzten aus diesem Anlaß: „Wenn wir uns selbst nicht zurechtfinden, wie muß es dann erst den armen Mitarbeitern der amerikanischen Abwehr ergehen?" Im übrigen verstand man unter den „Produkten 8K71" und den „Produkten 8K51" ziemlich allgemein die „Sieben" und die „Fünf" d. h. die „Semjorka" und die „Pjatjorka", die man bei der mündlichen Konversation allgemein anwendete.

Im Jahre 1957 nahm die „Semjorka" alle Zeit für die gesamte geplante Arbeit in Anspruch, und auch in den kurzen Erholungspausen zu Hause war der Kopf angefüllt mit den Problemen dieser Rakete.

Die Erprobung des Startsystems im Leningrader Metallwerk, die Feuererprobungen der Einzelblöcke für die einzelnen Stufen auf den Ständen und schließlich die uns erschütternde Feuerlawine der Standerprobungen des gesamten Pakets bei Sagorsk auf dem „Neubau" ließ bei mir Gefühle zur „Semjorka" aufkommen, die ich bisher zu keiner unserer vorhergehenden Schöpfungen empfand. Es war einmal Verehrung dieses einmaligen technischen Erzeugnisses gegenüber und Stolz, daß ich unmittelbar an seiner Entwicklung

teilnehmen konnte, aber auch Furcht um die Zukunft der Rakete. Wir Raketenspezialisten hatten uns seit 1947 an die Effekte des Schauspiels von Havariestarts gewöhnt. Sich vorstellen zu müssen, daß etwas Ähnliches mit der „Semjorka" passieren könnte, war furchtbar. Wieviel Hoffnungen waren an das weitere Schicksal dieser Rakete gebunden, wieviel Arbeit war bei ihrer Entwicklung aufgewendet worden! Es war auch ein Gefühl der großen Verantwortung. Die „Semjorka" mit einem Kernsprengkopf, einer uns unbekannten Anzahl von Megatonnen war in unserem Bewußtsein eine Art herrliche Göttin, die das Land vor dem transozeanischen Feind schützte und verteidigte.
Die einfachen Kernwaffen und die Wasserstoffbombe waren schon entwickelt worden. Mit unserer Rakete R-5 war es zum ersten Mal möglich, die phantastische Macht, mit der Fähigkeit das Ziel mit der notwendigen Geschwindigkeit zu erreichen, zu vereinigen. Aber die USA blieben nach wie vor außerhalb der Reichweite unserer „Pjatjorka" (R-5). Die „Semjorka" (R-7) sollte die Unverwundbarkeit der USA überwinden.
Koroljow verteilte die Verantwortlichkeit bei der Vorbereitung zum Start der ersten „Semjorka" auf dem Schießplatz zwischen seinen Stellvertretern und sprach so mit Woskresenskij und mir über die bevorstehende Arbeit. Er schlug mir vor, die Leitung der Vorbereitung und Erprobung der Rakete auf der technischen Position zu übernehmen, darunter auch die Vorbereitung aller Versuchsaggregate. Woskresenskij sollte sich auf alles Restliche und auf den verantwortlichsten Abschnitt – die Vorbereitung des Starts – d. h., auf alles was dazu notwendig war, konzentrieren.
Abramow, der die Arbeiten Barmins zum Bau des Startsystems begleitete, erhielt die Aufgabe, alle Montagebauarbeiten zu beschleunigen, um den Bau der ungewöhnlichen Starteinrichtung zu beginnen.
Zu dieser Zeit war vor uns Ewgenij Wasilewitsch Schabarow auf dem neuen Schießplatz lange Zeit Helfer des Chefkonstrukteurs für Erprobungsfragen gewesen. Als dieser von einer Dienstreise zurückgekehrt war, berichtete er auf einer Beratung bei Koroljow ausführlich über den Zustand der Dinge. Deshalb waren wir über die Ordnung an unserem neuen Tätigkeitsort informiert.
Ich möchte bemerken, daß in solchen kritischen Fragen, wie der Verteilung der Verantwortlichkeit und der optimalen Verteilung der Spezialisten an der ganzen Arbeitsfront, Koroljow sich bei weitem nicht an das Prinzip hielt, überall nur „seine" Leute einzusetzen. Wenn er feststellte, daß der Kooperationspartner über einen hervorragenden Spezialisten verfügte, der ihm auch hinsichtlich der menschlichen Eigenschaften angenehm war, dann strebte er danach, ihm die Verantwortlichkeit dieses Arbeitsabschnittes zu übergeben.
Im Februar 1957 versammelten wir uns das erste Mal nicht in dem wohnlichen Kapustin Jar, sondern in der Wüste Kasachstans. Von Wnukowo aus flogen wir frühmorgens mit einer Il-14 Transport-Passagier-Maschine. Man mußte lange fliegen, mit einer Zwischenlandung in Uralsk zum Auftanken. Der Flugplatz des Schießplatzes war noch nicht für die Landung von Transportflugzeugen des

Typs „Il“ vorbereitet und wir mußten im Gebiet des Zentrums von Dshusaly landen, dessen Flugplatz die Linien Moskau – Taschkent bediente.
Nach vier Stunden ermüdenden Fluges gingen wir mit Freude und Befriedigung in Uralsk von Bord, um uns etwas zu bewegen und spazierenzugehen. Zu unserer Verwunderung stellten wir am Buffet des Flughafengebäudes, das unansehnlich und eine barackenartige Architektur besaß, fest, daß es einen Imbiß mit einem reichen Angebot warmer Speisen gab. Woskresenskij, der in unseren Kreisen nicht nur als Spezialist für gute Weine, sondern auch als hervorragender Feinschmecker galt, erklärte, daß er so gute Zunge mit Kartoffelbrei und so ausgezeichneter Sahne noch nicht gegessen habe. Ich schlug vor, eine solche Gelegenheit nicht auszulassen und auf dem Rückflug auch in Uralsk zwischenzulanden. Darauf folgte die böse Bemerkung: „Aber wird es denn einen Rückflug überhaupt geben?“
Solange in unserem Flugdienst noch keine Flugzeuge vom Typ Il-18 und An-12 vorhanden waren, flogen wir mit Zwischenlandung in Uralsk. Das Frühstück aus Zunge, garniert mit Kartoffeln und einem Glas dicker kalter Sahne, wurde zu einer Pflichttradition. Solch wundervolle schmackhafte Sahne könne man nur aus Kamelmilch zubereiten, scherzte jemand!
In Dshussaly war im Gegensatz zu Uralsk kein solcher Service anzutreffen. Ich erinnere mich schon nicht mehr, wieviel Stunden wir uns dort abplagten, ehe wir in den Zug Taschkent – Moskau einsteigen konnten. Wir stiegen an dem ehemaligen Haltepunkt, dem jetzigen belebten Bahnhof in Tjuratam aus.
Der erste Eindruck – Demut und Trauer beim Anblick der zerfallenen Lehmhütten und der schmutzigen Gassen der Bahnstationssiedlung. Aber unmittelbar hinter dieser ersten unansehnlichen Landschaft erhob sich das Panorama mit den charakteristischen Merkmalen einer Großbaustelle. Es war am frühen Morgen und die Sonne wärmte schon frühlingshaft, obwohl es Februar war. Wir trafen mit Michail Wawilowitsch Suchopalko zusammen, dem Leiter der Expedition, der verpflichtet war, sich um alle Ankommenden, die geflogen oder gefahren kamen, zu kümmern. Er war für alles verantwortlich. Von der Versorgung mit Lebensmitteln bis zum Transport, die Unterkunft, die allgemeinen Lebensumstände, die Sorge um den Bau auf unserem zweiten Bauplatz, wo die Häuschen für die Chefkonstrukteure und Baracken für alle übrigen errichtet wurden.
Zu Beginn fuhren wir in die zukünftige Stadt, die wir damals offiziell als „zehnten Platz“ bezeichneten. Es war allgemein üblich, daß die Bauleute, die zu dieser Zeit hier die wirklichen Herren waren, alle Objekte mit einer Platznummer bezeichneten.
So war die Startposition der „Platz Nr. 1“. Die in anderthalb Kilometer vom Start gelegene technische Position war entsprechend der „Platz Nr. 2“. Dieser zweite Platz sollte zukünftig ein gut ausgebauter gastlicher Siedlungspunkt für alle Erprobungsspezialisten werden. Mit dem Aufbau des Schießplatzes ergab sich sehr bald auch ein eigener Schießplatzsleng, eine Terminologie, die bestrebt war, Abkürzungen und Vereinfachungen verschiedener, häufig im Alltag gebrauchter Standardredewendungen, einzuführen. So ergab sich anstelle

der Bezeichnung „Platz Nr. 10“ meistens das Wort „Zehnter“ („desjatka“), anstelle „Platz Nr. 2“ – „Zweiter“ („dwoika“), anstelle „Technische Position“ – „Technische“ („technitschka“) oder einfach TP. (Mit der Zeit wurde in die offizielle Korrespondenz der Terminus „Position“ durch das Wort „Komplex“ ersetzt, so daß heute anstelle von TP die Abkürzung TK verwendet wird). Aber niemand gebrauchte anstelle von „Startposition“ die Abkürzung SP. Manchmal wurde sie in Analogie mit den übrigen Bezeichnungen als „edinitschka“ (eins) bezeichnet. Die meisten ließen das Wort „Position“ weg und die Abkürzung SP bedeutete für immer Sergej Pawlowitsch Koroljow.
Die Militärspezialisten, die schon seit längerer Zeit auf dem Schießplatz waren, lebten auf dem zehnten Platz der zukünftigen Stadt Leninsk, am Ufer des Flusses Syrdarja. Die Entfernung zwischen dem „Zehnten“ und dem „Zweiten“ betrug mehr als 20 km. In der Folgezeit wurde von den Militärprojektanten und Bauleuten für alle Raketenkomplexe auf dem Schießplatz das Prinzip realisiert, die Start- und technische Position in einer Entfernung von 1 bis 2 Kilometer anzuordnen. Die Hotels, Einfamilienhäuser für zivile Spezialisten und Kooperationspartner, Kasernen für die Soldaten und Wohnheime für die nicht verheirateten Offiziere, die dem Raketenkomplex als Militär zugeteilt waren, baute man 1,5 km von dem Montage- und Erprobungsgebäude entfernt. Dabei beachtete man für unsere „Semjorka“ und die zukünftigen Raketen von Tschelomej und Jangel die Regel, möglichst weit von der zukünftigen Stadt Leninsk und der Eisenbahn Moskau – Taschkent abzurücken.
Es galt das Prinzip, „den Behüteten behütet Gott“. Von den in den letzten 35 Jahren durchgeführten Tausenden von Raketenstarts unterschiedlichster Kaliber und von den vielen Startplätzen des Schießplatzes aus hat nicht eine einzige die Einwohner der Stadt gefährdet.
Auf dem zehnten Platz entstanden Gebäude für den Stab des Schießplatzes, das Rechenbüro, den Versorgungsdienst der verschiedenen Truppenteile sowie für die Bauleitung. Zunächst waren alle in Baracken untergebracht. Aber mit dem Bau eines Krankenhauses, moderner Gebäude für den zukünftigen Stab und alle seine Dienste, eines dreietagigen Kaufhauses sowie vieler zweietagiger Ziegelwohnhäuser war schon begonnen worden.
Vom Bahnhof aus fuhren wir zum Leiter des Schießplatzes, Generalmajor A. I. Nesterenko. Er empfing uns sehr freundlich und stellte uns die aus Kapustin Jar gut bekannten Stellvertreter vor: für Erprobung und Versuchsarbeiten, den Ingenieuroberst A. I. Nosow, für wissenschaftliche Forschungsarbeiten, den Ingenieuroberst A. A. Wasilew. Hier machten wir uns mit den schon „Eingestaubten“, wie sie sich bezeichneten, den Absolventen der Dsershinski-Artillerie-Akademie, den Ingenieur-Oberstleutnant E. I. Ostaschew, dem älteren Bruder unseres Telemetriearbeiters und Versuchsingenieurs, Arkadi Ostaschew, und dem Ingenieur-Major Kirilow bekannt. Ewgenij Ostaschew war zum Leiter der ersten Verwaltung, die sich mit unserer Thematik beschäftigte, ernannt worden und Anatolij Kirilow, zum Leiter der Abteilung für Erprobung und Vorbereitung der Raketen.

Sowohl Ostaschew als auch Kirilow beendeten die Militärakademie nach vier Kriegsjahren. Kirilow befehligte eine Artilleriebatterie bis zum Kriegsende in Europa und nahm dann am Krieg im Fernen Osten bei der Zerschlagung der japanischen Quantum-Armee teil. Die Ordensreihen an der Brust von Nosow, Ostaschew und Kirilow sprachen für sich. Der zu einem gönnerhaft-satirischen Verhalten gegenüber Militärs geneigte Woskresenskij führte das Gespräch in einem vertrauensvoll korrekten Ton.
Nesterenko beschwerte sich darüber, daß die Bauleute gegenüber dem Zeitplan der Übergabe der Montage- und Erprobungsgebäude zurückblieben und die Montage der gesamten Aggregate verzögerten. Die Haupthalle war jedoch zum Empfang der Raketen bereit. Die wertvollste Anschaffung des Montage- und Erprobungsgebäudes war ein Kran, der auf besondere Bestellung gefertigt worden war und der eine solche Mikrooperationsfähigkeit hatte, wie sonst kein in der sowjetischen Industrie gefertigter Kran. Jetzt konnte die Montage der Rakete mit einer Millimetergenauigkeit vollzogen werden. „Das Restliche erblicken Sie selbst. Wir leben vorerst unter schwierigen Verhältnissen. Aber für die Chefkonstrukteure und das wichtigste Personal ist auf dem zweiten Platz eine ganze Passagierabteilung mit allen Bequemlichkeiten außer, Sie entschuldigen, dem Wasserklosett geschaffen worden. Dies ist dann schon, wenn Sie so wollen, an der frischen Luft. In einem Monat, nicht später, werden die einzelnen Häuschen für die Chefkonstrukteure fertig und für alle anderen die Hotelbaracken."
Wir fuhren zum „Zweiten". Der Weg führte direkt durch den schweren Boden, der tatsächlich grenzenlosen, nackten, noch winterlichen Steppe. Die Winterfeuchtigkeit verhinderte, daß sich der pulverförmige Boden in einen kleindispersen alles durchdringenden Staub verwandeln konnte. Man konnte mit voller Kraft die reine Steppenluft einatmen. Links wurde eine Betontrasse zum „Zweiten" und „Ersten" gebaut. Zu den Bauplätzen fuhren die Züge der Kipper mit Beton. Wir überholten Kipper, bei denen der Mörtel aus dem Wagen heraus schwappte, Autos mit allen möglichen festen Aufbauten, beladen mit Baumaterialien und überdachte Lieferwagen mit Bausoldaten.
Ich erinnere mich an Militärwege zu den nahegelegenen Unterständen der Armee. So ein ermüdendes Brummen Hunderter Lkw's, von dem jeder mit seiner Last dahineilte. Hier waren keine lärmenden Panzer und Kanonen, aber hinter den Lenkrädern aller Autos und in den Aufbauten saßen Soldaten.
Im Unterschied zu den Atomstädten, unserem NII-229 bei Sagorsk und vielen anderen geheimen Objekten, gab es hier keine Häftlinge als Bauleute, es baute die Armee. Und wie wir uns bald überzeugen konnten, bauten Militärbauleute alles und konnten alles bauen.
Wir, die Stellvertreter Koroljows, die zum ersten Mal auf dem neuen Schießplatz angekommen waren, auf dem wir in drei Monaten mit dem Start interkontinentaler Raketen beginnen sollten, mußten uns mit Fragen auseinandersetzen, für die wir nicht unmittelbar verantwortlich waren. Aber das unbegrenzte, durch keinerlei bürokratische Hindernisse beschränkte, globale Gefühl der Verantwortlichkeit für alles, was in dieser oder jener Form mit

unserer Arbeit verbunden war, zwang uns dazu, daß wir uns für Fragen interessieren mußten, die eigentlich von den unterschiedlichsten Behörden zu verantworten gewesen wären.
Der Schießplatz wurde bei weitem nicht vom Vorsitzenden des Staatlichen Komitee der Verteidigungstechnik und noch weniger von Koroljow geleitet. Der Leiter des Schießplatzes, Generalmajor Nesterenko, war unmittelbar dem stellvertretenden Verteidigungsminister, dem Hauptmarschall der Artillerie, Nedelin, unterstellt. Die Armee der Bauleute, die in dieser Wüste das in der Welt größte wissenschaftliche Versuchsraketenzentrum schuf, war einem anderen Stellvertreter des Verteidigungsministers unterstellt. Deshalb war der Bauleiter des Schießplatzes formal nicht dem Leiter des Schießplatzes untergeordnet. Zur Kontrolle des Fluges der Raketen mußte fast aus dem gesamten Territorium des Landes ein exakt und zuverlässig arbeitendes Nachrichtenwesen vorhanden sein. Für das Nachrichtenwesen auf dem Schießplatz und außerhalb seiner Grenzen war der Leiter der Nachrichtengruppen, ebenfalls ein Stellvertreter des Verteidigungsministers, verantwortlich. Damit der Flugplatz auf dem Schießplatz mit der Arbeit beginnen konnte, mußte man sich an einen weiteren Stellvertreter des Verteidigungsministers, an den Oberkommandierenden der Luftstreitkräfte wenden.
Für den Transport der Raketenblöcke, der Treibstoffkomponenten zum Auftanken sowie Tausender Tonnen von Gütern für den Bau und zum Unterhalt der Lebenstätigkeit der immer größer werdenden Anzahl von Baustellen sowie den Transport der Arbeitskräfte über die 20 km täglich aus der Stadt vom Platz Nr. 10, für all diese Aufgaben konnte nur die Eisenbahn eingesetzt werden. Für den Bau der Eisenbahnlinien in viele Richtungen vom Bahnhof Tjuratam aus waren das Transportministerium sowie die Eisenbahntruppen des Verteidigungsministeriums verantwortlich.
Mit Elektroenergie sollte der Schießplatz durch das Unternehmen Kasachenergo versorgt werden. Dazu war es notwendig, Masten zu setzen und Hunderte Kilometer Hochspannungsleitungen zu verlegen. Bis zu diesem Zeitpunkt gab es noch keine Leitungen und die Elektroenergie mußte durch spezielle Elektrozüge erzeugt werden. Die Energetik und die Wasserversorgung waren von Beginn des Baues an die brennendsten Probleme.
Um die Flugerprobungen durchzuführen, war für uns fristgemäß folgendes notwendig: Ein fertig gebauter Startplatz Nr. 1 (die Bauarbeiter nannten ihn „Stadion“), ein zur Arbeit fertiges Montage- und Erprobungsgebäude mit allen Hilfsdiensten auf dem Platz Nr. 2, darunter die Hotels, Restaurants, Sanitätspunkte, auch ein Geschäft, eine gute Betonstraße, die den Flugplatz mit der Stadt und allen Plätzen verband, ein breites Eisenbahnanschlußgleis, auf dem das zukünftige Raketenpaket aus dem Montage- und Erprobungsgebäude zum Start gefahren werden konnte und vieles andere mehr. Unter die eiligsten und unaufschiebbaren Arbeiten, die jedoch in der Regel in den vorgegebenen Fristen nicht erfüllt werden konnten, lernten wir, Telegramme und Briefe an die Adressen aller und des gesamten koordinierenden militärisch-industruiellen

Komplexes zu schreiben. Am Anfang des Jahres 1957 wurde der militärisch-industrielle Komplex durch Wasilij Michailowitsch Rjabikow geleitet. Er kannte uns alle noch von der Zeit unseres Zusammentreffens in Bleicherode und wir ließen keinen Anlaß aus, ihn über alle Fristversäumnisse der Inbetriebnahme von Bauobjekten und notwendigen Lieferungen zu informieren. Um eine schnelle Reaktion zu erreichen (und daß unsere Anzeigen nicht verlorengingen), war es notwendig, eine solche klassische „Wortformulierung" zu gebrauchen: „Ungeachtet unserer mehrmaligen Schreiben sind die Übergabefristen (oder die Inbetriebnahmefristen oder das Bauende oder die Lieferung) in Gefahr, wodurch die Erfüllung eines Beschlusses des ZK der KPdSU und des Ministerrates der Nr. soundsoviel vom soundsovielten gefährdet ist."

Wenn die Sache tatsächlich so weit ging, daß die „Erfüllung der Fristen" gefährdet war und wenn die Sache in seiner Anwesenheit verhandelt wurde, konnte sich Koroljow bei den Zusammenkünften sehr schnell auf den ausgemachten Schuldigen stürzen. Aber wie oben angeführt, an höhere Instanzen gerichtete Schreiben unterzeichnete er nicht besonders gern, und wenn er überzeugt war, daß es keinen anderen Ausweg gab, dann warnte er vorbeugend telefonisch: „Beachten Sie bitte, daß ich gezwungen sein könnte, mich an diesen oder jenen zu wenden." Häufig war es so, daß nach solchen Telefongesprächen keine Briefe mehr geschrieben werden mußten. Ein solcher Arbeitsstil im OKB-1, der nach oben geübt wurde, verbreitete in der Leitungsumgebung das Gefühl der Mitbeteiligung und Verantwortlichkeit nicht nur für den jeweiligen konkreten Arbeitsabschnitt, sondern für die Gesamtfront der Entwicklung der Raketenmacht. Diese Spezifik unseres Arbeitsstils führte mich auf viele Beratungen und Versammlungen unter Beteiligung der Erbauer des Schießplatzes.

Bald begriff ich, daß es drei wirkliche Herren gab, die in der Lage waren, fast jede beliebige Frage auf dem Schießplatz zu lösen: Der Rat der Chefkonstrukteure, der Koroljow zubilligte, die Interessen eines jeden von ihnen zu verteidigen, der Leiter des Schießplatzes Nesterenko und der Bauleiter Schubnikow.

Im Jahre 1957 war Georgij Maximowitsch Schubnikow noch Oberst, ein großer strammer Offizier, mit einem direkten Blick. Er trat immer sehr ruhig auf, und mit der ihm eigenen Würde antwortete er auf die Angriffe und Schikanen der höher gestellten Leiter. Er verfügte außerdem über etwas, was man als Original und außergewöhnlich bezeichnen muß. Und im Inneren formierte sich bei mir Protest, als mein unmittelbarer Chef, Koroljow, wegen irgend welcher Kleinigkeiten, wie mir schien, in scharfer Form auf Schubnikow losging.

Koroljow besaß die Eigenschaft, manchmal gewöhnliche Forderungen sehr scharf zu formulieren. Sogar jene, die lange mit ihm zusammenarbeiteten und seine Unversöhnlichkeit gegenüber jeder Art von technischer Schlamperei und Verantwortungslosigkeit kannten, konnten den Ton seiner scharfen Zurechtweisungen nicht immer ruhig ertragen. Es war zu beobachten, daß er manchmal gegenüber neuen Mitarbeitern, in denen er intuitiv eine starke Persönlichkeit vermutete, den Wunsch verspürte, sie auf ihre Festigkeit hin zu

überprüfen. Wenn dieser Neue das nicht aushielt, sich beugte und sich für schuldig erklärte, dann war das Interesse Koroljows für ihn erloschen. Wenn er Koroljow jedoch eine scharfe Abfuhr erteilte, in der Art: „Wer sind Sie, Sergej Pawlowitsch, was befehlen Sie hier, das ist überhaupt nicht Ihre Sache“ oder so ähnlich, dann waren die Beziehungen zu Koroljow für lange Zeit verdorben.
Aber mit Schubnikow passierte so etwas nicht. Schubnikow verstand, daß er an einer für den Staat besonders wichtigen Aufgabe arbeitete, dessen Endergebnis Koroljow anvertraut worden war. Der Chefbauherr stritt nicht mit dem Chefkonstrukteur und ließ keine Konflikte aufkommen. Letztendlich wurden Sie Verbündete. Hinter dem Rücken, in privaten Gesprächen über den Aufbau des Schießplatzes schimpfte Koroljow mit uns besonders über die hohen Leiter wegen der schweren Bedingungen, unter denen die Bauarbeiter arbeiten mußten. Aber immer äußerte er sich mit Verehrung über Schubnikow und dessen Stellvertreter, Ilja Metweewitsch Gurowitsch.
Dann beschwerte sich Rjasanskij bei mir über Koroljow, daß es viele Baufehler auf dem sogenannten dritten „Aufstieg“ gäbe, wo der Punkt zur Funkkontrolle der Umlaufbahn sowie der Befehlsfunklinie der havariebedingten Abschaltung des Triebwerkes oder der havariebedingten Funkabschaltung der Rakete gebaut wurde. Formal hätte man sich an den Leiter des Schießplatzes wenden müssen und Rjasanskij bat Koroljow, Nesterenko anzurufen. Aber Koroljow telefonierte mit Schubnikow, erklärte ihm die Beschwerden Rjasanskijs und erhielt ein herzliches „Danke schön“ als Antwort.
„Sieh, Mischa“, sagte Koroljow „bei allen, den Aufbau betreffenden Fragen, muß man mit den Bauleuten reden und sich nicht mit der linken Hand im rechten Ohr kratzen. Ich habe zu Schubnikow ausgezeichnete Beziehungen, er macht alles, was notwendig ist, aber jetzt „am dritten Aufstieg“ ist das Wasserstaubecken im Aufbau und es beginnt der Bau des Sauerstoffwerkes. Für Dich hat sich eine schwierige Situation ergeben. Deshalb schau nicht auf die Zeit und fahre selbst zu Schubnikow. Er wird alle Anweisungen geben und, wenn Du willst, werde ich noch einmal Gurowitsch, seinen Stellvertreter, anrufen. Er heißt Ilja Matweewitsch und versteht alles ausgezeichnet. Aber fange dort keinen unnützen Streit an. Glaube mir, sie haben es nicht leichter, sondern schwerer als wir hier.“
Rjasanskij bedauerte schon, daß er sich an Koroljow gewandt hatte. Jetzt war er gezwungen, sich tatsächlich mit Schubnikow oder Gurowitsch treffen.
Ich mußte an den Besprechungen teilnehmen, bei denen Schubnikow oder Gurowitsch berichteten. Sogar die über ihnen stehenden Generäle und selbst Nedelin brummten, erhoben jedoch ihre Stimme gegen die Bauleute nicht. Bei allen Problemen fühlten sie, daß, solange die Raketen nicht vom Schießplatz fliegen, die wahren Herren hier die Bauleute sind. Die nicht sehr leichte Arbeit in den ersten Jahren der Entstehung des neuen Schießplatzes bestimmte die weitere Perspektive unserer Tätigkeit. Und mir scheint, daß ich tatsächlich erst hier auf dem Schießplatz die schwere Arbeit der Militärbauleute begreifen und schätzen lernte.

Ein viertel Jahrhundert später, nachdem die wahren Helden der Raketen und kosmischen Errungenschaften nicht mehr geheimgehalten werden und den Ruhm mit den Kosmonauten teilen könnten, sind die Bauleute von Bord gespült worden. Die Amerikaner, die ihre tatsächlich hervorragenden Errungenschaften in der Weltraumfahrt auch lobpreisen, haben die von den Bauleuten errichteten, bemerkenswerten, hervorragenden Bauten in Cap Caneveral ebenfalls nicht gewürdigt. Mir tut das irgendwie leid um die Bauleute. Aber offenbar ist das nicht nur bei uns ihr Los.

Der zehnte Platz, die zukünftige Stadt Leninsk, und das zukünftige Baikonur sind General Schubnikow und der Armee seiner Bauleute zu großem Dank verpflichtet.

Schubnikow starb im Juli 1965, nachdem er zehn Jahre lang in Kasachstan gelebt und gearbeitet hatte. Ich erinnere mich, daß diese Nachricht Koroljow erschütterte. Es war auch für ihn das letzte Lebensjahr. Aber er trauerte nicht nur, sondern gab seinem Stellvertreter und Betriebsdirektor Turkow die Anweisung: „Wenn die Familie von Schubnikow in Kaliningrad leben möchte, dann suche und organisiere eine Wohnung für sie, besorge eine Einweisung und alles übrige." Einzelheiten darüber habe ich nicht erfahren, aber die Familie Schubnikows lebt in Kaliningrad. In Leninsk wurde eine Schule, ein Park und eine Straße nach Schubnikow benannt.

Im Oktober des Jahres 1992 wurde der 35. Jahrestag des ersten Sputnikstarts begangen. Ich befand mich in diesen Tagen in Berlin und besuchte zum ersten Mal das Memorial im Treptower Park. Zu meinem Erstaunen erblickte ich hier in goldenen Buchstaben und in polierte Granitplatten gehauene, unversehrt gebliebene Zitate aus Reden Stalins. Als ich mich vom Hügel herab begab, auf dem der siegende Soldat das gerettete Kind an seine Brust drückt, erblickte ich am Ausgang dieses Architekturdenkmals die in roten Granit mit kleiner schwarzer Schrift gehauenen Buchstaben des Erbauers. In der ersten Zeile stand: „Schubnikow, G. M." Ich erinnerte mich, daß in den Nachkriegsjahren, als wir in Deutschland arbeiteten, Schubnikow dort zerstörte Brücken errichtete, dann baute er das unikale Architektur-Ensemble im Berliner Treptower Park, war mit dem Aufbau vieler besonders wichtiger Militärobjekte beschäftigt, und nicht lange vor Baikonur baute er den Flughafen in Taschkent.

Um die Verbindung zur Zeit nicht zu verlieren, müßte auch auf dem legendären Platz Nr. 1, „dem Stadion" des Kosmodroms Baikonur, eine Gedenktafel mit den Namen der Bauleute errichtet werden.

Auf dem zweiten Platz waren wir, wie von Nesterenko versprochen, in einem zweisitzigen Abteil eines Schlafwagens untergebracht. Es war uns aber nicht möglich, unsere Ankunft traditionell zu feiern, weil wir eine Einladung für den Speisewagen erhalten hatten.

Das Mittagessen war reichlich und schmackhaft. Die Kellnerinnen und die imposante Direktorin des Waggonrestaurants waren außerordentlich höflich und zuvorkommend. Ihre gestärkte schneeweiße Kleidung harmonierte überhaupt nicht mit der Umgebung dieser Zugatmosphäre. Lenja Woskresenskij, den dieser unerwartete Service sehr imponierte, wollte mir eine Freude bereiten.

Unter einem großen Wortschwall stellte er mir die Direktorin des Restaurants vor und bat sie, nicht zu vergessen, daß bald der 1. März, der Geburtstag des Genossen Tschertok sei. Sie versprach, das nicht zu vergessen, und tatsächlich hatten wir die Möglichkeit, den Geburtstag mit einem Abendessen zu begehen, und dies konnte einem guten Hauptstadtrestaurant zur Ehre gereichen. Als Delikatesse wurde gebratenes Antilopenfleisch, das sehr gut zubereitet und außerordentlich zart und schmackhaft war, serviert.

Die Jagd auf Steppenantilopen – die Saigakaantilopen – war verboten. Aber was bedeutete ein Verbot der entfernten staatlichen Macht! Die Herden der Saigakaantilopen zählten in diesen Jahren 10.000 Häupter, die sich frei auf dem verbotenen Territorium des Schießplatzes bewegten, ohne zu wissen, daß die Raketenwaffen ihnen den Tod viel eher brachten als den Menschen, für die sie bestimmt waren. Die Jagd auf Saigakaantilopen blühte zur Zeit des Baubeginns auf dem Schießplatz. Hunderte Saigakaantilopen wurden Opfer unserer ersten Raketenkernwaffenversuche. Die Funker, die den Punkt der Funksteuerung bei Kasalinsk bedienten, erzählten uns, daß sie Saigakaskeletts in der Aralsker Karakumwüste gesehen hatten. Die ansässigen Einwohner erklärten uns, daß im Februar 1956 die Saigakaantilopen zusammen mit allem Vieh weggetrieben worden waren. Aber für die Antilopen gab es keine Aufsicht. Sie starben beim ersten Raketenkernwaffenversuch.

Jeden Morgen gingen wir zu unseren Objekten. Auf der technischen Position begann man schon mit der Montage der vielzähligen Systeme der Versuchsaggregate. Die Brigaden unseres Werkes arbeiteten an der Vorbereitung zur Entladung und zum Empfang der ersten zwei Raketen. Die Brigade des NII-885 und die des Scheinwerferwerkes installierten die Versuchspulte und verlegten zusammen mit den Soldaten die Kabel zu den Arbeitsplätzen und zu den Einspeisungspunkten des Stromes – den Motorgeneratoren. Die Akkumulatorenladestation wurde eingerichtet und ein spezieller Raum zur Entwicklung der telemetrischen Filme vorbereitet. Jeden Tag wurden auf den Anfahrtswegen zum Montage- und Erprobungsgebäude Waggons mit neuen Aggregaten entladen.

Im „Stadion" – dem Startkomplex – verarbeiteten die Bauleute mehr als eine Million Kubikmeter Beton. Zweihundert Meter vom Startkomplex hob man eine Grube aus und baute einen Betontstartbunker. Als man ihn aufschüttete und der betonierte Hügel emporwuchs, erklärten die Spezialisten, daß man in einem solchen Bunker ruhig Tee trinken könne, selbst wenn die Rakete direkt darauf fallen würde. Nedelin, der die Erprobung der ersten Atom- und später Wasserstoffbomben beobachtete, erklärte, daß man Tee in einer ähnlichen Situation besser in einer Entfernung von 50 km trinken solle.

Bei unserem ersten Besuch verbrachten Woskresenskij und Abramow viel Zeit im „Stadion". Der Umfang der Montage- und Einrichtungsarbeiten war sehr groß. Typisch für die ganze Zeit war: immer reichte irgend etwas nicht, irgend jemand hatte sich verspätet, konnte mit einem anderen nicht kooperieren usw. Ich besuchte den Startkomplex ebenfalls häufig, oder Woskresenskij weilte bei

mir auf der technischen Position, und es gab viele Fragen, gemeinsam zu beraten und zu lösen.
Im Vergleich zu dem Bunker in Kapustin Jar – so groß wie ein Zimmer – war der neue Bunker eine weiträumige Fünfzimmerwohnung. Im größten Saal, der mit zwei Marinepereskopen ausgerüstet war, befanden sich zwei Pulte, zur Vorstartüberprüfung und zum Start. Alles war auf diesen Pulten neu und ausgezeichnet im Gegensatz zu den primitiven Pulten der ersten Raketenjahre außer des Startschlüssels. Ich erinnere mich noch, daß Piljugin sagte, als er die elektrischen Startschaltungen des Starts der R-7 betrachtete, die Zeit sei reif, von diesem traditionellen Schlüssel Abschied zu nehmen, der noch von den deutschen Pulten der A-4 übernommen worden war. Er stimmte mit mir überein und gab die Anweisung, anstelle des Startschlüssels einen speziellen Schalter zu entwickeln. Unerwartet stieß dieser Vorschlag auf heftigen Widerstand der Militärs. Die Raketentruppenteile waren formiert und die militärischen Schaltwärter waren daran gewöhnt, die Startoperation mit dem Befehl „Schlüssel zum Start!" zu beginnen.
Als die Sache bis zum Leiter der Verwaltung der Raketentruppen vorgedrungen war, hielt es sein Stellvertreter, Oberst Mrykin, für notwendig, Koroljow anzurufen und ihn zu bitten, in den Startpulten der Raketen R-7 die gewöhnliche Konstruktion des Startschlüssels beizubehalten. Koroljow befragte Piljugin, aber dieser berief sich auf meine Initiative. Zu meinem Erstaunen entschied sich SP nicht sofort, sondern lud mich zur Beratung ein. Ich erklärte ihm, daß ich nicht nur aus technischen, sondern auch von Prestigevorstellungen ausging. Die „Semjorka" soll keine Geburtsflecken haben, das ist eine Neue, es ist vollkommen unser Kapitel in der Geschichte der Raketentechnik. Nachdem er nachgedacht hatte, sagte SP:
„Wenn die ‚Semjorka' zu fliegen beginnt, wird sich niemand mehr an solche Geburtsflecken erinnern. Die Militärs bitten darum, den Startschlüssel zu erhalten. Und eben das ist unsere Geschichte."
So blieb der Befehl: „Schlüssel zum Start!" erhalten. Unter verschiedenen Souvenirs bewahre ich auch den mir im Jahre 1962 von den Militärerprobern geschenkten Startschlüssel. Bei der Übergabe am Tage meines 50. Geburtstages, dieses bescheidenen, aber für mich wertvollen Geschenkes versprach der Abgesandte des Schießplatzes, mir in 50 Jahren denselben Startschlüssel, der beim Start der Jupiterexpedition verwendet würde, zu schenken.
Der zweite große Raum des Bunkers wurde als „Gästezimmer" bezeichnet. Hier war geplant, die Mitglieder der Regierungskommission, hohe Gäste und die Chefkonstrukteure unterzubringen, die sich in die Schaltoperationen einschalteten. In zwei anderen Räumen waren Meßinstrumente zur Steuerung des Betankens, Geräte zur Steuerung des Starts und Apparate des Funkkontrollsystems untergebracht.
Es gab auch noch Räume und Hilfszimmer für die Funker und die Wachmannschaften. In einem dieser Räume wurde viel Platz von Multikanalregistriereinrichtungen eingenommen. Dieses System duplierte partiell die Telemetriedaten während des Starts der Rakete. Außerdem

registrierte sie das Verhalten des Startsystems während des Startprozesses selbst. Der Start konnte aus dem Bunker lediglich von vier Spezialisten beobachtet werden, zwei Periskope waren im Schaltraum und zwei im Gästezimmer. Die anderen mußten, um sich am Flug der erfolgreich gestarteten Rakete zu ergötzen, aus dem Bunker herauseilen. Dazu mußte man ungefähr 60 steile Stufen überwinden und oben noch fünf bis sieben Meter laufen.
Das Montage- und Erprobungsgebäude war das wichtigste Gebäude der technischen Position auf dem zweiten Platz. Hier wurde die Rakete bis zu ihrem Abtransport auf die Startposition vorbereitet. In der großen Halle des Montage- und Erprobungsgbäudes konnte eine Diesellok, die die Waggons mit den Raketenblöcken vor sich herschob, frei hineinrollen. Hier wurden die Raketen entladen, zur Erprobung gelagert und auf Transportwagen gestellt. Dann mußten die Pakete aus den einzelnen erprobten Blöcken zusammengebaut werden.
Unmittelbar an die hohen Montagehallen grenzten drei Etagen eines Labor- und Dienstgebäudes. Noch in Moskau entbrannte bei der Verteilung des Gebäudes der Kampf um jeden Raum. Ich mußte zusammen mit Nosow, Ostaschew und Kirillow die endgültige Entscheidung treffen, welches System wohin kommen sollte, und wohin die Elektro- und Nachrichtenleitungen zu verlegen waren.
Bald kamen Nina Shernowa und Maria Chasan auf dem Schießplatz an. Sie wohnten im Zug. Piljugin gab ihnen den Auftrag, an der Montage und der Einrichtung des komplexen Stands mit dem elektronischen Analogmodell teilzunehmen. Sie erklärten, daß Nikolaj Alexeewitsch gern die Möglichkeit hätte, hier alle notwendigen Forschungen mit einem realen Modell des Stabilisierungsautomaten durchzuführen, um nicht nach Moskau fliegen und bei jeder Beanstandung das Institut befragen zu müssen. Dies war eine hehre Absicht, und Kirillow übergab ihnen aus seiner Reserve einen großen Raum in der oberen Etage unter der Bezeichnung „Persönliches Labor Nina Shernowas im Auftrag des Genossen Piljugin".
Jedes System hatte seinen Chefkonstrukteur, der unbedingt einen isolierten Bürotrakt forderte. Wenn dieser auch nur aus einem Raum bestand. Wichtig war, daß Fremde keinen Zutritt hatten. So wurden Labors für Rudermaschinen, für das Systems der Tankentleerung und der Synchronisation sowie für Kreiselgeräte eingerichtet. Für den Notfall war die pneumatische Erprobung der Armaturen vorgesehen.
Die größten Sorgen bereitete die Inbetriebnahme der Funksysteme. Die Bordapparatur des Funksteuerungssystems erforderte für die Überprüfung und Erprobung eine solche umfangreiche Anzahl von Schränken, die mit Erprobungsblöcken vollgestopft waren, so daß auf der zweiten Etage dafür die wichtigsten Räume zur Verfügung gestellt werden mußten.
Darüber wurde auch mit den jungen Konkurrenten des funkelektronischen Monopols Rjasanskijs gestritten.
Noch bei der Erprobung der Raketen R-1 und R-2 in den Jahren 1950-1953 nutzten wir den funktelemetrischen „Indikator-T" und das System der Flugbahnmessungen „Indikator-D", das von den jungen Absolventen des MEI unter der Leitung des Akademiemitglieds W. A. Kotelnikow entwickelt worden

war. Das junge, aktive und zum Streit neigende Kollektiv entschied, nachdem es die erste Erfahrung der Raketenerprobungen auf dem Schießplatz hinter sich gebracht hatte, zur Entwicklung der folgenden Generation der funktechnischen Ausrüstungen überzugehen. Dies war eine offensichtliche und freche Invasion auf dem Gebiet der Tätigkeit von Rjasankij, Boguslawskij, Borisenko, Konoplew und der neuen im Staatlichen Komitee für Funkelektronik gebildeten Organisation SKB-567 unter der Leitung von Jewgenij Kubenko.
In dieser Zeit gab es noch keine Klarheit zu vielen theoretischen und praktischen Fragen der Funkelektronik. Der Streit über die Dämpfung der Funkwellen in der Ionosphäre, der Einfluß des Plasmas der Triebwerksfackel sowie die Anordnung und Konstruktion der Antennen wurde fortgesetzt. Die größten Schwierigkeiten entstanden den Geräteentwicklern jedoch durch die unzuverlässigen Radioröhren und die ersten Halbleiterelemente, deren Herstellungstechnologie einfach nicht unseren harten Forderungen entsprach.
Der Beschluß des Jahres 1954 über die Entwicklung einer interkontinentalen Rakete wurde im MEI mit großem Enthusiasmus aufgenommen. Schon nach einem Jahr erschienen die ersten Versuchsmuster der Bordapparatur und der Bodenstationen, die durch das Kollektiv unter der Leitung Alexej Fedorowitsch Bogomolow entstanden, nachdem Kotelnikow weggegangen war.
Koroljow erklärte sich bereitwillig mit meinem Vorschlag einverstanden, Bogomolow zu unterstützen und die Konkurrenz zwischen Bogomolow und den Organisationen der Funkindustrie zu fördern. Minister Kalmikow und sein Stellvertreter Schokin hießen unsere Initiative nicht gut. Wir waren jedoch bei allen sich ergebenden Gelegenheiten bemüht, in die Beschlüsse des ZK und des Ministerrates Punkte einzuschmuggeln, die dem Hochschulministerium alle Bedingungen eröffnete, um im MEI Funkapparaturen für die R-7 zu entwickeln.
Ein offizieller Wettbewerb zur Entwicklung der funktelemetrischen Apparatur für die R-7 wurde nicht eröffnet. Um so mehr war der Kampf um einen Platz an Bord sehr heiß entbrannt. Unsere offensichtliche Unterstützung Bogomolows erzürnte Rjasanskij. Die staatlichen Komitees nahmen das OKB Bogomolows nicht ernst, sondern machten sich bei Gelegenheit über die Begünstigung dieses „Kindergartens“ lustig und unterstützen mit allen Mitteln die Entwicklung des telemetrischen Systems von Gubenko. Und trotzdem gelang es uns, eine Expertenkommission zu organisieren, die beschloß, selbständige Erprobungen durchzuführen. Das Gutachten der Expertenkommission war in diesem Fall einstimmig. Für die Rakete R-7 empfahl man das System „Tral“ aus dem OKB des MEI. „Tral“ gewann den Wettbewerb nicht zufällig. Die jungen talentierten Ingenieure wandten die fortschrittlichsten Errungenschaften der Elektronik an, die sie allgemein als verfrüht für die sowjetische Technik ansahen.
Aber der Hauptkonkurrent von Bogomolow bei den funktelemetrischen Systemen, Gubenko, der den Wettbewerb verloren hatte, blieb deshalb nicht arbeitslos. Als Mangel des Systems „Tral“ von Bogomolow erwies sich zu dieser Zeit die Unfähigkeit, sich schnell ändernde Parameter vom Typ der Druckvibration oder Pulsationen in den Brennkammern zu erfassen. Zur Registratur dieser Erscheinungen wurde von Gubenko im Jahre 1956 das neue

telemetrische System „Schnelle Telemetrie“ RTS-5 entwickelt. Wir erarbeiteten für dieses System Meßsensoren für die Vibrationen, und es wurde auch auf den ersten Raketen R-7 installiert.

In den Jahren 1954 bis 1956 wurde in den Betrieben der funktechnischen Industrie die Serienproduktion der Bordapparaturen und der Bodenstationen in stationären und mobilen Varianten organisiert. Nur in den beiden Jahren – 1956 und 1957 – wurden mehr als 50 komplexe Bodenstationen produziert, mit denen man den Schießplatz und alle Meßpunkte von Tjuratam bis Kamtschatka ausstattete.

Auf der Rakete R-7 installierten wir drei selbständige Komplexe „Tral“: im Kopfteil, in der zweiten Stufe, im zentralen Block „A“ und im Seitenblock „D“ zur Kontrolle der Parameter aller vier Blöcke der ersten Stufe. Die ersten Raketen wurden von uns als: Meßraketen bezeichnet, wobei die Zahl der gemessenen Parameter die Zahl 700 überstieg.

Die Masse des gesamten Meßkomplexes war so groß, daß sich die Reichweite der Rakete von 8000 auf 6314 km verminderte. Es gab noch einen Grund zu deren Verminderung. Bei voller Reichweite hätte der Kopfteil die Wasserfläche des Stillen Ozeans erreicht. Aber wir hatten noch keinerlei Kontrollmittel dafür. Die maximale Reichweite, die wir zulassen konnten, um die Spuren auf dem Land zu verfolgen, wurde durch Kamtschatka begrenzt. Deshalb erhielt das Gebiet von Elisow auf Kamtschatka den Bodenmeßpunkt NIP-6. Dieser Punkt am Rande des sowjetischen Territoriums sollte die Parameter des über ihn hinwegfliegenden Kopfteiles messen und die vom Sender des „Tral“ ausgesandten telemetrischen Informationen empfangen. Dort auf Kamtschatka entstand sehr schnell auch der zweite Meßpunkt NIP-7 im Gebiet von Klutsch.

Die „Aggression“ des Bogomolow-Kollektivs war damit jedoch nicht beendet. Unter „großer Geheimhaltung“ erzählte Bogomolow, daß er mit den führenden Radarbetrieben in Kunzewo über eine gemeinsame Entwicklung eines Systems der Funkkontrolle der Flugbahn eine Vereinbarung getroffen hätte. Bei diesem Projekt wurde er vom Abteilungsleiter der Staatlichen Plankommission Paschkow sehr aktiv unterstützt. Dieses „geheime Gespräch“ fand 1955 statt. Koroljow traf ebenfalls „streng geheim“ mit Bogomolow zusammen und verfügte, auf der Rakete R-7 die Sende- und Empfangstation „Rubin“ zu installieren. Durch diese Neuerung sicherte man die aktuelle Entfernungsbestimmung zur Rakete. Nach der Bearbeitung der ballistischen Meßergebnisse war es möglich, den Einschlagpunkt des Kopfteiles mit hoher Genauigkeit zu bestimmen.

Die Bodenstation „Kama“, die mit der an Bord befindlichen Antwortempfangsanlage „Rubin“ zusammenarbeitete, war eine Modifikation der Radaranlage der Luftabwehr. Diese wurden seit langem in Serie produziert. Dadurch unterschied sich der Vorschlag Bogomolows sehr positiv von der Idee, ein System auf der Basis der sehr komplizierten und teuren funkgesteuerten Einrichtungen zu nutzen.

Die telemetrischen Geräte waren im Montage- und Erprobungsgebäude in den einzelnen Räumen entfernt von den anderen funkstrahlenden Systemen angeordnet, um elektromagnetische Störeffekte zu vermeiden.
Es bereitete großes Vergnügen, sich mit den Jungens des OKB des MEI zu unterhalten, die mit großem Eifer an der Montage und Inbetriebsetzung ihrer Stationen arbeiteten. Der als Leiter eingesetzte Michail Nowikow erzählte über die Prinzipien und den Aufbau des Systems mit einem solchen Stolz, daß man ihm gezwungenermaßen alle mögliche Hilfe zuteil werden ließ. Unsere Telemetrieabteilung, von Nikolaj Golunski und Wladimir Worschew geleitet, fand sehr schnell mit den Ingenieuren des OKB des MEI eine gemeinsame Sprache, so daß man sie im weiteren für ein Kollektiv – „eine Bande“ – hielt.
Die erste flugfähige Rakete R-7 traf am 3. März 1957 vollkommen montiert, aus fünf Blöcken bestehend, auf der technischen Position ein. Sie hatte die Fabrik-Nr. M1-5. Unter uns bezeichneten wir sie als Nr. 5 oder einfach als „fünfte“. Wir begannen mit dem Entladen und Verbringen der Blöcke auf die Montagewagen.
Am 8. März kam eine große Gruppe von Konstrukteuren an. Die Leitung hatte der stellvertretende Chefkonstrukteur Alexandr Kascho. Sie überbrachten eine lange Liste von Nacharbeiten, die im Ergebnis der Feuerstandserprobungen auszuführen waren.
Als sehr aufwendig erwiesen sich die Arbeiten des Wärmeschutzes der Hecksektion. Während der Feuerstandserprobungen war die Verkleidung der Heckkonstruktion aus Aluminiumlegierungen an vielen Stellen durchgebrannt. Verbrannt waren auch die Rückkopplungspotentiometer der Ruderkammern und der Kabel. Die Hecksektionen mußten von außen mit feinen chromierten Stahlblechen verkleidet und innen mußten alle verwundbaren Stellen mit Asbest umwickelt werden.
Ich verbrachte fast einen Monat auf dem Schießplatz. Ende März war es möglich, das Hotel in dem gastlichen Zug für kurze Zeit zu verlassen. Ich weilte in Moskau, während der erste Zyklus der Nacharbeiten andauerte.
Das zweite Mal flog ich zusammen mit Koroljow zum Schießplatz. Wir landeten zum ersten Mal auf dem neuen Flugplatz „Schwalbe“, dem zukünftigen, später international bekannten Flugplatz Baikonurs. In diesem Flugzeug waren auch viele unserer Mitarbeiter. Koroljow ging davon aus, daß es notwendig sei, eine möglichst große Zahl seiner Mitarbeiter durch die Schießplatzschule zu schicken, damit sie das Gefühl gewännen: „Wir sind nicht hier, um Tee mit Marmelade zu trinken.“
Als wir uns auf die Autos verteilten, setzte mich Koroljow in seinen „Gasik“. Ich fuhr zum ersten Mal mit Koroljow durch die Steppe zum neuen Schießplatz. Die Wege staubten schon und ich ließ die Gelegenheit nicht aus, noch einmal daran zu erinnern, daß wir diesen Platz in der Halbwüste durch die Forderung Rjasanskijs, wegen der Lage der Funksteuerungspunkte gewählt hatten. Unerwartet unbeherrscht reagierte Sergej Pawlowitsch auf meine Bemerkung: „Ach Boris, Boris, Du bist ein unverbesserlicher und verrosteter Elektriker! Sieh und liebe das hier, ergötze Dich an der grenzenlosen Natur. Wo findest Du noch

eine solch unendliche Weite? Wir werden hier große Dinge vollbringen. Glaube mir und brumme nicht."
Er sagte das, indem er sich vom Vordersitz zu mir umdrehte. Sein gewöhnlich besorgtes oder sogar gekünstelt strenges Gesicht glänzte dieses Mal mit einer für Koroljow ungewöhnlich jugendlich entzückten Begeisterung. Und eben dieses ungewöhnlich vor Begeisterung leuchtende Gesicht hat sich in mein Gedächtnis eingeprägt.
Es waren wieder vier einzelne Häuschen gebaut worden, die ihre neuen Bewohner – „die Chefkonstrukteure" – erwarteten. Zwei dieser Häuschen sollten später mit Gedenktafeln geschmückt werden. Im Häuschen Nr. 1 verbrachte Jurij Gagarin die letzte Nacht vor seinem ersten Flug und das Häuschen Nr. 2 wurde für Koroljow acht Jahre die zweite Heimat nach Moskau.
Unter Berücksichtigung der äußerst schwierigen Wohnungsbedingungen vereinbarte Koroljow, daß drei Häuschen zeitweilig auf kommunaler demokratischer Grundlage vergeben wurden. Das neue Hotel war noch nicht fertig und das Leben in den Baracken konnte nach Meinung Koroljows, zur Senkung der Autorität seiner Stellvertreter führen. Alle Häuschen hatten drei Zimmer, deshalb wurden in jedes Haus drei Leute einquartiert. Das Haus Nr. 1 blieb frei für den Fall, daß sich jemand zu zweit erholen oder der Vorsitzende der Staatlichen Kommission oder Marschall Nedelin hier wohnen wollte. Dieses Häuschen wurde deshalb bis zum Start Gagarins als Marschallhäuschen bezeichnet. Koroljow gab mir und Mischin ein Zimmer seines Häuschens ab. Im dritten Häuschen wohnten Barmin, Kusnezow und Woskresenskij, im vierten Häuschen – Gluschko, Rjasanskij und Piljugin. Koroljow machte so, nach den auf dem Schießplatz geltenden Privilegien, drei seiner Stellvertreter, Mischin, Woskresenskij und mich, zu Chefkonstrukteuren.
Als wir nach zwei Wochen auf den Schießplatz zurückkehrten, erblickte ich zum ersten Mal die fast grüne Frühjahrssteppe. Durch die Steppe wollte man nicht fahren, sondern einfach wandern. An verschiedenen Stellen brachen niedrig wachsende, verschieden farbige Tulpen hervor und es wuchs ein zarter, buschiger, in unserer Gegend unbekannter Löwenzahn. Dieser verlor die Blütenblätter nicht und bot dem Wind standhaft Widerstand.
Die Betonautostraße war fertiggestellt, nur Raupen und sehr große Lastautos fuhren noch durch die Steppe. Fast alle Bewohner des Zuges zogen aus der Hitze der engen Waggons in die aus vielen Zimmern bestehenden Baracken, die entsprechend in Männer-, Frauen- und Dienstbaracken unterteilt waren. Die Verteilung der Zimmer erfolgte spontan nach verschiedenen Prinzipien. In Abhängigkeit von der Zugehörigkeit zu Behörden, zu bestimmten Systemen und bestimmten Gruppen. So ergaben sich Zimmer der Telemetriemitarbeiter, der Ballistiker, der Triebwerksspezialisten, der Bodenbediensteten sowie der Monteure usw.
Das als Rechteck angeordnete Barackendorf grenzte an die Stabsbaracke, in der der bisher bescheidene Verwaltungsapparat der Expedition untergebracht war. In diesem Raum gab es ein HF-Telefon, einen Sitzungssaal und einen Saal für die seltenen Kinovorführungen. Schnell bildete sich ein eigenständiger

Lebensstil des Schießplatzes heraus. Dieser war aber nicht nur durch Arbeit, sondern auch durch abendliche Spaziergänge auf den Straßen, durch Sammeln von Tulpen und durch die Organisation der unterschiedlichsten Spiele gekennzeichnet. Es war dies die Zeit, wo eine Atmosphäre optimistischer Hoffnungen und gutherzigen Humors die schwere Arbeit und die schweren Lebensbedingungen erleichterte.
Bald erfuhren wir mit Befriedigung, daß Wasilij Michailowitsch Rjabikow zum Vorsitzenden der Staatlichen Kommission zur Erprobung der Rakete R-7 ernannt worden war. Diese Nachricht befriedigte besonders jene, die ihn im Jahre 1945 in der Villa Franke in Bleicherode empfangen hatten.
Zur Kommission gehörten: Marschall Nedelin (der Stellvertreter des Vorsitzenden), der technische Leiter für Erprobungen Koroljow, Mitglieder in den Rängen der Stellvertreter technischer Leiter für Erprobung waren Gluschko, Piljugin, Rjasanskij, Barmin, Kusnezow und einfache Mitglieder Peresypkin (Stellvertreter des Ministers für Nachrichtenwesen), Mrykin, Wladimirskij, Udarow, Nesterenko und Paschkow.

## *Der 15 Mai 1957*

Die letzten Feuerstanderprobungen der zum Flug bestimmten Variante der R-7 wurden am 30. März 1957 in Sagorsk durchgeführt. Es ergaben sich viele neue Beanstandungen, die bei der Nacharbeit an der ersten zum Flug bestimmten Rakete R-7 Nr. 5 beseitigt werden mußten. Diese befand sich auf dem Schießplatz. Der schwerste Teil der Arbeit kam auf die Werksbrigade zu: In der Halle des Montage- und Erprobungsgebäudes mußten Arbeiten geleistet werden, die unter gewöhnlichen Fabrikbedingungen durch spezialisierte Abteilungen des Betriebes ausgeführt wurden. Alles, was sie nicht in der Fabrik herstellen konnten, fertigte die Brigade der Abteilung Nr. 39 unter Leitung von Zyganow. Sie arbeiteten einträchtig und gut organisiert und brachten alle Materialien, Werkzeuge und Alkohol über alle Normen zum „Abwaschen und Abreiben".
Die meisten Sorgen bereitete die Verstärkung des Wärmeschutzes der Heckteile, mit dem man noch vor meinem Abflug nach Moskau begonnen hatte. Die Rohrleitungen zur Sauerstoffversorgung wurden ausgetauscht, um Stauzonen auszuschließen, in denen sich der flüssige Sauerstoff erhitzte, zu kochen begann und zu Rüttelerscheinungen führte, die man als hydraulische Schläge bezeichnete. Die Hecksektionen wurden zur Brandschutzvorsorge mit Stickstoff durchgeblasen. Die Ballistiker, die schon die erste EDV-Anlage des Typs BESM nutzten, überrechneten die Flugbahn und im letzten Moment war es notwendig, in den Programmgebern die Abschaltzeit der Schubendstufe der Ruderkammern zu verändern.
Die Liste der Nacharbeiten war groß. Die Chefkonstrukteure griffen den Leiter Kascho an und erklärten, daß er nach den letzten Ergebnissen der Betriebserprobungen bestimmte Geräte ersetzen müsse. In jedem System wurden in den Ergebnissen der Werkserprobungen im letzten Moment, während

man die Rakete von Podlipki zum Schießplatz brachte, sie entlud und zur Erprobung vorbereitete, irgendwelche Mängel festgestellt. Im Moskauer Betrieb konnte ein solcher Wechsel schnell und ohne Formalitäten erledigt werden.
Hier auf der technischen Position des Schießplatzes konnte man „in den letzten Wagen des abfahrenden Zuges springen" und dort das vorläufige Einverständnis erhalten. Dann erfolgte eine Auseinandersetzung mit dem führenden Konstrukteur und die endgültige Entscheidung lag bei Koroljow. Ehe sie ein Dokument bestätigten, das für einen anstehenden Wechsel sprach, versuchten der Chefkonstrukteur oder sein Stellvertreter, eine möglichst große Zahl von Austauschgenehmigungen zu erhalten. Danach wandten sie sich persönlich an Koroljow, der von ihnen schwerwiegende Argumente für den Wechsel oder die Nacharbeiten forderte.
Schließlich wurde festgelegt, daß weitere Wechsel oder Nacharbeiten nur im Ergebnis der Erprobung, wenn ein Versagen oder ernsthafte Beanstandungen vorlagen, erlaubt würden. Beanstandungen während der elektrischen horizontalen Erprobung gab stündlich. Koroljow über jede Beanstandung zu berichten und dann noch die Gründe anzuführen, war nicht einfach. Er wiederum gab noch die Anweisung, ihn bei jeder beliebigen Beanstandung, auch nachts, zu rufen. Woskresenskij wies das zurück und überredete Kascho und mich, diese Ordnung nicht einzuhalten. Sonst wäre eine Arbeit auf der Startposition nicht möglich gewesen.
Mitten in der Nacht bei dem nächsten Versagen irgendeines Gerätes (wahrscheinlich war es „Tral" oder eins der Geräte der Funksteuerung) entschloß ich mich, dieses sofort zu wechseln, weckte Koroljow telefonisch und berichtete ihm darüber. Nach einer halben Stunde wiederholte Kascho, indem er sich auf meine Entscheidung stützte, den Telefonanruf. Nach noch einer halben Stunde weckte Woskrerenskij Koroljow mit dem dritten Anruf und sagte ihm, daß er durch den von Tschertok durchgeführten Gerätewechsel sehr beunruhigt sei.
Als Koroljow am Morgen im Montage- und Erprobungsgebäude erschien, nahm er uns nach dieser schlaflosen Nacht zusammen und sagte: „Ich habe verstanden, daß Ihr Euch abgesprochen habt, mich zu belehren. Zum Teufel damit und derselbe mit Euch! Wir werden also folgende Ordnung einrichten. Alle Beanstandungen werden in ein Bordjournal genauestens eingetragen. Jeden Morgen komme ich, Kascho ruft jene, die notwendig sind, wenn er die Ursachen selbst nicht klären kann, und im Journal unterzeichne ich nach Euch."
Die größte Zahl der Beanstandungen gab es bei den Funksteuerungsgeräten. Rjasanskij magerte infolge der häufigen Auseinandersetzungen mit Koroljow ab.
Während des gesamten Zyklus der horizontalen Erprobungen gab es auch nach Einführung der neuen Ordnung eine solche Zahl von Geräteaustauschen, Nacharbeiten und Beanstandungen, daß wir den Kopf hängenließen. Der Starttermin bis zu den Maifeiertagen war völlig unreal. Nach einer Beratung kamen wir überein, der technischen Leitung vorzuschlagen, einen zweiten sauberen Zyklus zu fahren, aber ohne irgendwelche Veränderungen

vorzunehmen. Koroljow erklärte sich einverstanden und stellte diesen Vorschlag bei der Beratung der Chefkonstrukteure zur Diskussion. Alle stimmten einträchtig zu und fanden sich damit ab, daß wir den 1. Mai auf dem Schießplatz feiern würden. Die Eintrittskarten für die Tribüne auf dem Roten Platz würde niemand nutzen und die Militärparade niemand sehen können.

Auf der Beratung der technischen Leitung erklärte Koroljow, daß es verboten sei, irgendwelche Nacharbeiten vorzunehmen, wenn der Zyklus fehlerfrei abläuft, und mir, dem Leiter der technischen Position, verbot er kategorisch, ohne Absprache mit ihm persönlich auch nur über irgend einen neuen Vorschlag zu sprechen.

Der zweite saubere horizontale Erprobungszyklus der einzelnen Blöcke war am 30. April beendet. Der auf den Schießplatz eingeflogene Rjabikow erklärte, daß wir uns am 1. Mai erholen werden. Vorher würde er vor gefülltem Konferenzsaal ein Referat halten. Das Referat kam unerwartet. Rjabikow berichtete über die Zerschlagung der „Antiparteigruppe“ Molotows, Malenkows, Kaganowitschs und anderer.

Diese Mitteilung hinterließ einen unangenehmen Eindruck. Nach dem Tod Stalins, nach der Liquidierung Berijas, nach dem furchtbaren Referat Chruschtschows auf dem XX. Parteitag dachte man, daß sich schließlich ganz oben eine weise, gerechte und vor allem solidarische Macht konsolidiert hätte. Wir berieten darüber und nahmen dies als einen offensichtlichen Sieg der Linie Chruschtschows auf. Das hieß aber auch, daß es erneut Feinde in der Partei gab und es notwendig war, wieder zu kämpfen, zu entlarven und auszuschließen. Jetzt eben die Anhänger dieser Antiparteiguppe. Rjabikow beruhigte uns, daß das ZK vollkommen und einmütig den Ausschluß der ehemaligen Politbüromitglieder aus der Partei gebilligt und die Einheit des ZK, der Partei insgesamt und die Einheit zwischen Partei und Volk gesichert sei. Für das Land und viele Völker der UdSSR waren dies in bedeutendem Maß schablonenhafte, abstrakte Losungen. Eine andere Sache war das hier auf dem Schießplatz in Kasachstan. Wir waren tatsächlich ein einheitliches, freundschaftliches, geschlossenes Kollektiv, weil wir ein gemeinsames Ziel hatten. Es waren Menschen verschiedener Behörden – Militärs und Zivilpersonen, Ingenieure, Wissenschaftler, gewöhnliche Arbeiter und hohe Leiter.

Der Beschluß stand fest, am 1. Mai nicht zu arbeiten. Schließlich konnte man ausschlafen und sich erholen. Man konnte sich an der noch nicht heißen Sonne laben oder sogar auf der Syrdarja (Fluß in der Nähe) fahren.

Aber es ging nicht ohne Vorfälle ab. Das Kollektiv des telemetrischen Dienstes erhielt eine solide Menge Alkohol „für das Waschen der Entwicklungsmaschinen und das Trocknen der Filme“, so war es in der Bestellung formuliert. Ich sündigte, weil ich die von Golunskij und irgend jemanden von den Militärs unterschriebene gedopte Bestellung bestätigte. Was sollte man machen? Um in dieser Zeit Alkohol zu erhalten, schrieben sie Bestellungen zum Waschen der optischen Achsen oder des Richtdiagramms der Antennen. Auf dem Schießplatz herrschte ein strenges Antialkoholgesetz. Wodka wurde nicht verkauft. Aber zur Stimulierung besonders ausgezeichneter

Arbeiten, war es nicht verboten, kostenlosen Alkohol aus den Dienstvorräten auszugeben.
Nachdem sie die ganze Nacht ihre Bestellungen realisiert hatten, entschieden die Telemetriearbeiter, daß es um sechs Uhr früh Zeit sei, den 1. Mai als internationalen Feiertag der Solidarität des Proletariats und aller Wohnungssuchenden auf dem zweiten Platz zu feiern. Die Gruppe, die die Initiative ergriff, bewaffnete sich zusammen mit Nikolaj Golunskij mit einer roten Fahne, einer Wasserflasche voller Alkohol, einem geschliffenen Glas und der einzigen vorhandenen Zitrone. Einer von ihnen stieg auf einen Hocker, den sie ebenfalls mit sich trugen, brachte einen Trinkspruch auf den 1. Mai, die Solidarität der Werktätigen und den Erfolg unserer Sache aus, dann gaben sie ihm Alkohol und die einzige Zitrone zum Riechen und gingen unter allgemeinem Gelächter oder dem Gekeif der nicht ausgeschlafenen Leute weiter. Wir lachten gnädig über diese Demonstration, aber die Politabteilung des Schießplatzes betrachtete diese Karikatur als Verhöhnung der offiziellen Ordnung zur Durchführung des 1. Mai und machten Koroljow schriftlich Mitteilung über die Verletzung der gesellschaftlichen Ordnung auf dem streng reglementierten Territorium durch seine Mitarbeiter.
Golunskij und seine Genossen rettete das Fehlen von Spezialisten, die sie hätten ersetzen können bei einem so verantwortlichen Start, vor ihrer Ausweisung vom Schießplatz. Deshalb war Koroljow gezwungen, sich auf die Androhung der Ausweisung zu beschränken. Wenn es irgendwelche neue Kritiken an ihrem Verhalten gäbe, dann würde er „die gesamte Gesellschaft auf den Eisenbahnschwellen nach Moskau jagen“.
Die Androhung der Ausweisung „nach Moskau auf den Schwellen“ wegen eines Vergehens war Ausdruck höchster Erregung Koroljows. Aber manchmal explodierte er noch stärker: „Gehen Sie in die Verwaltung, schreiben Sie Ihre fristlose Entlassung ohne Zahlung des noch ausstehenden Lohnes und bringen Sie mir das zur Unterschrift!“ Wenn der Beschuldigte zu Koroljow zurückkam und ihm das ausgefüllte Formular zur Unterschrift vorlegte, dann zerriß er es und schrie laut, daß alle zitterten: „Sie wollen nach Hause, Tee mit Marmelade trinken? Machen Sie sich sofort an die Arbeit!“ Und dann verkehrte er mit dem Beschuldigten, wie man sich das nicht vorstellen konnte. Die Umgebung, die über den Helden des laufenden Vorfalls gelacht hatte, fürchtete sich aber und wollte Koroljow auf dem Wege nach Moskau weder auf den Schwellen noch mit einem anderen Transportmittel begegnen.
Es war tatsächlich wesentlich schwieriger, vom Schießplatz ab- als hierher einzufliegen. Koroljow führte eine solche Ordnung ein, daß die Abteilungsleiter ihm die Passagierlisten für jeden Abflug vorlegen mußten. Wenn jemand auf der Liste ohne sein Wissen auftauchte, dann strich er diesen gnadenlos und forderte einen zusätzlichen Bericht.
Einmal begegnete mir in Koroljows Abwesenheit der führende Konstrukteur Kascho mit einem völlig verzerrtem Gesicht auf dem Schießplatz. Er hatte ein großes Zahngeschwür und starke Schmerzen. Der hier arbeitende Zahnarzt hatte erklärt, daß eine Operation notwendig sei, die er nicht ausführen könne. Danach

schickte ich Kascho nach Moskau und er gab mir sein Ehrenwort, daß er sofort nach der Operation mit dem nächsten Flugzeug zurückkehren würde. Kascho kehrte einen Tag vor der Ankunft Koroljows zurück. Irgend jemand gelang es, Koroljow zu überbringen: „Tschertok hat Kascho ohne Anweisung nach Moskau fliegen lassen".

Koroljow erschien zwei Stunden nach seiner Ankunft im Montage- und Erprobungsgebäude auf dem zweiten Platz und forderte von Kascho einen Bericht. Der war zu seinem nicht geringen Erstaunen tatsächlich anwesend und bereit, ihm über die Lage der Nacharbeiten an der Rakete zu berichten. Es folgte dann eine Aussprache mit mir. Ich erzählte ihm die Sache so, wie sie gewesen war. Damit hatte sich dieser Vorfall erledigt.

Sofort nach der stürmischen Erholung am 1. Mai begannen alle Dienste des Schießplatzes, die angespannte Vorbereitung zum ersten Raketenstart fortzusetzen. Im Montage- und Erprobungsgebäude wurde letztendlich die horizontale Erprobung abgeschlossen und mit der Montage des Paketes aus fünf Blöcken begonnen. Diese hier zum ersten Mal durchgeführte Operation zog viele Zuschauer an. Die Montage wurde vom Oberleutnant Sinekolodezkij und dem Brigadier der Montageabteilung unseres Werkes Lomakin geleitet.

Der relativ kleine, schlanke, sehr bewegliche Sinekolodezkij hatte sich Hausschuhe angezogen, balancierte artistisch auf der Oberfläche der Raketenblöcke und wies den Kranführer ein. Ein Seitenblock nach dem anderen wurde von einer speziellen Hebeeinrichtung erfaßt, langsam vom Boden hochgehoben und zusammen mit dem Operator, der die Montage leitete, an den Zentralblock herangefahren. Das gesamte Paket wurde auf einem technologischen Wagen gestellt, mit dem es dann auf einem flachen Spezialwaggon verladen wurde. Erst am 5. Mai konnten die letzten elektrischen Erprobungen des gesamten Paketes abgeschlossen werden.

Am frühen Morgen des 6. Mai fuhr aus den weiten Toren des Montage- und Erprobungsgebäudes der Spezialwaggon mit dem Paket, geschoben durch eine Diesellok, auf dem seperaten Eisenbahnanschluß langsam entlang der neuen Trasse zum Start. Die Rakete befand sich mit all ihren 32 Düsen vor der Diesellok und schaute auf die Seite der stählernen Träger der Starteinrichtung, die vorbereitet waren, sie zu umarmen.

Seit diesem Tag wurde es zur Tradition – der Vorsitzende der Staatlichen Kommission, die Chefkonstrukteure, die Leiter der Verwaltung des Schießplatzes und alle, die es wünschten, trafen sich zu einer feierlichen Zeremonie des Abtransports der anstehenden Rakete aus dem Montage- und Erprobungsgebäude. Bei diesem ersten Transport gingen wir hinter der sehr vorsichtig fahrenden Diesellok „zu Fuß auf den Schwellen". Bei den folgenden Starts nahm man von den Fußmärschen zum Startplatz Abstand und setzte personell gebundene Autos dafür ein.

Die erste Einbringung einer Rakete R-7 in die Startvorrichtung erfolgte unter Anwesenheit einer großen Zahl von Enthusiasten. Alle fühlten: jetzt beginnt die verantwortlichste Etappe unserer Arbeit, die das Schicksal vieler langer Jahre bestimmt. Erst am Ende des Tages meldete Barmin, der persönlich alle Prozesse

der Aufstellung der Rakete leitete, daß er seine Aufgabe der gegebenen Etappe erfüllt hatte: „Jetzt könnt Ihr erproben!“
Und es begann nach unseren heutigen Vorstellungen ein langer Zyklus von Startvorbereitungserprobungen. Zeitweise hatte man Woskresenskij und Jewgenij Ostaschew alle Verfügungsgewalt übergeben. Die reine „Maschinenzeit“ aller elektrischen Erprobungen der ersten Rakete R-7 Nr. 5 dauerte auf der Startposition 110 Stunden.
Nachts war man bestrebt, nicht zu arbeiten, aber sieben Tage vergingen allein zur Überprüfung der Analyse aller Beanstandungen, dem Anschauen der Filme für die Berichte und einer Masse aller möglichen Prozeduren, die sich noch aus unserer Unerfahrenheit aber auch manchmal aus unseren Fehlern ergaben.
Als wir zusammen mit Woskresenkij auf dem Beton des Startplatzes bei Kascho die Frage über die Veränderung und Einstellung des Ventils der Treibstoffversorgung der Steuerungstriebwerke diskutierten, gesellte sich Barmin zu unserer Gruppe. Er hörte unseren Streit und sagte:
„Raketen werdet Ihr noch viele produzieren, aber eine solche Startvorrichtung ist einmalig. Wenn Euer Produkt nicht fliegt, sondern auf meine Vorrichtung stürzt, dann habt bitte im Auge, daß dies eine Verzögerung zum nächsten Start von mindestens zwei Jahren bedeutet!“
Was sollten wir aber machen? Wir vertrauten darauf, daß sie fliegt.
„Aber, Wladimir Pawlowitsch, wenn Du unsere Schönheit früher startest, was passiert, wenn Deine Stahlträger sie nicht loslassen, dann wird sie es Dir zeigen!“
Bis zum Betanken war der Aufenthalt in der Nähe der Rakete ungefährlich. Mal hier, mal da sammelten sich Gruppen Streitender, die den Verlauf der elektrischen Erprobungen beobachteten und die Berichte begutachteten, die von den Schaltwärtern im Bunker eintrafen.
Am Morgen des 14. Mai brachten die Dieselloks die dampfenden Zisternen mit Sauerstoff zur Startposition. Der auf dem Schießplatz anwesende Rjabikow klagte: „Das zweite Mal lassen wir das Land ohne Sauerstoff“
Warum das zweite Mal? Es erwies sich, daß auf der Sitzung der Staatlichen Kommission in Moskau die Forderung des ZK vorlag, den ersten Start bis zum 1. Mai zu realisieren und damit Chruschtschow ein Geschenk zum Feiertag zu machen. Nesterenko trat entschieden dagegen auf und wies überzeugend darauf hin, daß der Schießplatz, der Startkomplex und selbst die Rakete nicht in den verbleibenden 20 Tagen bis zum Feiertag vorbereitet werden konnten.
„Nun, wenn Ihr das nicht schafft, dann werden wir das dem ZK mitteilen und die Gründe erklären“, sagte Nedelin beschwichtigend.
Nesterenko bat, die Anordnung über die Lieferung des flüssigen Sauerstoffs auf den Schießplatz zu verändern. „Wir können alles aufbewahren, aber den Sauerstoff nicht, der verdampft.“
Es war tatsächlich so, daß zur Sicherung der Betankung aus Rußland nach Kasachstan dreimal mehr Sauerstoff geliefert werden mußte, als für die Rakete nötig war. Die Eisenbahntankwagen waren von ihrer Konstruktion her nicht in der Lage, die kryogene Flüssigkeit zu lagern und es verdampfte sehr viel. Ein

Sauerstoffwerk und die entsprechenden Speichervorrichtungen waren noch nicht auf dem Schießplatz vorhanden. Wir ließen unsere Industrie, besonders die Metallurgie, tatsächlich ohne Sauerstoff.
Die Argumente Nesterenkos wirkten nicht. Die Anweisung zum Abtransport des Sauerstoffs auf den Schießplatz mit der Lieferung bis zum 25. April wurde nicht rückgängig gemacht und erfüllt. Nach dem 1. Mai kehrten alle Kesselwagen, die nur die Steppenatmosphäre mit Sauerstoff angereichert hatten, zur zweiten Betankung zurück. Dieses Mal aber hatte keiner Zweifel, daß der Sauerstoff tatsächlich zum Einsatz kommt.
Bis zum Ende des Tages waren alle Beanstandungen analysiert, die Filme angesehen, die Flugaufgabe unterzeichnet und der Staatlichen Kommission vorgelegt worden. Alle Dienste erklärten zum 15. Mai ihre Bereitschaft. Alle Dienste, d. h. von Tjuratam bis nach Kamtschatka. Auf dem Wege dahin waren vier Meßpunkte: Saryschagan, Jenissejsk, Ussurijsk, Elisowo. Die beiden am Ort befindlichen zählten nicht mit. Dienstbereit waren auch die Punkte der Funksteuerung, der einheitliche Zeitdienst und die Schießplatz-Telemetrie-Stationen die auf speziellen Autoplanwagen, den sogenannten „Kunga" montiert waren.
Man überprüfte die Evakuierungspläne für alle Dienste und alle Arbeiter des 2. Platzes, weiterhin den Evakuierungsplan der Startmannschaft selbst und eine Liste der sich während des Starts in dem Bunker aufhaltenden Personen.
Am letzten Tag vor dem Start konnte sich niemand erholen und ausschlafen. Alle Zeit mußte zur Analyse der Beanstandungen im Ergebnis der Begutachtung der telemetrischen Filme der Station „Tral" der letzten wiederholten Generalerpobungen aufgewendet werden. Es war notwendig, nicht nur jeden beliebigen Sprung der Linien nach oben oder unten auf dem Film zu begreifen, sondern dies auch der Staatlichen Kommission zu erklären, schließlich wurde der Beschluß über das Betanken nach allen Bereitschaftsmeldungen gefaßt.
Es wurden Verhaltensregeln für den Startplatz festgelegt: wer wo zu sein hatte und ein Evakuierungsplan erarbeitet. Ein Großteil der Mitarbeiter, die nach der einstündigen Startbereitschaft nicht mehr gebraucht wurden, entfernten sich in das „Sicherheitsgebiet" auf der Anhöhe, 3 km vom Start entfernt. Der beste Beobachtungspunkt, um unmittelbare Informationen im realen Zeitmaßstab zu erhalten, war der erste Meßpunkt in einer Entfernung von einem Kilometer vom Startplatz (IP-1). Dort waren drei telemetrische Meßwagen mit einer Empfangsanlage „Tral" aufgestellt, das Häuschen der Telemetriemitarbeiter hatte direkte Verbindung zum Bunker und für den Notfall überdachte Gräben zum Schutz hoher Gäste bei Regen und Sonne.
Bei der Aufstellung der Liste waren viele bestrebt, auf den ersten Meßpunkt zu gelangen. Aber Koroljow und Nosow strichen gnadenlos alle Namen und begründeten das damit, daß sie erstens viel zu nahe am Start seien und zweitens die Zuschauer die Arbeit der Telemetriearbeiter stören würden. Ich befand mich in der Liste der im Bunker unterzubringenden Personen und dachte, daß das unlängst erfolgte Training zum schnellen Verlassen des Bunkers über die steilen Betontreppen eine gute Vorbereitung gewesen war.

Der 15. Mai war der Tag des Starts. Erst am Morgen vor der Abfahrt auf die Startposition erinnerte ich mich daran, daß dies der Jahrestag des Erstfluges unserer BI-1 am 15. Mai 1942 in Kolzowo war. Wem sollte ich diese meine Entdeckung mitteilen? Hier auf dem Schießplatz waren Mischin, Melnikow und Rajkow Teilnehmer dieses historischen Ereignisses gewesen. Als ich sie daran erinnerte, reagierten sie lebhaft. Nach dem Start würde man gleich zwei Ereignisse feiern können.

Was hatte sich in diesen 15 Jahren alles ereignet! Vom primitiven Furnierflugzeug BI-1 mit einem Schub-Triebwerk von einer Tonne bis zur heutigen „Semjorka“ und Triebwerken mit einem Schub von mehr als 400 t! In dem Kopf dieser „Semjorka“ sollte zukünftig eine Bombe eingebracht werden, die in der Lage sein würde, eine beliebige Stadt zu zerstören. Aber sich Erinnerungen hinzugeben und zu philosophieren, war einfach nicht möglich.

Der Starttag zog sich unwahrscheinlich lang hin. Das erste Auftanken erfolgte mit Unterbrechungen. Koroljow, Barmin, Woskresenskij, Nosow, Jewgenij Ostaschew, Offiziere und die Betankungssoldaten erschienen und verschwanden wieder in den dichten Wolken des verdampfenden Sauerstoffs.

Ich suchte im Bunker Zuflucht. Dort hinter dem Pult, darum bemüht, die Offiziere und Schaltwärter des Sagorsker „Neubaus“ nicht zu stören, nahm ich neben Nikolaj Lakuso Piljugin Platz.

Im Gästezimmer hatten sich noch nicht alle eingefunden. In ruhig gelassener Pose saß Gluschko schweigend da. Kusnezow befragte nochmals seinen Kreiselspezialisten Nikolaj Chlybow nach der Einstellung des Integrators, der das Triebwerk der zweiten Stufe bei Erreichen der vorgegebenen Endgeschwindigkeit der Rakete abschalten mußte.

Im Funkzimmer führte Rjasanskij prophylaktische Schaltungen zu seinen weit entfernten Punkten der Funksteuerung sowie dem IP-3 (auf dem 3. Anstieg) durch. Auf diesem war ein Sender für die Übertragung der Befehle zur Havariesprengung der Rakete installiert. Aber an dieser Rakete gab es nichts zu sprengen. Falls der Befehl gegeben werden müßte, würde das Triebwerk abgeschaltet. Wir blockierten diesen Befehl elektrisch derart, daß er erst nach zwölf Sekunden Flug an Bord eintreffen und das Triebwerk abschalten konnte. In dieser Zeit würde die Rakete so weit vom Startplatz wegfliegen, daß im Falle einer Havariesprengung dieser nicht vernichtet würde. Gleichzeitig war die Reichweite der Unfallrakete nach 12 s Flug nicht so groß, um einen beliebigen besiedelten Punkt zu erreichen, unabhängig davon, was mit dem Steuerungssystem geschehen würde.

Auf einer der letzten Sitzungen der Staatlichen Kommission berichtete Koroljow nach einer weiteren umfassenden Überprüfung und allen ballistischen Berechnungen, die jetzt schon unter Beteiligung des militärischen Rechenbüros des Schießplatzes stattfanden, daß er von einer berechneten Reichweite von 6314 km ausgehe. Zu den Hauptaufgaben des Starts mußte man die Abarbeitung der Starttechnik, die Überprüfung der dynamischen Flugsteuerung der ersten Stufe, den Prozeß der Abtrennung der Stufen, die Effektivität der Systeme der Funksteuerung, die Flugdynamik der zweiten Stufe, den Prozeß der Abtrennung

des Kopfteiles sowie die Bewegung des Kopfteiles bis zur Berührung der Erde zählen. Der Gesamtschub der Triebwerke beim Start sollte 410 t betragen. Die Seitenblöcke der ersten Stufe sollten 104 s arbeiten und der zentrale Block 285 s. Die berechnete Startmasse betrug 283 t. Die wichtigste Brandschutzmaßnahme beim Start war ein intensives Beblasen der Hecksektionen aller Blöcke mit Stickstoff.
Als Sicherheitsgarantie für die besiedelten Punkte entlang der Flugbahn der Rakete war ein kombiniertes System der Havarieabschaltung des Triebwerkes installiert. Wenn die Rakete sich hinsichtlich des Massezentrums stark zu drehen begann, dann würden bei Erreichen eines Abweichungswinkels von mehr als 7° die Havariekontakte auf den Kreiselgeräten eingeschaltet und den Befehl zur folgenden Abschaltung der Triebwerke geben. Nicht auszuschließen wäre der Fall, daß die Rakete allmählich von der berechneten Flugbahn abzuweichen beginnt, weil die Kreiselgeräte nicht mehr arbeiteten. In diesem Fall wären große Abweichungen von der Flugbahn mit nicht voraussagbaren Folgen möglich. Sollte so etwas eintreten, würde über eine Sichtkontrolle von der Erde aus der Havariebefehl über Funk erteilt. Die Verantwortlichkeit für die Auslösung eines solchen Befehls war sehr hoch. Aus Furcht könnte man eine gute Rakete zugrunde richten und die Pläne der Flugerprobung sabotieren. Deshalb wurde für die Beobachtung eine Gruppe der qualifiziertesten und verantwortlichsten Spezialisten bestimmt. Dazu gehörten: Appasow, Lawrow und Moshorin. Sie befanden sich in der Visierlinie der Schußfläche und beobachteten den Flug der Rakete mit Hilfe eines Theodoliten, und mit Hilfe eines räumlichen Vorwärtsschnittes übermittelten sie über Telefon einen vereinbarten Code in den Bunker, der nur ihnen und zwei weiteren – Nosow und Woskresenskij – bekannt war. Wenn sie die Havarieparole im Bunker empfangen würden, müßten hintereinander zwei Knöpfe gedrückt werden. Das wäre der Befehl an einen 15 km entfernten Funksteuerungspunkt, um mit Hilfe einer Richtantenne das Havariesignal zu übertragen. Für den Empfang dieses Signals war auf dem zentralen Block der Rakete eine Rundantenne montiert. Sogar dann, wenn in dieser Zeit die Rakete, sich zu drehen begänne, würde das Signal empfangen werden. Auf dem Funksteuerungspunkt befanden sich sehr verantwortliche Offiziere und Vertreter der Industrie. Persönlich verantwortlich für das autonome System war Tschertok, für die Funklinie Rjasanskij und für die Zuverlässigkeit der Telefon- und Signalübertragung der Leiter des Nachrichtenwesens des Schießplatzes.
In den letzten Tagen vor dem Start, schon auf der Startposition, verwandelte sich nach kollektivem Beschluß das System der havariebedingten Absprengung der Rakete in ein System der havariebedingten Abschaltung der Triebwerke. Das havariebedingte Absprengungsystem war für jeden Raketenblock vorgesehen. Das Ziel bestand in der Zerstörung der Rakete vor ihrem Fall auf die Erde.
Der Abbau dieser Sprengladungen nahm auf der Startposition viel Zeit in Anspruch. Der Soldat, der diese Arbeiten ausgeführt hatte, berichtete, daß er während der Demontage des elektrischen Blocks, der den Zünder steuerte,

innerhalb der Rakete die Befestigungsscheibe dieses Gerätes verloren hätte. Diese Scheibe zu finden, war schwieriger als die Nadel im Heuhaufen zu suchen. Während der Suche wurde aus der Rakete ein ganzer Haufen verschiedener Kleinigkeiten entfernt, die Scheibe war jedoch nicht dabei. Schließlich schlug jemand vor, um das perspektivlose Suchen zu beenden, bei dem Sprengstoffinstitut eine solche Scheibe zu bestellen. Dann befestigte man diese Scheibe unauffällig an eine Drahtmagnetsonde und nun begann die Suche nach der verlorenen Scheibe in der Raketensektion. Schließlich wurde feierlich erklärt, die Scheibe sei gefunden. Der Einsatz der magnetischen Angel wurde Nedelew sogar vordemonstriert. Der Zünderspezialist und der schuldige Soldat behaupteten, daß eben dies die gesuchte Scheibe sei.
Und dieses Havariesystem hat mir und meinen Kollegen, den Entwicklern der Elektroschaltung der Rakete – Melikowa, Schaschina, Pronina – sehr viele Sorgen bereitet. Die Beschreibung, die die Zuverlässigkeit und Sicherheit dieses Havariesystems angab, war nicht weniger ausführlich als die für das Hauptsteuerungssystem selbst.
Rjasanskij mußte sich einen streng geheimen Code ausdenken, den nicht mehr als sechs Personen wissen durften. Nach langer schöpferischer Suche gab er ein spezielles Kuvert mit einem aus einem Notizbuch gerissenen Zettel ab, auf dem in großen Buchstaben „Ivanhoe“ geschrieben stand. So ging der Held eines Romans der Ritterzeit in die Geschichte der sowjetischen Raketentechnik ein.
Bald überzeugten wir uns davon, daß das havariebedingte Abschalten des Triebwerks während des Fluges ohne Funktechnik bewältigt werden kann. Dies wurde mit Hilfe des autonomen Teils eines um 7° versetzten Kontaktes in den Kreiselgeräten, einer havariebedingten Zahl von Umdrehungen des Turbopumpenaggregats sowie durch den Druck in den Brennkammern der Triebwerke realisiert. Diese Parameter reichten aus, um verschiedene Havariesituationen zu beschreiben.
Über das Codewort „Ivanhoe“ machten sich nach 20 Jahren der Chefballistiker des OKB-1, Refat Appasow, der Leiter des ZNIIMasch (des ehemaligen NII-88), Professor und General Jurij Mosshorin sowie das korrespondierende Mitglied der Akademie der Wissenschaften der UdSSR, der Direktor des Institutes für theoretische Astronomie, Swjatoslaw Lawrow, bei einem Treffen mit mir und Rjasanskij mit Behagen über unsere damalige Naivität lustig. Mosschorin gab zu, daß das vielstündige Warten unter allen Wetterbedingungen in der nackten Steppe auf der Trasse in Erwartung des Starts und wissend, daß die Rakete, unabhängig von „Ivanhoe“, irgendwo nebenan abstürzen könnte, nicht sehr befriedigend gewesen war.
„Wie jung wir damals waren und wie überzeugt von uns!“ Dieser Glaube an uns selbst hat uns geholfen, sehr bald zu entscheiden, das Funkkommando des havariebedingten Abschaltens der Triebwerke nur für den Fall einer Havariesituation beim Start einzusetzen. Wir hatten uns eine furchterregende Variante ausgedacht: Die Triebwerke sind eingeschaltet, haben aber nicht den notwendigen Schub entwickelt, die Rakete bleibt in der Umklammerung des Startsystems, die Flammen ergreifen die Rakete, beschädigen die Kabel, die

Nachrichtenverbindungen vom Bunker zum Bordsystem sind verlorengegangen und vom Schaltpult aus kann der Havariebefehl zum Ausschalten der Triebwerke nicht mehr gegeben werden. In diesem Fall mußte der Startoperator nacheinander zwei Knöpfe drücken und von der Funkstation auf dem „dritten Hügel“ wird der rettende Befehl zum Abschalten der Triebwerke zur brennenden Rakete gegeben.
Und trotzdem am 15. Mai, nachdem die Staatliche Kommission den Start beschlossen hatte, und es so schien, daß alles bedacht, alles geplant, alles berichtet worden sei, war ich in Aufregung und Unruhe: irgend etwas hatte ich vergessen.
Ich erinnerte mich! Auf dem Start war wie immer der zum Telefon eilende Rjasanskij zurückgeblieben: „Michail, es gibt eine eilige Sache.“ Zunächst wollte er sich drücken, denn er lief zu dem dort installierten Feldtelefon und wiederholte noch einmal verschiedene Anweisungen an seinen Funkpunkt. Dann ging er in Hörstellung über. Das, was mir durch den Kopf ging, wollte ich nur Rjasanskij mitteilen. Die anderen würden es nicht begreifen oder darüber lachen.
„Weißt Du, mir scheint, wir würden im Unterbewußtsein alle die Gefühle spüren, die Pygmalion überkamen. Er hat lange und begeistert gearbeitet, die schöne Galatea aus Marmor gemeißelt und sich dann in sie verliebt. Wir sind alle wie Pygmalion und dies ist unsere Schönheit. Sie wird von den stählernen Masten umarmt und heute soll sie nach Gottes Willen zum Leben erweckt werden, wenn wir alles richtig ausgedacht und richtig geplant haben. Aber sollten wir etwas vergessen haben, dann wird uns Gott bestrafen und sie entweder nicht zum Leben erwecken oder wir selbst werden sie mit unseren Havariebefehlen umbringen.“
In dieser Situation verstand Rjasanskij nicht sofort, warum ich an Pygmalion erinnerte. Aber, nachdem er nachgedacht hatte, antwortete er, daß meine Analogie der Feder eines Provinzschreiberlings entspringen könne, aber nicht dem Stellvertreter Koroljows.
„Aber wir werden Lenja Woskresenskij etwas erheitern.“
Er ging zu Woskresenskij, der unzertrennlich auf dem Startplatz verweilte, und erläuterte ihm lächelnd meine Analogie. Woskresenskij blieb sich selbst treu und antwortete, ohne nachzudenken: „Wenn Du und Boris das unbedingt wollt, dann werdet Ihr ohne großen Aufwand die lebende Galatea nach dem Start suchen können. Aber was diese betrifft, so wird sie uns noch ein solches Leben schenken, daß wir nicht froh werden, weil wir uns mit ihr eingelassen haben.“
Und damit waren meine romantischen Etüden auch beendet. Die Worte Woskresenskijs sollten sich als prophetisch erweisen. Letztlich ging ich in den Schaltbunker zur halbstündigen Bereitschaft. Hier waren schon alle Plätze belegt. Jewgenin Ostaschew war als Hauptschaltwart tätig. Nebenan – der „schießende“ Offizier Tschekunow und an den Seiten die Erprobungsingenieure aus Sagorsk, die die Feuerstandversuche bei den Nacharbeiten durchgeführt hatten. Piljugin, Priss und Lakuso – links.

Der Stuhl Koroljows blieb leer. In den anderen Zimmern, dem „Büro der Hirne“: die Konsultanten-Schaltungsspezialisten, Elektriker und Triebwerksspezialisten für den Fall des Abbruchs der Startschaltung. Es waren schnelle Ratschläge notwendig. Schneller als alle Männer fand sich Inna Rostokina in den komplizierten elektrischen Schaltungen zurecht. Sie war die einzige Frau, der es in diesen Stunden erlaubt war, sich im Bunker aufzuhalten. Im Funkzimmer und im „Auftankzimmer“ waren die zerfaserten dicken Mappen mit den elektrischen Schaltungen aller Systeme ausgebreitet. Im Gästezimmer befanden sich Nedelin, Keldysch, Kusnezow, Ischlinskij, Gluschko, Mrykin. In den Korridoren und Durchgängen hielten sich viele Startspezialisten auf, die ihre Arbeit auf dem „Nullniveau“ des Starts beendet hatten.

Im Rahmen der fünfzehnminütigen Bereitschaft nahmen Koroljow, Nosow, Woskresenskij und Barmin im Bunker Platz, Nosow und Woskresenskij besetzten die Plätze an den Periskopen. Dorofeew nahm mit dem ersten Meßpunkt Verbindung auf, wo Golunskij und Worschew die Ereignisse kommentieren sollten, die von der Bodenstation „Tral“ in Form vibrierender grüner Parameterreihen auf den elektronischen Bildschirmen widergespiegelt wurden.

Dann trat die Minutenbereitschaft ein. Es folgte vollkommene Stille – das Bewußtsein fixiert mehr als das Gedächtnis die nun anstehenden Startbefehle: „Ziehen!“, „Schlüssel zum Start!“, „Durchblasen!“, „Schlüssel zur Drainage!“, „Start!“

Ich bemerke, wie Tschekunow mit besonderem Eifer auf den Befehl „Start!“ den roten Knopf drückt. Jewgenij Ostaschew, der auf das Pult schaut, kommentiert: „Es erfolgte die Übergabe ‚Boden – Bord‘“.

Woskresenskij kommentiert, ohne das Periskop zu verlassen: „Der Kabelmast ist abgeklappt! ... Vorbereitende Zündung! ...... Hauptzündung!“

Vom Pult erfolgt der Kommentar: „Der Kontakt zum Start ist erfolgt!“

Woskresenskij frohlockt: „Abheben! Die Rakete ist gestartet!“

Der Bunker wird vom Getöse der fünf Triebwerke durchdrungen.

Jewgenij Ostaschew teilt mit: „Das Pult ist in der Ausgangslage.“

Im Schaltzimmer war nun die Arbeit beendet. Jetzt wurde vorwärts geschoben beim Gang nach oben, dabei spürte man den steilen Anstieg nicht, sondern war nur verärgert, wie langsam sich die Menschenmasse bewegte. Warum waren es nur so viele? Letztendlich war ich oben. Es war schon dunkel, denn nach Ortszeit war es bereits später als 21 Uhr!

Neben mir gewahrte ich die imponierende Gestalt Nedelins. Am schwarzen Nachthimmel loderte grell, die sich schnell verkleinernde lichtstarke Fackel. Aber was war das?! Irgendwie ist sie verzerrt. Außer der Hauptfackel bildet sich eine weitere. Die Rakete tritt aus dem Schatten der Erde hervor und beginnt zu glänzen, weil sie von der für uns nicht sichtbaren Sonne angestrahlt wird. Ein zauberhaftes unvergeßliches Schauspiel. Jetzt sehen wir die Trennung! Aber plötzlich erlischt alles am Himmel. Ein kleines Feuerchen scheint noch irgendwo und verschwindet von der Stelle, wo gerade noch alles hell erleuchtet war.

Ich bin bemüht, niemanden umzurennen, und begebe mich zum Schaltzimmer, dort muß der Bericht der Telemetrie vorliegen. Nur mit Hilfe der Telemetrie ist zu erklären, warum unser Stern, früher als erwartet, erloschen ist. Im Bunker ist ungewöhnliche Bewegung. Mrykin legt seine gewöhnliche Zurückhaltung ab, beglückwünscht und umarmt den noch nicht zu sich gekommenen Koroljow. Woskresenskij befragt Golunskij per Telefon. Alle tauschen Vermutungen aus. Aber erklären kann vorerst niemand etwas. Barmin ruft von der „Nullposition" des Startes im Bunker an und teilt mit, daß äußere Beschädigungen des Startsystems nach der ersten Besichtigung nicht feststellbar sind.
Schließlich kommt Woskresenskij vom Telefon los und teilt laut mit:
„Nach den Telemetrieangaben ist visuell der Befehl zum Havarieabschalten der Triebwerke nach ca. 100 Sekunden erfolgt. Genaueres kann man bisher nicht sagen. Die Filme sind schon zur Entwicklung in das Montage- und Erprobungsgebäude gebracht worden."
Koroljow hielt es nicht aus: „Frag, wann sie fertig sein werden!"
„Sergej Pawlowotisch, wir müssen Ihnen zumindest diese Nacht geben. Am Morgen werden sie alles dechiffrieren. Aber wir werden umsonst Rätselraten, wer schuld ist."
Nachdem wir darüber gestritten hatten, zu welcher Zeit wir uns zum Bericht über die Filme versammeln wollen, überredeten wir Koroljow zu Abend zu essen, schlafen zu gehen und um 9,00 Uhr am Morgen nach einem zeitigen Frühstück die Telemetriespezialisten anzuhören.
Als mich Woskresenskij erblickte, sagte er: „Boris, wir gehen zu mir."
Koroljow unterbrach diese Aufforderung unzufrieden und brummte ziemlich laut: „Es ist besser, wenn Ihr Euch damit befaßt, woher der Befehl kam. So befaßt Ihr Euch nur mit Unnützem. Boris, wahrscheinlich ist Dein havariebedingtes Ausschalten der Triebwerke schuld."
Die Nachbarn Woskresenskijs im dritten Häuschen waren Barmin und Kusnezow. Ungeachtet unserer Müdigkeit, setzten wir uns in dem geräumigen Zimmer Kusnezows nieder, tranken eine Flasche Kognak und berieten noch zwei Stunden die Ereignisse, diskutierten Varianten und die Folgen. Barmin war sehr zufrieden, daß sein Startsystem das Examen bestanden hatte. Und schon das allein war ein großer Erfolg.
Und die Rakete war nicht nur 100 Sekunden geflogen, das heißt die Dynamik des Paketes war überprüft, das hieß, es ist steuerbar und es war in diesen Sekunden nicht eingeknickt, hatte seine Lage nicht verändert. Es gab also etwas, worauf man trinken konnte. Um ein Uhr nachts gehe ich entschlossen zum Nachbarhäuschen, um zu schlafen. Aber Golunskij rief Woskresenskij an und berichtete ihm über die Ergebnisse der Filmanalyse: „Ein Brand im Heck des Blockes „D". Die Temperatursensoren haben es nicht anzeigen können und sind zerstört worden. Ein Parameterabriß war erfolgt. Die Temperatur stieg bereits beim Start an. Der gesteuerte Flug dauerte bis zur 98. Sekunde, dann hat der Brand offensichtlich einen solchen Umfang angenommen, daß die Schubkraft des Triebwerkes des Blockes „D" stark abfiel und er auf Befehl abgetrennt wurde. Alle restlichen vier Triebwerke arbeiteten und das Steuerungssystem

versuchte, die Rakete zusammenzuhalten. Die Ruder oder Steuerungstriebwerke konnten die Abweichung nicht ausgleichen, sie stützten sich auf die „Widerlager" und in der 103. Sekunde wurde gesetzmäßig der Befehl zur havariebedingten Abschaltung des Triebwerkes gegeben."
Woskresenskij fragte: „Hast Du Sergej Pawlowitsch angerufen?"
„Ja, ich habe ihm berichtet. Er fordert, daß wir die Ursache des Brandes ermitteln. Jetzt untersuchen wir alle restlichen Parameter."
„Nun siehst Du, Boris", sagte Kusnezow, „jetzt muß ich mit Dir anstoßen. Es sind meine Kreiselgeräte, die den Befehl gegeben haben und Deine Automatik hat beim ersten Mal, bei der ersten Rakete einwandfrei gearbeitet und das Triebwerk ausgeschaltet. Deine Rudermaschinen haben ehrlich um das Leben der Rakete gekämpft."
Dies waren hinreichend überzeugende Argumente, um die Flasche zu leeren.

## *Es gibt keine Pause*

Am Morgen wußten alle, daß es gebrannt hatte. Aber was waren die Ursachen? Und schon tauchten erdachte zuverlässige „Versionen" auf. Die Staatliche Kommission versammelte sich, die technische Leitung und alle, die in dem nicht sehr großen Sitzungssaal Platz fanden.
Woskresenskij und Nosow berichteten über ihre Startbeobachtungen an den Periskopen. Sie lenkten die Aufmerksamkeit auf die starke Flamme, die aus den Triebwerken in der vorbereitenden Stufe bis auf die Stützkonusse ausgetreten war. Die Blöcke der ersten Stufe waren von außen auf der gesamten Höhe von Flammen umgeben und als die Triebwerke auf die Hauptstufe umschalteten, wurde offensichtlich die Flamme durch die Luft weggeblasen und die Rakete startete völlig sauber. Einen Brand hatten sie beim Start nicht bemerkt und trotzdem wurde die Ursache des Brandes im Block „D" eindeutig ermittelt. Der nach der Pumpe angeordnete Drucksensor des Kerosins zeigte zu Beginn einen normalen Anstieg an, dann fiel der Druck auf Null ab. Dies bewies, daß die Kerosinzuleitung zum Triebwerk undicht geworden war. Das Turbopumpenaggregat des Blocks „D" arbeitete normal und das Kerosin strömte unter großem Druck durch irgend ein Loch. In der Hecksektion hatte der Brand schon beim Start begonnen.
Es war einfach erstaunlich, daß die Rakete noch 100 Sekunden geflogen war, sie hatte heroisch gekämpft! So verblieb ihr wenig Zeit zum Auseinanderfallen. Der Zentralblock wurde nicht beanstandet. Wenn sich die Rakete noch fünf bis zehn Sekunden gehalten hätte, wäre der Befehl zum Abtrennen gekommen und dann hätte die zweite Stufe, nachdem sie hätte frei fliegen können, den Flug ungestört fortgesetzt.
Wie war dies beleidigend! Beim ersten Flug ein solch typischer Fehler, der auf der Erde und noch bei den Erprobungen auf der technischen Position hätte entdeckt werden müssen. Die heißen Debatten bis und nach der Sitzung bewiesen, daß die undichten Stellen durch den langen Transport und das

Schütteln auf der Eisenbahn eingetreten sein konnten. Solche Fälle hatte es auch schon bei der R-1 gegeben. Im Jahre 1950 stand bei der R-1 und R-2 als notwendige Forderung, eine Pneumoerprobung nach dem Eisenbahntransport durchzuführen. Die Schläge auf den Schienenstößen beim Transport über Tausende von Kilometern konnten die unzähligen Flansch- und Schraubverbindungen der Treibstoffzuleitungen gelockert haben. Und bei Resonanzerscheinungen wurden schon Fälle des Bruchs der freiliegenden Rohrleitungen beobachtet. Alle Raketen wurden auf der technischen Position pneumoüberprüft. Aber bei der R-7 hatte man das vergessen!

Obwohl die undichten Stellen in den Zuleitungen zu Gluschkos Verantwortungbereich gehörten, fühlten wir uns alle schuldig. Woskresenskij, den man zu Recht als Spezialist der pneumohydraulischen Schaltungen und ihrer Erprobung betrachtete, schimpfte auf sich selbst, den Stellvertreter von Gluschko, Kurbatow, unsere Konstrukteure Wolzifer und Rajkow, die die Triebwerksysteme betreuten. Koroljow fühlte sich diesmal unschuldig. Er war damit zufrieden, daß Gluschko für seine Selbstsicherheit und demonstrative Kaltblütigkeit vor dem Start bestraft worden war.

Als Helden des Tages fühlten sich die Steuerungsspezialisten. Die automatische Stabilisierung, alle Geräte und alle Rudermaschinen hatten sich fast so verhalten, wie es den Grafiken der Oszillogramme entsprach, die die Sernowa mit Hilfe des elektronischen Modells erhalten hatte. Wir analysierten mit ihr die Oszillogramme sehr sorgfältig und verglichen die verschiedenen Abschnitte des nun bereits realen Fluges, der mit Hilfe der „Tral" aufgezeichnet war. „Aber ich hatte irgendwie Angst um unsere Rudermaschinen. Schaut, wie sie auf alle Kommandos reagierten und wie hartnäckig sie um das Leben der Rakete gekämpft haben."

So endete das Leben der ersten „Semjorka" mit der Nr. 5. Die Götter hatten die Gelegenheit nicht ausgelassen und uns für unsere Unachtsamkeit bestraft.

Es wurde beschlossen, die nächste Rakete Nr. 6 oder nach der Fabrikbezeichnung M1-6 schnell vorzubereiten. Allen Teilnehmern der Arbeit war der Abflug nach Moskau verboten. Die Mitglieder der Staatlichen Kommission durften nur mit Genehmigung des Vorsitzenden nach Moskau fliegen, die Industriearbeiter nur mit Genehmigung Koroljows.

Die Erprobungsvorbereitungen für die Rakete Nr. 6 liefen beschleunigt, die Dichtheit aller Verbindungen wurden überprüft und dies nicht umsonst. Man entdeckte eine solche Zahl potentieller Brandherde, daß man sich darüber wunderte, warum auf der ersten „Semjorka" nur Block „D" gebrannt hatte. Nach den Berichten über den Verlauf der Flammen, die den gesamten unteren Teil der Rakete vor dem Abheben erfaßt hatten, beschlossen wir, den Wärmeschutz aller Bordkabel zusätzlich zu verstärken.

Zu dieser Zeit wurde Konstantin Nikolaewitsch Rudnew an Stelle von Rjabikow zum Vorsitzenden der Staatlichen Kommission ernannt. Koroljow flog nach Moskau, um einen Beschluß vorzubereiten und die Pläne über die Sputniks zu beschleunigen. Er liebte es nicht, viel darüber zu sprechen. Ich nehme an, der Grund war: „Tfu, Tfu, daß man ihn nicht verhexen solle". Koroljow besaß einen

solchen Charakterzug. Uns war das bekannt, und wir lästerten nicht darüber.
Auf dem Schießplatz herrschte eine unerträgliche Hitze. Die vielfarbigen Tulpen gingen ein, die Steppe trocknete und brannte aus und begann, sich rotgrau zu färben. Das Montage- und Erprobungsgebäude erwärmte sich, wurde allmählich heiß und wir arbeiteten auf der technischen Position nur noch am Abend und in der Nacht, wenn die weiten Tore zum Durchzug der kühlen Luft geöffnet waren. Wieviele Male ging ich in diesen Tagen auf dem bis zum letzten Stein bekannten Pfad aus dem Häuschen in das Montage- und Erprobungsgebäude! Zu dieser Zeit wurden die Kasernen für die Soldaten in der Vorstadt gebaut, weiterhin das Feuerwehrdepot links von der Betonstraße und ein großes Restaurant auf dem Wege zum Montage- und Erprobungsgebäude. Diesen Weg aus der Lebenszone zur technischen Position bewältigte ich in den folgenden Jahren sowohl bei unerträglicher Hitze, als auch bei eisigem Wind und in der Frühjahrssteppenluft, die man mit vollen Zügen einatmen mußte und die in den Kopf stieg.
Im ersten Jahr unseres Lebens auf dem Schießplatz reichte die Betonstraße vom „Zehnten" bis zu unserem „Zweiten" weiter bis zum Montage- und Erprobungsgebäude und bis zum Startplatz „die Eins", dann folgte die nackte Steppe. Nur links, wenn man zur Bahnstation Tjuratam fuhr, befand sich ein einzelner Eisenbahnanschluß, auf dem Züge verkehrten, die die Offiziere morgens zum Dienst und abends wieder nach Hause brachten.
Allmählich wurde die Steppe zugebaut. Schon nach zwei Jahren konnte man zum Montage- und Erprobungsgebäude Fußwege benutzen, die neben der Betonstraße gebaut worden waren. Pappeln, die entlang des Weges angepflanzt worden waren, milderten die Hitze und dünne Strahlen einer Beregnung retteten die ersten Anpflanzungen vor dem unausweichlichen Tod.
Im April 1991 beschritt ich anläßlich der Feierlichkeiten des 30. Jahrestages des Fluges Gagarins diesen Weg mit dem Fotoapparat in der Hand als Gast, Veteran und Tourist. Ich ging diesen Weg wie vor 34 Jahren, aber es war nicht mehr der Weg von einst.
Die Steppe aber, eben jene unerträglich heiße und verbrennende, kalte und staubige, von blühenden Tulpen übersäte Kasachische Steppe war einfach nicht mehr sichtbar. Man konnte sich nur noch an den vielen Dienstgebäuden, den Landhäusern der Behörden und dem weiten Panorama der grandiosen Bauten, die nach dem Programm der N-1, „Energija" – „Buran" und vielen anderen errichtet worden waren, ergötzen. Nur das Feuerwehrdepot links, die Kasernen rechts auf dem Hügel und der Schornstein des ersten Kesselhauses in der Senke an der Eisenbahn waren unberührt geblieben und erinnerten an diese weit entfernte, schwierige, aber bemerkenswerte Zeit.
In den ersten Jahren, wenn ich zum Erprobungs- und Montagegebäude oder erschöpft nach Hause ging, um zur „horizontalen Erprobung überzugehen", so nannten wir eine kurzzeitige Erholung, war mir jeder Entgegenkommende ein Genosse, ein Freund und auf jeden Fall ein Gleichgesinnter. Ich war davon überzeugt, daß ich hier keine Feinde hatte. Ich mußte nichts und niemanden fürchten, außer den Sorgen und dem Joch, welches die anstehende Rakete uns

bereitete. Aber das war keine Furcht, sondern der Sinn unserer Tätigkeit. Und wahre Befriedigung erhielten wir alle durch die Suche und Entdeckung unserer eigenen Fehler. Wenn wir eine anstehende Rakete zum Start vorbereiteten, dann brachte diese immer demonstrativ neue, unvorhersehbare Launen, aber wir grämten uns deshalb nicht. Wir wußten, daß die laufenden „Kaprizen" nicht die letzten waren.

In den ersten Jahren der Arbeit auf dem Schießplatz vereinte uns – die Menschen verschiedener Ränge, Marschälle und Soldaten, Minister, Chefkonstrukteure und junge Ingenieure – etwas Gemeinsames. Wir waren alle für streng geheim erklärt worden. Über uns wurde nicht in der Zeitung geschrieben, es gab für die ganze Welt keine Mitteilung mit der Stimme Lewitans im Radio über unsere Erfolge. Aber eine startende Rakete kann man nicht vor Tausenden von Augen verbergen. Jeder, der die Fackel der Rakete erblickt hatte, fühlte sich mit den hier vor sich gehenden Ereignissen verbunden, und dies vereinte ihn mit allen anderen hier Anwesenden, unabhängig davon, womit sie sich beschäftigten.

Aber die Raketen konnten mit unseren Gefühlen nichts anfangen. Der zweite Start der Rakete Nr. 6, der „Semjorka", wollte einfach nicht gelingen.

Wir gingen mit der R-7 wie mit einer Waffe um. Eines der wichtigsten Parameter für die Rakete sogar für die interkontinentale, war die Bereitschaftszeit, d. h. die Länge des Vorbereitungszyklus vom Moment des Eintreffens der Rakete auf der Startposition bis zum Start selbst. Für den ersten Start brauchten wir auf der Startposition fast 10 Tage. Alle verstanden sehr gut, daß man sich mit einer so langen Zeit nicht einverstanden erklären kann. Deshalb bestand neben vielen anderen Aufgaben das Problem der Erprobung vor dem Start in der Verkürzung dieser Zeit, und wir normierten die Zeiten aller Operationen.

Die Rakete Nr. 6 traf am 5. Juni auf dem Startplatz ein, das waren 20 Tage nach dem ersten Start. Damals erschien uns ein solches Intervall unter Berücksichtigung der großen Zahl der Nacharbeiten und der zusätzlichen Pneumoerprobungen, die wir auf der technischen Position durchführten, als annehmbar.

Die Vorbereitungen und Erprobungen zum Start erfolgten bedeutend schneller, und schon nach fünf Tagen war die Rakete aufgetankt und startbereit. Alle Startoperationen wiederholten sich. Während es beim ersten Start viele Aufregungen und unterschiedliche Prognosen gab, war beim zweiten Start der Optimismus wesentlich größer. Beim ersten Start war die Rakete fast bis zur aufregendsten und rätselhaftesten Stelle der Flugbahn der Abtrennung der ersten Stufe geflogen.

Die ersten Startbefehle bis zum Drücken des Knopfes „Start" und die weiteren verliefen bei laufender Leuchtanzeige der Instrumente normal. Auch die Zündung wurde eingeschaltet, aber dann plötzlich Stillstand! Kein die Rakete erfassendes Feuer. Da, ein hörbares Knacken der Relais, das Erlöschen der Leuchtanzeige auf dem Schaltpult und der Bericht: „Abbruch des Starts". Das heißt, die elektrische Kontrolle der Kontakte und Relais hatten das Versagen der

Öffnung irgend eines Ventils registriert, oder es war einfach eine Fehlschaltung erfolgt. Und jetzt beschäftigte man sich mit den Aufzeichnungsmappen der Schaltungen, die schon vorsorglich im Bunker bereit lagen. Alle Schaltspezialisten beugten sich über die ausgebreiteten Schaltpläne und bemühten sich, mit Hilfe ihrer Erfahrung und Intuition herauszufinden, was vor sich gegangen war.

Solange man fieberhaft die Fehler suchte, entschlossen sich Koroljow, Woskresenskij, Nosow und Gluschko, den Versuch zu wiederholen. Einer der Startspezialisten mußte zur Rakete gehen und dort die Zündvorrichtung auswechseln, ein anderer das Startsystem in die Ausgangslage zurückversetzen, den Kabelmast wieder heranführen, die schon gekappten Steckkontakte erneut einschalten, um die Bodenversorgungsleitungen wieder an Bord zu übernehmen. Dies mußte alles möglichst schnell erfolgen, langsam arbeiten durfte man dabei nicht.

Eine Schwachstelle der mit Sauerstoff betriebenen Raketen war das schnelle Verdampfen des Sauerstoffes und damit die Verringerung seines Vorrates. Eine Startverzögerung konnte bewirken, die Eisenbahnwaggons mit flüssigem Sauerstoff erneut heranführen zu müssen, nachdem sie schon auf Sicherheitsabstand entfernt worden waren. Man kalkulierte, rechnete und kam zu dem Schluß, einen zweiten Start ohne Nachtanken durchzuführen.

Nach etwas mehr als zwei Stunden war alles fertig, und es erfolgte ein zweiter Startversuch. Die Zündung wurde eingeschaltet, aber der Abbruch der Schaltung wiederholte sich. Jetzt wurde klar, daß ein wiederholter Start ohne Ermittlung der Ursache zwecklos war. Es wurde Abend und der Arbeitstag hatte am Morgen um 7 Uhr mit dem Start begonnen. Irgend jemand hatte angeordnet, so etwas Ähnliches wie einen Imbiß zu organisieren. Wer nicht essen wollte, konnte wenigstens Mineralwasser trinken. Die Telemetriespezialisten sollten erneut aus der Patsche helfen. Nach dem ersten Startabbruch hatten sie die Filme zum Entwickeln gebracht. Als nach dem zweiten Abbruch sich alle in einem Zustand der vollkommenen Erschöpfung befanden, teilten die Telemetriespezialisten freudig mit, „Tral" habe mit Hilfe des Kontaktsensors festgestellt, daß sich das Hauptsauerstoffventil im Block B nicht geöffnet hatte.

Erneut ein Abbruch, der zu Lasten des Systems von Gluschko ging. Die Schaltspezialisten analysierten fieberhaft, berieten und kamen zu dem Schluß: „So muß es sein, alles ist richtig." Alle Beratungen erfolgten im Bunker. Das Gute daran war, daß dies der kühlste Ort am Start war.

Erneut wurde alles in die Ausgangslage versetzt und die Zünder gewechselt.

Koroljow fragte Gluschko: „Wie entscheidest Du Dich?" Dieser dachte nach. Woskresenskij schlug vor: „Wir werden das Ventil mit Heißluft durch ein Warmluftaggregat belüften. Das Ventil ist durch die Feuchtigkeit wahrscheinlich eingefroren, wir werden es erhitzen und dann wiederholen."

Aber was war zu tun? Andere Vorschläge gab es nicht. Es verging viel Zeit und es würde noch länger dauern. Der Befehl mußte gegeben werden, den Eisenbahnwagen mit Sauerstoff heranzufahren und die Rakete nachzutanken. Das hieß aber, daß wir zu einer vierstündigen Vorstartbereitschaft

zurückkehrten.
Für die vielen Dienste bis nach Kamtschatka wurde eine vierstündige Verzögerung angeordnet. Alle, außer den Startarbeitern, konnten sich vier Stunden erholen.
Rauchen war im Bunker verboten. Piljugin, der zu dieser Zeit noch rauchte, Woskresenskij und ich gingen nach oben und nahmen in der Raucherzone Platz, die sich unweit vom Bunkereingang befand.
Auf dem Startplatz waren schon die Scheinwerfer eingeschaltet. Am dunkel werdenden Himmel leuchteten die ersten Sterne. Piljugin hielt zum ersten Mal die lange Ungewißheit nicht aus und forderte von mir und Woskresenskij eine Antwort auf die Frage: „Was wird sich beim dritten Startversuch ereignen?“ Ich antwortete, daß die Rakete starten wird und das es im übrigen für uns Steuerungsleute darauf ankomme, jetzt irgend einen Jux zu machen. Woskresenskij deklamierte: „Der Abend nähert sich schon, aber Hermann ist trotzdem noch nicht erschienen, bis zu uns geht die Sache nicht,“ setzte er fort. „Ich fühle, daß Valentin noch nicht seinen gesamten Vorrat an ‚Bohnen’ ausgebreitet hat. Wir werden heute nicht fliegen.“
Und erneut behielt er recht. Beim dritten Versuch öffnete sich das Unglücksventil. Die Rakete ging auf die vorbereitende Stufe und dort blieb sie stecken. Der Übergang zur Hauptstufe erfolgte nicht in der vorgegebenen Zeit. In diesem Fall war von den Steuerungsspezialisten in der Schaltungsautomatik eine zeitweilige Blockierung vorgesehen. Wenn in der vorgegebenen Zeit unter Berücksichtigung aller Toleranzen, die Triebwerke nicht von der vorbereitenden zur Hauptstufe übergingen, erfolgte das havariebedingte Abschalten. Wie vorgesehen, wurde die Rakete von einer grellen, in der Dunkelheit aufleuchtenden Flamme erfaßt, die dann schnell erlosch.
Dies passierte um Mitternacht zwischen dem 10. und dem 11. Juni. Im Bunker diskutierte man die Frage: „Warum ist das geschehen?“, schon nicht mehr. Jetzt mußte entschieden werden, was wird mit der Rakete. Gluschko antwortete eindeutig: „Den Startversuch wiederholen, ist sinnlos. Das Kerosin ist nach dem Befehl: „Vorbereitender Start!“ in alle Brennkammern gelangt. Die müssen jetzt völlig getrocknet oder vielleicht auch ausgewechselt werden.“
Nach dem offiziellen Bericht von Koroljow an Rudnew erläuterte dieser den Beschluß der technischen Leitung: „Der Brennstoff und der Oxidator sind zu fluten, die Rakete ist herunterzunehmen und auf die technische Position zu bringen. Zur Klärung der Ursachen aller heutigen Vorfälle ist eine Kommission mit Woskresenskij als Leiter zu bilden.“ So ruhmlos endete unser wirklich heroischer Kampf mit dieser eigenwilligen Rakete.
Die dritte Rakete mit der Nummer M1-7, die wir als „siebente Semjorka“ bezeichneten, wurde schon einen Monat lang ohne Eile auf der technischen Position vorbereitet.
Am Morgen des Tages nach der nächtlichen Startniederlage begann ich mit allen Kräften, ihre Vorbereitung zu forcieren. Nachdem ich die Bereitschaft der Systeme und die Erprobungsergebnisse überprüft hatte, berichtete ich Koroljow, daß wir mit dem Abtransport der Rakete nicht eher als am 6. oder 7. Juli

beginnen könnten. Unter Berücksichtigung des Faktes, daß wir beim Start nochmals 5 bis 6 Tage verlieren würden, konnte der anstehende Start nicht vor dem 12. Juli geplant werden.
Koroljow erklärte sich im Prinzip einverstanden, aber er bat darum, daß, wenn die Kommission von Woskresenskij nicht zu viel Zusatzarbeit fordert, wir trotzdem den Vorbereitungszyklus auf der technischen Position um zehn Tage verkürzen müßten. Er selbst würde wegfliegen und erlaubte allen Chefkonstrukteuren, zu einem Kurzurlaub nach Hause zu fliegen. Auch die Staatliche Kommission flog ab. Woskresenskij wurde nach Klärung der Ursachen auch erlaubt, sich zu erholen, aber vor mir stand die Aufgabe, die „siebente Semjorka" vorzubereiten.
Um mir meinem langen Aufenthalt erträglicher zu machen, führte mich Sergej Pawlowitsch zu seinem großen Kühlschrank: „Ich werde Dir Deine Einsamkeit in diesem Häuschen versüßen." Er öffnete den Kühlschrank und zeigte mir eine große, leckere Schokoladentorte. „Diese Torte wurde mir vor kurzem auf Bestellung von Nina Iwanowna geschickt. Ich erlaube Dir, sie zu verzehren, aber nicht in allzu großer Gesellschaft und laß mir bitte etwas übrig."
Viele Jahre später gestand ich Nina Iwanowna, daß ihre Torte tatsächlich Bestandteil des Programmes einiger Abende im zweiten Häuschen auf dem „Zweiten" gewesen war.
Die Kommission zur Erforschung der Ursachen des Startabbruchs drang unter Schwierigkeiten aber doch zur Wahrheit vor. Es ergab sich noch eine vorsätzliche aber nicht gewollte Ursache. Bei der Werksmontage der Bord-Pneumo-Hydroschaltung des Zentralblocks vor dem Start war das Ventil der Stickstoffbeblasung des Triebwerks fehlerhaft um $180^0$ versetzt angeordnet. Obwohl auf dem Ventil auch Pfeile eingraviert worden waren, die die Richtung des Stickstoffstroms angaben, machten gleichartige Gewinde an den Rohransätzen beim Ein- und Auslauf diesen Fehler möglich. Der Monteur konnte das Ventil einfach umdrehen, weil nicht festgelegt war, in welche Richtung der Zeiger zeigen sollte. Dazu wäre es notwendig gewesen, die Pneumo-Hydro-Schaltung zu studieren. Aber wohin haben die Kontrolleure und der militärische Abnehmer geschaut? Der entsprechende Fehler mußte unmittelbar verfolgt werden. Und so stellten wir anhand der Spuren genau denselben Fehler bei der nächsten Rakete fest, die wir gerade in Vorbereitung hatten.
Dieser Fehler hatte dazu geführt, daß die Stickstoffbeblasung vor dem Start nicht abgeschaltet wurde. Der gasförmige Stickstoff konnte dadurch in die Sauerstoffhöhlen der Brennkammer der Haupt- und Steuerungstriebwerke gelangen. Aber Kerosin brennt nicht in einer Sauerstoffatmosphäre, die mit Stickstoff angereichert ist. Das Triebwerk konnte den notwendigen Betriebszustand nicht erreichen und die Automatik des Steuerungssystems, die zur festgesetzten Zeit nicht den nötigen Druck in den Brennkammern erreichte, hatte den Befehl zum Abschalten aller Triebwerke des Pakets gegeben. Und zu diesem Zeitpunkt erinnerten wir uns an die strenge dreifache Kontrolle der

Montage der militärischen Kernladung, über die wir so viel im vergangenen Jahr bei der Rakete R-5M zum Start mit einem Atomsprengkopf gehört hatten.
Eins der schwierigsten Probleme ist der „Schutz vor dem Idioten", nicht nur im komplizierten technischen Bereich. Sehr einleuchtend ist in einer amerikanischen Anleitung zum Autofahren darüber folgendes geschrieben: „Wenn Du die Absicht hast, die Fahrbahn zu benutzen, dann denke daran, daß Du nicht der einzige Idiot bist, der im gegebenen Moment hinter dem Steuer sitzt."

Aber dieses Mal waren wir noch billig davongekommen. Die Rakete war voll erhalten geblieben und konnte nach der Prophylaxe erneut für einen Startversuch vorbereitet werden. Und die Startposition hatte in keiner Form gelitten. Nur der Sauerstoff, der erneut von der Industrie abgezapft werden mußte, war umsonst verdampft. Jeder Startzyklus war ein gutes Training für die Offiziere und Soldaten der Startmannschaft. Und auch für die Industriearbeiter wurde klar, es war noch viel zu früh, um überheblich zu werden.

Die technische Position hielt den Terminplan ein und am 7. Juli erfolgte der dritte Abtransport der Rakete aus dem Montage- und Erprobungsgebäude zum Start.

An diesem Tag liefen die Massen erneut zusammen. Dieser dritte Abtransport aus dem Montage- und Erprobungsgebäude war genauso feierlich wie der erste. Die Diesellok schob den Spezialwaggon mit der Rakete langsam vor sich her.

„Die Kanonen werden rückwärts in den Kampf gefahren" in diesen Zeilen Twardowskijs aus dem „Wasilij Terkin" kann man das Wort „Kanone" mit vollem Recht durch das Wort „Rakete" ersetzen. Auf jeden Fall hinsichtlich der R-7.

Die „siebente Semjorka" wurde wesentlich organisierter auf der Startposition vorbereitet. Ohne Nachteinsätze und besondere Anspannungen, ungeachtet der Hitze, die bis zu 45° im Schatten erreichte. Die Rakete war in fünf Tagen vorbereitet.

Im Bunker versammelte sich wieder dieselbe Gesellschaft. Hinter den Schaltpulten saß eine bereits kampferfahrene Mannschaft. Diesmal bat ich Koroljow, mich während der halbstündigen Bereitschaft auf den ersten Meßpunkt zu entlassen. So konnte ich mich letztendlich am Start der Rakete nicht erst nach 60 Sekunden, nachdem ich aus dem Bunker geeilt war, ergötzen, sondern von der ersten Sekunde an! So erlebte ich am 12. Juli 1957 zum ersten Mal den Start der Rakete R-7 beim dritten Versuch.

Nach dem Aufflammen der Zündung entwickelte sich unter dem Paket ein ungeordneter Feuertanz. Nach Sekunden erfaßte die Flamme die Rakete in der gesamten Höhe der Seitenblöcke. Nun steht es schlimm um die Rakete. Es scheint so, als ob jetzt die Explosion der Tanks sowie die Zerstörung und das Verbrennen der Startkonstruktion erfolgen würde. Aber nach einem Augenblick beginnen die Triebwerke zu arbeiten und ein Luftstrom bläst die sich zusammenballende Flamme nach unten, in einen großen betonierten Abhang hinein. Die Träger, die die Rakete an der Taille umfassen, werden geschmeidig und fließend abgeklappt. Die sich aus fünf Triebwerken bildende sehr

beeindruckende feierlich brüllende Fackel hebt den 300 Tonnen schweren Körper des Paketes vorsichtig an. Sogar in einer Entfernung von einem Kilometer, ist der mit nichts vergleichbare Lärm des Gebrülls der Triebwerke beeindruckend.
Die Rakete erhebt sich ohne Eile nach oben. An dem entfalteten Feuerschweif sind die Überschallfronten genau vorgezeichnet. Nicht sofort begreift man, daß sie Kurs nimmt und sich vom Start abhebt. Die ersten fünf bis sieben Sekunden sind furchtbar. Und dann plötzlich wird ein falscher Befehl zum Abschalten von mindesten einem Triebwerks gegeben! Dann fällt das Paket auseinander und deckt den Start zu, kann sein auch diesen Meßpunkt.
Es überkommt dich das Gefühl des Zusammenfließens mit dieser Schöpfung. Die furchtbar, gewaltig, aber schon nah und verwandt ist. Du möchtest in dieses Feuer auch noch deinen Willen, dein Streben und dein ganzes Wesen einbringen, los, nun fliege! Aber es ist schon schrecklich, nicht wegen uns, sondern wegen ihr, der Rakete. Wird sie dieses Mal aushalten? Aber lange nachdenken konnte ich nicht. Aus der Dynamik kam das Zählen von Sekunden irgendwo, nachdem die Zahl 35 ertönte, wurde dieses allmähliche feierliche Aufsteigen und das Verschwinden in dem Abendblau unterbrochen. Die Rakete bewegte sich um ihre Längsachse und die Seitenblöcke flogen vom Zentrum weg! Das Paket war zerstört!
Fünf brennende, rauchende Raketen fliegen noch mit der Trägheitskraft weiter, aber sie fallen allmählich, überschlagen sich und verschwinden schließlich am Horizont hinter einer Anhöhe. Das erschütternde Schicksal des Todes noch einer „Semjorka" läuft ab. Welches Schicksal ist mit dieser Rakete verbunden?
Die Havarie aller vorhergehenden Raketentypen zu beobachten, war manchmal furchtbar, teilweise interessant, immer jedoch ärgerlich. Diesmal empfand ich Schmerz. Es war so, als stürbe vor meinen Augen ein naher Verwandter und teurer Mensch. Und ich und wir alle, die wir auf der Erde zurückblieben, hatten keine Macht zu helfen.
Ich stieg in das Auto der Station „Tral". Dort hatte man schon die Filmkassetten ausgepackt und bereitete sie zur Entwicklung im Montage- und Erprobungsgebäude vor. Was hatte man gesehen? Golunskij, Worschew und die übrigen sagten einstimmig: „In der achtunddreißigsten Sekunde war der Befehl zum Drehen gegeben worden. Alles drehte sich! Und alles weitere haben Sie selbst gesehen." Wenn ein großes erregendes Moment auftritt oder ein falscher Befehl zum Drehen gegeben wird, dann ist es nicht erstaunlich, daß die Seitenblöcke abfallen. Es ist so ähnlich, als wenn dieses Mal die Götter nicht mit den Triebwerksspezialisten, sondern mit uns, den Steuerungsleuten, ins Gericht gegangen wären.
Praktisch saßen wir die ganze Nacht mit Piljugin, seiner Mannschaft und den Kommentatoren der Telemetrie im Demonstrationszimmer über den Filmen, die sie uns noch naß gebracht hatten.
Am Morgen klärte sich das Bild nach sorgfältiger Analyse auf. Für mich war es schon bei der Vorbereitung auf der technischen Position völlig unerwartet gewesen, daß bei dieser Rakete in die Schaltung des Stabilisierungsautomaten

ein Gerät eingefügt wurde, das das Signal für den Drehkanal für die Seitenblöcke integrierte. Es war unklar, warum Stabilisierungsmomente für die Drehung zusätzlich zu denen notwendig sein sollten, die schon während des Fluges erprobt worden waren? Verständlich konnte das niemand erklären. Der falsche Befehl im Drehkanal wurde offensichtlich von diesem Gerät „IR-FI" gegeben (der Integrator für den Drehwinkel $\phi$). Ich war ehrlich gesagt, im Nachhinein erzürnt: „Der Teufel hat Dich geritten, Nikolaj, dieses Gerät zu verwenden, es hätte im telemetrischen Betrieb überprüft werden müssen." Piljugin fühlte sich schuldig und rechtfertigte sich nicht.

Mich erstaunte nur, daß seine Mitarbeiter, die immer, wenn irgend etwas in ihrem Königreich nicht programmgemäß verlief, sich als „größere Monarchisten als der König selbst" erwiesen, sich dieses Mal nicht für ihren Chef einsetzten. Sie fühlten sich bei der unnötigen Neuinstallation auch schuldig. Als sie sich intensiver damit beschäftigten, fanden sie offensichtliche Gründe für diesen starken Drehbefehl, der während des Fluges erteilt worden war. Sogar die Zerstörung einzelner Elemente des neuen Gerätes führte nicht zu einem solchen unverständlichen Verhalten insgesamt.

Nach vielen Varianten blieb eine letzte: Es war zu einem Kurzschluß der Steuerungsketten innerhalb des Gerätes mit dem Gehäuse gekommen. Nur in diesem Fall konnte das Signal mit dem gemessen werden, was während des Fluges aufgetreten war. Zur Überprüfung verwendeten sie ein Reservegerät. Die äußere Sichtüberprüfung sagte nichts über die Stelle der Berührung mit dem Gehäuse aus. Wenn dies so aufgetreten war, dann entstand die Frage: Warum erst in der achtunddreißigsten Sekunde und nicht schon früher? Nachdem man sich dafür entschieden hatte, dieses Gerät zukünftig nicht mehr zu verwenden, kam die in rätselhaften Situationen immer im Raum diskutierte Variante der „Fremdteilchen". Dieser den Strom leitende Missetäter war von Beginn an in dem Gerät vorhanden. Er war da und blieb dort in Folge der unvollkommenen Kontrolltechnologie. Bei Vibrationen während des Fluges und unter der Wirkung der Überlastung hatte dieses Teilchen begonnen, sich zu bewegen und sich listig mit einem der nicht isolierten Kontaktstifte der Befehlskette und dem nahegelegenen Kabelmantel zu vereinigen.

Wie zu erwarten, wurden jetzt entsprechende prophylaktische Maßnahmen für den vierten Start ergriffen: in allen Seitenblocks wurde der Kanal zur Drehung vom integrierenden Block des Stabilisierungsautomaten abgeschaltet, vor der letzten Kopplung alle Steckkontakte mit Alkohol gewaschen und danach mit Klebeband umwickelt, um diese vor dem Eindringen von „Fremdteilchen" zu schützen.

Als sich die Aufregung gelegt hatte, traf ich mich mit der Shernowa und fragte sie: „Nina, Sie haben die Prozesse des Stabilisierungsautomaten mit diesem „IR-FI" modelliert. Das erste Mal ist die Rakete ohne diese Einrichtung fast bis zur Abtrennung geflogen. Wir haben damals den Start mit Ihnen detailliert analysiert und Sie haben noch unsere Steuerungsmaschinen gelobt. Warum war dann diese zusätzliche Verbesserung notwendig?"

Die Shernowa antwortete, daß sie gegen diese Veränderung gewesen war, aber Nikolaj Alexeewitsch nicht hatte überzeugen können. Er hatte darauf bestanden, und die Schaltung wurde zusätzlich mit dieser Maschine belastet. „Nur, ich bitte Sie, sprechen Sie nicht mit Nikolaj Alexeewitsch darüber, daß wir uns unterhalten haben. Es ist mir jetzt sehr peinlich. Er hat so darauf gewartet und war überzeugt, daß dieser Start gelingt, und nun ergibt es sich, daß er an dieser Havarie schuld ist."

Den nächsten Ärger bereitete mir ein Gespräch mit dem Vorsitzenden der Staatlichen Kommission Rudnew. Er begann lächelnd mit Witzen, daß nicht nur die Triebwerksspezialisten, sondern auch die Steuerungsspezialisten mit Hilfe der Fremdteilchen gelernt haben, mächtige Raketen zu zerstören. Um dies in Zukunft zu verhindern, bat er mich, ungeachtet der Erlaubnis Koroljows, nicht nach Moskau zu fliegen, sondern hierzubleiben, um die nächste Rakete vorzubereiten. „Ich geben Ihnen die Garantie, daß bei einem beliebigen Ausgang des folgenden Starts Sie sofort freie Hand haben, ob Sie nach Haus in den Urlaub fahren wollen."

Endgültig niedergeschmettert war ich, nachdem er erklärt hatte, daß er selbst und Mrykin entschieden hätten, nicht wegzufliegen, sondern bis zum Start hier auf dem Schießplatz zu bleiben. „Hier ist es natürlich sehr heiß, aber wenn Du in Moskau erscheinst, machen sie Dir eine solche Hitze, daß Du es bedauern wirst, weggefahren zu sein."

Anfangs protestierte ich: „Ich bin schon vier Monate ununterbrochen hier!" Aber Rudnew bat mich sehr und riet mir, angeln zu gehen und Fische zu fangen. Ich gab mich geschlagen.

Koroljow erklärte vor seinem Abflug, daß ihn in Moskau sehr ernsthafte Begegnungen mit den Atomphysikern erwarteten. „Sie schlagen für die ‚Semjorka' eine neue Gefechtsladung mit geringerer Sprengkraft vor und zweimal leichter als die existierende. Das fügt unserer neuen Rakete 1400 km Reichweite hinzu. Zwölftausend Kilometer ergeben sich! Von jedem beliebigen Punkt unseres Territoriums können wir Amerika erreichen!" sagte SP ambitioniert. „Bis jetzt sollte man aber noch nicht darüber sprechen. Nedelin hat erklärt, daß er mit Chruschtschow vereinbart habe, zwei ‚Semjorkas' für militärische Starts unter der Leitung Archangelskijs und hier bei uns noch eine Reserverakete zu bauen."

Mich verwunderte nur, daß Koroljow durch den Verlust der letzten Rakete überhaupt nicht niedergeschlagen war. Rudnew gab zu verstehen, daß die Rollen schon verteilt seien. Nedelin, Keldysch und Koroljow würden sich in Moskau im ZK erklären, es würde ein Treffen mit dem Verteidigungsminister Malinowskij und vielleicht mit Chruschtschow selbst geben. Koroljow würde, ungeachtet der ersten Mißerfolge, darauf bestehen, zwei Raketen für den Start von künstlichen Sputniks zu erhalten. Die Amerikaner hatten erklärt, daß sie zu dieser Sensation anläßlich des internationalen geophysikalischen Jahres bereit seien. Wenn sie uns zuvorkämen, würde das ein schwerer Schlag gegen unser Prestige sein. Solange sie sich in Moskau aktiv verteidigen können, sind wir verpflichtet, hier mit allen uns zur Verfügung stehenden Mitteln, die Rakete

M1-8 zuverlässig vorzubereiten. Nicht später als Anfang August müßte der Start erfolgreich realisiert werden. Ansonsten würden uns alle große Unannehmlichkeiten erwarten.
Rudnew war zu dieser Zeit stellvertretender Vorsitzender der Staatlichen Kommission für Verteidigungstechnik – ein Mensch, der zweifellos die Situation kritisch und nüchtern einschätzte. Ich nutzte die Gelegenheit und fragte ihn: „Aber was können sie mit uns machen? Denn jetzt einsperren und uns nach Kolma verbannen, so etwas macht man nicht mehr.“ – „Ja tatsächlich“, antwortete Rudnew, „uns wird niemand einsperren, aber unsere, besser gesagt, Ihre Rakete wird man anderen übergeben. Man darf nicht vergessen, daß Chruschtschow einen Vorschlag Tschelomejs unterstützt. Außerdem gibt es weitere Vorschläge von Jangel für eine neue Rakete.“
Welche Möglichkeiten Tschelomej besitzen könnte, war schwer zu sagen, aber im Dnjepropetrowsker Werk und im Konstruktionsbüro Jangels waren von uns erzogene Leute, und sie wären eine sehr starke Kraft. Sie hatten bereits gelernt, unsere Rakete R-5M zu produzieren, und ihre erste eigenständige Rakete R-12 entwickelt – einen Konkurrenten der R-5M –, und jetzt arbeiteten sie an neuen Projekten interkontinentaler Raketen. Jangel hatte seine negative Haltung gegenüber der Sauerstoffrakete nicht verheimlicht. Die Militärs schwankten ebenfalls. Natürlich waren Sauerstoff und Kerosin edle und ungefährliche, Stickstofftetraoxid und Dimethylhydraxin dagegen giftigere Komponenten und in der Anwendung, das mußten wir einfach zugeben, waren sie widerlicher, obwohl wir mit ihnen die Rakete R-11 entwickelt hatten, und die Marineraketen waren ebenfalls Salpetersäure-Raketen. Und das hatte auch funktioniert. Sogar auf den U-Booten waren wir mit ihnen zurechtgekommen.
„Mit Sergej Pawlowitsch“, setzte Rudnew fort, „hatte ich ein offenes Gespräch. Er hat viele interessante Vorschläge und weitgehende Pläne, aber noch ein bis zwei Mißerfolge mit der ‚Semjorka‘ und alles wird dann von anderen Leuten realisiert werden. Beachten Sie bitte, daß sogar Nedelin schwanken kann. Aber er ist der einzigste von den Marschällen, der sich in unserer Technik auskennt. Auf die Unterstützung Malinowskijs dürfen Sie nicht rechnen. Er sieht ebenfalls nicht weiter, als ihm seine allgemein militärische Erfahrung eines Divisions- oder sogar Armeekommandeurs eingibt. Er duldet uns nur deshalb, weil Chruschtschow die Rakete braucht. Nikita Sergejewitsch hat bis jetzt Vertrauen in uns.“
Prinzipiell Neues hatte mir Rudnew dabei nicht erzählt, weil wir selbst in diesen Jahren gelernt hatten, die politische Situation einzuschätzen und an den unterschiedlichen Repliken auf den vielen Sitzungen unter Beteiligung der höchsten Beamten erfahren hatten, „wer ist wer.“
Jeden Morgen ging ich, solange die unerträglich Hitze noch nicht begonnen hatte, in das Montage- und Erprobungsgebäude. Am 20. Juli entluden und beförderten wir alle Blöcke der Rakete Nr. 8 auf die Arbeitsplätze. Jeder Block wurde in einem speziell abgedeckten, vierachsigen offenen Güterwaggon antransportiert. Der Zentralblock war so lang, daß er in zwei Teilen in zwei offenen Waggons transportiert werden mußte.

Im Montage- und Erprobungsgebäude erfolgte die Montage des zentralen Blockes und außerdem die Kopplung einer großen Zahl elektrischer Steckkontakte pneumatischer und hydraulischer Rohrleitungen. Am verantwortlichsten war die Vereinigung von Rohren großen Durchmessers mit Hilfe einer elastischen Dehnbüchse (Kompensator). Diese Rohre versorgten das Triebwerksaggregat aus dem oberen Tank durch einen Tunnel mit Sauerstoff, der durch den unteren Kerosintank führte.

Die Montage des zentralen Blocks leitete der sehr erfahrene Schlosserbrigadier unseres Werkes, Michail Lomakin. Nachdem die Raketenblöcke zur Montage vorbereitet waren, bat ich ihn, diese Arbeiten möglichst schnell zu beenden, weil die elektrischen Erprobungen nur nach der Beendigung aller mechanischen Montagearbeiten begonnen werden konnten. Nach dem Anlegen elektrischer Spannungen an Bord durfte sich innerhalb des Raketenblocks niemand mehr aufhalten, der durch seine Bewegungen den Verlauf der elektrischen Erprobungen hätte stören können.

Die Temperatur in der Hauptmontage- und Erprobungshalle des Montage- und Erprobungsgebäudes überstieg gegen Mitte des Tages die Außentemperatur. Aber von einer Klimaanlage war zu dieser Zeit noch keine Rede. Die Ventilatoren bewegten lediglich die im Inneren vorhandene heiße Luft, aber sie einzuschalten, war verboten. Es würde ein solcher Staub aufgewirbelt, daß man weder arbeiten, noch die Zuverlässigkeit der vor dem Eindringen von Staub nicht geschützten Geräte und Aggregate garantieren könnte.

Wir vereinbarten mit Ewgenin Ostaschew, daß wir mit der elektrischen Erprobung nach Sonnenuntergang, wenn es etwas kühler war, beginnen würden. Ich war schon dabei, mich beim Mittagessen etwas zu erholen, als unerwartet der Sekretär der Staatlichen Kommission anrief und mich warnte, daß Rudnew ungeachtet der Hitze von $50^0$ kommen würde, um sich mit mir und den militärischen Erprobern zu treffen und den Zeitablauf der Vorbereitung der Rakete zu überprüfen.

Für besonders hohe Leiter: Marschalle, Generäle, Vorsitzende von staatlichen Kommissionen und der dazu gehörenden Adjutanten oder Sekretäre war in der Stadt auf dem zehnten Platz ein sogenanntes „Nullquartal“ errichtet worden.

Dies waren zwei Hotelgebäude mit für diese Zeit maximalem Komfort. Vom Hotel aus führten eingerichtete Gärten oder kleine Parks, direkt an die Syrdarja hinunter. Durch die Nähe des Wassers und seiner psychologischen Wirkung konnte man die unerträgliche, „halbtägige Hitze in der Wüste Kasachstans“ eher ertragen. So hatten örtliche Witzbolde die Zeilen aus dem „Schlaf“ von Lermantow umgemodelt.

Vom Nullquartall bis zu unserem „dwojki“ (Zweimannhäuschen) waren nicht mehr als 30 Minuten Autofahrt. Aber ich ging, um mich zu bewegen, zu Fuß in das Montage- und Erprobungsgebäude. Als ich aus der Hitze in die kühle Halle trat, überkam mich der siebente Schweiß. Zu meinem Erstaunen war der zentrale Block noch nicht zusammengesetzt. Einer der Arbeiter erklärte mir, daß sich Lomakin bereits mehr als zwei Stunden innerhalb des Körpers befände und sie befürchteten, daß ihm etwas geschehen sei. Durch die Luke begann ich, mit

Lomakin zu sprechen. Er versprach, recht bald herauszukommen. Als wir darüber rätselten, wie man bei einer solchen Hitze innerhalb der Rakete, in einem Raum, der jede Bewegung einschränkt, arbeiten könne, kam Rudnew gefahren. Wir gingen mit ihm ins Schaltzimmer, wo Ewgenin Ostaschew den Zeitplan der Arbeiten vorbereitet hatte. Bald darauf kam Lomakin, rot wie ein Krebs, zu uns und bat mich, um ein kurzes Gespräch. Er erklärte mir, daß er bei der Montage der Dehnbüchse und der Vereinigung zweier Teile der Tunnelrohre eine der sechs Neunmillimeterbolzen zusammen mit der Mutter verloren habe.
Alle Flansche habe er verschraubt, aber ihm sei nicht klar, was er weiter tun könne. Mir wurde es kalt: „Bist Du Dir sicher, daß Du diesen Bolzen nicht irgendwo im Rohr gelassen hast?"
„Ja," sagte Lomakin, „ich habe alle Bolzen vor der Vereinigung vom Flansch genommen und sie abgelegt, dort ist so eine Vertiefung. Als ich die Flansche zusammengeschraubt und mit der Montage begonnen habe, waren anstelle von sechs nur noch fünf dort. Ich habe alles abgetastet und untersucht, aber nichts gefunden."
„Erhole Dich," schlug ich vor, „denke nach, erinnere Dich noch einmal an alles, trinke kaltes Wasser und krieche wieder hinein, um erneut zu suchen. Solange wir den Bolzen nicht finden, wird keinerlei Arbeit im Zentralblock durchgeführt. Wir müssen die absolute Sicherheit haben, daß der Bolzen nicht im Rohr ist. Wenn er dort bleibt, dann ist eine Havarie unvermeidlich. Er gelangt in die Sauerstoffpumpe und was dann passiert, kannst Dur selbst vorstellen."
Als ich in den Schaltraum zurückkehrte, interessierte sich Rudnew dafür, was passiert war. Ich verheimlichte nichts und erklärte es ihm. Er sagte, daß er uns nicht verlassen würde, bevor wir nicht den verlorenen Bolzen wieder hätten.
Bevor sich Lomakin erneut auf die Suche machte, drehte er in Anwesenheit des Militärvertreters und des Kontrolleurs alle Taschen seiner Kombi nach außen, um zu zeigen, daß er keinerlei Ersatzbolzen mit sich nähme. Es verging eine Stunde und noch eine. Die Nachricht über das Vorkommnis verbreitete sich im Montage- und Erprobungsgebäude. Es wurde der Vorschlag gemacht, den Block zu drehen, um am Geräusch des Bolzens zu erkennen, wo er sich befindet. Aber wir warteten die Rückkehr Lomakins ab. Nach über zwei Stunden stieg er glänzend aus der Rakete, hielt die Hand über den Kopf, daß alle sehen konnten, der Bolzen war gefunden.
Wir beglückwünschten Lomakin alle, aber er kroch erneut zurück, um den letzten, den sechsten Bolzen an seinem Platz zu verschrauben. Rudnew, der, so schien es, mehr als wir mit dem glücklichen Ende zufrieden war, schlug vor, Lomakin für seine Ehrlichkeit und seine selbstaufopfernde Arbeit bei der Erfüllung der schwierigen Aufgabe mit einer Geldprämie zu belohnen. Er unterschrieb die Anweisung an den Abteilungsleiter der Expedition über die Auszahlung einer Geldprämie von 250 Rubel. Rudnew unterschrieb mit der Bemerkung „Genehmigt". Nachdem letztendlich der erschöpfte Lomakin aus dem Zentralblock herausgekrochen kam und alle Arbeit beendet hatte, überreichte ich ihm feierlich dieses Papier.

Am nächsten Tag rief mich Koroljow über HF-Funk an und erbat einen Bericht über die Lage der Dinge. Ich berichtete ihm ausführlich und zum Schluß erzählte ich ihm das gestrige Vorkommnis mit dem Bolzen. Der ruhige Ton im Gespräch mit SP veränderte sich plötzlich. Schon an der veränderten Stimme, fühlte ich, daß er sich vor Erregung überstürzte: „Nicht prämieren, sondern bestrafen für solche Vorfälle!“ sagte er. „Du hast dort alles gelockert und verteilst noch Prämien! Du wirst diesen Beschluß sofort rückgängig machen und eine Rüge erteilen. Ein guter Onkel hat sich gefunden!“
Als ich Rudnew über mein Gespräch mit Koroljow berichtete, sagte dieser erheitert: „Verändern kann nur ich das und zwar deshalb, weil ich dieses Papier selbst unterschrieben habe. Wir werden nichts verändern, Sergej Pawlowitsch wird uns verzeihen. Wenn er einfliegt, wird ihm nicht danach zumute sein.“

## *Eine rästelhafte Krankheit*

Einige Tage nach dem beschriebenen Vorfall begann die elektrische horizontale Erprobung schon in vollen Zügen. Ich sandte ein Telegramm nach Moskau mit dem Aufruf an alle Spezialisten, die sich im Kurzurlaub befanden, auf den Schießplatz zurückzukehren. Nach dem Zeitplan, den ich zusammen mit Ewgenin Ostaschew und Anatoli Kirilow ausgearbeitet hatte, sollte die Vorbereitung der Rakete auf der technischen Position, wenn es keine Zwischenfälle gab, am 12. August beendet sein. Unter Berücksichtigung der Hitze und aller möglichen unvorhergesehenen Umstände entschieden wir uns, noch drei Tage hinzuzufügen und als Frist zum Abtransport der Rakete den 15. August zu erklären. Bis zu diesem Zeitpunkt verblieben zwanzig Tage. Wenn man fünf Tage auf der Startposition dazurechnete, würde der Start am 20. August erfolgen.
Es war schon später Abend, als ich alle für die Vorbereitung wichtigen Fristen notierte, mich aus dem Montage- und Erprobungsgebäude in das Haus Koroljows begab und über das bevorstehende morgige Funkgespräch mit Koroljow nachdachte. Meine Aufgabe bestand darin, ihn von unserem Vorschlag zu überzeugen und dabei nicht alle Sünden aufzuzählen, die zu Beginn der Erprobungen aufgetreten waren. Wenn er eingeflogen war, würde es einfacher sein, alles zu erklären.
Als ich auf dem so viele Male gewanderten Weg vom Montage- und Erprobungsgebäude zurücklegte, fühlte ich ein starkes Unbehagen. Nachdem ich das Häuschen erreichte, entschied ich mich, ungeachtet der Hitze, eine heiße Dusche zu nehmen. In jedem Häuschen war ein Badeofen zum Duschen und Baden installiert. Der Badeofen wurde mit gewöhnlichem Holz beheizt, wobei das Holz in dieser waldlosen Gegend defizitär war, aber für die Häuschen der Chefkonstrukteure hatte die Angestellte unserer Abteilung, Lena, die sich um unser Alltagsleben sorgte, alles bereitgestellt. Ihr gelang es, alle Häuschen mustergültig sauberzuhalten und sich um die Versorgung von Mineralwasser zu kümmern.

Ich heizte den Badeofen und nahm eine heiße Dusche. Mit Dankbarkeit dachte ich an die sorgsame Lena, die eine Flasche „Borshomi" Mineralwasser in den Kühlschrank gestellt hatte. Aber beim ersten Schluck bekam ich Schüttelfrost, ich kroch unter die Decke, um mich zu erwärmen. Der Schüttelfrost hörte nicht auf. Unwahrscheinlich! Das Thermometer im Zimmer zeigte $30^0$, aber mir war kalt. Ich ging in Mischins Zimmer und nahm mir noch eine Decke von seinem Bett, deckte mich mit den zwei warmen Wolldecken zu und versuchte zu schlafen.

Am Morgen kam Lena zum Saubermachen, entdeckte, daß im leeren Zimmer die Decke fehlte, und schöpfte sofort Verdacht. Nachdem auf ihr Klopfen niemand antwortete, kam sie in mein Zimmer und war sehr erschrocken, wie sie später erzählte. Ich lag mit offenen Augen da und reagierte nicht auf ihre Fragen.

Sie wandte sich sofort an den Abteilungsleiter Suchopalko. Dieser schnappte sich auf dem Weg eine ansässige Krankenschwester und kam zu mir. Ich erinnere mich, daß ich bei Bewußtsein war, ihn erkannte und fragte, was geschehen sei. Die Schwester berührte meine Stirn und zeigt Suchopalko erschrocken das Thermometer, daß sie mir unter den Arm gesteckt hatte. Es zeigte mehr als $40^0$ an. Suchopalko gelang es, im Nullquartal anzurufen. Er bat Mrykin, daß er sich im Namen der Staatlichen Kommission an den Leiter des Garnisonskrankenhaus mit der Bitte wenden solle, schnell einen Arzt zu schicken. Während der Arzt vom zehnten Platz gefahren kam, kurierten mich die Krankenschwester und Lena mit heißem Tee und irgendwo aufgetriebener Himbeermarmelade. Nach einer Stunde erschien ein Oberstleutnant des medizinischen Dienstes. Er brachte eine Laborantin mit, die eine Blutprobe für eine Analyse entnahm. Eine Diagnose im Ergebnis der Analyse konnte der Arzt nicht stellen. Aber er gab mir Tabletten gegen das Fieber und Antibiotika. Da er irgend eine Pestinfektion befürchtete, ordnete der Arzt an, keinen zu mir zu lassen, und bat die Krankenschwester, sich nicht zu entfernen und bei Verschlechterung des Zustandes, ihn sofort zu anrufen. Er selbst versprach mir zu kommen, sobald das Ergebnis der Analyse feststand.

Tatsächlich erschien am Abend der Arzt, aber zu meinem Erstaunen, zusammen mit Mrykin. Aus den weitläufigen Erklärungen begriff ich, daß die Blutanalyseergebnisse die Mediziner in Furcht versetzt hatten. Nach allen Lexika treten solche Blutwerte bei Strahlenkrankheit auf. Die Analyse paßte zu keiner anderen Diagnose.

Ich selbst fühlte mich schon besser als am Morgen, versuchte aufzustehen, schwankte aber. Mrykin erklärte mir, daß er schon mit Moskau abgesprochen habe und ich im Burdenko-Hospital aufgenommen würde. Schon für den folgenden Tag hatte er ein Flugzeug bestellt, und ich sollte mich für den Abflug fertigmachen. Er rief in Moskau an, daß man mich auf dem Flughafen abholen sollte.

Für mich war dies ein völlig unerwarteter Schlag. Ich war mit meinen Gedanken bei den Erprobungen und erwartete schließlich einen erfolgreichen Start.

Es war eine erstaunliche Sache. Am folgenden Morgen fühlte ich mich fast gesund. Die Temperatur war annähernd normal, aber ich wurde von Suchopalko zum Flughafen begleitet, der mir die genehmigte Dienstreise aushändigte und mich warnte, daß er mich nur bis zum Flugzeug begleiten würde. Wir verabschiedeten uns herzlich und ich versprach ihm, nach einer Woche zurückzukehren. Aus einer Woche wurde ein halbes Jahr.
Im Flugzeug schwoll mir auf unerklärliche Weise die Zunge an. Sie war so dick geworden, daß ich in Uralsk das Flugzeug nicht verließ, um die traditionelle Kalbszunge und die von allen Reisenden gerühmte Sahne zu mir zu nehmen.
Ungeachtet der strengen Instruktionen Mrykins fuhr ich mit dem bereit stehenden Auto nicht in das Krankenhaus, sondern nach Hause. Katja war durch mein plötzliches Erscheinen nicht sehr erstaunt, machte sich aber große Sorgen, weil ich wie ein defekter Lautsprecher sprach. Wir beschlossen, daß ich mich am nächsten Tag in das Krankenhaus begeben werde, nachdem ich mich erholt habe und meine Stimme zurückgekehrt sei.
Tatsächlich begleitete mich Katja am nächsten Tag bis zum Empfangsraum des Krankenhauses, nachdem sie überzeugt war, daß ich meine „eigene Stimme" wiederhatte.
Ich wurde in einem Gebäude, das aus der Zeit Katharinas stammte, untergebracht. Warum waren zu dieser Zeit die Krankenhäuser so verschwenderisch gebaut worden? Dicke Festungsmauern, große Fenster und unwahrscheinlich hohe Decken! Meine Nachbarn waren zwei gesellige Oberste. Bei beiden lautete die Diagnose „Herzinfarkt". Mir war bekannt, daß man den Verdacht hatte, ich leide an der Strahlenkrankheit und zu jener Mannschaft gehöre, die sich mit der Atomwaffe beschäftigt.
Der mich behandelnde Arzt Kostoglot und seine Berater befragten mich hartnäckig, wann und wo ich verstrahlt worden sei. Ebenso hartnäckig verneinte ich diese Möglichkeit. Tatsächlich entsteht die Frage, wenn es sich um eine Verstrahlung handeln sollte, warum nur ich verstrahlt war, dann wo und wann? Nein, dies konnte nicht sein.
Katja besuchte mich fast täglich und überbrachte die Grüße der Genossen. Sie sagte, daß fast alle Bekannten und Freunde erneut auf Reisen gegangen waren.
An einem der gewöhnlichen Krankenhaustage schlummerte ich ein, nachdem ich eine Blutprobe zu einer Routineanalyse abgegeben und gefrühstückt hatte. Unerwartet weckte mich mein Bettnachbar: „Nimm die Kopfhörer!" Ich führte die Anweisung aus und hörte die zweite Hälfte einer TASS-Mitteilung über die Entwicklung einer interkontinentalen ballistischen Rakete und deren erfolgreiche Erprobung in der UdSSR.
„Siehst Du, jetzt ist sie da. Schließlich doch der Sieg!" Ich stellte mir vor, welche Freude, welcher Feiertag dort auf dem Schießplatz jetzt sein würde. Die „Semjorka" hatte das Ziel beim vierten Versuch erreicht. Darüber sprach jetzt nach der TASS-Mitteilung die ganze Welt. Und ich lag hier mit einer unbekannten Krankheit!
Ich durfte aufstehen und im Krankenhausgarten etwas spazierengehen. Ich rief bei Kalaschnikow an und erfuhr, daß alles sehr gut sei. Im OKB herrschte

allgemeiner Jubel. Die inneren Feinde und Pessimisten waren blamiert und die äußeren, das heißt die Amerikaner, mochten zittern. Auf dem Schießplatz arbeitete Jurasow an meiner Stelle. Im OKB wurden jetzt neue Leute eingestellt und es begannen neue Arbeiten. Mit einem Wort, ich mußte schnell gesund werden.
Nachdem ich den Glauben an die gewöhnlichen und die neuesten pharmakologischen Mittel verloren hatte, riet der behandelnde Arzt Katja, daß sie mir bei ihren ständigen Besuchen nicht mehr als 200 g Kognak mitbringen möge. Er schlug mir vor, unbemerkt von den Nachbarn, morgens und abends je 50 g im Verlaufe von zwei Tagen zu mir zu nehmen. Diese Anweisung erfüllte ich mit Befriedigung. Tatsächlich konnte ich am zweiten Tag den Rat nicht mehr befolgen, denn ich nahm nach dem Frühstück bereits die restlichen 100 g mit einem Mal zu mir. Erstaunlich war nur, daß Kostolog nach zwei Tagen erklärte, das Blutbild habe sich wesentlich verbessert. Zur Bestätigung lud er den zu dieser Zeit berühmtesten Hämatologen, Iosef Abramowitsch Kassirskij, zur Konsultation ein.
Der Professor kam tatsächlich und studierte die Krankengeschichte. Er fragte mich, wann und wo ich zum ersten Mal, die ersten Anzeichen von Unbehagen verspürt habe. Als ich ihm erklärte, daß ich Kaschstan erkrankt sei, sagte er: „Ihr Blutbild hat eine ungewöhnlich große Zahl von Eosinophilen, es ist eher eine Eosinophilie, die man aber selten in unserem Mittelasien antrifft. Es ist die Reaktion des Organismus auf die in die Leber eindringenden parasitierenden Mikroorganismen, die in diesen Gebieten vorkommen.“ Er versprach mir, nochmals alles zu überdenken und mich erneut zu untersuchen.
Dann in einer „toten Stunde“ weckte mich die diensthabende Schwester und bat mich, in das Vestibül zu kommen. Dort erblickte ich unerwartet eine große und fröhliche Gesellschaft. Ohne Rücksicht auf die Krankenhausruhe begrüßten, umarmten und beglückwünschten mich die Kollegen. Es waren Koroljow, Woskresenskij, Mischin, Jurasow, Kalaschnikow, Buschuew und Ochapkin. Aus den in solchen Fällen ungeordneten, freundschaftlichen Gesprächen begriff ich, daß nicht alles so glatt verlaufen war, wie darüber in der TASS-Mitteilung der ganzen Welt ausposaunt worden war.
Koroljow entschuldigte sich, er mußte zu einem Treffen mit Nedelin und Keldysch eilen. Er nahm Buschuew mit, fuhr davon und verabschiedete sich mit den Worten: „Boris, simuliere aber nicht zu lange.“
Die Zurückbleibenden erzählten, daß nach dem erfolgreichen Start der Kopfteil auf Kamtschatka nicht gefunden worden war. Trotz eifriger Suchaktionen hatte man keinerlei Einschlagspuren entdecken können. Nach allen vorliegenden Merkmalen war der Kopfteil verbrannt und in den dichten Schichten nicht weit von der Erde entfernt in Staub aufgelöst worden. Die telemetrische Verbindung war 15 bis 20 Sekunden vor der berechneten Zeit des Erreichens der Erdoberfläche verloren gegangen. Deshalb waren Koroljow und Buschuew jetzt zu einem Treffen mit Keldysch geeilt. Er organisierte eine Konsultation mit dem ZAGI und anderen Gasdynamikern. Nedelin wollte auch an diesem Gespräch teilnehmen.

Mischin zeigte sich besorgter als die anderen. Es würde nicht so einfach sein, hatte er gemeint, eine neue Form des Kopfteils zu finden. Für das Durchblasen und die Herstellung würde viel Zeit notwendig sein. Was sollte jetzt werden, die Erprobungen anhalten? Es gab schon Mitteilungen aus Amerika. Sie glaubten unserer Mitteilung nicht und gingen davon aus, daß es sich um eine Mystifizierung handele. Wenn wir ehrlich waren, dann war es tatsächlich so, wir hatten schon die Rakete, aber den Träger der Wasserstoffbombe noch nicht. Wer würde uns eine solche „nützliche Last" anvertrauen, wenn der Kopfteil lange vor Erreichen der Erde zerstört würde und verglühte.
„Und dann noch", fügte Jurasow hinzu, „wurde nach dem Abtrennen des Kopfteils das Zusammentreffen mit dem Körper des Zentralblocks festgestellt."
– „Um solche Piroggen handelt es sich," sagte Woskresenkij, „und alle beglückwünschen uns, aber außer uns kennt niemand die Wahrheit."
Es blieb noch eine Rakete, die mit der Nummer neun. Die Vorbereitung auf der technischen Position wurde fortgesetzt, ohne daß entschieden war, welche Maßnahmen durchgeführt werden sollten. Koroljow gelang es bald, Nedelin und Keldysch zu überreden, die folgende Rakete mit einem Kopfteil ohne Veränderungen zu starten, um weitere Daten zu sammeln und dann die Erprobungen einzustellen, um kardinale Nacharbeiten durchzuführen. Solange die Nacharbeiten anhalten würden, könnten wir uns mit dem Start von Sputniks beschäftigen. Dies würde zeitweilig die Aufmerksamkeit Chruschtschows von den militärischen Rakete ablenken. Eine solche Taktik legten mir meine Kollegen vor.
Wir hatten uns jedoch in unseren Prognosen hinsichtlich der Formulierung, „lenkt die Aufmerksamkeit ab", geirrt. Der erste künstliche Sputnik der Erde lenkte die Aufmerksamkeit unserer höchsten Führung bei weitem nicht ab, sondern lenkte sie verstärkt auf das Programm der Flug- und konstruktiven Erprobungen der militärischen interkontinentalen Rakete, erzeugte Sturm in der Welt und eine wirkliche Panik an den Ufern des Potomaca (Fluß in den USA).
Beim Abschied versäumte es Woskresenskij nicht, mir einen Gruß von Katja zu überbringen und eine Tüte zuzustecken, in der ich sofort eine Flasche vermutete. „Das ist für Dich die beste Medizin mit drei Sternen. Kommt Jungs gehen wir, ehe sie uns hier bemerkt haben," sagte er.
Die Freunde hatten mir insgesamt eine nicht zu fröhliche Information hinterlassen. Vier Starts und bis jetzt keine interkontinentale absolute Waffe.
Am nächsten Tag fand im Garten ein unerwartetes Treffen mit Germogen Pospelow statt. Wir hatten uns lange nicht gesehen. Er war schon Professor und General der Luftstreitkräfte und lag im Krankenhaus mit einer akuten rheumatischen Karditis (rheumatische Herzentzündung). Er wußte, wo ich arbeite und beglückwünschte mich sofort zum großen Erfolg. Aber sogar Gemogen, einem alten Freund, konnte ich nicht die ganze Wahrheit erzählen. Mir blieb nichts anderes übrig, als das Gespräch auf unsere studentischen Abenteuer der Vorkriegszeit in Koktebel zu lenken. Wir schwelgten gemeinsam in angenehmen Erinnerungen über das Schwimmen am Goldenen Tor und an den Felsen von Karadag. Wir erinnerten uns daran, wie ich aus Dummheit

plötzlich an einem Abhang gehangen hatte, der über dem Meer hervorsprang und Germogen zwei Handtücher zusammenband, sie mir zuwarf und ich mich mit Hilfe dieser an einen ungefährlichen sicheren Ort rettete. Danach empfand ich große Verehrung für die Bergsteiger, die ohne jegliches Handtuch auskommen. Unsere weiteren Erinnerungen wurden durch die Schwester unterbrochen, die rief: „Genosse General, es ist Zeit zur Heilbehandlung." Gemogen erhob sich mit Mühe und auf einen Stock gestützt, humpelte er in das Gebäude.

Anfang September besuchten mich Buschuew, Jurasow und Woskresenskij. Jurasow war gerade von einem Flug zurückgekehrt und war voller Eindrücke. Er schimpfte auf irgend jemand dort, auf einen anderen war er gut zu sprechen, aber insgesamt war seine Stimmung niedergeschlagen.

Am 7. September wurde die letzte der vorbereiteten Raketen, die mit der Nummer neun, gestartet. Die hauptsächlichste Verbesserung war die Verlängerung der Zeit zwischen dem Abschalten des Triebwerks der zweiten Stufe und dem Auslösen des Befehls zur Abtrennung des Kopfteils von sechs auf zehn Sekunden. Zur Erhöhung der Zuverlässigkeit der Funkverbindungen gelang es, die telemetrische Außenschlitzantenne des Kopfteils auf eine Bodenantenne vor dem Eintritt in die dichten Atmosphärenschichten umzuschalten. Die Entwicklung von Antennen für die funktelemetrischen Systeme der Kopfteile von Raketen ist ein sehr kompliziertes, theoretisches und auch praktisches Problem. Nachdem der Raketenkörper den Impuls zum Abtrennen vom Auslöser erhalten hat, kann der Kopf beginnen, sich zu drehen. Deshalb muß das Richtungsdiagramm der Antenne nach Möglichkeit rund sein. Aber eine gleichmäßige Strahlung im Raum vermindert die Energie, die auf die Antennen der Bodenempfangsstationen im Vergleich zu denen gerichtet ist, die die Energie mit Hilfe von Richtstrahlen konzentrieren. Wenn beim Eintritt in die Atmosphäre der Kopfteil, der mit einer speziellen stabilisierenden Hülle umgeben ist, aufhört, sich unregelmäßig zu überschlagen, und der Erde zustrebt, dann bildet sich in Folge der hohen Temperatur beim Bremsen in der Atmosphäre eine Schicht heißen Plasmas. Diese Schicht absorbiert die von den Antennen des Kopfteiles abgestrahlte Energie so vollkommen, daß im Verlaufe der nächsten 30 Sekunden auf der Erde fast keine telemetrische Information empfangen werden kann. Sehr wichtig ist es deshalb, die Antennen so zu plazieren, daß die Elektronenkonzentration im Plasma minimal wird und es noch Hoffnung gibt, daß sie die Erde erreichen.

Mit diesen Problemen hat sich der Leiter des Antennenlabors, Michail Krajuschkin, bei uns befaßt. Er entwickelte eine Antennenprojektionstheorie für Raketen und eine praktische Methodik zur Modellierung ihrer Parameter. Zur Modellierung des Verhaltens der Antennen im Plasma hatten wir in diesen Jahren noch keine Mittel.

Beim nächsten Start wiederholte sich das Zusammentreffen des Raketenkörpers mit dem abgetrennten Kopfteil, obwohl die Zeit der Verzögerung zur Auslösung des Befehls der Abtrennung nach dem Ausschalten des Triebwerks auf zehn Sekunden erhöht worden war.

Es ist möglich, daß dieser Zusammenstoß die Hitzeisolierung beschädigte. Der Kopfteil wurde wiederum in der Atmosphäre zerstört. Aber alle Splitter gelangten zur Erde, und man fand sie teilweise. Anhand dieser Splitter wurde festgestellt, daß der Flug über den Zielpunkt hinaus lediglich drei Kilometer betrug und die Abweichung nach rechts nur einen Kilometer. Der Empfang der telemetrischen Signale endete 30 Sekunden vor dem Einschlag. Außerdem wurde während des Fluges die Zerstörung des Systems der Tankbelüftung offensichtlich durch Zerstörung der Leitungen für den flüssigen Stickstoff festgestellt.

Im Halbdunkel des Krankenhausvestibüls berieten wir zu viert lange über die Situation, die sich ergeben hatte und stellten Prognosen auf. Jurasow sagte: „Der Jubel im OKB hat sich in Ratlosigkeit verwandelt. Aber SP hat seine Energie auf die Sputniks umorientiert. So ist es natürlich ruhiger, denn die Sputniks müssen nicht unbedingt in die Atmosphäre eintauchen. Wir müssen jedoch auf alle Fälle das Problem des Erreichens der Erde ohne Zerstörung des Kopfteils lösen. Es besteht die Gefahr", fügte Buschuew hinzu, „daß die Atomspezialisten das Vertrauen in die „Semjorka" verlieren und sich mit ihrer Nutzlast der Arbeit Tschelomejs und Jangels anvertrauen."

Nach Informationen unserer „fünften Kolonne" arbeitete Jangel verstärkt an der Rakete R-16 mit Stickstofftetraoxid und nicht symmetrischem Dymethylhydrazin. Unter den Militärs gab es viele starke Gegner unserer reinen Sauerstofflinie. Sie unterstützten Jangel aktiv. Nach Angaben „unserer", in Dnepropetrowsk Arbeitenden, könnte die R-16 schon in drei Jahren fertig sein. Es gab außerdem ein vorbereitetes Projekt über den Beschluß des Baubeginns einer getrennten technischen Startposition auf unserem Schießplatz für Jangel. Als Baubeginn wurde uns das I. Quartal 1960 genannt. Tschelomej wäre natürlich während dieser Frist nicht in der Lage, interkontinentale Raketen zu entwickeln. Aber in 4 Jahren würde er es auch können. Sowohl Jangel als auch Tschelomej erhielten die Versicherung von Gluschko, daß er ihnen die Triebwerke für ihre Komponenten entwickelt.

Buschuew ging davon aus, daß, wenn Gluschko gemeinsam mit Jangel und Tschelomej arbeiten würde, sich dies unweigerlich auf seine Beziehungen zu Koroljow auswirkt und folglich auch auf unsere Pläne. Wir mußten uns beeilen, aber mit wem und wohin? Das war die Hauptfrage. SP hatte sehr viele Pläne und Projekte, von denen viele bis jetzt bei den Militärs keinen Enthusiasmus hervorriefen. Eine große aktive Unterstützung war von ihrer Seite nicht zu erwarten!

Woskresenskij beklagte, daß sich Mischin in dieser Situation nicht richtig verhalten würde. Er suchte keine Kompromisse mit Gluschko, sondern verstärkte die Auseinandersetzungen bei jeder Gelegenheit.

Buschuew erzählte viel Interessantes auch über Treffen auf den unterschiedlichsten Ebenen. Er nahm zusammen mit Koroljow an ihnen teil, aber manchmal auch allein in dessen Auftrag. Nach seinen Worten zeigte Keldysch bei der Beeinflussung der obersten Machtstrukturen zum Nutzen des Sputnikprogrammes die größte Aktivität. Er überredete den Präsidenten der

Akademie der Wissenschaften Nesmejanow, das Akademiemitglied Blagonrawow und noch viele andere Wissenschaftler. Alle träumten sie davon, durch unserer Rakete früher in den Kosmos vorzustoßen als die Amerikaner und damit die Überlegenheit der sowjetischen Wissenschaft zu beweisen. Aber wir befanden uns in einer schwierigen Situation. Wir arbeiteten zusammen mit den Akademiemitgliedern schon ein Jahr an dem „Projekt D", aber je weiter wir kamen, um so mehr wurde klar, daß wir noch ein Jahr zu arbeiten hatten. Lediglich eine Apparatur war schon um mehr als 300 kg angewachsen. Woskresenskij ließ die Gelegenheit nicht aus, Buschuew aufzuziehen: „Sieh, schon viele interessante weibliche Wissenschaftler sind um Kostja versammelt, jede ist darauf erpicht, ihn zu bezaubern, daß er ihr Gerätchen mit an Bord nimmt."

Jurasow beschwerte sich, daß Konstantin Dawydowitsch sehr gute Elektriker erhalten hätte, diese Rjasanow übergeben habe, und sich selbst mit den Schaltungen für den Sputnik beschäftigen würde. Das waren zwar fähige Jungs, aber unerfahren. „Koroljow zwingt uns dann, alles zu richten." Buschuew war nicht beleidigt, sondern sagte, daß wir es auch mit den Frauen und den Elektrikern schaffen würden. Hinsichtlich der Fristen war die Situation seiner Meinung nach hoffnungslos.

Buschuew fuhr fort: „Sofort nach dem Start hat SP die gesamte Mannschaft zusammengenommen und vorgeschlagen, die Arbeit am „Objekt D" zeitweise einzustellen und im noch verbleibenden Monat mit allen zusammen wenigstens einen einfachen Sputnik zu schaffen. Wir haben schon gemeinsam mit den Ballistikern überschlagen, daß wir etwa 80 kg auf eine Umlaufbahn mit einem Apogäum von 1000 km bringen können. SP geht davon aus, daß dies eine Sensation wird. Es kommt darauf an, nicht nur diesen Fußball zu entwickeln, sondern dazu für ihn noch eine Verkleidung und ein spezielles System der Aussetzung zu schaffen. Krajuschkin ist dabei mit den Antennen beschäftigt. Wir haben bis jetzt noch nicht entschieden, wie wir sie zuverlässig öffnen können. Uns alle terrorisiert SP mit seinen Mitteilungen, die ihm irgend jemand untergejubelt hat oder die er sich selbst ausdenkt. Angeblich haben die Amerikaner erklärt, daß sie ihren Sputnik noch im Rahmen des Programms „Vanguard" im Oktober starten werden. Keldysch geht davon aus, daß sie in der Lage sind, nicht mehr als 10-15 kg in die Umlaufbahn zu bringen, aber Lärm machen sie viel."

Bei der Verabschiedung bekannten die Kollegen, daß sie hier im Krankenhaus ihre Seele entlastet hätten. Ab morgen früh müßten sie in eine solch kaotische Situation eintauchen, daß keine Zeit sein würde, mit Verstand nachzudenken. Bei seinem zweiten Besuch schlug mir Professor Kassirskij vor, das Krankenhaus zu verlassen, meine Heilung von zu Hause aus zu betreiben und nicht mehr als dreimal wöchentlich zu ihm in die Klinik zur Spezialbehandlung zu kommen.

Aber so einfach entließ mich das Militärkrankenhaus nicht. Zunächst mußte ich in die 6. Klinik, die auf die Rettung Bestrahlter spezialisiert war. Hier wurde mir angst, als ich die tatsächlich Strahlenkranken erlebte. Die Ordnung in diesem

Krankenhaus war streng. Ehe man hierher gelangte, mußte man einen Ausweis vorweisen, daß man z. B. zu vollkommen geheimen Arbeiten zugelassen war. Aber von Besuchen der eigenen Frau, die keinen Ausweis für den Zutritt der völlig geheimen Arbeiten hatte, konnte überhaupt keine Rede sein. Zum Treffen mit den Arbeitskollegen war ein Tag notwendig, um die Bürokratie zu überwinden. Die mitgebrachten Geschenke wurden überprüft. Ein Telefon zum freien Gespräch gab es nicht. Die Verpflegung war ausgezeichnet, aber die halbe Gefängnisordnung und die Isolation von der Außenwelt zwang mich, einen ausgezeichneten Gesundheitszustand zu simulieren.

Ungeachtet des miserablen Blutbildes hielten mich die „Atomärzte" für einen Fremdling, der zufällig unter die tatsächlich Strahlenkranken geraten war. Nach zwei Wochen wurde ich aus der supergeheimen medizinischen Einrichtung als ein fehlerhaft dorthin Gelangter entlassen. Kassirskij lachte und verordnete mir unangenehme Heilkuren mit dem Durchblasen von reinem Sauerstoff durch die „pneumo-hydraulischen Hauptleitungen". Als behandelnder Arzt nahm er sich das Recht heraus, seine Aspirantin anzusetzen, die anerkannte, daß ich für sie ein glücklicher Fund sei. Eosinophilie war das Thema ihrer Dissertation. Patienten mit dieser seltenen Krankheit könne man in Moskau mit der Lupe suchen und plötzlich ein solch glücklicher Zufall! Die Sauerstoffbehandlung war eine Idee des Professors, aber statistische Erhebungen darüber gab es bisher noch nicht. Bei jedem meiner Besuche zum Durchblasen wurde eine Expreßblutanalyse gemacht und mit einem zufriedenen Gesicht erklärte die Äztin, daß eine bestimmte Tendenz zur Besserung feststellbar sei. Mein häuslicher Aufenthalt erlaubte mir, mich über die aktuellen Ereignisse zu informieren. Einmal in der Woche fuhr ich in das OKB, ungeachtet dessen, daß meine Körpertemperatur hin- und herschwankte und ich eine unangenehme Schwäche verspürte.

## *Die ersten Sputniks*

Im Betrieb wurde mit Eifer dreischichtig an der Fertigung der polierten Kugel mit den vier langen Schwänzen (den Antennen) gearbeitet. Die Funker stimmten mit Krajuschkin die Eingangswiderstände für die Übertragung ab. Dadurch wurden die Antennen zunächst verlängert und dann wieder verkürzt. Rjasanskij persönlich entwickelte auf Bitten Koroljows einen Spezialempfänger und hörte dann mit diesem die codierten Signale. Dieses Piepsen war dazu bestimmt, in den kommenden Wochen die ganze Welt zu erschüttern. Aber keinem, weder im Betrieb noch im Konstruktionsbüro, kam dies zu jener Zeit in den Kopf. Ochapkin war im Betrieb mit seinen Konstrukteuren ganztags damit beschäftigt, für den Schutz dieser herrlichen Kugel eine Verkleidung zu fertigen.

Als man bei uns im Konstruktionsbüro damit begann, den Aufbau der Gefechtsladung für die „Semjorka" zu planen, studierte ich die Dimensionen des Aufbaus der Zeichnungen sowie die elektrischen Schaltungen und empfand angstvolle Verehrung vor diesem Produkt des menschlichen Genius, das wir bescheiden als Nutzlast bezeichneten. Plötzlich wird anstelle der „monotonen Nutzlast" auf der „Semjorka" eine Kugel, die nicht viel größer als ein Fußball ist, mit 80 kg eingesetzt. Die innere elektrische Schaltung ist so elementar, daß sie von jedem beliebigen Zirkel Junger Techniker reproduziert werden kann.

Ende September wurde das OKB leer. Anstatt sich mit der „Kugel" und der Verkleidung zu beschäftigen, waren alle Arbeiter und Angestellten auf den Schießplatz geflogen. Die wenigen Enthusiasten, die geblieben waren, verfolgten über den Funk die Vorbereitung und versprachen mir, mich einen Tag vor dem Start zu informieren.

Am 4. Oktober fuhr ich in den Betrieb und gesellte mich zu den Diensthabenden, die im Empfangs- und Arbeitszimmer Koroljows Platz genommen hatten, dort waren ein Funkapparat und etwa 30 Leute. Am anderen Ende der Leitung saß in der Baracke auf dem 2. Platz „dwojka" auf Befehl Koroljows unser Kommentator, der, sobald er die Informationen aus dem Bunker erhielt, sie uns übertrug.

Erst am Abend um 22 Uhr und 30 Minuten hörten wir die erregte Mitteilung, daß der Start normal verlaufen war. Noch eineinhalb Stunden später schrie jemand von dort: „Alles ist in Ordnung, er piept, die Kugel fliegt."

Wir fuhren tief in der Nacht von Podlipki ab, vermuteten jedoch nicht, daß die Menschheit am heutigen Tag in die kosmische Ära eingetreten war.

Es war dies der sechste Start der „Semjorka". Von den fünf vorhergehenden hatten lediglich zwei Raketen einen mehr oder weniger normalen aktiven Flugabschnitt überwinden können, zwei havarierten und eine war überhaupt nicht geflogen. All diese Vorgeschichten kannte die Welt nicht, als sie die Stimme Lewitans hörten: „Hier sind alle Radiostationen der Sowjetunion. Wir übertragen eine Mitteilung von TASS....."

Die Morgenzeitungen am 5. Oktober schafften es, diese Mitteilung zu verbreiten. Die „Prawda" veröffentlichte erst am 9. Oktober eine genaue Beschreibung des Sputnik, seine Umlaufbahn, die Funksignale und die Beobachtungsmethoden. Es wurden Angaben über den Verlauf der Flugbahn des Sputniks über verschiedenen Städten unseres Landes und vieler Länder der Welt veröffentlicht. Zum ersten Mal konnte man in einer klaren dunklen Nacht vor dem Hintergrund der Fixsterne einen sich schnell bewegenden Stern beobachten. Dies rief eine ungewöhnliche Begeisterung hervor.

Aus Anlaß dieses historischen Ereignisses ist soviel gesagt und geschrieben worden, daß es sehr schwer fällt, noch etwas Neues darüber zu berichten.

Das, was für die Historiker gut bekannt und banal geworden ist, ist für den modernen jungen Menschen eine Entdeckung.

Ich erlaube mir, einen Ausschnitt meines Beitrages anzuführen, der in dem Buch „Kosmonautik in der UdSSR" veröffentlicht wurde.

*„Obwohl der Sputnik als einfach galt, wurde er zum ersten Mal entwickelt und hatte in der Technik keinerlei Analoga. Es war nur die Gewichtsbeschränkung (nicht mehr als 100 kg) vorgegeben. Sehr schnell gelangten die Konstrukteure zu der Schlußfolgerung, daß es sehr vorteilhaft sei, die Kugelform zu*

*verwenden. Eine sphärische Form hat bei der geringsten Oberfläche der Hülle den größten Rauminhalt.*
*Man beschloß, innerhalb des Sputniks zwei Funksender mit einer Frequenz von 20,005 und 40,002 MHz zu installieren.....*
*Der Sputnik wurde sehr schnell projektiert und seine Bauteile parallel zu den Zeichnungen gefertigt....*
*Das Double des Sputniks wurde vielfach entkoppelt und vom Raketenkörper getrennt, bis man sich davon überzeugt hatte, daß die gesamte Kette zuverlässig arbeitet. Das beginnt mit dem Pneumoschloß, das die obere Hülle entfernt, dann die Antennenstäbe aus der Ausgangsposition befreit, und schließlich bewegt eine Schubvorrichtung den Sputnik vorwärts....*
*Der Funksender des Sputniks sollte die Leistung von einem Watt besitzen, dies erlaubte seine Signale in einer großen Entfernung durch einen weiten Kreis von Funkamateuren im Bereich der Kurz- und Ultrakurzwellen sowie auch durch die Bodenbeobachtungsstationen zu empfangen...*
*Die Sputniksignale hatten die Form eines Telegraphencodes mit einer Länge von 0,3 Sekunden. Wenn einer der Sender arbeitete, hatte der andere Pause. Die berechnete Zeit der Funktionsdauer betrug nicht mehr als 14 Tage...*
*Die Energieversorgung der Bordapparatur des Sputniks wurde durch einen elektrochemischen Akkumulator (einer Silberzinkbatterie) gewährleistet und war für minimal 2 bis 3 Wochen berechnet...*
*Am 4. Oktober 1957 um 22 Uhr und 28 Minuten Moskauer Zeit wurde die nächtliche Steppe durch einen grellen Schein erhellt und die Rakete startete mit Getöse. Ihre Fackel erlosch allmählich und war sehr bald nicht mehr von den Himmelskörpern zu unterscheiden.*
*Die erste kosmische Geschwindigkeit, die schon von Newton berechnet wurde, ist jetzt dreihundert Jahre später zum ersten Mal durch den schöpferischen Geist und die menschlichen Hände erreicht worden...*
*Nach dem Abtrennen des Sputniks von der letzten Raketenstufe begann der Sender zu arbeiten und durch den Raum flogen die berühmten Signale: „Piep..., piep..., piep...“. Die Beobachtungen auf den ersten Runden in der Umlaufbahn zeigten, daß der Sputnik eine Umlaufbahn mit einer Neigung von 65,6$^{0}$ und einer Höhe im Perigäum von 228 km sowie eine maximale Entfernung von der Erdoberfläche von 947 km erreicht hatte. Für jede Erdumdrehung waren 96 Minuten und 10,2 Sekunden notwendig.*
*Das russische Wort „Sputnik“ fand Aufnahme in den Sprachen aller Völker der Welt. Die Leitartikel auf den ersten Seiten der ausländischen Zeitungen waren in diesen Oktobertagen des Jahres 1957 voll von Schilderungen über die herausragende Tat unseres Landes...*
*In Washington hatte die Nachricht über den Start des Sputnik den Effekt einer explodierenden Bombe. Für die Spezialisten des Pentagon, die sich für eine Politik am Rande des Krieges einsetzten, war nicht die wissenschaftliche Bedeutung des Sputnikfluges entscheidend, sondern der für alle offensichtliche Fakt der Entwicklung einer vielstufigen interkontinentalen Rakete in der Sowjetunion, gegen die die Luftabwehrkräfte machtlos waren. Führende*

*Politiker der USA erklärten, daß die Russen auf dem Gebiet der Wissenschaft, Industrie und der Militärmacht den Kampf angesagt hätten.*
*Der erste amerikanische Sputnik wurde 4 Monate später gestartet und wog 8,3 kg.... Die Amerikaner konnten ihre Enttäuschung und Erregung nicht verbergen."*
Es sind jedoch einige Kommentare notwendig. Zu dieser Zeit war allgemein die Ansicht verbreitet, daß man ohne spezielle optische Mittel visuell nachts den von der Sonne angestrahlten Sputnik falsch wahrnimmt. Die reflektierende Oberfläche des Sputniks war viel zu klein, um ihn visuell beobachten zu können. Tatsächlich wurde die zweite Raketenstufe, der zentrale Block der Rakete, beobachtet, der auf derselben Umlaufbahn wie der Sputnik flog. Dieser Fehler wurde vielfach in den Masseninformationsmitteln wiederholt.
Beim Start der Rakete, die die Bezeichnung M1-1SP trug, wurde das verzögerte Erreichen der ersten Zwischenstufe und das Erreichen der Hauptstufe, des Haupttriebwerkes des Blockes „G" beobachtet. Diese Verzögerung hätte zum automatischen Abschalten und zum Abbruch führen können. Aber dies passierte nicht. In den letzten Sekundenteilen der Zeitkontrolle erreichte der Block „G" die Hauptstufe.
Nach 16 Sekunden Flugzeit versagte das Tankentleerungssystem. Dies führte zu einem erhöhten Verbrauch von Kerosin. Dadurch reichte der Treibstoff nicht für die geplante volle Betriebszeit von 296,4 Sekunden, auf die der Integrator eingestellt war. Das Triebwerk wurde eine Sekunde früher durch das Havariesignal „AKT" abgeschaltet. Die Turbine trennte die Kerosinpumpe ab, arbeitete getrennt und schaltete das Triebwerk durch den Havariekontakt aus, der die Umdrehungszahl kontrollierte. Am Ende des aktiven Abschnitts der Flugbahn übt eine Sekunde Triebwerksarbeit einen wesentlichen Einfluß auf die Umlaufbahn aus.
Die Rakete und der Sputnik wurden auf eine Umlaufbahn gebracht, dessen Apogäum etwa 80-90 km niedriger als berechnet waren. Über diese Veränderungen war in allen folgenden Beschreibungen und Mitteilungen nichts mitgeteilt worden.
Im Kollektiv des OKB und bei unseren Kooperationspartnern hatte niemand eine solche Resonanz in der Welt erwartet. Alle waren berauscht von dem unerwarteten triumphalen Erfolg. Es wurden Listen für Auszeichnungen vorbereitet. Wir telefonierten mit den Kooperationspartnern und klärten ab, wem, wieviel und welche Auszeichnung zu übergeben sei. Diese unsere Tätigkeit wurde unerwartet unterbrochen. Chruschtschow lud Koroljow, Keldysch und Rudnew ein und merkte an, daß es notwendig sei, zum 40. Jahrestag der Sozialistischen Oktoberrevolution ein kosmisches Geschenk zu machen. Koroljow widersprach, es war weniger als ein Monat Zeit. Der Start eines Sputniks war sinnlos und einen anderen Sputnik zu entwickeln, war einfach nicht möglich. Koroljow war berechtigt darum besorgt, daß dieses Feiertagsgeschenk nur die schon begonnene Serie der Mißerfolge fortsetzen könnte. Der bisher erreichte Erfolg würde schnell in Vergessenheit geraten.

Chruschtschow war nicht umzustimmen. Der politische Erfolg, den wir ihm brachten und noch ein sensationeller kosmischer Start waren für ihn wichtiger, als die Weiterentwicklung der interkontinentalen Fernrakete.
Unter diesen Bedingungen wurde am 12. Oktober offiziell der Beschluß gefaßt, zum 40. Jahrestag der Oktoberrevolution, den zweiten künstlichen Sputnik zu starten. Dieser Beschluß wurde zum Todesurteil für einen, der zu dieser Zeit noch nicht ausgewählten Versuchshunde. Der in die Geschichte eingegangene Hund Laika, wurde durch den Militärarzt Wladimir Jasdowskij zehn Tage vor dem Start ausgewählt.
Erfahrung bei Höhenstarts mit Hunden auf Raketen hatten wir nicht. Aber damals war die Rede von einer hermetisch abgeschlossenen Laborkabine, die ein bis zwei Stunden Lebensfähigkeit garantierte. Es stand die Forderung, ohne jegliche vorangegangene experimentelle Bearbeitung, ein kosmisches Labor zu schaffen, das das Studium des Hundes erlaubte, ohne daß dieser zur Erde zurückkehrt.
Der zweite einfache Sputnik wurde ohne ein jegliches Entwurfs- oder anderes Projekt entwickelt. Man warf alle Gesetze über den Haufen, die bei der Entwicklung der Raketentechnik galten. Die Projektanten und Konstrukteure zogen in die Produktionsabteilung um. Fast alle Teile wurden nach Skizzen hergestellt, die Montage erfolgte sowohl mit Hilfe von Skizzen als auch durch Anweisungen der Konstrukteure und durch Anpassen vor Ort. Das Gesamtgewicht des Sputniks von 508,3 kg war für sich selbst ein qualitativer Sprung. Eine der nicht erwarteten aber notwendigen Entscheidungen war, den Sputnik nicht vom zentralen Block zu trennen.
Wenn die Rakete von sich aus in die Umlaufbahn des Sputniks eintrat und keinerlei Orientierung forderte, warum sollte man dann nicht die auf dem Zentralblock vorhandenen Sender „Tral“ nutzen. So wurde der zweite künstliche Sputnik durch die gesamte zweite Stufe – den zentralen Block der „Semjorka“ – gebildet.
Der Start, der dem 40. Jahrestag der Oktoberrevolution gewidmet war, fand am 3. November 1957 statt. Die auf der Rakete installierte elektrische Leitung reichte zur Verfolgung des Sputniks für sechs Tage. Mit dem Verbrauch des Vorrates an Elektroenergie würde auch das Leben von Laika enden. Im übrigen gingen die Mediziner und Biologen davon aus, daß Laika wesentlich eher durch Überhitzung sterben würde. Unter diesen unmöglichen zeitlichen Bedingungen ein zuverlässiges System der Lebenserhaltung und der Wärmeregelung zu schaffen, war praktisch unmöglich.
Es wurde ein voller Triumph. Niemand von uns bezweifelte, daß die Amerikaner blamiert waren. Lediglich der englische Tierschutzverein protestierte, wegen des qualvollen Todes von Laika. Als Antwortreaktion wurde von unserer Tabakindustrie sehr bald die Zigarette „Laika“ geschaffen, mit dem Abbild dieser sympathischen Hündin auf der Schachtel.
Der Start des zweiten Sputniks war der letzte im Jahre 1957. Alle Aufmerksamkeit konzentrierte sich nun auf die Fertigstellung der militärischen Rakete. Die hauptsächlichste Verbesserung war die Entwicklung einer neuen

Form des Kopfteils. Anstelle des spitzzulaufenden Endstückes wurde eine stumpfe Kugelform gewählt. Zum genauen Studium der während des Eintritts in die Atmosphäre vor sich gehenden Prozesse wurde ein speziell von Bogomolow verstärktes zweites System „Tral-G2“ mit Schlitzantennen unter einem wärmeabweisenden Anstrich installiert.
Eine weitere wichtige Maßnahme war die Verstärkung des Abtrennsystems, um ein Zusammentreffen mit dem Raketenkörper zu verhindern. Der Zentralblock „A“ steuerte, nachdem er dem Kopfteil einen Stoß mit einem Schub von einer Tonne versetzte, selbst noch zur Seite.
Die Rakete Nr. M1-11 transportierte man mit allen Weiterentwicklungen am Neujahrstag zum Schießplatz. Innerhalb einer Monatsfrist wurde sie vorbereitet und am 30. Januar 1958 erfolgte der Start. Es war aber so, als würde ein böses Schicksal die militärischen Varianten dieser Rakete verfolgen. Der Flug verlief nur bis zum Beginn der Abtrennung der Seitenblöcke normal. Die Trenndüsen der Seitenblöcke „W“ und „G“ zerstörten durch nicht reguläre Arbeit die Belüftungsleitungen der Tanks. Die Endstufe des Schubs konnte so nicht erreicht werden. Die Turbine arbeitete allein und aus irgendwelchen Gründen versagte die Havarieabschaltung. Die Steuerungsdruckleitung war zerstört und das Kabelnetz ebenfalls. Die Trennung des Kopfteils vom Raketenblock erfolgte nicht. Sie flogen zusammen in die Atmosphäre. Trotzdem erreichte der neue Kopfteil zum ersten Mal die Erde, wenn auch erst nach einem Überflug von mehr als 80 km.
Erneut begannen die Nacharbeiten. Anstelle eines installierte man drei Stößel zur Abtrennung mit einer Leistung von je einer Tonne. Eine prinzipielle Neuinstallation war die Verwendung eines „schwarzen Kastens“ im Kopfteil eines automatischen Registriergeräts mit einer starken Panzerung. Dies war die erste ernsthafte Entwicklung der jungen Firma von Iwan Ustin, die sich von unserem OKB mit einer Gruppe fähiger und unternehmungslustiger Funkingenieure getrennt hatte.
Die Regierung ließ sich nach zwei erfolgreichen Sputnikstarts nicht lumpen. Im Dezember 1957 regnete es Regierungsauszeichnungen, darunter auch der nach dem Tod Stalins wieder eingeführte Leninpreis.
In diesen Jahren war die Auszeichnung – Leninpreisträger – von besonderer Wertschätzung. Sie war nicht weniger ehrenvoll als Held der Sozialistischen Arbeit. Und wenn im Lied gesungen wird: „Held kann jeder beliebige werden“, so wurde der Leninpreis für besonders herausragende Verdienste auf dem Gebiet der Wissenschaft, Literatur und Kunst verliehen. Nach dem Statut über die Verleihung des Leninpreises sollte dieser am Geburtstag Lenins, am 22. April, verliehen werden. Aber für uns machte man eine Ausnahme. Den Leninpreis erhielten im OKB: Koroljow, Mischin, Tichonrawow, Krjukow und Tschertok. Alle Chefkonstrukteure, die Mitglieder des großen Rates der Chefkonstrukteure, die im Jahre 1956 mit dem Titel Held der Sozialistischen Arbeit ausgezeichnet worden waren, erhielten im Jahre 1957 den Leninpreis.
Den Titel Held erhielten Buschuew, Woskresenskij und Ochapkin. Auch unsere Kooperationspartner aller Organisationen wurden mit Auszeichnungen bedacht.

Die Vorbereitung zum Treffen aller Teilnehmer des ersten historischen kosmischen Durchbruchs im Jahre 1958 verlief in dem Bewußtsein des Eintretens in ein neues Tätigkeitsfeld. Während die reinen Raketenspezialisten bis zu den ersten zwei einfachen Sputniks auf unsere ersten Gruppen der kosmischen Projektanten etwas von oben herabgeblickt hatten, so verstanden wir jetzt, daß uns allen eine neue kosmische Aufgabe gestellt wurde.
Mir hingen meine Sauerstoffbehandlungen schon vollkommen zum Hals heraus, sie wurden von quälenden Extraktionen von Gallensaftproben begleitet. Die Anzahl der Eosinophielen und Leukozyten im Blut verminderten sich langsam aber zu einer richtigen Arbeit erhielt ich keine Gelegenheit.
Unter Nutzung der Auszeichnung Leninpreisträger erhielt ich eine Reise für mich und Katja in das Erholungsheim „Waldai", das sich in der Hand der 4. Hauptverwaltung des Ministeriums für Gesundheitswesen befand. So waren wir Ende Januar am Ufer des zugefrorenen Waldaisees, der etwa in der Mitte zwischen Moskau und Leningrad gelegen ist. Dieser herrliche Fleck Erde war vor dem Krieg als Residenz von Shdanow und Stalin eingerichtet worden. Nach Erzählungen alter ZK-Apparatschiks, die ich in diesem Erholungsheim traf, wurde der Bau nach Vorstellungen Shdanows unter Billigung von Stalin durchgeführt. Man kann unterstellen, daß beide sich an diesem zurückgezogenen Ort zusammensetzen wollten, um sich mit einer großen wissenschaftlichen Arbeit zu beschäftigen – der neuen Geschichte der revolutionären Bewegung, der Geschichte der Partei und der theoretischen Begründung des Aufbaus der kommunistischen Gesellschaft.
Der zentrale Teil dieses Anwesens bestand aus einem Gebäude mit zwei Luxussuiten, wovon offensichtlich je eine für Stalin und Shdanow bestimmt war und viele Zimmer mit allem Komfort für ihre nächsten Helfer. Des weiteren waren eine vorzügliche Bibliothek, ein Zimmer zur ruhigen Erholung, ein Billardzimmer, Räume zur musikalischen Zerstreuung, sowie ein Kinosaal und ein großes Restaurant vorhanden. In diesem Gebäude fand man für uns keinen Platz. Wir wurden in einem Teil untergebracht, der aus einer ehemaligen Kaserne des Wachregiments dieser Residenz für Erholungssuchende umgebaut worden war. Die hier arbeitenden Wirtschaftsführer erzählten uns, daß tatsächlich bis ein Jahr vor dem Krieg ein Bataillon und alle dazugehörigen unzähligen Wirtschaftsdienste hier gedient haben, aber weder Stalin noch Shdanow sind ein einziges Mal erschienen.
Über die ehemalige Zweckbestimmung dieses Erholungsheimes erinnerte der Stacheldraht, mit dem ein großes Territorium des Nadelwaldes eingezäunt war und der bis zum See reichte, sowie Schilder mit der Aufschrift: „Verbotene Zone".
Ungeachtet meines Unwohlseins entschloß ich mich, eine Heilmethode auszuprobieren, die ich mir selbst ausgedacht hatte. Sofort nach dem Frühstück fuhr ich bis zur Erschöpfung Ski. Zurückgekehrt, nahm ich ein Duschbad, legte mich auf einen hölzernen Lattenrost und schwitzte dort unter einem stark spritzenden Wasserstrahl bis zum Zustand der völligen Glückseligkeit. Nach einer kurzen Erholung folgte das Mittagessen und dann die „tote Stunde".

Anschließend, erneut Skilaufen, jetzt aber mit Katja und den neuen Bekannten. Die zweite Tour auf Skiern erfolgte nun ohne Anspannung.
Nachdem ich zwei Wochen in dieser Art verbracht hatte, fühlte ich mich bei der Rückkehr nach Moskau vollkommen gesund. Ich stellte mich bei Kassirskij vor, der mir bezüglich der Ergebnisse der eben erhaltenen Blutexpreßanalyse die Frage stellte: „Nun sagen Sie bitte, wer hat Sie so schnell ausgeheilt? Die Blutwerte sind völlig normal." Ich erzählte ihm alles von der Seele weg. Er war nicht besonders von der Stabilität meines neuen Zustandes überzeugt und bat mich, zu regulären Besuchen zu erscheinen.
Damit endete die rätselhafte Krankheit, die mich mehr als ein halbes Jahr von der Arbeit abgehalten hatte. Seit dieser Zeit kam zu der Liste, an die ich mich zu erinnern hatte, wenn ich in der Poliklinik oder im Sanatorium erschien, außer den Masern, Scharlach, einer Blinddarmoperation, der letzten Grippe, noch die Eosinophilie als Krankheit hinzu. Der einzige Trost war dabei die erfolgreiche Verteidigung der Dissertation der Aspirantin von Kassirskij. Obwohl ich eine Einladung mit dem Vorschlag erhalten hatte, vor dem medizinischen wissenschaftlichen Rat aufzutreten, blieb ich wegen möglichen Verdachts, nicht verdiente Popularität erringen zu wollen, fern und beschränkte mich auf einen telefonischen Glückwunsch.

# Kapitel 4

## Tjuratam – Die Hawaiinseln – und weiter überall

### *Die Flug- und Konstruktionserprobungen werden fortgesetzt*

Nachdem ich den Waldaizyklus der Selbstheilung abgeschlossen hatte, schloß ich das Krankenblatt und kehrte zur Arbeit im alten Stil zurück.

Die Arbeitsfront im OKB-1 erweiterte sich Anfang 1959 schnell. Der unerwartete Erfolg der zwei ersten einfachen Sputniks war im Prozeß der großen Entwicklungsarbeit der Rakete R-7 relativ leicht errungen.

Es war offensichtlich notwendig, sich mit kosmischen Objekten tiefer und ernsthafter zu beschäftigen. Die Mißerfolge bei den Starts der R-7 forderten ein Umdenken und die Bewältigung vieler Probleme, die mit dieser Rakete verbunden waren. Offiziell wurde uns die Entwicklung von Sputniks mit einem Regierungsbeschluß vom 30. April 1956 aufgetragen. Dieser Beschluß, war hauptsächlich von Koroljow und Keldysch unter Hinzuziehung akademischer Wissenschaftler vorbereitet worden und beinhaltete die Entwicklung von nicht orientierten Sputniks für wissenschaftliche Aufgaben in den Jahren 1957 und 1958. Das Gewicht der Sputniks sollte in den Grenzen von 1000-1400 kg liegen, die wissenschaftlichen Forschungsapparaturen in den Grenzen von 200-300 kg. Schon im Juli 1957 wurde von der Rjasanow-Gruppe ein Vorschlagsprojekt eines solchen Sputniks erarbeitet, das ungeachtet der ausschließlich wissenschaftlichen Zielstellung geheim gehalten und als Objekt „D“ bezeichnet wurde.

Berechnungen ergaben, daß, wenn man auf der Rakete R-7 einen thermonuklearen Sprengkopf mit einer Masse von 5,5 t durch eine Nutzlast mit einer Masse von 1,5 t ersetzt, man die erste kosmische Geschwindigkeit erreichen und den Sputnik auf eine Umlaufbahn mit einem Apogäum von 1500 km und einem Perigäum von 250 km bringen kann.

Dies alles jedoch wurde unter Berücksichtigung des früher von Gluschko versprochenen spezifischen Impulses des Triebwerkschubs des Zentralblocks von nicht weniger als 310 kp/(kp/s) erreicht. Tatsächlich hatten alle Feuererprobungsversuche und die Bearbeitung der Daten der ersten Starts ergeben, daß der Impuls nicht mehr als 304-305 kp/(kp/s) beträgt! Dies war einer der Gründe, weshalb die Idee entstand, nichts zu riskieren und einen sehr einfachen Sputnik zu schaffen.

Für den Start dieses Sputniks wurde entschieden, der Rakete „maximal“ beizustehen. Ungeachtet Rjasanskijs Widerspruch nahm Koroljow den Vorschlag seiner Ballistiker an, die gesamte Funksteuerungsapparatur von der Rakete herunterzunehmen. Die Abschaltung des Triebwerks war nur durch den Intergrator in einer Stufe oder auf Befehl des Havariekontaktes der Turbine

möglich. Dieser Kontakt arbeitete dann, wenn eine Treibstoffkompenente ausgefallen war. Die Telemetrieeinrichtung war wesentlich vereinfacht worden. Die Kabel, die die Trägerrakete mit dem Kopfteil verbinden, waren entfernt und die Zahl der Akkumulatorbatterien vermindert worden. Diese Maßnahmen galten auch für die Trägerrakete des zweiten einfachen Sputniks.
Der Start unserer zwei Sputniks erschütterte die Leiter der amerikanischen Kernstrategie viel stärker als die Mitteilung vom August über die Entwicklung der interkontinentalen Rakete.
Der Mitarbeiter der amerikanischen wissenschaftlichen Forschungskooperation „RAND", die verschiedene militärische Probleme entwickelte, der bekannte Publizist, Professor B Brodi, schrieb: „Die sowjetischen Sputniks führten einen Schlag gegen die Selbstzufriedenheit der Amerikaner. Es zeigte sich zum ersten Mal, daß die Russen fähig sind, uns in den technischen Errungenschaften großer militärischer Bedeutung zu übertreffen."
Solche Art von Gedanken und Äußerungen führender amerikanischer Militärs und Wissenschaftler wurden bei uns nur als geheime Information mit dem Stempel „Nur für die Leitungsnomenklatur" verbreitet.
Diese „Leitungsnomenklatur" machte sich mit großer Befriedigung mit diesen Mitteilungen aus den USA bekannt und bekannte gleichzeitig, daß, wenn der „kalte Krieg", und das möge Gott verhüten, in den „heißen" übergeht, wir dann Schwätzer, Schönfärber und die unverdienten Träger von Orden sind. Zu dieser Einschätzung kamen wir zusammen mit Ochapkin und Woskresenskij, als Buschuew ausgezeichnet wurde, der formal als Projektant für die Konstruktion der Kopfteile verantwortlich war, die bei ihrem Eintritt in die Atmosphäre zerstört worden waren. Jetzt übergab Koroljow die Entwicklung aller neuen kosmischen Projekte in dessen Verantwortung.
Nachdem vor einem Jahr viele anläßlich des Einschwenkens Koroljows auf die kosmische Thematik gebrummt hatten, schätzten sie jetzt seine Voraussicht und die Fähigkeit, mit den vorhandenen Kräften zu manövrieren und schnell eine breite Kooperation zur Lösung neuer Aufgaben aufzubauen.
Die positiven Einschätzungen der Weltpresse und das Lobpreisen unserer unerwarteten Erfolge durch die westliche Gesellschaft führte manchmal zu Ärger. Besonders stark betraf dieser Ärger die „unbekannten" Chefkonstrukteure.
Um zu erfahren, wer Koroljow war, mußte man die Übersetzung einer Nummer der Zeitschrift „Quick" lesen, die vollkommen dem „roten Satelliten" gewidmet war. Die Redaktion veröffentlichte die Porträts und Aussagen führender Wissenschaftler über den „künstlichen Mond". Das waren Spezialisten für Flüssigkeitstriebwerke, die in den USA mit Wernher von Braun zusammengearbeitet hatten: Walter Riedel, Werner Schulz, ein Mathematiker aus der Bundesrepublik, der sieben Jahre auf der Insel Gorodomlja in der UdSSR gearbeitet hatte, und ein Mensch war, der in die Zukunft schaute, der Astrophysiker, Dr. Van Frid Petri, aus München. Alle beglückwünschten sie die russischen Errungenschaften. Aber wer waren diese Russen?

Diese Zeitschrift veröffentlichte die Fotografie des „Vaters der roten Rakete“, des Präsidenten der sowjetischen Akademie der Artilleriewissenschaften A. A. Blagonrawow, und des „Vaters des roten Mondes“, des Akademiemitgliedes L. I. Sedow. Der Sputnikstart fiel mit dem Aufenthalt Blagonrawows auf dem geophysikalischen Kongreß in Washington und dem von Sedow auf dem Kosmonautenkongreß in Barcelona zusammen. Diese zwei sowjetischen Wissenschaftler erhielten die größte Anzahl von Glückwünschen. Ihre Porträts wurden in verschiedenen Varianten in der Weltpresse abgedruckt. Obwohl sie keinerlei direkte Beziehungen zur Entwicklung der „roten Rakete“ und des „roten Mondes“ hatten, lehnten sie trotzdem die ihnen erwiesenen Titel „Väter“ nicht ab und nahmen die ihnen gewidmeten Glückwünsche und Ehrenbezeugungen an. Sie kannten die Wahrheit genau und die Namen der wahren Schöpfer der Raketen und der Sputniks. Jeden von ihnen hätte man bezichtigen können, unbescheiden zu sein, aber was sollte das, wenn sie nicht das Recht hatten, die Wahrheit zu sagen?
Piljugin ärgerte sich besonders, da er mit Sedow Streit zum Problem der Priorität der Idee der Trägheitsnavigation hatte. Er liebte es, sich aufzuspielen; und im Rat der Chefkonstrukteure ließ er keinen Anlaß aus, um zu erklären: „Es erweist sich, daß nicht wir, sondern Sedow und Blagonrawow die Sputniks gestartet haben. Nehmen wir sie in unseren Rat auf.“
Koroljow und Gluschko, die beide ausreichend ehrgeizig waren und schon akademische Titel errungen hatten, nahmen solche Scherze und Lobpreisungen der Weltpresse an die falsche Adresse als sehr schmerzlich auf. Aus diesem Anlaß aber, sich bei jemandem zu beschweren, war natürlich nicht möglich. Keldysch erwähnte so nebenbei, daß es bei einem anstehenden Treffen mit Chruschtschow notwendig sei, ihn um Erlaubnis zu bitten, daß auf dem internationalen Treffen unsere richtigen und nicht die Ersatzraketenspezialisten auftreten dürften. Aber diese Initiative hat, soweit ich das weiß, bis zum Tod Koroljows keinerlei Unterstützung gefunden.
Wir konnten uns nur mit den Überschriften der Auslandspresse trösten: „Der erste Satellit spricht russisch“ – „Warum haben die Amerikaner sich verspätet?“ – „Eisenhower war über die russischen Raketen informiert!“ – „Der Mond von Menschenhand geschaffen umkreist die Erde“. All dies war von Skizzen, phantastischen Zeichnungen zukünftiger Sputniks, von Prognosen und Porträts der Spezialisten begleitet, unter denen war nicht einer, der an der tatsächlichen Entwicklung unserer Rakete R-7 oder unserer Sputniks teilgenommen hatte. Die auf der Insel Gorodomlja arbeitenden Deutschen hielten sich bescheiden. Sie erhoben keinen Anspruch auf Lorbeeren als Teilnehmer der Entwicklung des ersten künstlichen Mondes. Unter Beurteilung der Publikationen, die uns über diese Zeit vorliegen, berichteten sie eindeutig darüber, wer der wirkliche Entwickler dieser Dinge war.
Im übrigen war es so, daß unsere nachrückende jüngere Spezialistengeneration noch nicht den Drang zum Ruhm verspürte. Es war sogar umgekehrt, die unsere Arbeit umgebende Atmosphäre der Geheimhaltung und Abgeschlossenheit

schmeichelte ihrem Ehrgeiz und befriedigte ihr patriotisches Gefühl, persönlich an diesen großen historischen Ereignissen beteiligt gewesen zu sein.
Der junge Leiter der Abteilung für Steuerung, Igor Jurasow, hatte mich während meiner Krankheit auf dem Schießplatz vertreten. Die Erprobungsarbeit gefiel ihm offensichtlich mehr als die Forschungsarbeit im Labor. Er eroberte das Herz unseres Cheferprobers, Leonid Woskresenskij. Bald, nachdem ich zur Arbeit zurückkehrte, warnte mich Koroljow: „Sage Deinem Igor, was dem Jupiter erlaubt ist, ist dem Stier nicht erlaubt."
SP hatte das schlechte Benehmen Woskresenskijs und seinen übermäßigen Alkoholgenuß im Visier. In dieser Beziehung leistete ihm nach Meinung Koroljows Igor Jurasow Gesellschaft.
„Was Lenoid betrifft," sagte SP, „so habe ich ihm schon alles gesagt und auch versprochen, mich bei Elena zu beschweren (er meinte die Frau von Woskresenskij, Elena Waldimorowna, als Ansprechpartnerin). Und Igor, bemühe Dich selbst, ihn zu beherrschen."
Koroljow beschränkte sich nicht nur auf erzieherische Aussprachen. Er verstärkte die Leitung der Erprober. Ewgenij Schabarow und Boris Dorofeew wurden zu Helfern des Chefkonstrukteurs in Fragen der Erprobung ernannt. Ungeachtet bestimmter Differenzen unter den führenden Erprobern arbeiteten sie alle im gegenseitigen Verständnis und sehr einträchtig miteinander.
Auf dem Schießplatz war häufig der Leiter der Raketenelektrotechnik und Direktor des NII-627, Andronik Gewondowitsch Iosefjan, zu Besuch. Obwohl er kein Verfechter hölzerner Gesetze war, machte er den Vorschlag, den Alkoholverbrauch für die Leiter zu normieren. Als Maßeinheit nannte er, eine „begrenzte Menge in Gramm je Maul und Stunde". Dies war natürlich ein Scherz, aber trotzdem war das Problem des Alkoholmißbrauchs auf dem Schießplatz von solcher Bedeutung, daß die Militärmacht durch Befehl ein eisernes Gesetz einführte. Eine Verletzung konnte die Karriere verderben. Die Vertreter der Industrie waren gewarnt, daß sie sofort den Schießplatz verlassen mußten, wenn sie auf frischer Tat ertappt wurden. Aber hier wurde auch eine Jahrhunderte alte Erfahrung bestätigt, durch keinerlei Verbot kann man verhindern, daß zuviel Gramm „je Maul und Stunde" verkonsumiert werden.
In diesem Zusammenhang beschwerte sich Jurasow bei mir: „Woskresenskij hätte sich mit einem nüchternen Kopf niemals darauf eingelassen, die sechste Rakete erneut zu starten."
Es ging um den Versuch des wiederholten Starts des Paketes Nr. 6. Im Juni 1957 war diese Rakete wegen einer Reihe von Defekten vom Start genommen worden. Die Triebwerke wurden prophylaktisch überprüft, alle Arten von Erprobungen durchgeführt und sie erschien erneut zum Start. Am 12. März 1958 erfolgte bei dem Startversuch ein havariebedingtes Abschalten der Triebwerke nachdem sie die erste Zwischenstufe erreicht hatten. Schuld daran war erneut das Hauptsauerstoffventil des Blockes „G", das sich infolge der Zerstörung eines Bolzens frühzeitig öffnete. „Um nicht abergläubisch zu werden, muß diese verwünschte Rakete vom Schießplatz verschwinden, daß sie nicht noch die anderen verdirbt," solche Witze machten die Erprober.

Am 29. März startete schließlich die Rakete mit der glücklichen Nummer zehn völlig normal. Es war der achte Start in der Reihe und unter Berücksichtigung der zwei Sputniks der sechste nach dem Interkontinentalprogramm.
Kamtschatka meldete, daß der Kopfteil, wenn man den Trichter beurteilt, nicht zerstört wurde. Die Abweichung betrug 7,5 km in der Reichweite und 1,1 km nach rechts. Der Empfang der telemetrischen Informationen wurde 18 s vor dem Einschlag in die Erde abgebrochen. Dies bewies, daß der Kopfteil in der Atmosphäre nicht zerstört worden war. Ungeachtet dessen verdarben die Telemetriespezialisten, nachdem sie den Film entwickelt hatten, in der Regel die Stimmung irgend eines Chefkonstrukteurs. Dieses Mal hatte das Tankentleerungssystem (SOB) nicht richtig gearbeitet und falsche Befehle ausgesandt. Die Bodenfunksteuerungspunkte arbeiteten das Programm zur Führung der Längsneigung nicht ab. Es kam zum Streit zwischen den Funkern der Boden- und Bordstation. Wer hatte mehr Schuld?
Wenn es nicht am Start gelegen hat, dann ist wieder ein neues Versagen aufgetreten! Ungeachtet dessen ging die Rakete auf der technischen Position normal durch. Drei Tage nach dem ersten, im Grunde normalen Start wurde eine noch glückliche Rakete mit der Nummer M1-12 angeliefert. Der Start erfolgte am 4. April. Kamtschatka meldete in der ersten Mitteilung wieder Fehler. Erneut konnten die Telemetriesignale des Kopfteiles nicht empfangen werden. Im Quadrat des möglichen Einschlags sei ein neuer Trichter nicht feststellbar. Am folgenden Tag jedoch kam die Mitteilung, daß ein Trichter gefunden und ein Überflug von 68 km und eine Abweichung nach rechts von 18,2 km festgestellt worden sei. Und erneut führte die Analyse der Telemetriedaten zu folgendem Ergebnis: In der 142. Flugsekunde wurde im Zentralblock die Führung nach den Funksteuerungsprogrammen abgebrochen, offensichtlich wurde der Mechanismus der programmäßigen Verfolgung zerstört.
Ungeachtet einer solchen Zahl ernsthafter Beanstandungen wurde die flug- und konstruktionsmäßige Erprobung der militärischen Raketen erneut durch kosmische Starts unterbrochen. Jetzt war die Reihe am Objekt „D“, das zu einem vollwertigen Sputnik der Erde werden sollte.
Der dritte Sputnik wurde im Unterschied zu den zwei ersten ohne Druck unter Beteiligung vieler Wissenschaftler vorbereitet. Sie waren bereits seit 1956 an diesem Programm beteiligt. Besondere Aufmerksamkeit bei der Vorbereitung dieses Sputniks zeigte Keldysch. Er führte viele Streitgespräche und Sitzungen durch, glich Widersprüche aus, die zwischen unseren Raketeninteressen und den Zielstellungen der reinen Wissenschaft auftraten. Die Hauptstreitpunkte waren der Kampf um Umfang und Masse der wissenschaftlichen Apparatur.
Im April beim Start des Objektes „D“, der der dritte sowjetische Sputnik werden sollte, zeigte unsere R-7 erneut ihre Launen und beförderte die Nutzlast mit allen wertvollen wissenschaftlichen Geräten „hinter die Anhöhe“. Keldysch und die gesamte junge, kosmische, wissenschaftliche Gemeinschaft trauerten, aber Koroljow gab nicht auf.
Im Werk wurde das Double des Sputniks montiert. SP sammelte alle seine ihm Nahestehenden und erklärte, daß er ungeachtet des Mißerfolges jedem eine

große Prämie unter der Bedingung auszahlt, daß alle auf dem Schießplatz verbleiben und die nächste Trägerrakete vorbereiten. Der Start sollte Mitte Mai erfolgen. Er flog mit Keldysch nach Moskau, um die Vorbereitung des neuen dritten Sputniks zu beschleunigen. Dies war keine leichte Entscheidung, aber es gab keinen anderen Ausweg. Die Verpflichtung über den Start eines „wissenschaftlichen Labors in den Kosmos" hatte man Chruschtschow schon gegeben.
Mit den Ereignissen um den dritten Sputnik müssen wir uns besonders beschäftigen.
Am 15. Mai 1957 beglückwünschten wir uns anläßlich des ersten Starts gegenseitig und trösteten uns „aller Anfang ist schwer". Am 15. Mai 1958 gab es eine bestimmte Kompensation für diesen ersten schweren Anfang. Die Rakete B1-1 wurde als dritter sowjetischer künstlicher Erdsatellit auf eine Umlaufbahn gebracht. Imponierend war die Masse des Sputniks. 1327 kg, davon 968 kg wissenschaftliche und Meßapparaturen, und erneut gab es begeisterte Mitteilungen in der Presse.
Dies war tatsächlich der erste automatische kosmische Apparat. Er enthielt zwölf wissenschaftliche Geräte, das Bogomolowsker Telemetriesystem „Tral" mit einem Speicher, ein Empfangs- und Sendesystem „Rubin" für die Kontrolle der Umlaufbahn. Es war der erste kosmische Apparat, auf dem die Befehlsfunklinien installiert waren, die der für uns neue Kooperationspartner, das NII-648, entwickelt hatte. Jetzt nennt sich dieses Institut NII für Präzisionsgerätebau.
Im Jahre 1956 wurde das Institut von dem sehr energischen initiativreichen Funkingenieur, Armen Sergeewitsch Mnazakanjan, geleitet. Unter seiner Leitung entstanden die Befehlsfunklinien für unsere neuen kosmischen Apparate. Und später entwickelte das Kollektiv von Mnazakanjan die Funksysteme der Suche und Annäherung für das Raumschiff „Sojus".
Der dritte Sputnik war ein kosmischer Apparat mit einer komplizierten Schaltung der Elektroversorgung, mit Programm- und Befehlssteuerung der einzelnen wissenschaftlichen Apparaturen. Diese Geräte entwickelten zwei junge Ingenieure, die als Absolventen des funktechnischen Instituts von Taganrok erst vor kurzem in das OKB-1 eingetreten waren. Jurij Karpow und Wladimir Schewelew waren unter jenen jungen Spezialisten, die ganz am Anfang der Geburtsidee der kosmischen Elektrotechnik und Automatik standen.
Als unsere Arbeiten zu Fragen der kosmischen Systeme einen großen Aufschwung nahmen, wurden diese zwei „ganz hohen Männer im OKB-1" zu Konzentratoren der Ideen und Prinzipien der Entwicklung von Steuerungssystemen kosmischer Bordkomplexe. Der dritte Sputnik wurde für sie zur ersten tatsächlich ernsthaften Ingenieurarbeit. In den folgenden Jahren entstand durch die enge Zusammenarbeit mit Jurij Karpow und dem von ihm geleiteten Kollektiv, nicht nur eine stets interessante dienstlich ingenieurmäßige, sondern auch persönlich menschliche Beziehung. Unter den vielen Ingenieuren, mit denen ich unmittelbar und täglich in dem folgenden Jahrzehnt zusammenarbeitete, waren Jurij Karpow, Wladimir Schewelew, Isaak

Sosnowik, Wladimir Kujanzew und die um sie gruppierten Schaltungs- und Automatikspezialisten. Es waren jene, die das Gefühl einer besonderen Wärme, gegenseitiger Sympathie und Dazugehörigkeit zu einer neuen Gemeinschaft mit den Worten Koroljows ausgedrückt, „verrosteter Elektriker" begründeten. Bei der Arbeit und im Leben verwirklichten sie das Prinzip „einer für alle und alle für einen".

Eines der sensationellen Ergebnisse, das mit Hilfe der wissenschaftlichen Geräte des dritten Sputniks erzielt wurde, war die Entdeckung einer hohen Elektronenkonzentration in großen Höhen außerhalb der Grenzen der schon bekannten Ionossphäre. Sergej Nikolaewitsch Wernow, ein Professor der Moskauer Staatlichen Universität und Autor dieser Untersuchungen, erklärte diese Erscheinung durch die sekundäre Elektronenemission, durch das Herausschlagen von Elektronen aus dem Metall des Sputniks bei seinem Zusammentreffen mit den hochgeladenen Energieteilchen, den Protonen und Elektronen. Ich erinnere mich an dessen begeisterte Mitteilung zu diesem Ergebnis auf der Sitzung bei Keldysch, wo die Wissenschaftler die Ergebnisse der wissenschaftlichen Forschungsarbeiten des dritten Sputniks bekanntgaben.

Der amerikanische Physiker J. Van Allen bewies zwei Jahre später, daß tatsächlich die Messungen der Geräte des dritten Sputniks nicht Ergebnis einer sekundären Emission, sondern die Registratur der primären Teilchen des früher nicht bekannten Strahlengürtels der Erde sind. Deshalb wurde dieser Strahlengürtel von den Amerikanern als „Van-Allen-Gürtel" bezeichnet. Zur Rechtfertigung Wernows muß man sagen, daß er sich geirrt hatte, weil der telemetrische Datenspeicher des Sputniks nicht gearbeitet hatte. Wernow erhielt nicht die Messungen der Strahlenaktivität eines gesamten Sputnikumlaufs, sondern lediglich die Meßergebnisse des unmittelbaren Empfangs des Überflugs über dem Territorium der UdSSR. Van Allen machte seine Entdeckung durch Auswertung der Meßergebnisse des amerikanischen Sputniks. Er zeigte, daß es im erdnahen Raum ein Gebiet gibt, in welchem das Magnetfeld der Erde die geladenen Teilchen (Protonen, Elektronen und $\alpha$-Teilchen), die eine hohe kinetische Energie besitzen, zurückhält. Diese Teilchen verlassen den erdnahen Raum nicht, sondern befinden sich in der sogenannten Magnetfalle.

Diese Entdeckung wurde zu einer großen wissenschaftlichen Sensation. Für die Kosmonautik hatte sie wichtige praktische Bedeutung. Die kosmischen Apparate, deren Umlaufbahn durch den Strahlengürtel gehen, werden stark bestrahlt, insbesondere wird dadurch die Struktur der fotoelektronischen Umformer der Sonnenbatterien zerstört. Für bemannte Raumschiffe wird der lange Aufenthalt in diesen Strahlengürteln allgemein für unzulässig erklärt.

Nach der Veröffentlichung der Entdeckung Van Allens entschieden wir uns, wenn auch mit Verspätung, unseren Fehler zu korrigieren, der durch Versagen des Speichers des dritten Sputniks gemacht worden war. In unserer Literatur begann man, die Strahlengürtel als Van-Allen-Wernow-Gürtel zu bezeichnen.

Diese Geschichte war eine gute Lehre für die Wissenschaftler, die ihnen zeigte, wie wichtig eine zuverlässige Übertragung der unmittelbar gewonnenen Meßergebnisse und der an Bord arbeitenden Systeme zum Erhalt, zur

Speicherung und zur Übertragung der erhaltenen Daten auf die Erde ist. Leider war die Zuverlässigkeit der wissenschaftlichen Apparaturen auch in den Folgejahren die Schwachstelle unserer Kosmonautik.
Zur Rehabilitierung der sowjetischen Wissenschaft entwickelten wir beschleunigt im Auftrage der Akademie der Wissenschaften vier kosmische Apparate und zwar „Elektron-1, -2, -3 und -4“. Aber zum Start kamen sie erst 1964. Diese „Elektrons“ erlaubten im Verlaufe einer langen Zeit, umfassende Daten über die Strahlengürtel und das Magnetfeld der Erde zu erhalten.
Nach dem für die Raketentechnik historischen Datum des 15. Mai 1958 kehrten wir erneut zum Ausgangsprogramm der Flug- und Konstruktionserprobung zurück und erlitten zwei Niederlagen hintereinander.
Am 24. Mai startete die Rakete B1-3 nach einer verdächtig kurzen Rekordvorbereitungszeit von 21 Stunden auf der Startposition normal. Kamtschatka jedoch meldete, daß die Rakete fast 45 km zu früh bei einer geringen seitlichen Abweichung eingeschlagen sei. Die Telemetrie half erneut, die Ursache festzustellen. In der Flugendphase versagte in der zweiten Stufe das Drainagaesicherheitsventil des Oxidatortanks. Ohne Belüftung gelangte der Sauerstoff mit „Blasen“ in die Pumpe. Das Turbopumpenaggregat wurde zerstört und beendete damit die Arbeit der angrenzenden Aggregate. Der Kopfteil gelangte zusammen mit dem Zentralblock in die Atmospähre.
Wieviel Hoffnungen waren mit dem letzten Start dieser ersten Serie der R-7 verbunden, die uns soviel Sorgen bereitet hatte. Aber unsere Galatea hat sich nicht ergeben. Woskresenskij erinnerte mich mit leichtem Spott, daß die altgriechische durch die Götter am Leben erhaltene Galatea wahrscheinlich nachgiebiger gewesen war. „Denk doch nur einmal darüber nach, wieviel Männer, nun schon mehr als ein Jahr darauf verzichten müssen, sich an der Rakete zu ergötzen, die sie selbst zum Leben erweckt haben!“
Die letzte Rakete B1-4 sollte am 10. Juli starten. Ich schreibe „sollte“, weil wegen des Versagens eines Triebwerkes des Seitenblocks „D“ und wegen der laufenden Zerstörung eines Bolzens des Hauptsauerstoffventils die Rakete vom Start heruntergenommen werden mußte.
Von zehn Nicht-Sputnik-Raketen wurden sieben gestartet. Von diesen sieben erreichten lediglich zwei mit der entsprechenden Nutzlast mehr oder weniger zufriedenstellend ihr Ziel.
Die Staatliche Kommission befand sich in einer sehr schwierigen Lage. Man formulierte sehr weise und vervielfältigte die Schlußfolgerungen und Beanstandungen zehnmal. Alles wurde so formuliert, daß „die Streuung der Versuchsdaten die entsprechenden taktisch-technischen Forderungen nicht endgültig zu bewerten gestattet. Aber nach den vorläufigen Ergebnissen ist die Streuung im Prinzip nicht größer als die vorgegebenen Werte.“ Dann folgte eine kurze Aufzählung der Systeme, die ihre Effektivität bewiesen hatten, sowie eine lange Liste aller Mängel und Maßnahmen, die zu realisieren waren, vor allem durch.... Wodurch? Die nächste Etappe sollte schon die gemeinsame Erprobung des Verteidigungsministeriums und der Industrie sein. Die Ergebnisse dieser Erprobungen sollten dann über das Schicksal der Rakete entscheiden.

Zurückzutreten war nicht mehr möglich. Die Staatliche Kommission empfahl, nach vielfältigen Streitgesprächen und vielstündigen Diskussionen zur nächsten Etappe der gemeinsamen Erprobung überzugehen.

Hier muß eine nicht unwichtige Zusatzerklärung gegeben werden. Die allgemeine Überzeugung, daß wir die „Semjorka" noch zu Verstand bringen würden, war vorherrschend vor dem Skeptizismus, der vorsichtig und zornig vorgetragenen Angriffe der Gegner der Sauerstoffrichtung, die von unserem OKB eingenommen wurde. In den folgenden zwei Jahren war kein anderes Projekt einer interkontinentalen Rakete in der Lage, mit der Bereitschaft der „Semjorka" zu konkurrieren.

Jetzt galt es aber, eine ernsthafte produktionstechnologische Basis zur Serienproduktion der Rakete, der Triebwerke und der Ausrüstungen vorzubereiten. Es wurde auch von der Notwendigkeit ausgegangen, noch zwei bis drei Startpositionen zu bauen. Es war vollkommen offensichtlich, daß parallel zum „Gemeinschaftsprogramm" weitere kosmische Starts notwendig wurden.

Der politische Boom um die Entdeckungen der kosmischen Ära der Menschheit erreichten einen solchen Aufschwung, daß in den Plänen für die nächsten Jahre wesentlich mehr Starts notwendig waren, als nur zur Einschüchterung der Amerikaner durch das Vorhandensein unserer interkontinentalen Trägerraketen für die thermonuklearen Bomben. Für beide Aufgaben war in der UdSSR außer der R-7 auch bis zum Jahre 1961 nach den optimistischsten Plänen nichts anderes vorgesehen.

Die gesamte große, von unserem OKB-1 angeführte Kooperation, die der Rakete R-7 diente, trug eine zweifache Verantwortung. Wir waren jetzt für die militärische Nutzung der Rakete und für die Entwicklung der auf ihr basierenden kosmischen Technik verantwortlich. In den nächsten Jahren konnte der Weg in den Kosmos, der vom Territorium der UdSSR aus beschritten wurde, nur mit Hilfe der Rakete R-7 bewältigt werden.

Anhand der Ergebnisse der bevorstehenden gemeinsamen Erprobung mußte die Frage gelöst werden, ob man die R-7 mit dem thermonuklearen Sprengkopf zur Aufnahme in die Bewaffnung empfehlen kann. Die Militärs waren an einer positiven Beschlußfassung stark interessiert. Auf Initiative von Nedelin wurde ein Beschlußprojekt des Verteidigungsministeriums über die Schaffung einer selbständigen neuen Truppenart: der strategischen Raketentruppen vorbereitet. Wenn ein solcher Beschluß angenommen wurde, dann würden die Raketentruppen gleichberechtigt neben den anderen traditionellen Truppenarten, den Luft-, den See- und Landstreitkräften sowie der Luftverteidigung stehen. Jede dieser Truppenarten wurde von einem Oberbefehlshaber kommandiert, von einem entsprechenden Stab, einer entsprechenden Uniform sowie durch entsprechende Militärschulen, Akademien und vieles andere gekennzeichnet.

Ein solcher Beschluß konnte jedoch nicht angenommen werden, wenn die interkontinentalen strategischen Raketen nicht in die Bewaffnung aufgenommen worden waren. Bis zu diesem Zeitpunkt waren den Truppeneinheiten die von Koroljow stammenden Raketen R-1, R-2, R-11, R-11M, R-5M und die völlig neue von Jangel entwickelte Rakete R-12 zur Verfügung gestellt worden. Die Truppen selbst waren Ingenieurbrigaden der Reserve des Oberkommandos. Diesen Status hatte während der Kriegszeit auch die schwere Artillerie – die Artilleriebrigaden als Reserve des Oberkommandos.

Für die gemeinsamen Erprobungen standen sechzehn Raketen bereit, davon acht im Werk „Progreß" und acht in unserem Versuchswerk, „wo der Genosse Turkow der Direktor ist", (so wurde in der Presse und auf Konferenzen berichtet, um nicht die Nummer und den Standort des geheimen Betriebes zu zitieren). Das für unsere Kommission neue Werk „Progreß" ging in den Bestand des sich formierenden Raketenimperiums ein, es wurde zwangsweise von dem Flugzeugindustriezweig im Prozeß der sogenannten Chruschtschowschen Kampagne der „Entkulakisierung" der Luftfahrt übernommen. Alle Serienproduktions-Flugzeugwerke waren den regionalen Volkswirtschaftsräten untergeordnet. Die Organisation der Serienproduktion der Rakete R-7 wurde durch Beschluß des Verteidigungsministeriums dem Kujbyschewer Volkswirtschaftsrat übertragen, der dazu das Flugzeugwerk Nr. 1 bestimmte und dieses in das Werk „Progreß" umbenannte.

Dieser Betrieb hatte eine ruhmreiche Geschichte. Noch vor dem ersten Weltkrieg war die Moskauer Fahrradfabrik „Dux" einer der ersten Betriebe, der in Rußland Flugzeuge baute. Nach der Revolution stellte das Werk „Dux" zur Schaffung der Roten Flugzeugflotte vollkommen auf die Flugzeugproduktion um und erhielt den Namen: Staatliches Flugzeugwerk Nr. 1. Das Werk spezialisierte sich auf die Herstellung von Jägern und leichten Aufklärungsflugzeugen. Es siedelte sich im Petrowskij-Park an der Grenze zum Chodynsker Feld an. Später wurde die Chodynka für das Werk Nr. 1 zum Flugplatz und im Jahre 1925 erhielt es den Namen „Zentraler Flugplatz der Republik M.W. Frunse." Das gesamte an den Betrieb Nr. 1 und das Chodynsker Feld angrenzende Gebiet benannte man in Oktoberfeld um, und es verwandelte sich allmählich in einen militärisch-industriellen Rayon. Bis hin zum ehemaligen Petrowsker Park, dem heutigen Leningrader Prospekt siedelten sich Konstruktionsbüros und die Versuchswerke von Polikarpow, Iljuschin, Mikojan und Jakowlew an. Hier bietet der aus der Jekaterinenzeit stammende Palast einen schönen Anblick. Er wird heute von der Militär-Ingenieur-Akademie der Luftstreitkräfte N. E. Shukowskij genutzt. Und hier war auch der Anfang der Geschichte des Wissenschaftlichen Forschungsinstituts der Luftstreitkräfte.

Einer der ersten Direktoren des Flugzeugwerkes Nr. 1 war der zukünftige Minister der Flugzeugindustrie, Petr Dementew. Im Jahre 1941, mit Beginn des Großen Vaterländischen Krieges, erhielt das Werk den Auftrag, den Jagdbomber Il-2 herzustellen.

Nach der Evakuierung nach Kujbyschew vollbrachte das Betriebskollektiv eine Arbeiterheldentat. An dem neuen Standort stellten die halbverhungerten Menschen unter schwierigsten Bedingungen 12.000 der berühmten Jagdbomber Iljuschin her.

Die als gekrümmte Stele am Wolgaufer Samaras aufgestellte sich nach oben schwingende Il-2 ist ein Denkmal des Arbeitsheroismus der Kriegsjahre. Nach dem Krieg stellt dieser Betrieb als einer der größten und besten der Flugzeugindustrie die Düsenflugzeuge MiG-9, MiG-15 und den Bomber Il-28 her.

Zur Produktion der Raketen wurde das Werk völlig rekonstruiert. Der Direktor des Betriebes, Walentin Jakowlewitsch Litwinow, machte bei den ersten Treffen und bei der folgenden näheren Bekanntschaft den Eindruck eines weichen einfühlsamen Menschen, der überhaupt nicht den Charakter eines Direktors besitzt. Und trotzdem genoß er im Kollektiv unanfechtbare Autorität. Seine Anweisungen erfüllten alle, ohne mit der Faust auf den Tisch zu hauen, ohne Schreien und ohne Kraftausdrücke. Als man ihm die Aufgabe stellte, eine völlig neue Technik einzuführen, scherzte er:

„Während des Krieges drohte Stalin mit dem Tribunal, wenn der Zeitplan der Herstellung der Jagdbomber nicht eingehalten wurde. Nach dem Krieg lautete der Befehl für uns, einen Monat vor der Luftparade in Tuschinsk eine Staffel von Düsenjägern herzustellen. Jetzt erhalten wir einen neuen Befehl: In dem Werk, wo Jäger und Bomber hergestellt werden, die von Koroljow stammenden Raketen zu produzieren. Wir haben gerade die Produktion der neuen Bomber bewältigt und davon geträumt, wenigstens einige Jahre ohne Kampagnen zu unserer Befriedigung zu arbeiten. Und ich wollte zu Koroljow Hunderte Arbeiter sowie Techniker und Ingenieure zum Anlernen schicken, daß sie sich die neue Technik aneignen können. Aber jetzt sind sie empört. Im Dnepropetrowsker Werk läßt Koroljow Raketen fertigen, die mit Sauerstoff und gutem Äthylalkohol fliegen und uns im hungrigen Kujbyschew ordnet er Raketen auf Kerosinbasis zu. Wären sie auf Alkoholbasis, würden wir auch nicht streiten."

Litwinow liebte Scherze, die schwere Situationen beschönigten.

Sehr bald entstanden neue Abteilungen und Versuchsstationen und die Kooperation wurde organisiert. Im Jahre 1959 begann das Werk „Progreß" mit der stabilen Serienproduktion der Rakete R-7. Im Werk „Progreß" entstand die Filiale Nr. 3 des OKB-1. Zum Leiter dieser Filiale wurde der führende Konstrukteur der Rakete R-7, Dmitrij Iljitsch Koslow, ernannt. Koslow erweiterte und reorganisierte die Kujbyschewer Filiale in ein selbständiges Zentrales Spezialisiertes Konstruktionsbüro (ZSKB).

Im weiteren löste das ZSKB alle Fragen der Modernisierung und die Einführung der R-7 in die Produktion. Die Hauptproduktion der ZSKB waren in den Folgejahren Aufklärungssputniks. Als Anerkennung erhielt Koslow zweimal die Auszeichnung Held der Sozialistischen Arbeit. Er wurde zum korrespondierenden Mitglied der Akademie der Wissenschaften gewählt und erhielt den Lenin- und den Staatspreis.

Nach dem Sturz Chruschtschows war die Liquidierung der Volkswirtschaftsräte und die Wiedergeburt der Ministerien eine der ersten ernsthaften Maßnahmen der Parteiführung unter Breshnew. Zur Leitung der gesamten raketen-kosmischen Technik schuf man das Ministerium des allgemeinen Maschinenbaus (MOM). Das Werk „Progreß" und alle Serienproduktions-

Raketenbetriebe, darunter auch das „Südliche Maschinenbauwerk" in Dnepropetrowsk, sowie unser OKB-1 gingen in das neue Ministerium ein.
Der Direktor des Betriebes „Progreß", Litwinow, wurde von Kujbyschew versetzt und zum Stellvertreter des Ministers für Allgemeinen Maschinenbau berufen. Bei weitem nicht jedem Direktor eines Großbetriebes war es angenehm, nach oben auf einen höheren und, wie es schien, ehrenvollen Posten versetzt zu werden.
Ich habe viele starke Leiter gekannt, talentvolle Organisatoren der Produktion, die alle Stufen der Leitungshierarchie vom Arbeiter, Meister, Abteilungsleiter bis zum Chefingenieur und Direktor durchschritten hatten. Die Mehrzahl von ihnen empfand es als sehr unangenehm, wenn sie plötzlich im zentralen Machtapparat arbeiten sollten. Litwinow verbarg seine Unzufriedenheit über diese Beförderung nicht. Aber es gab einen Beschluß des Sekretariats des ZK der KPdSU, und die Parteidisziplin war eine heilige Sache. Man konnte zwar brummen, aber man war verpflichtet, sich unterzuordnen, sich von seinem heimatlichen Kollektiv zu trennen und sich in den bürokratischen Papierkreislauf des vielstufigen zentralen Machtapparates einzuordnen.
In den schweren mit Kampagnearbeiten angefüllten Tagen, als wir mit dem Bau des bemannten Raumschiffes „Sojus" begannen, mußte ich mich oft mit Litwinow auseinandersetzen, der zu uns in die Produktion gekommen war. Er gab offen zu, daß er uns beneide, denn keine, den hohen Beamten des zentralen Apparates gewährten Privilegien konnten die wahre Befriedigung ersetzen, die ein Leiter eines Kollektivs im Arbeitsprozeß bei der Schaffung neuer komplizierter Technik erfährt.
Im anderen Kujbyschewer Werk, dem Werk für Maschinenbau Nr. 24, „wo der Direktor der Genosse Tschetschen war", wurden die Triebwerke für diese Rakete hergestellt. Um das älteste Flugzeugmotorenwerk nicht zu zerstören, hatten die Leiter der Luftfahrtindustrie Chruschtschow gebeten, dieses Werk nicht vollkommen mit der Produktion von Flüssigkeitsraketentriebwerken auszulasten. Sie hatten sich verpflichtet, die Produktion der Raketentriebwerke zu organisieren, ohne dabei die Produktion der Flugzeugturbinenluftstrahltriebwerke einzustellen.
Für die Entwicklung von fünf neuen Startpositionen wurden in Kooperation, angeführt von Barmin, die Betriebe des Schwermaschinenbaus einbezogen. Dabei sollte eine Startposition auf dem Schießplatz in Tjuratam und vier auf dem Schießplatz in Plesezk bei Archangelsk errichtet werden.
Die für unser Land neue Raketentechnik war ein sehr starker Stimulus für die gerätetechnische und die elektronische Industrie. Während für die Serienproduktion der Raketen die besten Betriebe der Flugzeugindustrie genutzt werden konnten und dabei ein großer Schaden für unsere Flugzeugtechnik entstand, waren für die Geräteproduktion keinerlei Betriebe vorhanden. Dieser Industriezweig mußte faktisch neu geschaffen werden.
Lediglich der Kreiselgerätebau konnte die Erfahrung und die mächtige Basis der Schiffbauindustrie nutzen. Viktor Kusnezow, der in den Kreisen der Marinegerätebauer eine große Autorität besaß, gelang es, die Serienproduktion

der Kreiselgeräte im Betrieb seines Institutes im Saratower Gerätebauwerk und zusätzlich in einem neuen noch im Bau befindlichen Werk in Tscheljabinsk zu organisieren. Die leistungsfähige bestens ausgerüstete Produktion von Befehlskreiselgeräten stand im Leningrader NII-49 unter der Leitung des talentierten Ingenieurs, des großen Enthusiasten der Kreiselgerätetechnik, Wjatscheslaw Pawlowitsch Arefew.

Auch die Insel Gorodomlja im Seliger - See vergaß man nicht. Die von den Deutschen verlassene waldige Insel lud Kusnezow ein. Er erreichte die Umwandlung der Filiale Nr. 1 des NII-88 in eine Filiale seines Kreiselgeräteinstitutes und entwickelte dann, durch die äußerst saubere Atmosphäre motiviert, den Präzisionsgerätebau von Kreiselgeräten auf einer prinzipiell neuen Basis. Dieses neue Werk war das einzige seiner Art in der UdSSR. Dort wurde die giftige Technologie des Gießens und der Bearbeitung von Werkstücken aus superleichten Berylliumlegierungen eingeführt. So wurde die Insel nach der Abreise der Deutschen im Jahre 1953 nicht nur nicht „geöffnet“, sondern sie wurde noch geheimer.

In der gesamten zweiten Hälfte des Jahres 1957 und zu Beginn des Jahres 1958 nahm ich an vielen technischen Beratungen perspektivischer Arbeiten sowie an denen des Rates der Chefkonstrukteure nicht teil. Zuerst wegen meines ununterbrochenen Aufenthaltes auf dem Schießplatz und dann wegen der Krankheit.

Informationen über die neuesten Ereignisse, die sich im OKB und in der Umgebung der höchsten Sphären abspielten, sowie über die Stimmungen und die Vorstellungen dieser Kreise erhielt ich regelmäßig von Rjasanskij, Jurasow, Woskresenskij, Buschuew und Kalaschnikow. Trotz alledem überzeugte ich mich, als ich endgültig im Frühjahr 1958 zur Arbeit zurückkehrte, noch einmal, wie zielstrebig sich die Ereignisse entwickelten. Wir, die Leiter des OKB-1, waren die Spitze eines wachsenden Eisberges. Unter uns entwickelte sich ein sorgfältig geheimgehaltenes, riesiges Imperium. Unser Eisberg befand sich nicht allein in einem unermeßlichen Ozean von Problemen. Am Horizont war schon ein neuer Raketengigant – das Dnepropetrowsker Werk Nr. 586 – sichtbar, das sich durch den Eintritt von Jangel als Chefkonstrukteur im Jahre 1954 aus einem Verbündeten in einen Konkurrenten wandelte.

Die Kollegen erzählten mir Einzelheiten einer Serie wichtiger Beratungen, die während meiner Abwesenheit durchgeführt worden waren. Es begann mit der Beratung der Chefkonstrukteure im Juli 1957 und den Vorschlägen für das Perspektivprogramm. Aus dem OKB-1 nahmen als „Nichtchefkonstrukteure“ Jurasow, Mischin, Woskresenskij, Karpow, Buschuew, Ochapkin, Lawrow und Rajkow teil. Es waren auch verschiedene Stellvertreter anderer Chefkonstrukteure anwesend.

Nach Meinung Buschuews und Jurasows war jene Einmütigkeit, wie sie früher zwischen den Chefkonstrukteuren anzutreffen war, nicht mehr vorhanden. Dies erklärte sich hauptsächlich durch den Spalt der Beziehungen zwischen Koroljow und Gluschko. Gluschko hielt es für notwendig, gleichzeitig mit dem Kerosin als Treibstoff auch DMG – Dimethylhydrazin zu verwenden. Er erinnerte an

seine früheren Vorschläge, die Rakete R-8, die er der Rakete R-7 entgegenstellte. Seine Position war verständlich. Er entwickelte Triebwerke auf der Basis hochsiedender Komponenten für Jangel und deshalb hielt er es für richtig und zweckmäßig, parallel noch einen Typ schwerer Raketen zu entwickeln. Die Sauerstoffraketen waren seiner Meinung nach, durch Raketen auf der Basis hochsiedender Komponenten zu dublieren. Für die Rakete R-16, die Jangel zu projektieren begann, fand sich auch ein neuer Chefkonstrukteur für die Steuerungssysteme, nämlich Boris Konoplew. Er fuhr nach Charkow, anfangs um die Arbeiten für die Systeme der Funksteuerung zu organisieren, und übernahm dann den gesamten Komplex der Steuerung für die R-16 insgesamt. Dadurch büßten Piljugin und Rjasanksij ihre Monopolstellung ein. Gluschko blieb als einziger Monopolist auf seinem Gebiet zurück.
Auch Kusnezow hörte auf, der ausschließliche und einzige Entwickler von Bordkreiselgeräten zu sein. Das Leningrader NII-49 spezialisierte sich auf Kreiselgerätetechnik für Unterseebootraketen, war aber bereit, auch andere Befehlsgeräte zu entwickeln.
Die nächste Beratung führte der Vorsitzende der Militärisch-Industriellen-Kommission Rjabikow. Er äußerte sich vor allen Dingen klar für die Weiterentwicklung der R-7. Dabei dürfe es keinerlei Schwankungen geben. Aber eine Reichweite von 8.000 km war unzureichend. Es war notwendig, Sauerstofftriebwerke mit einer größeren Reichweite zu projektieren.
Völlig unerwartete Neuigkeiten hörte ich von Kalaschnikow. Ende Januar 1958 kam Fedor Falunin, unser ehemaliger führender Konstrukteur der Rudermaschinen, während einer Dienstreise aus Dnepropetrowsk zu uns. Jetzt arbeitete er im Konstruktionsbüro Jangels als Leiter der Abteilung für Rudermaschinen. Falunin erzählte über das sensationelle Auftreten Jangels auf einer Sitzung der Expertenkommission des Entwurfsprojektes der Rakete R-16. Die zahlreichen Mitarbeiter, die aus Podlipki nach Dnepropetrowsk gegangen waren, schätzten ein, daß sie an den Erfolgen des OKB-1 auch ihren Anteil hätten. Sie freuten sich über unsere Erfolge. Um so mehr waren sie über das taktisch sehr unkluge Auftreten Jangels vor dieser Kommission erstaunt und erzürnt. Der Vorsitzende der Kommission war Keldysch. Anstelle das Projekt der Rakete R-16 als solches zu verteidigen, griff Jangel die technische Politik des OKB-1 an, die nach seinen Worten unser Land in eine Sackgasse führen würde. Die Sauerstoffraketen waren nach Meinung Jangels die unpassenden Raketen. Anstelle dieser sei es notwendig, moderne kampffähige Raketen auf der Grundlage hochsiedender Komponenten zu entwickeln. Jangels Auftreten war so unklug, daß Keldysch gezwungen war, seinen Auftritt zu unterbrechen und ihn zu bitten, in der Sache der Verteidigung der R-16 zu argumentieren.
Warum es Jangel notwendig hatte, in dieser Form auf der stark besuchten offiziellen technischen Veranstaltung seinen persönlichen Frust gegen Koroljow loszuwerden, kann ich nicht erklären. Wenn ich heute den Charakter beider einschätze, jetzt, wo beide nicht mehr leben, muß ich davon ausgehen, daß Jangel an ihrem Streit die Hauptschuld trug. Nicht nur einmal mußte ich feststellen, daß er seine Emotionen nicht zurückhalten konnte. Wenn ich

Koroljow einschätzen soll, dann muß ich sagen, daß bei ihm manchmal die Emotionen über den Verstand siegten.
Später traf ich mit Jangel in Moskau, Dnepropetrowsk und auf dem Schießplatz nicht nur einmal, sondern mehrmals zusammen. Ungeachtet dessen, daß ich als Stellvertreter Koroljows arbeitete, waren unsere persönlichen guten Beziehungen erhalten geblieben. Mehr noch, unsere führenden Spezialisten, die nicht nur einmal aus dienstlichen Gründen im Konstruktionsbüro Jangels weilten, wurden dort immer sehr freundschaftlich empfangen. Es gab zwischen den Kollektiven keinerlei Gegensätze. Aber den Kollektiven war es nicht möglich, durch ihr Einwirken ein normales Verhältnis zwischen den beiden Leitern zu erreichen.
Man muß auch die Rolle Piljugins richtig einschätzen. Er hatte gute Beziehungen sowohl zu Koroljow als auch zu Jangel. Nicht nur einmal, so erzählte er mir, habe er bei Gesprächen unter vier Augen beide zu überzeugen versucht, daß es notwendig sei, sich auszusöhnen, um eine einheitliche Raketenpolitik zu entwickeln. Es wäre auch sinnvoll gewesen, daß sie sich auf eine gesunde Konkurrenz, einen Wettbewerb zwischen den Sauerstoff- und den Raketen auf der Basis hochsiedender Komponenten geeinigt hätten. Denn es war offensichtlich, daß beide zur damaligen Zeit ein Lebensrecht hatten. Im weiteren würde das Leben zeigen, wem die Zukunft gehört. Aber weder Koroljow noch Jangel unternahmen den ersten Schritt zur Aussöhnung.
Später, als das Feuer der Feindseligkeiten loderte, goß Gluschko Öl hinein. Und noch später beteiligte sich Tschelomej an diesem Streit. Er ging keine Partnerschaft mit Jangel gegen Koroljow ein. Er führte seine eigene technische Politik durch und arbeitete als Konkurrent gegen beide.
Die Gegner der Sauerstoffraketen hatten sehr schwerwiegende Argumente. Die Sauerstoffverluste durch Verdampfen bei dem Transport und der Lagerung übertrafen die beim Tanken eingesetzten Mengen um das Zwei- und Dreifache. Koroljow und, es kann sein, in noch größerem Maße Mischin beschlossen, sich ernsthaft mit diesem Mangel des Sauerstoffs auseinanderzusetzen. Nachdem sie zu dem Problem auch Spezialisten eingesetzt hatten, überzeugten sie sich sehr schnell, daß die Sauerstoffindustrie nicht an der Entwicklung von Technologien und Methoden zur Verlustsenkung interessiert war. Nachdem sich Koroljow davon überzeugt hatte, daß Mischin sich intensiv mit dem Problem der Sauerstoffökonomie befaßte, machte er ihn für die Vorbereitung neuer Vorschläge voll verantwortlich und befreite ihn zeitweilig von anderen Arbeiten.
Wasilij Mischin besaß die Eigenschaft, sich zeitweilig für irgendwelche neuen Ideen zu begeistern. In solchen Perioden gab er sich der Entwicklung der neuen Sache vollkommen hin und war bemüht, keine Zeit für andere laufende Dinge, die nicht in Zusammenhang mit seinem Interessengebiet standen, zu verlieren. Koroljow verstand es, diesen Charakterzug Mischins für die gemeinsame Sache sehr gut auszunutzen. Wenn er feststellte, daß dieser sich mit der Entwicklung eines Problems beschäftigte, das ihm, Koroljow, nützlich war, störte er ihn nicht bei der Arbeit.

Wenn ich mich mit Mischin treffen mußte, um mich mit ihm über irgendwelche Fragen zu beraten, die keinen direkten Bezug zu seinem laufenden Betätigungsfeld hatten, dann erzählte er mir, von seinen letzten Erfolgen, Gedanken und Problemen, mit denen er vollkommen ausgelastet war, ungeachtet der Dringlichkeit der Fragen, mit denen ich mich an ihn gewandt hatte. So war es auch mit dem Problem der Sauerstofflagerung, mit dem sich Mischin Ende der 50er Anfang der 60er Jahren beschäftigte.

Die Unversöhnlichkeit Mischins, die auf vielen Beratungen bis zu heftigen Wortwechseln ging, hatte ihre Ursache nicht in persönlichen Beziehungen zu diesem oder jenem Menschen, sondern in seiner Überzeugung von der Richtigkeit seiner Ideen und Vorschläge. Sogar Kollegen und Freunde, die im gegebenen Moment seine Ingenieurideen nicht teilten, konnten zeitweilig zu seinem Feind werden. Das Problem des verlustfreien Transports und der verlustfreien Lagerung des flüssigen Sauerstoffs mußte in der nächsten Zeit gelöst werden. Ohne Lösung dieses Problems konnte die gesamte kryogene Industrie mit dem Vorschlag auftreten, eine neue interkontinentale Rakete R-9 zu entwickeln, mit der wir schon begonnen hatten. Wenn es uns nicht gelang, das Projekt einer Sauerstoffrakete mit einer Reichweite von 12.000 - 14.000 km zu verteidigen, dann wären die Militärs gezwungen, nach der R-7 einen neuen Vorschlag von Jangel anzunehmen, das Projekt einer Rakete R-16, die mit den giftigsten Komponenten Stickstofftetraoxid und dem nicht symmetrischen Tetramethylhydrazin arbeitete.

Im Kampf um diese Komponenten für Raketen mit einer Superreichweite und damit um so mehr für kosmische Zielstellungen war Mischin ein größerer Monarchist als der König, d. h. als Koroljow selbst. Ihm gelang es, mit seinem Enthusiasmus nicht nur die Spezialisten unseres OKB-1 anzustecken, sondern auch viele außerhalb seiner Grenzen. Es war jedoch neben dem Enthusiasmus auch wichtig, der Industrie unmittelbar zu helfen.

Aus diesem Grunde mußte man sich an Chruschtschow und Ustinow wenden, die nach Rjabykow Leiter der Staatlichen Regierungskommission waren. Die Mehrzahl der vorgeschlagenen Maßnahmen wurden nicht in einem Jahr, wie vorgesehen, sondern innerhalb von drei Jahren realisiert. Bis zum Jahre 1961 entwickelte man neue Prinzipien und Materialien der Wärmeisolation sowie Konstruktionen und neue Lager, neue Pumpen für die Bedienung der Systeme des Hochvakuums. Ich war nicht unmittelbar an der Lösung der Sauerstoffprobleme beteiligt, aber die Arbeiten des OKB-1 nahmen einen solchen Aufschwung, daß es einfach unmöglich war, bei Notwendigkeit nicht zu helfen. Als Mischin mit dem ihm eigenen Eifer zum wievielten Mal bewies, wie wichtig das Erreichen und die Einhaltung des Hochvakuums für die vakuumabgeschirmte Wärmeisolation ist, erinnerte ich mich an meine Treffen mit dem Akademiemitglied Wekschinskij.

Als wir im Jahre 1944 zusammen mit Roman Popow und Abo Kadyschewitsch im NII-1 an einem System der funkbestimmenden Koordinaten eines Flugzeuges arbeiteten, dachten wir uns eine neue leistungsfähige Röhre und einen Impulsgenerator für Funkwellen im Zentimeterbereich aus. Infolge unserer Jugend und Unerfahrenheit, dachten wir, daß wir Prinzipien entdeckt hatten, die eine Revolution in der Radartechnik darstellen würden. Axel Iwanowitsch Berg, der damalige Leiter aller Radaringenieure, wies darauf hin, uns wegen einer Konsultation an Sergej Arkadewitsch Wekschinskij zu wenden. Dies war ein bekannter Wissenschaftler auf dem Gebiet der Elektronenröhren. Wekschinskij hörte uns aufmerksam zu, dann führte er uns in das Labor und zeigte uns die Modelle von Röhren, deren Idee wir ihm gerade dargelegt hatten. „Amerika ist schon entdeckt und bevölkert", scherzte er, indem er ein altes Gymnasiastenlied zitierte. Wir fuhren sehr bedrückt davon.

Jetzt, 15 Jahre später begleitete ich Koroljow und Mischin zum größten sowjetischen Wissenschaftler und Spezialisten auf dem Gebiet der Elektrovakuumtechnik, dem Akademiemitglied Wekschinskij. An der Stelle des bescheidenen Labors war, gemessen nach unseren Raketenmaßstäben, ein großes Elektrovakuuminstitut emporgewachsen. Eine schnelle Entwicklung und die vorzügliche Ausstattung erklärte sich durch den Bedarf der Atom- und Funkortungswissenschaft. Der Direktor des Institutes Wekschinskij lächelte traurig, als ich an unser Treffen im Jahre 1944 erinnerte und sagte, daß es damals, ungeachtet des Krieges, leichter und fröhlicher war zu arbeiten.

Nachdem er sich mit unserem Sauerstoffproblem bekannt gemacht hatte, versprach er zu helfen. Dieses Versprechen hat Wekschinskij gehalten. Sein Institut entwickelte ein sehr ökonomisches System zur Einhaltung des Hochvakuums bei der Wärmeisolierung in den Hohlräumen der Lager flüssigen Sauerstoffs. Das Sauerstoffproblem hatte eine die Grenzen der Interessen der Raketentechnik weit überschreitende Bedeutung. Das Problem der Sauerstofflagerung für den militärischen Start der Rakete R-9 war durch die fundamentalen Arbeiten, mit denen sie sich nicht wegen der behördlichen Zugehörigkeit beschäftigten, sondern weil es sich um staatlich wichtige Aufgaben handelte, die Koroljow und Mischin leiteten, Ende 1962 gelöst. Die Verluste durch Verdampfung bei der Lagerung und beim Transport des Sauerstoffs verminderten sich um das 500fache!

Im Juni 1958 fand eine Sitzung der Generalversammlung der Akademie der Wissenschaften statt. Ungeachtet der vollen Geheimhaltung unserer Raketen begriff die akademische Gesellschaft, daß den Entwicklern der interkontinentalen Raketen und Sputniks die höchsten wissenschaftlichen Grade und Titel zuerkannt werden müßten. Auf dieser Versammlung wählte man Gluschko und Koroljow zu Mitgliedern der Akademie, Barmin, Kusnezow, Piljugin, Rjasanskij und Mischin zu korrespondierenden Mitgliedern. Außer den ehemaligen „Häftlingen" Gluschko und Koroljow wurde auch der ehemalige „Häftling" Alexander Lwowitsch Minz zum ordentlichen Mitglied der Akademie der UdSSR gewählt.

Auch die Entwickler der ersten Raketensysteme der Luftabwehr bedachte man. Die relativ jungen Funkingenieure Kisunko, Raspletin und mit großer Verspätung der Chefkonstrukteur der Flugzeugjäger und Raketen der Luftabwehr, Semen Lawotschkin, wurden zu korrespondierenden Mitgliedern gewählt.

Nach den akademischen Regeln war es gebräuchlich, die Namen der Wissenschaftler, die neu gewählt waren, zumindest kurz in der Presse zu veröffentlichen. Die Mitteilung über Gluschko lautete kurz, „er ist Spezialist der Wärmetechnik", Koroljow, Barmin, Mischin und Kusnezow bezeichnete man als „Spezialisten auf dem Gebiet der Mechanik". Piljugin wurde etwas später als „Spezialist auf dem Gebiet der Automatik und Telemechanik" entdeckt. Rjasanskij, Kisunko und Raspletin waren „Spezialisten der Funktechnik". Über Lawotschkin, der zu dieser Zeit schon auf der ganzen Welt bekannt war, stand wahrheitsgemäß geschrieben: „Er ist Flugzeugkonstrukteur". Tschelomej wählte man zum korrespondierenden Mitglied. Er rangierte auch unter dem Begriff „Spezialist auf dem Gebiet der Mechanik".
Die Wahlen der Akademie der Wissenschaften führten zu einer wesentlichen Erhöhung der Autorität des Rates der Chefkonstrukteure nicht nur in den oberen Etagen, sondern auch unter den Ingenieuren. Die Leiter vieler angrenzender Organisationen zeigten ein merkbares Interesse an der Aktivierung ihrer Arbeit auf dem Gebiet der raketen-kosmischen Technik. Die weiteren Ereignisse bestätigten, daß die Perspektive, für Verdienste auf dem Gebiet wissenschaftlicher Probleme der Raketentechnik und der Erforschung des kosmischen Raumes zum Mitglied der Akademie gewählt zu werden, viele junge talentierte Wissenschaftler zu unseren Arbeiten zog. Das Gefühl des Ehrgeizes war ihnen keineswegs fremd.
Ein anderes angenehmes Ereignis war der Beschluß des Moskauer Stadtsowjets, mehr als 100 Wohnungen für besonders verdienstvolle Spezialisten, Teilnehmern der Entwicklung der ersten Sputniks zur Verfügung zu stellen. Insbesondere für unsere Organisation waren drei Sektionen der neuen Häuser in der 3. Ostankinsker Straße, die heute den Namen Koroljows trägt, vorgesehen. Im Haus Nr. 5 erhielten die Stellvertreter Koroljows – Buschuew, Woskresenskij, Ochapkin, Tschertok und Melnikow – eine neue Wohnung. Treppennachbar von uns wurde die Familie von Tschishikow, mit der wir schon in Bleicherode in der Villa Franke einträchtig zusammengelebt hatten. Unser Wohnungsnachbar ist bis heute die Familie von Michail Tichonrawow. Obwohl wir in dem großen Häuserblock nur zwei Eingänge von zehn belegt hatten, hieß das gesamte Gebäude „Koroljow-Haus".
Koroljow selbst und die übrigen fünf Chefkonstrukteure erhielten durch Regierungsbeschluß das Recht, sich auf Staatskosten Datschen zu bauen. Barmin, Kusnezow, Piljugin und Rjasanskij nutzten dieses Recht und erhielten große Landflächen sowie Einfamilienhäuser mit allem Komfort in einem der elitärsten Moskauer Vorstadtgebiete in Barwicha. Koroljow wollte nicht in der Moskauer Vorstadt bauen und erhielt die Erlaubnis, sich ein Einfamilienhaus mit zwei Etagen neben der Volkswirtschaftsausstellung zu errichten. Und dies, obwohl wir und seine nähere Umgebung Initiative gezeigt und ihm für eine Datsche einen wundervollen Fleck in dem waldreichen Einzugsgebiet des Wasserstaubeckens auf der Höhe des Ufers des malerischen Pjalowsker Wasserstaudamms ausgesucht hatten. Er hat uns auch nicht erklärt, warum er anstelle von zwei Wohnorten – einer guten Moskauer Wohnung und einer

großen Vorstadtdatsche – nur einen wählte, das Einfamilienhaus mitten in der Stadt. Acht Jahre später dachten wir mit Bitternis, daß unser SP sich schon damals einen solchen Ort wählte, zu „dem der Weg des Volkes führt“. Jetzt ist aus seinem Haus ein Museum geworden, in unmittelbarer Nähe desselben erhebt sich zu Ehren des Kosmosbezwingers ein Obelisk in den Himmel.
Die ehemals vor Moskau in der 3. Ostankiner Straße gebauten Datschen befinden sich heute in der Koroljowstraße, sie beginnt mit dem kosmischen Obelisk und endet mit dem Fernsehzentrum von Ostankino und dem berühmten Fernsehturm. Wenn die Sonne im Westen untergeht, dann hebt sich der Obelisk zu Ehren des Kosmosbezwingers besonders beeindruckend als Hintergrund des Hotels „Kosmos“ ab. Am Obelisk, vor dem der steinerne Ziolkowskij sitzt, nimmt die Allee der Helden ihren Anfang und mit den Denkmälern Keldyschs und Koroljows wird sie abgeschlossen. Hinter ihren Rücken erglüht abends die Neonreklame des Kinotheaters „Kosmos“, das sich auf dem Sternenboulevard befindet. Vom Haus „Koroljows“ zum Sternenbouleward führt die Zanderstraße. Die Zanderstraße wird durch die Kondraktjukstraße mit dem Friedensprospekt verbunden. Wenn du dich auf dieser Straße bewegst und den Prospekt überquerst, dann gelangst du auf die breite Straße der Kosmonauten. In der Straße der Kosmonauten kann man, wenn man nach rechts in die Konstantinowstraße einschwenkt, bis zum Raketenboulevard gelangen. Parallel zur Straße der Kosmonauten verläuft noch eine Raketenstraße, die Kibaltschitschastraße.
Schließlich, wuchs Mitte der 80er Jahre, unweit vom Haus Koroljows, dem jetzigen Museum, ein umfassendes, von den Fußgängern und dem Straßenverkehr abgegrenztes Quartal von Einfamilienhäusern für die Kosmonauten empor. Aber alles begann mit unseren zwei Sektionen, der ehemaligen 3. Ostankinsker Straße und dem Einfamilienhaus Koroljows.

## *Die R-7 wird in die Bewaffnung aufgenommen*

Von allen Raketen, die seit Beginn der kosmischen Ära existieren, hält die Rakete R-7 den Langzeitlebensrekord. Die R-7 begann ihren triumphalen Weg im Jahre 1957 als erste potentielle Trägerrakete der Wasserstoffbombe und nach verschiedenen Modernisierungen hat sie in unterschiedlichen Modifikationen der Kosmonautik treu gedient und nach allen Prognosen wird sie ihren Dienst erst zu Beginn des XXI. Jahrhunderts beenden. Unverändert sind die ersten zwei Stufen, das Fundament, auf denen die dritte und vierte Stufe aufbauen können. Die Geschichte dieser Rakete wird als ununterbrochener feierlicher Siegesmarsch von einem kosmischen Triumph zum anderen beschrieben. Jeder dieser Triumphe wurde in der Regel von den Massenmedien unter der Überschrift: „Erstmals in der Welt“ verbreitet.
In der Geschichte unserer Weltraumtechnik malte man während des „kalten Krieges“ die laufenden Erfolge feierlich aus, manchmal sogar mit technischen Einzelheiten, aber niemals mit den Namen der wahren Heerführer und der

gewöhnlichen Soldaten der wissenschaftlich-technischen Front. Im übrigen wurde der Hauptruhm, als die Entwicklung zur Epoche der bemannten Raumfahrt voranschritt, gemeinsam von den sowjetischen Kosmonauten und den amerikanischen Astronauten geerntet. Es erwies sich, daß sogar im demokratischen Amerika, wie auch bei uns hinter den Bäumen der nicht sichtbare geheime Wald der unbekannten Namen der wahren Baumeister des leuchtenden Gebäudes der modernen Kosmonautik stand.

Historisch betrachtet, war die Rakete R-7, mehr als jede andere, ein Mittel zur Lösung vieler militärischer, strategischer, politischer, wissenschaftlicher, ideologischer und volkswirtschaftlicher Probleme.

Die oberste politische Leitung der Sowjetunion ließ keine Gelegenheit aus, um den raketen-kosmischen Triumph im außenpolitischen Spiel zu spielen und das Volk daran zu erinnern, daß nur unter der Leitung der Kommunistischen Partei und seines Zentralkomitees, die offensichtliche Überlegenheit des sozialistischen Systems garantiert werden kann.

Der Beginn des Lebenszyklus und die ersten kosmischen Triumphe, die die R-7 erreichte, fallen in die Periode der Regierung Chruschtschows. Wahrscheinlich war er der erste, der verstand, welche unbegrenzten Möglichkeiten sich dem Leiter eines Staates eröffnen, wenn er die raketen-kosmische Überlegenheit besitzt.

Im September des Jahres 1959 reiste Chruschtschow auf Einladung von Präsident Eisenhower in die USA. In dieser Zeit liefen die gemeinsamen Erprobungen der R-7, obwohl die Rakete noch nicht in die Bewaffnung aufgenommen war. Dies störte Chruschtschow nicht, auf einem der Empfänge bei den Amerikanern, die in dieser Zeit keine zuverlässigen Informationen hatten, durch folgende Worte einen starken Eindruck zu hinterlassen: „Unser Volk steht geschlossen hinter seiner Regierung. Die Leute brennen vor Enthusiasmus und streben danach, ihre Pflicht möglichst noch besser zu erfüllen und damit ihre sozialistische Ordnung noch stärker zu festigen. Früher als Sie haben wir die ballistische interkontinentale Rakete entwickelt, die Sie faktisch bis jetzt nicht besitzen. Aber die ballistische interkontinentale Rakete, das ist wahrhaft ein Sprung des menschlichen schöpferischen Geistes.“ (aus der Rede bei einem Essen, das vom ökonomischen Klub von New York zu Ehren N.S. Chruschtschows am 17. September 1959 gegeben wurde).

Wenn man die Worte Chruschtschows über unsere Menschen, die, erfüllt von heißem Enthusiasmus, danach strebten, ihre Pflicht möglichst noch besser zu erfüllen, auf uns, die Schöpfer der Rakete R-7, übertrug, dann hatte Chruschtschow Recht. Wir waren tatsächlich voller Enthusiasmus und scheuten keine Kräfte, um die Rakete R-7 im militärischen und kosmischen Bereich durchzusetzen.

Der historischen Gerechtigkeit wegen muß man anerkennen, daß der Enthusiasmus und die überschäumende Tätigkeit Chruschtschows, welche Sünden man ihm später auch vorwarf, zweifellos dazu geführt hat, daß die weltraumtechnische Entwicklung in der UdSSR beschleunigt vorangetrieben wurde.

Der Enthusiasmus ist die eine Seite, aber die reale Situation Ende des Jahres 1958 zu Beginn der gemeinsamen Erprobungen, war ausgesprochen kompliziert.
In die Flug- und Konstruktionserprobungen und die gemeinsamen Erprobungen, die man auch als Prüfungserprobungen der militärischen Rakete R-7 bezeichnete, wurden drei Starts der Rakete 8K72 eingeschoben. Dies war eine dreistufige Rakete R-7 mit einer dritten Stufe zum direkten Schießen auf den Mond. Das forcierte Raketenfeuer auf dem Mond brachte uns im Jahre 1958 keinen Erfolg. Darüber schreibe ich weiter unten ausführlicher.
Der mißglückte Start der letzten Rakete der Serie der Flug- und Konstruktionserprobungen war zusammen mit diesen drei Mondstarts schon die vierte Havarie hintereinander.
Ohne Zeit zur Rehabilitation mußten wir nach beharrlichen Forderungen des Verteidigungsministeriums ohne Pause zu den gemeinsamen Erprobungen übergehen. Um die Zuverlässigkeitsparameter der Rakete, die völlig unbefriedigend waren, etwas zu verbessern, kamen wir nach gemeinsamer Abstimmung mit den Militärs darüber überein, die ersten drei Mondstarts des Jahres 1958 bei der Berechnung der Zuverlässigkeitsparameter nicht mit einzubeziehen. Dabei vereinbarten wir jedoch, daß die Ergebnisse der folgenden Mondstarts der ersten beiden Stufen bei der Endabrechnung der gemeinsamen Erprobungen und der Entscheidung über das Schicksal der Rakete R-7 berücksichtigt werden müssen.
Dies war gerecht. Die Rakete R-7 sollte an zwei Fronten arbeiten. Die militärische zweistufige Variante sollte zu Beginn des Kernwaffenraketenkrieges im wachhabenden System auf Befehl bereitstehen, und die kosmische, die über die dritte und vierte Stufe verfügte, sollte das Streben der Menschheit zur Erkenntnis des Weltalls befriedigen und das Prestige der Supermacht bewahren. Zum Jahresende plante man auch den Beginn der Flugerprobungen der Rakete R-7A, einer Rakete mit der Indexbezeichnung 8K74, die über eine Reichweite von nicht weniger als 12.000 km verfügte. Somit ergaben sich unter der Berücksichtigung des geplanten Sturms auf den Mond für das gesamte bevorstehende Jahr nicht weniger als 22 bis 24 Starts.
Ein gesamter Vorbereitungszyklus der Rakete R-7 auf dem Schießplatz, beginnend mit der Erprobung auf der technischen Position im Montage- und Erprobungsgebäude bis zum Erhalt der ersten Startergebnisse, beanspruchte in der Regel 15 Tage. In den Jahren 1957 und 1958 verbrachten die Chefkonstrukteure und das gesamte „Kriegsvolk Koroljows" den größten Teil ihrer Zeit auf dem Schießplatz. Die Arbeiten auf den neuen vielzähligen kosmischen Gebieten, die neuen interkontinentalen Raketen erforderten die Anwesenheit der Leiter in ihren OKB`s. Sie mußten in den Betrieben auftreten, die wissenschaftlich-technischen Räte unterstützen und an Hunderten von Beratungen auf allen Ebenen teilnehmen.
Gluschko war der erste Chefkonstrukteur, der gegen die Forderung auftrat, bei jedem Start anwesend zu sein. Er wurde von Kusnezow und dann auch von

Piljugin unterstützt. Sie bewiesen, daß sogar dann, wenn sie alle anderen Tätigkeiten sausen ließen, sie nicht bei allen Starts anwesend sein konnten. Nachdem sie begriffen hatten, daß sie in Raum und Zeit das Unerfaßbare nicht umfassend erreichen können, stimmten sich die Chefkonstrukteure darüber ab, die maximale Verantwortung und die laufende Leitung der Flugversuche auf das militärische Kontingent des Schießplatzes und die Fragen der Erprobung auf ihre zuverlässigsten Stellvertreter zu verlagern. Jeder dieser Stellvertreter erhielt die uneingeschränkte Macht zur Lösung aller organisatorischer Fragen und vertrat den Chefkonstrukteur bei der Staatlichen Kommission.

So bildete sich ein „zwischenbehördliches Schattenerprobungskabinett" des Rates der Chefkonstrukteure, deren Mitglieder auf dem Schießplatz im Verlaufe des Jahres 1959 durchschnittlich etwa sieben bis acht Monate zubrachten und bei jedem Start der militärischen R-7 anwesend waren.

Koroljow vertraute diese Tätigkeit seinen zwei Stellvertretern an, Woskresenskij, als dem entsprechenden Vertreter für Erprobungsfragen, und Koslow, der sowohl den Rat der Chefkonstrukteure als auch gleichzeitig die Kujbyschewer Filiale des OKB-1 vertrat.

Piljugin bestimmte Wladilen Finogeew zu seinem Bevollmächtigten. Für alle Systeme der Entleerung und der Synchronisation war Gleb Maslow verantwortlich. Bogomolow übergab die Arbeiten zum Telemetriesystem „Tral" in die Verantwortung von Michail Nowikow. Die Interessen von Gluschko nahm sein erster Stellverterter, Wladimir Kurbatow, wahr. Für die Bodensysteme beauftragte Barmin – Boris Chlebnikow, für die Funksysteme war als Stellvertreter Rjasanskijs – Wjatscheslaw Lappo ernannt worden.

Insgesamt schätzten wir die Zusammensetzung der Erprober als intelligent und vollkommen kompetent ein. Allmählich traten alle kleinen Alltagsprobleme in den Hintergrund. Die Menschen arbeiteten in einem angestrengten Erprobungsrhythmus.

Es muß erwähnt werden, daß es der oben beschriebenen Gesellschaft gelang, sehr sachliche und gute Beziehungen mit der militärischen Leitung des Schießplatzes zu schaffen. Der Leiter des Schießplatzes war General Konstantin Gertschik und die unmittelbaren Leiter der Arbeiten, der Oberst Alexandr Nosow, Oberstleutnant Jewgenij Ostaschew, Major Anatolij Kirillow und alle Offiziere des Kommandos der Militärerprober.

Anfang des Jahres 1959 war auf dem „Zweiten" schon das dreietagige „Hotel Nr. 1" fertiggestellt. Die Vestibüle und Luxussuiten waren unter anderem mit handgeknüpften Teppichen ausgelegt. Jedes Zimmer besaß eine sanitäre Anlage, ein Telefon, eine Dusche und sogar einen Kühlschrank. Die Wasserversorgung sah nicht nur die Versorgung mit Salz angereicherten kaltem, sondern auch mit relativ sauberem warmem Wasser vor. Das Leben insgesamt erreichte mittleres gesamtstaatliches Niveau. Dies bezog sich auf die Speisen im Restaurant und das Sortiment in den Verkaufsstellen der militärischen Handelseinrichtung sowie die Lebensbedingungen auf dem Schießplatz. Aber die Versorgung mit kostenlosem Alkohol war wesentlich besser. Wenn mehr oder weniger hohe Leiter einflogen, wurden manchmal in den Restaurants und den Verkaufsstellen

mit Hilfe von Flugzeugen herbeigeschaffte Weintrauben und Delikatessen angeboten.
Die Bewohner der Baracken auf dem „Zweiten“ verfügten über eine gut ausgerüstete Küche, konnten zu vernünftigen Preisen Fleisch und andere Produkte in den Geschäften kaufen und hatten eine gemeinschaftlich organisierte Selbstbedienung. In den Baracken roch es appetitlich nach gebratenem Fleisch und Kartoffeln mit Zwiebeln und Knoblauch. Eine solche kulinarische Selbständigkeit in die mit handgeknüpften Teppichen ausgelegten streng bewirtschafteten Zimmer des neuen Hotels zu übertragen, war nicht zulässig. Dies war einer der Gründe dafür, daß das neue Hotel lange Zeit leer stand.
Im Verlaufe des Jahres wurden sechzehn Raketen innerhalb des gemeinsamen Versuchsprogramms gestartet, vier im Rahmen des Mondprogrammes, zwei im Rahmen des Programmes 8K74, eine Rakete wurde nach einem verunglückten Startversuch vom Start heruntergenommen. Der erste Start im gemeinsamen Versuchsprogramm fand am 24. Dezember 1958 statt und erfolgte nach der Regel „aller Anfang ist schwer“. Der Seitenblock „W“ verbrauchte den Treibstoff sehr schnell, weil der Reduktor des Wasserstoffperoxids falsch eingestellt war, dies führte drei Sekunden vor der festgesetzten Zeit zur Abtrennung des Blocks. Die Rakete begann, sich zu drehen, und alle Triebwerke wurden nach dem Befehl des havariebedingten Abschaltens ausgeschaltet.
Der Vorsitzende der Staatlichen Kommission Rudnew und sein Stellvertreter für militärische Fragen Mrykin qualifizierten diese Havarie als Erscheinung von Lotterwirtschaft bei der Vorbereitung durch die militärische Bedienmannschaft und das Fehlen einer qualifizierten Kontrolle durch den Vorsitzenden Gluschko.
Alle sechzehn Raketen, die zur Erprobung anstanden, wurden gestartet. Vier Raketen erreichten das Gebiet Kamtschatka mit großen Abweichungen durch Fehler bei der Einstellung der Bodenfunksteuerungspunkte oder durch fehlerhafte Arbeit der Bordsysteme. Acht Raketen verhielten sich normal. Ihre Kopfteile, die umfangreich mit Meßtechnik ausgestattet waren, erreichten das Ziel mit einem Fehler, dessen Radius nicht größer als 6 km war. Der letzte Start, am 27. November 1959, beendete die gesamte Serie der gemeinsamen Erprobungen würdevoll. Die Rakete passierte alle Teilabschnitte ohne Beanstandungen. Der Kopfteil erreichte Kamtschatka mit einer Abweichung in der Reichweite von 1,75 km und einer Seitenabweichung von 0,77 km. Für die R-7 waren dies glänzende Ergebnisse.
Bei vier Raketen hatten wir Havarien zu verzeichnen. Davon zwei in Folge der Triebwerke, eine wegen der Funksteuerung und eine wegen eines Konstruktionsfehlers der Rakete. Somit erreichte die Rakete eine Zuverlässigkeit von 75 %. Im Vergleich zu den 45 % bei den Flug- und Konstruktionserprobungen war dies schon ein wesentlicher Fortschritt.
Die Rakete fand am 20. Januar 1960 durch einen speziellen Beschluß des Ministerrats der UdSSR Aufnahme in die Bewaffnung. Das Ende der

gemeinsamen Flug- und Konstruktionserprobungen der R-7 ermöglichte einen Beschluß über die Selbständigkeit der strategischen Raketentruppen.
Am 17. Dezember 1959 unterschrieb Chruschtschow einen Beschluß des sowjetischen Ministerrats über die Einrichtung des Ranges eines Oberkommandierenden der strategischen Raketenstreitkräfte im Bestand der bewaffneten Streitkräfte der UdSSR.
In dem als „Streng geheim, besonders wichtig" bezeichneten Beschluß hieß es, daß der Oberkommandierende der strategischen Raketenstreitkräfte als stellvertretender Verteidigungsminister die volle Verantwortlichkeit für den Zustand der Raketenstreitkräfte trägt: Für ihren militärischen Einsatz, für die militärische und Mobilmachungsbereitschaft, für die materielle und technische Ausrüstung, für die Entwicklung der Raketenstreitkräfte, die Leitung des Baus und die Nutzung der militärischen Komplexe und speziellen Objekte, für die militärische Disziplin und den politisch-moralischen Zustand des Personalbestandes sowie für die Koordinierung der Entwicklung und Einführung der speziellen Bewaffnung und der reaktiven Technik aller Arten in die bewaffneten Streitkräfte. Sogar in diesem Dokument „besonderer Wichtigkeit" wurden die Kernwaffen unter der Bezeichnung „spezielle Waffen" verschlüsselt.
Der Hauptmarschall der Artillerie, Mitrofan Iwanowitsch Nedelin, wurde zum ersten Oberkommandierenden der strategischen Raketenstreitkräfte ernannt.
Ungeachtet des hohen Geheimhaltungsgrades des Beschlusses ging die Nachricht darüber sehr schnell durch alle OKB`s, die unmittelbar an der Entwicklung der strategischen militärischen Raketen beteiligt waren. Unsere Ingenieure und Konstrukteure nahmen diesen Beschluß mit großer Genugtuung auf.
Die Ernennung Nedelins rief bei niemandem Erstaunen hervor. Alle, die ihn kannten, gingen davon aus, daß die sowjetische Raketentechnik Glück gehabt hat. Ich erinnerte mich in diesem Zusammenhang an eine Unterhaltung Koroljows mit dem Hauptmarschall der Artillerie, Nikolaj Nikolaewitsch Woronow, im Jahre 1950.
Woronow kam in das NII-88, noch im Range des Befehlshabers der gesamten Artillerie, und befehligte auch die Raketentechnik. Zu dieser Zeit beteiligte er sich während der Schießplatzerprobungen der Raketen im Jahre 1947 und 1948 an der Arbeit der Staatlichen Kommission und machte auf uns durch sein Wohlwollen und sein besonderes offiziersmäßiges Benehmen, das den Militärs hohen Ranges nicht immer eigen war, einen guten Eindruck.
Koroljow gestand seine Sympathie zu Woronow. Den persönlichen Besuch Woronows schätzte er als besonders wichtig und erzählte von diesem Treffen wie von einem Ereignis besonderer Wichtigkeit.
Wie aus der Erzählung Koroljows zu entnehmen war, stellte ihm Woronow den Befehlshaber seines Stabes, Generaloberst Nedelin, vor, der beauftragt war, die Perspektiven der Raketenbewaffnung zu studieren und zu entwickeln. Wenn man davon ausgeht, daß Nedelin im Jahre 1950 begann, sich mit der Raketentechnik zu beschäftigen, so hatte er in zehn Jahren sehr viel erreicht.

Nach der Ernennung Nedelins zum Oberkommandierenden, blieb ihm weniger als ein Jahr zu leben. Aber auch in dieser kurzen Zeit überzeugten wir uns von dem ihm eigenen, selbständigen und nicht standardmäßigen Denken.
Diese Eigenschaften waren für einen stellvertretenden Verteidigungsminister, der in Folge der Struktur unseres Systems die Möglichkeit hatte, direkten Einfluß auf die Entwicklung der Kosmonautik zu nehmen, besonders wichtig. Leider besaßen nach dem Tod Nedelins die an seine Stelle tretenden und den hohen Posten besetzenden Helden des Vaterländischen Krieges, die Armeemarschälle der Sowjetunion, diese Eigenschaften nicht.
Der erste Start eines Erdsatelliten war der Beginn eines Prozesses, in dem die interkontinentale Rakete R-7 von einem Kernwaffenträger in eine Trägerrakete für die unterschiedlichsten kosmischen Apparate umgewandelt wurde. Die Trägerrakete auf der Grundlage der zweistufigen R-7 wird auch heute noch, fast vierzig Jahre nach dem ersten Flug weiter vervollkommnet. Und zu Lebzeiten Koroljows entwickelte man fünf Modifikationen der „Semjorka". Jede neue Modifikation war für einen speziellen Typ kosmischer Apparate bestimmt, wobei die ersten beiden Stufen in der Regel unverändert blieben. Die prinzipielle Weiterentwicklung und Vervollkommnung der Rakete erfolgte mit dem Ziel, die Nutzlasten zu erhöhen und die Rakete nach Möglichkeit für die Entsendung interplanetarer automatischer Stationen und bemannter kosmischer Raumschiffe zu verwenden. Am stärksten wurde das Steuerungssystem vervollkommnet. Gegenwärtig ist das Steuerungssystem der Rakete vollkommen autonom-inertiell und fordert keinerlei Funkkorrektur.
Set 1957 hat die R-7 zwölf Modernisierungen und Modifikationen erlebt. In zugänglichen Publikationen (nicht geheimen) wird sie in Abhängigkeit von der Zweckbestimmung als „Sputnik", „Wostok", „Molnija", „Sojus" bezeichnet. Für uns Veteranen bleibt sie die „Semjorka" (siehe Anhang 1: Trägerraketenfamilie, die auf der Basis der R-7 entwickelt wurden)
Noch zu Lebzeiten Koroljows ging das Recht des Chefkonstrukteurs der „Semjorka" allmählich an den Kujbyschewer Dmitri Koslow über. Koslow selbst wurde Ende der 70er Jahre Chefkonstrukteur des ZSKB und beschäftigte sich hauptsächlich mit Aufklärungssatelliten. Der arbeitsaufwendige Posten des Chefkonstrukteurs der „Semjorka" wurde vom Stellvertreter Koslows, Alexandr Soldatenkow, übernommen. Ohne dessen Kontrollberichte tagte keine Staatliche Kommission, die über die bemannten und anderen verantwortlichen Starts zu entscheiden hatte. Zur Zeit besitzt Samara das Monopol bei der Produktion der in der Welt zuverlässigsten kosmischen Trägerrakete. Die Produktion der Rakete selbst ist wie früher im Werk „Progreß" konzentriert. Die Triebwerke werden im Frunse-Werk, dem ehemaligen Flugzeugmotorenwerk Nr. 24, hergestellt. Nach dem Zerfall der Sowjetunion ergab sich eine sehr komplizierte Lage bei der Produktion der Steuerungssysteme. Das Charkower Gerätewerk befindet sich jetzt als Ausdruck des Willens des Schicksals im nahen Ausland. Die Zahl der Starts der Modifikationen der „Semjorka" erreichte zu Beginn der 90er Jahre 2000 Stück. Mit der gut entwickelten Technologie der Herstellung und des Starts kam es meistens nicht aus technischen Gründen zu

Unterbrechungen und Problemen. Das Kosmodrom „Baikonur“ befindet sich mit allen Diensten und der Stadt Leninsk ebenfalls im nahen Ausland. Dies wurde zur Ursache dafür, daß die Zuverlässigkeit des raketen-kosmischen Komplexes insgesamt stark abgenommen hat. So wird durch die Souveränitätspolitik die Zuverlässigkeit eines der modernsten Schöpfungen der sowjetischen Kosmonautik der zweiten Hälfte des XX. Jahrhunderts gesenkt.

## *Tjuratam – die Hawaiinseln – und weiter überall*

Bestimmend für die maximale Reichweite der R-7, die wir schließlich in die Bewaffnung aufnahmen, war der sich abtrennende Gefechtskopf, in dem die thermonukleare Waffe untergebracht war. Diese Ladung erforderte die Entwicklung ein Kopfteiles mit einer Gesamtmasse von mehr als 5,5 t. Mit einer solchen Nutzlast konnte die Rakete nicht mehr als 8000 km überwinden. Beim Schießen von den Startplätzen in Tjuratam war dies unzureichend. Unsere stark aufgeblähte Propaganda, daß die USA die Kernwaffenunerreichbarkeit verloren habe, war für die Amerikaner furchterregend. Aber faktisch konnte die R-7 viele strategische Zentren der USA nicht erreichen. Um zu gewährleisten, daß die R-7 tatsächlich eine interkontinentale Waffe wurde, die jeden Punkt des Territoriums der USA erreichen könnte, müßte die Reichweite auf 12000 bis 14.000 km, das hieß, auf das Eineinhalbfache erhöht werden.

Die Arbeiten zur Modernisierung der R-7 begannen schon 1957, lange vor Beendigung der Flug- und Konstruktionserprobungen. Die zukünftig modernisierte Rakete nannten wir in unserem internen Sprachgebrauch einfach: „Vierundsiebzigste“.

Die Reichweite mußte ohne wesentliche konstruktive Veränderungen der Rakete erhöht werden, ohne daß dabei die technologischen Prozesse der Serienfertigung verletzt würden. Unter diesen Bedingungen war die einzige reelle Quelle, um die zusätzlichen 4000-5000 km zu erreichen, die „Verminderung der Masse der Nutzlast“.

Schon im Jahre 1957 erzählte Koroljow nach einem Treffen mit den Akademiemitgliedern, Chariton und Sacharow, daß sie ihm zuversichtlich versprochen hatten, das Gewicht ihrer „Nutzlast“ um die Hälfte zu vermindern. Wenn über die Kernwaffen gesprochen wurde, für die wir diese Rakete entwickelten, verwandelte sich unser SP gewöhnlich in einer bestimmten Weise. Er senkte die Stimme und mit seinem gesamten Habitus war er bestrebt, den Gesprächspartnern Zittern gegenüber dem Staatsgeheimnis einzuflößen und eine Verehrung zu dieser furchtbaren Kraft zu vermitteln, die wir in unserer „Nutzlast“ unterbringen mußten. Ich denke, daß die Ursache dafür nicht nur in der besonderen Geheimhaltung bestand, die alles umgab, was mit der unmittelbaren Entwicklung der Kernwaffen zu tun hatte.

Wir alle, die wir uns, wenn es notwendig war, hinreichend in den physikalischen Prozessen gut auskannten, die in allen Aggregaten unseres Geschöpfes abliefen, begannen, ängstlich zu werden und zu schweigen, wenn die Rede auf die

Zukunft der militärischen Füllung des Kopfteiles kam. Ungeachtet der Lektionen der populären kernphysikalischen Literatur, die wir gehört und gelesen hatten und der unmittelbaren Kontakte mit den Atomspezialisten, die wir während der Arbeit zur Entwicklung der Ladung der Rakete pflegten, war das innere Wesen der titanischen Zerstörungskraft, das sich hinter den Formulierungen der Koordinierungsprotokolle sowie den Zeichnungen über die Maße und Aggregate und den elektrischen Schaltungen verbarg, gleichsam eine andere Seite unseres ingenieurmäßigen Denkens.
Man kann nicht sagen, daß wir überhaupt nichts begriffen hätten. Man hat uns selbstverständlich erklärt, daß die Wassertoffbombe aus einer thermonuklearen Ladung besteht, in der es kein Uran-235 und kein Plutonium-239 gibt. Für sich allein genommen ist die thermonukleare Ladung ungefährlich. Um den Brennstoff für die thermonukleare Synthese zu komprimieren und zu entzünden, ist es notwendig, zu Beginn eine einfache Atombombe zu zünden. Bei der Explosion dieses Kerndetonators wird Röntgenstrahlung erzeugt, deren Temperatur und Druck es ermöglicht, die plötzliche thermonukleare Reaktion, die Explosion der Wasserstoffbombe auszulösen. Die Atombombe selbst erfordert einen Detonator in Form einer gewöhnlichen Sprengladung. Dieser Sprengstoff wird seinerseits durch einen Zünder gezündet, der uns sehr große Sorgen bei der Konstruktion des Kopfteiles bereitete. Um zu erreichen, daß alles zuverlässig und ungefährlich war, mußten wir uns nicht intensiver als oben dargestellt, mit der Kernphysik befassen. Aber alle Probleme, die mit dem Aufbau, der Befestigung, dem Wärmeschutz, dem Vibrationsschutz, den Überlastungen, den elektrischen Schaltungen, den Verkabelungen sowie der Blockierung verbunden waren, zwangen uns zur intensiven Zusammenarbeit mit den führenden Spezialisten von Arsamas-16 und dem Moskauer OKB, das Nikolaj Duchow leitete.
Im Jahre 1958 erprobte Jangel schon seine „hochsiedende" R-12 als Konkurrenz zu unserer R-5M. Die Reichweite der R-12 betrug 2500 km. Der sich abtrennende Kopfteil bestand im Unterschied zur R-5M nicht aus einer einfachen Atombombe, sondern einer thermonuklearen Ladung mit einer äquivalenten Sprengkraft von einer Megatonne.
Wir stellten uns den Unterschied in den Auswirkungen der Sprengkraft zwischen der Ladung der R-5M von 80 kt und der R-12 von einer Megatonne nur sehr abstrakt vor. Ungeachtet dessen wurde die Ladung der R-5M, als davon die Rede war, sie sei uneffektiv, sehr schnell verändert und ihre Sprengkraft der R-12 gleichgestellt. SP sagte offen seine Meinung, daß er es nicht verstehen könne, warum eine solche Hasardjagd um die Megatonnen der Sprengkraft unserer Raketen notwendig sei. Wir gingen auch davon aus, daß es besser sei, eine Rakete mit einer Sprengkraft von einer Megatonne zu besitzen, die über eine Reichweite von 14.000-15.000 km verfügt, als eine, die gerade mal 8000 km zurücklegt und dabei eine dreimal mächtigere Sprengkraft besitzt.
Im Jahre 1957 erschien in den USA ein Handbuch, über die Wirksamkeit der Kernwaffen. Dabei ging man von dem entsprechenden Äquivalent von Trotyl (Trinitrotoluol) aus. Die von unseren Atomspezialisten sorgfältig gehüteten

Geheimnisse wurden dadurch für alle Raketenspezialisten zugänglich. Aus diesem Handbuch folgte, daß die Ladung von einer Megatonne vollkommen ausreicht, um, wenn man sie im Zentrum von Washington zündet, die Hauptstadt der USA vollkommen auszulöschen. Wir erbosten uns natürlich: „Was ist denn nun noch notwendig?! Los, montieren wir die Ladung der R-12 auf die ‚Semjorka' und erhalten jede beliebige Reichweite." Aber die oberste Leitung des Verteidigungsministeriums hatte andere Vorstellungen. Die Arbeiten zur Vervollkommnung unserer thermonuklearen Ladungen wurden mit noch größerer Intensität geführt als die an den Raketen.
Die Versprechungen von Chariton und Sacharow an Koroljow realisierte man technisch tatsächlich und ermöglichte es, die Masse des Kopfteils um 2,5 t zu vermindern. Dabei sollte die Effektivität der neuen Kernsprengladung nicht geringer sein als bei der gewöhnlichen „Semjorka". Die Berechnungen der Projektanten nach der Direktive zur Verminderung der Masse des Gefechtskopfes um mehr als 1 t ergab sofort eine Erhöhung der Reichweite um 3500 km. Noch 500-700 km erreichte man durch Vereinfachung und Erleichterung des Systems der Funksteuerung, der Erhöhung der Betankung mit Sauerstoff und Kerosin sowie durch Erhöhung der Genauigkeit des Regulierungssystems des Niveaus und der Synchronisierung der Entleerung aller Tanks mit dem Ziel, die Garantiereserven an Treibstoff zu vermindern. Des weiteren gab es verschiedene nicht prinzipielle, konstruktive Veränderungen, die darauf gerichtet waren, das Gewicht der Konstruktion zu vermindern und die Treibstoffreserven durch einen größeren Rauminhalt der Tanks des zentralen Blocks zu erhöhen.
Für die „Vierundsiebszigste" wurden alle Maßnahmen ergriffen, um die Gefahr von Resonanzerscheinungen in den elastischen Konstruktionen auszuschalten. Dabei handelte es sich um die Druckpulsationen in den Brennkammern der Triebwerke, die zu dramatischen Situationen beim Start der ersten Mondraketen führten. Die Erprobungen der „Vierundsiebzigsten" bestätigten die Effektivität der Dämpfungssysteme, die durch gemeinsame Anstrengungen des OKB-1, des NII-1 und des OKB-456 erarbeitet worden waren. So war es durch Realisierung aller dieser ergriffenen Maßnahmen möglich, ohne Unterbrechung der Produktion zur Herstellung von Raketen mit einer Reichweite bis zu 13.000 km überzugehen. Zur Garantie entschied der Rat der Chefkonstrukteure, eine Grenzreichweite von 12.000 km anzugeben. 1000 km blieben als Reserve des Chefkonstrukteurs.
Im Arbeitszimmer von SP stand ein großer Globus, auf dem sehr anschaulich mit Hilfe eines speziellen Winkelmessers der Abstand zwischen beliebigen Punkten auf der Erdoberfläche gemessen werden konnte. Als die Berechnungen zur „Vierundsiebzigsten" alle ausgewertet waren, erörterte man auf einer Beratung das Problem der Flugerprobung der Rakete mit der vollen Reichweite. Koroljow ging zum Globus und zeigte, daß ein Schießen über den Stillen Ozean einen Einschlagspunkt im Gebiet der Hawaiinseln ergeben würde. Der am Treffen teilnehmende Tjulin ließ die Gelegenheit nicht aus, um im Frontjargon

zu bemerken: „Damit werden wir die Amerikaner in eine solche Angst versetzen, daß sie an Pearl-Habor wie an goldene Tage denken werden.“

Die Flugerprobung der 8K74 begann Ende 1959 erfolgreich. Es waren insgesamt acht Starts vorgesehen, davon zumindest drei zur Erprobung der Grenzreichweite. Die ersten Starts auf „Kame“ (so nannten wir der Geheimhaltung wegen das Gebiet des Einschlags des Kopfteiles auf Kamtschatka) verliefen erfolgreich. Die Zuverlässigkeit der Konstruktion des neuen, fast um die Hälfte erleichterten Kopfteiles bestätigte sich, außerdem die Effektivität der Maßnahmen zur Erhöhung der Genauigkeit des autonomen Steuerungssystems .

Die Haupterprobung für die „Vierundsiebzigste“ sollte jedoch die Überprüfung der Grenzreichweite beim Schießen über dem Stillen Ozean werden. Zur Fixierung der Zielpunkte, der Funkkontrolle des Endabschnittes der Flugbahn sowie des Empfangs der telemetrischen Informationen waren Transportschiffe der Flotte des Stillen Ozeans entsprechend ausgerüstet worden. Diese Schiffe fuhren nicht unter der Seekriegsflagge, sondern unter der gewöhnlichen Staatsflagge. Sie fuhren im Rahmen einer staatlichen Expedition des Stillen Ozeans und mußten zunächst in das Gebiet der berechneten Zielpunkte der Kopfteile positioniert werden.

Sie nahmen einen Eckpunkt des Zieldreiecks ein und warteten auf den Start. Die Schiffe waren mit telemetrischen Empfangs- sowie Radarstationen zur Verfolgung der Kopfteile ausgerüstet, in diesen waren die Sendeempfänger „Rubin“ installiert. Bis zum Eintritt in die dichten Atmosphärenschichten konnte die Funkkontrolle erfolgen und die zweite Raketenstufe mit Hilfe des Bordgerätekomplexes kontrolliert werden, solange dieser noch arbeitete. Zur genauen Fixierung des Punktes der Wasserung des Kopfteiles war dieser mit einer Sprengladung ausgerüstet, die beim Aufschlag in das Wasser Farbe versprühte.

Die Schiffe dieser Expedition mußten zur Identifizierung an der Ozeanoberfläche mit einem grellen gelben Punkt bemalt sein, ihre Koordinaten genau bestimmen und diese entsprechend an den Stab der Seekriegsflotte weitergeben. Von dort wurden die Daten an den Stab der strategischen Raketenstreitkräfte und an die Staatliche Kommission weitergeleitet.

Die langsam fahrenden Expeditionsschiffe benötigten von Wladiwostok aus bis zum Zielgebiet südlich der Hawaiinseln fast 5 Tage. Außerdem war es notwendig, für alle Fälle einen Entfernungsvorrat zu haben. Die Schiffe trafen faktisch nach einigen Tagen im Zielgebiet ein und schwammen im Ozean in Erwartung des Befehls der Bereitschaft, der codierten Weitergabe der Daten und der genauen Startzeit. Wenn eine Verzögerung oder eine Startverlegung stattfand, konnte man den Expeditionsschiffen über Funk nichts mitteilen. Der Funkaustausch mit den Schiffen der Flotte war auf Anweisung der Spezialisten der Sicherheitsdienste verboten. Das Abfangen von entsprechenden Nachrichten durch die amerikanische Abwehr hätte die Ziele und die Aufgaben des Starts sowie die Aufgaben der Schiffe der Expedition verraten können.

Ich hatte nicht nur einmal Gelegenheit, mich davon zu überzeugen, daß bei den Staatssicherheitsorganen, die die Raketentechnik überwachten, sehr kluge Menschen arbeiteten. Aber sie gingen irgendwie davon aus, daß, wenn wir erklärten, die Schiffe unserer Expedition seien viele Wochen in den Weiten des Stillen Ozeans mit wissenschaftlichen Aufgaben beschäftigt, der amerikanische Sicherheitsdienst dies glaubt. Dieses Geheimnis war nur für den inneren Gebrauch.

Die Beziehungen zwischen der UdSSR und der USA erfuhren nach dem Besuch Chruschtschows in Amerika, dem Treffen mit dem Präsidenten Eisenhower und dem Auftritt in der UN mit dem Programm der allgemeinen Abrüstung eine offensichtliche Erwärmung. Dies geschah im September 1959. Eine solche Wende in der internationalen Situation war nicht im Sinne der Apologeten des „kalten Krieges". Und dies um so mehr, da Chruschtschow Eisenhower zu Besuch in die UdSSR eingeladen hatte und das Treffen am Ufer des Baikalsees im Frühjahr oder Sommer 1960 stattfinden sollte. Was hätte Besseres vereinbart werden können als die Beendigung des Wettrüstens und die Abrüstung.

In dieser neuen Situation der Erwärmung der Beziehungen war eine TASS-Mitteilung über bevorstehende Erprobungen von Raketen in Schußrichtung des Stillen Ozeans, in dem die Amerikaner uneingeschränkte Herrscher waren, eine schroffe Dissonanz. Den Anhängern des „kalten Krieges" lieferten wir damit, ohne es zu wollen, den Anlaß, die Leitung der UdSSR der Hinterlist und der realen Bedrohung der Sicherheit der USA zu beschuldigen.

Zur Koordinierung der Tätigkeit während der Starts in den Stillen Ozean entsandte der Flottenstab einen Vertreter in die Staatliche Kommission. Auf einer der Sitzungen erzählte er, in welche Situation die Schiffe der Expedition gekommen waren, die sich im möglichen Zielgebiet befanden und das von TASS die Schiffahrt während der Starts im Zielgebiet als gefährlich erklärt worden war. Um drei unserer Schiffe kreisten ununterbrochen Dutzende amerikanischer, englischer und französischer Kriegsschiffe. Die amerikanischen Kriegsschiffe führten sich sehr frech auf und gingen bis zur Androhung von Zusammenstößen mit unseren unbewaffneten Schiffen. Unerwartet tauchten in etwa 200 m von Bord unserer Schiffe die Pereskope von Unterseebooten auf. Die Allwetteraufklärungsflugzeuge „Neptun" waren besonders dreist. Wir berichteten über einen solchen Fall. Bei bewölktem Wetter startete von einem der Expeditionsschiffe ein Hubschrauber zum Übungsflug. Zur gleichen Zeit flog eine „Neptun" bei niedriger Bewölkung auf das Schiff zu, um es zu fotografieren. Es schien so, als wäre ein Zusammenstoß mit dem Hubschrauber unausweichlich. Der Hubschrauber machte ein Aufstiegsausweichmanöver und es gelang ihm, daß das Flugzeug „Neptun" unter ihm und über dem Schiff hindurchflog. Beim nächsten Anflug drohten unsere Matrosen der Neptun-Besatzung mit den Fäusten. Der Navigator der „Neptun" antwortete lachend genau so. Der Kapitän des Schiffes entschied, bei dem nächsten Anflug der „Neptun" diesen beim Fotografieren mit dem Scheinwerfer zu blenden. Der Navigator des Flugzeuges drohte erneut mit den Fäusten.

Als die Expeditionsschiffe über Funk die Nachricht zu einer vierstündigen Bereitschaft sowie den Befehl erhielten, auf die vorgesehenen Plätze zu den Scheitelpunkten des Dreieckes zu fahren, entfernten sich die sie umgebenden Kriegsschiffe auf 10-15 Meilen weg vom Gefahrenpunkt. Zum Erstaunen unserer Matrosen erfolgte diese Evakuierung der fremden Schiffe manchmal früher, ehe das Kommando der Expeditionsschiffe die Warnung über die Bereitschaft erhielt. Die Amerikaner hatten offensichtlich ihre eigenen Kanäle, über die sie zuverlässige Informationen von der tatsächlichen Situation bei unseren Starts erhielten.
Von Beginn der Starts im Jahre 1957, konkret vom 19. August an, als zum ersten Mal die TASS Mitteilungen über die Entwicklung der interkontinentalen Raketen in der UdSSR verbreitet wurden, verfaßte der Rat der Chefkonstrukteure diese Art von Kommuniqués. Man organisierte damit, daß in der Raketentechnik oder Kosmonautik die Chefkonstrukteure den ersten Fisch fingen. Diese Arbeit übertrugen die Parteiaristrokraten den Technokraten.
Die erste Mitteilung wurde mit der Staatlichen Kommission auf dem Schießplatz abgestimmt, dann eilig nach Moskau übertragen, in der Verteidigungsabteilung des ZK rezensiert, korrigiert und dann zu TASS zur Mitteilung an die Presse und an das Radio übergeben. Gewöhnlich lehnten die eigentlichen Chefkonstrukteure diese undankbare Arbeit ab. Auf Initiative von Keldysch stellte Ischlinskij gewöhnlich den Text in der ersten Redaktion zusammen. Keldysch liebte es, ihn auf lateinisch als „el Professóre" zu titulieren. Alexandr Julewitsch war deshalb nicht beleidigt. Er bezog in diese Arbeit häufig auch Ochozimskij und noch irgend jemanden von der Intelligenz mit ein. Wenn der Text zur Begutachtung fertig war, sammelten Koroljow und Keldysch alle nicht dringend Beschäftigten freien Mitglieder des Rates und der Staatlichen Kommission. Hier begannen Korrekturen und Umformulierungen, die manchmal mehrere Stunden in Anspruch nahmen. Moskau wurde dabei nervös und beeilte sich. Im Radio las in den ersten Jahren der Weltraumära in der Regel nur Lewitan die Mitteilungen von TASS.
Vor den Starts in den Stillen Ozean wurde plötzlich klar, daß die Expeditionsschiffe, die zu den Hawaiinseln fuhren, von niemandem und nirgendwo angezeigt worden waren, obwohl es sich um neutrale Gewässer handelte. Es war notwendig, ein Kommuniqué darüber zu veröffentlichen, das ihren Aufenthalt im Zielgebiet der Kopfteile und der Reste der zweiten Stufe legalisierte. Dies waren Verpflichtungen des Verteidigungsministeriums sowie des Außenministeriums.
Als auf einer Sitzung des Rates der Chefkonstrukteure am 30. Dezember 1959 unter anderen Fragen auch der Verlauf der Vorbereitung zum ersten Start der „Vierundsiebzigsten" in den Stillen Ozeans besprochen wurde, ergriff Rjasanskij die Initiative und machte Koroljow darauf aufmerksam, daß es notwendig sei, beschleunigt ein Kommuniqué über die bevorstehenden Starts mit dem Ziel vorzubereiten, den Aufenthalt der Expeditionsschiffe im Stillen Ozean zu legalisieren. Koroljow brauste auf und sagte, daß er sich damit nicht befassen könnte und empfahl Rjasanskij, sich nicht voreilig in seine Sache

einzumischen. SP war offensichtlich nicht bei Laune und sagte dies in einer so abweisenden Form, daß Michail errötete, gekränkt war und schwieg. Zur gleichen Zeit rief der Minister über die Kremlleitung an. Er führte aus, daß das Kommuniqué bereits formuliert sei und bat Koroljow, es anzuhören und sein Einverständnis zu geben. SP erklärte, daß sich Rjasanskij damit beschäftige, übergab ihm den Hörer und wandte sich mit breitem Lächeln an uns: „So ist das, nun wird Michail für seine Initiative bestraft. Er muß jetzt das Kommuniqué abstimmen." Das Kommuniqué erschien am folgenden Tag und rief einen unwahrscheinlichen Lärm in der Weltpresse und in allen Radiosendern hervor. Die Anhänger des „kalten Krieges" schrien, daß die Aufrufe Chruschtschows zur allgemeinen Abrüstung für Frieden und zur Freundschaft reine Propaganda sei. Und die neuen Kernwaffenraketen, das sei die reale Gefahr und Bedrohung für die Vereinigten Staaten. So oder ähnlich wurde argumentiert und der Besuch Eisenhowers in der UdSSR, über den Chruschtschow im September eine Vereinbarung getroffen hatte, wurde wieder fraglich.

Der erste Start zum Erreichen der Grenzreichweite war für den 19. Januar angesetzt. Im Zielgebiet war nach Berichten des Flottenkommandeurs ein solcher Nebel, daß es nicht möglich gewesen wäre, einen Hubschrauber zum Suchen des Ortes auf dem Wasser aufsteigen zu lassen.

Der Start erfolgte am nächsten Tag, dem 20. Januar. Der Kommandierende der Expeditionsschiffe, Kapitän ersten Ranges Maksjut, meldete: „Alles normal". Die Koordinaten des Einschlagpunktes wurden aus Geheimhaltungsgründen nicht mitgeteilt. Wenn „alles normal" gemeldet wurde, so hieß das, daß wir das vorgegebene Quadrat getroffen hatten. Die Amerikaner bestimmten selbstverständlich den Einschlagpunkt des Kopfteiles genauer, aber sie kannten den berechneten Einschlagpunkt nicht. Deshalb konnten sie sich nur an der Lage des Standortes unserer drei Schiffe orientieren. Nach dem Verhalten unserer Schiffe hatten sie den Start am 19. Januar erwartet. Der Start hatte wegen des Nebels nicht stattgefunden. Aber den Amerikanern gelang es, eine Mitteilung über einen angeblichen Mißerfolg abzusetzen. Es war so wie im Film: „Bei jedem Mißerfolg müssen Sie Wechselgeld zahlen", wir starteten am 20. Und dann folgte das Kommuniqué. Jetzt erhob sich Lärm wegen unseres Erfolgs.

Der nächste Start erfolgte am 24. Januar und dies war tatsächlich ein Mißerfolg. Die Ruderkammer des Seitenblockes „B" explodierte offensichtlich infolge der schlechten Stickstoffbelüftung. Es begann ein Brand im Block „B", das Triebwerk erlosch und das gesamte Paket ging in der 31. Sekunde auseinander. Unsere Schiffe setzten, umringt von den amerikanischen Zerstörern, ihre Fahrt im Meer fort. Die ausländische Presse meldete erneut einen Mißerfolg der Sowjets bei einem anstehenden Raketenstart. Wir veröffentlichten keinerlei Dementi und beschlossen, bis zum nächsten programmgemäßen dritten Start zu schweigen.

Der letzt Start war auf Sonntag, den 31. Januar, angesetzt. Man hielt ihn für einen gewöhnlichen Start, so daß alle Leiter in den Häusern blieben. Die Vorbereitung und der Start wurden von der militärischen Bedienmannschaft unter minimaler Beteiligung von Industriespezialisten durchgeführt. Uns vom

OKB berichtete der führende Konstrukteur Kascho von der Vorbereitung und vom Start auf dem Schießplatz. Am HF-Funk im Arbeitszimmer Koroljows waren Arkadij Ostaschew, Brodskij und Schabarow. In Moskau und auf dem Schießplatz waren etwa minus 23°C und leichter Wind. Man hätte mich ohne Schwierigkeiten überreden können, den letzten Start in das Gebiet der tropischen Inseln am warmen Meer zu verlegen, ohne das Haus verlassen zu müssen. Um 20 Uhr teilte mir Ostaschew über Telefon mit: „Es ist alles in Ordnung, sogar bei Mitrofan Iwanowitsch (dies war Nedelin), der in seinem Stab ist, gibt es keine Beanstandungen und sie beglückwünschen sich alle." Nach eineinhalb Stunden rief Ostaschew erneut an und fragte mich: „Hörst Du im Telefon den Lärm?" Ich bestätigte, daß ich den vielstimmigen Lärm und Jubel hörte. „Das ist, weil man uns mitgeteilt hat", erklärte Ostaschew, „daß alles viel besser ist, als vorgesehen. Wir haben einen Eilboten in das Lebensmittelgeschäft geschickt und organisieren alles Nötige. Wir schlagen Ihnen vor, das Ereignis auch zu feiern, ohne Ihr Haus zu verlassen." Ich folgte diesem weisen Ratschlag.

Im folgenden Kommuniqué wurde mitgeteilt, daß die Aufgaben der Erprobung erfüllt seien und das Gebiet für die Schiffahrt freigegeben würde. Die Expeditionsschiffe kehrten nach Wladiwostok zurück. Die restlichen Erprobungsstarts der „Vierundsiebzigsten" fanden auf Kamtschatka statt.

Im September des Jahres 1960 wurde die „Vierundsiebzigste" in die Bewaffnung aufgenommen. Am 7. Oktober 1960 schrieb Nedelin jedoch an den Vorsitzenden des Staatlichen Komitees für Verteidigungstechnik, daß nach Mitteilung von TASS, in den USA eine interkontinentale Rakete vom Typ „Atlas" mit einer Reichweite von 9000 Meilen (das sind 14.500 km) gestartet worden war. Er bat darum, die Frage zu klären, ob der Start einer Rakete des Typs 8K74 mit erleichtertem Kopfteil in das Gebiet des Stillen Ozeans mit einer Reichweite von 16.000 bis 17.000 km bei einem Azimut von 45° möglich sei.

Der Brief wurde in Form einer Direktive Rudnews an Koroljow umadressiert. Buschuew entwickelte eine Variante mit einem Kopfteil und einer Ladung, die für die R-9 vorgesehen war – 1,65 Megatonnen anstelle der üblichen drei Megatonnen. Die geforderte Reichweite ergab sich durch die um 600 kg erleichterte Ladung. Der mit Farbstoff gefüllte Kopfteil wurde vorbereitet und der Start zur Einschüchterung der Amerikaner im Winter 1961 durchgeführt. Die Aufgabe Nedelins war damit gelöst.

Für den Start der Raketen R-7 und R-7A auf dem Schießplatz NIIP-5 in Tjuratam waren insgesamt nur zwei Startkomplexe vorhanden. Der erste und der einunddreißigste Platz. Die militärischen Raketen für das wachhabende System befanden sich im Montage- und Erprobungsgebäude und somit war es im Alarmfalle notwendig, die Startbereitschaft bei ununterbrochener Arbeit möglichst in 12 bis 16 Stunden zu erreichen.

Beim Bau des nördlichen Schießplatzes in Plesezk war der Bau von vier Startplätzen für die „Semjorka" vorgesehen. Durch alle möglichen Maßnahmen sollte dort die Startbereitschaft innerhalb von sieben bis acht Stunden erreicht werden. Diese Zeit war für den Start kosmischer Objekte annehmbar, aber im weiteren wurde klar, daß für militärische Raketen eine solche Zeit unannehmbar war. Wir begriffen dies genau wie die Militärs und begannen eine intensive Entwicklung einer neuen interkontinentalen militärischen Rakete R-9.

## *R-7 – die Trägerrakete der Mondautomaten*

Zwei Jahre, die den Sputnikerfolgen des Jahres 1957 folgten, waren gemessen an ihrem Tempo und der Anspannung, den Kriegsjahren ähnlich.
Mit Beginn des Jahres 1958 arbeitete man gleichzeitig auf fünf für uns neuen Gebieten parallel. Es waren dies:

- die Weiterbearbeitung der militärischen R-7, um deren Übergabe in die Bewaffnung zu erreichen;
- die Modernisierung der R-7 mit dem Ziel, eine Reichweite von 12.000 km (R-7A) zu erreichen;
- die Umwandlung der R-7 aus einer zweistufigen in eine drei- und sogar vierstufige Rakete;
- die Projektierung eines schweren Sputniks für die Fotoaufklärung (der zukünftigen Wostok) und schließlich
- das Projekt der Eroberung von Mond, Mars und Venus.

Über die ersten beiden Arbeitsgebiete habe ich schon berichtet. Bei den restlichen drei kosmischen Aufgaben war das Problem der Erreichung des Mondes am interessantesten und stand in der Priorität an erster Stelle.
Jedes der erwähnten Gebiete hatte seine Anhänger und Enthusiasten. Gegner gab es nicht. Die Entwicklung der R-7 und die Aufstockung mit weiteren Stufen eröffnete solche Perspektiven, daß man diese Entwicklung hätte sehr beschleunigen müssen, um möglichst häufig die Welt erschüttern zu können und selbst in Begeisterung zu erstarren, wenn Lewitan verlas: „Achtung, es sprechen alle Radiosender der Sowjetunion! Wir übertragen eine Mitteilung von TASS. Heute wurde in Übereinstimmung mit dem Programm zur Erforschung des kosmischen Raums und zur Vorbereitung von interplanetaren Flügen .....".
Man konnte die utopischen Pläne des Aufbau des Kommunismus nach Belieben kritisieren: Die Verletzung der Menschenrechte und die Diktatur der kommunistischen Partei im totalitären Staat. Es war jedoch nicht möglich, aus der Geschichte der Chruschtschowschen Epoche die Entwicklung günstiger Bedingungen für die Entwicklung der Kosmonautik und der sie begleitenden Wissenschaften zu streichen. Die Kosmonautik war keineswegs militarisiert und aus rein propagandistischen Zielstellungen entwickelt worden. In den ersten Jahren nach dem Sputnik wurde die Grundlage für eine wirkliche wissenschaftliche Forschung im Kosmos gelegt, die von allgemein gesellschaftlichem und menschlichem Interesse war. Nicht nur wir, die unmittelbaren Teilnehmer des Weltraumprogramms, sondern alle sowjetischen Menschen empfanden Stolz und Bewunderung dafür, daß sie Bürger eines Landes waren, das der Menschheit den Weg in das Weltall bahnte.

Ich schreibe keineswegs aus einem Gefühl der Trauer über die alten besseren Zeiten, sondern deshalb, weil ich mich sehr gut an die Beziehung der Menschen der unterschiedlichsten gesellschaftlichen Schichten zu unseren kosmischen Erfolgen erinnere. Die Mehrzahl der Historiker erklären die Erfolge der sowjetischen Kosmonautik dieser Periode durch die Genialität und die organisatorischen Fähigkeiten von Koroljow. Es gibt keinerlei Zweifel daran, daß seine Persönlichkeit eine große Rolle gespielt hat.

Koroljow, seine nächste Umgebung, die Chefkonstrukteure, die Wissenschaftler der Akademie, die Gruppierung um Keldysch, die Geburt der neuen Raketenorganisationen von Jangel und Tschelomej schafften alle Bedingungen für eine erfolgreiche Tätigkeit. Es ergibt sich die Frage, warum das Verteidigungsministerium seine Soldaten und Offiziere zum Sturm auf den Mond einsetzte? Dies war offensichtlich gegen ihre prinzipiellen militärischen Aufgaben gerichtet. Und trotzdem arbeiteten im gesamten Raum von Moskau bis hin zur sonnigen Krim und bis nach Kamtschatka an den Dutzenden von Meßpunkten, in den Zentren der Befehls- und Meßkomplexe, in allen Schießplatzdiensten Tausende Militärangehörige selbstlos. Die Militärspezialisten erfüllten die Anweisungen Koroljows nicht weniger eifrig als die Befehle des Oberkommandierenden, des Hauptmarschalls der Artillerie, Nedelin.

Dem Wesen nach war unsere technokratische Gemeinschaft ein Staat im Staate, was zu dieser Zeit der Parteidoktrin nicht widersprach. Die obersten Parteileiter begriffen, daß eine bestimmte Souveränität und Selbstverwaltung in der Technokratie notwendig ist. Den Wissenschaftlern anderer Gebiete, das heißt den Landwirten, Biologen, Künstlern und Schriftstellern ging es da schon schlechter.

In dieser Zeit wurde unabhängig von den vielen Fehlern, Mißerfolgen und schweren Havarien den Technokraten, d. h. den Atomspezialisten, Physikern und Raketenbauern, alles verziehen. Unsere Erfolge wurden in der ganzen Welt gerühmt, über unsere Niederlagen und Mißerfolge wußten nur die unmittelbar Beteiligten etwas.

Als Beispiel dafür kann die Geschichte der Eroberung des Mondes dienen. Ich war unmittelbarer Teilnehmer aller Starts zum Mond bis 1966. Wenn man die gesamte menschliche Geschichte zur Eroberung des Mondes von unseren ersten Mißerfolgen bis zu den amerikanischen bemannten Mondexpeditionen beschreiben würde, dann ergäbe sich ein sehr lehrreiches und interessantes Buch. Es wäre angefüllt mit den wissenschaftlichen Informationen, den tragischen kosmischen Ereignissen und den anziehenden Abenteuern in nicht geringerem Maße als dies für einen phantastischen Detektivroman charakteristisch ist.

Nur innerhalb eines Jahres, vom 23. September 1958 bis zum 4. Oktober 1959, unternahmen wir sieben Mondstarts. Von diesen sieben war nur einer teilweise erfolgreich. Das war, als wir über die Schaffung eines künstlichen Planeten „Metschta" berichteten, der nur zwei der ihm aufgetragenen Aufgaben voll erfüllte. In den folgenden Jahren bis hin zu 1966 war nur einer von vierzehn

Starts zum Mond erfolgreich. Das Ergebnis waren 21 Starts innerhalb von neun Jahren zum Mond, und von diesen waren nur drei wirklich erfolgreich!
Was war das für eine teuflische, anziehende und leidenschaftliche Arbeit!
Zum Erreichen des Mondes mit einem automatischen Apparat, der mit Geräten vollgestopft war, reichten die zwei Stufen der R-7 nicht aus. Eine dritte, rein kosmische Stufe war notwendig, um die zweite kosmische Geschwindigkeit mit dem gesamten Apparat von 11,2 km/s zum Mond zu erreichen. Diese Stufe wurde als Block "E" bezeichnet. Für diese Stufe war ein Triebwerk notwendig. Mischin, beflügelt von den Erfolgen bei der Entwicklung von Rudertriebwerken für die R-7 durch die Kräfte des OKB-1 in unserem Betrieb, überredete Koroljow, sich nicht um Hilfe an Gluschko zu wenden. Die Abteilung unseres Chefspezialisten für Triebwerksfragen Melnikow besaß keine schlechte Standbasis und einen hinreichenden Kaderbestand, um das Triebwerk selbst zu entwickeln. Eine Brennkammer mit einer Hochvakuumdüse! Aber es war auch ein Turbopumpenaggregat notwendig und zu dessen Entwicklung gab es bei uns keinerlei Erfahrung. Zeit zum Studium war nicht vorhanden. Wir beauftragten die Flugzeugindustrie. Ich erwähnte bereits, daß sie bei Chruschtschow in Ungnade gefallen war. Es wurden nicht nur Produktionskapazitäten der Werke frei, sondern auch Konstruktionsbüros suchten eine interessante Arbeit. Der sehr energische, initiativreiche und talentierte Semen Ariewitsch Kosberg, der Chefkonstrukteur des Woronesher KB für Versuchsdüsen, Flugzeugtriebwerke und Aggregate, bot Koroljow seine Dienste an. Er war von niedrigem Wuchs und voller Gestalt, aber sehr beweglich, schnell und ausdrucksreich gestikulierend. Er war immer in optimistischer Stimmung. Er war Sohn eines Schmiedes mit einem typisch jüdischen Äußeren und gefiel Koroljow vom ersten Treffen an. Ich überzeugte mich noch einmal von der unikalen Fähigkeit Kosbergs, sich schnell in den Menschen auszukennen, ihr inneres Wesen vom ersten Treffen an zu ergründen.
Sofort begann eine gemeinsame und sehr fruchtbare Arbeit. Kosberg befaßte sich mit der Entwicklung und Fertigung der Triebwerke der dritten Stufe für die R-7 auf der Basis von Sauerstoff-Kerosin-Treibstoff. Für den ersten Mondautomaten erreichte Mischin eine Arbeitsteilung. Wir wollten die Brennkammern fertigen und Kosberg das Turbopumpenaggregat, den Gasgenerator und die Armatur. So hatten sie sich gütlich vereinbart. Aber bei irgend einer Aufteilung der Verantwortlichkeiten und Verpflichtungen brauste Mischin auf und sagte unvorsichtig zu Kosberg: „Du bist ein sturer Jude". Dieser war empört, entfernte sich, rannte aus dem Arbeitszimmer Mischins und eilte in Koroljows Arbeitszimmer gegenüber. Kosberg erklärte Koroljow, daß er mit Antisemiten nicht arbeiten würde, eilte aus dem Arbeitszimmer und befahl seinem Vertreter Konobatow: „Wir fahren ab!"
Koroljow rief Mischin zu sich. Welches Gespräch sie geführt haben, weiß ich nicht. Aber Kosberg wurde auf Befehl Koroljows wieder zurückgeholt. Es folgten im weiteren Aussprachen, nach denen der Friede wieder hergestellt war.
Die angestrengte Tätigkeit Kosbergs wurde im Jahre 1965 tragisch beendet. In Zusammenhang mit der Liquidierung der Volkswirtschaftsräte und der

Wiederherstellung der Ministerien beschloß man, das Konstruktionsbüro Kosbergs aus der Flugzeugindustrie zum Ministerium für allgemeinen Maschinenbau zu überführen. Kosberg flog nach Moskau, um sich vom Ministerium für allgemeinen Maschinenbau loszusagen, aber er war erfolglos. Durch diese Ereignisse stark erschüttert flog er zurück nach Woronesh. Bei der Heimfahrt vom Flugplatz wurde er auf vereister Straße in einen Autounfall verwickelt, schwer verletzt und ins Krankenhaus gebracht. Er starb bald. Koroljow, der von den Ärzten die verbindliche Versicherung erhalten hatte, daß das Leben Kosbergs außer Gefahr sei, war tief getroffen.

Nach dem Tode Kosbergs wurde Alexandr Konopatow zum Leiter des KB ernannt. Das Konstruktionsbüro wurde trotzdem in das Ministerium für allgemeinen Maschinenbau überführt. Jetzt ist das Woronesher Konstruktionsbüro eines der wichtigsten und führenden bei der Entwicklung von Sauerstoff-Wasserstoff-Flüssigkeitsraketentriebwerken. Dort wurde das Triebwerk für die zweite Wasserstoffstufe der Rakete „Energija", der dritten Stufe von „Proton" und „Sojus" entwickelt.

Bei der Entwicklung des Triebwerks für die dritte Stufe; des Blockes „E" mit einem Schub von fast 5 t, gab es noch eine schwierige Aufgabe. Man mußte volle Gewißheit darüber erlangen, daß die Zündung und der Start im Kosmos zuverlässig erfolgt. Bis jetzt konnten wir die Triebwerke nur auf der Erde starten und bei Versagen unter Sichtkontrolle und mit Hilfe verschiedener Automaten überprüfen. Auf dem Stand startete das erste Triebwerk des Blockes „E" zuverlässig, aber die Gewißheit, daß es im Kosmos sofort anspringt, hatte man nicht.

Das Steuerungssystem der dritten Stufe entwickelte Piljugin mit Hilfe unserer Rudermaschinen. Am schwierigsten war die Aufgabe der „Übernahme" der Steuerung nach der Trennung vom Zentralblock. Es durften keine großen Abweichungen der Kreiselgeräte zugelassen werden. Wenn sie sich auf die „Stütze" setzten, ging die Steuerung verloren. Die kosmische Stufe zu korrigieren, sie dann im Verlauf von fast sechs Minuten bei der Beschleunigung zum Mond zuverlässig zu steuern und bei der notwendig erscheinenden Geschwindigkeit abzuschalten, darin bestand die neue Aufgabe.

Auf dem Beschleunigungsabschnitt während der Arbeit des Steuerungssystems der drei Stufen mußte im Verlauf der folgenden 725 Sekunden die sich anschließende Flugbahn so bestimmt werden, daß sie in das Zentrum der sichtbaren Mondscheibe mit einem Durchmesser von insgesamt 3476 km gelangte.

Nach dem Abschalten des Triebwerkes der dritten Stufe folgt der Flug nur noch den Gesetzen der Himmelsmechanik, die ihrerseits, wie wir scherzten, sich unseren Ballistikern unterordnet. Die Ballistiker mit Ochozimskij von der Abteilung der angewandten Mathematik des mathematischen Steklow-Institutes der Akademie der Wissenschaften, mit Lawrow aus unserem OKB-1 und Eljasberg aus dem NII-4 berechneten die Flugbahn auf der ersten EDVA. Ein Rechner war in der Abteilung für angewandte Mathematik und der zweite in Bolschewo aufgestellt. Die Berechnungsergebnisse wurden in die Geräte

eingegeben, die die Fluggeschwindigkeit und den Zeitpunkt des Abschaltens der Triebwerke der zweiten und dritten Stufe steuerten.
Ein Fehler bei der Geschwindigkeitsbestimmung der Rakete beim Abschalten des Triebwerkes lediglich um einen Meter in der Sekunde, d. h. um 0,01 % von der tatsächlichen Geschwindigkeit, führt auf dem Mond zu einer Abweichung des Zielpunktes um 250 km. Die Abweichung des Geschwindigkeitsvektors von der vorausberechneten Richtung um eine Bogenminute führt zu einer Verschiebung des Zielpunktes um 200 km. Eine Abweichung der Startzeit auf der Erde von der berechneten um 10 s ruft eine Verschiebung des Zielpunktes auf der Mondoberfläche von 200 km hervor. Zu dieser Zeit waren so harte Forderungen für uns neu und schwierig.
Die möglichen Abweichungen, die Berechnungen, die Auswahl der Umlaufbahnen, das Startdatum und die Startzeit waren Gegenstand der Untersuchungen und Streitgespräche, die von Keldysch angeführt wurden. Er war weder Ballistiker noch Spezialist der Himmelsmechanik, aber er erfaßte das Hauptwesen eines Problems sehr schnell. Keldysch war in der Lage, die Ergebnisse der abstrakten theoretischen Berechnungen mit dem gesunden Menschenverstand in Übereinstimmung zu bringen und diese oder jene Umlaufvariante auszuwählen, die niemand bestritt. Seine Autorität auf diesem Gebiet war unantastbar.
Die größte Annäherung und das gegenseitige Verstehen zwischen Keldysch und Koroljow konnte man in der ersten Zeit der Mondapparate beobachten.
Keldysch kontrollierte alle theoretischen und Berechnungsfragen der Mondprojekte. Er wollte den Mond erreichen, kann sein, sogar mehr als Koroljow, um so mehr, weil die Forschung auf dem Weg zum Mond mit Hilfe von Apparaturen und Methoden der Akademie-Wissenschaftler geführt wurde. Deshalb interessierte sich Keldysch bis zu dieser Zeit wenig für das Projekt bemannter Flüge, die für Koroljow größere Bedeutung hatten. Keldysch war im Gegensatz zu Koroljow, der eine supergeheime Persönlichkeit war, ein halb offener Wissenschaftler. Ihm war es erlaubt, mit ausländischen Wissenschaftlern Kontakte zu pflegen und auch in das Ausland zu fahren. Und trotzdem war es weder dem KGB noch dem ZK erlaubt, den Namen Keldysch mit der Kosmosforschung in Berührung zu bringen. Sein Name war in keiner Weise mit den komplizierten mathematischen Berechnungen, die in der Abteilung der angewandten Mathematik auf den ersten EDVA für die Atomwissenschaftler durchgeführt wurden, verbunden.
Nicht wir, sondern Keldysch schlug zum ersten Mal verschiedene Projekte für automatische Mondapparate vor. Der erste trug die Codebezeichnung E-1 – direkte Erreichung des Mondes. Der zweite E-2 – Umfliegen des Mondes zum Fotografieren der abgewandten nicht sichtbaren Mondseite.[1] Der dritte Apparat E-3 war der exotischste und hatte die Aufgabe, eine Atombombe zum Mond zu

[1] Während der Projektierung der automatischen Station E-2 wurden so viele Veränderungen vorgenommen, daß der zum Mond fliegende Apparat als Nummer E-2a bezeichnet wurde.

schaffen und dort zur Explosion zu bringen. Dieser Apparat wurde von dem Akademiemitglied Seldowitsch vorgeschlagen. E-4 kam aus irgendwelchen Gründen in unserer Nomenklatur nicht vor. E-5 war das Projekt zum Fotografieren mit einer größeren Auflösung als bei E-2. Schließlich sah das Projekt als Krönung all unserer Mondforschung die weiche Landung und die Übertragung der Bilder des Panoramas der Mondlandschaft nicht später als 1964 auf die Erde vor.

Das Programm E-3 war ausschließlich für den unstrittigen Beweis geplant, daß wir den Mond tatsächlich erreicht hatten. Man ging davon aus, daß die Atombombenexplosion auf dem Mond mit einer solchen Lichtemission verbunden sein würde, daß alle Observatorien, die diesen Moment beobachten würden, das leicht fixieren könnten. Wir fertigten sogar das Modell eines Mondcontainers mit dem Modell einer Atomsprengladung. Er war wie eine Seemine gebaut und war vollkommen von den Stäben der Zünder umgeben, um die Explosion bei einer beliebigen Orientierung des Containers zum Zeitpunkt des Aufpralls auf der Mondoberfläche zu garantieren. Die Diskussion über diese Variante wurde in einem sehr engen Personenkreis geführt. Auf einer dieser Beratungen erklärte Keldysch, daß er nicht den Wunsch verspüre, die Weltwissenschaftsgemeinschaft von unseren Vorbereitungen einer Atombombenexplosion auf dem Mond zu informieren. Er erklärte: „Uns wird man nicht verstehen, aber wenn wir eine Rakete ohne vorherige Ankündigung starten, dann gibt es keine Garantie dafür, daß die Astronomen die Explosion beobachten werden. Außerdem bat Keldysch Koroljow, Chruschtschow über diese Variante nicht zu informieren, solange wir selbst die Frage nicht endgültig beraten hätten.

Koroljow schwankte. Nach Vereinbarung mit Piljugin und Woskresenskij wies ich im Namen aller „Steuerungsleute" vorsichtig darauf hin, daß diese Variante unter der unveränderten Garantiebedingung der vollen Sicherheit im Havariefalle auf dem aktiven Flugbahnabschnitt angenommen werden kann. Keldysch goß noch Öl in das Feuer: „Mögen die Ballistiker alle Zonen unseres Territoriums für den Fall vormerken, wenn die Triebwerke der zweiten oder dritten Stufe nicht bis zu Ende arbeiten. Stellen Sie sich vor, welcher Lärm sich erheben wird, wenn dieses Stück, sogar wenn es nicht explodiert, auf fremdem Territorium niedergeht."

Bald jedoch wurde die Idee einer Atombombenexplosion auf dem Mond selbst von den Atomspezialisten abgelehnt. Keldysch kam speziell zu uns in das

OKB-1. Er war in ausgezeichneter Stimmung. Er nahm selbst von seinem eigenen Vorschlag Abstand. Unter Berücksichtigung der Länge und der Helligkeit der Explosion im luftleeren Raum bezweifelte er die Zuverlässigkeit der Fotoregistratur von der Erde aus.

So wurde dieses Projekt, das seinem Wesen nach und den möglichen politischen Folgen entsprechend gefährlich war, begraben.

Der Index E-3 wurde dann dem nach E-2 folgenden Programm der Umkreisung des Mondes zum Fotografieren mit großer Auflösung gegeben.

Von den 21 Raketen R-7, die von 1958 bis 1966 zum Mond geschossen wurden, waren neun (8K72) dreistufige und zwölf (8K73) vierstufige Raketen

## *Die ersten Mondhavarien*

Am 23. September und am 12. Oktober des Jahres 1958 wurden die ersten Raketen R-7 als Mondvarianten gestartet. Beide Starts endeten mit denselben Havarien – der Zerstörung des Paketes auf dem Endabschnitt des Fluges der ersten Stufe.

Eine solche Havarieart wurde zum ersten Mal beobachtet. So konnten keinerlei Produktionsdefekte, konstruktive Fehler oder Schlamperei bei der Vorbereitung der Rakete nach der ersten Analyse festgestellt werden. Es kam der Verdacht auf, die prinzipiellen Mängel des Paketschemas noch nicht erkannt zu haben. Die Geschichte der Suche der primären Ursachen dieser Havarien waren sehr lehrreich.

Die Qualität der telemetrischen Aufzeichnungen war vollkommen ausreichend, um bei gezielter Suche die Kennzeichen des Auftretens von Versagen im Steuerungssystem oder in den Triebwerksaggregaten zu entdecken. Die vielen spezialisierten Gruppen zur Untersuchung der Havarieursachen am 23. September konnten keine offizielle kriminelle Handlung feststellen. Ein Beschluß für den nächsten Start und die Durchführung irgendwelcher Maßnahmen, ohne die Ursachen der Havarie zu ergründen, war unzulässig. Aber man hatte Chruschtschow schon versprochen, daß wir den Mond erreichen würden. Deshalb blieb keine Zeit, lange nachzudenken und die telemetrischen Filme und Aufzeichnungen zu betrachten, es mußte entschieden werden.

Irgend jemand, der die Hoffnung verloren hatte, das Geheimnis der Zerstörung der Rakete schnell zu finden, äußerte träumerisch die Meinung, dies mit einer Diversion und einer nicht bemerkten Magnetmine zu erklären, es wären dann außer erhöhter Wachsamkeit keine anderen Maßnahmen notwendig, und wir könnten die Starts ohne weiteres fortsetzen. Der Gedanke an eine solche Diversion war für uns unannehmbar. Wir hätten den Feind unter den Erprobern suchen müssen. Die Erforschung der Ursachen sehr vieler Havarien während der Zeit unserer Arbeit war von dem Wunsch begleitet, die Augen vor den wahren Gründen zu verschließen, und man hätte sie mit einer bösen Absicht erklären können, dann wären die Folgen gewesen, die „Organe" einzuschalten. Für die Ingenieure hätte dies geheißen, mit reinem Gewissen zum nächsten Start überzugehen.

Unsere Erfahrung in den ersten zwölf Jahren während der Beschäftigung mit den Raketen und vorauseilend auch in den nächsten Jahren zeigte, wenn die Ingenieure die Rolle eines persönlichen Detektivs auf sich nehmen, ist das immer von Erfolg gekrönt.

Nicht eine einzige Havarie wurde einer Diversion zugeschrieben.

Letztendlich gab es rätselhafte Erscheinungen. Aber zur Aufklärung war Zeit notwendig. Unsere eigene Ungeduld, der Druck von oben und der Wunsch, das

Geheimnis mit dem nächsten Start durch die Methode eines natürlichen Folgeexperimentes aufzuklären, war sehr teuer. Aber wir wiesen den Vorwurf der Tatenlosigkeit von uns.
Das folgende astronomische Fenster zur Erreichung des Mondes wurde in der ersten Hälfte des Oktober geöffnet. Wenn wir diese Mondtage verpaßten, dann verpaßten wir die Möglichkeit, anläßlich des 41. Jahrestages der Oktoberrevolution ein Geschenk zu machen. Das war jedoch nur der halbe Erfolg.
Die größte Unannehmlichkeit war die Drohung der Militärs. Mischin erklärte, daß der Mond letztendlich eine Prestigefrage der Wissenschaft und Politik sei. Eine Fortsetzung der Flugerprobungen der militärischen R-7 würde es nicht geben, solange keine erschöpfenden Erklärungen für die Zerstörung der Rakete und hinreichende Garantien gegeben werden könnten. „Stellen Sie sich vor, was eine solche unerklärbare Zerstörung des gesamten Paketes nach 90 s mit der Rakete bedeutet, wenn dort kein Sand, sondern tatsächlich eine militärische Ladung vorhanden wäre!"
Vorstellen konnte sich das niemand, weil unbekannt war, wie sich die Automatik des Kopfteils und die militärische Ladung selbst verhalten würde. In den heißen Streitgesprächen gab es auch solche Argumente. Die Rakete wurde in Dutzenden von Starts erprobt und jeder war verpflichtet, uns neue Informationen zu liefern, die wir zur Veränderung des Schemas oder der Konstruktion auswerten und letztendlich zur Erhöhung der Zuverlässigkeit nutzen konnten. Die Hauptsache jedoch – die Zuverlässigkeit der Explosion der thermonuklearen Ladung im Ziel und die garantierte Sicherheit bei beliebigen Havarien der Rakete während des Fluges – war nicht gegeben, deshalb konnten wir keine realen Erprobungen und dann noch über die gesamte Reichweite durchführen. Daraus ergab sich eine einfache Schlußfolgerung: wir mußten die Ladung mit der vollen bedingungslosen Garantie verschießen können, und während des gesamten Fluges bis zum Ziel durfte durch unsere Schuld keine Havarie auftreten. Aber wenn der militärische Gefechtskopf der Rakete das Ziel erreicht haben würde, dann wären die Atomspezialisten für das, was im Ziel vor sich ging, verantwortlich. Wir müßten unser Kopfteil zusammen mit der Ladung autonom auf ihrem Schießplatz erproben und sie dann die Garantie auf sich nehmen, „möge Gott ihnen dabei helfen!"
Aus diesem Anlaß beliebte Woskresenskij zu wiederholen, daß die zuverlässigste Garantie eine Versicherungspolice sei, da es jedoch Versicherungsgesellschaften nach 1917 bei uns nicht mehr gab, mußte die Versicherungspolice, dokumentiert durch die Unterschrift aller Chefkonstrukteure, ersetzt werden. Ähnliche Äußerungen konnte sich in einer bis zum äußersten angespannten Situation nur Woskresenskij erlauben. Jeder beliebige andere hätte riskiert, von Koroljow den Vorschlag zu erhalten, sich „nach Moskau über die Schwellen" zu verabschieden.
Als es so schien, daß die besten Raketendetektive ihre Möglichkeiten zur Klärung der Ursachen ausgereizt hatten, kam eine Version auf, die der Mehrzahl

der Chefkonstrukteure nicht gefiel. Zu Beginn erschien die Version völlig theoretisch. Aber letztlich war sie die einzig mögliche.
In unserer Abteilung für Steuerungsfragen des OKB-1 gab es ein Labor für Dynamik, deren Ingenieure die Dynamik der Steuerungsprozesse nach jedem Flug, unabhängig von den Ergebnissen des Fluges, analysierten. Dieses Labor wurde von Georgij Degtjarenko und dem Stellvertreter von Piljugin, Michail Chitrik, geleitet. Sie analysierten das Verhalten des Systems der Regulierung der scheinbaren Geschwindigkeit und lenkten die Aufmerksamkeit auf das nicht verständliche Verhalten des Drucksensors, der in diesem System die Rolle eines rückgekoppelten Gerätes spielte. Diese Sensoren überprüften den Druck in den Brennkammern der Seitenblöcke. Der Sensor dieses Systems, die Registratur der scheinbaren Geschwindigkeit, besaß eine hohe Auflösungsfähigkeit und zeigte, daß der Druck in den Kammern mit einer Frequenz von 9 bis 13 Hz pulsierte. Diese Frequenz stimmte mit der Eigenfrequenz der elastischen Längsschwingungen der Rakete überein. Die Amplitude dieser Schwingungen erreichten im Moment der Beendigung der Aufzeichnung $\pm$ 4,5 at.
Wenn es sich nicht um elektrisch induzierte Pulsationen im Meßsystem handelte, dann mußten diese in der Brennkammer entsprechend frequentierte Schwingungen im System der Sauerstoff- und Kerosinversorgung hervorrufen. Tatsächlich bestätigte die wiederholte Mikroanalyse, daß der Druck des Oxidators beim Eingang in die Pumpe aller Seitenblöcke in diesem Frequenzbereich pulsiert. Der Sensor der Achsenüberlastung bestätigte das Vorhandensein zerstörender Schwingungen der Längsüberlastung, die mit der Frequenz des pulsierenden Schubs der Triebwerke übereinstimmte.
Die Fehlersuche ergab folgendes Ergebnis: Konstruktion der Raketen → Druckpulsation des Sauerstoffs beim Eingang in die Pumpen, → Schubpulsation des Triebwerke der Seitenblöcke. In diesem geschlossenen Kreis können amplitudendivergierende zerstörerischer Schwingungen auftreten, wenn die Eigenschwingung, die durch die Konstruktion bestimmt wird, mit der Frequenz der Druckpulsation in den Brennkammern übereinstimmt. Dabei führt die Deformation der Konstruktion und vor allem der Brennstoffleitungen beim Eingang in die Pumpen der Triebwerke zur Zerstörung und anschließend zum Brand und zur Explosion.
Die „Spurensucher" kehrten zu den Aufzeichnungen dieser Parameter während der vorangegangenen Starts zurück und überzeugten sich davon, daß die Pulsation tatsächlich mit einer bedeutend geringeren Amplitude fast in allen Raketen feststellbar war, aber dieser Erscheinung hatte bisher niemand besondere Aufmerksamkeit gewidmet. Gewöhnlich wurde der Druck in den Brennkammern der Triebwerke mit Hilfe von Sensoren des telemetrischen Systems kontrolliert. Sie waren in dem Bereich von 0 bis 50 at berechnet, und deshalb wurden Pulsationen von den Dechifrierern dort nicht bemerkt.
Folglich war es notwendig, die Flugerprobung einzustellen und die festgestellten Erscheinungen genau zu studieren. Aber wir waren in diesem Fall Hasardspieler. Der Einsatz war groß, doch der mögliche Gewinn ebenfalls: Die direkte Landung eines Erdgegenstandes auf dem Mond, zum ersten Mal in der

Welt! Vor allem wollten weder Koroljow noch Keldysch die Starts anhalten und sich mit diesen langen Überprüfungen und Experimenten beschäftigen.
Nach den ersten Darlegungen der vorgeschlagenen Versionen wurden im engen Kreis prophylaktische Maßnahmen ausgedacht, die nicht zum Absagen der folgenden Starts zum Mond führten. In den Triebwerken der ersten Stufe wurde, beginnend mit der 85. Sekunde, der Schub vermindert. Dadurch wurden alle Elemente der Konstruktion weniger belastet. Man hatte den Verdacht, daß das System der Synchronisierung der Tankentleerung während Sauerstofförderung in die Pumpen zu Störungen führen könnte. Um sicher zu gehen, beschloß man, auf diesem Abschnitt dieses System auszuschalten und gleichzeitig auch das System zur Regulierung der scheinbaren Geschwindigkeit abzuschalten. Für die Rohre der Sauerstofförderung der Seitenblöcke dachte man sich eine zusätzliche Befestigung aus und stellte diese auch beschleunigt in der Hoffnung her, dadurch die Festigkeit und Eigenfrequenz zu erhöhen. Diese Nacharbeiten sollten die Rohrleitungen aus der möglichen Resonanzzone herausbringen.
Alles wurde der Staatlichen Kommission vorgetragen, die sich ein Herz faßte und „Ja“ zu den folgenden Starts sagte.
Der zweite Start zum Mond am 12. Oktober war eine Katastrophe wie der vorhergehende Die Zerstörungsbilder waren identisch. Die Analyse der telemetrischen Aufzeichnungen zeigte die Uneffektivität der durchgeführten Maßnahmen. Jetzt bezweifelte schon keiner der Spezialisten mehr, der sich mit dem Prozeß des Auftretens der zerstörerischen Schwingungen befaßte, die Stichhaltigkeit der anfänglichen der Zerstörungsversion.
Auf einer stürmischen Sitzung der Staatlichen Kommission forderte Rudnew von Koroljow, daß er persönlich die Havariekommission leiten solle und bat Keldysch, die Wissenschaftler zu diesen Untersuchungen heranzuziehen.
Die Kommission wurde in folgender Zusammensetzung gebildet: Koroljow (als Vorsitzender), Keldysch, Gluschko, Piljugin, Ischlinskij, Petrow, Mischin, Ackerman, Narimanow, Bokow.
Piljugin erklärte brummend in einem privaten Gespräch, das wir zusammen mit Viktor Kusnezow nach langen Sitzungen auf dem Schießplatz in dessen Häuschen führten, daß die „Steuerungsleute“ bei diesem Problem wenig machen könnten. Seiner Meinung nach hätte Koroljow mit seinem „Rauhen“ (so nannte Piljugin demonstrativ Viktor Gladko) keine Ahnung von den Eigenschaften des Triebwerks. Und Gluschko könne nicht sinnvoll erklären, was am Eingang in die Sauerstoffpumpen vor sich ginge. Kusnezow trat für Koroljow und Gluschko ein. Er war der Meinung, daß sie nicht streng verurteilt werden könnten, weil sie Ingenieure und in theoretischer Mechanik sowie in Schwingungsprozessen keine besonderen Spezialisten seien. „Aber warum hat Akademiemitglied Keldysch, der seinerzeit eine klassische Erklärung für das Flattern in der Luftfahrt gegeben hat, sich nach der ersten Havarie auf solche nicht radikalen Maßnahmen eingelassen?“ Der kurz zu uns hereingehuschte Ischlinskij trat für Keldysch ein. Im neuen Hotel hatten sie ein gemeinsames „Luxuszimmer“ und damit die Möglichkeit, in formalen Streitgesprächen die Situation zu beraten. Nach seinen Worten hätte Keldysch Koroljow

vorgeschlagen, die Starts zu unterbrechen und ernsthaft Untersuchungen anzustellen. Aber Koroljow und Keldysch hätten Chruschtschow darüber berichten und sagen müssen, daß die nächsten Startversuche zum Mond nicht zum Jahrestag der Oktoberrevolution, sondern erst im neuen Jahre stattfinden könnten. Keldysch hatte Chruschtschow nichts davon berichten wollen. So verständigten sich beide auf das Risiko und dazu, der Staatlichen Kommission vorzuschlagen, den Start ohne Verzögerungen durchzuführen.

Jetzt liefen nun die Untersuchungen in breiter Front an.

Keldysch mobilisierte die Theoretiker des NII-1 – Ackerman, Natanson und Glikman. Sie bewiesen analytisch, daß der Zerstörungsprozeß nicht zufällig, sondern eher gesetzmäßig sei. Nach ihrer Meinung war es nicht nur notwendig, die Festigkeit der Konstruktion zu erhöhen, sondern auch Verfahren zu finden, die es unmöglich machten, daß die Druckpulsationen bei der Förderung des Oxidators am Pumpeneingang auftreten können. Denn gerade dies sei die Ursache der Erscheinung der Druckpulsation in der Kammer. Von dort aus würden die Schwingungsprozesse insgesamt angeregt und könnten auch die Konstruktion der Rakete erfassen. Die Möglichkeit der Entstehung der zerstörenden Prozesse könnte man nicht allein durch Erhöhung der Festigkeit der Konstruktion ausschließen, weil die Frequenz der Druckpulsation ebenfalls anwachsen könnte und dann würde es notwendig, die Festigkeit der Konstruktion erneut zu erhöhen.

Parallel mit den Wissenschaftlern des NII-1 leiteten die jungen, noch nicht ausgezeichneten und noch keine wissenschaftlichen Grade besitzenden Ingenieure – Degtjarenko, Kopot, Rasygraew – im OKB-1 Untersuchungen dieser Prozesse mit dem Ziel ein, praktische Empfehlungen zum Handeln zu erhalten. In unserem Labor war eins der ersten elektronischen Analogmodelle in Betrieb genommen worden. Durch Nutzung der zu dieser Zeit neuesten Modellierungsmethoden komplizierter dynamischer Prozesse wurde es möglich, Systeme von Differentialgleichungen höchster Ordnung schnell zu lösen, ohne dabei die wochenlange Arbeit vieler Berechner, die mit mechanischen Maschinen arbeiten, aufwenden zu müssen.

Degtjarenko erhielt Ausgangsdaten über die Belastung und die elastischen Eigenschaften der Konstruktion von Gladko, das mathematische Modell des Triebwerksystems aus dem NII-1 von Natanson, Präzisierungen aus Chimki von dem Spezialisten Gluschkos. Alles dies ging in das elektronische Analogmodell ein, das die Möglichkeit eröffnete, die Prozesse sehr anschaulich auf den Bildschirmen darzustellen und in Form von Oszillogrammen auszugeben.

Das Ergebnis der vielfältigen Untersuchungen, die rund um die Uhr ohne arbeitsfreie Tage liefen, war der Vorschlag, einen speziellen hydraulischen Dämpfer in die Sauerstoffleitung beim Eingang in die Pumpen einzubauen. Die Konstruktion eines solchen Dämpfers wurde von Koroljow Anatolij Wolzifer aufgetragen. Dieser leitete die Entwicklung aller Arten von Triebwerksarmaturen. Die vorgeschlagenen Dämpfer waren ziemlich komplizierte und schwere Geräte, die in die Leitung des Oxidators eingebaut werden mußten. Des weiteren mußten noch eine Reihe Feuerstandserprobungen

durchgeführt werden. Gluschko simulierte den entsprechenden Prozeß. Die Effektivität der vorgeschlagenen Maßnahmen mußte nicht am Modell, sondern am realen Triebwerk überprüft werden.
Auf der anstehenden Sitzung der Staatlichen Kommission bestätigte Koroljow die alte Regel, daß „ein Prophet im eigenen Lande nichts gilt". Ihm schien es politisch sinnvoller, daß eine so prinzipielle Veränderung der pneumo-hydraulischen Schaltung, nicht von seinen Untergebenen, sondern von den Wissenschaftlern einer anderen, sehr autoritären Organisation ausging. Keldysch beauftragte Natanson, ein Referat über diesen Vorschlag zu halten. Unseren Genossen blieb nur übrig, bescheiden ihre Ergebnisse zur Modellierung darzulegen. Koroljow sagte, daß die Konstruktion des Dämpfers schon entwickelt worden sei und auf jeden Fall im Werk hergestellt werden würde. Tatsächlich organisierte der Werksdirektor Turkow bereits rund um die Uhr die Arbeit zur Herstellung des Dämpfers.
Im weiteren verlief alles in Übereinstimmung mit dem Bearbeitungsschema der neuen Systeme, das heute als allgemein anerkannt und klassisch gilt.
Unsere Ingenieure fuhren mit den Dämpfern nach Chimki. Dort führten sie Feuererprobungsversuche durch. Am Eingang der Hauptoxidatorleitung brachten sie eine spezielle Vorrichtung an, die auf unterschiedlich intensive Störungen reagierte und überzeugten sich, daß der Dämpfer die Schwingungen sehr gut abfing.
Es versteht sich von selbst, daß die Konstruktion des Dämpfers und seine Parameter mehrmals nachgebessert wurden. Aber das Hauptziel war erreicht. Die Feuerstandversuche zeigten, daß bei Vorhandensein eines Dämpfers die Schwingungen des Blocks in den Sauerstoffleitungen beim Eingang in die Pumpen nicht zu Druckpulsation in den Brennkammern führten. So ergab es sich als dringend notwendig, Dämpfer in alle zum Start vorgesehenen Raketen einzubauen.
Die Gefahr der Zerstörung der Rakete durch Resonanzerscheinungen und im Zusammenwirken von Konstruktion und Triebwerk war radikal liquidiert worden. Diese Lösung übernahm man später auf alle Raketen R-7.
Ich habe mich mit dieser Geschichte deshalb so ausführlich beschäftigt, weil sie tatsächlich die Folge eines prinzipiellen Mangels bei der Kopplung der Konstruktion der Rakete mit dem Triebwerk war. Der Mangel wurde erst nach reichlich einem Jahr und nach Beginn der Flug- und Konstruktionserprobungen prinzipiell anerkannt, als die ganze Welt über die Entwicklung der interkontinentalen ballistischen Rakete informiert worden war.
Auf einer der folgenden Sitzungen der technischen Leitung stellte ein an dieser Geschichte Unschuldiger die Frage, warum die Aufmerksamkeit bei vielen vorhergehenden Starts nicht auf das Entstehen von Druckpulsationen in der Brennkammer konzentriert worden war. Eine zufriedenstellende Antwort gaben weder Koroljow noch Gluschko zu dieser Zeit. Rudnew hielt es für notwendig, auf seine Weise zu antworten: „Wenn wir alle Aufwendungen für jeden Start vollkommen berücksichtigen, dann scheint es, wir würden mit Städten schießen. Die vorangegangenen Erfolge sind uns zu Kopf gestiegen und wir streben zu

neuen Erfolgen, ohne die Aufwendungen zu berücksichtigen. Wir alle, und ich schließe mich von der Verantwortung dabei nicht aus, haben bei der Jagd nach Erfolgen die Wachsamkeit vernachlässigt. Die tatsächlich heroische Arbeit, die nach den Havarien in den Labors, auf den Ständen und im Werk geleistet wurde, hätte nach dem ersten Sputnik ausgeführt werden müssen. Für uns alle ist das eine harte aber sehr wichtige Lehre“

## *Ein Wimpel fliegt zum Mond und nach Amerika*

*„Heute, am 14. September um 0 Uhr 02 Minuten 24 Sekunden Moskauer Zeit hat eine zweite sowjetische kosmische Weltraumrakete die Mondoberfläche erreicht. Zum ersten Mal in der Geschichte wurde ein kosmischer Flug von der Erde auf einen anderen Himmelskörper verwirklicht. Zur Erinnerung an dieses herausragende Ereignis wurde auf die Oberfläche des Mondes ein Wimpel mit dem Staatswappen der Sowjetunion und der Aufschrift: ‚Sowjetunion. September des Jahres 1959‘ ... abgesetzt.*
*Das Erreichen des Mondes durch eine sowjetische Weltraumrakete ist ein hervorragender Erfolg der Wissenschaft und Technik. Es ist eine neue Seite in der Erforschung des kosmischen Raums eröffnet.“*
Dies war die TASS-Mitteilung, veröffentlicht in den Morgenzeitungen am 14. September 1959. Um 6.00 Uhr früh wurde durch alle Radiostationen der Sowjetunion diese bewegende Neuigkeit der Welt mitgeteilt. In der o. a. TASS-Mitteilung gibt es eine Ungenauigkeit, wegen der es nachts bei der Zusammenstellung des Textes heftigen Streit zwischen Koroljow, Keldysch und den Autoren des Textes: „Die zweite kosmische Rakete hat die Mondoberfläche erreicht...“ gegeben hatte.
Nur eine Rakete erreichte die Oberfläche des Mondes. Die vorhergehende, die am 2. Januar 1959 startete, verfehlte das Ziel. Ihre dritte Stufe mit dem Mondcontainer, in dem die wissenschaftliche Apparatur und genau ein solcher Wimpel war, flog am Mond vorbei und verwandelte sich in einen künstlichen Planeten des Sonnensystems. Es ist unklar, warum sie die Bezeichnung „Traum“ erhielt. Die „Traum“ sollte den Mond erreichen. In der offiziellen Geschichte der Kosmonautik geht man davon aus, daß am 2. Januar „Luna-1“ startete und nicht die „Traum“ – es handelte sich dabei um einen künstlichen Planeten, so als hätte man das vorher geplant. Am 12. September startete die zweite Mondrakete „Luna-2“.
Der Start am 12. September war tatsächlich der erste erfolgreiche, der sechste jedoch insgesamt. Ungeachtet der ganzjährigen Verspätung ordnete sich dieses Ereignis zeitgemäß zum Besuch Chruschtschows in den USA ein. Am 15. September flog Nikita Chruschtschow in die USA. Ein besseres Geschenk hätte man sich für ihn nicht ausdenken können. Der zeitlich auf das Treffen der höchsten Leiter der USA und der UdSSR verlegte Start hätte zum Anlaß für die Beendigung des „kalten Krieges“ werden können. Dies erfolgte jedoch nicht, und das war nicht in unserem Sinne.

Die Zeitungen und das Radio der USA waren von den sensationellen Kommentaren erschüttert.

*„Präsident Eisenhower und seine Chefberater haben heute nach Mitteln gesucht, um dem neuen Prestige entgegenzuwirken, das durch die effektive Landung der Russen auf dem Mond dem sowjetischen Premiere, Nikita Chruschtschow, bei seinem morgen beginnenden historischen Gesprächen erwachsen ist."*

Die Zeitungen der ganzen Welt betrachteten mit der Landung auf dem Mond gerechterweise nicht nur die kosmischen, sondern auch die sozialen und politischen Aspekte.

*„N. S. Chruschtschow trifft in den USA ein und hat den Mond im Koffer!"*

*„Leider ist es wahr, daß dieser erfolgreiche Start einer Rakete auf dem Mond auch Schwierigkeiten schafft. Eine Rakete, die den Mond erreichen kann, beweist, daß andere Raketen einen beliebigen Punkt des Erdballes mit einer tödlichen Fracht und derselben Genauigkeit erreichen können, mit der ein sowjetischer Wimpel landen kann. So ist das nichts anderes als ‚das Flagge zeigen', wie dies die Kriegsschiffe auf den Weltmeeren vorführen."*

Wernher von Braun erklärte den Journalisten, daß die Russen die Vereinigten Staaten bei der Weltraumforschung weit überholt hätten und daß man durch keinerlei Geld die verlorene Zeit zurückkaufen könne. „Ich bin überzeugt," sagte von Braun auf einer Pressekonferenz, „daß wir Rußland, wenn es sofort die Arbeiten einstellen würde, in ein, zwei oder drei Jahren einholen können."

Heute, mehr als dreißig Jahre später, ist es schmerzhaft und bitter, anerkennen zu müssen, daß Rußland tatsächlich aufgehört hat. Durch keinerlei Geld kann man die verlorene Zeit zurückkaufen – darin muß man sich mit von Braun einverstanden erklären.

Aber weder von Braun, noch die Amerikaner, noch die Sowjetmenschen wußten, welche Anstrengungen tatsächlich notwendig waren, um „diese phantastische Errungenschaft", wie der amerikanische Wissenschaftler Kent Glennan unseren Sieg nannte, zu erreichen. „Es ist dies die höchste Stufe des Erfolges", sagte er, „keiner zweifelt daran, daß die Russen alle anderen Völker bei der Entwicklung der Technik für die Bezwingung des Kosmos weit überholt haben."

Als Chruschtschow am Tage seines Eintreffen im Weißen Haus dem Präsidenten Eisenhower als Erinnerungsgeschenk die Kopie des Wimpels, der mit unserer Rakete auf dem Mond gelandet war, überreichte, erlebten wir dieses Ereignis, fast so, wie den Start der Mondrakete selbst. Der Wimpel war sogar bei uns, im OKB-1, gefertigt worden. Er war von unseren besten Kunsttischlern gefertigt und in einem Futteral aus Holz verpackt. In diesem, mit Samt ausgekleidetem Futteral war eine glänzende metallische Kugel untergebracht, die aus fünfeckigen Elementen bestand, auf denen jeweils das Relief mit dem Staatswappen der Sowjetunion und der Aufschrift: „UdSSR, September 1959" abgebildet war. Nach unserer Vorstellung sollte die Kugelform des Wimpels einen künstlichen Planeten symbolisieren. Die fünfeckigen Elemente waren speziell aus nichtrostendem Stahl geprägt worden. Die Prägung dieser

historischen Fünfecke wurde bereits im Jahre 1958 begonnen. Der Münzhof mußte nach jedem Fehlstart immer wieder ein neues Datum einprägen.
Chruschtschow gefiel dieser Wimpel so sehr, daß er sich auf seinem Weg in die USA an ihm ergötzte. Im Flugzeug nahm Chruschtschow den Wimpel aus dem Futteral, um ihn dem amerikanischen Navigator Harold Renegar zu zeigen, der mit der Crew flog, um die Sicherheit der Navigation im Luftraum der USA zu erhöhen. „Sehr gut ausgedacht!“, sagte, die Augen zusammenkneifend, der Navigator. „Einen solchen Wimpel haben Sie auf dem Mond abgesetzt und den zweiten bringen Sie jetzt nach Amerika.“[1]
„Der Präsident hielt die massive Mondkugel, die auf Tausenden Zeitungsseiten gelobt wurde, nachdenklich in der Hand, wobei ein Sonnenstrahl auf seinen polierten Flächen feierlich glänzte. Der Präsident bedankte sich zutiefst bei der sowjetischen Regierung und sagte, daß er eine Kopie des Wimpels dem Museum seiner Heimatstadt, Abilin, übergeben wird, damit die Menschen diesen sehen können“, so beschrieben unsere Korrespondenten, die Chruschtschow begleiteten, diesen historischen Akt.
Einige Stunden vor dieser feierlichen Zeremonie im Weißen Haus wurde mitgeteilt, daß die Rakete „Jupiter“, die den anstehenden amerikanischen Sputnik in eine Umlaufbahn bringen sollte, nicht gestartet war. Drei Stunden später wurde der Versuch unternommen, eine Rakete „Vanguard“ zu starten, auch dies wurde ein Mißerfolg. Als wir von diesen Ereignissen erfuhren, waren wir keineswegs schadenfroh. Nach dem Triumph würden uns nach der Wahrscheinlichkeitstheorie, die durch die vorliegende Statistik begründet war, ebenfalls schwarze Tage erwarten.
Am 16. September fand ein Gespräch Chruschtschows mit den Führern des amerikanischen Kongresses statt. Bei diesem Treffen stellte der Vorsitzende der Senatskommission für Bewaffnung, Senator Russel, Chruschtschow folgende Frage:
„Sie haben redegewandt über die Entsendung einer sowjetischen Rakete auf den Mond berichtet. Wir haben beim Start der Raketen Mißerfolge gehabt und Sie?“
„Warum fragen Sie mich?“, sagte lächelnd Chruschtschow. „Fragen Sie besser Herrn Nixon, er hat diese Frage schon beantwortet, indem er erklärte, daß wir drei mißglückte Starts von Mondraketen hatten. Er weiß besser, wie bei uns die Dinge stehen. Nixon hat gesagt, daß er Informationen aus Geheimquellen habe und daß er die Quellen natürlich nicht preisgeben würde, weil dieses Geheimnis eine Erfindung sei. Aber wenn Sie wollen, beantworte ich die Frage. Natürlich ist der Start von Raketen in den Weltraum keine einfache Sache. Dazu gehört sehr viel Mühe. Ich eröffne Ihnen ein Geheimnis und zwar, unsere Wissenschaftler wollten diese Rakete schon eine Woche früher zum Mond schicken. Die Rakete war vorbereitet und zum Start fertiggemacht, als man jedoch die Apparate überprüfte, stellte sich heraus, daß sie nicht völlig exakt arbeiteten. Dann ersetzten die Wissenschaftler, um jedes Risiko auszuschließen,

[1] Von Angesicht zu Angesicht mit Amerika. Moskau: Politisdat, 1959, S. 51

die Rakete durch eine andere. Diese zweite Rakete startete. Aber die erste ist komplett vorhanden, und wenn Sie wollen, können wir auch diese starten.
So sind die Dinge, ich kann meine Hand auf die Bibel legen, um dies zu beglaubigen und möge auch Herr Nixon die Hand darauf legen.“ (Allgemeines Gelächter und Beifall).[1]
Nachdem wir diesen stenographischen Bericht gelesen hatten, stellten wir mit Befriedigung fest, daß die geheimen Quellen von Nixon tatsächlich unzuverlässig waren.
Denn bis zum 12. September 1959 waren nicht drei, sondern fünf Versuche unternommen worden, um den Mond direkt zu erreichen. Erst der sechste Start führte zum vollen Triumph.
Über die ersten beiden Starts habe ich oben genau berichtet. Das waren die Resonanzzerstörungen der Rakete auf dem Abschnitt des Fluges der ersten Stufe. Nach dem Einbau der Dämpfer in die Sauerstoffleitungen und die Bestätigung der Effektivität dieser Nacharbeiten war es am 4. Dezember 1958 möglich, noch einen dritten Versuch des Starts einer Mondrakete zu unternehmen. Die Havarie erfolgte jetzt auf dem Abschnitt der zweiten Stufe. Die aktuelle Havariekommission stellte mit großer Sicherheit fest, daß in der 245. Flugsekunde der Druckregler des Antriebs der Wasserstoffperoxidpumpe zerstört wurde. Anschließend wurde auch die exakte Ursache ermittelt. Der Bogen eines Zahnrades des Druckreglers war durch Ausfall der Schmierung zerstört worden. Der Schub des Triebwerks verminderte sich um das Vierfache, die Ruderkammer verlor ihre Wirksamkeit, die Rakete ihre Stabilität und das System der Havarieabschaltung des Triebwerks schaltete, nachdem die Kursabweichung mehr als sieben Grad erreichte, das Triebwerk ab.
Die nach dem mißglückten Mondstart im Dezember 1958 ergriffenen Maßnahmen waren unzureichend. Dieser Fehler wiederholte sich beim Start der laufenden Rakete R-7, Nr. IS-20. am 30. September 1959. Bei dieser Rakete zerbrach die Pumpe 5 s später als bei der Mondrakete. Nur diese Havarie zwang die Triebwerksspezialisten, das System der Schmierung zu überarbeiten und den Druckverteiler stabiler zu gestalten.
Und dies waren insgesamt drei Havarien von fünf, über die die amerikanische Abwehr und Nixon hätte berichten können.
Die nächsten zwei Mißerfolge konnten die amerikanischen Geheimdienste offensichtlich nicht aufklären. Erst jetzt ist es möglich, volle Klarheit in diese Geschichte zu bringen.
Den vierten Mißerfolg am 2. Januar 1959 verwandelten wir mit dem mächtigen Apparat unserer Propaganda in einen laufenden, glänzenden Erfolg der sowjetischen Wissenschaft und Technik.
Die Zuverlässigkeit der Erreichung des Mondes hing u. a. von der Genauigkeit ab, mit der die Zeit des Brennschlusses der Triebwerke der zweiten Stufe und dementsprechend der Start der dritten Stufe in Übereinstimmung mit den Berechnungen erfolgte. Die Fehler des autonomen Systems der Abschaltung der

[1] „Leben in Frieden und Freundschaft“, Moskau: Politisdat, 1959, S. 95-96

Triebwerke der zweiten Stufe durch den Integrator der Längsbeschleunigung waren größer als zulässig. Deshalb faßte man zu Rjasanskijs Befriedigung von Beginn an den Beschluß, das Funksteuerungssystem zum Abschalten des Triebwerks in Abhängigkeit von der gemessenen Geschwindigkeit und den Koordinaten einzusetzen. Der Funkbefehl kam jedoch zu spät! Anschließend wurde selbstverständlich festgestellt, daß die Bodenpunkte der Funksteuerung schuld waren. Die dritte Stufe mit dem Mondcontainer und dem Wimpel erreichte den Mond nicht. Die Abweichung betrug 6000 km, ungefähr das Eineinhalbfache des Monddurchmessers. Die Rakete flog in einer selbständigen Umlaufbahn um die Sonne und wurde zum ersten künstlichen Planeten des Sonnensystems.

Anstelle der erwarteten Kritik an unsere Adresse, ergoß sich ein Strom von Grüßen und Glückwünschen über uns. Am 5. Januar wurde ein spezielles Grußschreiben des ZK der KPdSU und des sowjetischen Ministerrats veröffentlicht, in dem es hieß: „Ruhm den Werktätigen der sowjetischen Wissenschaft und Technik, die neue Wege bei der Erforschung der Natur und bei der Entdeckung ihrer Kräfte zum Wohle der Menschheit beschreitet!“

Der Januarstart war für uns alle eine sehr gute Wiederholung und Training. Zum ersten Mal konnte die Arbeit der dritten Stufe vollkommen überprüft werden. Sehr nützlich erwies sich bei der Überprüfung der Systeme der Funksteuerung der Empfang der telemetrischen Nachrichten des Containers, die Bearbeitung der Ergebnisse der operativen Bestimmung seiner Koordinaten, die Abstimmung der Zusammenarbeit des Meßkomplexes zur Kontrolle der Umlaufbahn und der Rechenzentren. Die gesamte Bordapparatur arbeitete zufriedenstellend. Dies eröffnete die Möglichkeit, schon am 12. Januar genaue Ergebnisse der wissenschaftlichen Forschung zu veröffentlichen. Die sensationellste Entdeckung war, daß der Mond kein Magnetfeld besitzt. Weitgehend kommentierte man auch die Nutzung eines künstlichen Natriumkometen zur Beobachtung des Flugs der dritten Stufe, der in einer Entfernung von 113.000 km von der Erde gebildet wurde. Der künstliche Komet wurde für die visuelle Beobachtung ausländischer Observatorien eingerichtet, hauptsächlich dafür, daß diese sich davon überzeugen konnten, daß die Rakete tatsächlich zum Mond fliegt. Zur Zündung dieses Kometen entwickelte man in meinen Abteilungen eine spezielle Programmeinrichtung.

62 Stunden nach dem Start in „Übereinstimmung mit dem Programm“ waren die Bordakkumulatoren, die für 40 Stunden berechnet worden waren, endgültig entladen und das Beobachtungsprogramm der Weltraumrakete und „das Programm der wissenschaftlichen Forschungen war beendet“.

Nach dem Januar 1959 trat im Mondprogramm eine kleine Pause ein. Der Schießplatz mußte sich mit dem Programm der Flug- und Konstruktionserprobungen der R-7 beschäftigen. In dieser Periode starteten neun Raketen. Bei jeder von ihnen gab es Beanstandungen, die berücksichtigt und für bevorstehende Mondstarts ausgewertet werden mußten.

Der fünfte Versuch, den Mond zu erreichen, fand im heißen Sommer des Jahres 1959 statt. Der Start am 18. Juni endete mit einer Havarie der zweiten Stufe.

Wir gaben uns jedoch nicht geschlagen und fertigten in den Betrieben neue Raketen für den Mond. Wegen des anstehenden Sturms auf den Mond bereiteten wir zwei Raketen und dementsprechend zwei Mondcontainer mit zwei „Septemberwimpeln" vor. Wir brachten auch den dritten Container zur Erhöhung der Zuverlässigkeit auf die technische Position. Aber dieses Mal mußten wir uns rückversichern. Den Mond zu erreichen, war unbedingt notwendig. Jetzt forderte dies nicht nur Chruschtschow. Unser Ehrgeiz war geweckt. Wir ließen Gedanken über weitere Mißerfolge nicht mehr zu. Auf der technischen und der Startposition arbeiteten alle mit dem unbedingten Willen auf Erfolg. Die Arbeit wurde rund um die Uhr organisiert. Beanstandungen gab es vergleichsweise wenig.
Die Tage auf dem Schießplatz waren heiß, unabhängig davon, daß wir September hatten. Die Nächte waren warm, windstill und klar.
Der erste Startversuch erfolgte in Übereinstimmung mit dem Flugprogramm am 6. September um 3 Uhr und 49 Minuten. Die Startzeit durfte um nicht mehr als 10 Sekunden verfehlt werden. Bei einem größeren Fehler hätte der Start um einen Tag oder mehr verschoben und die Zeit entsprechend neu berechnet werden müssen.
Beim ersten Versuch mißglückte der Start. Der Start wurde automatisch unterbrochen. Mehr als zwei Stunden suchten wir die Ursache. Es stellte sich ein sehr dummer Bedienungsfehler bei der Montage der Schaltung auf der Startposition heraus. Die Fehleranalyse erbrachte gewöhnlich auch eine fehlerhafte elektrische Schaltung. Einer der Steckkontakte wurde bei der Kabelmontage auf der Startposition nicht verbunden. Wir brachten die Schaltung in Ordnung, wiederholten die Erprobungen und überzeugten uns davon, daß alles in Ordnung ist, aber die Tage waren verloren.
Bei Sonnenaufgang berichteten wir der Staatlichen Kommission, daß der Startversuch am 7. September nicht wiederholt werden kann. Wir hatten mit Hilfe der Kreiselgeräte Kusnezows, die den Neigungswinkel der Flugbahn der Rakete auf dem aktiven Flugabschnitt bestimmten, nach den Berechnungen der möglichen Starts festgelegt, daß dies aller zwei Tage möglich sei und nicht jeden Tag. Für den 8. September sollte der Start 5 Uhr 40 Minuten 40 Sekunden stattfinden.
Die ganze Nacht hindurch führten wir Überprüfungen durch, betankten die Rakete weiter mit Sauerstoff und überprüften mehrfach die Bereitschaft der Bodendienste. Ich besänftigte über Funk die Obersten des Befehlsmeßkomplexes, die mit ihren zahlreichen Funkspezialisten im ganzen Land, „von Moskau bis zu den äußersten Zipfeln" in Bereitschaft waren. Alles verlief nach der bekannten Ordnung, doch der Befehl „Drainage" ertönte nicht. Auf diesen Befehl hin beginnt das Beblasen aller Tanks mit komprimiertem Stickstoff. Alle Tanks werden bis zum normalen Druck beblasen, außer dem Tank des Oxidators auf dem zentralen Block. Wir hatten noch etwas Zeitvorrat. Auf Befehl vom Pult aus wurde der Druck gesenkt, die Drainageventile geöffnet und der zweite Versuch gestartet, den Drucksensor des Systems der Telemessungen kontrolliert zu beblasen. Golunskij berichtete vom ersten

Meßpunkt, daß der Druck im Tank im Block visuell 40 % der Skala beträgt. Und was bedeutete dies letzten Endes? Es waren genaue Angaben notwendig. Das Kontaktmanometer im Tank erlaubt jedoch keine weitere Präzisierung im automatischen Betrieb. Die Startzeit war erneut überschritten. Woskresenskij, bei dem in einer solchen Situation kritische Gedankengänge abliefen, unterbrach die im Bunker einsetzende tiefe Stille und schlug vor, den dritten Versuch zu unternehmen. „Es ist möglich, daß im Rohr, welches vom Tank zum Sensor führt, ein Eispfropfen sitzt“, sagte er. „Wenn wir ihn durch Druck heraus befördern, ist die Rakete startbereit“.
Beim dritten Versuch wurde der Sauerstofftank beblasen, aber der Startprozeß wurde angehalten. Die Startzeit war vorüber. Woskresenskij behielt wiederum recht, seine Intuition hatte ihn nicht betrogen. Es mußte entschieden werden, wie wir weiter vorgehen sollten. Die Rakete stand schon drei Tage „unter Sauerstoff“. Den Sauerstoff ablassen und die Rakete zum Trocknen herunternehmen oder noch einen Versuch starten?
Lawrow durchdrang in diesem Moment ohne Erregung mit seiner ruhigen Stimme die Menge der still gewordenen Startspezialisten und legte dar, daß unter Berücksichtigung der Überprüfung des Programms der Kreiselgeräte, sie, das hieß die Ballistiker, einen Start der Rakete mit denselben Geräten am 9. September erlauben.
„Aber wo wart Ihr bis jetzt?“ erregte sich Koroljow, begann aber nicht zu toben. Ohne sich gegenseitig Vorwürfe zu machen, faßten sie die einzig mögliche Entscheidung, noch einen Tag unter Sauerstoff zu bleiben. Dabei schaltete man die Rudermaschinen regulär aus, erwärmte sie und überprüfte die Bordsysteme auf ihre Funktion. Die Elektrofeuer- und die Tankabteilungen blieben auf ihren Arbeitsplätzen. Die Leute hatten schon zwei Tage nicht geschlafen. Jetzt erlaubte man ihnen, direkt im Bunker nacheinander ein oder zwei Stunden zu schlafen. Man erlaubte weiterhin, alle Geräte der Sektionen der Rakete mit Warmluft zu beblasen und die Temperatur ständig zu messen.
Die Staatliche Kommission und die Chefkonstrukteure blieben in dieser Situation ebenfalls im 24-Stunden-Dienst.
Alle Theoretiker des Rechenbüros erhielten die strenge Anweisung, alles mehrmals zu überprüfen und die genaue Startzeit für den 9. September zu ermitteln. In der anstehenden Nacht innerhalb der vierstündigen Vorbereitung begaben sich alle unausgeschlafen und ermüdet zur Startposition. Der Start war für 6 Uhr 39 Minuten 50 Sekunden vorgesehen.
Die Sonne leuchtete schon mit ihren schrägen Strahlen über der Steppe durch die großen Spalten einer leichten Wolkendecke. Die Meteorologen versprachen einen warmen, windstillen Tag. Die Rakete sollte letztendlich starten und wir hätten etwas schlafen können, solange sie zum Mond flog. Zu Beginn verlief wiederum alles nach Plan. Wir gingen zur Zündung über. Die brodelnden Flammen erfaßten alle Blöcke beim Übergang zur ersten Zwischenstufe, doch der Befehl: „Hauptstufe“ erfolgte nicht! Durch Schuld des Zentralblockes brach die Schaltung zusammen, das Feuer erlosch allmählich in allen Triebwerken. Im Bunker war erdrückende Stille. Dann gaben Woskresenskij und Jewgenij

Ostaschew mit ermüdeter Stimme die in einer solchen Havariesituation notwendigen Befehle. Die Feuerwehrautos fuhren auf den Platz. Die Startspezialisten betrachteten vorsichtig die verräucherten Hecksektionen. Alle waren bis zur Gleichgültigkeit erschöpft. Ungeachtet dessen befahl Koroljow, schleunigst die telemetrischen Filme zu entwickeln und Ursachen des Versagens zu ermitteln. Gluschko wurde zum Vorsitzenden der Havariekommission ernannt. Piljugin schlug vor, zunächst eine Entscheidung zu treffen, was weiter zu tun sei und danach zu handeln. Koroljow schrie plötzlich Piljugin aus unerklärlichen Gründen an: „Du kläre, was Deine Schaltungsspezialisten angerichtet haben!“ Woskresenskij fand die Ursache sofort: „Schuld daran ist die Maschine Nummer sechs. Sie wurde in der alten Variante schon vom Start genommen. Man hätte sie nicht erneut verwenden dürfen!“ Alle waren so erschöpft, daß nicht einmal jemand lächelte.
Trotzdem atmeten alle erleichtert auf und der Beschluß lautete: „Alles sofort ablassen! Die Rakete ist vom Start herunterzunehmen. Der folgende Aufbau und der nächste Start erfolgt am 12. September“.
So erschien am frühen Morgen eine neue Rakete mit der Fabriknummer 43-7b. Und in Folge dieser Operation sagte Chruschtschow in seiner Antwort dem Senator Russel (natürlich nach dem Bericht, den er von Koroljow, Keldysch oder Rudnew erhielt): „Um jede Möglichkeit eines Risikos auszuschalten, haben die Wissenschaftler die Rakete durch eine andere ersetzt.“
Diese Worte Chruschtschows erreichten uns viele Tage später durch die Zeitungen und aus diesem Anlaß lachten wir ausgeschlafen und erholt, schadenfroh und fröhlich. Wir konnten es uns jetzt erlauben, „wer zuletzt lacht, lacht am besten“.
Der Start der Rakete am 12. September um 9 Uhr 39 Minuten 26 Sekunden erfolgte ohne eine Beanstandung. Die Abweichung hinsichtlich der berechneten Startzeit betrug lediglich eine Sekunde. Es war dies der sechste Start zum Mond. Ich kann mich nicht mehr genau erinnern, wahrscheinlich war es Oberst Nosow, der nach der Zusammenkunft und dem positiven Bericht der Telemetriespezialisten über das Abschalten des Triebwerkes der dritten Stufe zur genau berechneten Zeit laut sagte: „Wenn wir vor jedem Start eine Woche lang nicht schlafen, dann wird es keinerlei Versager mehr geben.“
Tatsächlich, beginnend mit dem 6. September, schliefen die Mitglieder der Startmannschaft nur mit Unterbrechungen, rasierten sich nur in Eile und entfernten sich von der Startposition zum zweiten Platz nur, „um die Operation zur Einnahme eines warmen Essens zu vollführen.“ Die ehemaligen Frontoffiziere erzählten, daß sie sogar im Krieg mehr Zeit gehabt hätten zu schlafen, zu essen und sich zu rasieren. Nach dem Start entfernten sich fast alle Offizieren zum zehnten Platz zu ihren Familien. Wir versammelten uns in einem engen Zimmer des zweiten Platzes, um die letzten Neuigkeiten über Funk zu erfahren und entsprechende Anweisungen zu geben.
Die erste Sorge war, die Mitteilungen für TASS zu redigieren und sie nach Moskau zu übergeben.

Die zweite Sorge war, die Erlaubnis zu erhalten, Professor Lovell, den Direktor des englischen Observatoriums in Jodrell Bank, über den erfolgten Start zu informieren. In ganz Europa gab es nur dieses Observatorium mit einer so großen Antenne, die es erlaubte, unsere Rakete auf dem Weg zum Mond zu verfolgen und uns zu bestätigen, daß wir tatsächlich den Mond erreicht hatten.
Keldysch forderte die Erlaubnis von der Staatlichen Kommission, die Engländer sofort zu informieren. Koroljow schwankte, aber wenn wir erneut vorbeigeschossen hatten? Dann würde niemand mehr glauben, daß wir uns gewünscht hatten, noch einen „künstlichen Planeten" im Sonnensystem zu besitzen. Letztendlich setzte sich Keldysch durch, rief in der Akademie der Wissenschaften an und gab den Auftrag, unmittelbar mit Lovell in Verbindung zu treten und ihm die prognostizierte Zeit des Eintreffens auf dem Mond und die laufenden Ephemeriden [1] zu übermitteln, daß er den strahlenden Container unter all dem kosmischen Lärm und Geknatter entdecken kann.
Es kam Angst auf, daß man unseren Mitteilungen nicht glauben würde und man forderte, daß außer den eigenen auch ausländische Zeugen das Erreichen des Mondes bestätigen konnten.
Wir zweifelten nicht, daß die Amerikaner ebenfalls bestrebt waren, unseren zweiten Mondapparat zu verfolgen. Zu den amerikanischen Wissenschaftlern gab es jedoch keine Verbindungen. Wir gingen davon aus, daß sie von sich aus herausfinden würden, sich an Lovell wenden zu müssen. So war es dann auch.
Der stellvertretende Direktor der NASA, Professor Chju Dreiden, erklärte am 14. September den sowjetischen Korrespondenten: „Wir hatten nicht die Möglichkeit, Ihre Mondlandung visuell zu verfolgen, aber wir haben auf dem Territorium der USA die Signale von ‚Luna-2' empfangen und ständigen Kontakt mit Professor Lovell vom Observatorium in Manchester unterhalten, der uns über jeden Schritt der sowjetischen Mondrakete informiert hat. Unsere Wissenschaftler berechneten auf Grund der Angaben von Professor Lovell die Flugbahn Ihrer Rakete."
Dadurch bestätigte die NASA, daß die russische Mondrakete genau ihr Ziel erreicht hatte und auf dem Mond gelandet war.
Hier zeigte sich das Paradox des „kalten Krieges" in vollem Maße. Wir hatten nicht das Recht, direkten Kontakt zu amerikanischen Wissenschaftlern zu halten. Auch nicht, wenn es um eine solche prestigevolle Aufgabe – des Beweises der Landung auf dem Mond – ging.
Der Flug unserer sechsten Mondrakete dauerte 38 Stunden 21 Minuten und 21 Sekunden.
Der Flug vom Schießplatz mit der traditionellen Landung in Uralsk dauerte mehr als 12 Stunden. Koroljow, Keldysch, Rudnew, Rjasanskij flogen, nachdem sie die Berichte erhalten hatten, daß die vorläufige Flugbahn der berechneten sehr nahe gekommen war, am 12. September nach Moskau. Sie mußten in Moskau bis zur Mondlandung erscheinen, um Chruschtschow bis zu seinem

[1] Tabellen, in denen die Örter der Himmelskörper für bestimmte Zeitpunkte vorausberechnet sind. Anm. d. Übers.

Abflug in die USA Bericht zu erstatten. Außerdem sollte Koroljow persönlich den Zustand des Geschenkwimpels und des Futterals überprüfen.
Vom Abend des 13. September an versammelten wir uns, die auf dem Schießplatz zurückgeblieben waren, im Nachrichtenzimmer, um die Mitteilungen über das Ende der Funkverbindungen mit dem Mondapparat nicht zu verpassen. Dies erfolgte nach Mitternacht, und uns war es nicht zum Schlafen zumute.
Der Tag des 14. September war praktisch arbeitsfrei. Aber darüber beklagte sich niemand und niemand machte anderen einen Vorwurf für das stürmische Verhalten während der Nacht.
Aus Moskau wurde uns freudig berichtet, daß Professor Lovell die Mondrakete verfolgt und die Beendigung des Empfangs, eine Sekunde von unserer Prognose abweichend, bestätigt hat. Nach einer bestimmten Verwirrung wurde klar, daß die Prognose unserer Ballistiker nicht die Übertragungszeit der Funkwellen berücksichtigt hatte. Der Start, über den ich so ausführlich berichtet habe, war zweifellos ein wichtiges Ereignis in der Geschichte der Kosmonautik und der internationalen Beziehungen.

# *Kapitel 5*

# Die Kehrseite

## *Erneut im RNII*

Am Ende des Jahres 1958 wurde ich nach den ersten erfolglosen Startversuchen, den Mond direkt zu erreichen, zusammen mit Tichonrawow und Buschuew zu SP berufen. Er erklärte uns, daß Keldysch dazu eingeladen hätte, Lichobor zu besuchen (d. h. das NII-1) und sich mit den Vorschlägen für die Steuerung der Orientierung für Sputniks und Mondapparate(Mondsonden) bekanntzumachen. Tichonrawow erklärte, daß er von diesen Entwicklungen gehört habe.
Diese Arbeit führte Boris Viktorowitsch Rauschenbach im NII-1 durch, und nach Einschätzungen unserer Mitarbeiter Rjasanow und Maximow handelte es sich um sehr interessante Vorschläge.
Ich erinnere die Leser daran, daß in Lichobor im Jahre 1933 auf Initiative von Marschall Tuchatschewskij das RNII – das wissenschaftliche Raketenforschungsinstitut – gegründet worden ist. Koroljow und Gluschko hatten bis zu ihrer Inhaftierung im Jahre 1938 in diesem Institut gearbeitet. 1938 erhielt das RNII die Bezeichnung NII-3. Tichonrawow hatte auch seit 1933 im RNII gearbeitet. Im Jahre 1944 wurde das NII-3 zum NII-1 und der Luftfahrtindustrie unterstellt.
Seit dieser Zeit und bis zum Einsatz in Deutschland arbeitete ich im NII-1. Nach der Rückkehr versetzte man mich aus dem NII-1 in das NII-88, „aus Lichobor nach Podlipki“.
Zusammen mit mir gingen Mischin, Buschuew, Woskresenskij, Tschishikow und eine Reihe anderer Berater über Deutschland aus „Lichobor nach Podlipki“. Im Jahre 1948 vollzog die gesamte Mannschaft Isaews diesen Umzug. 1946 wurde anstelle von General Bolchowitinow das junge Akademiemitglied, Mstislaw Keldysch, zum wissenschaftlichen Leiter des NII-1 ernannt.
Koroljow konnte sich noch sehr gut an Rauschenbach aus der Arbeit im NII-1 erinnern. Zu Beginn des Krieges wurde Rauschenbach, ungeachtet seiner Verdienste, wie alle Deutschen interniert. Er saß in irgend einem Lager und hat zufällig überlebt. Nach seiner Befreiung kehrte er damals in das ihm heimische Institut zurück. SP erklärte, daß Keldysch offensichtlich eine „Orientierungskrise“ durchleben würde. Die Arbeiten zu den interkontinentalen Flügelraketen, die er betreut hatte, wurden beendet. Keldysch widmete unserer Arbeitsthematik immer größere Aufmerksamkeit. „Bei den Gesprächen in Lichobor müssen Sie beachten, daß Keldysch unser Verbündeter und kein Konkurrent ist“, sagte Koroljow.

Koroljow führte weiter aus, daß es an der Zeit sei, uns ernsthaft mit der Steuerung von Sputniks zu beschäftigen. Er hatte schon mit Piljugin und Kusnezow darüber gesprochen. Sie waren beide sehr stark mit den „reinen" Raketensystemen beschäftigt, so daß sie die Arbeit mit den exotischen Sputniks als nicht ernsthaft genug betrachteten. Koroljow war damit nicht einverstanden. Er führte aus: „Keldysch macht ernsthafte Vorschläge und wir dürfen keine Zeit verlieren. Und Du, Boris, sei nicht beleidigt. Mit Deinen Jungs können wir diese Arbeit auch zusammen mit Piljugin nicht schaffen. Wir müssen für den Kosmos eine neue Kooperation suchen."

Tichonrawow unterstützte die Gedanken Koroljows. Seine Projektanten hatten schon bei den Sputnikorientierungssystemen versucht, mit denen von Piljugin zusammenzuarbeiten, aber bis jetzt war dabei nicht viel herausgekommen.

Ich muß zugeben, daß Tichonrawow sich mit der ihm eigenen Zurückhaltung an mich mit der Bitte gewandt hatte, mit ihm zusammen unsere alte „Alma-Mater", das NII-1, zu besichtigen, um dort zu erfahren, was Rauschenbach macht. Ich habe dies jedoch nicht geschafft, weil ich durch die ständigen Reisen zum Schießplatz und die Arbeit mit der Havariekommission überlastet war.

Hier halte ich es für notwendig, meine Erzählung zu unterbrechen, und an die Rolle Keldyschs in unserer Kosmonautik zu erinnern. Der Titel „Cheftheoretiker der Kosmonautik" war ihm völlig zu Recht verliehen worden. Nach dem Kriege hatte das Ministerium der Flugzeugindustrie, dem das NII-1 unterstellt war, beschlossen, das Institut zur Basis für die Entwicklung und Erforschung von Staustrahltriebwerken für die Luftfahrt zu machen. Die für die Flugzeuge während des Krieges von den Deutschen und von uns entwickelten Flüssigkeitstriebwerke erwiesen sich im Vergleich mit den Düsentriebwerken als nicht konkurrenzfähig.

Gleichzeitig wurde das ZIAM – das Zentralinstitut für Flugzeugmotorenbau – zum Führer auf diesem Gebiet. Das Ministerium faßte den Beschluß, für den Anfang das NII-1 dem ZIAM als Filiale zuzuordnen. Unser alter Patron Bolchowitinow fiel bei der Leitung des Ministeriums der Flugzeugindustrie in Ungnade, verließ das NII-1 und arbeitete als Dozent an der Shukowskij-Luftfahrtakademie. Der Chef des ZIAM, Professor Polikowskij, leitete einige Zeit das Institut.

Das Ministerium der Flugzeugindustrie entband Keldysch von seiner Arbeit im ZAGI und ernannte ihn zum Leiter des NII-1. Dies erfolgte in dem Bestreben, neue wissenschaftliche Kräfte für die Leitung seiner Probleme zu gewinnen.. Keldysch, der bis jetzt noch kein Raketeninstitut geleitet hatte, war von den neuen Problemen angetan und organisierte gemeinsame neue Forschungsarbeiten mit den Mathematikern und dem NII-1, die weit von der klassischen Luftfahrt entfernt waren. Dies war ihm leicht möglich, weil er weiterhin die Abteilung für angewandte Mathematik des Steklow-Institutes der Akademie der Wissenschaften leitete.

Die Bildung dieser Abteilung erfolgte durch einen speziellen Regierungsbeschluß zur Befriedigung des mathematischen Bedarfs der

Kernphysik. Sie erhielt das Gebäude des physikalischen Institutes auf dem Miussker Platz, in dem das Akademiemitglied Sergej Wawilow arbeitete. Nach dem Erwerb der ersten sowjetischen EDVA „Strela" und anschließend anderer EDVA verwandelte sich die Abteilung für angewandte Mathematik sehr bald in ein streng geheimes Institut der angewandten Mathematik der Akademie der Wissenschaften der UdSSR.

Unser OKB-1 wurde, wie die anderen Raketenfirmen, von einem militarisierten Schutzdienst, der hauptsächlich aus Frauen und Rentnern bestand, bewacht. Wir waren nicht davon überzeugt, daß diese in Gefahrensituationen die alten Revolver rechtzeitig aus den Pistolentaschen ziehen und tatsächlich schießen würden. In der Abteilung für angewandte Mathematik wurden zur Erteilung der Passagierscheine alle Posten sogar von jungen Offizieren der Staatssicherheit übernommen. Beim Betreten der Abteilung für angewandte Mathematik überprüfte man als Beispiel der gewissenhaften Durchführung des Einlaßdienstes die Ausweise und verglich die Paßbilder der Besucher mit den eintretenden Personen genau. Dabei waren sie bei all ihren Aktionen ausgesprochen höflich, sogar dann, wenn sie Ordnungswidrigkeiten feststellten und die Passagierscheine verweigerten.

Keldysch war ein öffentlicher Mensch, solange er sich im Hauptgebäude der Akademie der Wissenschaften aufhielt. Wenn er sich jedoch in die Abteilung für angewandte Mathematik auf den Miussker Platz begab, uns im OKB-1 besuchte oder auf den Schießplatz flog, verwandelte er sich in den „Cheftheoretiker der Kosmonautik". Er verlor für die Massenmedien Vor- und Nachnamen genauso wie die geheimgehaltenen Chefkonstrukteure, die bis zu ihrem Tode unbekannt geblieben sind.

Keldysch war somit schon zu Ende der fünfziger Jahre gleichzeitig Leiter einer Abteilung des Institutes für angewandte Mathematik sowie des NII-1. Nach fünfzehn Jahren Arbeit in der Luftfahrt waren Keldysch die Probleme der Raketentechnik und der Kosmonautik offensichtlich näher als die mathematischen Hilfsarbeiten für die Kernphysik. Seiner Bildung, seiner Arbeitserfahrung und sogar dem Temperament seines Charakters entsprechend war Keldysch bei weitem kein Kernpysiker. Als Wissenschaftler interessierte er sich für die Probleme der theoretischen Aero-Hydro-Mechanik, der Schwingungstheorie sowie für perspektivische Flugapparate. Für den jungen talentierten Wissenschaftler waren jedoch die Perspektiven der raketendynamischen und Weltraumforschung anziehender. Er hatte das Vertrauen und die Macht des wissenschaftlichen Leiters der Abteilung für angewandte Mathematik und des NII hinter sich. Die schöpferischen Interessen Keldyschs wechselten aus der Luftfahrt ziemlich schnell zur kosmischen Raketentechnik.

Im Jahre 1948 wurde Keldysch zunächst vom NII-88 konsultiert und anschließend zur gemeinsamen Arbeit verpflichtet. Hier machte er sich erstmals mit Koroljow und dessen Plänen bekannt.

Im Verlauf der Jahre von 1948 bis 1954 wurden komplexe Untersuchungen zur Entwicklung der interkontinentalen ballistischen und Flügelraketen durchgeführt. Und eben Keldysch machte mit dem Einverständnis Koroljows den Vorschlag, alle Arbeiten zu den Flügelraketen der Flugzeugindustrie zu übergeben. Zur wissenschaftlichen Leitung der Entwicklung der Flügelraketen „Burja“ und „Buran“, die Lawotschkin und Mjasischtschew durchführten, wurden im NII-1 spezielle Abteilungen geschaffen. Keldysch ergriff die Initiative und rettete das im NII-88 faktisch zurückgedrängte Astronavigationslabor in das NII-1 und organisierte dann auf dessen Basis ein selbständiges OKB.

Der Interessenkreis Keldyschs war ungewöhnlich breit. Auf seine Initiative hin führte man schon lange vor dem Start des ersten Sputniks fundamentale Forschungen zur Mechanik des kosmischen Fluges durch. Es wurde ein Zyklus von Arbeiten organisiert, der der Auswahl optimaler Strukturen mehrstufiger Raketen galt. Diese Arbeiten halfen unseren Projektanten bei der endgültigen Auswahl des Paketschemas der Rakete R-7. Zum ersten Male erforschte das NII-1 und die Abteilung für angewandte Mathematik den für uns äußerst wichtigen Einfluß der Beweglichkeit der Flüssigkeiten in den Tanks der Raketen auf die Prozesse der Stabilisierung und Steuerung. Die Arbeiten des NII-1 aus dem Jahre 1958 über die Überwindung der Resonanzsackgasse dienten der weiteren Annäherung von Koroljow und Keldysch. Bereits zu dieser Zeit verehrte man Keldysch nicht nur als Wissenschaftler. Er zeigte sich als sehr fähiger Wissenschaftsorganisator, der jenen praktischen Biß besaß, der häufig den abstrakt denkenden Theoretikern abhanden gekommen ist.

Keldysch, der die Vorschläge über die neuen Flugapparate überprüfte, berücksichtigte immer, die gegebenen Möglichkeiten auch zu realisieren. Er verfügte über eine reiche Erfahrung in der Zusammenarbeit mit der Industrie. Er verstand sehr gut, daß jeder beliebige seiner Vorschläge, der mit der Entwicklung prinzipiell neuer Flüge oder ballistischer Raketen verbunden war, die Teilnahme Dutzender NII, KB, Betriebe und einer großen organisatorischen Arbeit bedurfte. Keldysch sah in Koroljow einen Menschen, der ihn von den schwierigsten organisatorischen und technologischen Arbeiten befreite. Seine Aufgabe sah er in der Problemerforschung und Organisation wissenschaftlicher Kollektive und als Ideengenerator. Es waren dies Ideen höchster Qualität. Ein beliebiger Vorschlag, der in Form eines Berichtes oder eines anderen Dokumentes mit der Unterschrift Keldyschs vorlag, war das Ergebnis einer strengen Analyse exakter Berechnungen und der äußerst kritischen Beurteilung auf Seminaren und wissenschaftlich- technischen Räten.

Im Jahre 1954 schlug Keldysch zusammen mit Koroljow und Tichonrawow vor, einen künstlichen Sputnik der Erde zu schaffen und nahm an der Vorbereitung der Ausarbeitung eines entsprechenden Dokumentes für die Regierung zu diesem Thema teil. Schon im nächsten Jahr berief man ihn zum Vorsitzenden einer speziellen Kommission der Akademie der Wissenschaften der UdSSR zu Fragen des künstlichen Sputniks. Für alle notwendigen hochqualifizierten Bewertungen der kosmischen Programme benannte man Keldysch zum Vorsitzenden der Expertenkommission.

Nach dem Start des ersten Sputniks wurde Keldysch zum ständigen Teilnehmer des Rates der Chefkonstrukteure. In Wahrheit hätten bei weitem nicht alle Fragen in diesem Rat seine Teilnahme erfordert. Nicht nur einmal war auf den sich lang hinziehenden Sitzungen zu beobachten, daß Keldysch die Augen schloß und in sich ging. Alle nahmen an, er sei eingeschlafen. Aber nur wenige kannten seine erstaunliche Fähigkeit, in diesem Halbschlaf die notwendigen Informationen in sein Bewußtsein aufzunehmen. Zum allgemeinen Erstaunen erhob er plötzlich eine Replik oder stellte eine Frage, die den Kern des Problems betraf. Es zeigte sich, daß Keldysch die interessantesten Informationen erfaßt hatte und durch seine Einmischung half, die optimalen Entscheidungen zu treffen.

Sofort nach dem Start des ersten Sputniks wurden auf Initiative von Keldysch Arbeiten zur Sicherung der Beobachtung des Fluges der kosmischen Apparate und die Prognostizierung ihrer Flugbahnen aufgenommen. In der Abteilung für angewandte Mathematik bestand eine kleine, aber sehr starke Gruppe um Ochozimskij (zukünftig wurde er Mitglied der russischen Akademie der Wissenschaften), Eneew (zukünftig korrespondierendes Mitglied), Belezkij, Egorow, Lidow und andere, die als erste eine Methodik zur Bestimmung der Umlaufbahnen mit Hilfe der EDV ausarbeitete. Das bald auf dieser Basis geschaffene ballistische Rechenzentrum arbeitete eng mit dem Koordinations- und Rechenzentrum des NII-4 des Ministeriums der Verteidigung sowie den Ballistikern unseres OKB-1 und denen des NII-88 zusammen. Später formierte sich aus dieser Kooperation ein System der Koordinations- und Rechenzentren der UdSSR, die ihre gesamten Informationen vom Bodenbefehls- und Meßkomplex, der sich unter der Leitung des Ministeriums für Verteidigung befand, bezogen. Die Vereinigung dieser Zentren unter der wissenschaftlich-methodischen Leitung Keldyschs nahm an allen Projekten, ballistischen sowie Arbeiten zur ballistischen Navigation zur Sicherung der Flüge der kosmischen Apparate für die Erforschung des Mondes und der Planeten teil. Ochozimskij in der Abteilung für angewandte Mathematik, Eliasberg und Tjulin im Rechenzentrum des NII-4, Lawrow und Appasow im OKB-1 entwickelten Methoden und Programme zur Bestimmung optimaler Startdaten, der summaren Fehlermöglichkeiten bei der Steuerung sowie der optimalen Bedingungen für die Verwirklichung der Bahnkorrekturen, die an Bord der kosmischen Apparate mit Hilfe von Funkmitteln übertragen wurden.

Für die Rechenergebnisse, die mit der Korrektur der Bahnen und der Prognose der Flugbahnen der kosmischen Apparate verbunden waren, trugen die Mitarbeiter Keldyschs dieselbe Verantwortung wie auch ihre Kollegen im NII-4 und im OKB-1.

In diesem Falle führte die kollektive Verantwortlichkeit nicht zur Verantwortungslosigkeit. Die Ballistiker halfen sich immer gegenseitig. In Übereinstimmung und durch Unterstützung Keldychs organisierte das zukünftige Akademiemitglied Rauschenbach im Jahre 1954 im NII-1 eine kleine Gruppe, die berufen wurde, das System zur Stabilisierung und Orientierung der

künstlichen Sputniks der Erde zu entwickeln. Die ersten Mitarbeitern dieser Gruppe waren der Absolvent der Moskauer Technischen Universität, Viktor Legostajew, und der Diplomand des ersten Absolventenjahres des Moskauer Physikalisch-Technischen Institutes, Ewgenij Tokar. Im Jahre 1956 bestätigte Keldysch den ersten fundamentalen Bericht von Rauschenbach und Tokar „Über aktive Stabilisierungssysteme künstlicher Sputniks der Erde“ In dieser Arbeit wurden völlig konkrete technische Mittel vorgeschlagen, die Schwierigkeiten der Realisierung der Aufgabe analysiert und Vorschläge gemacht, die in der Folge die Grundlage der Projektierung von Systemen zur Steuerung kosmischer Apparate bildeten und bis heute nichts an Aktualität eingebüßt haben.
Die in diesem Bericht ausgesprochenen Gedanken wurden bald zur Errungenschaft unserer Projektanten Maximow und Rjasanow, die unter Tichonrawow arbeiteten. Tichonrawow berichtete Koroljow und beide entschieden sich, diese Initiative zu unterstützen. Sie zogen aber zu diesen Arbeiten weder mich noch unsere Kollegen Piljugin und Kusznezow hinzu obwohl wir große Möglichkeiten zur Unterstützung gehabt hätten. Ich mit den mir unterstellten Konstruktionskollektiven und dem Gerätebau. Die beiden anderen verfügten in dem NII-1 über umfangreiche technologische Kapazitäten und hätten beliebige neue Ideen in Metall oder Elektronik realisieren können.
Sie haben sich richtig verhalten. Kleine selbständige Gruppen oder kleine Labors, die nicht durch die riesigen Strukturen der Produktionsgiganten und mit den Sorgen einer Masse laufender Unannehmlichkeiten belastet sind, die nicht von oben durch die ständige Kontrolle der Fristen, der Zeitpläne und aller möglicher Kennzahlen im sozialistischen Wettbewerb bevormundet werden, sind manchmal fähig, in phantastisch kurzen Zeiten technische Neuigkeiten zu produzieren. Dabei realisierten sie Ideen, die in einer großen Firma nach dem Prinzip „dies darf man niemals machen, weil es niemals gemacht werden darf,“ verschrottet worden wären. Im besten Falle wird man feststellen: „Wir könnten dies realisieren, dazu brauchen wir einen Regierungsbeschluß: Es muß ein spezieller Gebäudekomplex gebaut werden, wir müssen das Recht zur Erhöhung der Zahl der Arbeitskräfte erhalten, wir müssen noch drei Dutzend Telefonanschlüsse mit Zugriff auf das Moskauer automatische Telefonnetz haben, des weiteren fünf neue Dienstautos und schließlich ein Limit für Zuzugsgenehmigungen nach Moskau und Leningrad von mindestens hundert Personen.“
Eine ähnliche Liste nannten wir: „Gentleman-Art“, die in verschiedenen Varianten als Anlage zu Beschlußprojekten des ZK und des Ministerrates der UdSSR zur Entwicklung neuer Waffen beigefügt wurde.
Die allmächtigen Beamten in den höchsten Organen der Macht redigierten die Regierungsvorlagen sorgfältig. Zu ihrer Aufgabe gehörte die Fertigstellung des Textes der Vorlage in einer solchen Form, daß alle Arbeiten genau an Fristen gebunden und konkreten Produzenten zugeordnet waren, mit einem minimalen Umfang der Anlagen, die die Ausreichung materieller Vergünstigungen beinhaltete. Diese Vergünstigungen bezeichneten wir als „Heu-Stroh“. Wenn ein

Beschluß fertiggestellt worden war, interessierten sich die Produzenten vor allem, was von dem „Heu-Stroh" übrig geblieben war.
Es kam zu einer bitteren Enttäuschung, wenn sie sich davon überzeugen mußten, die Arbeit muß gemacht werden, aber das „Heu-Stroh" war verschwunden. Jene zu finden, die unmittelbar das „Heu-Stroh" aus dem Text gestrichen hatten, war nicht möglich. Der Apparat konnte sein kooperatives Geheimnis bewahren.
Rauschenbach, Legostajew und Tokar vergrößerten allmählich ihre Initiativgruppe und wählten dabei die Kader sorgfältig aus. Die Funktion eines Kaderbeauftragten wurde von Tokar ausgeführt. Er war künftiger Professor und eine große Kapazität auf dem Gebiet der Mechanik und Theorie der Kreiselsysteme. Er komplettierte die Kaderliste nach dem strengen Prinzip: notwendig sind intelligente, initiativreiche aber keine hörigen Leute. So fanden in dieser Gruppe und damit in der Abteilung Rauschenbachs folgende Kader Aufnahme: Wladimir Branzew, Dmitrij Knjasew, Boris Skotnikow, Anatolij Paziora, Ewgenij Paschkin, Igor Schmyglewskij, Ernest Gauschus, Wladimir Nikolajew, Larissa Komarowa, Alexej Eliseew, Wladimir Semjatschkin und viele andere.
Die von Keldysch betreute, im NII-1 angetretene Mannschaft wußte nicht, welche unüberwindbaren konstruktiven, technologischen und organisatorischen Schwierigkeiten überwunden werden müssen, um ein zuverlässiges Steuerungssystem für kosmische Flugapparate zu entwickeln, wenn dabei die akademischen Werke der klassischen Theorie, der automatischen Steuerung und die Erfahrung der real entwickelten Raketensteuerungssysteme genutzt werden. Ohne verschmitzt herumzuklügeln, schlugen sie Orientierungssysteme kosmischer Apparate, ausgehend von den Grundgesetzen der Mechanik, Elektrotechnik und Optik, vor und entwickelten sie. In diesen Jahren war es Mode, daß sich die Systementwickler gern der ungewöhnlichen Kompliziertheit ihrer Geräte rühmten, die schwierigsten technologischen Prozesse herauskehrten und mit dem Reichtum ihrer Laborausrüstungen poussierten und dann noch behaupteten, daß dies für eine neue Aufgabe immer noch wenig sei! Das, was in der ersten Zeit durch die Gruppe Rauschenbach vorgeschlagen wurde, erforderte ein theoretisches Fundament und exakte Berechnungen. Aber bei all dem sahen diese Vorschläge im Ergebnis ungewöhnlich einfach aus. Zur schnellen Realisierung auf dem entsprechenden technischen Niveau waren die Intuition Keldychs und der Wille Koroljows notwendig.
An diesem und dem folgenden Beispiel möchte ich zeigen, wie erstaunlich einer den anderen ergänzte. Im Januar 1958 sandte Keldysch persönlich einen Brief an Koroljow mit dem Vermerk: „Geheim". In diesem Brief schrieb er, daß der erfolgreiche Start zweier künstlicher Sputniks der Erde gestatte, zur Entsendung einer Rakete auf den Mond überzugehen. In diesem Brief wurden zwei Varianten vorgeschlagen:

1. *Die Erreichung der sichtbaren Mondseite. Bei Erreichen der Mondoberfläche würde eine Explosion ausgelöst, die man von der Erde aus beobachten könne. Ein oder mehrere Starts könnten ohne Explosion*

*durchgeführt werden. Mit der telemetrischen Apparatur würde es möglich sein, die Bewegung der Rakete zum Mond zu registrieren und das Erreichen des Mondes festzustellen.*

2. *Das Umfliegen des Mondes und das Fotografieren seiner Rückseite und die anschließende Übertragung der Bilder auf die Erde. Diese Übertragung könnte mit Hilfe einer Fernsehapparatur bei Annäherung der Rakete an die Erde realisiert werden. Das Beobachtungsmaterial auf die Erde zurückzuführen, wäre kaum möglich. Die Lösung dieses Problems sei nur in der Zukunft vorstellbar und setzte die Überwindung einer Reihe ernsthafter technischer Schwierigkeiten voraus.*

Es folgte eine genaue Liste der Aufgaben, die bei der Überwindung dieser Schwierigkeiten gelöst werden müßten.

In der Schlußfolgerung schrieb Keldysch: *„Bei sehr angespannter Arbeit und unter der Bedingung einer allseitigen und ständigen Hilfe zur Entwicklung, Projektierung und beim Bau der Mondrakete kann diese in den nächsten zwei bis drei Jahren beendet werden."*

Durch den Enthusiasmus Koroljows wurden die durch fundamentale theoretische Untersuchungen begründeten neuen Ideen Keldyschs in der Praxis wesentlich schneller realisiert. Die von Keldysch brieflich genannten Fristen erschreckten Koroljow nicht. Die ersten Probestarts mit dem Versuch, den Mond in seiner sichtbaren Oberfläche direkt zu erreichen, begannen noch im Jahre 1958. Im September 1959 wurde die Aufgabe der direkten Erreichung des Mondes gelöst und im Oktober erhielten wir die Fotografien der Rückseite des Mondes.

Pedantische Historiker können darüber streiten, wem die Priorität bei der Entwicklung der ersten Mondprogramme gehört. Diese Untersuchungen sind meiner Meinung nach in hohem Grade scholastisch. Nicht nur Keldysch und Koroljow, sondern auch viele andere Wissenschaftler und Ingenieure haben in diesen Jahren eng zusammengearbeitet, heiß um alle möglichen Alternativen gestritten, uneigennützig ihre Ideen ausgetauscht, ohne dabei an den zukünftigen Ruhm zu denken. Deshalb kann die Priorität der Idee in diesem Fall nicht irgend einem einzelnen Menschen zugeschrieben werden. Auch nicht dem großen Koroljow oder Keldysch.

Und so fuhren wir auf Einladung Keldyschs mit Koroljow von Podlipki nach Lichobor. Solange wir im „SIM" Koroljows saßen, überließ ich mich den Erinnerungen an die Arbeit im NII-1. Das letzte Mal war ich vor zehn Jahren nach meiner Rückkehr aus Deutschland in diesem Institut. Ich erledigte damals die Formalitäten, um im NII-88 mit der Arbeit beginnen zu können. Aber Koroljow war hier schon seit 1938 nicht mehr gewesen, das heißt 20 Jahre lang! Welche Gefühle mochte er jetzt haben, wenn wir in das Gebäude gingen, mit dem für ihn die tragischsten Jahre seiner nicht erfüllten Hoffnungen und seiner Lebenstragödie verbunden sind? Gewöhnlich verlor Koroljow im Auto keine Zeit. Wenn er mit einem seiner Stellvertreter fuhr, beriet er die laufenden Fragen oder bat darum, ihn durch eine lustige Episode zu erheitern. Aber dieses Mal saß er in sich gekehrt neben dem Chauffeur und sprach mit keinem von uns.

Es existierte zu dieser Zeit noch nicht die Brücke über die komplizierte Verflechtung der Eisenbahngeleise am Bahnhof „Sewerjanin“, und wir mußten lange an den geschlossenen Schranken warten. Ich fuhr nicht das erste Mal mit Koroljow und immer, wenn diese Schranken geschlossen waren, brachte er über die folgenden Ansagen sein Unverständnis zum Ausdruck, wenn der Eisenbahnlautsprecher verkündete: „Vorortzug!“. Nach dieser Mitteilung folgte dann: „Ein Zug nach Moskau!“ und dann erneut: „Vorortzug!“. Es war schwierig, ruhig zu bleiben und nicht auf die Uhr zu sehen. Aber dieses Mal schwieg Koroljow und träumte vor sich hin.
Als wir bis zum NII herangefahren waren, wachte er gleichsam auf und wandte unserer Aufmerksamkeit auf die an der Fassade des Hauptgebäudes gut erhalten gebliebene Aufschrift: „Allunionsinstitut des Landmschinenbaus“. – „Sehen Sie, die Maskerade wird fortgesetzt. Dieses Gebäude ist seit langem der Landwirtschaft abgenommen worden, aber das Schild haben sie erhalten. Jetzt erlaubt Keldysch offensichtlich nicht, es abzunehmen.“
Keldysch empfing unsere Gruppe sehr gastfreundlich und führte uns sofort in das Labor Rauschenbachs. Hier waren auf Tischen die arbeitenden Modelle der Orientierungssysteme für die Automaten ausgestellt, die nach Absicht der Autoren den Foto-Fernsehapparat auf die Rückseite des Mondes orientieren sollten.
Rauschenbach erläuterte die entsprechenden Prinzipien, Baschkin und Knjasew, zwei Ingenieure mit Produktionserfahrung, demonstrierten mit Hilfe eines Simulators die Arbeit der Orientierungssensoren auf die Sonne und den Mond. Für die Gäste entstand der Eindruck, daß die pneumatischen Düsen der reaktiven Triebwerke effektiv arbeiteten. Knjasew eilte mit seinen Helfern zu den Druckluftflaschen und öffnete etwas, um es dann wieder zu schließen. Irgendwo aus den undichten Verbindungen pfiff Preßluft und der unerbittliche „Besuchereffekt“ trat ein. Aber insgesamt verlief die Demonstration erfolgreich.
Keldysch war sehr zufrieden. Koroljow sagte: „Das System muß weiter entwickelt werden. Ich bin bereit, mit meiner Produktion zu helfen, aber beeilt Euch. Wir müssen alles in diesem Jahr erhalten und fertig entwickeln. Wenn Hilfe notwendig wird, dann werden Tschertok und Buschuew einspringen. Wendet Euch an sie. Wenn sie nicht helfen, ruft mich direkt an.“
Er lobte nicht, sondern forderte und stellte Aufgaben. Dies wirkte mobilisierend. Die Menschen verstanden, alles war vorbereitet und alles hing von ihnen ab.
Dieser unser Besuch hatte weitreichende Folgen. Er beeinflußte auch das Schicksal Rauschenbachs und dessen Kollektivs.
Auf dem Rückweg war Koroljow sehr angetan. „Mir haben diese Jungs gefallen. Wenn wir ihnen helfen, dann schaffen sie es. Wir müssen sie übernehmen. Aber Boris, ich traue Dir nicht. Du wirst wahrscheinlich mit Deinem Freund Piljugin sprechen und Ihr werdet gemeinsam versuchen zu beweisen, daß bei diesen Handwerkern nichts herauskommt. Sie Piljugin zu übergeben, hat keinen Sinn. Sie werden dort untergehen und für andere Aufgaben eingesetzt. Wenn sie zu uns kommen, werden sie anfangs bei Kostja arbeiten. Er hat von Geräten keine

Ahnung und wird sie nicht stören. Und Du, Boris, wirst sie durch Dein KB mit Elektrikern, und mit Deiner Erfahrung in der Produktion unterstützen. Es sind ja noch ganz grüne Jungs."
Ich wollte protestieren, aber Kostja Buschuew stieß mich an und sagte: „Sergej Pawlowitsch, mit Tschertok können wir uns im Guten einigen. Um sie aber tatsächlich zu übernehmen, müssen wir uns darum kümmern, wieviel Wohnungen wir in Podlipki benötigen. Wenn wir ihnen keinen Wohnraum verschaffen, dann werden sie mit der Zeit weggehen oder gar nicht erst kommen."
Anfang 1960 wurde auf einen speziellen Regierungsbeschluß hin die gesamte Mannschaft Rauschenbachs aus dem NII-1 in das OKB-1 überführt. Viele erhielten eine Wohnung, ungeachtet des offenen Mißfallens der örtlichen Gewerkschaftsorgane, bei denen mehrere tausend Leute auf der Warteliste standen.
Das Kollektiv des OKB-1 wurde durch Ingenieure bereichert, unter denen ausgezeichnete Persönlichkeiten waren. Es war für mich eine große Befriedigung, mit diesen Leuten umzugehen. In dieser Mannschaft zu arbeiten, war eben deshalb schwierig, weil es keine Hörigen waren. Sie arbeiteten alle ungestüm, begeistert und selbstbewußt.
In den folgenden Jahren habe ich mich mit jedem von ihnen in schwierigen Situationen bei der ununterbrochenen Arbeit an neuen Problemen, in den Tagen der Analyse schwerer Niederlagen und in den Stunden des Triumphes auseinandergesetzt. Sie konnten nicht nur arbeiten, sondern auch auf den bunten Abenden fröhlich sein, lustige Wandzeitungen verfassen und einen Strahl gesunden Humors am richtigen Platz und zur richtigen Zeit loslassen.
Die Übernahme des Kollektivs Rauschenbachs sowie die Vereinigung des Kollektivs des OKB-1 mit dem Kollektiv Grabins waren Ereignisse, die weitgehend die Erfolge der Kosmonautik (Weltraumfahrt) bestimmten.

## *Die Vereinigung der Raketenspezialisten mit den Artilleristen*

Im März des Jahres 1959 nahm Koroljow seine nächsten Stellvertreter zusammen und teilte ihnen mit, daß Ustinow den Vorschlag gemacht habe, das OKB-1 und das in der Nachbarschaft gelegene ZNII-58 zu vereinigen. Territorial trennte uns nur die Eisenbahnlinie. Ustinow hatte lediglich drei Tage Bedenkzeit eingeräumt.
Der Vorschlag Ustinows nahm Koroljow alle Möglichkeiten, gegenüber der Regierung und dem Ministerium Forderungen über die Notwendigkeit einer bedeutenden Verstärkung der Produktionsbasis und der Erhöhung der Mitarbeiterzahl an Ingenieuren und Konstrukteuren in den Abteilungen unseres OKB-1 zu erheben.

Ehe SP zur Beratung dieses unerwarteten und sehr verführerischen Vorschlags überging, bereitete er sich gründlich vor, verlas die Mitteilung und fügte dem trockenen Text seine Kommentare hinzu.
Das Zentrale Wissenschaftliche Forschungsinstitut Nr. 58 wurde auf der Basis des Zentralen Artilleriekonstruktionsbüros ZKAB gegründet. Sein Leiter und Chefkonstrukteur war seit 1942 Wasilij Gawrilowitsch Grabin. Das ZKAB wurde in Gorki im Artilleriewerk Nr. 92 gegründet, wo der berühmte Eljan später Direktor war.
Koroljow wandte sich an Turkow:
„Roman Anisowitsch, Du müßtest Eljan gut kennen, ist es derjenige, der Direktor des KB-1 an der Metro 'Sokol' war?"
„Eben jener", antwortete Turkow, „während des Krieges war er zusammen mit Grabin in Gorki und hat dort die Technologie der Artillerieproduktion revolutioniert. Stalin hat sie nicht umsonst ausgezeichnet. Die berühmte 76-mm-Kanone half, die Deutschen vor Moskau zu schlagen. Sie wurde mit Schnellmethoden bei paralleler Vorbereitung der Produktion projektiert."
Wenn Turkow die laufenden Sorgen der Raketenproduktion einen Moment vergaß und sich an die heroischen Tage der Artilleriebetriebe während des Krieges erinnerte, erschien auf seinem Gesicht ein warmes Lächeln. Er konnte lange über die ungewöhnlichen Ereignisse bei der Vorbereitung der Kanonen berichten und gab dabei zu verstehen: „Das waren Leute zu dieser Zeit ...., Helden – nicht Ihr".
Wir verehrten Turkow sehr. Er war in unserem Betrieb eine geachtete Autorität bei den Arbeitern und Leitern. Wegen seiner Ehrlichkeit, Geradlinigkeit und Prinzipienfestigkeit wurde er von den Ränkeschmieden und Faulenzern nicht geliebt. Koroljow traf ohne die Zustimmung Turkows keine Entscheidungen, die das Werk betrafen.
Jeder der Stellvertreter Koroljows war bestrebt, mit Turkow in engem Kontakt zusammenzuarbeiten. Während des Krieges hatte er große Erfahrungen auf dem Gebiet der Artillerieproduktion gesammelt, die in einem einheitlichen Zyklus – Projektierung – Konstruktion – Entwicklung der Technologie – Produktion – Erprobung – verlief.
Wir hatten alle großes Vertrauen zu Roman Anisowitsch, wenn wir einen Projektierungsfehler entdeckten und Nacharbeiten oder sogar das Anhalten der Herstellung des „Erzeugnisses" notwendig wurden. In diesen Fällen befaßte er sich detailliert mit den Ursachen und den notwendigen Veränderungen. Zusammen mit den Entwicklern und Abteilungsleitern suchte er einen Kompromiß, der es erlaubte, die nötigen Veränderungen mit einem minimalen Zeitverlust zu realisieren. Selbst der Prozeß der Entscheidungsfindung in, wie es schien, ausweglosen Situationen bereitete ihm Vergnügen. So gab er zu: „Wenn die Konstrukteure plötzlich im letzten Moment nicht irgend etwas zu ändern haben, dann heißt das, sie haben etwas übersehen. Das ist für mich immer verdächtig."

Koroljow las weiter und wir erfuhren, daß Grabin für die Entwicklung von Systemen der Artilleriewaffen während der Zeit des Krieges und nach dem Krieg zum Generaloberst befördert worden war und den Titel: Held der Sozialistischen Arbeit verliehen bekam. Das Kollektiv insgesamt erhielt den Leninorden. Die bedeutendste Entwicklung dieses Kollektivs war die 85-mm-Kanone, mit der der Panzer T-34 ausgerüstet wurde. Die besten Panzer des zweiten Weltkrieges hatten die beste Kanone. Dann hat Grabin die 100-mm-Panzerabwehrkanone entwickelt, die die Panzerung der deutschen Jagdpanzer „Ferdinand" sowie der Panzer „Tiger" und „Panther" durchbrach. Die Kanone wurde als „Tierfänger" bezeichnet. Später entwickelte Grabin Waffen größeren Kalibers, bis zu 305 mm für die Artilleriereserve des Oberkommandos der Armee, darunter auch für Selbstfahrlafetten. Stalin war Grabin sehr wohl gesonnen, für jede neue Entwicklung erhielten er und seine Hauptstellvertreter Orden sowie den Stalinpreis.

Im Jahre 1945 wurde das ZKAB in das ZNIIAW – das Zentrale wissenschaftliche Forschungsinstitut der Artilleriebewaffnung – umgebildet. In den Nachkriegsjahren arbeitete Grabin an Flakautomaten. Im Jahre 1935 führte man die 76-mm-Kanone mit einer Feuergeschwindigkeit von 100 Schuß pro Minute zur Bewaffnung der Luftabwehr ein.

„Stellen sie sich vor", unterbrach Koroljow, „was das bedeutet, 100 Schuß pro Minute und dabei noch dieses Kaliber! Als bei der Produktion dieser Kanone im Krasnojarsker Werk einmal etwas nicht klappte, befahl Stalin, Marschall Jakowlew und den Chef der Artilleriehauptverwaltung Wolkotrubenko zu verhaften. Gott sei Dank, sind sie jetzt in Freiheit."

Turkow mischte sich erneut ein und bemerkte vorsichtig, daß Jakowlew, Wolkotrubenko und eine Reihe anderer führender Leiter unter Spionageverdacht inhaftiert worden waren. Der konkrete Grund war das massenweise Versagen der Flakautomaten Grabins während des Koreakrieges. Aber Grabin und Ustinow rührte Stalin nicht an. Grabin war nach den Worten Turkows zweifellos ein sehr talentierter Konstrukteur und gleichzeitig ein hervorragender Technologe. Er war ein sehr machtbewußter und willensstarker Leiter und kannte sich in der Produktion sehr gut aus. Bereits vor dem Krieg war Grabin für Stalin eine hohe Autorität in der Artillerietechnik. Grabin hatte Ustinow zu Lebzeiten Stalins demonstrativ ignoriert. Turkow, der sich auf eine Vielzahl Freunde und Bekannte berief, die in der Artillerieproduktion gearbeitet hatten, behauptete, daß Ustinow ihm dieses Verhalten niemals verziehen habe.

Nach dem Tode Stalins erklärte sich Ustinow im Jahre 1954 damit einverstanden, Wannikow das ZNIIAW – im Ministerium des Mittleren Maschinenbaus – zu übergeben. Zu dieser Zeit trat Kurtschatow mit der Idee der Serienproduktion von schnellen Brüter-Reaktoren für die Forschung und die Energieproduktion an die Öffentlichkeit. Die Entwicklung von Kanonen wurde stark eingeschränkt. Zum Leiter des Betriebes ernannte man den Stellvertreter Kurtschatows, das Akademiemitglied Alexandrow, und Grabin zum

Abteilungsleiter. Die Hauptaufgabe war die Entwicklung von Atomreaktoren vom Typ „Schneller Brüter".
Koroljow wich wiederum von seinem Merkzettel ab und kommentierte:
„Trotzdem ist der Kurtschatow ein Prachtkerl. Er hat den Artilleristen eine solche Basis abgenommen! Und jetzt stellen sie Reaktoren her und schicken sie sogar nach Ägypten, Ungarn und in noch andere Länder. Und, Kostja", wandte sich SP an Buschuew, „wenn dieser unwahrscheinliche Vorschlag durchkommt, wirst Du kosmische Apparate anstelle der schnellen Brüter und aller Arten von Kanonen bauen!"
Turkow, der dies alles wußte, ergänzte die Worte Koroljows erneut mit Details, die den trockenen Bericht ergänzten. Alexandrow, der in das Arbeitszimmer Grabins einzog, entwickelte eine sehr aktive Tätigkeit bei der Umwandlung des ZNIIAW aus einem Artilleriebetrieb in eine Forschungs- und Entwicklungsbasis der Atomtechnik. Er stellte viele neue Spezialisten der Atomphysik, Meßtechnik und Automatisierung ein und erhielt Dutzende Absolventen des Moskauer Ingenieur-technischen Institutes, der Hauptbasis der Vorbereitung von Spezialisten der Atomtechnik. Innerhalb von eineinhalb Jahren Herrschaft Alexandrows, veränderte sich die Produktion des ZNIIAW zur Serienproduktion von Kernreaktoren, die mit einer Schnelligkeit ablief, wie sie für die Kanonenproduktion der Kriegszeit typisch gewesen war. Die meisten Kader Grabins entwickelten zusammen mit den neu eingestellten jungen Atomwissenschaftlern Systeme zur Kontrolle und Automatisierung der Steuerung der neuen Reaktoren. Die Vereinigung der Erfahrung der Spezialisten der Kernphysik mit der Artillerietechnologie erwies sich als sehr fruchtbar.
Über die Ereignisse, die mit dem Kampf Grabins zur Wiedererlangung seines Direktorpostens verbunden waren, habe ich viel später etwas erfahren. Damals im Jahre 1959 wußten wir nur, daß im Ergebnis kollektiver Eingaben vieler verdienter Artilleristen an das ZK der Partei und persönlich an Chruschtschow ein neuer Beschluß gefaßt worden war. Im Jahre 1955 wurde das ZNIIAW aus dem Ministerium des mittleren Maschinenbaus in das Staatliche Komitee für Verteidigungstechnik übergeben. Dabei erhielt das Institut die Bezeichnung Nr. 58, Grabin wurde Direktor und Chefkonstrukteur des NII-58 und Alexandrow sein Stellvertreter. Alexandrow jedoch wollte nicht Stellvertreter des mächtigen Grabins werden und kehrte in sein kernenergetisches Heimatinstitut zu Kurtschatow zurück.
Ustinow verzieh Grabin die ihm gegenüber geäußerte verachtende Einstellungen aus der Vergangenheit nicht. Ungeachtet der Wiedererlangung seiner Dienststellung veränderte Grabin seine Beziehungen gegenüber Ustinow nicht. Dies steigerte sich bis zum Lächerlichen. Auf dem Territorium des Institutes von Grabin gab es zwei Eingänge. Einen westlichen von der Seite der Jaroslawsker Chausse und einen östlichen von der Seite des Bahnhofs Podlipki. Wenn Ustinow durch das Westtor einfuhr, dann verließ Grabin sein Territorium durch den Ostausgang. Ein solches Verhalten wurde durch jenen verehrenswürdigen Empfang kontrastiert, den man für Ustinow unmittelbar in der Nachbarschaft

hinter der Eisenbahn, im NII-88 aus der Zeit Honors und jetzt zu der Zeit Koroljows, veranstaltete. Aber auch die Beziehungen zwischen Ustinow und Koroljow waren keineswegs problemlos. Zu Lebzeiten Stalins hatte Koroljow Ustinow niemals widersprochen. Jetzt unter Chruschtschow, nach den kosmischen Erfolgen wuchs die Autorität Koroljows unvergleichlich. Chruschtschow wandte sich häufig auch direkt an Koroljow, wie früher Stalin an Grabin.

Doch Koroljow war hier vorsichtiger. Er berichtete Ustinow immer, was notwendig war und bat ihn um seine Meinung, wenn auch nur der Form wegen. Und wenn es für Ustinow galt, jemanden zu unterstützen, dann schon lieber Koroljow als den neu aufblühenden raketen-kosmischen Stern Tschelomej. Tschelomej hatte die Unterstützung Chruschtschows, und so ähnlich wie Grabin erkannte er die Autorität Ustinows nicht an.

Im Jahre 1959 ergab sich für Ustinow die sehr angenehme Situation, zwei Hasen zu erlegen: das hieß, endgültig für alle Beleidigungen mit Grabin abzurechnen, ihm letztlich zu zeigen, „wer wer ist", und die hartnäckigen gesetzmäßigen Forderungen Koroljows über die Erweiterung der Produktions- und Konstruktionsbasis zu befriedigen.

Dieser Vorschlag würde zweifellos von Chruschtschow unterstützt werden, der ein Enthusiast der Entwicklung der Raketenwaffen zum Nachteil der gewöhnlichen Artillerie und Luftfahrt war. Er versprach, Koroljow zu helfen, und Ustinow erhielt den Auftrag, aus diesem Anlaß einen Vorschlag vorzubereiten.

Ustinow liebte keine Verzögerungen. Offensichtlich gab es auch andere Varianten zur Veränderung des Schicksals des ZNII-58 und Grabins. Deshalb gab er Koroljow lediglich drei Tage Bedenkzeit.

„Was werden wir tun?" fragte Koroljow nach all den Beratungen. Der Vorschlag kam nicht unerwartet. Die Gespräche über diese Vereinigung waren schon früher geführt worden. Wir würden ohne zusätzliche Sorgen Spezialisten mit fertigen Arbeitsplätzen und Arbeiter mit Werkbänken erhalten. Einen großen arbeitenden Betrieb mit allen Hilfsdiensten. Unter dem Befehl von Generaloberst Grabin arbeiteten im ZNII-58 mit allen Hilfsdiensten mehr als 5000 Menschen, darunter waren mehr als 1500 Ingenieure. Die Produktion war mit den neuesten unikalen Werkbänken ausgerüstet. Auch bei den defizitärsten Berufen, wie dem Werkzeugmaschinenschlosser, war die Situation bei Grabin besser als in unserem Betrieb. Er kannte jeden qualifizierten Arbeiter persönlich. Der Besuch der wichtigsten Produktionsabteilungen, die Treffen und Gespräche mit den Meistern und Arbeitern direkt an der Werkbank waren für Grabin keine herablassende Demonstration eines demokratischen Leiters, sondern ein natürliches Bedürfnis, das schon in den Kriegsjahren eingeführt worden war. Damals war er ein junger Erfinder gewesen, noch gesund und hatte gezeigt, daß man neue Artilleriesysteme innerhalb von drei bis vier Monaten anstelle wie bisher in zwei bis drei Jahre schaffen konnte.

Nach einer Denkpause trat der sehr erfahrene Turkow auf. Er wiederholte, daß er den Beitrag Grabins zu unserer Sache bereits während der Kriegszeit sehr hoch eingeschätzt hatte. Er sei ein verdienstvoller Mensch, ein guter Organisator. Im Kollektiv würde er geliebt und verehrt. Mit ihm rechnete man nicht nur als Leiter. Für die Artilleristen sei er ein tatsächlicher Chefkonstrukteur. Wir würden in die Rolle von Aggressoren gedrängt, die die Konjunktur ausnutzen. Das heißt, der Fakt, daß Ustinow mit Grabin alte Rechnungen begleiche, sei unehrlich und würde im Kollektiv gegen uns feindliche Gefühle hervorrufen.
Koroljow verstand dies selbst ausgezeichnet. Alle erklärten sich mit Turkow einverstanden, daß SP in der Antwort an Ustinow erklären sollte, er sei bereit, den Beschluß unter der Bedingung zu realisieren, daß erstens in keinem Fall dort Formulierungen vorkommen wie dürften: „Der Vorschlag des Chefkonstrukteurs Koroljow wurde angenommen", oder etwas Ähnliches in diesem Sinne. Und zweitens, daß das Schicksal Grabins unter Berücksichtigung all seiner Verdienst gelöst werden müsse.
Als wir die Besprechung beendet hatten, entließ Koroljow alle und bat mich und Buschuew noch dazubleiben.
„Seht meine Täubchen!" – eine solche Redewendung zeugte von seiner guten Stimmung und von höchstem Vertrauen – „ich bin mit Grabin faktisch nicht bekannt. Nur ein paarmal habe ich ihn auf Konferenzen getroffen. Er tut mir rein menschlich leid. Eine solche Arbeit und das Kollektiv nach all den Jahren zu verlieren! Bei uns kann man einen Menschen sofort vergessen und ihn zertrampeln. Das kenne ich von mir selbst, das muß ich Ihnen nicht erklären. Mit Grabin hat man wahrscheinlich schon gesprochen, daß Koroljow ihm alles wegnehmen wolle und ihn selbst nicht mehr auf das Territorium lassen würde. Onkel Mitja wird sauber bleiben und ich erscheine als Übeltäter, der das Wohlwollen von Nikita Sergeewitsch ausnutzt. Ich möchte mich mit Grabin nicht zu vorbereitenden Erklärungen treffen. Das werde ich Ihnen beiden auftragen. Beeilen Sie sich nicht. Bedenken Sie, unter welchem Vorwand Sie zu ihm gehen können, um mit ihm über die Möglichkeit einer gemeinsamen Arbeit zur Entwicklung kosmischer Apparate zu sprechen. Erklären Sie ihm, daß unsere Kräfte nicht reichen und wir bereit sind, ihm diese Thematik oder sogar den ganzen Apparat mit all seinen Eingeweiden zur Entwicklung und zur Produktion zu übergeben. Anstelle der Atomreaktoren!"
Nachdem wir von Koroljow diese Aufgabe erhalten hatten, beschloß ich mit Buschuew, die Gesamtsituation im ZNII-58 umfangreich zu erkunden und dann das Treffen mit Grabin vorzubereiten. Aber die Ereignisse überholten unsere nicht sehr eiligen Vorbereitungen auf eine so schwierige diplomatische Mission. Anfang Mai erhielten wir – Buschuew und ich – über Leljanow, dem Referenten Koroljows, einem ehemaligen KGB-Mitarbeiter, die Mitteilung, daß wir am nächsten Morgen 11 Uhr von Grabin eingeladen seien. Wir waren auf einer Liste vorgemerkt und konnten das Gebäude ohne Passierschein betreten.

Am Eingang wurden wir schon von einem Boten erwartet, der uns geradewegs in ein weiträumiges Arbeitszimmer führte. Grabin thronte in voller Generalsuniform hinter dem großen Arbeitstisch, der oben mit einem grünen Tuch bedeckt war. Wir stellten uns vor. Wir waren etwas erstaunt darüber, daß Grabin nicht aufstand und uns die Hand gab. Tatsächlich wäre dies über den breiten Tisch hinweg schwierig gewesen. Mit einem Kopfnicken lud er uns ein, in den schweren unbequemen Sesseln Platz zu nehmen. Buschuew begann, so wie wir das vorher abgesprochen hatten, über einen neuen automatischen Apparat für den Flug zum Mars zu berichten. Er schlug Wasilij Gawrilowitsch vor, sich das Projekt anzusehen. Er fragte, ob es sinnvoll sein könnte, ihn hier in der Versuchsproduktion zu fertigen.
Auf einem Porträt an der Wand war Grabin äußerst schlank und repräsentativ dargestellt. Die groben Gesichtszüge drückten Stolz, Arroganz und Machtliebe aus. Ein wahrer Kriegsgott mit allen Insignien. Aber das Gesicht des vor uns sitzenden Menschen war dem auf dem Porträt überhaupt nicht ähnlich. Er schwieg und schaute auf Buschuew, dann auf mich und verstand nicht, was dieses Gespräch überhaupt sollte. Er war bestrebt, den großen Kopf in die Schultern zu ziehen, als wollte er einer Gefahr ausweichen, auf dem ermüdeten Gesicht ein Ausdruck von Hoffnungslosigkeit. Wieviel Jahre sind seit dieser Zeit vergangen, aber ich erinnere mich noch heute an das lächerliche Gefühl von Peinlichkeit und Mitleid, das ich empfand, als ich vor Grabin saß.
Während Buschuew sprach, betrachtete ich das weiträumige Arbeitszimmer. Ein großer Sitzungstisch, Stühle, einfache Sofas, ein kleiner Tisch, am Schreibtisch schwere mit Schnitzereien nicht überladene Sessel, alles aus heller karelischer Birke. An der Wand über dem Besitzer und Herrn des Arbeitszimmers, ein großes in Goldrahmen gefaßtes Stalinbild. Als wir uns auf das Treffen vorbereiteten, hatte uns irgend jemand aus dem Apparat Koroljows empfohlen, wahrscheinlich war es der alles wissende Leljanow: „Achten Sie im Arbeitszimmer Grabins auf die Möbel. Sie werden in den Möbelwerkstätten der Regierung hergestellt. Diese befinden sich auf persönliche Anweisung von Stalin im Butyrsker Gefängnis."
Die Wände von Grabins Arbeitszimmer waren von oben bis unten mit üppigen Blätterpflanzen bemalt, deren Stengel mit großen, hellen, fliederfarbenen Blüten bedeckt waren. Diese Wandmalerei studierte ich später aufmerksam. Der Künstler hatte bestimmte Arten von Lianen, Lotos, Lilien und Magnolien dargestellt. Der Herr des Arbeitszimmers und all seine Besucher sollten sich nach Ansicht des Künstlers wie in einem Garten fühlen. Ungewöhnlich war auch die Gipsfassade, die die gesamte Decke schmückte sowie die eleganten Bemalungen, aus denen die Bronzeleuchter herausragten. Die Decke wurde von Seitenpfeilern mit vergoldeten Schnörkeln des Kapitells gestützt.
Die architektonisch künstlerische Ausgestaltung des Arbeitszimmers stand im Gegensatz zum Anblick des Herren selbst. Für ihn war die Rede Buschuews bedeutungslos und unser Besuch war für ihn wie die Abarbeitung eines ausgearbeiteten Programms mit Ratschlägen von irgend jemand. Wahrscheinlich

hatte er einen Anruf aus dem Apparat des ZK erhalten. Er wußte schon, was da oben vor sich ging. Ustinow hatte alles abgestimmt und bald würde es einen Beschluß des ZK und des Ministerrates geben, der das Ende seiner Karriere bedeutete. Aus Gründen des Anstandes würde man ihm irgend einen Posten im Verteidigungsministerium in der sogenannten „Paradiesgruppe“ anbieten. Eine solche Institution war für Marschälle und hohe Generäle eingerichtet worden, die aus Altersgründen in den Ruhestand versetzt wurden oder der Partei im Wege standen. Jetzt mußte er von dem Kollektiv Abschied nehmen, mit dem er den Krieg durchlebt, für das er so viel in den Konstruktionssälen mit den Zeichenbrettern getan hatte, an denen die Blätter mit den Zeichnungen neuer Apparate hingen, von den Produktionshallen mit dem nicht wiederholbaren Maschinengeruch, von den stöhnenden Werkzeugmaschinen, von den ihm ständig entgegeneilenden Meistern und Abteilungsleitern.

Der Beschluß zur Vereinigung des ZNII-58 mit dem OKB-1 wurde im Juli 1959 gefaßt. Grabin rief im „Roten Saal“ die Leitung und die führenden Spezialisten zu einer Versammlung zusammen und hielt eine Abschiedsrede:

„Ich denke“, sagte er, „es wurde eine richtige Entscheidung getroffen. Die Frage über unser weiteres Schicksal ist vor längerer Zeit gestellt und jetzt richtig gelöst worden. Mir ist Ihr Schicksal nicht gleichgültig. Dabei gehe ich davon aus, daß von allen möglichen Varianten die Wiedervereinigung mit unseren Nachbarn die optimale ist. Vergeßt niemals, daß Ihr Grabiner seid. Wir haben gemeinsam einen glorreichen Weg zurückgelegt und unser Gewissen ist vor der Heimat sauber. Ich wünsche Ihnen, daß Sie so arbeiten mögen, daß unter keinen Umständen unsere Traditionen verletzt werden.“

Es war die letzte Rede Grabins, danach verließ er den Betrieb, um niemals wieder zurückzukehren. Ich habe die Rede als Teilnehmer des Abschiedstreffens wiedergegeben.

Koroljow und Turkow verfuhren sehr gewissenhaft, um das Schicksal jedes Mitarbeiters des ZNII-58 festzulegen. Koroljow erklärte, daß er bereit sei, persönlich mit jedem Mitarbeiter des KB und des Labors zu sprechen und Turkow mit jedem Produktionsarbeiter.

Grabin wurde in die Konsultativgruppe des Verteidigungsministeriums berufen. Dies bedeutete ihm nichts Besonderes. Er leitete einen Lehrstuhl an der Moskauer Technischen Universität und begann, Vorlesungen zum Thema der Artilleriewaffen zu halten. Die Vorlesungen befriedigten ihn jedoch ebenfalls nicht. Grabin organisierte an der Moskauer Technischen Universität ein Jugend-OKB und wurde dort Chefkonstrukteur. Er fuhr aus Podlipki in die TU und zurück mit den Städtischen Transportmitteln, solange es seine Gesundheit erlaubte. Seine Tätigkeit bei der Entwicklung der Artilleriewissenschaft endete in Würde mit der Weitergabe seiner Erfahrungen an die junge Generation.

Aus dem ZNII-58 gingen viele ältere Artilleristen, die sich nicht zu schade waren, ihren Beruf zu verändern, in andere Betriebe der Verteidigungsindustrie. Der Hauptkaderbestand des ZNII-58 und die gesamte Jugend blieb jedoch erhalten. Zusammen mit dem organisatorischen Umbau erweiterten wir unsere alten Abteilungen und bildeten neue. Wir wählten die Leiter im gegenseitigen Einvernehmen der beiden Seiten aus. Wir wählten „unsere“, das hieß Kader Koroljows, und „eure“, das hieß Kader Grabins aus. Mitte des Jahres 1960 war dieser Umbau im wesentlichen abgeschlossen. Lediglich zwei Wochen nach der formalen Vereinigung begannen viele der Grabin-Spezialisten mit der für uns alle neuen Arbeit – der Entwicklung von Feststoffraketen.

## *Eine neue Organisation*

Die Zahl der Arbeitskräfte des OKB-1 erhöhte sich durch die Vereinigung mit dem ZNII-58 und durch die Einstellung neuer Arbeitskräfte auf fast 5000, davon 1500 Ingenieure. Wir erhielten ein gut ausgestattetes Territorium, auf dem ein großes Konstruktions- und Laborgelände gelegen war, des weiteren ein Versuchswerk mit einem geschlossenen Produktionszyklus und alle Arten von Dienstleistungen. Das Gebäude wurde von einem großen Obstgarten, einem Birkenhain sowie von Blumengärten aufgewertet. Im Sommer entstand dadurch der Eindruck eines Parks und nicht der eines waffenherstellenden Betriebes. Das neu erhaltene Territorium wurde als „zweites Territorium“ oder als „zweite Produktion“ bezeichnet. Zum Leiter der „zweiten Produktion“ ernannte Koroljow Buschuew. Er erhielt das Arbeitszimmer von Grabin. Das in diesem Raum vorhandene Telefon des Kremlnetzes und die TF-Verbindungen wurden auf seinen Namen eingetragen. Der Dienstwagen des Ministeriums vom Typ „SIS-110“ wurde auf Koroljows Namen umgeschrieben. Bei seinem ersten Besuch im Arbeitszimmer von Grabin sagte Koroljow zu Buschuew: „Bitte entferne den Blumengarten von der Wand. Und im allgemeinen wirst Du Dich bescheidener aufführen. Den Erholungsraum hinter dem Arbeitszimmer kannst Du behalten, aber das Bad mit den individuellen Generalstoiletten wird entfernt. Du wirst die gemeinsame Toilette benutzen.“

Man führte alles so aus. Die Eingangshalle des Haupteingangs und die breite Treppe bis zum dritten Stock wurde mit Mamorplatten ausgelegt. Dadurch erhielt das bescheidene Interieur des Ingenieurgebäudes eine Aufwertung und zeigte allen Arbeitern, daß der neue Leiter auch den äußeren Arbeitsbedingungen die notwendige Aufmerksamkeit schenkt. Außerdem begann stürmisch der Bau neuer Gebäude.

Ende des Jahres 1962, als sich das zweite Territorium in eine geschlossene kosmische Produktion verwandelt hatte, wurde Koroljow auf die Gefahr hingewiesen, dieses verlockende Territorium zu verlieren. Ich kannte Buschuew gut und glaubte nicht an ein mögliches Komplott mit dem Ziel der Abtrennung der „zweiten Produktion“, um eine selbständige kosmische Firma zu schaffen. Aber wenn Ustinow im Jahre 1959 so entschieden mit Grabin abgerechnet, die beschleunigte Erweiterung der Konstruktions- und Produktionskapazitäten Koroljows durchgesetzt und dessen Prestige gestärkt hatte, warum sollte es jetzt nicht möglich sein, aus dem Raketenimperium Koroljows, die kosmische

Thematik mit Buschuew als Chef auszugliedern? Einen solchen Schritt könnte man Chruschtschow als Erweiterung der Arbeitsfront der Kosmonautik im Interesse der internationalen Zusammenarbeit und der Verteidigung der Wissenschaft darstellen.
Der Entschluß von SP kam allen, die Koroljow nahestanden, auch mir, unerwartet. Buschuew wurde zusammen mit dem Grundbestand der kosmischen Projektanten vom zweiten auf das erste Territorium in das neue Gebäude Nr. 65 umgesetzt, mir wies man an Buschuews Stelle das Arbeitszimmer Grabins zu. Außerdem wurden mir die gesamten Ingenieure und Konstrukteure des zweiten Territoriums unterstellt. Zum Produktionsleiter der Filiale unserer Betriebe ernannte man German Simenow. Er war zu dieser Zeit Leiter der Versuchsabteilung des OKB-1 gewesen. Der sehr energische und erfahrene Produktionsarbeiter war ein Verwandter Koroljows von seiten seiner Frau Nina Iwanowna. Er rief bei Koroljow keinerlei Verdacht hinsichtlich der Tendenz zur Abtrennung hervor.
Buschuew war vier Jahre lang Herr des Arbeitszimmers mit den Möbeln aus karelischer Birke. Von Mai des Jahres 1963 an belegte ich auf Beschluß Koroljows dieses Arbeitszimmer für mehr als dreißig Jahre. Hier hatte sich seit der Zeit Grabins wenig verändert. Anstelle der exotischen Blumen hatten die Wände einen gleichmäßigen grünen Anstrich erhalten und an die Stelle des Stalinbildes kam, von einem unserer Maler angefertigt, ein Bild Ziolkowskijs.
Die durch strukturelle Veränderungen hervorgerufenen organisatorischen Fragen erforderten ständige Aufmerksamkeit. Koroljow befaßte sich zusammen mit allen Stellvertretern und den wichtigsten Leitungskadern des ZNII-58 intensiv mit der Kaderverteilung.
Meine Aufgabe war die Organisation einer großen Zahl von Abteilungen. Diese befaßten sich mit Fragen der Funktechnik, der Elektroausrüstung, der Steuerung der Satelliten, der Dynamik und Steuerung der Raketen sowohl mit der Erprobung der Konstruktionen als auch der Geräte.
Der Umbau verlief, ohne die Forschungstätigkeit und die Entwicklungsarbeiten einzuschränken. Über die Perspektivpläne gab es heftige Diskussionen. Wir besuchten häufig den Schießplatz und während dieser Reisen war das Leben in Abhängigkeit von den Erfolgen oder Mißerfolgen der Raketenstarts freudig oder enttäuschend.
Ich selbst betrachtete mich schon als alten Wolf, denn mein Raketenalter begann bereits im Jahre 1940, als ich auf Anordnung von Bolchowitinow, Isaew und Beresnjak die automatische Steuerung von Flüssigkeitstriebwerken für das Flugzeug BI zu entwickeln begann. Alle, die in Deutschland in den Instituten „Rabe“, „Nordhausen“ und „Berlin“ gearbeitet hatten, fühlten unabhängig von ihrem jetzigen Arbeitsort und dem Unterstellungsverhältnis eine bestimmte „kastenmäßige“ Überlegenheit. Dieses Gefühl war jedoch kein Hindernis, es brachte alle näher, es vereinte sie und half ihnen letztendlich, viele Probleme zu lösen.

Der gesamte Umfang und die Kompliziertheit der Aufgaben, die wir uns in der Mehrheit der Fälle selbst stellten, erforderten eine höhere Effektivität, aller Konstruktions-, Erprobungs- und wissenschaftlichen Forschungsarbeiten.
Das Problem der optimalen Struktur war deshalb so wichtig, weil der Strom der neu eingestellten Mitarbeiter richtig eingeordnet werden mußte. Meine Erfahrung sagte mir jedoch voraus (und dies hat sich in der Zukunft vielfach bestätigt), daß durch eine noch so sorgfältig geplante Struktur für sich allein kein hohes schöpferisches Niveau der Arbeit der Ingenieure und Wissenschaftler garantiert werden kann, wenn zwischen ihnen keine freundschaftlichen Kontakte bestehen.
Um einen tatsächlichen Spezialisten seinen Fähigkeiten entsprechend zum Leiter zu machen, reichten zu dieser Zeit nicht nur sein Einverständnis, mein Wunsch und die Zustimmung Koroljows. Zur Arbeit in einer Schlüsselposition war die Unterstützung des Parteikomitees, das Einverständnis der Kaderabteilung und des Regimes notwendig. Tatsächlich hatten die Angaben in den Fragebögen damals nicht mehr eine so entscheidende Bedeutung wie in der Stalinzeit. Aber trotzdem wurden keine Personen als Leiter zugelassen, die verwandtschaftliche oder andere kompromittierende Beziehungen zu Ausländern hatten.
Die größten Erfolge erreichten jene Leiter, die vor allem die Rolle des Menschen zu begreifen und zu schätzen gelernt hatten. Und erst an zweiter Stelle stand die Rolle der toten Technik.
Für mich waren die gemeinsamen Anstrengungen der im Charakter, der Zielstrebigkeit, Kultur, Erfahrung und des Alters unterschiedlichen Leiterpersönlichkeiten das größte Problem. Die beste Schule, die das Bestreben zum vereinten Handeln weckte und die Kunst der Kontakte „jeder mit jedem“ lehrte, war die Teilnahme an der Vorbereitung der Technik auf dem Schießplatz, waren die Starts, die Analyse sowie die Ergebnisse der Flugversuche. Die gemeinsame Arbeit auf dem Schießplatz konnte als Erziehungsfaktor zur kollektiven Arbeit durch keinerlei theoretische Koordinierung der Spezialisten auf den Gebieten Ballistik, Elektrik, Steuerdynamik sowie der Konstrukteure und Produktionsarbeiter und noch vieles anderes ersetzt werden. Ungeachtet der rauhen Lebensbedingungen, der hohen Forderungen und der ständigen Streßsituationen, die die Startvorbereitung und die Flugleitung immer begleiteten, entstand auf dem Schießplatz eine Atmosphäre, die jeden Teilnehmer beflügelte, mit ganzer Kraft unter Einsatz all seiner Fähigkeiten zu arbeiten.
Insgesamt erforderte die Arbeitsorganisation bei ideeller Vereinigung eine exakte, territoriale und strukturelle Trennung.
Der erste Schritt in diese Richtung war die Einrichtung einer kosmischen Abteilung des OKB-1 auf dem zweiten Territorium. Auf Anweisung Koroljows siedelten die kosmischen Projektanten, mit Tichonrawow und Zybinow an der Spitze, erneut nach hier um. Es wurden kosmische Konstruktionsabteilungen eingerichtet und die Spezialisten aus der Abteilung Rauschenbachs des NII-1 einquartiert. Von unserem alten Territorium übersiedelten die Abteilungen für

Funktechnik und Elektroausrüstungen ebenfalls dort hin. Diese hatten sich durch die Einstellung von Spezialisten, die Akademiemitglied Alexandrow mitgebracht hatte, als er Direktor war, stark vergrößert.
Uns im OKB-1 war es möglich, einen unikalen Abteilungskomplex zur Entwicklung von Steuerungssystemen für kosmische Apparate zu organisieren. Ein Regierungsbeschluß verpflichtete die Cheforganisationen und Chefkonstrukteure zur Entwicklung und Herstellung von Raketensteuerungssystemen. Es waren dies Piljugin und Rjasanskij im NII-885 des weiteren Semichatow in Swerdlowsk, der sich mit Marineraketen befaßte, hinzu kam noch Konoplew in Charkow, der die von Jangel entwickelten Raketen ausrüstete. Aus irgendwelchen Gründen ging man in den Korridoren der Machtstrukturen davon aus, daß die oben Aufgezählten automatisch und erfolgreich die neuen Steuerungssysteme für die kosmischen Apparate entwickeln würden. Dies war jedoch ein Irrtum – die Erfolge waren ihnen zu Kopf gestiegen.
Die auf dem „zweiten Territorium" arbeitenden Spezialisten beschlossen, daß es Zeit sei, die Initiative zu ergreifen und prinzipiell neue Systeme zu entwickeln. Unsere weiteren kosmischen Erfolge sind in entscheidendem Maße dadurch zu erklären, daß die Entwicklung der kosmischen Technik von Beginn an als systemendlicher Prozeß organisiert wurde. Die Forschung, die Laboruntersuchungen, die Konstruktionsarbeiten, die Herstellung der ersten Flugtestmuster, die Flugkonstruktionstests, die Auswertung dieser und die sich anschließenden Veränderungen im Produktionsprozeß, dies alles wurde als einheitliche zielgerichtete Tätigkeit aufgefaßt, die viele Tausende Arbeitskräfte umfaßte.
Als wir mit den Kollegen die nächsten Pläne und Perspektiven berieten, schlußfolgerten wir, daß die Steuerungssysteme kosmischer Apparate, ein technisch prinzipiell neuer Zweig ist, der der Raketen-Gerätebau-Technologie ähnelte. Keiner der anerkannten Chefkonstrukteure fühlte sich diesem neuen Zweig voll verpflichtet. Unsere historische Mission bestand darin, diese gesamte Problematik im OKB-1 in unsere Hände zu nehmen. Erstaunlich war, daß Koroljow meinen Vorschlägen nicht widersprach oder Einwendungen machte. Letztendlich erwies er sich als einziger Chefkonstrukteur im OKB-1, der die Verantwortungslast für das Schicksal weiterer kosmischer Pläne auf sich lud. Er unterstützte all meine Pläne und ging sogar noch weiter. Koroljow entschied:
„Du hast mit all Deinen Abteilungen überhaupt nichts erreicht, wenn bei uns nicht ein eigener moderner Gerätebau organisiert wird. Ich schlage Dir vor, eine Vorlage zu erarbeiten, in der festgelegt wird, welche Gerätebaubetriebe für uns arbeiten sollen. Wir werden unsere eigene Geräteproduktion unmittelbar organisieren und Geräte bauen. Die Gerätebauabteilung Nr. 2 Deines geliebten Schtarkow ist zwar schon eine Abteilung, wir brauchen jedoch eine hochleistungsfähige, sehr universelle und vielseitige Produktion. Den Leiter für diese zukünftige Produktion habe ich schon gefunden."
Tatsächlich wurde Isaak Borisowitsch Chasanow sehr bald zum Leiter des Gerätebaus und gleichzeitig zum Stellvertreter des Chefkonstrukteurs des

Betriebes ernannt. Bis zur Vereinigung hatte er bei Grabin als Leiter der wissenschaftlichen Versuchsabteilung gearbeitet. Ich war anfänglich darüber verwundert, warum Koroljow einen Nichtspezialisten zum Leiter der Geräteproduktion ernannt hatte. Er beruhigte mich, Chasanow würde uns nicht im Stich lassen. Und wiederum bot mir Koroljow Gelegenheit, mich an meine alten Fehler bei der Kaderverteilung zu erinnern. Er sagte mir, daß er sich bei Leitern auskenne. Tatsächlich hatte Koroljow Chasanow erst 1959 nach der Vereinigung mit dem Kollektiv Grabins zum ersten Mal gesehen. Bei dieser Ernennung spielte die Empfehlung Turkows sowie der Ruhm der Heldentaten von Chasanows Vaters (während des Krieges) eine Rolle. Ustinow hatte diesen an den rückständigsten Abschnitten der Waffenproduktion eingesetzt. Es war jedoch das Ergebnis der Koroljow eigenen Gabe, die Menschen nach der ersten Begegnung einschätzen zu können. Und Koroljow hatte sich in seiner Wahl nicht getäuscht.

Chasanow vereinigte unter seiner Leitung die verstreut gelegenen Produktionsabschnitte und Abteilungen, darunter jene zur Herstellung von Rudermaschinen, Kabeln, Bodensteuerpulten sowie Antennen. Gleichzeitig begannen wir mit dem Neubau von Gebäuden. Zur schnellen Vergrößerung der Produktionsfläche für die Geräteproduktion entstanden in wenigen Monaten vier dreietagige Gebäude in relativ kurzer Bauzeit, weil wir Typenprojekte nutzten und Standardmaterial einsetzten, die für Schulgebäude geplant waren. In diesen Jahren erfolgte der Schulbau in Moskau und im Moskauer Gebiet nach dem Fließbandverfahren. Die Schulen wurden faktisch in drei bis vier Monaten gebaut. Das nutzte Chasanow unter Mithilfe von Sowkow aus. Dieser war der für das Bauwesen verantwortliche Mitarbeiter Koroljows. Die Projektierung eines speziellen sechsetagigen Gebäudes für das Gerätewerk begann. Der Plan sah vor, eine Klimaanlage, eine Zone für die mikroelektronische Reinraum-Technologie, Speziallabors für Zuverlässigkeitstests der Geräte unter möglichen äußeren mechanischen, klimatischen und kosmischen Belastungen. Während des Baues waren wir gemeinsam mit Chasanow bestrebt, eine maximale Zahl an Aufträgen für die gerätetechnische und funkelektronische Produktion zu erhalten. Dabei nutzten wir das Interesse der regierenden Volkswirtschaftsräte und Betriebe, die im Rahmen der Chruschtschowschen Reformen eine große Selbständigkeit erhalten hatten.

Die den Volkswirtschaftsräten unterstellten Betriebsdirektoren erhielten das Recht, Aufträge entgegenzunehmen und Verträge abzuschließen, ohne auf Anweisungen von oben zu warten. Im Jahre 1965 wurden die Volkswirtschaftsräte liquidiert. Erneut triumphierte das administrative Kommandosystem der Leitung. Es kostete uns große Anstrengungen, die während der Zeit der Volkswirtschaftsräte organisierten Kooperationen aufrecht zu erhalten.

Koroljow unterstützte die Erweiterung der Produktionsbauten mit allen Mitteln. Ich führe ein dafür charakteristisches Ereignis an. Koroljow war zusammen mit Chasanow und mir nach Kiew geflogen. Wir wurden vom Sekretär des ZK der

Ukraine, Schelest, empfangen. Dann „spazierten" unsere Vorschläge durch die Arbeitszimmer der militärischen Abteilung des ZK der Ukraine und die Kiewer Volkswirtschaftsräte. Trotz der Mißgunst der höchsten ukrainischen Partei- und Wirtschaftsapparates gelang es nicht, die Aktivität der Betriebsleiter zu neutralisieren, die unsere Angebote mit großem Interesse aufgenommen hatten. Die denkenden Direktoren waren nicht nur durch die Auslastung ihrer Kapazitäten in den nächsten Jahren angetan, sondern auch durch die in der Perspektive mögliche Einführung von Erzeugnissen, die sich unter der raketen-kosmischen Flagge vollzog. Genauso betroffen war die Modernisierung der Ausrüstungen, der Aufbau neuer Abteilungen sowie die Organisation zusätzlicher Vergünstigungen für die Betriebskollektive. Nach langem Umherirren in den Kiewer Machtkorridoren, nach ermüdenden Besprechungen, auf denen man uns erklärte, daß gegenwärtig die Schwarzmetallurgie das aller wichtigste für die Ukraine sei und nicht die Satelliten, flogen wir nach Moskau zurück. Wir hatten das Einverständnis von zwei Betrieben erhalten, für uns zu arbeiten. Es handelte sich um das „Kiewer Funkwerk" und das „Kiewer Gerätewerk". Beide Betriebe spielten in Folge bei der Produktion komplizierter Funkgeräte für die raketen-kosmische Technik eine führende Rolle.
Koroljow konnte mit uns, Chasanow und mir, nicht zu allen Betrieben fliegen, die wir für den kosmischen Apparatebau gewinnen wollten. Er hat uns jedoch immer dabei geholfen, auch dann, wenn er sein Arbeitszimmer nicht verließ. Bevor wir losfuhren, um selbständige Betriebe zu kolonisieren, verhandelte Koroljow mit dem ZK, der Staatlichen Plankommission und dem militärisch-industriellen Komitee. Von dort ergingen dann sofort die Anweisungen an die Parteigebietskomitees. Wenn wir mit unserem Flugzeug in eine entsprechende Stadt flogen, wurden wir dort wie hohe Gäste empfangen. Ehe wir in das entsprechende Werk kamen, besichtigten wir die militärische Abteilung des Gebietskomitees. In der Regel wurden wir von den Vertretern des Gebietskomitees und der Volkswirtschaftsräte bei all unseren Gesprächen mit den Betriebsdirektoren bis zu den abschließenden Banketts begleitet. Manchmal steigerte sich dies bis ins Kuriose.
In Kasan überzeugten wir uns davon, daß die dort vorhandenen Betriebe wegen ihres Profils für uns nicht in Frage kamen. Sie paßten aber für unseren Kooperationspartner, Alexej Bogomolow, zur Produktion von Empfangs- und Sendegeräten für die Funkkontrolle der Umlaufbahnen im Orbit. Der Chefkonstrukteur des OKB des MEI, Bogomolow, besaß im MEI selbst ein kleines Versuchswerk, das unseren Bedarf jedoch weder im Umfang noch in den Lieferfristen zufriedenstellen konnte. Unter Berücksichtigung dieses Sachverhaltes war ich bemüht, wenn es möglich war, nicht unsere direkten Bestellungen des OKB-1 unterzubringen, sondern auch die Aufträge passenden Profils anderer Chefkonstrukteure, die an unseren Projekten arbeiteten. In Kasan ergab sich ein solcher Fall und das OKB des MEI erhielt für lange Jahre eine gute Produktionsbasis.

Direkte Aufträge konnten wir für unser OKB-1 im Tatarischen Volkswirtschaftsrat nicht unterbringen, so daß wir uns beeilten, abzufliegen. Der Direktor eines Betriebes jedoch an dem Fluß Lama nahm uns gastfreundlich bei sich auf. Im Verlauf von zwei Tagen organisierte er für uns Picknicks mit Fischfang auf malerischen Inseln. Sein einziges Ziel war, Aufträge zur Produktion kosmischer Geräte zu erhalten. Er entließ uns erst dann, als wir versichert hatten, daß wir diese Möglichkeit in den nächsten Tagen erörtern werden. Es war aber ein Betrieb mit Massenproduktion und unsere wissenschaftliche Produktion konnte den Appetit eines Betriebes, der Partien aus vielen tausend Erzeugnissen herstellte, niemals befriedigen.
Wesentlich erfolgreicher waren unsere „Flüge“ zu den Rostower und Baschkirischen Volkswirtschaftsräten. Ungeachtet der bescheidenen Fischfangergebnisse im Asowschen Meer und im Uraler Fluß Belaja gelang es uns, dauerhafte freundschaftliche Kontakte zum Asowschen optisch-mechanischen und zum Ufaer Gerätebauwerk herzustellen. Bald wurde das Asowsche Werk zum Monopolproduzenten der von uns entwickelten universellen Versuchsstationen und der Kopplungsaggregate. Das Ufaer Werk produzierte die Bordrechner und eine Nomenklatur von Stromwandlern für die bemannten Raumschiffe, bis hin zu den Raumschiffen des Typs „Sojus“. Im Sarapulsker Werk für Flugzeuaggregate gelang es, eine große Serie von Rudermaschinen unterzubringen, dadurch wurde unser Versuchswerk von dieser aufwendigen Produktion befreit.
Auch Moskau und Leningrad haben wir nicht vergessen.
Das Moskauer Werk „Plastik“ hatte sich während des Krieges auf die Herstellung der kompliziertesten Zünder für Geschosse und Raketen der verschiedensten Typen spezialisiert. Der Chefingenieur des Werkes „Plastik“, Boris Sajtschenko, ging 1959 mit außergewöhnlicher Kühnheit auf unseren höchst riskanten Vorschlag ein. Bis Mitte 1961 sollte eine sogar nach den heutigen Maßstäben komplizierte Programmzeitmaschine sowie ein Rechenblock für die Starts zum Mars hergestellt und erprobt werden. Die Geräte arbeiteten als Steuerungseinrichtungen, deren Funktion heute von Digitalrechnern übernommen werden. Zu dieser Zeit beherrschten wir diese Technik noch nicht. Wir hatten gerade damit begonnen, uns die Schaltungstechnik der Halbleitertransistortrioden in Kombination mit gewöhnlichen Relais der Ferritkernmatrizen und Magnetverstärkern anzueignen.
Die Entwicklung dieser Geräte wurde in einer sehr kurzen Zeit vom Laborleiter German Noskin übernommen. Neben anderen Ingenieuren gehörte auch Nikolaj Rukawischnikow zu seiner Truppe. Vor noch nicht langer Zeit bin ich während des Mittagessens in unserem Betriebsrestaurant vom zweifachen Helden der Sowjetunion, dem Präsidenten für Föderation für Kosmonautik, dem Kosmonauten Rakuwischnikow, an diese fernen Tage und Nächte erinnert worden. Er, Rukawischnikow, sein Chef Noskin und dessen Kollegen arbeiteten in der Abteilung des „Plastik-Werkes“ fast 24 Stunden am Tag. Sie waren bestrebt, die Programmzeitmaschine rechtzeitig fertigzustellen. Der

Chefingenieur Sajtschenkow behauptete, daß mit solchen Anstrengungen und schlaflosen Nächten, nicht einmal während der Kriegszeit gearbeitet worden sei. Einmal hat er mich nachts angerufen und erklärt, daß sein Meister alles mögliche unternehmen würde, aber meine Ingenieure sich bei der Fehlersuche völlig verirrt hätten. Er bat mich, schnell zu kommen und an Ort und Stelle zu entscheiden, was zu tun sei. Ich fuhr hin und ging zusammen mit Sajtschenko in die Abteilung. Die nicht rasierten und von schlaflosen Nächten grauen Gesichter verbreiteten keinen Optimismus. Einer von ihnen kroch mit dem Kopf in das Gerät und lötete etwas, ein anderer schaltete einen Kippschalter am Schalpult, noch ein anderer suchte irgend etwas unter der Werkbank. Ich entschied mich und fragte mit lauter aufmunternder Stimme: „Wie sieht es aus Jungs? Morgen ist die allerletzte Frist!"
Niemand hob den Kopf außer dem Arbeiter unter der Werkbank. Dieser richtete sich auf, betrachtete die angerückten Chefs mit starrem Blick und sagte leise: „Männer schert Euch zum..." Und weiter folgte die genaue Adresse an die der ermüdete Arbeiter seine Flüche richtete, um zu erreichen, daß alles Störende beseitigt werde und man die verantwortliche Arbeit beenden könne. „Nun gut, wir werden Sie nicht stören", antwortete ich und verschwand mit Sajtschenko.
Nach zwei Tagen wurde das erste elektronische Gerät, der Programmzeitmaschine, für den ersten interplanetaren Apparat übergeben. Dieses Ereignis hatte ich vollkommen vergessen. Nach 32 Jahren wurde ich von dem Kosmonauten Rukawischnikow mit offensichtlicher Befriedigung daran erinnert. Damals waren der junge Ingenieur und seine Kollegen schöpferisch tätig gewesen, und sie hatten sich als wirkliche Herren ihres Schaffens gefühlt. Die Freude am schöpferischen Tun, die Befriedigung durch die erbrachten Leistungen verschafften den jungen Ingenieuren zu dieser Zeit wahrscheinlich größere Befriedigung als die Orden und hohen Auszeichnungen in den folgenden Jahren.
Seit dieser Zeit stellte das Werk „Plastik" viele Jahre die Programmzeitmaschine für die interplanetaren automatischen Stationen her. Die Übergabe der Thematik an Babakin im Lawotschkin-OKB führte nicht zum Abbruch dieser Produktion. So ist das Werk „Plastik" ungeachtet des Mißgeschicks der letzten Jahre Kooperationspartner des kosmischen Gerätebaus geblieben.
Das Leningrader Gerätewerk war mit Aufträgen zur Herstellung halbautomatischer Kontroll- und Erprobungsgeräte ausgelastet. Mit der Liquidierung der Volkswirtschaftsräte ging dieses Werk erneut in die Verfügung des Ministeriums der Flugzeugindustrie und unsere Aufträge dort wurden gestrichen.
Ich habe nur von einigen wichtigen Betrieben berichtet, die die unterschiedlichsten Bord- und Bodengeräte hergestellt haben.
Die neu gewonnenen Betriebe mußten unverzüglich mit der technischen Dokumentation sowie den Konstruktionsunterlagen versorgt werden. Den Zulieferern der komplettierenden Teile und des Materials mußte geholfen werden. Täglich waren Dutzende telefonische und telegrafische Anfragen zu

beantworten. Wenn es Schwierigkeiten gab, mußte zur Lösung der Probleme dort persönlich hingeflogen oder -gefahren werden. Diese Arbeit erledigten Chasanow und ich gemeinsam. Nach drei Jahren wurde Chasanow zum Chefingenieur unseres Werkes ernannt. In dieser Rolle zeigte er seine organisatorischen Fähigkeiten in vollem Umfang.
Nach den traditionellen Kanonen und Gesetzen der Artilleriehauptverwaltung, die für die Herstellung von Geräten für militärische Raketen verantwortlich war, dauerte der Entwicklungszyklus eines komplizierten Gerätes vom Konstruktionsgedanken bis zur ersten Flugerlaubnis ein bis drei Jahre.
Zuerst wurde die Theorie entwickelt, dann folgten theoretische Berechnungen und Laboruntersuchungen, anschließend die Herstellung eines Labormodells. Dies wurde überprüft, verändert und vervollkommnet. Danach formulierte der Entwickler einen Auftrag an die Konstruktionsabteilung, die die Zeichnung zur Herstellung des ersten Versuchsmusters anfertigte. Das erste Versuchsmuster hatte meistens viele Abweichungen von den exakten Normen, für deren Einhaltung die Vertreter des Militärs verantwortlich waren. Es war notwendig, die Zeichnungen möglichst schnell mit den gefertigten Mustern zu vergleichen, diese dann in Übereinstimmung mit der bei der Produktion gemachten Erfahrung entsprechend zu verändern und schließlich anhand der neuen Dokumentation zur Herstellung des ersten echten Musters überzugehen. Zu diesem Zeitpunkt mußten außer den Zeichnungen, die abgestimmten Instruktionen zur Durchführung der Betriebserprobung und Abnahmeprüfung vorliegen. Die Formulierung dieser Instruktion erwies sich manchmal als arbeitsaufwendiger als die Herstellung der Zeichnungen. Ich erinnere mich an keinen Fall, wo das von einem Entwickler hergestellte Gerät ohne ernsthafte Korrekturen der Erprobungsdokumentation die Abnahme und Übergabe erreicht hätte.
Die ersten Geräte wurden nach der Betriebserprobung der Konstruktions- und Nachbearbeitungsprüfung übergeben. Die Geräte wurden erhitzt, gefroren, auf den Vibrationsständen geschüttelt, in Vakuum- und Feuchtekammern auf extreme Betriebsspannung überprüft. Und immer traten Defekte auf, die abgestellt werden mußten. Es mußte erneut überprüft und irgendwelche Einzelteile ausgetauscht werden. Bei ernsthaften Fehlern wurde die Produktion angehalten, um die Ursachen gründlich zu untersuchen und alle sich anschließenden Maßnahmen mit dem Auftraggeber, d. h. den Militärvertretern, abzustimmen.
Und schließlich wurde nach allen notwendigen Abstimmungen die Produktionsbereitschaft erreicht, um fristgemäß die ersten Geräte zum Einbau in den kosmischen Apparat fertigzustellen. Das verspätete Gerät wurde nicht der Montageabteilung übergeben, sondern gelangte sofort in die Erprobungsabteilung des Betriebes. Hier wurde der komplette kosmische Apparat überprüft. Dies war die letzte Etappe vor der Auslieferung auf den Schießplatz. Nun ergaben sich unerwartete Schwierigkeiten, die aus der elektromagnetischen Unverträglichkeit des Gerätes resultierten. Das Gerät stört oder wird von den Nachbarn gestört. Es konnte auch vorkommen, daß sich in

unzähligen Kabelverbindungen Fehler eingeschlichen hatten, die zur Rauchbildung führten. Im letzten Fall stehen die Entwickler der Bordschaltung, d. h. der Kabelkonstruktionen, und die Produktionsarbeiter bereit. Solange der Fehler nicht gefunden war, konnte der kosmische Apparat nicht zur nächsten Erprobung zugelassen werden. Uns war es gelungen, von Beginn an alle Entwickler und Erprober nach dem Prinzip zu erziehen: vor allem die Ursache ermitteln, dann über die Beseitigung des Defektes entscheiden, alle Nacharbeiten ausführen, die Erprobungen wiederholen und, nachdem du dich davon überzeugt hast, daß die Nacharbeiten erfolgreich waren, den Schuldigen suchen.

Große Bedeutung in dem Zyklus „Entwicklung – Herstellung – Erprobung – Übergabe" spielten die Beziehungen zu den Offizieren, den Spezialisten der militärischen Abnahme. Unsere Militärvertretung wurde von Pawel Trubatschew und dessen Stellvertreter Pawel Alexandrow geleitet. Ich kannte diese noch gut durch unsere gemeinsame Arbeit in den Instituten „Rabe" und „Nordhausen". Zwischen uns bestanden gute wirtschaftliche Beziehungen. Die Offiziere der Abnahme, sie wurden als „Trubatschewzis" bezeichnet, konnten formal und „nach den Regeln" arbeiten. „Nach den Regeln" wäre für unsere Sache am gefährlichsten gewesen. Durch kooperative Zusammenarbeit konnten wir das vermeiden. Im Jahr 1961 wurde Trubatschew zum Chef der Leitung im System der strategischen Raketentruppen ernannt. Auch mit seinem Nachfolger, dem Oberst Oleg Sagrewskij, und dann später mit Oberst Alexandr Isaakjan, fanden wir immer eine gemeinsame Sprache.

Die entstehenden Konflikte wurden im Interesse der Sache und der Fristen gelöst. Die Fristen standen gewöhnlich mit dem oben beschriebenen formalen Entwicklungszyklus der Geräte in Widerspruch. Von allen Leitern der Entwicklung, d. h. vom Stellvertreter des Chefkonstrukteurs bis zu dem Entwicklungsingenieur, wurde außer absoluter technischer Kompetenz noch die Fähigkeit zum Kompromiß gefordert. Diese Kunst wird nicht in Lehrbüchern beschrieben und sie ist auch keine ingenieur-wissenschaftliche Disziplin an den Hochschulen.

Es war sehr schwierig, zwischen den Forderungen der strengen Abfolge der Etappen des Entwicklungszyklus der Geräte und den Fristen, die damit in keiner Weise vereinbar waren, einen Kompromiß zu finden. Gewöhnlich vereinbarten wir Parallelität, d. h., die Produktion begann viel früher – vor der Endbearbeitung der ersten Labormuster. Dies war ein Risiko. Manchmal konnte ein großer Produktionsvorlauf nicht genutzt werden. Aber insgesamt hat sich diese Methode, die in Folge auch auf andere Betriebe übertragen wurde, bewährt. In modernen, mit PC's, Modellständen, modellierenden Ständen und CAD-CAM ausgerüsteten Entwicklern beunruhigt vor allem der Zyklus der Abarbeitung der entsprechenden Softwarepakete. Die Computerisierung der Steuerungssysteme revolutionierte die Technologie der Geräteentwicklung und -herstellung. In den 60er Jahren konnten wir uns nicht vorstellen, daß nach zwanzig Jahren die Entwicklungsfristen eines Systems nicht vom Konstrukteur und der Produktion, sondern vom Mathematiker, der die Software entwickelt, bestimmt werden. Aber die Arbeit an dieser Zukunft haben wir bereits in diesen weit zurückliegenden Jahren begonnen.

## *Die E-2 fliegt zum Mond*

Im September des Jahres 1959 bewiesen wir der ganzen Welt, daß die zweite Stufe der interkontinentalen Rakete in der Lage ist, eine Nutzlast sogar auf den Mond zu befördern. Jetzt war das Fotografieren der nicht sichtbaren Mondseite an der Reihe. Es war dies eine neue Überraschung, über die vorher, unserer Tradition entsprechend, keine Publikationen zugelassen wurden.

Im Vergleich mit dem direkten Erreichen des Mondes war die Aufgabe des Fotografierens seiner Rückseite unvergleichlich schwieriger. Zum ersten Mal in der Geschichte der Kosmonautik war ein autonomer, von der Erde aus steuerbarer, kosmischer Apparat geschaffen worden. Auf der automatischen Station oder dem Objekt E-2 wurde eine Foto-Fernsehapparatur installiert. Nach Erreichen des Mondgebietes sollte sich das System so orientieren, daß die Objektive des Fotoapparates auf die nicht sichtbare Seite des Mondes gerichtet waren. Dabei mußte das Steuerungssystem die automatische Station stabilisieren, die Foto-Fernsehapparatur rechtzeitig einschalten und nach vierzig bis fünfzig Minuten wieder ausschalten.

Die Entfernung der Station zur Mondoberfläche während des Fotografierens sollte nach genauen Berechnungen der mathematischen Gruppe von Ochozimskij, in der Abteilung für angewandte Mathematik, von Lawrow im OKB-1, sowie von Eljasberg, im NII-4, ungefähr 7000 km betragen. Es war eine stark elypsische Bahn ausgewählt worden, die den Mond und die Erde umspannte.

Um eine Umlaufbahn zu erreichen, die die nicht sichtbare Seite des Mondes umfaßte, schlugen die „Himmelsmechaniker“ aus der Abteilung für angewandte Mathematik vor, die Mondanziehungskraft auszunutzen. Die Umlaufflugbahn war so berechnet worden, um eine maximale Informationsmenge während des ersten Umlaufes zu erhalten. Der Fotofilmvorrat an Bord der Station sollte auch für den zweiten Umlauf um den Mond und die Erde reichen. Würde aber der zweite Umlauf überhaupt erfolgen? Es gab viel Streit um die Auswahl der Flugbahn. Das Problem wurde dadurch noch komplizierter, weil zur erfolgreichen Übertragung der fotografischen Ergebnisse über Funk auf die Erde die automatische Station bei ihrer Rückkehr sich auf der nördlich Halbkugel befinden mußte, da der erste Punkt der interplanetaren Verbindung auf der Krim auf dem Berg Koschka im Gebiet Simeis eingerichtet worden war.

Während der Beratung über die vorgeschlagene ballistische Flugbahnvariante wurde von den Berechnern die eidesstattliche Versicherung gefordert, daß die Station bei ihrer Rückkehr zur Erde im ersten Umlauf nicht in die Erdatmosphäre gelangt und verglüht. Der Streit über die mögliche Lebensdauer der Station wurde sehr bewegt geführt. Mich betraf dies unmittelbar, weil die Parameter des Systems der Elektroversorgung und der Programmzeitmaschine zusammen mit den Projektanten unter Berücksichtigung der Lebenszeit der Station und der Anzahl der Funksendezeiten festgelegt werden mußten. Des weiteren mußten die Nutzungsfristen und die Befehlszahl des Funksystems mit Rjasanskij und Boguslawskij abgestimmt werden. Außerdem waren eine große Zahl von Fragen zu lösen, die erstmals auftraten. An all diesen, heute schon klassischen Lehrbeispielen zu arbeiten und zu tüfteln, war teuflisch interessant.

Das System wurde im Jahre 1959 produziert und erprobt. Ich verfügte bereits über eine große Erfahrung bei der Endfertigung der Steuerungsgerätesysteme militärischer Raketen und war bestrebt, diese vollkommen auf das System E-2 zu übertragen. Die Skepsis hinsichtlich der Zuverlässigkeit war sehr groß und auch ausreichend begründet. Wenn wir heute mit Hilfe der modernen Zuverlässigkeitstheorie die Wahrscheinlichkeit für den Erhalt einer Fotografie von der Rückseite des Mondes berechnen, dann würden die Erfolgschancen nicht größer als 20 bis 30 % sein.

Neben den Stablisierungs- und Orientierungsystemen, die Rauschenbachs Abteilung im NII-1 entwickelte, bereitete uns die Foto-Fernsehapparatur „Jenissej" die größten Sorgen. Wir alle bezeichneten sie als „Bade-Wasch-Trust". Dieses Gerät entwickelte das Leningrader NII-380 – später als Allunions-Fernseh-Forschungsinstitut bekannt – nach unseren Vorgaben. Eine Gruppe von Spezialisten, mit dem Direktor Igor Rosselewitsch und den Ingenieuren Petr Brazlawzew und Igor Walikow an der Spitze, entwickelte in einer nach modernen Maßstäben phantastischen Zeit einen automatischen (selbstregulierenden) Foto-Fernsehapparat. Der mit zwei Objektiven ausgestattete Fotapparat fotografierte mit automatisch veränderbaren Belichtungszeiten. Die Belichtung begann erst, nachdem der Befehl der exakten Ausrichtung auf den Mond gegeben wurde. Nach Beendigung der Aufnahmen ging der Film an eine automatische Entwicklungseinheit, dort wurde er entwickelt, fixiert, getrocknet, in einer Spezialkassette gelagert und auf die Übertragung zur Erde vorbereitet.

Ich war von Kindheit an Fotoliebhaber. Wahrscheinlich empfand ich deshalb für das Kollektiv der Foto-Fernseharbeiter eine besondere Sympathie. Diese wurde während der Erprobung der „Jenissej" auf dem Schießplatz mit dem Zorn und den Vorwürfen der Erprober konfrontiert, da es vielfältige Pannen und ständige Verletzungen der geplanten Fristen gab.

Zur Umwandlung des Bildnegativs in elektrische Signale wurden Elektronenstrahlröhren und Vervielfacher der Fotozellen eingesetzt. Im weiteren erfolgte die elektronische Bildpunktabtastung, die Verstärkung, die Signalausbildung und alle weiteren notwendigen Schritte zur Fernseh-informationsübertragung. Neu war die breite Anwendung von Halbleitertransistoren anstelle von Röhren. Zur damaligen Zeit galt das als Exotik und war mit einem großen Risiko verbunden.

Die Übertragung der Abbildung von Bord auf die Erde erfolgte über Funklinien, die ansonsten zur Messung der Bewegungsparameter der Station selbst und zur Übertragung telemetrischer Parameter dienten. Dieselben Funklinien realisierten die Übertragung der Funkbefehle, mit deren Hilfe die Bordsysteme angesteuert und die Antworten quittiert wurden. Es handelte sich um ein kompliziertes Funksystem, das unter Leitung von Boguslawski im NII-885 entwickelt worden war. Während der Entwicklung dieses Systems hatte ich mit ihm einen friedlichen Streit über die Auswahl der Prinzipien der Funkanlagen.
Schon in Deutschland bei dem Studium der deutschen Erfahrungen der Funksteuerung und der Telemetrie kritisierte Boguslawskij die Deutschen, weil sie beim Funk stetige anstelle von Impulswellen verwendeten. Diese setzten sie bei der Funkortung ein. Bei der Entwicklung völlig neuer Systeme beschäftigte sich Boguslawskij immer mit der Impulsidee. Dabei unterstützte ich ihn. Ich war schon seit 1943 von den Impulsmethoden überzeugt, als ich zusammen mit Popow ein System zur Koordinatenbestimmung des Flugzeuges entwickelte.
Für die E-2 entwickelte Boguslawskij entgegen aller vorherigen Bemühungen ein Funksystem mit stetigen Wellen. Nicht nur ich, sondern alle unsere Funker forderten, aktiv auf Boguslawskij einzuwirken, daß er zu seiner alten „Impulsweltanschauung“ zurückkehren sollte.
Unsere Konflikte erreichten SP Er forderte von Rjasanskij eine Erklärung, weil dieser für die Funksysteme insgesamt verantwortlich war. Boguslawskij erklärte ehrlich, daß er von den Impulsmethoden nach wie vor überzeugt sei, daß es ihm aber in einer so kurzen Frist nur möglich wäre, ein zuverlässiges System zu entwickeln, was sich auf die erprobten Methoden der stetigen Wellen stützt. Im Interesse der Einhaltung der Fristen und der Zuverlässigkeit war man letztlich damit einverstanden.
Die Sieger werden in der Regel nicht verurteilt, aber das kontrastlose schlaffe Bild, das bei der Übertragung zunächst ankam, wurde mit der unzureichenden Energieversorgung der Funkanlage erklärt. Darüber diskutierten wir mit Boguslawskij in alter Freudschaft viele Jahre später nach den Funkübertragungen auf dem Gelände des Simferopoler und Jewpatorijsker kosmischen Funkzentrums, als wir uns beim Spaziergang trafen.
Boguslawskij war auch für die Baustruktur, Phlilosophie der komplizierten Bodenfunkgeräte, die Befehlsgeräte, die leistungsfähigen Funksender, Funkempfänger sowie die Registratureinrichtungen und Antennensysteme verantwortlich. Der erforderliche Aufbau und die Vorbereitung des ersten kosmischen Nachrichtenübertragungspunktes auf dem Berg Koschka auf der Krim wurde im Rahmen dieser verantwortungsvollen Arbeit durch die freundschaftliche Zusammenarbeit des Armeepunktes 32103 und des NII-885 ermöglicht. Der Punkt war am Südhang des Berges eingerichtet worden und lag zum Meer hin. Es gab praktisch keine industriellen Funkstörungen. Das Klima der Krim erlaubte, das ganze Jahr hindurch zu arbeiten.
Das Nachrichtenzentrum war Bestandteil des großen Befehls- und Meßkomplexes. In diesen Jahren war dieser Komplex noch dem NII-4, dem

General Sokolow, unterstellt. Das Training während unserer Mißerfolge bei dem Start 1958 bestätigte, daß es keine Mißerfolge ohne gute Seiten gibt. Als wir schließlich zuverlässig arbeiteten und den Mond erreichten, war das Funkfernsystem endlich fertiggestellt.

Die Montage und Erprobung der automatischen Station im Werk war nicht in der notwendigen Frist erfolgt. Unter Berücksichtigung der Tatsache, daß sich die qualifiziertesten Erprober die ganze Zeit auf dem Schießplatz aufhielten, sandte Turkow im Einverständnis mit Koroljow im August 1959 den Apparat zur endgültigen Fertigstellung auf den Schießplatz. Auf der technischen Position desselben hatte sich zu dieser Zeit schon ein System zur Vorbereitung unvollendeter Objekte herausgebildet (d.h. Geräte und Anlagen).

Zusammen mit Arkadij Ostaschew war ich ständig für die Leitung und Kontrolle der Erprobungen verantwortlich. Ostaschew versah großzügig nachts seinen Dienst im Montage- und Erprobungsgebäude, so daß mir der Tag nicht nur zur Arbeit blieb, sondern auch zu Gesprächen mit den vielzähligen Leitern, die nachts zumeist schliefen oder der höchsten Führung in Moskau berichteten. Die Erprobungen verliefen mit der Startvorbereitung der E-1, der Mondrakete mit dem historischen Wimpel, parallel.

Die Erprobung der ersten kosmischen Apparate unterschied sich von Beginn an prinzipiell von der der Flugzeugerprobung. Ein Flugzeug wird von einem Testpiloten erprobt. Der Chefkonstrukteur wartet mit seinen Beratern gewöhnlich auf dem Flugplatz. Sie erwarten die Landung und den Bericht des Piloten. Ein kosmischer Apparat wird auf dem Schießplatz bis zu dem Start von den Entwicklern und Erprobern gemeinsam betreut. Sie arbeiten so eng zusammen, daß man nicht immer unterscheiden konnte, wer hier Entwickler und wer Erpropber war. Gewöhnlich wurde der kosmische Apparat auf dem Schießplatz unkomplettiert und vom Herstellerbetrieb unerprobt ausgeliefert. Die Systementwickler erfuhren von ihren Fehlern in vielen Fällen noch vor der Erprobung, die meisten jedoch während derselben im Montage- und Erprobungsgebäude auf der technischen Position.

Die E-2 war die erste mit einem System zur Bewegungssteuerung ausgerüstete Sonde, die außerdem über eine komplizierte Funkanlage verfügte. Dafür war sie ein typisches Beispiel.

Die Erprobung erfolgte immer unter Dauerstreß. Das war schon Tradition. Bis zum astronomisch bedingten Starttermin verfliegt die Zeit und verkürzt sich mit unberechenbarer Geschwindigkeit. Je näher der Startzeitpunkt rückt, um so mehr Mängel und unvorhersehbare Fehler werden entdeckt. Es kommt zu Ausfällen und zu unerklärbaren Kettenreaktionen im System. Manchmal schien es, als seien wir dem unendlichen Strom der Unannehmlichkeiten nicht gewachsen, so daß wir zu der Meldung gezwungen sein würden: „Die fristgemäße Fertigstellung des Objekte ist nicht möglich. Der Start muß verschoben werden!“ Aber dieser Fall ist nicht eingetreten. Alle glaubten an den Erfolg und unterstützten sich in diesem Glauben gegenseitig.

Bei der Vorbereitung der E-2 im September/Oktober 1959 erstaunten mich die Entwickler des Orientierungssystems Baschkin und Knjasew durch ihren Ingenieurfanatismus. Sie waren Mitglieder der Gruppe Rauschenbachs, denen wir zum ersten Mal im NII-1 bei Keldysch begegnet waren. Sie fanden Auswege, so schien es, aus völlig ausweglosen Situationen. Und so drängte es sich auf, jedem von ihnen zu sagen: „Mit Dir würde ich glatt zur Aufklärung überlaufen."
Baschkin wurde nach seinem Übertritt aus dem NII-1 in das OKB-1 bald zu einem führenden Spezialisten, zum Leiter einer großen Abteilung für Steuerungssysteme kosmischer Apparate. Es ist bedauerlich, daß Baschkin auf der Suche neuer Erprobungsfelder seines Talents, trotz seiner unschätzbaren kosmischen Erfolge in ein Fernsehzentrum überwechselte. Knjasew gelang es, bei uns im OKB-1 eine neue Abteilung Mikroantriebe der Stellgliedsysteme zu organisieren. Sein tragischer Tod bei einer Flugzeugkatastrophe war für uns alle ein schwerer Schlag.
Der durch die Kollektive von Baschkin und Knjasew verursachte Ärger erklärte man Keldysch und Koroljow besonders einleuchtend, weil beide den Verlauf der Erprobung der Systeme, die von nicht professionellen Kollektiven geschaffen worden waren, mit besonderer Aufmerksamkeit verfolgten. Der mit einer deutlichen Portion Humor gewürzte Optimismus beruhigte nach einer völlig schlaflosen Nacht gewöhnlich.
Wesentlich schwieriger war zu begreifen, was mit der Funktechnik passierte. Wenn die Funkbefehle nicht ausgeführt wurden, dann schob man das hauptsächlich auf Fehler in der Bordapparatur. Meistens lag es jedoch an der „Versuchsbodenstation".
Sehr treffsicher hat ganz zu Beginn des kosmischen Zeitalters ein amerikanischer Raketenspezialist gesagt: „Wenn bei der Erprobung alles fehlerfrei verläuft, dann hast Du irgend etwas nicht festgestellt." Gewöhnlich war es auch so. Die meisten Sorgen bei der Vorbereitung machte die „Jenissej". Bei komplexen Echtzeiterprobungen wurden alle Befehle ausgeführt, aber der Film war entweder fleckig, überbelichtet oder verschleiert. Es gab alle möglichen Veränderungen, auch die Entwicklungslösung wurde verändert. Walik und Brazlawzew hatten schon viele Nächte nicht geschlafen. Dann weckte mich nachts ein Telefonanruf von Arkadij Ostaschew. Mit sehr feierlicher Stimme teilte er mir mit: „Boris Ewseewitsch, diese Alchimisten haben es schließlich doch gepackt. Der Film ist jetzt ausgezeichnet. Ich bitte darum, nichts mehr zu verändern und dann am Morgen den folgenden Komplex vorzubereiten."
Dies war eine Woche vor dem Aussetzen des historischen Wimpels auf den Mond.
Nach diesem historischen Ereignis flogen wir für einige Tage nach Hause, um die Wäsche zu wechseln und die Luft Moskaus und Podlipkis einzuatmen. Am folgenden Tag nach Rückkehr vom Schießplatz erschien ich bei Koroljow, um über die Vorbereitung der E-2 zu berichten und das Programm für die nächste

Zeit abzustimmen. Koroljow war sehr erregt. Es war die Folge der Volksfestfeierlichkeiten und des offensichtlichen Wohlwollens Chruschtschows, dessen Rückkehr aus Amerika am 28. September erwartet wurde.
„Aber wir werden ihn in Moskau nicht treffen", bemerkte Koroljow mit ausdrücklichem Bedauern. „Wir müssen losfliegen, um den Start für den 3. oder 4. Oktober vorzubereiten, nicht später! Halte Du Dich nicht auf, fliege mit Ostaschew in ein paar Tagen los und schaut Euch alles an, wir dürfen uns jetzt auf keinen Fall blamieren. Der Start wird auch von Loyell und den Amerikanern verfolgt. Keldysch möchte das Ziel des Fluges sofort nach Erreichen der Umlaufbahn bekanntgeben. Deshalb würde die Blamage sehr groß, wenn wir die Mondrückseite nicht erblicken. Wenn Du auf den „zweiten Platz" zurückgekehrt bist, mußt Du mir sofort berichten"
Am 17. September kehrte ich zum „zweiten Platz" zurück und stürzte mich in den ganztägigen Strom der Erprobungssorgen. Am 25. September kamen wir zu der ziemlich festen Überzeugung, daß alle Fehler überwunden seien, die automatische Station mit der dritten Stufe gekoppelt und zur Endprüfung des gesamten Pakets übergegangen werden könnte.
Bald erhielt ich Gelegenheit, mich an Hauptmann Sinekolodezkij zu erfreuen. Mit weißen Turnschuhen bekleidet, bewegte er sich artistisch auf den unter dem Dach hängenden Raketenblöcken und gab mit nur ihm und dem Kranführer verständlichen Gebärden Befehle. Das Schauspiel der nächtlichen Montage des Raketenpaketes bereitete ungewöhnlichen Spaß.
Am 28. September 1959 fand anläßlich der Rückkehr Chruschtschows aus Amerika ein Meeting im Sportpalast in Lushnikij statt. Ein Arbeiter eines Autowerkes, der Brigadier einer Kolchose, eine Studentin der Moskauer Technischen Universität und als Vertreter der Wissenschaft, das Akademiemitglied Leonid Sedow, begrüßten Chruschtschow. Bei aller Verehrung und einer guten Meinung Leonid Iwanowitschs, dem größten Wissenschaftler auf dem Gebiet der Mechanik unserer Tage, verstand ich die Koroljow zugefügte Beleidigung. Im Ausland wurde Sedow zu dieser Zeit als „Vater der sowjetischen Sputniks" gehandelt. Die tatsächlichen Schöpfer spürten nichts von dem ihnen gebührenden Ruhm, sie wurden übergangen.
Alle Redner des Meetings, darunter auch Sedow, rühmten die Errungenschaften der Wissenschaftler, Ingenieure und Arbeiter, die die uralten Träume der Menschheit verwirklicht hatten, d. h., sie waren die ersten bei den beginnenden Weltraum- und interplanetaren Flügen.
Chruchtschow erregte durch seine Reden echte Begeisterung bei allen Teilnehmern des Meetings und der Millionen Radiohörer. Ja, und er war tatsächlich aufrichtig, als er ausführte:
*„Unsere Zeit kann und wird eine Zeit werden, die große Ideale verwirklicht, eine Zeit des Friedens und des Fortschritts. Die sowjetische Regierung hat das seit langem erkannt. Von dieser hohen Tribüne aus möchte ich vor den Moskauern, vor dem ganzen Volk, der Regierung und der Partei feststellen, daß der Präsident der USA Dwight Eisenhower, bei der Einschätzung der*

*internationalen Situation staatsmännischen Weitblick gezeigt hat. Er brachte Mut und Willenskraft durch die Worte zum Ausdruck...*
*Außerdem habe ich den Eindruck gewonnen, daß es in Amerika Kräfte gibt, die mit dem Präsidenten nicht in einer Richtung arbeiten. Diese Kräfte setzten sich für die Fortsetzung des „kalten Krieges" und des Wettrüstens ein..."*
Zu der Zeit haben wir alle diese Kräfte in den USA unterschätzt und haben nicht geglaubt, daß es auch bei uns ähnliche Kräfte gab. Sie hätten die Welt drei Jahre später fast in eine Katastrophe gestürzt.
Während im Lande noch die Ovationen anhielten, bereiteten wir die E-2 vor.
Die Startvorbereitungen verliefen relativ ruhig. Ich entfernte mich in der traditionsgemäßen dreißigminütigen Bereitschaftszeit vom Startpult zum ersten Meßpunkt und wünschte Woskresenskij und Ewgenij Ostaschew „Hals- und Beinbruch". Sie wünschten mich freundschaftlich „zum Teufel".
Die Rakete mit der neuen Mondsonde trat nach nur 20 Tagen nach dem ersten Erreichen des Mondes ihren Flug an.
Am 4. Oktober, dem zweiten Jahrestag des Beginns des kosmischen Zeitalters, berichtete die Stimme Lewitans der Welt vom erfolgreichen „dritten Start der kosmischen Rakete". Ungeachtet ihrer Versprechungen hatten die Rückversicherer, die Autoren der TASS-Mitteilungen aus dem Text alles entfernt, was das Hauptziel des Fluges - das Fotografieren der Mondrückseite - betraf.
Am Mittag des 4. Oktober erhielt die Staatliche Kommission die Mitteilung, daß das Steuerungszentrum auf dem Berge Koschka die Beobachtungen und Funkverbindungen mit „allen Mitteln" entsprechend aufrecht erhält. An Bord war alles in Ordnung und die Arbeit verlief programmgemäß.
Am Morgen des 5. Oktober flogen wir vom Schießplatz ab. Die Brigade des „Bade- und Waschtrusts" flog auf die Krim, die restlichen nach Moskau. Den zweiten Jahrestag des ersten Sputnikstarts begingen wir an Bord der IL-14 auf dem Flug nach Wnukowo (Flugplatz in Moskau).

## *Der Flug nach Koschka*

Am 6. Oktober kam ich in Moskau an. Ich ging zur Beratung, vor allem, um herauszufinden, wie es mit den Arbeiten an den Venus-Flugapparaten bestellt sei. Die Startzeitpunkte zur Venus wurden durch die Himmelsmechanik vorgegeben und eine Verspätung von einer Woche bedeutete hier eine Startverschiebung um mindestens ein Jahr. Nach der ersten halben Stunde meines Gespräches begriff ich, daß die Vorbereitung der automatischen interplanetaren Station, sich in einem katastrophalen Zustand befand. Meine Absicht jedoch, von dem Mond auf die Venus umzusteigen, erwies sich offensichtlich als verfrüht.
Plötzlich rief Koroljow an:

„Boris, komm bitte sofort zu mir! Nimm keinerlei Akten mit und berücksichtige, daß Du heute nicht mehr nach Hause zurückkehrst.“
„Sergej Pawlowitsch, aber was wird aus dem Mars und der Venus? Die Situation ist sehr kompliziert!“
„Nein, hast Du verstanden, was ich gesagt habe?! Du hast ausreichend viele Stellvertreter. Komm schnell zu mir!“
SP sprach, als ich zu ihm kam, nach „Kremlart“ mit Wladimirskij, dann mit Keldysch und Rjasanskij und vereinbarte einen Flugtermin ab Wnukowo. Der nach mir herbeigerufene Ostaschew wollte etwas sagen, aber SP hörte ihm nicht zu.
„Die Funkverbindung der automatischen Station ist sehr schlecht. Die telemetrischen Daten können nicht empfangen werden. An Bord kommen die Funkbefehle nicht an. Wir fliegen zur Krim und müssen dort vor dem Beginn der Funkübertragung eintreffen. Sie beginnt um 16 Uhr. Das ist die Zeit der Funkschicht für die Krim. Am Eingang unten stehen zwei Autos, wer mit welchem fährt, müßt Ihr selbst entscheiden. Fahrt nach Hause, nehmt die notwendigsten Sachen und kommt dann nach Wnukowo. Dort wartet eine Tu-104 zu einem Sonderflug. Ihr habt direkten Zutritt zum Flugzeug. Der Abflug ist auf 12 Uhr angesetzt. Ihr müßt etwas früher da sein, um zu besprechen und zu entscheiden, was zu tun ist.“
Wir begriffen beide, daß für Nachforschungen und Diskussionen jetzt keine Zeit war. Auf dem Wege nach Wnukowo fuhr ich durch die 3. Ostankinsker Straße nach Hause. Hier wechselte Katja in schon gewohnter Weise die Dienstreiseausrüstung in dem gestern vom Schießplatz angelieferten Koffer.
Am Eingang zum Flugfeld fragte der Diensthabende: „Zum Sonderflug? Ihre Leute sind schon eingetroffen! Beeilen Sie sich!“ Und er gab die Richtung an, in der das Flugzeug gesucht werden mußte. Die Tu-104 war das erste Düsenflugzeug unserer zivilen Luftfahrt. Für die Inlandfluglinien war es noch eine große Seltenheit. Ein solches Flugzeug auf dem Flugfeld zu finden war einfach.
Beim Einstieg in das Flugzeug bemerkte ich zu meinem Erstaunen, den lachenden Keldysch, Wladimirskij, Rjasanskij und den erregten SP Er fragte mich schroff:
„Wo ist Ostaschew? Ich habe Euch zwei Autos gegeben!“
„Aber Sergej Pawolowitsch, durch zwei Autos wird der Weg nicht abgekürzt und die Geschwindigkeit nicht verdoppelt,“ widersprach ich. „Arkadij wird gleich auftauchen.“
In solchen Situationen war, sich zu rechtfertigen oder zu widersprechen, sinnlos. Für SP war es unerträglich, untätig zu warten, wenn große Eile notwendig war. Auf Keldysch schimpfen konnte er nicht. Wladimirskij hatte er schon, wie sich später herausstellte, wegen des „Nichtankommens der Funkbefehle“ angegriffen. Jetzt verspätete sich sein Stellvertreter Tschertok und Ostaschew fehlte überhaupt! Und in einer solchen Situation erlaubte sich Keldysch, auch noch zu lachen.

SP geriet immer mehr in Harnisch und zehn Minuten nach meinem Erscheinen befahl er der Crew, das Flugzeug auf die Rollbahn zu bewegen und zu starten. Die Erregung von SP hatte seine Grenze erreicht. Um sich zu beruhigen, verschwand er in der Pilotenkanzel:
„Wir können nicht länger warten."
Die Gangway wurde weggefahren und die Türen verriegelt. Die Triebwerke heulten auf und das Flugzeug begann, sich auf das Startfeld hin zu bewegen. Plötzlich flog ein Auto heran. Es überfuhr alle Querwege, um dem anrollenden Flugzeug den Weg abzuschneiden. Ostaschew sprang aus dem Auto und winkte mit seinem Köfferchen. Das Flugzeug hielt an, eilig wurde das Bordfallreep herabgelassen und der verspätete Fluggast an Bord genommen.
SP betrat den allgemeinen Fahrgastraum wieder. Er drohte Ostaschew mit der Faust, den Sinn der Drohung konnte man im anschwellenden Lärm der Triebwerke nur erraten.
Zur damaligen Zeit war die Tu-104 ein komfortables Prestige- und ein schnelles Flugzeug. Anstelle von mehr als einhundert Passagieren waren wir nur sechs. Alle, außer Keldysch, flogen zum ersten Mal mit einem solchen Flugzeug. Er lachte listig und gutherzig und machte sich weiter darüber lustig, daß ein solcher Flug, eine fixe Idee Koroljows sei. Wenn es sich nun so ergeben hat, dann nutzen wir eben die Dienstleistung und den Service „auf Weltniveau". Gewöhnlich flogen wir nur in unseren Dienstflugzeugen, den Transport-Passagierflugzeugen Il-14 oder Li-2, solche schmucken Stewardessen waren ungewöhnlich. Das Flugzeug war, für die Crew unerwartet, von einer Auslandsreise abgezogen worden und so hatten die netten Mädchen die Möglichkeit, an einem gemeinsamen Tisch ein ausgezeichnetes Essen zu servieren.
SP gewann sehr bald seine gute Laune zurück. Als Antwort auf das Lob wegen des Flugzeuges, des Essens und der Stewardessen erklärte er:
„Es ist alles in Ordnung, bald werden wir uns nur solche Flugzeuge halten und diese Mädchen abwerben. Aber bedenken Sie von vornherein, daß wir nur jene in ein solches Flugzeug lassen werden, die sich gut benehmen. Und Michail", dabei wandte er sich an Rjasanskij, „wenn Deine Funkbefehle nicht ankommen, dann wirst Du mit der Li-2 fliegen und solche Stewardessen wirst Du lange nicht zu Gesicht bekommen.
Aber jetzt meine Lieben, beachtet bitte, daß wir auf einem Militärflugplatz landen. Uns erwartet ein Hubschrauber, mit dem wir bis nach Aj-Petri fliegen. Dort werden wir von den Mächtigen der Krim empfangen, die uns direkt zum Flugleitpunkt bringen. Zur Erholung hat man uns Luxuszimmer in „Nishnej Oreanz" gebucht."
Die Entscheidung über unseren Flug auf die Krim hatte Koroljow erst am Morgen getroffen. Innerhalb einer reichlichen Stunde war es ihm gelungen, diese unerwartete Expedition zu organisieren. Dazu war es notwendig gewesen, die Aeroflot, die Luftstreitkräfte, das Krimgebietskomitee der KPdSU sowie die Organisationsabteilung des sowjetischen Ministerrates einzuschalten. Sogar bei

diesen, keinesfalls systemtechnischen Problemen zeigten sich seine glänzenden organisatorischen Fähigkeiten.
Dieser unser Flug auf die Krim zeigte, daß Koroljow gute Beziehungen zu den höchsten Beamten der Partei- und der Regierungshierarchie unterhielt. Für sie war der Name Koroljow kein Geheimnis, sie hatten sehr gut verstanden, wer tatsächlich die Mondwimpel an zwei Punkten des Mondes plaziert hatte. Sie berücksichtigten auch das Verhältnis von Chruschtschow zu Koroljow.
Auf dem Militärflugplatz verabschiedeten wir uns herzlich von der gastfreundlichen Crew der Tu-104. An der Gangway wurden wir von dem Kommandierenden der Luftstreitkräfte begrüßt. Wir zwängten uns in den Hubschrauber hinein, bei dem sich schon die Rotorblätter drehten, überflogen das Krimgebirge und dann entlang dem Ufer.
Dort waren sie – Koktebel, Karadag, Solotye Worota – Orte, an denen ich letztmalig mit Katja und Isaew im Vorkriegsjahr unter Obhut unseres Bolchowitinow-OKB gewesen war. Ich hielt es nicht aus und deklamierte unter dem Lärm des Hubschraubermotors:

*Herrliche Ufer der Tawriden,*
*wenn man sie vom Schiff aus erblickt,*
*unter dem morgendlichen Licht der Kapriden*
*so habe ich sie zuerst entdeckt.*

„Ja Boris, Du hast es gepackt!“ lachte SP. Ihm war es offensichtlich angenehm, daß alles exakt nach Plan ablief. Und außerplanmäßig war es möglich, einen Blick auf Koktebel – den Ort der romantischen Segelflugjugend zu werfen.
Die poetische Stimmung wurde von dem Hubschrauberkommandanten unterbrochen. Er betrat die Passagierkabine und machte Koroljow, den er sofort als den Chef erkannte, Meldung: „Im Gebiet von Aj-Petri fällt nasser Schnee, die Sichtweite ist praktisch gleich null, zu landen ist nicht empfehlenswert.“
Koroljow verstand, daß er entscheiden mußte.
„Wir müssen uns sehr beeilen. In Aj-Petri werden wir von Autos erwartet, wollen wir es riskieren?“
Der Kommandant war damit einverstanden, daß er eine Landung zu riskieren. Er erwiderte jedoch:
„Bei solchem Wetter ist es unvernünftig, von Aj-Petri aus mit dem Auto nach unten zu fahren. Das ist ein zu großes Risiko.“
Jetzt sprachen schon alle davon, daß wir einen Autounfall vermeiden müßten. Der Kommandant schlug vor, auf dem Hubschrauberlandeplatz in den Bergen in der Nähe von Jalta zu landen. Koroljow war einverstanden. Der Kommandant sprach über Funk mit dem Stadtkomitee der KPdSU in Jalta und bat darum, die Autos dorthin zu schicken. Er hatte nicht das Recht über Funk mitzuteilen, wer wir waren und warum wir in der Nähe von Jalta landen wollten. Nach den Anweisungen des Sicherheitsdienstes durften die örtlichen Organe von unserer Anwesenheit nichts erfahren. Ungeachtet dessen wurden wir schon, als wir den

Hubschrauber verließen und uns von dem Piloten verabschiedeten, von der Parteileitung Jaltas mit einem „SIM“ und einem „Pobeda“ empfangen,.
Der Sekretär des Jaltaer Stadtparteikomitees war über unser Erstaunen offensichtlich zufrieden:
„Und Sie haben gedacht, Sie wären bei uns illegal. Die Disposition der Autos nach Aj-Petri wäre ohne meine Teilnahme unmöglich. Wie Sie sehen, arbeiten wir hier mit operativen Informationen. Wir haben die Hubschrauber beobachtet. Wir sind bereit, für Sie und Ihre Mitarbeiter nach der angespannten Arbeit etwas Erholung zu organisieren. Uns ist dies angenehmer, als die Launen der Frauen verschiedener hochgestellter Funktionäre zu erfüllen.“
Im Namen aller bedankte sich Koroljow und bedauerte, daß wir nicht einmal eine Stunde hatten, um uns zu erholen und spazierenzugehen.
„Wir haben es sehr eilig und bitten darum, uns nach Simeis zum Flugleitpunkt zu bringen.“
Der Chef von Jalta war offensichtlich enttäuscht. Er hatte gehofft, den streng geheimen Entwicklern der Mondraketen im besten Kurhotel allen Spaß organisieren zu können und mit ihnen im besten Einvernehmen ein wenig zu zechen.
Im „SIM“ eingezwängt fuhren mit der möglichen Höchstgeschwindigkeit auf der engen, gewundenen Krimstraße in Richtung Simeis. Wir waren um 11 Uhr zu Hause losgefahren, dann mit dem Düsenflugzeug geflogen, anschließend mit dem Hubschrauber, dann erneut mit dem Auto und um 14,30 Uhr waren wir auf dem Berge Koschka, der sich über Simeis, dem bekannten Kurort, am Südufer der Krim erhob.
Der Flugleitpunkt war neben der Filiale des Pawlowsker Observatoriums gelegen. Seine wichtigste Ausstattung, eine Flächendrehantenne, hatte eine Fläche von 120 $m^2$. Die Sende- und Empfangsgeräte waren auf Autokombifahrzeugen montiert. Der Flugleitpunkt selbst war in einer provisorischen Holzbaracke eingezwängt. In einem der Vorräume waren die Fotoregistratoren installiert. Auf Thermopapier sollten diese Geräte ohne Entwicklung die Mondrückseite abbilden. Gleichzeitig sollten die Bilder auf gewöhnlichem Fotopapier aufgenommen und dann in einem langen Prozeß chemisch bearbeitet werden. Dies wäre am Empfangsort nicht möglich gewesen. Es sollte in Moskau erfolgen.
Die Bedienmannschaft des Flugleitpunktes – Militär und zivile Spezialisten – wohnten in Zelten. Auf dem Gelände räucherte eine Feldküche, eine für Kriegszeiten typische Einrichtung. Man hatte insgesamt den Eindruck, daß hier die Militärs das Sagen hatten. Wir hatten schon feste Flugleitpunkte bei Simferopol und Jewpatorija gebaut. Der Punkt auf dem Berge Koschka war provisorisch, und deshalb trug hier alles den Stempel des Provisoriums.
Auf der ersten operativen Zusammenkunft erklärte Boguslawskij als technischer Leiter, daß der Hauptgrund der instabilen Funkverbindung bei den ersten Übertragungen, die falsche Ausrichtung der Bordantennen der automatischen Station sei.

Was ist – das ist. Das Antennendiagramm ließ sich nicht korrigieren. Koroljow wünschte, mit dem Bediener persönlich zu sprechen, der für die Funkverbindung verantwortlich war. Neben vielen seltenen Fähigkeiten besaß SP noch den siebten Sinn, „Unordnung und Schlamperei“ aufzuspüren. Das bemerkten wir immer wieder. Er bemerkte sofort und begriff, daß in dem Punkt der von ihm verehrte Boguslawskij (zukünftiger Doktor der technischen Wissenschaften und zukünftiger Held der Sozialistischen Arbeit sowie Träger des Leninpreises) und gleichzeitig die Obersten Syzko und Bugaew Befehle erteilten (beide wurden später ebenfalls zu Preisträgern und zu Leitern neuer Punkte kosmischer Fernverbindungen).
Während der Zeit der Funkübertragungen bedienten die dafür Verantwortlichen nicht besonders koordiniert eine Vielzahl von Hebeln zur Abstimmung und Regelung. Nicht alle hatten begriffen, wann wessen Befehl auszuführen war. Boguslawskij verehrten alle, aber für jeden beliebigen Offizier war ein über ihm stehender Oberst eine realere Macht.
„Achtung!“, befahl Koroljow, „Während der Funkübertragungszeit bitte ich, daß alle Meldungen an Jewgenij Jakowlewitsch Boguslawskij erfolgen. Und alle Bediener bitte ich, nur seine Befehle auszuführen.“
Das einfachste, so schien es, war diese Anordnung, denn sofort ergab sich im Punkt eine neue Ordnung. Boguslawskij fühlte sich als Chef und nahm alle Verantwortung für den Funk zum Mond auf sich. Die Oberste hatten ohnehin, so erwies es sich, vollkommen zu tun. Sie hörten auf, Boguslawskij zu dublieren,
Am 6. Oktober um 16 Uhr erfolgte die Übertragung der telemetrischen Daten. Zum allgemeinen Erstaunen klärte es sich allmählich mit dem Eintreffen von Informationen auf, daß an Bord alles normal war.
Als die Anspannung nach der Übertragung abgeklungen war, gingen wir mit Boguslawskij rauchen. Es wehte ein kalter Wind. Von der Aussichtsplattform aus eröffnete sich ein herrlicher Blick auf das unten gelegene Kurortufer. Die blaue Bucht wurde von der untergehenden Sonne erleuchtet. Auf der unruhigen See bewegte sich ein einsames Boot.
„Siehst Du das Boot?“, fragte Boguslawski. „Das habe ich angefordert, ein Militärboot der Schwarzmeerflotte kontrolliert die Bucht. Es ist mit einer Apparatur zum Aufspüren von Funkstörungen ausgerüstet. Außerdem schränkt die Schwarzmeerflotte während der Übertragungszeiten den Funkverkehr ein bzw. unterbricht diesen und von der Verkehrspolizei wird der Autoverkehr unten auf der Bergstraße unterbrochen. Die Störmöglichkeiten sind minimiert. Ehrlich gesagt, ist die Leistung der Sender gering. Aber ich denke, wenn uns der „Bade-Wasch-Trust“ nicht im Stich läßt, dann ist alles in Ordnung. Wie es auch sei, den Bildempfang werden wir aus einer Entfernung von mehr als 50.000 km organisieren.“
Als er dies sprach, rauchte er begierig „Belomor“ nachdem er meine „Kasbek“ zurückgewiesen hatte.

Als wir vom Rauchen zurückkamen, war Koroljow schon wieder am „Sammeln“. Er forderte, einen genauen Plan für die nächsten Funkübertragungen sowie Maßnahmen für den Versagensfall vorzulegen.
Die Orientierung auf die Mondrückseite und anschließend das Einschalten der Foto-Fernseheinrichtung sollte am frühen Morgen des 7. Oktober beginnen. Brazlawez äußerte unerwartet seine Bedenken, daß nach den bisherigen Erfahrungen mit der Foto-Fernseheinrichtung die Zeit für das Fotografieren über eine Stunde andauern könnte und daß in der Station das Spezialpapier für die folgenden Aufzeichnungen der Bilder der unbekannten Mondlandschaft nicht ausreichen könnte. SP wurde deshalb zornig. Ich verstand ihn. Denn, wenn man uns informiert hätte, hätten wir das fehlende Papier aus Moskau mitbringen können. „Aus allen Rohren feuerte“ SP deshalb auf Rjasanksij, Boguslawskij und Brazlawez.
Aber das bloße Schreien veränderte die Situation nicht. Befriedigt war SP erst, als er nach der Abrechnung konkret gehandelt hatte. Er hatte in Moskau angerufen, Rudnew gefunden, ihm die Situation erklärt und um Hilfe gebeten. Dann rief er noch in seinem OKB-1 an und erklärte dort die Situation. Nach vielen Gesprächen mit Moskau sagte er zu Oberst Bugaew:
„In Simferopol kommt eine Tu-104 an. Der Flugzeugführer hat eine Schachtel mit dem Film. Ich spreche jetzt ab, daß auf dem Flugplatz zum Landezeitpunkt ein Hubschrauber wartet und den Film hierher transportiert. Sie müssen entschuldigen, aber an diesen Umständen sind meine Kollegen schuld.“
Der Zwischenfall mit dem Film war beendet. Alles lief nach Koroljows Plan ab.
Und spät am Abend betrachtete SP den friedlich an einem der Geräte vor sich hindösenden Keldysch und gab seine letzte Anweisung:
„Ostaschew wird hier übernachten und wir fahren los, um uns ‘Nishnaja Oreanda’ anzusehen (das untere Oreanda, d. Übers.). Aber hofft nicht auf einen ruhigen Morgen, wir kehren früh zurück.“
Von dem vom kalten Oktoberwind umwehten Berg Koschka fuhren wir mit dem „SIM“ des Stadtkomitees in die warme Uferzone und eilten durch „Nishnaja Oreanda“. Ungeachtet der späten Stunde geleitete uns das trainierte Personal durch das elegante Regierungssanatorium und Luxushotel und erklärte uns, daß das Abendbrot schon eingedeckt sei. An dem reichhaltig gedeckten Tisch mit Speisen und Wein forderte SP streng:
„Nicht trinken! Morgen fahren wir um 6 Uhr los. Zum Schlafen bleiben vier Stunden Zeit.“
Am 7. Oktober 6 Uhr und 30 Minuten begann an Bord der automatischen Station die Foto-Fernsehkamera zu arbeiten. Die Station befand sich zu dieser Zeit auf einer Geraden zwischen dem Mond und der Sonne. Während der Funkübertragung wurde auf dem Berg Koschka die Telemetrie, die mit Unterbrechungen ankam, fehlerhaft entschlüsselt. Ich konnte nicht mehr an mich halten und sagte: „Es ist der Mond, der den Transport der Informationen stört.“
Es mußte Elektroenergie eingespart werden, um die Akkus bei der Arbeit des Foto-Fernsehrapparates nicht zu entladen. Deshalb wurde die Telemetrie

ausgeschaltet. Das Fotografieren wurde in die geplanten 40 Minuten verlegt. In der bereits auf die Erde zufliegenden Station begann das entscheidende Entwickeln und Fixieren in der „Bade-WaschTrust".
Für uns war es äußerst interessant, aus welcher Höhe fotografiert worden war. Die Flugbahnvermessungen wurden parallel vom ballistischen Zentrum des NII-4 und der Abteilung für angewandte Mathematik durchgeführt. Jetzt bediente Keldysch das Telefon. Koroljow war ungeduldig.
Mit ruhiger Stimme erklärte Keldysch: „Sie haben jetzt das dritte Mal gerechnet, dies für alle Fälle. Wir sind davon überzeugt, daß wir uns dem Mond auf nicht mehr als 7000 km genähert haben. Es sieht so aus, als verliefe alles planmäßig. Jetzt müssen wir erreichen, daß die Station nicht in die Atmosphäre gerät. Der Mond ist empört, daß wir seine verbotene Zone angeschaut haben. Die Ballistiker versuchen jetzt herauszufinden, wie sich diese Empörung auf die Flugbahn zur Erde auswirkt."
Es vergingen quälende Minuten des Wartens. Während dieser Zeit forderten wir von Brazlawez, daß er uns anhand der telemetrischen Daten die einwandfreie Arbeit des Fotofernsehapparates bestätigte.
Auf Einladung Keldyschs war der Astronom Andrej Sewernij, Direktor des Krimsker Sonnenobservatoriums, auf den Berg Koschka gekommen. Er versuchte, in der Atmosphäre der gespannten Erwartung Panik zu verbreiten. Nach seinen Worten gab es keinerlei Zweifel an der exakten Arbeit des Foto-Fernsehapparates. Irgendwelche Abbildungen werden wir schon deshalb nicht erhalten, weil die kosmische Strahlung den Film schon belichtet hat. Er könnte lediglich durch eine Bleischutzschicht von mindestens fünf bis sechs Zentimeter geschützt werden.
„Wir werden warten!"
Ich plazierte mich neben Boguslawskij an dem Apparat, der die Bilder auf dem Spezialpapier aufzeichnete. Vom Empfangspunkt wurde berichtet:
„Die Entfernung beträgt 50.000 km. Das Signal ist stabil. Der Empfang läuft!"
Der Befehl zur Reproduktion der Abbildung wurde gegeben. Jetzt war die Arbeit des Fotofernsehapparates entscheidend.
Auf dem Papier erschien Zeile für Zeile einer grauen Abbildung. Der Kreis, auf dem man Einzelheiten erkennen konnte, war bei entsprechend großer Phantasie sichtbar.
Kroljow hielt es nicht aus und kam zu uns in das kleine Zimmer:
„Und, was ist hier bei Euch?
„Wir haben erfahren, daß der Mond rund ist," sagte ich. Boguslawskij zog die auf dem Papier gezeichneten Bilder aus dem Apparat, zeigte sie Koroljow und zerriß sie. SP regte sich nicht auf.
„Warum so stürmisch, Ewgenij Jakowlewitsch? Es ist das Erste, verstehst Du, das Erste!"
„Es ist schlecht, es sind noch viele Störungen vorhanden. Wir schalten jetzt die Störungen aus und die folgenden Bilder werden normal."

Allmählich erschienen auf dem Papier immer exaktere Bilder. Wir jubelten und beglückwünschten uns gegenseitig. Boguslawskij beruhigte uns, weil in Moskau auf dem dort entwickelten Film alles noch viel besser werden würde.
Sehr spät abends verabschiedeten wir uns von den Teilnehmern des Stoßeinsatzes auf dem Koschka und fuhren erneut in „unser Sanatorium". Dieses Mal erlaubte Koroljow Ostaschew, mit uns zu fahren. Wir besuchten zusammen das Luxushotel. Zum Abendbrot war jetzt der Wein aus den Regierungskellern nicht mehr verboten.
Während des Frühstücks am frühen Morgen schlug Koroljow vor, den Bau des neuen Zentrums für kosmische Nachrichtenübermittlung bei Jewpatorija zu besichtigen.
Aus Simeis fuhren wir zu viert nach Jewpatorija: Koroljow, Keldysch, Rjasanskij und ich. Nach drei Stunden Autofahrt auf der Krim wurden wir vom stellvertretenden Kommandanten des Militärpunkts 32103, dem Oberst Pawel Agadshanow, empfangen. Ich erinnere den Leser daran, daß der Militärpunkt 32103 eine militärische Organisation war, die faktisch den gesamten Befehls- und Meßkomplex bewirtschaftete.
Das Zentrum in Jewpatorija wurde einfach als NIP-16 bezeichnet, und war von den Militärs gebaut worden. Zivile Spezialisten nahmen an der Montage und Installation der Gerätesysteme teil, die im NII-885, SKB-567, ZNII-173 und MNII-1 entwickelt worden waren. Ein zu dieser Zeit grandioses Antennensystem entstand in unmittelbarer Nähe des prächtigen Schwarzmeerstrandes. In diesem Gebiet war der Strand der Krim menschenleer. Während der Urlaubssaison war der sich Dutzende Kilometer hinziehende Sandstrand ebenfalls verwaist.
Nach vorläufigen Berechnungen war es auf der Erde für zuverlässige Verbindungen mit kosmischen Apparaten, die sich innerhalb des Sonnensystems befinden, notwendig, eine Parabolantenne von 100 m Durchmesser zu errichten. Optimisten schätzten ein, daß die Einrichtung solcher unikalen Bauten fünf bis sechs Jahre dauert. Aber für den Start zum Mars blieb den Antennenbauern weniger als ein Jahr. Zu dieser Zeit baute man schon die Parabolantenne des Simferopoler NIP-10. Diese Antenne mit einem Durchmesser von 32 m war für die zukünftigen Mondprogramme vorgesehen. Man hoffte darauf, daß die Antenne im Jahre 1962 fertig sei.
Der Chefkonstrukteur Jewgenij Gubenko aus dem SKB-567 realisierte den kühnen Vorschlag des Ingenieurs Efrem Korenberg: anstelle eines großen Parabolspiegels einen acht bis zwölf Meter großen Spiegelteller in ein System mit einer gemeinsamen Stütz- und Bewegungsapparatur zu vereinigen. Die Produktion solch mittlerer Parabolantennen wurde schon gut beherrscht. Das Problem der Synchronisierung und der Einspeisung der kW-Leistung in den entsprechenden Phasen während der Übertragung der acht Antennen zu war lösen. Beim Empfang mußten Signale von der Stärke Teile eines 1000stel Watt empfangen werden, die aus einer Entfernung von Millionen Kilometern von der Erde kamen.

Die Entwicklung der Metallmechanismen und -getriebe für die Stütz- und Bewegungsapparaturen war ein anderes Problem, das einige Jahre in Anspruch nehmen könnte. Agadshanow erklärte nicht ohne Humor, daß die Kosmonautik durch das Verbot Chruschtschows, neue schwere Schiffe zu bauen, wesentliche Hilfe erhalten hatte. Fertige Stütz- und Bewegungsapparaturen zur Ausrüstung der schweren Gefechtstürme eines im Bau befindlichen Schlachtschiffes wurden schnell umadressiert und nach Jewpatorija geliefert. Hier wurden sie für die Antennensysteme zum Empfang und als Sendestation einbetoniert.

Das Gorkier Werk der Verteidigungsindustrie stellte Zwölf-Meter-Parabolantennen her und das NII des Schwermaschinenbau baute die Metallkonstruktionen zusammen, die Antriebstechnik stellte das ZNII-173 der Verteidigungsindustrie bereit und die Elektronik des Nachführungs- und Steuerungssystem das NII-1, unter Nutzung der Erfahrung der Schiffbauindustrie. Die Nachrichtenverbindungen innerhalb des NIP-16 und die Verbindungen nach außen organisierte das Ministerium für Fernmeldewesen. Die Firma Krimenergo besorgte die Elektroenergie. Die Militärbauleute betonierten die Autostraßen, bauten die Dienstgebäude, die Hotels und das Militärstädtchen mit allen Dienstleistungseinrichtungen.

Der Umfang der Arbeiten beeindruckte. Die Front war jedoch so breit, daß keiner an die Realität der von Agadschanow genannten Fristen glaubte.

Während unseres Gesprächs traf Gennadi Guskow ein. Er war Stellvertreter von Gubenko und leitete hier den gesamten funktechnischen Teil und bei Notwendigkeit mischte er sich auch in die Bauprobleme ein.

„Beide – ADU-1000 und die Empfangs- und Sendestation – werden fristgemäß übergeben. Wir lassen niemanden aufsitzen“, erklärte er lebhaft.

„Warum 1000?“, fragte Keldysch.

„Weil die gesamte effektive Fläche des Antennensystems 1000 $m^2$ beträgt.“

„Es ist nicht notwendig zu übertreiben, die gesamte Fläche wird bei Euch nicht größer als 900 $m^2$ sein,“ mischte sich Rjasanskij ein.

Dies war der Streit der Anhänger unterschiedlicher Ideen, aber zu dieser Zeit ging es nicht um einige Hundert Quadratmeter.

Für Agadshanow und Guskow war NIP-16 lediglich der Startplatz ihres Eingangs in die Geschichte der Kosmonautik. Agadshanow war viele Jahre Flugleiter und gleichzeitig Lehrstuhlinhaber am MAI. Im Jahre 1974 wurde Professor Agadshanow korrespondierendes Mitglied der Akademie der Wissenschaften der UdSSR. Zu dieser Zeit arbeitete er an der Entwicklung großer elektronischer Rechnersysteme zur Steuerung der Streitkräfte.

Guskow ging von der reinen Funktechnik zu deren Vereinigung mit der EDV über. Das von ihm im Moskauer Gebiet in Selenograd organisierte NII (später das NPO „Elas“) entwickelte die Bordrechner zur Steuerung der Aufklärungssatelliten, der Raumstationen „Salut“ und Mir“, kosmischer Funksysteme und vieles andere mehr. Im Jahre 1974 wurde Guskow ebenfalls korrespondierendes Mitglied der Akademie der Wissenschaften der UdSSR.

Damals, im Oktober 1959, erklärten uns der von der Krimsonne gebräunte Agadshanow und unsere Bauleute der verschiedenen Systeme, ohne zu zögern, daß alles in der „Planzeit" fertiggestellt würde. Mir erschien es als ein Wunder, wenn die Versprechungen des NIP-16 erfüllt werden sollten. Koroljow jedoch erklärte finster:
„Für uns sind diese Fristen überhaupt nicht günstig. Das NIP-16 muß im I. Quartal 1960 schlüsselfertig übergeben werden"
Der aktuelle Streit wurde durch die Mitteilung unterbrochen, daß uns unser Flugzeug nach Moskau auf dem Militärflugplatz der Marineflieger in Saki erwartet.
Oberst Syzko schlug vor, in der Zeit bis zum Abflug das Mittagessen einzunehmen. Keldysch unterstützte diese Idee sofort. Erst beim guten Essen wurde Koroljow wieder warm und sagte zu den Militärs gewandt:
„Begreifen Sie wenigstens, welche große Zukunft diese Station haben wird?"
„Sergej Pawlowitsch, kommen Sie im Mai zu uns. Hier ist einer der besten Kurorte der Krim," sagte einer der Offiziere.
„Sie sollten über alle Kurorte verfügen! Das wäre natürlich nicht schlecht, das Wichtigste aber ist, daß Sie die Fristen (Bauzeiten) nicht vergessen."
Unerwartet für uns war, daß SP nach unserer Rückkehr in das OKB, sich nicht mit den laufenden Dingen befaßte, sondern die Astronomen zu sich einlud und mit denen zusammen die Fotos der Mondrückseite betrachtete. Das war noch nicht alles, denn er beriet mit ihnen darüber, wie die neu entdeckten Gebiete auf der Mondrückseite bezeichnet werden sollten.
Wiederholt warnte uns die Sekretärin Antonina Alexeewna bei unserem Versuch, in das Arbeitszimmer vorzudringen: „Er hat gebeten, ihn nicht zu stören. Jetzt ist Schklowskij bei ihm."
Zu dieser Zeit war der Name des Astronomen Schklowskij schon gut bekannt, aber konnte es unsere Aufgabe sein, für die entdeckten Mondkrater die Namen auszudenken? Koroljow war Stratege. Er beeilte sich, die Initiative in seine Hände zu nehmen, weil er befürchete, daß diese in der Zeit von jenen beherrscht werden wird, die die besten Fotos haben. Man mußte von jedem kosmischen Erfolg alles in Besitz nehmen.
Am 27. Oktober wurden die Fotos der Mondrückseite in den Zeitungen veröffentlicht. Es schien, als wäre der Triumph vollkommen. Aber die Namenvergabe erwies sich als Reinfall. Das ZK der KPdSU mischte sich ein. Diese verantwortungsvolle Aufgabe übergab man einer speziellen Kommission der Akademie der Wissenschaften. Nach langem Streit über die Namen landeten die Vorschläge beim ZK zur Bestätigung. Dort hatte man es nicht eilig.
Schließlich billigte man die Vorschläge der Keldsch-Kommission von der Akademie der Wissenschaften und die Krater bekamen Namen hervorragender Wissenschaftler und Künstler: Giordano Bruno, Jules Verne, Hertz, Kurtschatow, Lobatschewskij, Maxwell, Mendelejew, Pasteur, Popow, Sklodowskow-Curier, Zsu Tschuntschshi und Edison.

Den meisten Streit, so verlautete es aus „gut unterrichteten Kreisen“, rief der Name Zsu Tschuntschshi hervor. Dieser Mathematiker des fünften Jahrhunderts war angeblich in China berühmt, aber keiner der mir bekannten Mathematiker konnte erklären, warum! China aber, ein großes befreundetes Land sollte nicht beleidigt werden. Die Direktive des ZK forderte, daß in der Liste sowohl Amerikaner als auch Chinesen standen. Nun, den Amerikanern war durch Edison entsprochen worden, weil dieser allen gefiel. Aber bezüglich China empfahl man, sich zur Koordinierung an die Botschaft zu wenden. Diese wiederum konsultierte sich mit Peking.
Der Beschluß des Akademiepräsidiums wurde nach allen Konsultationen erst am 18. März 1960 veröffentlicht. In der ursprünglichen Namensliste fehlte der Krater „Kurtschatow“. Nach dessen Tod im Februar erhielten Keldysch und Koroljow die Nachricht über seine Aufnahme in die Liste. Jetzt liegt auf der Mondkarte der Krater „Kurtschatow“ neben dem Krater „Giordano Bruno“.
Es schien so, als sei die Zeit gekommen, sich mit anderen brennenden Fragen zu beschäftigen. Denn jetzt waren die Venus und der Mars an der Reihe. Keldysch jedoch war mit der Bildqualität unzufrieden. Er konsultierte sich mit den Konkurrenten von Boguslawskij, die ihm offenbarten, daß die Fotos enorm verbessert werden könnten, wenn die elektronische Leistung der Funkverbindung „Bord–Erde“ wesentlich erhöht werden würde. Und es war nicht schwer, dies zu verwirklichen. Das Zentrum für kosmische Nachrichtenverbindungen auf Koschka leistete die dazu notwendige Arbeit. Es war Zeit, nach Simferopol oder Jewpatorija umzuziehen. Dort wurden die Arbeiten an den entsprechenden großflächigen Antennen mit einem niedrigen Störpegel beendet. So war es möglich, die Stärke des Empfangssignals zu verzehnfachen.
Gegen die durch einfache Berechnungen gestützten Wahrheiten anzugehen, war schwierig. Und niemand wollte die Berechnungen zur Mondfotografie mit denselben Bordmitteln wiederholen. Dies galt auch für Koroljow. Ich erinnere mich, daß wir ihn zusammen mit Buschuew und sogar mit Tichonrawow überzeugten, auf Keldysch einzuwirken, uns diese Arbeit nicht aufzuladen. Koroljow schwankte. Keldysch war unter dem Druck der Astronomen nicht bereit, seinen Plan aufzugeben. Er erreichte einen Beschluß, der uns verpflichtete, im April 1960 noch einen Start zu realisieren, um qualitativ hochwertige Fotos von der Rückseite des Mondes zu erhalten.
Der Plan für das Jahr 1960 war mit militärischen und kosmischen Starts überfüllt. Die Startvorbereitungen der Raumschiffe vom Typ „Wostok“ waren schon in vollem Gange und unbemannte Flüge sowie solche mit „Hunden“ an Bord geplant. Für den Herbst war der Start zweier Marssonden vorgesehen, mit denen wir uns bis jetzt noch nicht beschäftigt hatten. Und dann drängte sich dort erneut der nachtschöne Mond hinein.
„Es wäre besser, die Kräfte auf das Projekt der weichen Landung zu konzentrieren. Innerhalb von zwei Jahren werden wir dies realisieren. Es wäre effektiver als die Wiederholung des Fotografierens.“ Ich erinnere mich, daß ich

auf verschiedenen Beratungen so auftrat. Ich fügte dabei hinzu, daß Bordfunkgeräte für den anstehenden Mond noch nicht so schnell fertiggestellt würden. Wir erreichten jedoch nicht, daß das wiederholte Fotografieren der Mondrückseite aufgegeben wurde.
Es wurden noch zwei beschleunigt montierte automatische Stationen, ähnlich der E-2, Anfang Mai des Jahres 1960 auf den Schießplatz transportiert. Doch dort tauchten zu dieser Zeit zwei neue dreistufige Trägerraketen auf.

# *Kapitel 6*

# Zum Mars und zur Venus

## *Ein Treffen am Vorabend des neuen Jahres*

Am 31. Dezember 1959 versammelte Koroljow seine nächsten Mitarbeiter aus dem OKB-1, um traditionell die Jahresbilanz zu ziehen und Glückwünsche zum Neuen Jahr auszusprechen.

SP übergab den Teilnehmern am Start der E-2 den soeben von der Druckerei der Akademie der Wissenschaften herausgegebenen Atlas: „Erste Fotos der Rückseite des Mondes". Ich erhielt diese Ausgabe mit dem Autogramm: „Dem teuren Boris Ewseewitsch Tschertok zum ehrenden Gedenken an die langjährige gemeinsame Arbeit. 31.12.59. S. Koroljow." Im Atlas war eine Kopie des Bandes des Mondwimpels eingelegt.

Bei der ausführlichen Beschreibung des Baus der automatischen Station, ihres Fluges, der Technik des Fotografierens sowie der Übertragung der Bilder der nicht sichtbaren Mondseite war nicht ein einziger Familienname der Autoren des Projektes enthalten. Lediglich im Vorwort, das vom Präsidenten der Akademie der Wissenschaftern der UdSSR, A.N. Nesmejanow unterschrieben war, wurden die Namen Galileis, Newtons und die Worte Chruschtschows angeführt: „Wir können uns darüber freuen und stolz auf die Heldentaten der sowjetischen Menschen sein, die im Jahre 1959 drei kosmische Raketen erfolgreich gestartet haben und von der gesamten Welt bewundert wurden. Das gesamte Sowjetvolk ehrt die Wissenschaftler und Arbeiter, die den Weg in den Kosmos fortsetzen."

Uns bewunderte die gesamte Menschheit und das ganze Sowjetvolk war auf uns stolz, ohne unsere Namen zu kennen. Aber wir murrten deshalb nicht. „Unsere Heldentat", sagte SP „findet nicht nur die Anerkennung der Menschheit, sondern auch die eines reichen französischen Weinproduzenten. Er hat erklärt, daß er dem 1000 Flaschen Champagner schenkt, der ihm Bilder der Rückseite des Mondes zeigt. Er war davon überzeugt, daß wir nichts erreichen und fürchtete das Risiko nicht. Jetzt, wo er verloren hat, hat er sein Versprechen eingelöst Es hat sich alles etwas verzögert. Der Weinproduzent hat sich an unsere Botschaft in Paris gewandt und gebeten, ihm mitzuteilen, an welche Adresse er den Champagner schicken soll. Die Botschaft war gerührt und wandte sich an das Außenministerium. Das Außenministerium gab nach langwierigen Abstimmungen die Anweisung, den Champagner an die Adresse der Akademie der Wissenschaften zu schicken. Jetzt wird uns die Ehre zuteil, einige Dutzend Flaschen Champagner aus dem Lager der Akademie der

Wissenschaften zu erhalten. Jeder von Ihnen erhält ein paar Flaschen, die restlichen werden im Apparat und unter den anderen Unbeteiligten verteilt.“
Wir haben darüber viel gelästert. Aber trotzdem war es nicht jedem gegeben, zur Familienfeier am Abend des Neuen Jahres französischen Champagner mitzubringen, den man als Geschenk für den Mond erhalten hatte.
In heiterer Stimmung gingen wir zur Beratung der Aufgaben des Jahres 1960 über. In der Vorfeststimmung hatten es alle eilig, auch SP beeilte sich und dies um so mehr, weil die Beratung der zukünftigen Aufgaben lediglich eine oder anderthalb Stunden in Anspruch genommen hatte. Ich kann Koroljow nicht zitieren, weil ich mir keine wörtlichen Aufzeichnungen gemacht habe, aber ich führe die Koroljowsche Bewertung der für das Jahr 1960 bevorstehenden Aufgaben an.
Unsere erste noch nicht gelöste Aufgabe waren die erfolgreichen Starts der 8K74 in den Bereich des Stillen Ozeans.
Dies würde Eisenhower keine Freude bereiten, aber ihn bei dem bevorstehenden Treffen mit Chruschtschow gefügiger machen. „Das Treffen soll im Mai oder Juni stattfinden“ sagte SP. „Es wird davon gesprochen, daß am Baikalsee eilig zwei Villen gebaut werden. Eine für den Empfang Eisenhowers, die zweite für Chruschtschow.“
Hinsichtlich der Villen kann ich bestätigen, daß alles der Wahrheit entsprach. Im Jahre 1972 war ich mit Katja im Urlaub dort. Auf unserer Besuchsreise am Baikal wohnten wir zu zweit eine ganze Woche in einem dieser Luxushäuser.
Chruschtschow und Eisenhower haben sich leider an diesem märchenhaften Ort nicht getroffen. Die Geschichte wäre wahrscheinlich anders verlaufen, wenn die geplante Zusammenarbeit der beiden Präsidenten nicht zerstört worden wäre. Am 1. Mai 1960 wurde durch unsere Fla-Rakete S-75, die von Gruschin konstruiert worden war, über dem Ural das amerikanische. Aufklärungsflugzeug U-2 abgeschossen. Er verwendete dabei einen von Raspletin stammenden Steuerungskomplex. Dieses Spionageflugzeug zerstörte mehr als alles andere die Hoffnung auf Annäherung zwischen der UdSSR und der USA.
Der Vorfall mit dem Flugzeug U-2 war ein markantes Beispiel der Vorherrschaft der Militärpolitik über die Friedenspolitik. Dies wurde sehr bald zum untrennbaren Bestandteil der Politik der USA in den Jahren des „kalten Krieges“.
Die äußerste Militarisierung des gesellschaftlichen Bewußtseins und der Politik, die die Vertreter eines harten Kurses innerhalb der nächsten 25 Jahre verfolgten, verstärkte die Position eben dieser Hartliner auch in der Sowjetunion sehr wesentlich.
Je mehr die amerikanischen Politiker Moskau als Anhänger keiner politischen Lösung der zwischen der USA und der SU bestehenden Gegensätze betrachteten, um so mehr verstärkte sich die Tendenz zur Partei- und Polizeikontrolle und zur Verhinderung eines liberalen Regimes in der Sowjetunion.[1] Dieser Behauptung von John F. Kennan, dem ehemaligen

---

[1] Filitow, A.M. der Kalte Krieg, Moskau: Nauka, 1991

amerikanischen Botschafter in der Sowjetunion schließe ich mich vollkommen an.
Aber kehren wir jetzt zu unserer Besprechung bei Koroljow zurück.
Die zweite Aufgabe bestand in der maximalen Forcierung der R-9. Dieser Rakete maß der Oberkommandierende Nedelin, nach Koroljows Worten, größte Bedeutung bei. Die Lage von Gluschko war sehr schwierig. Bei der Standerprobung kam es zu „Hochfrequenzen", die die Triebwerke zerstörten. Gluschko war außerdem mit der Nacharbeit der Triebwerke für die Jangelsker Rakete R-16 beschäftigt. Nedelin ging davon aus, daß es möglich sein müßte, mit den Flugversuchen der R-16 noch in diesem Jahre zu beginnen. Dann würden wir in eine sehr ungünstige Situation geraten. Koroljow hatte vollkommen recht, wenn er davon ausging, daß die erfolgreichen Erprobungen der R-16 die R-9 endgültig zunichte machen könnten, und man berücksichtigte, daß Jangel eine Kampagne geführt hatte, die zeigen sollte, daß die Sauerstoffraketen für einen langen Dienst im militärischen wachhabenden System nicht geeignet seien.
Die dritte Aufgabe bestand in der wiederholten Vorbereitung einiger Raketen und Apparate zur Fotografie des Mondes. Keldysch ergänzte dies. Koroljow sprach mit offenem Ärger über den Streit mit Keldysch, weil er ihn gebeten hatte, nicht auf der Wiederholung der Fotografie der Rückseite des Mondes zu beharren. Aber Keldysch ging davon aus, daß es uns die Wissenschaft nicht verzeihen würde, wenn wir, obwohl wir die Gelegenheit gehabt hätten, bessere Fotos zu machen, bei schrägem Einfall des Sonnenlichtes auf den Mond, wenn Licht und Schatten sehr kontrastreich sein würden, eine solche Möglichkeit nicht genutzt zu haben. Jetzt zeigten sich die Möglichkeiten unserer „Semjorka", an die wir bei der Entwicklung noch nicht gedacht hatten. Wenn wir das militärische zweistufige Paket mit einer dritten und dann mit einer vierten Stufe ausrüsteten, würden wir aus der „Semjorka" eine Trägerrakete für die fundamentale Erforschung des Sonnensystem machen. „Mit Keldysch ist schweres Streiten", fügte Koroljow weiter hinzu. „Er ist Vizepräsident der Akademie der Wissenschaften, ich bin Akademiemitlgied. Wir sollten die Wissenschaft tatsächlich durch fundamentale Entdeckungen bereichern. Und dies um so mehr, weil wir es könnten."
SP liebte es, dieses Thema ironisch zu behandeln. Er wollte uns seine angeblich nicht ernsthaften Beziehungen zu den Wissenschaftlern der Akademie zeigen. Tatsächlich, davon habe ich mich mehrmals überzeugt, verbarg er vor den ihn Umgebenden seinen programmatisch romantischen Traum über tatsächlich fundamentale wissenschaftliche Entdeckungen.
Es war schwer, den Marschällen, Generälen, Parteiführern und Ministern zu beweisen, daß es für das Glück der sowjetischen Menschen notwendig war, Dutzende Millionen Rubel für die Erforschung des Mondes, der Venus und des Mars aufzuwenden. Auf dem Gebiet der Kosmonautik war dies gelungen. Der wichtigste Parteiführer, Chruschtschow, war in dieser Beziehung wahrscheinlich ein größerer Romantiker der Weltraumforschung als Koroljow und Keldysch

selbst. Dadurch war die Unterstützung der kühnsten und noch nicht ausgereiften kosmischen Programme von ganz oben gesichert.
Und nicht nur Chruschtschow war ein Enthusiast der Kosmonautik. Auch der Hauptmarschall der Artillerie Nedelin war gegenüber den Kosmosprogrammen aufmerksam und wohlwollend. In diesen Jahren dachte niemand an die Möglichkeit der militärischen Nutzung der kosmischen Planetenforschungsprogramme. Nedelin zeigte in dieser Beziehung eine Breite des Denkens, wie sie dem Verteidigungsminister, Marschall Malinowskij, oder seinem Vorgänger, Marschall Gretschko, nicht eigen waren.
Die vierte Aufgabe nach dem Start der Mondraketen war die Vorbereitung von mindestens zwei vierstufigen Raketen für den Start von Apparaten zum Mars im Oktober.
„Soweit ich weiß", sagte Koroljow, indem er sich an mich und Turkow wandte, „ist für uns bei der Fertigung und Erprobung und der 1 M (das war der Code der ersten Marsautomaten) noch nichts Ernsthaftes vorbereitet, das Pferd hat sich noch nicht gewälzt."
„Das Pferd, Sergej Pawlowitsch wälzt sich schon seit langem, aber es kann nicht aufstehen und springen", sagte Turkow. Er hielt es nicht für angemessen zu schweigen, ging zum Angriff über und erklärte, daß keine Hoffnung bestünde, viele Zeichnungen für die Herstellung, und so weit ihm bekannt war, auch komplettierende Teile in der vorgegebenen zeitlichen Frist zu erhalten.
„Die vierte Stufe selbst, der Block ‚L' mit dem Triebwerk von Melnikow befindet sich noch in den Produktionsabteilungen", endete Turkow.
Unter solchen panischen, aufrührerischen Erklärungen änderte SP gewöhnlich seinen sachlich vertraulichen, in einen entlarvend grimmigen Ton. Aber dieses Mal hielt er sich zurück. Er verstand, daß die vierte Aufgabe für den Oktober faktisch nicht real war, aber hinsichtlich der Fristen war er zu keinem Kompromiß bereit.
„Wenn wir es nicht schaffen, im Oktober zum Mars zu starten, dann wird der folgende astronomische Termin nur nach einem Jahr möglich sein! Es wird keinerlei Nachsicht geben. Mehr noch, Ihnen, liebe Freunde, steht noch die fünfte wichtigste Aufgabe bevor. Wir müssen auf der Erde nacharbeiten und nicht weniger als vier bis fünf „bewohnte" Satellitenstarts vorbereiten, deren Landeapparat gerettet werden muß. Die Durchführung der Starts ist auch für die kosmischen Fotoaufklärer notwendig.."
Die Bezeichnungen „Bemanntes Raumschiff" „Kosmisches Raumschiff" waren im Jahre 1959 noch nicht gebräuchlich. Wir sprachen einfach vom „Objekt" oder vom „Bewohnten Objekt" und hatten dabei im Auge, daß Hunde fliegen, oder wir gebrauchten Indizes in Form von „Erzeugnis 1KP" oder „1K". Alle Stellvertreter Koroljows waren zu dieser Zeit schon in die Entwicklung bemannter kosmischer Objekte einbezogen. Aber zu Beginn der ersten experimentellen Starts glaubten wir noch nicht besonders fest daran, daß dieses Ereignis – der Flug des Menschen in den Kosmos – schon in den nächsten zwei Jahren stattfinden würde. Ende 1959 erschien uns die Frist von zwei Jahren als die Grenze des Möglichen. Woskresenskij erdreistete sich, nachdem er die

Aufgaben für das Jahr 1960 gehört hatte, zu sagen: „Es ergeben sich alles in allem zehn und, wenn wir die Reserve mitrechnen, insgesamt zwölf Starts! Das heißt, Sergej, wir werden ständig zum Start und zurückfahren. Sogar für das Ansehen der Filme und die Sitzungen der Havariekommisson, werden wir keine Zeit haben."
Aus diesem Anlaß ließ sich Koroljow am 31. Dezember nicht in Streit verwickeln. Er wünschte allen Gesundheit und ein frohes Neues Jahr und bat, den Frauen Glückwünsche zu übermitteln,. Ungeachtet des teilweisen Skeptizismus, der durch die oben beschriebenen Sachverhalte hineingetragen wurde, endete das am Vorabend des Neujahrstages stattfindende Treffen mit einer optimistischen Note.
Wir fuhren in einer guten Stimmung nach Hause, vor uns so viel interessante Arbeit! Seit dieser Zeit wurden die Treffen am 31. Dezember vor jedem Neuen Jahr bei uns zur Tradition.

## *Noch zwei Starts zum Mond*

Fast während der gesamten Arbeitszeit war ich in den ersten Monaten des Jahres 1960 mit dem Mond und dem Mars beschäftigt. Während es sich beim Mond hauptsächlich um organisatorische Fragen handelte – Komplettierung, Erprobung, Montage, Beseitigung von Beanstandungen und Fehlern – waren es beim Mars meistens ungelöste Probleme, die ständig auftraten, und es waren jeden Tag neue.
Bei den wiederholten Starts zum Mond gelang es, zumindest ein Minimum von schon erfahrenen Leuten einzubinden. Beim Mars wurden hauptsächlich neue Kräfte eingesetzt: Elektroniker, die aus dem ZNII-58 kamen, Steuerungsleute von Rauschenbach aus dem NII-1 sowie unsere alten Funkspezialkader.
Wir hatten keinerlei Erfahrung bei der Organisation der Funkverbindung über eine Entfernung von Millionen von Kilometern. Schon zum Jahresende ergab sich die Situation, daß wir die Leistung des Signals nicht nach den klassischen Formeln beim Empfang berechnen konnten, sondern die Befehle real an Bord übertragen und die durch das Rauschen verzerrten Information von der interplanetaren Station empfangen mußten. Die Konstruktion der Antennen, der Sonnenbatterien, der Schaltung der Zeitschalter, die Programmieurng der Zähl- und Entscheidungsgeräte zur Orientierung erforderte die ständige Zusammenarbeit der Projektanten, der Funker, Konstrukteure und unserer Kooperationspartner, die zum ersten Mal bei der Entwicklung von Funklinien in einer Entfernung von 150 Millionen Kilometern teilnahmen. Ich konnte mir nur mit Mühe die Zeit abringen, um in die Entwicklung der Gesamtkonzeption und der Schaltung eines bemannten Objektes einzudringen. Auf diesem bisher unerschöpften Feld arbeitete mein Stellvertreter Jurasow und der junge Leiter der Abteilung für Bordsteuersysteme Karpow. Mit der Steuerungsdynamik hatte Rauschenbach Legostaew beauftragt. Er selbst befaßte sich mit der Entwicklung solcher zukunftsträchtiger Orientierungsprinzipien, bei denen der

Triebwerksimpuls für die Landung auf der Erde zum Bremsen und nicht zum Beschleunigen genutzt wird.
Die neuen Aufgaben, die sich mit dem Beginn der bemannten Ära ergaben, erforderten neue Kooperationen, neue Bekanntschaften und für neue Systeme die Entwicklung neuer Abteilungen. So wurden Abteilungen für die Entwicklung der Systeme der Elektroversorgung (SEP), der Steuerung, des Abstieges, der Landung (SUS), Systeme der Unfallrettung (SAS) und wenn notwendig auch ein System der Unfallabsprengung (APO) (wenn der Landeapparat nicht in Kasachstan, sondern in China niedergehen würde), Landesysteme für die Steuerung des Fallschirmsystems sowie der Katapultierung des Sessels mit dem Kosmonauten gebildet. Hinter all diesen Systemen standen unsere Kooperationen mit neuen Organisationen sowie neuen Chefkonstrukteuren.
Jurasow und Karpow versuchten, in diesem babylonischen Durcheinander von Systemen und Geräten, Schaltungen und Kabeln Ordnung und eine minimale Vereinheitlichung einzuführen. „Das sind neue Passagiere", beschwerte sich Jurasow, „sie sind wie Kinder. Jeder hält sein geliebtes Spielzeug in den Händen und fürchtet, es zu verlieren."
Ich redete mich heiser bei dem Versuch, die Notwendigkeit eines elementaren Systemherangehens zu beweisen. Aber die Zeit war schon überschritten, die Produktion erlaubte es nicht, ernsthafte Veränderungen vorzunehmen.
Die Einsicht in die Notwendigkeit, die Bordsysteme in einem einheitlichen logischen und apparatemäßig gestützten Bordsteuerungskomplex fest zu integrieren, gelang uns nur mit großer Mühe. Um bei dieser Vielfalt der Aufgaben Ordnung zu schaffen, Harmonie in die Gegensätze zwischen Dutzenden von Systementwicklern, von Projektanten, Konstrukteuren, Kooperationspartnern und Produzenten mit ihren einzuhaltenden Fristen zu bringen, dazu waren heroische Anstrengungen erforderlich.
Viele Widersprüche löste man schneller und einfacher auf dem Schießplatz, während der Zeit eines Spazierganges auf der Betonstraße, bei Gesprächen im Hotel oder sogar auf der Startposition bei den vielstündigen Vorbereitungen zum Start.
Am 7. April flog ich zusammen mit dem Hauptbestand der Staatlichen Kommission und der technischen Leitung auf den Schießplatz zur Vorbereitung und zum Start der E-2F, die den Index E-3 erhielt, der früher für die Mondrakete mit dem Atomsprengkopf vergeben worden war.
Die Flugplätze in Uralsk und Aktjubinsk waren überschwemmt, so daß wir über Astrachan nach Tjuratam flogen. Die untere Wolga war noch vollkommen überschwemmt. Tausende Arme des berühmten Wolgadeltas ergaben vom Flugzeug aus ein märchenhaftes Landschaftsbild. Allmählich ersetzte die nackte, trockene Steppe diesen Überfluß an Wasser. Bald glänzte der Aralsee in den Sonnenstrahlen und nach einer halben Stunde landete unsere Il-14 in dem heimatlichen Tjuratam.
Auf der technischen Position in der Fabrik wurde schon die erste der zwei noch nicht erprobten Mondsonden E-3, die unlängst eingetroffen waren, dreischichtig

erprobt. Wie bereits im Vorjahr erwies sich die Foto-Fernsehkamera „Jenissej" als sehr kritisch. Die uns schon aus dem NII-380 bekannten Ingenieure Walik und Brazlawez, grau vor Übermüdung, nicht rasiert, aber voller Optimismus, wiederholten die Erprobung der befleckten Kontrollfilme Zyklus für Zyklus, einen nach dem anderen.
Mit dem Eintreffen Koroljows wurde auch dieses Mal ein Luftschnelltransport mit Hilfe der Tu-104 zur Organisation neuer Entwicklungslösung aus Leningrad über Moskau und weiter mit der Il-14 nach Tjuratam organisiert. Die neuen Fotochemikalien wurden sofort bei der Erprobung eingesetzt und der Film aus der „Jenissej" war in einwandfreiem Zustand.
Koroljow und Keldysch führten eine stürmische Schausitzung zur Demonstration für den Einsatz nicht geeigneter Fotochemikalien und Filmmaterial schlechter Qualität durch. Man beschloß, den ersten Start auf den 5. April anzusetzen und auf keinen Fall die Intensität der Arbeit bei der Vorbereitung der zweiten Rakete zu vermindern. In der Nacht zum 12. April wurde die erste E-3 angekoppelt, mit der Verkleidung ummantelt, dann die ganze Rakete montiert und zum Abtransport vorbereitet.
In der Zwischenzeit quälten wir uns mit Boguslwaskij bei der Suche von Fehlern im Funkkomplex der zweiten E-3. Wir erinnerten uns an die Fehler in der Funklinie bei der Arbeit auf dem Berg Koschka und strebten danach, einen maximalen Wert des Koeffizienten der flüchtigen Welle zu erhalten; denn dieser übertraf den Nutzkoeffizienten der Funkstrecke Bord – Erde um ein Vielfaches. Irgend ein mit Keldysch eingetroffener Theoretiker äußerte die Idee, daß der Koeffizient der flüchtigen Welle durch die Ionisierung des Raums um die Antennen herum abfällt.
Nachts kamen die zwei stellvertretenden Minister, Alexandr Schokin und Lew Grischin, in das Montage- und Erprobungsgebäude zu Kontrollüberprüfungen. Zusammen mit Rjasanskij und Boguslawskij schilderten wir die Situation. Grischin schlug zur Vermeidung der Ionisation vor, den Erprobern Alkohol zu geben, daß sie den umgebenden Raum abwaschen konnten.
„Im allgemeinen ist mein Glaube in die Intuition der Ingenieure, Konstrukteure und Erprober erschüttert", erklärte Grischin. Das Hauptsauerstoffventil, das die zufällige Kontrolluntersuchung völlig durchlaufen hatte, wurde entsprechend der Anordnung demontiert und es zeigte sich, daß in ihm ein Bauteil fehlte. Der für die Erprobung zuständige Militärvertreter brach diese danach ab. Auch dann, wenn dieses im Ventil vorhanden gewesen wäre, hätte es die Erprobung nicht durchlaufen können. Das Teil wurde eingebaut, die Erprobung wiederholt und es gab tatsächlich eine negative Beanstandung. Und auch bei uns stellte sich ein Minus auf dem Körper in einem Kabel heraus, und man beschloß, das Kabel auszuwechseln und den entsprechenden Befehl von der Erde aus zu geben. Außerdem war ein Temperatursensor ausgefallen. Aber wir hatten keine Zeit, uns damit zu beschäftigen, so daß wir entschieden, den Sensor abzuschalten.
Wir konnten uns gerade mal so rechtfertigen, aber der Witzbold Grischin traf uns an den verwundbarsten Stellen.

Am 13. April führte der Vorsitzende der Staatlichen Kommission, Hauptmarschall der Artillerie Nedelin, die erste Sitzung der Staatlichen Kommission vor dem Start durch. Das Grundreferat über die Ziele der Experimente hielt Keldysch. Mit Koreferaten traten Buschuew, Wernow, Sewernyj, Rjasanskij, Rosselewitsch auf und ich berichtete über die Bereitschaft des Systems der E-3, Oberst Nosow über die Bereitschaft des Schießplatzes (ich unterstreiche, daß 1960 der kosmische Begriff „Kosmodrom" noch nicht gebräuchlich war), Oberst Lewin über die Bereitschaft aller Dienste auf dem Befehls- und Meßkomplex.
Alle Erprobungen auf der Startposition verliefen ruhig. Im Montage- und Erprobungsgebäude wurde parallel dreischichtig an der Vorbereitung des dublierenden Starts gearbeitet.
Ungeachtet des Auswechselns des gesamten Funkblockes, des Austausches des nicht arbeitenden Funksensors, wegen dem Grischin über uns gelacht hatte, wurde die „Jenissej" repariert und zeigte nach allen Erprobungen eine Minusspannung am Körper an. Trotzdem wurde am Morgen der kosmische Apparat an die Rakete angekoppelt. Die Montagearbeiter von Sinekolodezkij arbeiteten artistisch, sie balancierten auf den Trägern des Transportwagens sowie den Raketenblöcken nach Einschätzung von Grischin wie im Zirkus herum. Morgens um 9 Uhr frühstückten alle, die gearbeitet hatten und entfernten sich, um etwas zu dösen und während der vierstündigen Vorbereitungszeit wieder auf der Startposition zu sein.
Der Start erfolgte zur festgesetzten Zeit – 18 Uhr 06 Minuten 42 Sekunden.
Ich befand mich auf dem Meßpunkt in Nachbarschaft mit den Empfangsstationen „Tral", die auf Lkw's aufgebaut waren. An den Schaltpulten saßen jetzt gewöhnliche Militärbediener und die Parameter auf den Bildschirmen verfolgten unsere Telemetriespezialisten – Golunskij, Worschew und Semagin. Die Ingenieure des OKB des MEI, Popow und Nowikow mit ihren Helfern, versahen ebenfalls ihren Dienst in der Station. Sie waren bereit, in Sekundenschnelle einen beliebigen ausfallenden Block zu wechseln und den Militärbedienern zu helfen. In einer Entfernung von 800 m war bei Tageslicht die Zündung der Triebwerke fast nicht zu sehen. Und dann erscheint lautlos eine sich erhebende Flamme in der Vorstufe, anwachsender Lärm der Hauptstufe erhebt sich, die Rakete ist von Flammen umgeben, der Lärm steigt ins Unerträgliche und dann erhebt sich die Rakete langsam aus den Trägern. Die Flamme ergießt sich zu einer streng gezeichneten Fackel. Und auch dieses Mal ergötze ich mich an dem Start und kann mich nicht an ihn gewöhnen. Immer erfaßt mich Furcht: „Jetzt kann etwas passieren und der aufstrebende Flug der Rakete, die sich auf die blendende Feuerfackel stützt, wird unterbrochen und es kommt zu einem ungeordneten, sich überschlagenden Flug der brennenden Blöcke."
Der aktive Teil verläuft streng nach Plan. Aus den telemetrischen Geräten ist der Bericht hörbar: „Der Flug verläuft normal!"
Nach 120 Sekunden trennen sich die vier Blöcke der ersten Stufe kreuzförmig. Die zweite Stufe hält die Flugbahn und hinterläßt eine von der Sonne

angestrahlte Invasionsspur. Jetzt muß man näher an die Telemetriespezialisten heranrücken, nur sie und die Bogomolsker Funkortungsanlage „Kama" sind in der Lage zu sehen, was mit der Rakete vor sich geht. Jetzt erfolgt der Bericht über den Start der dritten Stufe und uns ist es schon leichter!
Doch plötzlich eine weitere Neuigkeit: „Der Druck in der Kammer fällt, das Triebwerk wird abgeschaltet." Ja, das Triebwerk muß abgeschaltet werden. Worschew behauptet, daß das Triebwerk drei Sekunden früher als zur berechneten Zeit ausgeschaltet wurde.
Und das war's schon! Umsonst waren all unsere Anstrengungen und Erregungen wegen der Fotochemikalien! Das Beseitigen Dutzender von Fehlern mit der E-3! „Es wird keinen Film geben", sagte der nicht weit entfernt stehende Grischin. Am folgenden Tag war die Diagnose nach der Analyse der telemetrischen Angaben eindeutig und sehr beleidigend.
Der Flug war nach allen Parametern normal verlaufen. Drei Sekunden vor der berechneten Abschaltzeit des Triebwerks fiel der Druck hinter den Pumpen um 50 %, der Druck in der Kammer verminderte sich allmählich, der Kontakt des Drucksensors schaltete sich ein und das Triebwerk ab. Dadurch wurde die notwendige Endgeschwindigkeit um 130 m/s verfehlt. Weshalb aber nun der Abfall eingetreten war, blieb noch unklar.
Die weiteren Untersuchungen ergaben, daß das Kerosin nicht gereicht hatte. Der Tank der dritten Stufe war nicht richtig gefüllt gewesen. Ich erinnere mich an den Vorwurf von Rudnew: „Wir schießen mit Städten". Und dies war eine Stadt, die wir noch nicht hatten. Eine Schlamperei der Betanker und der Kontrolleure von Barmin!
Nedelin, Koroljow, Keldysch bildeten zusammen mit Barmin, Woskresenskij und Nosow eine Gruppe zur Untersuchung der Ursachen und bereiteten einen Bericht für Chruschtschow vor.
Und wir, die Restlichen, die wir nicht an der Schlamperei beteiligt waren, beschäftigten uns nun mit dem zweiten Start (zur Fotografie der Rückseite, der Dritte).
Nach drei schlaflosen Nächten war am 19. April die nächste Rakete mit der Mondsonde E-3 zum Start fertig.
Auch diesmal beschloß ich, unter dem Schutz der Dämmerung während der fünfzehn minutenlangen Bereitschaft vom Meßpunkt IP-1, auf dem sich viele Enthusiasten eingefunden hatten, in die Steppe in Startrichtung zu laufen.
Ich ging ohne Eile, labte mich am Steppenaroma, lief ungefähr 300 m und betrachtete die mit Scheinwerfern grell angeleuchtete Rakete. Vom Meßpunkt war durch die Lautsprecher das Kommando: „Minutenbreitschaft" zu hören. In der Steppe erfaßt dich das Gefühl der Einsamkeit, niemand ist neben dir, nur dort vor dir – die einen herrlichen Traum verkörpernde Rakete. Ich dachte erneut: „Wenn mit ihr jetzt irgend etwas geschieht, so bin ich und Hunderte ihrer Schöpfer unfähig, ihr zu helfen". Und es passiert tatsächlich! In bestimmtem Maße habe ich das Unglück heraufbeschwört. Die Rakete verbreitet einen ohrenbetäubenden Lärm mit all ihren Triebwerken der Hauptstufe. Durch meine Nähe zur Rakete wird alles noch stärker.

Aber was ist das? Ich sehe oder errate es, der nach meiner Seite gelegene Seitenblock steigt nicht mit dem Gesamtpaket auf, sondern er stößt eine Flamme aus und fällt dann herunter. Die restlichen Blöcke erheben sich unwillig nach oben und mir scheint es, direkt über mir fallen sie auseinander. Ich kann schlecht koordinieren, was wohin fliegt, aber ich fühle, daß einer der Blöcke mit dem brüllenden Triebwerk mich in den nächsten Sekunden begraben wird. Laufen! Nur laufen! Zum Meßpunkt, dort sind rettende Gräben ausgeschachtet! Es könnte sein, daß ich es schaffe. Während der Zeit des Komsomol hatte ich keine schlechten Ergebnisse über 100 m. Eine Zeitlang war ich sogar Sprintmeister des 22. Werkes. Jetzt, hier in der Steppe, die grell erleuchtete Fackel des über mir fliegenden Raketenblocks vor Augen, habe ich wahrscheinlich meinen persönlichen Rekord aufgestellt. Aber die Steppe ist keine Rennstrecke. Ich stolpere, falle und schlage mir schmerzhaft das Knie auf. Hinter mir ertönt eine Explosion und mich umweht ein heißer Wind. Neben mir fallen Erdklumpen nieder, die durch die Explosion aufgewirbelt werden.
Ich überwinde den Schmerz in meinem Knie und rette mich auf die Seite des Meßpunktes, weg von dem großen heißen Feuer, das neben dem Platz lodert, von wo ich losgelaufen war!
Aber wo sind die anderen Blöcke!? Eine grelle Flamme erhebt sich neben dem Montage- und Erprobungsgebäude. Hat etwa ein Block die Technik getroffen? Dort sind Menschen!
Als ich an den Graben herangehumpelt war, ertönte aus diesem unerwartet eine erregte Frauenstimme: „Ja, kriechen Sie heraus!" Ich erkannte die Stimme von Irina Jablokowa, der wissenschaftlichen Mitarbeiterin des Institutes von Lidorenko. Sie galt bei uns als Hauptperson für die Bordakkumulatoren. Der Graben war bis zum Bersten voll mit Offizieren aller Ränge, die dorthin geflüchtet waren. Verwirrt lächelnd und sich schüttelnd krochen sie einzeln heraus, rannten zu den Autos und suchten die Chauffeure, die sich ebenfalls versteckt hatten. Die Jablokowa lächelte herzlich und erzählte, daß sie sofort begriffen habe, was vor sich ging. Doch plötzlich habe sie jemand in den Graben gestoßen und dann kamen von allen Seiten die Körper dort hineingeflogen, so daß es schwer war zu atmen. Wir traten an ein Auto „Tral" heran. Es zeigte sich, daß die mutigen Bediener, die Telemetriespezialisten, aus den Autos gesprungen waren und sich irgendwie hatten verstecken können.
Die Havarie brachte viele Sorgen mit sich. Aber aus zufälligen glücklichen Gründen waren keine Opfer zu beklagen.
Der zentrale Block war am Erprobungs- und Montagegebäude herabgestürzt und explodiert. Die Scheiben in Fenstern und Türen waren zerschlagen. Innerhalb des Gebäudes war der Putz herabgefallen. Einer der Offiziere hatte eine Prellung, er war durch die Explosionswelle gegen die Wand geschleudert worden.
Woskrenskij ließ die Gelegenheit nicht verstreichen zu erklären, nachdem er gesehen hatte, wie stark ich hinke, daß die Havariekommission im Protokoll den Eintrag vermerkt habe: „Unter den Verletzten ist auch der Genosse Tschertok,

der die festgesetzten Sicherheitsvorschriften verletzte und sich nicht in dem von der Schießplatzleitung ausgehobenen Unterstand aufhielt."
„Ich habe im Auge", sagte Woskresenskij, „daß Koroljow mit Nedelin eine spezielle Anweisung der Staatlichen Kommission vereinbart hatte, die die Schießplatzleitung verpflichtete, alle weiter vom Start weg zu evakuieren und die Leute vom IP-1 in die Gräben zu treiben."
Am Morgen wurde von der Staatlichen Kommission der Auftrag zur beschleunigten Wiederherstellung aller beschädigten Gebäude am Start und auf den technischen Positionen gegeben.
Mehr als alle anderen war Keldysch und das gesamte Gelehrtenvolk entsetzt. Sie hatten, ungeachtet unseres Widerstandes, auf diesem Start bestanden. Jetzt war es in den nächsten Jahren aussichtslos, gab es keine Hoffnung, ähnliche Experimente zu wiederholen.
Es schien so, als hätte Koroljow den Mond vergessen, denn er stürzte sich in neue Sorgen, gab Anweisungen, machte sich mit Dokumenten bekannt und unterschrieb Drohtelegramme an die Adresse der Betriebe, die mit der Lieferung komplettierender Materialien im Rückstand waren. Die vom Schießplatz abgesandten, von Koroljow unterschriebenen Telegramme begannen mit den Worten: „Eilig, unmittelbar auszuhändigen...". Die Diensthabende am Apparat in Podlipki, die ein solches Telegramm erhielt, war verpflichtet, auch nachts den Empfänger telefonisch zu wecken und ihm mit blumiger Sprache den Inhalt zu berichten.
Nachdem wir Gesamtschau über die Verluste durch die Explosion und den Brand gezogen hatten, verließen wir kurz darauf den Schießplatz. Im Montage- und Erprobungsgebäude wurde schon mit der Entladung und der Montage der folgenden Rakete auf den Arbeitsplätzen, ungeachtet der zerschlagenen Gläser, begonnen.

## *„Vorwärts zum Mars!..."*

Michail Klawdiewitsch Tichonrawow, mit dem ich mich jetzt häufig traf, erzählte mir mit dem ihm eigenen und sehr intellektuellem Humor, daß im Jahre 1932, als er, Koroljow und Pobedonoszew im Moskauer GIRD arbeiteten, der von allen verehrte Friedrich Zander morgens, wenn er in den Keller am Sadowo-Spasskaja kam, bevor er sich an seinem Tisch niederließ, ausrief: „Vorwärts zum Mars!.." Damals hatte dies bei allen ironisches Lachen hervorgerufen. „Heute nach nicht ganz dreißig Jahren, wird Sergej Pawlowitsch, der am meisten über den Marsenthusiasmus gelacht hat, bald in den Dienstbesprechungen mit dieser Zanderschen Losung beginnen. Ich denke, daß wir darüber nicht ironisch lachen werden", endete Tichonrawow.
Dieses Gespräch hatte ich Ende 1959 mit Tichonrawow, als bei uns tatsächlich die Beschäftigung mit dem Mars begann.
Die Monderfolge des Jahres 1959 hatten bei den Planungsexperten in der Akademie der Wissenschaften den Grundstein der Überzeugung in die

Perspektive der satellitengestützten Astronomie gelegt. Über uns ergoß sich ein Strom von Vorschlägen zur Entwicklung kosmischer Apparate für die Erforschung des Mars und der Venus sowie der Wiederholung des Fotografierens und der weichen Landung auf dem Mond. Dieser Ansturm entfachte eine interakademische Konkurrenz zwischen den Astronomen und Geophysikern verschiedener Schulen und Richtungen. Die Mondspezialisten lehnten Vorschläge über die Entsendung von Apparaten zum Mars ab. Die Anhänger der Marsforschung behaupteten, daß auf dem Mond nichts zu erforschen sei und die neu geschaffenen Möglichkeiten der Raketentechnik zur Erforschung der nächsten Planeten genutzt werden sollten.

Der Ansturm stimulierte auch die ausländische Presse, in der es Mitteilungen veröffentlicht gab, daß Amerika unsere Vorherrschaft nicht ertragen könne und schon mit Arbeiten an Projekten verschiedener automatischer interplanetarer Stationen begonnen habe. Tatsächlich begann in den USA eine Serie von Starts des Typs „Pioneer". Für diese Apparate wurden in den Jahren 1958-1959 Trägerraketen benutzt, bei denen die erste Stufe (mit Flüssigkeitsraketentriebwerken) von der militärischen Rakete „Jupiter" übernommen wurde und die drei folgenden Stufen waren feststoffgetriebene. Die ersten Starts waren erfolglos, aber wir verstanden, daß die amerikanischen Raketenspezialisten in unseren Spuren tappten. Die Rakete „Jupiter“ wurde in den USA unter von Brauns Leitung entwickelt.

Aus diesem Anlaß bemerkte Koroljow mit Befriedigung, daß die Amerikaner bis jetzt ohne die Deutschen nicht auskommen, und selbst laufen sie in kurzen Hosen herum.

Keldysch und Koroljow wurden mehrfach zu Chruschtschow gerufen, der der politischen Bedeutung der kosmischen Erfolge außerordentliche Bedeutung beimaß.

Dabei unterstützte Chruschtschow die kosmischen Ambitionen Koroljows und Keldyschs. Er forderte vom Verteidigungsminister und seinem Stellvertreter Nedelin auch die Unterstützung der Arbeiten Jangels an den militärischen Raketen mit Hilfe hochsiedender Komponenten. Unsere Freunde aus Dnjepropetrowsk erzählten uns, daß Breshnew, der aus Dnjepropetrowsk stammte, und jetzt Sekretär des ZK für Verteidigungsfragen war, den direkten Auftrag von Chruschtschow hatte, das OKB Jangels und das Dnjepropetrowsker Raketenwerk zu kontrollieren und ihnen zu helfen. Die Dnepropetrowsker waren stolz, daß sie jetzt auch ihren Mann im Präsidium des ZK hatten.

Die Arbeiten an den militärischen, schon fliegenden Raketen R-7, R-7A und den neuen Projekten forderten außerordentliche Anstrengungen. Die Militärs warfen uns mit Recht vor, daß die Raketen nicht zuverlässig genug seien, einen langen Vorbereitungszyklus zum Start benötigten und zu ungenau träfen. Wir selbst verstanden diese Unzufriedenheit sehr gut. Dem Einsatz der Rakete als Trägerrakete kosmischer Apparate wurde zu den zwei Grundstufen der militärischen R-7 eine dritte und in der Perspektive eine vierte Stufe hinzugefügt, die nur für kosmische Starts notwendig waren.

Die Trägerrakete kosmischer Apparate war deshalb kompliziert und weniger zuverlässig als die Trägerrakete der militärischen Kernladung. Der Rakete R-7 wurde in ihrer ursprünglichen zweistufigen Variante erst beim sechsten Start die Beförderung des ersten künstlichen Erdsatelliten anvertraut. In der dreistufigen Form wurde sie sehr genau überprüft, flog mehrfach mit Attrappen und Hunden, ehe man ihr den ersten Menschen anvertraute.

In der vierstufigen Variante startete die Trägerrakete unter dem Index 8K78 sofort mit der automatischen interplanetaren Station 1M. Sie hatte die historische Aufgabe, in die Nähe des Mars zu fliegen. Es war unser sehnlichster Wunsch, die Amerikaner zu übertreffen und als erste in der Welt die Frage zu beantworten: „Gibt es Leben auf dem Mars?" Nicht geringeren Ruhm versprach der neue Raketenträger durch die Lüftung des Geheimnisses der Venus zu bringen: „Was verbirgt sich für die Astronomen der Erde hinter dem undurchdringlichen Wolkenschirm der Venus?" Wir beeilten uns, wir beeilten uns sehr.

Die Möglichkeit, schnell eine interplanetare Station und eine vierte Stufe für die R-7 zu entwickeln, wurde, bevor wir Koroljow mit konkreten Vorschlägen konfrontierten, von Mischin, Tichonrawow, Buschuew, Rauschenbach und mir diskutiert. Tichonrawow untersuchte zusammen mit den Projektanten, Rjasanow und Maximow, die Möglichkeit des Aufbaus und des notwendigen Gewichtes. Rauschenbach gemeinsam mit Legostaew, Baschkin und Knjasew erfanden, ich unterstreiche noch einmal, erfanden die Schemata zur Orientierung für die Durchführung der Korrektur des Fotoapparates in Richtung des Planeten und die exakte Ausrichtung der Antenne auf die Erde. Nur wenn ich mich von der Überlastung durch die laufenden Probleme mit der Rakete R-9, den Sputnikraumschiffen und den wiederholten Starts zum Mond losriß, konnte ich häufig im NII-885 mit Rjasanskij und Boguslawskij Varianten der Funksysteme für die Verbindung und Nachrichtenübertragung über Hunderte Millionen Kilometer beraten. Gerade waren wir darüber stolz gewesen, daß es uns gelungen war, über eine Rekordentfernung von mehr als 300.000 km Nachrichten zu übermitteln, wurde es jetzt notwendig, 300 Millionen Kilometer zu garantieren. Unter den Elektrikern fanden sich zwei Enthusiasten, Alexandr Schuruj und Witalij Kalmykow. Diese beauftragte ich zusammen mit den Projektanten, das Problem der Elektroversorgung für eine Flugzeit von einem Jahr zu untersuchen, und forderte ultimativ, ein einheitliches komplexes Elektronetz für die gesamte automatische interplanetare Station zu projektieren. German Noskin und Nikolaj Rukawischnikow erhielten die Aufgabe, eine solche Programmzeitschaltung auszudenken, die es ermöglicht, operativ verschiedene zeitliche Befehlsabfolgen an Bord zu realisieren. Leider haben wir dieses Gerät nach dem Versagen der Programmzeitschaltung, entwickelt vom SKB-567, nur in der „Venus-1" eingesetzt.

Michail Krajuschkin, der zusammen mit seinen fanatischen Antennenbauern davon ausging, daß die gesamte Kraft der Funktechnik in den Antennen liegt, träumte nach der unsicheren Verbindung bei der Übertragung der Fotografien

von der Mondrückseite davon, daß er die erste kosmische scharfbündelnde Parabolantenne entwickeln könnte.
Mischin und Buschuew beauftragten Swatislaw Lawrow und Rafat Appasow, ein optimales Schema des interplanetaren Fluges zu erarbeiten. Auf Bitten Tichonrawows wurde diese Arbeit parallel in der Abteilung für angewandte Mathematik von Dmitrij Ochozimskij begonnen. Sehr schnell wurde klar, daß keine der in nächster Zeit zu erwartenden Varianten der dreistufigen Rakete R-7 in der Lage sein würde, irgend eine Nutzmasse zum Mars oder zur Venus zu befördern. Uns war zu dieser Zeit schon klar, daß nicht mehr und nicht weniger als eine halbe Tonne auf die zweite kosmische Geschwindigkeit zu beschleunigen ist.
Mischin entbrannte als erster für die Idee, auf die dreistufige „Semjorka" noch eine vierte Stufe aufzupflanzen. Es war möglich, ein neues Sauerstoff-Kerosin-Triebwerk für diese Stufe zu entwickeln. Als der am vernünftigsten denkende Stellvertreter Koroljows erwies sich Sergej Ochapkin unter uns. Er war für die Arbeit der Konstruktionsabteilungen, für die Herstellung der Grundarbeitsdokumentation für die Produktion verantwortlich und befaßte sich unmittelbar mit den Problemen der Festigkeit der Konstruktionen der Rakete. Ich denke sogar, auch er war sofort mit der Idee einer vierten Stufe einverstanden.
Der gesamte Januar des Jahres 1960 verging mit der Beratung des weiteren kosmischen Programms. Sofort nach dem Neuen Jahr, am 2. Januar, wurden Keldysch, Koroljow, Gluschko und Piljugin zu Chruschtschow gerufen. Chruschtschow war sehr aggressiv gestimmt und sagte, daß kosmische Erfolge für uns jetzt genau so wichtig seien, wie die Entwicklung militärischer Raketen. Er brauste sehr auf und drohte: „Die Sache läuft bei Ihnen zur Zeit nicht gut. Bald werden Sie wegen des Kosmos Prügel beziehen. Die USA treiben die Arbeiten stark voran und sie könnten uns überholen." Diese Worte Chruschtschows wurden von SP bei seinem Auftritt auf der Beratung am 3. Januar vor den Chefkonstrukteuren und den Stellvertretern Koroljows, auch Keldysch war anwesend, wiederholt. Es begann eine konfuse Diskussion zum Kosmosprogramm für dieses und die Folgejahre. Keldysch bestand auf einer Mondsonde E-2F, mit der die Technik des Fotografierens und der Bildübertragung von der Rückseite des Mondes vervollkommnet werden sollte. Ich widersprach dieser Arbeit und ging dabei davon aus, daß wir mit dem Programm des Mars und der Venus überlastet seien. Diesem neuen Programm gaben wir die Kurzbezeichnung „MV". Koroljow fügte noch hinzu: „Vergeßt bitte nicht, es gibt auch die ‚Wostok'." Darüber hatten wir uns aber noch nicht abgesprochen und gingen auseinander.
Am 7. Januar versammelte Keldysch einen großen innerbehördlichen Rat zur E-2F und zum MW. Hinsichtlich der E-2F wurde vereinbart, daß die Aufgabe sich nur auf das Fotografieren beschränkt. Die Frist zur Abstimmung der Aufgabe wurde hinausgezögert, aber der Start für den April geplant. Hinsichtlich MV wurde zum ersten Mal ernsthaft beraten, wer was machen sollte. Ochozimskij, Lawrow, Krjukow, Rauschenbach, Chodarew, Rjasanskij und Piljugin

berichteten, jeder für seinen Teil und vorerst nur über die vorläufigen Vorstellungen jedes einzelnen. Nach der Beratung setzte SP mich und Krjukow in sein Auto. In scharfer Form äußerte sich Koroljow in dem Sinne, daß wir, seine Stellvertreter, bis jetzt noch keine Stellung bezogen hätten, wer sich für was im Programm MV verantwortlich fühlt. Außerdem würden wir die Arbeit nicht koordinieren, und die „Idealisten Keldyschs“ würden wollen, daß der Start schon im September dieses Jahres stattfinden solle.
Am 9. Januar führte Ustinow eine Sitzung der militärisch-industriellen Kommission durch. Dort wird von uns über den Verlauf der Arbeiten zur „Wostok" und dem schweren Fotoaufklärungssatellit berichtete. Von Buschuew hatte dieser bereits den Namen „Zenit“ erhalten. Rechenschaftspflichtig waren Buschuew und der Direktor des Betriebes Turkow. Die Überschreitung der Fristen hinsichtlich des von Ustinow festgelegten Zeitplanes betrug zwei bis vier Monate. Obwohl an vielen Verzögerungen unsere Kooperationspartner schuld waren, prasselte das Feuer der Kritik gnadenlos auf das OKB-1 nieder.
„Es ist dies ein wichtiges Mittel", erklärte Ustinow, „mit dessen Hilfe wir fähig sind, die Aufklärung zu betreiben. Es gibt zur gegenwärtigen Zeit keine wichtigere Aufgabe." Hier hatte er offensichtlich Koroljow im Visier, der sich mit dem Programm der bemannten Flüge befaßte. Koroljow saß da, machte einen sehr mürrischen Eindruck und schwieg. Ustinow stürzte sich äußerlich auf mich, Buschuew und Turkow, aber tatsächlich galt das Feuer Koroljow, der offensichtlich mit seinen Stellvertretern nicht zurechtkam.
Nach einer Pause beauftragte Ustinow Paschkow, eine Woche später einen Bericht mit Vorschlägen hinsichtlich des MV-Programmes zu machen. An dieser Stelle hielt Mrykin es für notwendig, sich einzumischen. Sein Auftritt in einer sehr angespannten Atmosphäre der Sitzung machte auf Ustinow einen ernüchternden Eindruck: „Mit gewöhnlichen Mitteln, so stelle ich mir vor, kann man diese komplizierteste Aufgabe nicht lösen. Notwendig ist die Konzentration aller Mittel und die Hinzuziehung neuer Kooperationspartner. Die militärisch-industrielle Kommission muß operativ entscheiden und nicht von Sitzung zu Sitzung auf die Konstrukteure schimpfen. Dem OKB-1 und seinen Kooperationspartnern muß real geholfen und ständig muß kontrolliert werden."
Ustinow wies darauf hin, ehe er alle entließ, daß in nächster Zeit Chruschtschow persönlich unsere kosmischen Pläne überprüfen würde und daß er dies unmittelbar im OKB-1 zu tun beabsichtige.
SP entfernte sich für einige Tage zur Erholung in das Ferienheim der Regierung „Sosny" („Die Kiefern“), beauftragte mich und Buschuew, ein Planprojekt zu MV zu entwickeln und am 12. Januar zu ihm zu kommen. „Aber Startzeiten im September sind nicht zulässig", gab er uns mit auf den Weg.
Das komplizierteste war wie immer die Abstimmung der Fristen mit dem Werk. Die Fristen zur Herstellung der Zeichnung und zur Herstellung der kosmischen Stationen erschienen uns unreal. Aber als wir in das Ferienheim „Sosny" zu SP fuhren, und er unsere Zeitpläne angesehen hatte, verfinsterte sich sein Blick und er begann, diese gnadenlos zu verbessern, indem er die Fristen um zwei oder

drei Monate nach vorn verschob. Dabei machte er den Vorschlag, die Zahl der herzustellenden Apparate von zwei auf drei zu erhöhen.
SP schlug vor, die Variante zur Erreichung der Venus zu vereinfachen und jede Wärmeisolierung zu entfernen. „Zur Venus, das ist die Göttin der Liebe, fliegen wir nackt", sagte er. „Zur Entwicklung einer Wärmeisolation haben wir keine Zeit. Im Falle eines Mißerfolges verbrennt die letzte Stufe so und so in der Erdatmosphäre. Dabei können wir außerdem beweisen, daß wir kosmische Trägerraketen starten und keine Militärraketen."
Am 15. Januar, nachdem SP aus dem Ferienheim zurückgekehrt war, rief er eine allgemeine Produktionsberatung ein und verkündete die unvorstellbaren Fristen der Entwicklung und des Starts von drei Mars-Venus-Raketen. Es gab kaum jemanden, der an die Realität dieser Fristen glaubte. SP hielt eine Rede voller Drohungen an die Adresse möglicher Schuldiger, die die völlig unrealen Fristen verletzen würden.
Was würde mit dem Steuerungssystem, das das ganze Jahre im Kosmos arbeiten, die Sonnenbatterien zur Sonne, die Parabolantennen zur Erde und den gesamten Apparat zum Mars oder zur Venus orientieren mußte?
Rauschenbach, der die Situation real einschätzte, lehnte eine Entwicklung von Geräten zur Orientierung der Sonnenbatterien sowie von Kraftantrieben zur Orientierung des gesamten Apparates ab. Er wollte sich offensichtlich nicht mit Sachen beschäftigen, die in abenteuerlichen Fristen zu entwickeln waren.
Piljugin erklärte, daß, wenn SP darauf dringt, Gott möge es richten, er noch zwei Stufen der R-7 mit Steuerungsgeräten ausrüstet.
Rjasanskij schlug vor, das gesamte System der Funkverbindung dem SKB-567 zu übertragen, wo anstelle des unerwartet verstorbenen Gubenko Belousow zum Leiter und Chodarew zum Chefingenieur ernannt wurden. Für diese junge Firma erklärte Wladimir Chrustalew, der Chefkonstrukteur der optischen Geräte des ZKB- Geophysika: „Kinder, wir machen es."
Bald lud mich Iosifjan in seine luxeriöse Villa an den Roten Toren ein. Er schenkte mir sein Buch „Fragen einer einheitlichen Theorie des elektromagnetischen und gravitationsinertialen Feldes". Diese Arbeit stand im offenen Gegensatz zur allgemeinen Relativitätsthoerie Einsteins. Wenn dort alles richtig sein würde, hätte Andronik zweifellos den Nobelpreis verdient. Aber die theoretischen Physiker unserer Akademie der Wissenschaften erkannten das wissenschaftliche Traktat Iosefjans nicht an. Der Versuch der Entwicklung einer einheitlichen Feldtheorie war bekanntlich das Ziel der letzten Lebensjahre Einsteins. Aber eine solche allgemeine Feldtheorie ist bis jetzt nicht entwickelt worden.
Ich bat darum, mich mit den Nöten eines „verrosteten Elektrikers" beschäftigen zu dürfen und die reine, hohe Wissenschaft zu verlassen, und erhielt von Iosefjan die Zusicherung der vollen Unterstützung all unserer Arbeit zum Mars und zur Venus. Es wurde ein „Stoßtrupp" mit Nikolaj Scheremetewskij an der Spitze gebildet. Damit begann auch die kosmische Tätigkeit des zukünftigen Akademiemitgliedes und Direktors des Allunions-Wissenschaftlichen-

Forschungsinstitutes für Elektromechanik (WNIIEM) von Nikolaj Nikolaewitsch Scheremetewskij.
Leider war das Kollektiv erstklassiger Elektroingenieure des NII-627 in diesen phantastischen Fristen nicht in der Lage, eine ihrer Ideen zu realisieren und beschränkte sich auf die gewissenhafte, jedoch routinemäßige Entwicklung der Strom- und Spannungswandler.
Der Auftritt Mrykins auf der Besprechung bei Ustinow und dessen Aufruf zur Konzentration aller Kräfte ging nicht spurlos vorüber. Auf Anweisung von Ustinow versammelte Rudnew Klamykow, Schokin und die Leiter der Hauptverwaltungen, d.h. die Leiter der funkelektronischen Industrie bei sich. Der gebildetste unter allen Anwesenden war der Vorsitzende des Staatlichen Komitees für Funkelektronik, Walerij Kalmykow, der zum ersten Mal von dieser Aufgabenstellung erfuhr: „Heute, im Januar bei Null anfangen und im September starten", lächelte er, aber er stritt nicht. Doch bei den Fla-Raketen hatte er Berijas Schule der Fristen durchlebt und bei Streit konnte in diesen Jahren die Inhaftierung und im besten Fall der Verlust der Arbeit die Folge sein. In solchen Situationen war er nicht nur einmal gewesen. Wie viele andere Minister ging er davon aus, daß in der Regel nicht die Schuldigen, sondern die Letzten bestraft werden, Deshalb ist es in einer großen Menge konkurrierender Fristen günstig, nicht für die letzte Frist verantwortlich zu sein.
Ustinow teilte Koroljow mit, daß er auf Bitten Chruschtschows Kalmykow persönlich angewiesen hätte, uns bei der Realisierung des Mond- und Venusprogramms zu helfen, um unter Berücksichtigung der Umstände zwei Starts im September/Oktober dieses Jahres zu garantieren. „Die gesamte Funkelektronik ist in außerordentliche Erregung versetzt", ließ mich Koroljow wissen, als er mich anrief. Er beauftragte mich, an allen Versammlungen und Beratungen Kalmykows und Schokins teilzunehmen und ihm täglich zu berichten.
Nach der Versammlung bei Rudnew wurden im Apparat der Funkindustrie zusammen mit den Institutsleitern in einer fieberhaften Atmosphäre Pläne entwickelt, die Aufgaben verteilt und Fragen gestellt, die niemand beantworten konnte. Viele Direktoren riefen direkt bei mir an und versuchten zu begreifen, was von ihnen gefordert werden konnte. Als ich ihnen die Fristen nannte, widersprachen sie nicht, sondern verabschiedeten sich höflich.
Am 22. Januar versammelte Kalmykow im Sitzungssaal des Staatlichen Komitees für Funkelektronik alle möglichen Teilnehmer an der Arbeit zum funkelektronischen Teil. Ich schilderte die Aufgaben des Mars-Venus-Programms, die hauptsächlichen Besonderheiten des Flugprogramms, der Umlaufbahnen und die Forderungen an das System der Funkverbindungen. Der Chef des NII-4, General Sokolow, berichtete über die Vorschläge der Militärs für die Schaffung von Steuerungspunkten auf der Krim und im Fernen Osten.
Während der Beratung beauftragte Kalmykow Schokin, die Versammlung zu führen, weil man ihn dringend wegen einer Mitteilung über die Verletzung unseres Luftraumes durch unbekannte Flugzeuge gerufen hatte. Einer der

Teilnehmer der Versammlung gab eine Replik ab: „Das ist es, womit wir uns beschäftigen müssen und nicht mit der Mars-Phantastik."
Schokin versuchte, mich an die Wand zu drücken, und forderte einen Vorschlag über die Verteilung der Arbeit zwischen den führenden Organisationen im nahen und fernen Kosmos. Ich schlug vor, zwei getrennte führende Organisationen zu gründen. Eine sollte sich mit dem Problem der Sputniks und die zweite mit dem Mond und mit dem weiteren Kosmos befassen. Schokin beschuldigte mich und insgesamt das OKB-1 der Polemik, daß wir den verschiedenen Organisationen unseren Willen aufzwingen würden. Seiner Meinung nach machten wir dies ohne System, zufällig und ausgehend von der Sympathie sowie den freundschaftlichen Beziehungen. „Wir wollen in Zukunft nicht in Gehorsam vor dem OKB-1 stehen und warten, daß sie etwas von uns fordern. Wir müssen selbst die Initiative ergreifen und technische Lösungen vorschlagen, die passend sind oder sogar die Forderungen des OKB-1 übertreffen", sagte er. „Goldene Worte", bemerkte der neben mir sitzende Boguslawskij.
Schokin war nervös und unterbrach den Direktor des Institutes für Fernsehen (WNII-380), Rosselwitsch, sowie den Direktor des Institutes für Funkwesen (NII-695), Gusew, und unterstützte meine Vorschläge. In dieser angeheizten Atmosphäre erklärte der muntere Alexej Bogomolow, daß, wenn alle Hilfe des Staatlichen Komitees für Funkelektronik nicht ausreichen würde, das OKB des MEI bereit sei, die Projektierung und Entwicklung der Bodenantennen mit einem Durchmesser von 30 bis 64 m zu übernehmen und nicht nur auf der fernen Krim sondern auch hier in Moskau auf den Medwesher Seen. Diesen Vorschlag nahm man mit allgemeinem Gelächter und giftigen Repliken auf. Die Leiter der Hauptinstitute der Funkelektronik fühlten die offene Aggressivität des jungen Kollektivs des MEI und fürchteten offensichtlich deren perspektivische Vorschläge.
Sokolow führte alle von den Marsumkreisungen auf die Erde zurück. „Für den Bau der Meßpunkte der Funkfernverbindungen sind nur auf der Krim Zehntausende Arbeitskräfte notwendig. Aber wenn jetzt noch das Territorium von Ussurijsk hinzukommt, von dem aus wir die dritte Stufe kontrollieren, dann müssen wir in bestimmtem Maße die Krimpunkte dublieren! Gleichzeitig gibt es darüber Beschlüsse und noch keine endgültige Planung des Baues der Plätze. Ist es möglich, innerhalb von sieben Monaten solche Antennen zu bauen, für die es bisher in der Weltpraxis noch keine Analoga gibt? Alles, was die Bordfunkkomplexe betrifft, kann man offensichtlich bei äußerst angespannter Arbeit schaffen. Aber, wie es sich mit der Erde verhalten wird, ist schwer zu sagen, weil es vom Staatlichen Komitee für Funkelektronik keine genauen Vorgaben gibt."
Zum Ende der Beratung erschien Kalmykow. Er teilte mit, daß die Ortung der Luftabwehr ein Flugzeug aufgespürt habe, das, aus dem Iran kommend, unsere Grenze in sehr großer Höhe überquert hat und bisher sei die Frage noch nicht entschieden, ob man dieses mit Raketen abschießen solle oder nicht, erklärte er uns besonnen und ging.

Die Beratung endete mit allgemeinen und unkonkreten Aufträgen.
In komplizierten funkeletronischen Situationen zog ich es vor, mich mit Boguslawskij zu beraten. Noch während der Zeit der gemeinsamen Arbeit in Bleicherode überzeugte ich mich von seiner Anständigkeit, seinem gesundem Menschenverstand und seiner Objektivität in der Urteilsfindung, unabhängig von den behördlichen und Firmeninteressen. Drei Jahre zuvor, ich weiß schon nicht mehr aus welchem Anlaß, hatte mir Koroljow erklärt: „Von all Deinen Freunden und Kooperationspartnern in Funkangelegenheiten vertraue ich nur der Objektivität von Boguslawskij und Bykow. Sogar Michail (er hatte offensichtlich Rjasanskij im Auge) sind seine Firmeninteressen das allerwichtigste." Über Jurii Sergeewitsch Bykow werde ich noch weiter unten berichten.
Boguslawskij erklärte mir in einem Gespräch „unter Männern": „Ich glaube nicht an die Möglichkeit, innerhalb von sieben Monaten eine zuverlässige multifunktionale ‚Funkkombine' für die Apparate der Mars- und Venussonden zu entwickeln. Wir müssen ein völlig ungerechtfertigtes Risiko eingehen. Eine unbestimmte ernsthafte Vorarbeit in den Labors, Erprobungen der Elemente sind unter diesen Bedingungen unmöglich. Für die Erprobungen bezüglich der Nutzungsfristen und Nutzbarkeitsdauer ist keine Zeit und sind keine Geräte vorhanden. Eine sinnlose Jagd ohne Hoffnung auf Erfolg kann ich nicht akzeptieren und Michail werde ich davon abraten. Mag sich die Mannschaft von Belousow, Chodarew und Malachow damit beschäftigen. Sie haben eine neue Firma, sie müssen einen ‚Platz an der Sonne' erkämpfen. Wenn die Sache schief geht, dann wird man ihnen dies wegen ihrer Jugend verzeihen." Aber Boguslawskij war bereit, Michail Rjasanskij zu überreden, sich an der Entwicklung der Punkte auf der Krim zu beteiligen und solche „Brocken" nicht Bogomolow zu überlassen.
Eine solche Verteilung der Arbeiten war zukünftig auch bis Mitte der sechziger Jahre angenommen worden. Die Funkelektronik wurde ein untrennbarer Teil der kosmischen Technik. An der Existenz und Entwicklung von Mitteln der Funkelektronik waren wir als Hauptweltraum-OKB sehr interessiert. Im Unterschied zu vielen Leitern, erreichte Koroljow in seinem OKB ein Verständnis dafür, daß dies kein Konsumtionsmittel in der Art eines Autos oder Telefons ist, sondern ein organischer Bestandteil der Gesamtaufgabe, wie das Triebwerk und die Rakete selbst!
Am Morgen des 29. Januar des Jahres 1960 bat mich Tichonrawow, zusammen mit ihm zu SP zu gehen, um über unsere gemeinsame Linie bei dem anstehenden Treffen mit Keldysch über das Mondprogramm Einvernehmen zu erzielen. Ich erinnerte mich an die Erzählung Tichonrawows über Zander und schlug vor: „Los, wenn wir das Arbeitszimmer von SP betreten, werden wir freundschaftlich rufen: 'Vorwärts zum Mars!'"
Tichonrawow lächelte mit seinem gutmütigen Lächeln, aber die Kooperation bei diesem groben Unfug versagte er.
Koroljow fühlte sich schlecht. Er war am Abend vorher aus Kujbytschew zurückgekehrt und hatte eine schwere Landung in Wnukowo gehabt. Es war

Abendnebel gewesen, sie hatten das Flugzeug nicht annehmen wollen und es nach Leningrad umgeleitet, aber Koroljow hatte durch das Oberkommando der Luftstreitkräfte eine Landeerlaubnis erreicht.
Koroljows Stimmung war getrübt.
„Uns verstehen die dort oben leider nicht alle. Mit der Technik wollen sie sich überhaupt nicht beschäftigen. Sie gehen davon aus, daß das vollkommen unsere Sache sei. Deshalb haben sie für unsere Schwierigkeiten kein Verständnis. Und die wenigen, die etwas davon verstehen, haben nicht die notwendige Macht. Nikita Sergejewitsch hat sich fair zu uns verhalten. Aber sogar er forderte beim letzten Treffen neue kosmische Erfolge und stellte die Aufgabe für Mars und Venus mit der Frage: ‚Sagen Sie, ist das prinzipiell zu verwirklichen?' Was soll man da antworten. Natürlich ist prinzipiell alles möglich! ‚Nur, versuchen Sie nicht, uns in technische Details zu verwickeln', sagte Chruschtschow. ‚Das ist Ihre Sache. Sagen Sie, was Sie brauchen, um es zu verwirklichen.' Damit ist alles gesagt. Dann zeigt es sich, daß sie uns das, was ‚für uns notwendig' ist, nicht geben können, denn die Lösung der Aufgabe in unmöglichen Fristen ist geblieben."
Ungeachtet der Hartnäckigkeit Tichonrawows lehnte es Koroljow ab, das Mondprogramm zu beraten. Er fragte, wer von den Projektanten die Arbeit am Mars- und Venusprogramm leistet. Tichonrawow antwortete, daß er Chleb Jurewitsch Maximow beauftragt habe, selbst die Arbeit zu kontrollieren und Rjasanow sowie andere erfahrene Projektanten einbinden wird. Mir hatte Chleb Maximow mit seiner durchdachten, wohlwollend kritischen Beziehung zu den Projektionsarbeiten gefallen. Ich unterstützte Tichonrawow.
SP brummte, daß in der Mannschaft von Tichonrawow die meisten die Produktion noch nicht gerochen hätten und die Betriebsprobleme fürchteten. Koroljow schaltete auf mich um und forderte einen Bericht über die letzten Ereignisse in der Funkelektronik. Ich begann mit meinem Bericht, aber er unterbrach mich: „Ihr beiden wißt noch nicht alles. Ich hatte eine stürmische Auseinandersetzung mit Kalmykow und Rjasanskij. Ich habe ihnen erzählt, daß Nikita Sergejewitsch in wenigen Tagen bei uns sein wird, wir müssen unsere Vorschläge erläutern. Beide haben mir versprochen, darüber nachzudenken, aber, was sie sich nun ausdenken, ist unklar."
Als ich mit Tichonrawow Koroljow verließ, hatten wir nichts Konkretes vereinbart.
„Jetzt, Michail Klawdiewitsch, erhalten Sie die Gelegenheit, Chruschtschow beim Treffen mit der Losung Zanders zu begrüßen: 'Vorwärts zum Mars'."

## *Der Besuch Breshnews*

Der erwartete „hohe" Besuchs löste im OKB-1 und im Betrieb stürmische Vorbereitungen aus, um unsere Errungenschaften und Perspektiven zu demonstrieren. SP persönlich leitete diese Vorbereitungen.

In der 39. Montageabteilung wurde eine Ausstellung organisiert. Dies war der sauberste, hellste und geräumigste Saal.
Die Rakete R-7A, es handelte sich um die Variante 8K74, war als volles Paket montiert. Auf einer Schautafel waren die sonst geheimen Parameter der Rakete angegeben. Der Leiter der 39. Abteilung, Wasilij Michailowitsch Iwanow, gab zu, daß er das tatsächliche Paket nicht vollständig komplettieren könne. Speziell der Kopfteil war aus Kartonage, die Gerätesektion war vollkommen leer. Die Hauptblöcke waren provisorisch von der 8A72 entnommen. „Aber wer kennt sich darin schon aus", schmunzelte Iwanow.
Außerdem waren die vollwertigen Aggregate 74 schon auf den Arbeitsplätzen zur horizontalen Erprobung zerlegt. In parademäßiger Form war die Reihe militärischer Kopfteile ausgestellt. Es handelte sich dabei um die der R-1, R-2 und R-11, die sich als völlig harmlos erwiesen hatten, bis hin zu den gefährlichen interkontinentalen Kernsprengköpfen. Auf den Schautafeln war nicht eine Ziffer über die tatsächliche Sprengkraft der militärischen Kopfteile angegeben. Dies durfte niemand von uns wissen. Es waren nur die Massen angegeben.
Der schönste und beeindruckendste Teil der Ausstellung waren die Raketen in der Reihenfolge: R-11, R-1, R-2, R-5M sowie die zukünftige R-9 und die globale 8K713. Außerdem die neue Feststoffrakete RT-1 und alle bewunderungswürdigen Modelle der „dickbäuchigen" Mikroraketen auf hochsiedenden Komponenten.
Die Feststoffrakete RT-1 war als dreistufige Rakete mit einer Reichweite von 2500 km ausgelegt. Dieses Projekt wurde unter der Leitung von Igor Sadowskij entwickelt, den Koroljow im August 1959 zu seinem Stellvertreter für Feststoffraketen ernannt hatte. In unserem Land war dies das erste reale Projekt einer ballistischen Rakete auf Pulverbasis, hergestellt nach einer neuen Technologie. Dieses Projekt unterstützte Koroljow seit einiger Zeit sehr aktiv und es war noch ein bemerkenswertes Kennzeichen für seine rätselhaften, vielfältigen Intuitionen.
Die „dickbäuchige" Flüssigkeitsrakete stellte man auf Beharren Mischins als Alternative zur Feststoffrichtung aus, die er nicht unterstützte.
Die kosmische Technik wurde durch die zukünftige „Wostok" mit dem Pilotensessel, der durch eine spezielle Winde beweglich und äußerlich von einer wärmegeschützten Landekugel umgeben war, repräsentiert. Dies war zum Abwurf vom Flugzeug als Trägerrakete der zukünftigen „Wostok" zusammen mit der dritten Stufe, dem Block E und dem äußeren Verkleidungskonus, dargestellt. Die interplanetaren Stationen zum Mars und zur Venus waren noch nicht voll durchprojektiert, aber hier in der Montageabteilung konnte man sie schon berühren, sie waren in maßstabgerechten Modellen zur Schau gestellt.
An der Marssonde drehte die sich an einem Scheinwerfer orientierende Sonnenbatterie ununterbrochen. Die Venussonde war in einer Landungsvariante ausgestellt. Selbstverständlich hatte man auch die Reservemodelle der ersten drei Sputniks und der ersten drei Mondsonden nicht vergessen.

Wir selbst gingen durch diese Ausstellung mit dem Erstaunen der Erfinder. So viel hatten wir innerhalb von dreizehn Jahren erreicht! Es stand fest, unser SP war ein Prachtkerl, er hatte sie alle gezwungen, die Ohren zu spitzen, um unsere Vergangenheit, Gegenwart und Zukunft zu demonstrieren.

Der Besuch war für den 4. Februar anberaumt worden. Unerwartet kam am 3. Februar die Mitteilung, daß nicht Chruschtschow, sondern der Sekretär des ZK der KPdSU, Breshnew, kommen würde, der nach der Verteilung der Ämter im Präsidium der KPdSU für die Verteidigungsindustrie und die Raketentechnik verantwortlich war. Koroljow war sehr verstimmt, weil Chruschtschow nicht kam. Irgend jemand hatte Sergej Pawlowitsch gewarnt: „Breshnew ist ein sehr gescheiter und listiger Mann. Überflüssiges dürfen Sie nicht erzählen." Diese Warnung gab Koroljow an die Erklärer weiter, die an den Exponaten standen.

Am Morgen kamen die hohen Chefs in die Abteilung – Ustinow, Serbin, Rudnew, Grischin und die wichtigsten Chefkonstrukteure. Sie warteten lange im Arbeitszimmer des Abteilungsleiters, das für den Besuch vorbereitet worden war.

Die Leitung hatte beschlossen, Breshnew an den Eingangstoren des Betriebes zu begrüßen. Als alle schon durch das Warten ermüdet waren, erschien er in Begleitung Ustinows, Serbins, Koroljows und nur einem Leibwächter.

Koroljow erläuterte das Tagesprogramm und Breshnew war damit einverstanden. Die Besichtigung der Ausstellung begann. Breshnew ging aufmerksam betrachtend und zuhörend, ohne zu unterbrechen und Fragen zu stellen. Manchmal hob er staunend seine ungewöhnlich dichten Augenbrauen. Koroljow führte das Gespräch sehr ruhig, ohne Unterbrechungen und ohne Wiederholungen. Man spürte, daß er angespannt war. Nur bei der Rakete RT-1 übergab Koroljow das Wort an Sadowskij.

Nach der Besichtigung der Ausstellung gingen sie in das Arbeitszimmer des Abteilungsleiters, wo Tee bereitstand. Während des Tees sagte Koroljow, daß wir zu Fuß in das OKB gehen würden, um ein Gespräch am runden Tisch zu führen. Breshnew wurde lebendiger und erzählte nebenbei eine Anekdote: „Durch Moskau trägt man, gefaßt unter den Armen, einen stattlichen Bürger, so daß seine Füße in der Luft hängen, weil er Angst hat, die Erde zu berühren. Die Vorübergehenden wundern sich. Die Träger erklären: ‚Das ist unser Direktor. Man hat ihm seine Dienstmaschine weggenommen und das Gehen hat er verlernt. Nun müssen wir ihn zur Arbeit und wieder nach Hause tragen'." Die Anekdote war nicht neu und trotzdem lachten alle. Das Thema war kritisch. Breshnew machte den Versuch, die Zahl der Dienstmaschinen zu reduzieren und diese in den Taxibestand einzureihen. Man hatte ihm berichtet, daß der Beschluß erfolgreich umgesetzt würde. Tatsächlich erwies sich die Übergabe der Autos an den Taxipark als gefälscht. Auf dem Papier wurden diese Autos übergeben, aber faktisch gingen sie vom Taxipark frühmorgens in die Verfügungsgewalt der alten Herren zurück, die dafür eine Kompensation nach den vorhandenen Tarifen bezahlten. Dies war für beide Seiten günstig.

Nachdem sich die Situation entspannt hatte, nahm sich jemand den Mut zu bemerken: „Spaß muß sein, aber es ist schwierig, ohne Auto zu arbeiten. Die

Leiter können sich nicht selbst hinter das Steuer setzen und amerikanischen Service haben wir bei uns noch nicht." Die Bemerkungen wurden mit Wohlwollen aufgenommen.

Dann gingen wir in das Gebäude der Bibliothek, wo Schautafeln mit den zukünftigen Projekten aushingen. Koroljow befaßte sich kurz mit der militärischen Thematik und widmete der kosmischen Perspektive die Hauptzeit. Es wäre eine sehr gute Gelegenheit gewesen, hinsichtlich der unrealen Fristen der Mars- und Venusprojekte Bemerkungen zu machen. Aber SP ließ diese Möglichkeit aus.

Die Darstellungen auf den Schautafeln waren nicht von professionellen Künstlern ausgeführt worden, sondern von den Projektanten der neunten kosmischen Abteilung. (Als der Gast abgefahren war, machte Grischin Koroljow deshalb Vorwürfe, daß in einem beliebigen amerikanischen Journal die Abbildungen besser dargestellt worden wären).

Man spürte an allen Ecken und Enden, daß ein durchdachter Perspektivplan für die kosmischen Arbeiten – ein Kosmosplan – noch nicht vorlag. Inhaltsreicher war dagegen der Teil des Referates Koroljows, in dem er auf die Weiterentwicklung der „Semjorka" durch Hinzufügung einer dritten und dann einer vierten Stufe als Träger hingewiesen hatte.

Als wir uns an den großen runden Tisch gesetzt hatten, bat Gluschko ums Wort. In seinem Auftritt kontrastierte er den Bericht von SP in einem ausdrücklich aggressiven Ton. Er schlug vor, unmittelbar zur Projektierung und Entwicklung einer schweren Trägerrakete auf der Basis des Triebwerks RD-111 überzugehen, das für die R-9 entwickelt worden war. „Man darf nicht warten, bis ein Triebwerk mit einem geschlossenen Kreislauf und dem Nachbrennen der schon verbrauchten Dampfgase in der Brennkammer entwickelt ist, wie dies einige nicht kompetente Genossen aus dem OKB-1 vortragen", sagte Gluschko mit seiner wie immer überzeugenden leisen Stimme.

Ungeachtet der im Grunde an das OKB-1 gerichteten beschuldigenden Rede sah man Gluschko keinerlei Emotion an. Als er ausführte, daß ihm verschiedene anwesende Personen Konservatismus vorwerfen, konnte sich Mischin nicht mehr zurückhalten und stellte die Frage: „Und wer ist das?" Gluschko ließ sich nicht aus der Ruhe bringen und parierte sofort: „Der Schuldige verrät sich selbst." Dieses kurze Wortgefecht war der äußere Ausdruck der sich verstärkenden technischen Mißverständnisse zwischen Gluschko und Koroljow. Die Beziehungen zwischen Mischin und Gluschko verschlechterten sich immer mehr. Im weiteren versuchte Mischin nicht, Kompromisse zu erzielen. Im Gegenteil, er versuchte, Koroljow gegen seinen alten Mitarbeiter bei den ersten Schritten in die Weltraumtechnik aufzuwiegeln.

Die folgenden Auftritte von Piljugin und Rjasanskij waren farblos. Sie machten allgemeine Ausführungen über die Idee der Vereinigung, der Vergrößerung der Institute und über die Verstärkung der Produktionsbasen.

Barmin unterstützte plötzlich, eigentlich unklar warum, die von Mischin vorgeschlagene „dickbäuchige" Salpetersäure-Kleinkind-Rakete anstelle der feststoffbetriebenen.

Koroljow beendete die Sitzung am runden Tisch, ohne irgendwelche konkreten Vorschläge zur Organisation und weiteren Planung zu fassen, gab aber mit verhaltenen Bemerkungen dem intoleranten Auftreten Gluschkos gegenüber der Kritik zur Technik anderer Spezialisten eine Abfuhr.
Mir sind die Aufzeichnungen des Schlußworts von Breshnew erhalten geblieben: „Es war sehr gut, daß Sie mich ‚hierher gelockt' haben. Ich selbst kann natürlich keinerlei Beschlüsse fassen. Ihre Vorschläge müssen im Präsidium des ZK beraten werden. Sie müssen sie sehr ernsthaft vorbereiten. Nach meiner Meinung ist das Material noch nicht ausgereift und in zehn bis fünfzehn Tagen müssen Sie mit einem konkreten Plan auftreten. Es wäre dabei nicht schlecht, wenn Sie irgend ein größeres ‚Käferchen' starten könnten, um größeren Lärm zu verursachen."
Mit diesem „Käferchen" verabschiedete sich Breshnew von uns und zerstörte damit die Hoffnung des gegenseitigen Verständnisses mit unserem Betrieb. Auch Ustinow lächelte nicht. Alle waren durch ein solches Verhältnis zur kosmischen Technik beleidigt. So hat Breshnew sich von uns verabschiedet.
Als die hohen Leiter davongefahren waren, wandte sich der Witzbold Grischin an uns und sagte: „Mir ist zu Ohren gekommen, daß Tichonrawow Schmetterlinge und Käfer sammelt, möge er uns beauftragen, ein solches ‚Käferchen' zu fangen, das in den Kosmos fliegt und mehr Lärm macht."
Mischin konnte sich nicht zurückhalten: „Er hat nichts begriffen. Solche ‚Käferchen' kommen uns sehr teuer zu stehen! Ich kann in diesem Gespräch nichts Gutes erblicken."
„Trotzdem solltest Du vorsichtiger sein mit Deinen Ausdrücken", warnte ihn Grischin.
Nach diesem höchsten Besuch vergingen nicht zehn oder fünfzehn Tage, sondern fast zwei Monate, ehe wir einen großen Kosmosplan formuliert, abgestimmt und dem Staatlichen Komitee für Verteidigungstechnik und der militärisch-industriellen Kommission übersandt hatten. Mischin, Krjukow und ich erhielten von SP den Auftrag, den Teil über die Trägerraketen genausestens zu redigieren. Wir haben sehr viel gestritten und die Sache uferte fast immer bis zum Schreien aus. Sehr häufig sind wir auch zum förmlichen „Sie" übergegangen.
Der erstaunlichste unserer Vorschläge war eine schwere Trägerrakete mit einer Startmasse von 1600 t und einem Kerntriebwerk in der zweiten Stufe. Die Idee eines Kerntriebwerkes für eine Rakete wurde zu dieser Zeit gerade mal diskutiert und keinerlei experimentelle Arbeiten, die diese optimistischen Berechnungen der Physiker bestätigt hätten, lagen vor. Aber wir glaubten, daß man eine Rakete mit einem Kernreaktor betreiben könnte. Dies war sehr verführerisch.
Koroljow befaßte sich zwei Wochen lang ununterbrochen nur mit diesem Plan. Er mischte sich in die heißen Diskussionen und Streitgespräche ein. Unter seiner Teilnahme wurden von Krjukow und den Projektanten verschiedene Anordnungen mehrstufiger Trägerraketen mit Längs- und Querteilung verändert. SP stellte die Aufgabe als Antwort auf den „Angriff Valentins", eine

dreistufige Trägerrakete zu entwickeln, die schon 1961 in der Lage sein sollte, einen Sputnik von 30-40 t auf eine Erdumlaufbahn zu bringen. Während des Streites erklärte SP diese Aufgabe für unreal und verschob sie auf Ende 1962.
In dem Plan war trotzdem sehr viel enthalten. Im einzelnen handelte es sich um: eine schwere Trägerrakete sowie elektroreaktive Triebwerke, Raumschiffe – automatische und bemannte – sowie Vorschläge zur Zusammenstellung und zur Montage in der Umlaufbahn. Mit Einverständnis von Koroljow wurden unter dem Druck von Mischin und dem Widerspruch von Krjukow in den Vorschlägen für die neuen Trägerraketen die Triebwerke von N.D. Kusnezow für die erste und zweite Stufe vorgesehen.
Als Gluschko zu uns kam, um sich mit dem Plan bekanntzumachen, hat er ihn natürlich nicht unterschrieben und ist eilig nach Dnepropetrowsk zu Jangel abgereist, um Gegenvorschläge für schwere Trägerraketen zu machen. Er schlug Jangel ein Triebwerk auf der Basis hochsiedender Komponenten mit Hilfe des schon von ihm entwickelten Triebwerks für die Rakete R-16 vor. Zu dieser Zeit wurde vom OKB Jangels schon die Militärrakete R-12 mit einer Reichweite bis zu 2400 km zur Verfügung gestellt, die mit einem sich abtrennenden Kopfteil mit Kernladung bestückt war. Der zweifellose Vorteil dieser Rakete bestand im Vergleich zu unserer R-5M in der größeren Reichweite und im Fehlen der ständigen Sorge über den Verlust des verdampfenden Sauerstoffs. Jangel begann bereits, die R-12 für das militärische wachhabende System als Schachtvariante zu modifizieren. Durch diese Maßnahme wurde eine lange Startbereitschaft der Rakete garantiert. Auf dem Schießplatz in Kapustin Jar wurden die Erprobungen der Rakete mittlerer Reichweite R-14 schon bis 4500 km erfolgreich beendet. Diese Rakete war ebenfalls mit einem Kernsprengkopf ausgerüstet und besaß ein völlig autonomes Steuerungssystem. In fieberhaftem Tempo bereitete Jangel seine erste zweistufige Interkontinentalrakete R-16 auf die Flugerprobung vor.
Bei allen Raketen setzte man Triebwerke von Gluschko ein. Für die Rakete R-16 wurde selbstzündender Treibstofff verwendet, als Oxidator ein Gemisch von Salpeter und Salpetersäure und als Treibstoff nicht symmetrisches Dimethylhydrazin. Das Triebwerk der ersten Stufe entwickelte am Boden einen Schub von 150 t und sollte eine 140 t schwere Rakete abheben. Sie war eine reale Konkurrenz zu unserer R-9.
Wenn man einen solchen Vorlauf besaß, konnte man in den Kampf um die Priorität zur Entwicklung einer schweren Trägerrakete eintreten. Die von Gluschko auf der Basis hochsiedender Komponenten entwickelten Triebwerke waren in ihren spezifischen Kennziffern schlechter als die analogen Sauerstofftriebwerke, die wir von Kusnezow erhalten sollten. Nur, die Triebwerke Gluschkos existierten schon, während Kusnezow gerade mal mit den Arbeiten auf einem für ihn völlig neuen Arbeitsgebiet begann. Darin bestand zweifellos der Vorteil der Position von Gluschko.
In der Zukunft hatten die Zwistigkeiten von Koroljow und Mischin mit Gluschko sehr schwere Folgen für unsere Kosmonautik.

Der große „Kosmosplan" wurde lange im Apparat des ZK und dem militärisch-industriellen Komitee beraten. Koroljow war häufig bei der Obrigkeit, stritt mit Ustinow und zeigte verständlicherweise Ungeduld und Nerven.
Der Apparat des militärisch-industriellen Komitees wollte uns offensichtlich auf Hinweise von Ustinow in Übereinstimmung mit Breshnew wegen Widerspenstigkeit und Überheblichkeit abstrafen oder eine Lehre erteilen.
Die Aufnahme der R-7 in die Bewaffnung und die drei Monderfolge sollten prämiert und ausgezeichnet werden. Für die R-7 verabschiedete das Verteidigungsministerium nach langem Bürokratismus einen Beschluß, danach gab es sogenannte Regierungsstufenprämien. Diese Prämien waren hauptsächlich für die Chefkonstrukteure gedacht. Die Hauptmasse der Entwickler erhielten unabhängig von ihrer titanischen Arbeit im Durchschnitt 300 bis 1000 Rubel. Die Arbeiter des Dnepropetrowsker Werkes Nr. 586 und des OKB Jangels erhielten Prämien, die um das Zwei- bis Dreifache höher waren. Über sie ergoß sich ein „Regen" von Orden und 23 wurden mit dem Leninpreis ausgezeichnet.
Aus unserem Kollektiv erhielten lediglich fünfzehn den Leninpreis für die Mondsonden. Das Volk brummte, es war im stillen entrüstet, aber wir konnten unsere Seele nur gegenseitig entlasten.

## *Die ersten Starts zum Mars*

Die Berechnungen der Himmelsmechaniker bestätigten, daß es zweckmäßig sei, nicht jedes Jahr zum Mars zu fliegen. Für Ende September und die erste Oktoberhälfte 1960 wurde ein optimaler Starttermin für einen Marsflug ermittelt. Aber wer konnte so kühn sein, und Chruschtschow erklären, daß die Entwicklung eines raketen-kosmischen Systems für den Start zum Mars und zur Vernus im Herbst 1960 unreal war, daß man dies um ein Jahr, bis zum nächsten astronomischen „Fenster", verschieben müsse? Keiner wollte der erste Prügelknabe sein. Jetzt, viele Jahre danach verwundert mich das Verhalten solcher normal denkender, auf hohem Posten arbeitender Menschen wie Ustinow, Rudnew und Kalmykow. Im Unterschied zu Chruschtschow kannten sie sich in der Technik aus und begriffen die Realitätsferne der Aufgaben. Aber niemand von ihnen hatte den Mut, reale Fristen vorzuschlagen. Man ging davon aus, daß eine solche Initiative von Koroljow persönlich oder vom Rat der Chefkonstrukteure ausgehen müsse. Eine solche Initiative hätte man als ideologische Divergenz mit der Linie der Partei betrachten können. Niemandem hätte dabei Arrest oder eine andere Repression drohen können. Und trotz alledem, entgegen dem gesunden Menschenverstand, waren wir vom Minister bis zum Arbeiter alle bereit, den laufenden Beschluß des ZK der KPdSU und der Regierung zu erfüllen, der gewöhnlich mit den Worten begann: „Auf der Grundlage eines Beschlusses der Akademie der Wissenschaften der UdSSR, des Verteidigungsministeriums, des Staatlichen Komitees für Verteidigungstechnik, des Staatlichen Komitees für Funkelektronik..." und weiter folgte eine lange

Liste der Staatlichen Komitees (nach der Reform waren es Ministerien). Und dann folgte eine Liste anderer Organisationen, dann die Familiennamen der Minister und die Liste aller Leiter der höher gestellten Organisationen und schließlich die Formulierung der Aufgaben und der Fristen. In den folgenden Punkten wurden die Verantwortlichen für die Lösung jeder Aufgabe und Teilaufgabe des Staatskomitees der Minister der Hauptorganisationen und die Chefkonstrukteure persönlich aufgezählt. Dadurch wurde von vornherein klar, daß niemand von oben angeordnet hatte, zum Mond, zur Venus oder zum Mars zu fliegen oder irgend ein anderes kosmisches Projekt zu erfüllen. Das ZK der KPdSU und der Ministerrat stimmten nur die Vorschläge, die von unten kamen, ab. Sie halfen den Vorschlagenden durch ihre Beschlüsse, nicht nur die Fristen einzuhalten, sondern auch die Maßnahmen zur Finanzierung, Prämierung, Ausreichung der notwendigen Fonds für den Bau und die Produktionskapazitäten in den Volkswirtschaftsräten mit der Staatlichen Plankommission, der Staatlichen Versorgung, dem Ministerium für Finanzen und anderen Ministerien abzustimmen. Für diese Einrichtungen waren, wie wir sagten, der Mond und der Mars klar bis „zum letzten Lämplein".

Die neue vierstufige Rakete erhielt den Index 8K78, der neue interplanetare Apparat – 1M (der erste zum Mars). Als führender Konstrukteur der 1M trat Wadim Petrow auf. Man begann mit dem Aufstellen der Zeitpläne. Ungeachtet des allgemeinen Starts gab es weder im Januar, noch im Februar oder März weder bei uns noch bei unseren Kooperationspartnern irgendwelche Dokumentationen für die Arbeit der Fabriken! Und im Oktober, der späteste Termin war der 15., sollte der Start erfolgen!

Der moderne Leser, wenn er nur etwas von der Technik versteht, beginnt zu lachen und sagt, daß nur Abenteurer solche Fristen für sich zur Aufgabenstellung machen konnten. Wir hielten uns aber nicht für Abenteurer. Wir brummten, daß die Zeit zwar sehr kurz sei, aber, wenn wir es alle sehr wollten, dann wäre es zu schaffen.

Doch was war noch zu erledigen? Ich beginne mit der Trägerrakete und dem Schema der Fluggestaltung.

Zu Beginn der 60er Jahre wählten die Theoretiker der Abteilung für angewandte Mathematik – Ochozimskij, Enejew, Erschow – und unsere Ballistiker – Lawrow, Appasow, Daschkow – nach zweijähriger Erforschung alternativer interplanetarer Flugbahnvarianten kosmischer Apparate (Sonden) zum Mars und zur Venus entsprechende Methoden zur Berechnung solcher Flugbahnen aus. Keldysch widmete diesem Problem große Aufmerksamkeit. Bei uns im OKB-1 hatten Mischin, Ochapkin und Krjukow, die die theoretischen Untersuchungen verfolgten, die schon fliegende dreistufige Rakete R-7 in der Variante 8K72 konkret verbessert. Diese erhielt zukünftig die Bezeichnung „Wostok".

Sie waren unmittelbar mit der Leitung zur Entwicklung der vierten Stufe beschäftigt. Die durchgeführten Untersuchungen hatten gezeigt, daß die effektivste Methode vom Standpunkt der Beförderung einer Nutzlast, die Methode der stetigen Beschleunigung mit drei Raketenstufen unter Nutzung einer nicht geschlossenen Sputnikumlaufbahn als Zwischenstufe ist. An einem bestimmten Punkt dieser niedrigen Zwischenumlaufbahn des Sputniks würde in Abhängigkeit vom Zielplaneten und vom Startzeitpunkt die vierte Raketenstufe gezündet. Diese vierte Stufe würde den interplanetaren Apparat auf die zweite kosmische Geschwindigkeit beschleunigen. Nach Beendigung der Beschleunigungsstrecke und dem Brennschluß des Triebwerkes würde der Apparat die selbständige Reise in den fernen Kosmos antreten. Die Umlaufbahn auf dem Weg zum Planeten würde von der Erde aus kontrolliert und von eigenen Korrekturtriebwerken gesteuert werden. Das vorgeschlagene Flugschema erwies sich in der Folgezeit als universell. Es wurde sowohl für die Starts zum Mars, zur Venus, für die Mondapparate mit weicher Landung und auch für den Start des Nachrichtensputniks „Molnija" verwendet. Es ist zu konstatieren, daß in allen offenen Publikationen die vierstufige Rakete, die schon 1960 entwickelt wurde, als „Molnija" bezeichnet wird. Von uns wurde sie damals einfach als: „Achtundsiebzig" bezeichnet, nach dem Konstrukteursindex 8K78.

Rauschenbach, Jurasow, ich und alle Steuerungsspezialisten des OKB-1 wurden vom Fieber zur Verteilung der Arbeiten für das Steuerungssystem der vierten Stufe und des interplanetaren kosmischen Apparates(Sonde) erfaßt.

Nach umfangreichen Streitereien beschloß der Rat der Chefkonstrukteure mit Unterstützung durch eine Anweisung der Minister und der Vorsitzenden der Staatlichen Komitees: die Steuerung der vierten Stufe wird als Fortsetzung des Steuerungssystems der Rakete betrachtet und ist von Piljugin zu entwickeln.. Die Entwicklung des Steuerungssystems der Sonden für Mars und Venus wird dem OKB-1 übertragen.

Dies war ein ideologischer Sieg unseres jungen Kollektivs.

Die drei Raketenstufen waren mehr oder weniger erprobt und bedeuteten keine besondere Gefahr. Ungeachtet dessen verspürte ich bei jedem Start, sogar bei heißem Wetter, wie auf meine Herz eine gefährliche Kälte zurollte.

Die vierte Stufe mußte in der Umlaufbahn in der Schwerelosigkeit und dazu noch außerhalb der Funksicht vom Territorium der Sowjetunion aus gestartet werden. Für das Triebwerk der vierten Stufe war ein spezielles System der Startsicherung – SOS entwickelt worden, dabei starteten Feststofftriebwerke mit einem geringen summaren Impuls. Das System bewirkte eine Anfangsbeschleunigung, die zu einem zuverlässigen Start des Haupttriebwerkes der vierten Stufe notwendig war.

Das Sauerstoff-Kerosin-Triebwerk der vierten Stufe wurde unter strenger Kontrolle Mischins, Melnikows und dessen Stellvertreter Rajkow und Sokolow entwickelt. Sie waren sehr stolz darauf, daß sie zum ersten Mal ein Triebwerk mit einem geschlossenen Kreislauf entwickelt hatten. Das Generatorgas wurde nach dem Antrieb der Turbine nicht in die Umwelt ausgestoßen, sondern gelangte in die Brennkammer, wo es zu Ende brannte und den spezifischen Impuls erhöhte.

Die Produktion der Triebwerke erforderte eine hohe Kultur der Metallbearbeitung, die Aneignung neuer Materialien, die engste gemeinsame Arbeit mit den Erprobern und den Konstrukteuren. Die Einführung der für unser

Werk neuen Technologie und die Leitung der Produktion der Triebwerke übertrugen Koroljow und Turkow dem jungen Ingenieur Wachtang Watschnadse. Es erwies sich erneut, sie hatten sich bei ihrer Auswahl nicht geirrt.

Das Korrekturtriebwerk für den interplanetaren Apparat auf der Basis hochsiedender Komponenten wollte Isaew entwickeln, forderte aber die Hilfe unserer Produktion.

Die Projektierung des kosmischen Apparates selbst führte die Gruppe um Chleb Maximow aus. Maximow hatte keine große Erfahrung bei der Entwicklung interplanetarer Apparate. Aber diese hatte bisher niemand. Es galt, sie von der Wiege der Projektanten konkret zu bauen. Dabei umfaßte das Ganze: das Korrekturtriebwerk von Isaew, unser eigenes System der Orientierung, Stabilisierung und Steuerung aller Bordgeräte, den Einbau der Sonnenbatterien von Lidorenko, die Pufferakkumulatoren, das Funksystem von Belousowa-Chodarewa, eine große Parabolantenne und viele weitere Geräte, deren Versagen im einzelnen zum Gesamtversagen des Projektes führen würde.

Die Gesamtleitung der Entwicklung der vierten Stufe lag in den Händen von Sergej Ochapkin. Der Gesamtaufbau und die Koordination von Dutzenden Projektparametern der vierten Stufe der Trägerrakete wurde von Sergej Krjukow geleitet.

Auf meine Abteilungen kamen völlig neue Aufgaben zu. Von uns Steuerungsleuten des OKB-1 mußte ein Steuerungssystem des in der Welt ersten kosmischen Apparates, der zum Mars flog, von Null an entwickelt werden. Die Hauptaufgabe war die Entwicklung der Logik und einer solchen Systemapparatur, mit deren Hilfe der Apparat von der Erde aus mit Hilfe des Korrekturtriebwerkes im Raum beliebig orientiert werden konnte. Was das Steuerungstriebwerk selbst betraf, so stützte sich Alexej Isaew nicht auf die von der Marine entwickelten Apparate. „Die Reise zum Mars erfordert, etwas zu riskieren", erklärte er und stürzte sich in den allgemeinen Wirbel der Entwicklung der Marssonden.

Nach einem Treffen im ZKB „Geophysik" in der Stromynka (in Moskau) mit Wladimir Chrustalew vereinbarten wir die Entwicklung von Sonnen- und Sternengeräten. Das neu geschaffene Orientierungssystem war multifunktionell. Die erste Aufgabe war die ständige Orientierung an der Sonne, in der Art, daß die notwendige Belichtung der Sonnenbatterien gewährleistet war. Man installierte eine ständige Orientierung an der Sonne sowie eine grobe, die beim Versagen der ständigen Sonnenorientierung zum Drehen des Objektes um die Sonnenachse genutzt werden konnte. Zur Flugbahnkorrektur reichte die Sonne allein jedoch nicht aus. Es mußte die Orientierung der Achse des Korrekturtriebwerkes faktisch in jeder beliebigen Richtung im Raum garantiert werden, um einen auf der Erde berechneten Korrekturimpuls übertragen zu können. Außer der Sonne wurde eine zweite optische Orientierung notwendig. Es wurde der helle Stern Kanopus und als Reservestern Sirius ausgewählt. Im KB „Geophysika" entwickelte man einen Sternensensor mit Objektiven, die vorgegebene Winkel in Abhängigkeit von den numerischen Daten, die von der

Erde übertragen wurden, garantierten und somit eine Orientierung der Achse des Korrekturtriebwerkes im Raum vor dessen Einschaltung bewirkten. Zusammen mit dem KB „Geophysika" mußten Geräte und eine zuverlässige Logik der Suche des notwendigen Sternes entwickelt werden. Das war die zweite Aufgabe.
Die dritte Aufgabe des Orientierungssystems war die Ausrichtung eines konzentrierten Strahls der Parabolantenne auf die Erde.
Wie leicht hätte man all diese Probleme lösen können, wenn es möglich gewesen wäre, an Bord einen Computer zu installieren, der erst 15 Jahre später entwickelt wurde! Im Jahre 1960 konnten wir davon nicht einmal träumen. Deshalb war es notwendig, die Apparatur des Funksystems durch die Einführung einer Programmzeitmaschine zu ergänzen.
Die Strategie der Flugsteuerung, die Durchführung der Korrekturen sowie die Informationsgewinnung wurden so organisiert, daß alle notwendigen Operationen während der Funksicht des Marsautomaten im Gebiet des Zentrums von Jewpatorija durchgeführt werden konnten. Außer der Befehlsübertragung an Bord zur Steuerung der Bordsysteme, der Übertragung der telemetrischen Informationen, der Koordinatenmessung durch das Funksystem war die Übertragung von numerischen Einstellungen vor der Korrektur durch die rückgekoppelte Kontrolle notwendig.
Der Ingenieur Witalij Kalmykow mußte eine einheitliche Schaltung der Elektroenergieverteilung und der Befehlsübertragung von den Dechifriereinrichtungen der Funklinien und der Programmzeitmechanischine entwickeln. Außerdem war eine Blockiereinrichtung notwendig, die es ermöglichte, das Korrekturtriebwerk nur dann einzuschalten, wenn Sterne im Gesichtsfeld des Objektivs des Sternensensors vorhanden waren.
Bei der Projektierung der Bordautomatik und der gesamten elektrischen Schaltung mußte die Logik der Arbeit jedes Systems begriffen werden. Jeder der Entwickler schuf seinen Abschnitt des komplizierten Systems. Die Aufgabe des Ingenieurs, der die Logik und die Schaltung der Steuerung des gesamten Bordkomplexes entwickelte, bestand darin, daß er jeden Abschnitt studierte und dann in das Gesamtkonzept einpaßte. Lokale Isoliertheit im engen Rahmen eines Apparates und einer Funklinie schuf die Gefahr, daß ein von der Erde gegebener Befehl bei der Übertragung nicht die richtige Adresse erreichte und an Bord eine Havariesituation heraufbeschwor. Die Verteilung der Befehle mußte solche Situationen ausschließen. Im Jahre 1960 entwickelte das Kollektiv von Jurij Karpow parallele Systeme zur Steuerung von Bordkomplexen der ersten Sputnikraumschiffe und Marssonden. An Bord der Raumschiffe hatte jedes System „Souveränität“, wodurch sich die Entwicklung eines einheitlichen Elektroversorgungssystems und einer Steuerungsgesamtlogik erschwerte. Für die Marssonden war es notwendig, eine einheitliche Logik und ein einheitliches zentralisiertes System der Elektroversorgung zu entwickeln. Diese Aufgabe stellte ich dem neu geschaffenen Kollektiv von Jurij Karpow. Die Notwendigkeit der Systemkomplettierung drang allmählich in das Bewußtsein jedes seiner Ingenieure ein. Die Marssonden waren die ersten ernsthaften

Examina und wir können feststellen, daß die von Kalmykow entworfenen allgemeinen Schaltungen diese bestanden haben.
Die Entwicklung eines Bordkraftwerkes war keine leichte Arbeit. Die Grundlage bildeten die flachen Sonnenbatterien, die durch einen Bordumschalter als Stromquelle zum Nachladen der Pufferakkumulatoren eingeschaltet wurden. Um ein Überladen der Akkumulatoren zu verhindern, wurde ein spezieller Amperestundenzähler installiert. Alexandr Schuruj entwickelte zusammen mit zwei kooperierenden Instituten ein einheitliches Elektroversorgungssystem. Vorauseilend kann ich sagen, daß dieses kleine kosmische Elektrokraftwerk uns nicht im Stich gelassen hat.
Wir befanden uns ganz am Anfang des Weges und hatten noch keine Erfahrungen auf dem Gebiet der Systemprojektierung gesammelt. Unter den oben beschriebenen Fehlern hatten wir das Problem der elektromagnetischen Verträglichkeit als unwesentlich übergangen. Die Vernachlässigung machte uns bald zu schaffen.
Bei Jewpatorija wurde das Zentrum der kosmischen Fernverbindungen im Eiltempo errichtet. Der Bau dieses Zentrums begann vor der Realisierung des des Marsprogramms .
Agadshanow, Guskow und die vielen Erbauer des Zentrums in Jewpatorija haben uns nicht versetzt. Zum Oktober 1960 war der NIP-16 mit einem Mars - „Bord". arbeitsfähig Aber es gab noch kein „Bord", das fähig gewesen wäre, zum Mars oder zur Venus zu fliegen.
Zunächst waren zwei Marsapparate unter der Chiffre 1M bestellt worden. Insgesamt fünf Monate Zeit erhielt Gurkow von Koroljow zur Herstellung einschließlich der Erprobung in der Konstruktions- und Erprobungsabteilung sowie zur Entsendung auf den Schießplatz! In derselben Zeit mußte die vierte Stufe projektiert und die Endbearbeitung auf dem Boden durchgeführt worden sein.
Vielzählige Berechnungen zeigten, daß der optimale Starttag zum Mars in diesem Jahr auf den 26. September fiel. Jede Verspätung würde bedeuten, die Masse der Nutzlast zu vermindern.
Wir hatten zur Entwicklung der ersten zwei „Achtundsiebziger" sowie der ersten zwei Marsapparate insgesamt ein Jahr gebraucht. Nach den modernen Maßstäben war diese Frist phantastisch. Unsere Tapferkeit hatte über die Unwissenheit gesiegt.
In einem langen Ingenieurleben muß man häufig mit Situationen fertig werden, in dem ein junges Kollektiv die Verpflichtung übernimmt, ein neues System in einer unwahrscheinlich kurzen Frist zu entwickeln. Das erklärt sich durch das Fehlen von Erfahrung, die erst durch viele Mißerfolge gewonnen werden kann. Eine aufwendige Bodenendbearbeitung mit speziellen Modellen und Ständen einzelner Systeme und des gesamten kosmischen Apparates war in diesen Jahren nicht vorhersehbar und nicht planbar. Dadurch war es möglich, Fristen zur Entwicklung des notwendigen Flugmusters zu planen und dabei den langen Zyklus der Bodenendbearbeitung zu vernachlässigen.

Der sich am meisten „verspätende“ war der Funkkomplex. Die gesamte Leitung des Spezialkonstruktionsbüros, das den Funkkomplex entwickelte, bestand aus den ehemaligen Mitarbeitern des NII-885 einschließlich Belousow, Chodarew und den führenden Entwickler des Bordfunkblocks Malachow. Das NII-885 wie auch das SKB-567 Belousows waren zu dieser Zeit dem Staatlichen Komitee für Funkelektronik untergeordnet. Sie waren für die Entwicklung des interplanetaren Funkkomplexes in phantastisch kurzen Zeiträumen verantwortlich.
Zusammen mit Koroljow kehrten wir nach dem erfolgreichen Flug des dritten Sputnikraumschiffes mit den Hunden Belka und Strelka im August des Jahres 1960 vom Schießplatz zurück. Ungeachtet des Rummels, der mit der geglückten Landung von Belka und Strelka verbunden war, fuhr ich in die Produktionsabteilung, um den Stand der Dinge der ersten Marsobjekte zu überprüfen. Der Start war für den Oktober, also in insgesamt zwei Monaten angesetzt. In der Abteilung Nr. 44 waren die Monteure um den zerlegten technologischen Marsapparat versammelt. Bisher hatte man noch nicht mit den Erprobungen begonnen. Der Funkkomplex von Belousow war noch nicht eingetroffen. Ich kämpfte mich zu Koroljow durch, der auf der „Kremlleitung" laut schrie, daß es notwendig sei, die Hunde Belka und Strelka von allen anderen Hunden zu isolieren. Er war überzeugt davon, daß die Mediziner aus Ruhmessucht irgendwelche sensationellen Aufläufe veranstalten könnten. Ungeachtet dessen hörte er mir sehr aufmerksam zu. Ebenfalls auf der „Kremlleitung" rief er Kalmykow und Schokin an. In schroffen Worten sagte er, daß der neue Chefkonstrukteur des Funkkomplexes Belousow nun endgültig alle Fristen zu Fall bringen würde. Er, Koroljow, würde in Kürze Nikita Sergejewitsch persönlich berichten müssen, daß der in diesem Jahr versprochene Start zum Mars nicht stattfinden könne.
Nachdem er sein lautes Gespräch auf der „Kremlleitung" beendet hatte, schlug mir SP plötzlich vor: „Fahren wir unmittelbar zu Belousow. Dort vor Ort können wir alles überprüfen und beraten. Benachrichtige Buschuew und Ostaschew, daß sie mit uns fahren."
Um 13 Uhr waren wir schon bei Belousow. Kalmykow und Schokin waren bereits dort. Das Konstruktionsbüro Belousows befand sich zusammen mit einem ziemlich kränkelnden Versuchsbetrieb neben der größten Moskauer Baustelle, der rekonstruierten Autofabrik „Leninsker Komsomol“. Dieser Betrieb forderte von Belousow die Werksfläche und die möglichst schnelle Räumung derselben.
Einzelne Blöcke des Funkkomplexes für die 1M waren in der Vormontage und in der Endfertigung. Sie waren noch nicht gemeinsam erprobt worden. Die komplexen Erprobungen des gesamten Funkkomplexes wurden noch nicht einmal mit den Labormodellen durchgeführt. Das Bild insgesamt war deprimierend. Belousow, seine Stellvertreter Malachow und Chodarew verteidigten und rechtfertigten sich nicht. Sie hatten schon viele Nächte nicht geschlafen und versprachen, es doch noch irgendwie zu schaffen. Nach einer kurzen Beratung schlug Koroljow unerwartet vor, sich bei der Erprobung

einzelner Blöcke ohne Erprobung der gesamten Apparatur zufriedenzugeben und sie zu uns zum Einbau an Bord der Marssonde zu übergeben. Kalmykow und Schokin waren über diesen kühnen Vorschlag erstaunt. Koroljow entlastete sie dadurch von ihrer Verantwortlichkeit für die Zuverlässigkeit der Apparaturen und übernahm diese durch seine riskante Entscheidung selbst.
Ich wollte widersprechen, aber SP warf mir einen solchen Blick zu, daß ich schwieg. „Und nun sehen Sie, Kollege Belousow, und hören Sie zu, die komplexen Erprobungen werden wir bei uns durchführen. Verantwortlich dafür wird Tschertok und Ostaschew sein. Am 28. August muß der erprobte Apparat von unserer 44. Abteilung auf den Schießplatz abtransportiert werden." Damals hielt mich einer der herumstehenden Ingenieur am Ärmel fest und flüsterte mir zu: „Früher als in einer Woche haben wir nicht einen Block fertig. Es ist sinnlos, halbfertige Produkte nach dem Löten direkt zu euch zu schicken."
Als wir uns nach der Besichtigung des kleinen Betriebes in den komfortablen SIS-110 setzten, schimpfte Koroljow ärgerlich mit mir. „Boris, Du bist unverbesserlich. Denkst Du, ich merke nicht, daß es mit denen hier einen völligen Ausfall gibt. Aber mögen sie jetzt wenigstens zugeben, daß sie gar nicht in der Lage sind, den ersten Komplex an Blöcken zu schicken. Ich habe Kalmykow schon vor langem davor gewarnt, nicht auf dieses Pferd zu setzen."
Am 30. August wurde ich zum technischen Leiter der Arbeiten auf der technischen Position ernannt, und zusammen mit Arkadij Ostaschew, den Koroljow zu meinem Stellvertreter ernannte, flog ich nach Tjuratam.
Einen Tag später landete ein Transportflugzeug An-12, das zwei halbmontierte Marsapparate 1M Nr. 1 und Nr. 2 brachte. Den Apparat Nr. 1 begannen wir sofort, elektrisch zu erproben. Nr. 2 brachten wir in die Barokammer, um die Dichtheit der Konstruktion zu überprüfen. Es begann das Durcheinander beim Sortieren der ankommenden Güter, Dutzende von Kästen, Kabel, Pulte, dann wurden die fehlenden Gegenstände ermittelt, die Erprobungsdokumentation und sogar die notwendigen Leute gesucht, die noch irgendwo in Moskau und Podlipki umherschwirrten. Ganze Tage hindurch waren die Telegrammleitungen nach beiden Seiten hin überlastet. Wir hatten noch einen Monat bis zu dem Start zum Mars.
Ich muß zugeben, daß ich damals die Situation nicht als hoffnungslos einschätzte. Unsere kosmische Unerfahrenheit wirkte sich aus. In diesem Jahr 1960 hatten wir bisher nur erfolgreiche Starts kosmischer Sputnikraumschiffe erlebt. Darüber wußte die ganze Welt Bescheid. Vielleicht gelang uns das auch hier. Außerdem gab es noch eine gute Hoffnung, die sich dann erfüllen würde, wenn die Fristen nicht zu halten waren: „Ich werde nicht der Letzte sein, denn bis zu mir würde die Sache dann gar nicht vordringen, die Rakete war ja neu."
Koroljow beauftragte Leonid Woskresenskij, die Leitung der Vorbereitung des Starts der vierstufigen 8K78 zu übernehmen. Woskresenskij kannte sich in der Rakete bis zur vierten Stufe detailliert aus. Er war von Gott mit der Gabe der Voraussicht ausgestattet, obwohl er sich selbst für einen Atheisten hielt. Nachdem er meine Probleme gehört hatte, gab er mir folgenden Rat: „Mensch,

spuck auf Deinen Funkblock mit allen Aufgaben für den Mars. Beim ersten Mal fliegen wir nicht weiter als bis nach Sibirien!"

Wir hatten uns schon an die 24stündige Arbeit auf der technischen Position gewöhnt. Von September 1960 an war durch unsere Übermüdung die Zahl der stündlichen technischen Probleme und eine lawinenartige Anzahl von Ausfällen rekordverdächtig. Von den Systemen, die ausfielen, stand der Funkkomplex an erster Stelle.

Es begann damit, daß der Funkblock einfach nicht arbeitsfähig war. Auf einer Beratung der technischen Leitung am 9. September belehrte uns der führende Ideologe des Bordfunkkomplexes Malachow, daß die Situation bei weitem nicht hoffnungslos sei, und er lediglich noch einen Tag zur Erprobung brauchen würde. Obwohl auch die aus Moskau eingeflogenen Geräte nicht alle der Norm entsprachen, waren die Ersatzteile überhaupt nicht arbeitsfähig.

Diese Erklärung rief einen Schwall entrüsteten Lachens hervor. Ich berichtete Koroljow die Situation über Funk. Er antwortete, daß er in den nächsten Tagen mit dem Minister Kalmykow einfliegen und der diesem Malachow und der gesamten Mannschaft von Belousow einheizen würde.

Als Malachow und Chodarew einen Sender und Empfänger ausprobieren wollten, bestand ich darauf, die gesamte Apparatur an ihre richtigen Plätze im Körper des Apparates einzubauen und alles gemeinsam mit den anderen Systemen zu überprüfen. Es mußte garantiert werden, daß ein Befehl vom Funkblock nicht an die falsche Adresse eines anderen Gerätes gelangte und die Sender durch die Bordantennen in der Lage waren, die versprochenen Watt tatsächlich abzustrahlen und bei Bedarf von den Bordstromquellen nicht mehr als die abgestimmte Amperéanzahl zu erhalten.

Und wie alles begann! Ein Durchschlag der Trioden im Sender; die Trioden falsch verlötet; ein Durchschlag der Dioden im Stromwandler des Senders aus unbekannten Gründen; Versagen der Miniaturschaltung „Taran" wegen besonders schlechter Qualität; die Elektronik einer Befehlsfunklinie brannte durch, weil sie falsch montiert worden war; es kam zum Versagen eines elektronischen Umschalters in der Telemetrie, der Sender begann zu arbeiten, aber plötzlich – Rauch! Und so weiter, und so weiter. Die tägliche Liste der Beanstandungen übertraf zwei Dutzend.

Malachow erschien nach ein bis zwei Stunden Schlaf und kroch zusammen mit dem Lötkolben bis zur Taille in den Apparat. Außer ihm hatte keiner Zutritt zum Funkblock und es kannte sich auch keiner aus. Es war schwierig festzustellen, kommt der Rauch vom Lötkolophonium oder rauchen die Geräte selbst.

Am 15. September flog die Staatliche Kommission, mit Rudnew und Kalmykow an der Spitze, auf dem Schießplatz ein. Sie hatten die Gewohnheit, nachts in das Montage- und Erprobungsgebäude zu gehen, um sich davon zu überzeugen, daß niemand schläft und die Arbeit fortgesetzt wird.

Koroljow, Keldysch und Ischlinskij waren schon auf dem Schießplatz. Für die Leiter ging viel Zeit bei den Sitzungen über die Sputnikraumschiffe verloren. Viele Gäste und Neugierige, die an dem bemannten Programm beteiligt waren, erschienen. Der Start der „Wostok" war nicht mehr allzu weit. Die Leitung überprüfte in der Nacht den Fortgang der Arbeiten zum Mars. Gewöhnlich kamen Rudnew und Kalmykow zusammen mit Koroljow nachts in das Montage- und Erprobungsgebäude.

Rudnew stellte mir eine nicht ganz korrekte Frage: „Jede Nacht, wenn wir in das Montage- und Erprobungsgebäude kommen, sehe ich ein- und denselben Hintern aus dem Apparat heraushängen. Fliegt der auch zum Mars?"

Das war so laut gesprochen, daß der Besitzer mit Mühe seine anderen Köperteile aus dem Apparat heraushievte und sich, als er die Leitung erblickte, auf eine weitere Abstrafung vorbereitete. Aber dazu war niemand in Stimmung. Malachow legte dar, daß er noch vier Stunden benötige.

„Ich habe mich schon daran gewöhnt", sagte Kalmykow, „daß Ihnen an jedem Tag vier Stunden fehlen. In einem Monat sind das mehrere Hundert."

Die weitere Präzisierung hätte zu einer lauten Diskussion der peinlichen Lage der Dinge führen können. Dies war in Anwesenheit der Mitglieder der Staatlichen Kommission unerwünscht, und die Leiter verließen uns.

Viermal mußten aus dem Apparat zur anstehenden Reparatur zwei Sender und sechsmal die Empfänger ausgebaut, die Logik der Befehlsgebung überarbeitet, unzählige Male in den telemetrischen Schaltungen die Lötstellen verändert werden, und in keiner Weise konnte man mit der Übertragung der numerischen Befehle mit den notwendigen Winkeln der Lage der Stern- und Sonnensensoren einverstanden sein. Jede neue Schaltung, die eine Funkübertragung von Bord aus simulierte, führte zu neuen Ausfällen und unerklärbaren Beanstandungen. Der Apparat war erneut zu öffnen, und erneut mußte gelötet werden.

Es war unklar, wann sich die zwei Monteurinnen unserer Geräteproduktion erholten. Rimma und Ljuda waren zu jeder Tageszeit im Montage- und Erprobungsgebäude anzutreffen und sie löteten entsprechend der veränderten Schaltungen irgendwelche launischen Geräte oder fertigten ein neues Kabel an. Einer der Ingenieure, der ein Kabel nach einer neuen Verlötung erhalten hatte, rief bei mir wegen der Übereinstimmung der Zeichnung mit der Schaltung an, die auf einem Stück Papier mit Bleistift skizziert worden war. Er hatte dort einen Fehler entdeckt, war empört und beschwerte sich: „Ihre Monteurin hat mich versetzt."

Ich ging zu Rimma, um die Ursache zu ergründen.

„Ich gebe zu, ich habe mich geirrt. Nach 17 Stunden löten, ohne Unterbrechung etwa zum Frühstück oder zum Abendbrot, zur Mittagspause gehen wir schon lange nicht mehr!"

Erst am 27. September gelang es uns, nach 24stündigen Erprobungen, Nacharbeiten, Umlötungen und Überprüfungen schließlich zur komplexen Erprobung nach dem vollen Programm überzugehen, und wir erhielten eine solche Zahl von Abweichungen, daß der Start zum optimalen Datum offensichtlich unmöglich war.

Die komplexen Erprobungen nach dem Programm der Flugsteuerung wurden während der Funkübertragungen aus den unterschiedlichsten Gründen abgebrochen. Wir wiederholten sie, bis es uns schwindlig wurde und waren bestrebt, wenigsten ein einziges Mal einen normalen Flug ohne Beanstandungen zu simulieren.

Schließlich, am 29. September gelang es uns, bis zur Erprobung der Simulierung einer Übertragung von Abbildungen vorzudringen. Und wir erhielten zum allgemeinen Jubel so etwas ähnliches wie ein Testbild. Die Foto-Fernsehkamera sollte eine Abbildung der Marsoberfläche beim Flug aus einer Entfernung von 10.000 km übertragen. Aber bei der Wiederholung überzeugten wir uns davon, daß die Foto-Fernsehkamera kaum arbeiten würde. Die Übertragung der Astrokorrektur wurde ebenfalls wegen eines Fehlers in der Methode der Grundeinstellungen unterbrochen, dann erneut der Wiederholungsversuch unternommen und an einer anderen Stelle erneut abgebrochen.

Am 3. Oktober auf einer erregten Sitzung der Staatlichen Kommission vermerkte man an die Adresse Belousow soviel Kritisches, daß es mir ehrlich gesagt, leid tat um ihn.

„Das geschieht ihm recht, er hätte sich bei diesen Fristen auch nicht bewerben dürfen", so schätzte Rjasanskij die Kritik an Belousow, Chodarew und Malachow ein.

Agadshanow, der speziell von der Krim eingeflogen war, erläuterte, daß Jewpatorija zur Arbeit bereit sei, aber darum bittet, die Empfangsfrequenzen von 25 bis zu 300 Hertz wegen der veränderlichen Frequenzen der Bordsender von Belousow zu erweitern.

Koroljow trat sehr entschieden gegen den Minister Kalmykow auf und sprach dem SKB-567 und Belousow persönlich sein Mißtrauen aus. Er bat darum, bis zur nächsten Arbeit das SKB als Filiale von Rjasanskij zu führen.

Die Ballistiker und Projektanten waren bereit, die Flugbahn für jedes Datum zu berechnen. Sie berichteten: „Wenn wir vom optimalen Datum weggehen, müssen wir Nutzlast einsparen!"

Die Staatliche Kommission legte, ohne zu schwanken, fest, die Foto-Fernsehkamera sowie das Spektroflexometer Professor Lebedinskijs von Bord zu nehmen. Dieses Gerät sollte feststellen, ob es auf dem Mars Leben gegeben hat. Um diese Entscheidung zu mildern, schlug Koroljow vor, das Gerät vorläufig in der Steppe, nicht weit von unserem Platz zu erproben. Zum allgemeinen Entsetzen zeigte das Gerät an, daß es auf der Erde in Tjuratam „kein Leben" gibt! Die Entscheidung der Staatlichen Kommission erlebte Lebedinskij, wie den Tod eines ihm nahestehenden Menschen. Ich tröstete ihn:

„Wir haben Glück gehabt! Offensichtlich gibt es keine Chance, bis zum Mars zu fliegen. Dafür erhalten Sie Zeit, Ihre Geräte voll funktionsfähig zu machen. In einem Jahr können Sie mit Ihrem Gerät zumindest beweisen, daß in unserer Steppe tatsächlich Leben ist."

Am Abend des 4. Oktober feierten wir in den Häuschen, Baracken und in den Hotels trotzdem den Jahrestag des ersten Sputnikstarts und verkosteten dabei das Geschenk des französischen Weinproduzenten. Von den 1000 Flaschen Champagner, die er für die Fotografie der Mondrückseite geschickt hatte, erhielten wir aus Moskau ganze 100 Flaschen zu unserer Feier.

Wir begingen diesen Feiertag bei weitem nicht in bester Stimmung. Vor einem Jahr hatten wir die Welt mit der Fotografie der Mondrückseite in Erstaunen versetzen können. Vor einer Woche hätten wir einen Apparat zum Mars starten sollen, der die rätselhaften Kanäle fotografieren und zur Erde übertragen sollte. Vielleicht hätte man dort plötzlich noch irgend welche anderen Bauten entdeckt. Aber ein Monat Arbeit rund um die Uhr hatte gezeigt, daß es keine Sensation geben würde.
Einen ganzen Monat über habe ich zusammen mit Arkadij Ostaschew auf der technischen Position in 12- bis 13-Stundenschichten gearbeitet. Meine Arbeitszeit war fast immer tagsüber, um mich mit der Leitung beraten zu können, Ostaschews hauptsächlich nachts. Als es offensichtlich wurde, daß wir das optimale Datum nicht einhalten konnten, kam eine vernichtende Stimmung auf: „Besser ein Ende mit Schrecken, als ein Schrecken ohne Ende".
Aber wir hatten Chruschtschow versprochen, zum Mars zu fliegen, und der Befehl forderte, „mit Volldampf voraus" zu arbeiten. Die Starts bis zum nächsten Jahr zu verschieben, war tatsächlich sinnlos. Die Produktion der Trägerrakete setzten wir weiter erfolgreich fort, über die Wirtschaftlichkeit der Mittel dachten wir nicht nach, und eine zusätzliche Erfahrung war immer nützlich.
Am 6. Oktober nach dreitägiger ununterbrochener Erprobung, Nachbearbeitung, Präzisierungen und Bewilligungen berichtete ich Koroljow, daß ich das Projekt 1M Nr. 1 zur Montage und Kopplung mit der vierten Stufe der Trägerrakete freigebe und alle Kräfte auf das Reserveaggregat – 1M Nr. 2 – konzentrieren werde.
Es gab schon keinerlei Hoffnung mehr, in die Nähe des Mars zu fliegen. Nun blieb die Aufgabe, einfach die vierte Stufe zu erproben und das Funktionieren der Systeme des kosmischen Apparates bei einem Langzeitflug zu bestätigen. Dies wäre für sich allein schon ein Erfolg.
Am 10. Oktober wurde 8K78 Nr. 1 mit dem Apparat 1M Nr. 1 gestartet und havarierte. Nach Auswertung der telemetrischen Aufzeichnungen waren die Ursachen sehr schnell festgestellt. Die ersten zwei Stufen hatten normal gearbeitet. Auf der dritten Stufe (Block „I") hatte das Kreiselgerät etwa in der 309. Sekunde offensichtlich einen falschen Befehl gegeben. Dies führte zum Abriß, oder der Kontakt zum Befehlspotentiometer war verlorengegangen. Die dritte Stufe war durch einen falschen Befehl mehr als 7° vom Kurs abgekommen, dadurch wurde der Kontrollkontakt des Kreiselgerätes geschlossen und der Befehl zum Abschalten des Triebwerkes gegeben. Die gesamte Marsfracht ging zur Erde nieder und verbrannte in der Atmosphäre über Ostsibirien.
Der gleiche Start von 8K78 erfolgte am 14. Oktober mit dem Apparat 1M Nr. 2 und endete wieder mit einer Havarie. Diesmal stellte man einen technologischen Defekt in der Pneumo-Hydro-Schaltung fest. Die undichten Sauerstoffleitungen führten dazu, daß schon am Start ein Kerosinventil unterkühlte, welches sich vor dem Start des Triebwerks der dritten Stufe hätte öffnen müssen. Das Kerosinventil, von flüssigem Sauerstoff umspült, war eingefroren. Auf das

Kommando zum Start öffnete sich das Ventil nicht, und die ganze Marsfracht verbrannte erneut infolge eines Fehlers der Trägerrakete in der Atmosphäre über Sibirien.
Kalmykow hätte allen Grund gehabt, sich mit heftigen Angriffen auf Koroljow aus der Affäre zu ziehen, aber dies unterließ er.
Der Schuldige an beiden Havarien war formal das OKB-1. Die Kooperationspartner außer Viktor Kusnezow, den wir wegen der niedrigen Qualität der Apparaturen und des Nichteinhaltens der Fristen kritisierten, waren diesmal unschuldig. Die vorangegangene Havarie hätte man auf das Konto Kusnezows schreiben können. Für das Kreiselgerät war weder Koroljow, noch ich, noch meine Kollegen in dieser Situation verantwortlich. Aber der gemeinsame Schmerz nach diesen beiden aufeinanderfolgenden Havarien nach eineinhalb Monaten ununterbrochener angespannter Arbeit war so stark, daß sich niemand mehr an die zurückliegenden Sünden erinnerte.

## *Zum ersten Mal zur Venus*

Für die ersten Starts zur Venus bereitete man auch zwei Apparate mit dem Index 1WA vor. In Bezug auf das Steuerungssystem und den Aufbau der Bordapparaturen war 1WA dem 1M ähnlich. Das Ziel der Starts war das Sammeln von Erfahrungen zur Erreichung der Venus. Die Strecke Erde – Venus, sowie der Abschnitt zur Annäherung an den rätselhaften Nachbarn der Erde sollte untersucht werden. Die Konstruktion des Landeapparates und der Apparatur zur unmittelbaren Erforschung der Atmosphäre und der Oberfläche des Planeten in den astronomischen Fristen war unmöglich. Obwohl Keldysch über dieses Thema gesprochen hatte, verstand er sehr schnell, daß das völlig unreal war. Auf dem 1WA wurde ein Wimpel in Form eines kleinen Globus mitgeführt, auf dem die Umrisse des Erdplaneten abgebildet waren. Innerhalb dieser Kugel befand sich eine Medaille mit der Darstellung des Fluges Erde – Venus. Auf der anderen Seite der Medaille war das Staatswappen der Sowjetunion eingraviert. Den Wimpel verpackten wir in die sphärische Hülle mit dem Wärmeschutz, um ihn beim Eintritt in die Atmosphäre der Venus mit der zweiten kosmischen Geschwindigkeit zu erhalten. Wer von den Venusianern diesen Wimpel entdecken würde, berührte uns nicht besonders. Wichtig war, seine Beschreibung zu veröffentlichen und zu beweisen, daß die Sowjetunion als erste die Venus erreicht hatte.
Am 8. Januar 1961 flog ich mit einer Basisgruppe von Ingenieuren wieder nach Tjuratam. Die Mannschaft hatte in den „ Marstagen- und –nächten“ intensiv gearbeitet und war so psychologisch schon auf diese Arbeit vorbereitet. Die Apparatur war im Vergleich zur „Marsianischen" vereinfacht worden. Am unzuverlässigsten erwies sich erneut der Funkkomplex. Seine Einrichtung erforderte einen großen Teil der Arbeitszeit, welche uns bis zum ersten Start am 4. Februar noch blieb.

Bei der Vorbereitung kam es nicht nur zum Versagen der Apparaturen, sondern es waren auch offensichtliche Schnitzer bei der Projektierung erkennbar.
Die Einregulierung des Sonnen- und Sternensensors des Orientierungssystems hing vom Startdatum ab. Die Einstellung erfolgte auf der technischen Position, das Datum war der 4. Februar. Nach der Ankopplung der automatischen Station an die Rakete wurde der Nasenteil der Trägerrakete mit der Kopfabdeckung verkleidet. Bei einer Startverzögerung von einem Tag oder mehr mußte die Rakete heruntergenommen werden, um den Sensor erneut einzurichten, weil dieser auf der Startposition nicht zu erreichen war.
Woskresenskij, der die Arbeiten am Start leitete, sagte anläßlich dieses Sachverhaltes zu Petrow und Maximow:
„Keiner von Ihnen hat über diesen Platz nachgedacht. Dafür müßte man die Projektanten kopfüber herunterlassen und hier auf dem Platz vor allem Volk öffentlich züchtigen. Danach müßte man sie zwingen, entweder den Sensor oder die Verkleidung nachzuarbeiten. Aber dem Zeitplan nach habe ich weder für eine Schauzüchtigung, noch für die Nacharbeiten Zeit. Ich werde mich nicht bei Koroljow beschweren. Aber, wenn wir die Venus nicht erreichen, werde ich ihm die Gründe dafür erklären."
Die endlosen Demontagen und wiederholten Montagen des orbitalen Containers brachten uns fast zur Raserei. Wir demontierten, erklärten den Grund des laufenden Versagens, tauschten den Sender aus oder fanden den Verlust eines Kontaktes im Einspeisungskabel, montierten, führten eine Funkübertragung durch und stellten ein neues Versagen fest, das vorher nicht aufgetreten war.
In der Nacht zum 25. Januar war schon der fünfte Zyklus einer solchen Montage und Demontage. Dieses Mal versagte ein hochfrequenter Umschalter zur Verbindung von einem der zwei Sender mit der Parabolantenne.
Koroljow hatte sich für insgesamt drei Tage vom Schießplatz entfernt. Jetzt flog er wieder „zu Hause" ein. Bei uns galt es schon als ungeschriebene Tradition, die einfliegenden Leiter, unabhängig von unserer Belastung, auf dem Flugplatz mit einer Meldung über die laufenden Arbeiten zu begrüßen.
So fuhr ich unausgeschlafen zusammen mit Keldysch und Ischlinskij auf den Flugplatz, um Koroljow zu empfangen. Auf dem Wege stritt Keldysch mit Ischlinskij über wissenschaftliche Arbeiten, die sie anläßlich der Erlangung des Leninpreises eingereicht hatten. Während ihres Streites schlief ich ein, nachdem ich mich in dem Auto aufgewärmt hatte.
Es war ein sonniger Tag. Koroljow kam als erster die Treppe aus dem Flugzeug herab, war gut gestimmt und rief:
„Bei Euch hier ist Frühling! In Moskau waren beim Abflug noch 24° minus."
Ich fuhr mit Koroljow und Woskresenskij zurück. SP war nicht so sehr an der Venus interessiert, während er über das Treffen mit Frol Koslow, dem zweiten Mann in der Partei nach Chruschtschow, berichtete:
Er bedauerte, daß unsere „dewjatka" (unsere neunte) zugunsten der Jangelschen „sechzehn" zurückgestuft worden war.
„Nach der Oktoberkatastrophe des vergangenen Jahres werden bei denen ganz oben keine Kräfte gescheut, um Jangel und seine Arbeit zu rehabilitieren. Aber

das ist noch nicht alles, Frol sagte gerade heraus, daß zuerst Jangel komme, dann zur Rückversicherung Tschelomej und dann erst wir."
Ich fragte: „Das heißt, wir werden uns nicht mit dem Kosmos befassen?"
„Nein, so reden wir nicht. Wir werden uns selbstverständlich mit dem Kosmos befassen. Dem Start zur Venus messen wir außerordentliche Bedeutung bei. Aber beeilt Euch nicht. Wir treiben Euch nicht. Wenn nötig, können wir auch warten."
Die folgenden Tage und Nächte demontierten wir unter Anwesenheit von Koroljow, Keldysch, Ischlinskij und wieder einer Menge Neugieriger, die autonome Station erneut, um einen Fehler in der Automatik des Systems der Stromversorgung zu suchen. Wir fanden die Ursache, ein Fernfunkschalter hatte versagt. Nebenbei beseitigten wir einen Defekt in der Greenhouse-Apparatur, die den Zustand des interplanetaren Plasmas während der gesamten Flugzeit überprüfen sollte.
Wir montierten erneut, erprobten und schafften das gesamte Objekt zur Dichteüberprüfung in die Barokammer. Am Morgen des 29. Januar nach Überprüfung in der Barokammer war ich wieder gezwungen, die Konstruktion demontieren zu lassen, anstatt sie an die Trägerrakete anzukoppeln. Es ergab sich, daß über den Empfänger am Eingang nur Rauschen und kein Nutzsignal zu empfangen war.
Wir überprüften alles in demontiertem Zustand. Wir fanden die Ursachen. Erneut wurde montiert und im montierten Zustand erprobt. Wir wiederholten die Überprüfung in der Barokammer. In kurzen Intervallen zwischen den ständigen Erprobungen, Demontagen, Nacharbeiten und Überprüfungen in der Barokammer gelang es Ostaschew und mir, zeitweise mal eine Stunde zu schlafen.
In dem ununterbrochenen Durcheinander unterschrieb ich, ohne die Form eines Dokumentes zu wählen, ein Übergabeprotokoll für den Landeapparat der Venus mit einem Wimpel der Sowjetunion, und auf dem Wege zum Montage- und Erprobungsgebäude bat ich Koroljow, es zu bestätigen.
Er verhielt sich zu dem Dokument wesentlich ernsthafter und wies mich zurecht:
„Es ist nachlässig ausgefertigt. Du mußt es noch einmal auf gutem Papier sauber drucken. Dieses Dokument ist von staatlicher Wichtigkeit. Wir unterschreiben gemeinsam und dann muß es von der Staatlichen Kommission bestätigt werden."
Letztendlich konnte der Apparat zur Kopplung mit der Trägerrakete freigegeben werden. Den traditionellen Abtransport zum Start aus dem Montage- und Erprobungsgebäude setzte Kirillow für den 1. Februar um 7 Uhr an. Nachts erfreute ich mich an zwei Trägerraketen. Im Montage und Erprobungsgebäude lag das dritte Paket der 8K78 auf dem Spezialtransporter. An ihrem Kopf der schmucke blitzende 1WA-Apparat, ein metallischer Glanz der Wärmeisolationsfolie und die blendend weiße Farbe der Wärmeabstrahler. Nebenan verlief die abschließende horizontale Erprobung der vierten Trägerrakete 8K78.

Am 31. Januar um 17 Uhr begann die Tagung des Rates der Chefkonstrukteure auf der dritten Etage in den Diensträumen des Montage- und Erprobungsgebäudes. Koroljow und Gluschko erläuterten die Vorschläge über eine perspektivische schwere Trägerrakete. Aus ihren Worten ging hervor, daß die Orientierung des Projektes mehr auf militärische Aufgaben gerichtet sei. Aber auf welche, wurde nicht vollkommen klar. Koroljow stellte nicht die Aufgabe der Montage in den Mittelpunkt, sondern die Produktion der Trägerrakete auf dem Schießplatz. Nur dadurch wäre es möglich, das Transportproblem der zukünftig gigantischen Raketen aus Rußland nach Kaschstan zu lösen. Barmin lachte sarkastisch. Die übrigen schwiegen. Alle waren in Sorge mit den nächsten Stunden beschäftigt. Wir mußten noch zum Abendessen, um pünktlich 20 Uhr an der Sitzung der Staatlichen Kommission zur Beschlußfassung über den Startbeginn teilnehmen zu können.
Die Kommission begann ihre Sitzung unter Teilnahme einer großen Zahl von Enthusiasten. Sie hatten gerade mit der Sitzung begonnen, als ein Offizier in den Saal gelaufen kam und Kirillow etwas zuflüsterte. Dieser stürzte zur Tür, wobei er sich entschuldigte und dabei die Erlaubnis bewirkte, auch mich mitzunehmen. Als wir atemlos in die Halle eilten, traf uns Ostaschew, der uns lächelnd alles erklärte. Der Tragerahmen mit der Apparatur des 1WA war in horizontale Lage gebracht und durch den Kran auf den Spezialwagen zur Kopplung mit der Trägerrakete transportiert worden. Alles war normal verlaufen, doch plötzlich hatte der gekoppelte Apparat angefangen, mit all seinen Orientierungsventilen zu klopfen, und der Vorrat an flüssigem Stickstoff befreite sich pfeifend. Alle auf dem Spezialwaggon Arbeitenden sprangen nach unten und rannten auf den Ausgang zu. Sie hatten die Katastrophe auf dem Nachbarplatz Jangels noch gut in Erinnerung. Alle wußten, daß das Triebwerksaggregat der Marssonde mit Salpetersäure und Kerosin betankt war. Plötzlich zündete das Triebwerk. Arkadij Ostaschew, der im Gebäude war, begriff als erster, was vor sich ging. Er hatte befohlen, schnell den Rahmen zu entkoppeln, das Bodenpult zuzuschalten und eine verfrühte Aktivität der Marssonde zu verhindern. Es erwies sich, daß durch eine elastische Deformation des Rahmens der Apparat sich so weit von den tragenden Spanten entfernt hatte, daß die Endkontakte aktiv wurden, die zum Einschalten der zur Erde gerichteten Übertragung nach dem Abtrennen von der Trägerrakete vorgesehen sind.
Weil die Staatliche Kommission die Ungewißheit nicht aushalten konnte, machte sie eine Pause und man kam in das Gebäude. Ich schlug vor, einen der beiden Endkontakte totzulegen und auf den zweiten einen stärkeren Strom zu leiten, um eine elektrische Blockierung zu erreichen, die beim Start in vertikaler Lage aufgehoben werden konnte. Die Vorschläge wurden in der Nacht realisiert und vom Bodenpult aus überprüft.
Am kalten Morgen begaben sich alle traditionsgemäß zum Abtransport zu den Toren des Montage- und Erprobungsgebäude. Die Tore öffneten sich, die Diesellok stieß schnaubend die Auspuffgase aus und schickte sich an, den Spezialwaggon mit der Rakete zum Start zu fahren. Plötzlich sagte Koroljow zu Kirillow:

„Halten Sie den Transport an!"
„Warum, Sergej Pawlowitsch?"
„Wir haben festgelegt um 7 Uhr am Morgen zu beginnen. Jetzt ist es erst 6 Uhr 50 Minuten."
Mit dem Anflug eines Lächelns tänzelten alle geduldig im Frost die noch verbleibenden 10 Minuten herum. Genau um 7 Uhr wandte sich Rudnew an alle Versammelten und sagte:
„Sergej Pawlowitsch hat uns eine Lehre in Genauigkeit erteilt. Ich unterstütze ihn und bitte alle, zukünftig nichts vorzeitig zu unternehmen."
Die „Unterweisung" führte zu freudiger Bewegung.
Am ersten Tag der Erprobungen am Start wurde ein schnelles Abschalten des Kreiselgerätes der dritten Stufe festgestellt und schließlich der Befehl des havariebedingten Abschaltens des Triebwerkes. Die Ursache des Defektes konnte auch bei wiederholtem Durchspielen nicht geklärt werden. Viktor Kusnezow nahm die Schuld auf sich und schlug vor, das Gerät auszutauschen.
Am 3. Februar um 23 Uhr fand unmittelbar im Bunker eine fünfzehnminütige Sitzung der Staatlichen Kommission statt.
Finogeew berichtete anstelle des Chefkonstrukteurs Piljugin über die Bereitschaft des Steuerungssystems der Trägerrakete.
Ischlinskij, der beauftragt war, die Ursachen für den nicht normalen Ausfall des Kreiselgerätes zu klären, machte innerhalb von drei Minuten einen Bericht mit dem ihm eigenen professionellen Glanz.
Der vor sich hindösende Keldysch kam zu sich und, indem er das normale Reglement verletzte, schlußfolgerte er: „Sogar, wenn wir die Prinzipien der Arbeit des Kreiselgerätes nicht kennen, nach Ihrem Bericht wird es verständlich, daß es besser ist, ohne Kreiselgeräte zu fliegen."
Grigorij Lewin berichtete, daß alle Geräte des Befehlsmeßkomplexes zur Arbeit bereit seien. Die Schiffe „Dolinsk" und „Krasnodar" – im Golf von Guinea, „Woroschilow" – bei Alexandria und „Sibir" und „Sutschan" – im Stillen Ozean.
Der meteorologische Dienst teilte mit: Temperatur minus 15°, schwacher Wind, wolkenlos.
Die Mitglieder der Staatlichen Kommission wollten nicht gern das warme Gästezimmer des Bunkers verlassen.
„Es ist hier nicht der Golf von Guinea, sondern Tjuratam", bemerkte der Vorsitzende der Staatlichen Kommission Rudnew.
Ostaschew fuhr in das Montage- und Erprobungsgebäude zum Empfang der Telemetriestation „Tral". Ich fuhr auf den ersten Meßpunkt in das warme Häuschen, wo die Stationen „Tral" aufgestellt worden waren, die die Informationen aller Stufen empfingen. Im Rahmen der dreiminütigen Bereitschaft ging ich in die kalte Finsternis. Ein Nachtstart beeindruckte immer mehr als einer am Tage. Für Sekunden, soweit das Auge blickt, leuchtet durch die Steppe die Gesamtfackel von fünf Raketentriebwerken. Zusammen mit dem sich entfernenden Lärm verlischt allmählich das Licht und die Steppe wird erneut finster, einsam und auch unbehaglich. Ich kehre schnell zu den

Telemetriespezialisten zurück. Visuell haben sie keinerlei Beanstandungen registriert. Die letzten Mitteilungen von der Ussurijsker Station: „Die vierte Stufe – Block ‚L' – als würde er sich abtrennen, Information ist ungenau und wird überprüft." Jetzt eilt alles zum HF-Funk auf den zweiten Platz. Dorthin gelangen über Odessa und Moskau die Berichte von den Schiffen. Es war uns nicht vergönnt, bei diesem dritten Start wenigstens die vierte Stufe zu überprüfen. Drei Stufen arbeiteten voraussichtlich normal! Letztendlich erschien auf der punktierten Linie ein Sputnik. Das hieß, er hatte die Umlaufbahn erreicht. Weiter erfolgten zweideutige Mitteilungen. Es war jedoch schon klar, daß die vierte Stufe nicht in der nowendigen Zeit zur Venus fliegen wird. Unter meiner Leitung wurde eine Kommission zur genauen Untersuchung gebildet, und ich war beauftragt worden, die Vorbereitung des Starts der 1WA Nr. 2 zu beschleunigen.
Meine Kommission begann die Ursachen der Havarie des ersten Venusstarts zu ergründen. Zuerst beschäftigten wir uns mit den „Folgen" der Systemsteuerung, für die Finogeew verantwortlich war, dann begutachteten wir das System der Elektroversorgung, für deren Zuverlässigkeit Iosifjan die Verantwortung trug, und schließlich stand die Arbeit der Konstrukteure unseres OKB-1 im Mittelpunkt. Ihnen hatte Koroljow versprochen, sie „über die Schwellen nach Hause zu jagen", wenn sie an der Nichtabtrennung des Blocks „L" vom Block „I" die Schuld hätten.
Alle Telemetriespezialisten halfen uns. Boris Popow machte einen Zeitplan, der nach Angaben eines Meßpunktes von Kamtschatka aufgebaut worden war. Der Grund des Versagens war offensichtlich. Auf der letzten Etappe der Arbeit der dritten Stufe hatte der Maschinenstromwandler PT-200 versagt. Dieser Wandler sicherte die Stromversorgung des gesamten Steuerungssystems des Blockes „L" und die Havarie wurde vollständig durch dessen Versagen erklärt.
Der Entwickler des PT-200, Iosifjan, fragte: „Aber wo ist mein Wandler eingebaut?"
Nach kurzer Untersuchung wurde klar, daß der PT-200 auf einem Rahmen angebracht worden war, der den Block „I" mit dem Block „L" verband.
„Was wollt Ihr?", erregte sich Iosifjan. „Für die Arbeit im Vakuum ist die elektrische Maschine nicht vorgesehen. Offensichtlich ist, daß die Lager sofort versagt haben, oder die Kohlebürsten haben sich auf dem Kollektor abgeschmirgelt. Wahrscheinlich sind beide Ursachen als Gründe anzunehmen. Ich habe keine Erlaubnis für die Nutzung dieser Maschine im Vakuum erteilt."
Es ergab sich, daß Finogeew schuldig war, der die PT-200 in seinem System eingesetzt hatte, ohne die Nutzungsbedingungen mit dem Nutzer abzustimmen, und ich, der die Kontrolle für alle hier arbeitenden nach Koroljower Terminologie, „verrosteten Elektriker" hatte.
Der Grund für die Havarie war gefunden. Aber was konnten wir in den verbleibenden zwei Tagen bis zur letzten Erprobung der folgenden Trägerrakete noch machen? Die Zeit war so angespannt, daß wir Vorschläge brauchten, die zur Realisierung wenige Stunden erforderten. Koroljow und anschließend der

Staatlichen Kommission zu berichten, ohne einen solchen realen Vorschlag in Reserve zu haben, war unmöglich.
Zur Inspiration wollte ich mich zur „Arbeiterklasse" in die Brigade unserer Fabrikarbeiter begeben, um zu erfahren, welche Zeit notwendig sein würde, einen speziellen hermetischen Container herzustellen. Auf dem Weg dorthin ging ich, zum Rauchen in das Labor, wo unsere Spezialisten an der Steuerung kosmischer Apparate arbeiteten. Im Labor beriet ich mit den Kollegen über das unerwartet aufgetretene Problem. Einer der Entwickler des Orientierungssystems, Anatolij Paziora, zeigte auf einen im Labor stehenden, für irgendwelche Ziele einzusetzenden Bordakkumulator.
„Und das soll nicht gehen? Entfernen Sie aus dem hermetischen Körper alle Zellen und stellen Sie dort den PT-200 hinein!"
Alexandr Schuruj, ein Spezialist für Akkumulatorkonstruktionen, war anwesend, und auch ein PT-200 war da. Die Idee wurde sofort mit Hilfe von Rechenschiebern überprüft und die Lösung angenommen.
Innerhalb von einigen Stunden war der PT-200 in dem hermetischen Container der Bordbatterie montiert. Die Wärmespezialisten, so nannte man die Spezialisten für den Wärmehaushalt, berieten darüber, den Container mit einer Vakuumisolation zu umhüllen und ihn wie ein Zebra schwarz-weiß zu streichen.
Iosifjan war durch die Havarie infolge der PT-200 sehr getroffen. Mit der improvisierten Verpackung des Umwandlers in dem vorhandenen Akkumulatorencontainer war er unter der Bedingung einverstanden, wenn die Berechnung des Wärmehaushaltes überprüft wird.
Er beruhigte sich nicht, sondern ging zusammen mit Koroljow, Rudnew, Kalmykow nachts in das Labor, wo wir die Sorgen mit der Lagerung der PT-200 beendeten.
Rudnew und Kalmykow, beides leidenschaftliche Raucher, setzten sich mit Genugtuung zu einer Rauchpause zusammen. Ohne meine Erklärungen anzuhören, bat Rudnew darum, für die Nacht etwas Lustigeres zu erzählen.
Koroljow mischte sich ein und sagte: „Erzähle den verehrten Ministern, wie Du zusammen mit Wasja Chartschew versucht hast, bei den Amerikanern Frauen zu stehlen."
Die im Labor zusammengekommene Mannschaft von jungen Ingenieuren bis zu hohen Leitern der Industrie wurden durch meine Erzählung innerhalb kurzer Zeit von unserem kosmischen Alltag abgelenkt.
Rudnew resümierte: „Die ganze Nacht könnte man zuhören, aber morgen, das heißt schon heute, müssen wir vor der Staatlichen Kommission berichten. Gehen wir Kollegen und halten wir Sie nicht weiter ab."
In diesen Jahren hatte sich auf dem Schießplatz ein ziemlich demokratischer Stil im Umgang zwischen allen hier Arbeitenden herausgebildet, vom jungen Ingenieur bis zum Minister. Dies waren bei weitem keine Äußerlichkeiten, es war so leichter zu arbeiten.
Für alle Arbeiten, einschließlich der Überprüfung der Dichtheit, der Befestigung, des Einbaus an Bord, des Zyklus der elektrischen Erprobungen verging weniger als ein Tag. Der Gesamtzeitplan der Vorbereitung wurde nicht

verletzt. Das Datum des folgenden Starts war der 12. Februar und es erwies sich, daß die Vorbereitung einfacher war, als sich mit dem vorangegangenen auseinanderzusetzen.

Am 10. Februar versammelte sich eine kleine Gruppe im Häuschen Koroljows, um den 50. Geburtstag Keldyschs zu feiern. Wir tranken Champagner auf die Gesundheit des Jubilars, der aber brummte, daß das beste Geschenk für ihn, der erfolgreiche Start zur Venus wäre.

Am selben Tag um 18 Uhr führte Keldysch in Vertretung für den nach Moskau abgereisten Vorsitzenden der Kommission eine Sitzung der Staatlichen Kommission durch.

„Ich teile Ihnen kurz die Ursachen der vorangegangenen Havarie mit, wobei ich auf die wahrscheinlichste Ursache hinweise, das Versagen des Umwandlers PT-200 von Gleich- in Wechselstrom, und ich teile Ihnen mit, daß der Wandler für die 1WA Nr. 2 in einem hermetischen Container verpackt war."

Mein Bericht war genehmigt worden. Das Versagen des Wandlers PT-200 wurde von der Staatlichen Kommission als wahrscheinlichste Ursache für das Versagen des Starts des Triebwerkes der vierten Stufe angesehen. Auf der Umlaufbahn des künstlichen Sputniks befand sich ein schwerer, nicht steuerbarer Sputnik mit einer Masse von ca. 6 t, ohne dabei die dritte Stufe zu berücksichtigen. Während der Sitzung der Staatlichen Kommission kam es zum Streit, in welcher Form man ein offizielles Kommuniqué darüber verfassen solle. Sogar in diesen Jahren war es im erdnahen Raum nicht schwer, einen solchen Sputnik zu aufzuspüren. Koroljow äußerte sich in dem Sinne, daß man überhaupt nichts veröffentlichen solle, mochten die Amerikaner sich bei dem Versuch quälen, den Zweck unseres Sputniks zu erraten. Keldysch widersprach kategorisch. Gluschko schlug vor, eine Kompromißformulierung zu finden: „Mit dem Ziel, ein noch leistungsfähigeres kosmisches Weltraumraumschiff zu haben, wurde ein Sputnik gestartet, der auf der ersten Umlaufbahn sein Ziel erreicht und alle notwendigen telemetrischen Daten auf die Erde übertragen hat."

Der Vorschlag Gluschkos wurde zu Koroljows Ärger angenommen und erschien als TASS-Mitteilung:

*„In der Umlaufbahn befindet sich ein schwerer sowjetischer Sputnik, sein Gewicht beträgt 6483 kg... Die beim Start des Sputniks gestellten wissenschaftlich-technischen Aufgaben sind erfüllt."*

Der schwere Sputnik, der sich auf einer niedrigen Umlaufbahn befand, sollte nach der Prognose möglichst schnell in der Atmosphäre verglühen. Für die Ballistiker war es schwierig, für eine so niedrige Umlaufbahn eine genaue Antwort über den Ort der Landung zu geben. Sie hielten es als für sehr wahrscheinlich, daß er nach zwei bis drei Umläufen über dem Ozean verglühen würde.

Keldysch interessierte sich dafür, ob es irgendwelche Informationen über die Umlaufbahn unseres neuen „schweren Sputniks" gab.

Oberstleutnant Lewin berichtete, daß der Meßkomplex zur laufenden Arbeit bereit sei, aber die Beobachtung des Sputniks könne nur von Kräften der

Luftabwehr durchgeführt werden. Diese jedoch hatten nach der Prognose der Ballistiker nichts beobachtet.
„Es ist schon eine Woche vergangen", sagte Keldysch, „niemand hat sich bei uns gemeldet oder hat protestiert, so daß wir davon ausgehen, alles ist im Ozean verschwunden."
General Kamanin, der an der Sitzung der Staatlichen Kommission teilgenommen hatte, erheiterte alle durch die Mitteilung, der Stab der Luftstreitkäfte habe ihm berichtet, daß nach der TASS-Mitteilung, die italienischen und französischen Funkamateure von unserem schwerem Sputnik angeblich auf unseren kosmischen Frequenzen menschliche Hilferufe und Stöhnen gehört hätten. Auf der Grundlage dieser Mitteilungen hatten verschiedene Zeitungen angenommen, daß der schwere Sputnik ein bemannter gewesen war und der Kosmonaut in der Umlaufbahn unter starken Qualen gestorben sei.
Der Leiter des Schießplatzes, Alexandr Sacharow, meldete:
„Alle Dienste des Schießplatzes sind arbeitsbereit!"
Die nächste Sitzung der Staatlichen Kommission wurde zum 11. Februar um 22 Uhr einberufen. Den „schweren" Sputnik hatte man in der Zwischenzeit vergessen. Er brachte sich eineinhalb Jahre später wieder in Erinnerung!
Im Sommer 1963 bat mich Korolojow, zu ihm zu kommen, und riet mir telefonisch, ohne jegliches Papier und ohne Zeitplan. Als ich das kleine Arbeitszimmer betrat, lachte er listig, dies war Ausdruck seiner guten Stimmung, und öffnete eine Tüte aus weichem Papier. Aus einem kleinen Häufchen formlosen Eisens zog er eine leicht deformierte, verräucherte Medaille hervor und zeigte sie mir.
„Ich habe dies als Geschenk von der Akademie der Wissenschaften erhalten, aber rechtmäßig gehört es Dir. Beim Betrachten des Geschenks machte ich im ersten Moment offensichtlich ein sehr dummes Gesicht. Es war die Medaille des Wimpels des ersten Venusapparates 1WA. Ungeachtet der Beschädigungen und des Schmutzes konnte man die Inschrift: * 1961 * Union der Sozialistischen Sowjetrepubliken * sehr gut erkennen. In der Mitte der Medaille leuchtete die Sonne, um die herum die Umlaufbahnen der Erde und der Venus abgebildet waren.
Aus den weiteren Erklärungen Koroljows erfuhr ich, daß die Medaille zusammen mit den Resten der Konstruktion des Wimpels und der Verpackung Keldysch persönlich vom KGB übergeben worden war. Zum KGB waren die Reste des Wimpels nicht aus dem Kosmos, sondern aus Sibirien gelangt.
Ein Junge hatte sich während des Badens in einem Zufluß der Birjusja seinen Fuß an einem Eisen verletzt. Er barg dieses Eisen aus dem Wasser und warf es nicht weg, sondern nahm es mit nach Hause und zeigte es seinem Vater. Der Vater des Jungen wollte den Inhalt der beschädigten Metallkugel kennenlernen, öffnete sie und entdeckte diese Medaille. Dies geschah in einem sibirischen Dorf, dessen Name Koroljow nicht mitgeteilt worden war. Der Vater des Jungen brachte den Fund zur Miliz. Die örtliche Miliz übergab die Reste des Wimpels dem KGB des Rayons, der seinerseits den Fund nach Moskau überstellte. In

Moskau konnte die entsprechende Verwaltung des KGB in diesen Gegenständen keinerlei Bedrohung für die staatliche Sicherheit erkennen, sie informierten Keldysch als Präsidenten der Akademie der Wissenschaften und übergaben ihm den unikalen Fund durch einen Eilboten.
So wurde ich mit einer Medaille ausgezeichnet, deren Entsendung auf die Venus eine Urkunde zugrunde lag, die von Koroljow und mir im Jahre 1961 unterschrieben worden war. Nach dem Start waren wir überzeugt gewesen, daß der „schwere Sputnik" zusammen mit dem Wimpel im Ozean untergegangen sei. Jetzt erwies es sich, daß er über Sibirien verbrannt war. Der Wimpel sollte in der Venusatmosphäre erhalten bleiben und konnte deshalb die Oberfläche der Erde erreichen.
Nach den Prognosen der Ballistiker ist die Wahrscheinlichkeit der Wässerung des Sputniks im Weltozean größer als 90 %. Nur 10 % entfallen auf das Festland, von ihnen 3 % auf das Festland der UdSSR. Er hatte gerade diese 3 % erreicht. Und wenn man die Theorie der Zufallsprozesse nutzt und die Wahrscheinlichkeit dafür ausrechnet, daß der Wimpel auf dem Territorium der UdSSR niedergeht, so ist das eine Größe, die sich kaum von Null unterscheiden wird.
Aber trotzdem ist er gelandet. Es war ein Ereignis eingetreten, dessen Wahrscheinlichkeit nahe Null war!
Leider habe ich in dem damaligen alltäglichen Durcheinander vergessen, den Namen des Jungen, seines Vaters und die geographischen Angaben des Fundortes zu ermitteln. Sie verdienen, daß sie in die Geschichte der Kosmonautik unter dem Schlagwort „Offensichtliches und Unwahrscheinliches" eingehen.
Aber kehren wir zu den Ereignissen 1961 zurück. Am 11. Februar um 7 Uhr morgens, bei klarem Wetter und Tjuratamer Eiswind fand der vierte Transport der vierstufigen 8K78 statt. Ganze Tage vergingen bei der Vorbereitung auf der Startposition. Um sich aufzuwärmen und eine Rauchpause einzulegen, besuchten die Beteiligten den „Bankobus", so nannten sie eine 150 m vom Start entfernte weiträumige Erdbaracke. Die Erprober klopften auf Holz und behaupteten ernsthaft: „Es geht gut, die vierte wird es richten."
Und es gelang!
Am 12. Februar 7 Uhr 04 Minuten 35 Sekunden startete die vierte Trägerrakete 8K78, bei der zum ersten Mal alle vier Stufen normal arbeiteten. Die zweite Marssonde AMC IWA war schließlich auf eine interplanetare Flugbahn gebracht worden.
9 Uhr 17 Minuten berichtete der NIP-16 aus Jewpatorija, daß die erste Übertragung der Fernverbindung normal verläuft. Die zweite Übertragung um 16 Uhr 23 Minuten bestätigte, daß wir tatsächlich einen Apparat zur Venus entsandt hatten. Die Ballistiker aus dem Moskauer ballistischen Zentrum, die alle Daten gesammelt hatten, erklärten, daß eine Korrektur notwendig sei und wenn dies gelänge, dann würde der Wimpel der Sowjetunion auf der Venus landen!

Nachdem wir uns nach einer schlaflosen Nacht zum Frühstück in unserem Restaurant „Lux" versammelte hatten, stimmten wir alle mit Woskresenskij überein, daß wir die Chance erhalten hatten, der „Venus die Unschuld zu nehmen". Ein so historisches Ereignis sollte „im kleinen Kreis" gefeiert werden.
Koroljow war fröhlich und erklärte:
„Auf die Oberfläche der Venus gelangt nur der Wimpel, mit einem Wärmeschutz. Der Zorn des Zeus möge auf die niedergehen, die die Urkunde über die Ausrüstung der Station mit einem Wimpel unterschrieben haben. Das Dokument haben Boris und ich unterschrieben. So trinken wir einen Schluck, daß uns Zeus verzeihen möge!"
Unter Gelächter und Späßen unterstützten alle zufrieden diesen Toast. Der Gott Zeus hatte jedoch beschlossen, den Angriff auf die Ehre der Göttin der Liebe zu verhindern, uns aber anschließend nicht zu bestrafen.
Das allgemeine Jubeln wurde durch die Berichte aus Jewpatorija getrübt. Die Telemetrie übermittelte, daß die ständige Sonnenorientierung instabil arbeitet. Dadurch war die Orientierung der Sonnenbatterien nicht gesichert und die Akkumulatoren konnten nicht ständig geladen werden. Übereinstimmend mit der Logik der Arbeit der Bordsysteme schaltet bei Versagen der ständigen Sonnenorientierung die Zwangsorientierung an der Sonne erneut ein und nach Ende des Orientierungsprozesses dreht sich der Apparat um seine „Sonnenachse“. In dieser Betriebsart sichert die Kreiselstabilisierung eine grobe Sonnenorientierung. Außerdem werden hierbei alle elektroverbrauchenden Systeme außer dem Wärmeregulierungssystem und dem Programmzeitschalter ausgeschaltet. Die Dummheit, die wir bei der Projektierung zugelassen hatten, wurde hier offensichtlich. Zusammen mit allen Systemen schalteten sich auch die Bordempfänger, die von der Erde einen Steuerungsbefehl empfangen konnten, zu Beginn der anstehenden Übertragung aus. Nach der Drehung erfolgte die nächste Übertragung nur autonom durch den Bordzeitschalter und erst nach fünf Tagen. Folglich standen uns fünf Tage voller Ungewißheit und quälender Erwartung bevor. Ungeachtet unserer Zweifel informierte TASS die Welt über den Start der interplanetaren Station „Venus-1": *„Der erfolgreiche Start einer kosmischen Rakete zum Planeten Venus eröffnet den ersten interplanetaren Weg zu den Planeten des Sonnensystems"* – so endete die erste Mitteilung von TASS über den ersten Versuch, die Venus zu erreichen.
Ungeachtet des bevorstehenden Besuchs des Oberkommandierenden der Luftstreitkräfte, des Marschalls der Luftfahrt Werschinin, und der nicht beendeten Kampagne auf dem Schießplatz bei der Startvorbereitung der „Wostok" mit Modellpuppen und Hunden, der für den 10. März geplant war, flogen Koroljow, Keldysch und alle Venusanhänger zur persönlichen Teilnahme der Funkübertragung am 17. Februar nach Jewpatorija.
Man kann die Spannung schwer beschreiben, mit der wir das selbständige Einschalten der automatischen Station 1WA nach fünftägigem Schweigen ohne Anforderung von der Erde erwarteten. Im kleinen Saal des NIP-16, wo allgemein Informationen nur mittels Feldtelefonen zu uns kamen , ertönte es

feierliche: – „Ein Signal liegt an" – alle applaudierten, aber Koroljow räusperte sich so, daß schnell Ruhe eintrat.
Während der Zeit der Übertragung riskierte man noch einmal, die ständige Sonnenorientierung zu überprüfen, und ein erneutes Versagen war das Ergebnis. An Bord stellte man außer diesem keine anderen Fehler fest. Bis zur nächsten Übertragung dauerte es wiederum fünf Tage.
Am 22. Februar sendete der Apparat 1WA nicht. Die Übertragung am 17. Februar war die letzte bei einer Entfernung von 1,9 Millionen Kilometern gewesen.
Die Hoffnung auf eine nochmalige Übertragung war noch warm. Für die Publikation in der Presse nach der ersten sensationellen Mitteilung war eine genaue Beschreibung der automatischen Station der Flugbahn sowie des Meß- und Steuerungskomplexes vorgesehen. Auf der Fotografie war eben jener sphärische Wimpel abgebildet, der in der automatischen Station befördert worden war. Nach heißen Streitgesprächen veröffentlichte die „Prawda" trotzdem am 26. Februar ohne Unterschrift von Autoren ausführliches Material über den ersten Flug zur Venus, ohne auf die Beendigung der Funkverbindungen hinzuweisen.
Die Funkverbindung ließ sich nicht wieder herstellen. Die schweigsame „Venus-1" flog Ende Mai 1961 in etwa 100.000 km Abstand an der Venus vorbei.
Erneut erhielt ich den Auftrag, mit einer Kommission, in die als Mitglieder Rauschenbach, Malachow, Chodarew, Ostaschew, Maximow und Militärvertreter eingingen, die Ursachen über den Abbruch und den Verlust der Funkverbindung nach dem 17. Februar zu ergründen.
Es gelang schnell, die Ursache für den Ausfall der ständigen Sonnenorientierung zu ermitteln. Der optische Sensor war undicht geworden. Unsere Heizungsingenieure hatten sich nur auf die mittlere Temperatur des gesamten Gerätes orientiert, ohne Berechnungen oder Experimente zur Bewertung lokaler Temperaturen einzelner Elemente durchführen zu können. Die Berechnungen zeigten, daß bei einer maximal zugelassenen mittleren Temperatur von 80° C, die maximale Erhitzung des Fühlelementes diese Temperatur übersteigen könnte. Dies hatte eindeutig zum Versagen des Systems der ständigen Sonnenorientierung geführt.
Den Verlust der Funkverbindung erklärten wir nach langen Streitgesprächen durch ein Versagen des Programmzeitschalters, der innerhalb des Funkkomplexes arbeitete. Dieser war zur Verminderung der Masse eingesetzt worden. Koroljow warf mir in scharfer Form Projektierungsfehler vor. Ich schwor, daß die Gerechtigkeit siegen würde und in allen folgenden automatischen Stationen verwendeten wir zuverlässige Programmzeitschalter eigener Entwicklung, die im Werk „Plastik" hergestellt worden waren. Die beste Lehre aus diesem Vorfall, war der Entschluß, in Zukunft die Empfänger der Befehlsfunklinie überhaupt nicht mehr auszuschalten. Um einer minimalen Energieeinsparung willen, den Verlust des gesamten kosmischen Apparates zu

riskieren, war unzulässig. Ein so hoher Preis mußte für die Erfahrung der ersten Nutzung eines Apparates auf einem interplanetaren Flug gezahlt werden.
In Vorbereitung der beiden ersten beschriebenen Starts zur Venus war auf dem Schießplatz fast die gesamte wissenschaftlich-technische Elite, die sich für interplanetare Flüge interessierte, versammelt. Unter Nutzung dieses Umstandes bildeten Koroljow und Keldysch einen Rat, in dessen Rahmen sie Zukunftsprogramme berieten. Koroljow trat mit der Idee der Entwicklung einer Serie vereinheitlichter kosmischer Automaten für interplanetare Forschungen auf. Dabei hatte er im Auge, daß bei einer Serienproduktion die Aufwendungen gesenkt werden könnten.
Die Idee wurde angenommen und Koroljow gab den Befehl, die Projektierung eines neuen Apparates mit maximal vereinheitlichter Konstruktion und vereinheitlichten Bordsystemen zu beginnen und dabei die Erfahrungen zu berücksichtigen, die bei den ersten Flügen mit 1M und 1MA gemacht worden waren. Der neue Apparat erhielt den Firmenindex 2MW.
Nach Berechnungen der Ballistiker waren die nächsten möglichen Daten zum Start von Apparaten der neuen Serie August 1962 für die Venus und Oktober 1962 für den Mars. Das Werk erhielt den Auftrag, zur gleichen Zeit nicht weniger als sechs Automaten zu produzieren, drei für die Venus und drei für den Mars.
Nach dem Beschluß zur Entwicklung der 2MW ergab sich offensichtlich die Notwendigkeit, analoge Modelle der kosmischen Apparate zu schaffen, um auf der Erde den Betriebsablauf während des Fluges aller programm- und aller nichtprogrammäßigen Situationen zu simulieren. Jetzt wird dieses Vorgehen als ganz normal betrachtet und kein einziger kosmischer Apparat gelangt in den Kosmos, ehe nicht an seinem Analogon auf der Erde die Zuverlässigkeit aller Bordsysteme und des Apparates im Komplex bewiesen worden ist. Diese Technologie erhöhte den Gesamtumfang der Arbeiten zur Produktion und in jedem Fall wurden dadurch die Fristen des Starts des ersten Flugmusters verlängert. Für die 2MW war dieses Analogon noch nicht vorgesehen. Ich konnte mich erst nach der Rückkehr vom Schießplatz, nach dem Flug Gagarins und nach der Ursachenfindung des Havariestarts der R-9 intensiv mit der neuen Entwicklung beschäftigen. In allen Kollektiven des OKB-1 von Koroljow und bei allen Kooperationspartnern setzte sich die feierliche Siegesstimmung fort. Keiner war besonders entsetzt über die nicht erfolgreichen interplanetaren Flüge.

## *Und erneut zur Venus und zum Mars*

Gagarins Triumph überschattete alle kosmischen Ereignisse. Trotzdem wurden für 2MW konkrete Zeitpläne aufgestellt und Beratungen durchgeführt, Zeichnungen angefertigt, über jedes wissenschaftliche Experiment gestritten und dem militär-politischen Komitee Rechenschaft abgelegt.

Für die neue Serie bestanden wir unter Berücksichtigung der bitteren Erfahrung darauf, eine neue hochinformative Funklinie im Zentimeterbereich zu entwickeln. Die Bordapparatur dieser Funklinie arbeitete mit Hilfe von stark gebündelten Parabolantennen. In den Zeiträumen zwischen den seltenen Übertragungen auf dieser Funklinie, konnte man zu beliebiger Zeit die Linie im Dezimeterbereich unter Verwendung wenig gerichteter Antennen benutzen. Für Übertragungen im orientierten Bereich wurde erneut ein „Havariesystem“ im Meterbereich entwickelt, das mit Hilfe von Rundstrahlantennen arbeitete.
Jeder dieser Apparate bestand aus zwei Sektionen: Einer vereinheitlichten orbitalen Sektion, die Geräte für den Funk und die Steuerung gleichzeitig für Mars und Venus enthielt; einer speziellen Sektion, die mit wissenschaftlichen Geräten nach dem Willen der Planetologen bestückt war. Für die Geräte zur Landung auf dem Planeten war anstelle der speziellen Sektion ein Landeapparat, für Venus und Mars unterschiedlich, vorgesehen.
Die Apparate mit dem Index 2MW-1 bzw. 2MW-3 waren zur Landung und die Geräte 2MW-2 und 2MW-4 für die Erforschung des Planeten beim Vorbeiflug vorgesehen. In den Vorbeiflugapparaten waren Foto-Fernsehkameras installiert.
Zur Erhöhung der Zuverlässigkeit und eines garantierten Wärmepegels wurden die optischen Sensoren aus dem äußeren Vakuum in die innere Gerätesektion verlagert. Von Malachow übergaben wir den Spezialisten in der Abteilung von Karpow die Entwicklung der Steuerungsautomatik aller Bordkomplexe als selbständige Aufgabe, denn in dieser arbeitete als Hauptelektriker „unser" Kalmykow (wir unterschieden „unseren" Witalij Kalmykow vom Minister Walerij Dmitriewitsch Kalmykow).
Auf all diesen automatischen Stationen wurde ein von uns entwickeltes Zeitschaltwerk mit elementeweiser Dublierung verwendet. Die Entwickler dieses Gerätes waren in der Folgezeit stolz darauf, daß „die Chefkonstrukteure kamen und gingen", aber das Zeitschaltwerk für alle folgenden Modifikationen der automatischen Stationen im Einsatz blieb.
Schließlich berücksichtigte man die negative Erfahrung der Übertragung des betrieblichen Montage- und Erprobungszyklus auf dem Schießplatz. Alle Zeiten waren länger und die Haupterprobungen fanden im Konstruktions- und Erprobungsgebäude des Betriebes statt.
Zu Beginn der Erprobungsarbeiten flog erneut eine Mannschaft ein, die schon kampferfahren war und mit uns zusammengearbeitet hatte. Sehr wichtig war, daß die Menschen sich jetzt besser verstanden.. Die persönliche Kollegialität führte zur Sicherung der technischen Vereinbarkeit der Systeme.
Ich werde den Leser nicht mit Erinnerungen über die Genauigkeit der Startvorbereitung belasten.
Die Trägerraketen 8K78 wurden durch die Anstrengungen zweier Betriebe – unseres in Podlipki und des Werkes „Progreß" in Kujbyschew – hergestellt, anschließend zum Schießplatz transportiert und standen aber nicht Schlange, um erprobt zu werden.
Im August begannen planmäßig die Starts der 2MW zur Venus.

Am 25. August startete die fünfte vierstufige Trägerrakete 8K78 mit dem automatischen Apparat 2MW-1 Nr. 3 und einer Masse von 1097 kg, wobei drei Stufen normal arbeiteten. Die Telemetriespezialisten auf dem Schiff im Golf von Guinea lernten sehr schnell, den Zustand des Systems des Blockes „L" nach den telemetrischen Angaben einzuschätzen. Dieses Mal kamen anfangs beruhigende Mitteilungen, daß sich das Triebwerk der Stufe „L" programmäßig abgeschaltet hatte. Aber dann erreichte uns eine alarmierende Meldung. Das Triebwerk hatte lediglich 45 Sekunden gearbeitet. Der Block „L" arbeitete nicht stabil und es trat infolge des Versagens der Steuerungssystems eine Havarie ein.
Am 27. August teilte uns der neue Vorsitzenden der Staatlichen Kommission, Leonid Smirnow, der den Posten des Vorsitzenden des militärisch-industriellen Komitees übernommen hatte, mit, daß die Amerikaner eine Venussonde „Mariner-2" gestartet hatten. Die wissenschaftlichen Forschungsaufgaben der „Mariner-2" stimmten fast mit unseren überein.
Ohne die detaillierte Ursachenklärung des vorherigen mißglückten Starts abzuwarten, die Zeit reichte physisch einfach nicht aus, starteten wir am 8. September die nächste Venussonde 2MW-1 Nr. 4. Dem Wimpel war es wieder nicht vergönnt, bis zur Oberfläche der Venus zu gelangen. Auf dem Block „L" öffnete sich das Treibstoffventil zur Brennkammer des Beschleunigungstriebwerks nicht.
Die letzte der drei Venussonden startete am 12. September. Es war dies 2MW-2 Nr. 1. Das Triebwerk des Blockes „L" arbeitete insgesamt lediglich 0,8 Sekunden und schaltete sich nach instabilem Betrieb ab. Erneut erwies sich das von Piljugin entwickelte Steuerungssystem als fehlerhaft.
Tatsächlich ergab eine detailliertere Untersuchung des letzten Starts, das auf den Hauptbefehl zum Abschalten des Triebwerkes des Blockes „I" der dritten Stufe sich der Block „L" der vierten Stufe intensiv drehte. Bei dieser Drehung gelangte eine Luftblase aus dem Gang in den Einfüllstutzen des Triebwerks des Blockes „L" und dieses wurde nicht gezündet.
So endete 1962 die Venussaison erfolglos. Drei Starts waren durch die Schuld der vierten Stufe mißlungen. Wir hatten nicht die Möglichkeit, die Arbeitsfähigkeit der kosmischen Apparate wenigstens auf den ersten Millionen Kilometern der interplanetaren Flugbahnen zu überprüfen. Wieviel Kraft hatten wir für die Entwicklung, Fertigung, Nachbearbeitung, Erprobung und Nacherprobung der automatischen Station aufgewandt – und das alles umsonst?
Aber lange trauern, konnten wir nicht. Wir planten die Zeiträume der Marsstarts. Die Apparate 2MW der Marsvariante wurden in die Flugzeuge geladen, und eins nach dem anderen flog zum Schießplatz. Erneut begannen die schlaflosen Erprobungsnächte im Montage- und Erprobungsgebäude auf dem zweiten Platz.
Am 15. Oktober 1962 um 23 Uhr flog ich mit der Hauptgruppe der Erprober aus Wnukowo zu einer sehr angespannten, interessanten und mit Ereignissen angefüllten Expedition.
Nach dem Sturm auf die Venus wurden alle Maßnahmen eingeleitet, um die Zuverlässigkeit des Blockes „L" zu erhöhen.

Woskresenskij jedoch, der die Ursachen der Mißerfolge und die eingeleiteten Maßnahmen, zu deren Überwindung sorgfältig studiert hatte, teilte in einem vertrauensvollen Gespräch mit:
„Ich habe Sergej vorgeschlagen, in diesem Jahr die Arbeiten zum Mars abzubrechen. Wir haben auch so Sorgen genug. Aber er hört nicht auf mich. Die ‚Göttin der Liebe' haben wir nicht erobern können. Ich denke, daß wir mit dem ‚Gott des Krieges' erst recht nicht klarkommen."
„Unsere Aufgabe ist ", widersprach ich, den Weg stückweise zu bahnen. Die Pioniere haben nicht immer ihr Ziel erreicht, aber die nach ihnen kamen, waren ihnen dankbar."
Auf dem Schießplatz flogen ein: – Smirnow, Keldysch, Ischlinskij, Rjasanksij, Kusnezow, Bogomolow, Rauschenbach, Scheremetewskij, Kerimow und alle, zeitweilig infolge der „häuslichen Umstände" wegen, entlassenen Entwickler, Erprober und verantwortlichen Vertreter unserer Kooperationsorganisationen.
Und erneut stellte sich, ungeachtet der Kette von Mißerfolgen, auf dem Schießplatz die vertraute Atmosphäre des Schießplatzlebens ein, in dem es keine anderen Interessen als die der ununterbrochenen Arbeit gab. Und trotzdem gab es kleine Freuden. Sie bestanden vor allem im Umgang mit den Freunden, von denen man sich vor kurzem getrennt hatte. Witze bei der Arbeit, aber häufiger im Restaurant, auf dem Wege zum Montage- und Erprobungsgebäude und zum „Zehnten Platz" in die Stadt. Soviel Mißerfolge, und trotzdem keinerlei Verzagtheit!
Nach dem vorläufigen Zeitplan wurden drei Starts angesetzt: 24. Oktober – 2MW-4 Nr. 3 (Flug in die Nähe vom Mars), 1. November – 2MW-4 Nr. 4 (Flug in die Nähe vom Mars) und 4. November – 2MW-3 Nr. 1 (Variante zum Erreichen vom Mars).
Die am Block „L" durchgeführten Maßnahmen erforderten eine Verminderung der Masse der automatischen Station.
So startete am 24. Oktober eine Marssonde. Vom kosmischen Apparat wurde „alle Wissenschaft" heruntergenommen und dafür der Block „L" mit Kontroll- und Meßinstrumenten bestückt. In der vorgeschriebenen Zeit der Funksicht wurde auf den Schiffen, die sich im Südatlantik befanden, die Telemetrie aufgezeichnet und das normale Einschalten des Triebwerkes des Blockes „L" beobachtet, aber nach 17 Sekunden explodierte das Turbopumpenaggregat. So berichteten Rajkow und Semagin, die sich auf den Schiffen befanden. Beide waren sie hinreichend erfahren, um sich bei der Diagnose nicht zu irren.
Zwischen den Ereignissen im Block „L" der 8K78 und der militärischen Rakete R-9 – 8K75 gab es keinerlei Zusammenhänge. Trotzdem, nach der Regel: „Ein Unglück kommt selten allein", explodierte parallel zum Start der 8K78 auf dem 51. Platz am 27. Oktober das Turbopumpenaggregat der Rakete R-9A.
Am 29. Oktober tagte die Staatliche Kommission. Man hörte sich den Bericht des Chefkonstrukteurs des OKB-1, Michail Melnikows, an, der seine Version über die Explosion des Bolckes „L" darlegte und sich auf Mitteilungen von Rajkow und die telemetrische Information stützte, die er von den Schiffen „Dolinsk" und „Krasnodar" erhalten hatte. Der Bericht war beschwichtigend:

„In das Turbopumpenaggregat ist wahrscheinlich ein Fremdteilchen eingedrungen. Die Explosion des Turbopumpenaggregats war rein zufällig. Die Starts müssen fortgesetzt werden." Oh, diese Fremdteilchen! Durch sie gelang es, wenn dies notwendig war, beliebige Havarien zu erklären.
Wir machten weiter. Am 30. Oktober transportierte man die Trägerrakete mit der automatischen Station 2MW-4 Nr. 4 zum Start und im Montage- und Erprobungsgebäude erprobte man die letzte Trägerrakete mit der Station 2MW-3 Nr. 1
Am Morgen des 31. Oktober ging ich zur Staatlichen Kommission. Witalij Kalmykow und sein Freund Kujanzew, die die ganze Nacht nicht geschlafen hatten, berichteten, daß im Meterband keine Befehle zum Landeapparat auf der Havariefunklinie durchkommen. Boguslawskij blieb zurück und befaßte sich damit. In der Sitzungspause der Kommission kam ich in die Halle und hörte – „Hurra!" – der Defekt auf dem „Meterband" war beseitigt, die Befehle gingen durch! Am Mittag waren die Erprobungen des letzten Apparates beendet, wir beförderten ihn in die Barokammer und beschlossen, zwei Stunden zu schlafen.
Am 1. November war ein kalter klarer Tag. Es blies ein starker Nordwind. Auf dem Startplatz bereitete man einen Abendstart vor. Ich ging nach dem Mittagessen in das Häuschen, schaltete den Radioempfänger ein und überzeugte mich von der Arbeitsfähigkeit in allen Bereichen. Um 14 Uhr 10 Minuten ging ich aus dem Häuschen ins Freie und wartete die vereinbarte Zeit ab. Um 14 Uhr 15 Minuten zeigte sich bei starkem Sonnenschein das Aufblitzen einer zweiten Sonne. Es war dies eine Kernexplosion in der Stratosphäre, ein Kernwaffenversuch unter dem Code K-5. Die Explosion dauerte Bruchteile von Sekunden.
Die Kernexplosion mit einer Rakete R-12 fand in einer Höhe von 60 km statt, um die Möglichkeit zu erproben, alle Arten von Funkverbindungen zu unterbrechen. Laut Karte waren es bis zum Explosionsort 500 km. Ich kehrte schnell zum Empfänger zurück und überzeugte mich von der Effektivität des Kernexperimentes. Auf allen Wellenbereichen war vollkommene Stille. Die Funkverbindungen wurden erst nach mehr als einer Stunde wieder hergestellt.
Der Start zum Mars erfolgte 19 Uhr 14 Minuten. Zu dieser Zeit erreichte die Ionosphäre nach der Kernwaffenexplosion ihren Normzustand. Auf jeden Fall verlief die telemetrische Kontrolle auf allen Stationen ohne Beanstandungen. Schließlich arbeitete der Bock „L“ nach all dem Unglück programmäßig und die automatische Station flog zum Mars.
Ungeachtet der Mißerfolge und den vorangegangenen Publikationen über den Venusstarts beeilte sich die „Prawda", am 2. November mitzuteilen, daß in der Sowjetunion eine kosmische Rakete zum Planeten Mars gestartet war. Am 15. Dezember veröffentlichte die „Prawda" eine Beschreibung der Flugbahn, eine Fotografie der automatischen Station und ein Programm der wissenschaftlichen Forschungen. Zu dieser Zeit wußten wir schon, daß der Apparat nicht „lebend und gesund" zum Mars fliegen würde.
Solange 2MW-4 nach dem Vorbeiflugprogramm zum Mars flog, sagten wir dazu nichts, am 4. November starteten wir dazu noch 2MW-3 Nr. 1 in der

Variante „Einschlag auf dem Mars“. Es war offensichtlich, daß der vorhergehende Start ein Geschenk des Schicksals oder der Götter zur zeitweiligen Unterstützung unseres politisch-moralisch Zustandes war.
Am 4. November 1962 erhielten wir aus dem Golf von Guinea erneut die Mitteilung, die keine Hoffnung machte. Das Triebwerk war wiederum havariert und in der 33. Sekunde erfolgte der Befehl zum Abschalten.
Die Hauptaufgabe von 2MW-4 – „Mars 1", der wohlbehalten von der Sputnikumlaufbahn zum Mars gestartet war, war das Fotografieren des Planeten bei einem nahen Vorbeiflug. Die Abbildungen sollten über Funk im Zentimeterbereich über eine scharfbündelnde Parabolantenne zur Erde gefunkt werden. Dazu war die zuverlässige Arbeit des Orientierungssystems notwendig.
Als wir auf dem Schießplatz den nächsten Start vorbereiteten, erhielten wir aus Jewpatorija, wo das Programm der Übertragungen im Dezimeterbreich ablief, eine optimistische Mitteilung darüber, daß an Bord alles normal arbeite, die Funkverbindung zuverlässig sei, es aber eine Beanstandung zur Steuerung des Orientierungssystems gäbe.
Nach dem Mißerfolg am 4. November vereinbarte die Staatliche Kommission daß Keldysch nach Jewpatorija fliegen solle, um alle Umstände des Fluges von „Mars-1" aufzuklären. Ich flog mit den Orientierungs- und Steuerungsspezialisten, und Koroljow flog nach Moskau.
Am 5. November bei unserem Eintreffen im NIP-16 verstanden wir sehr schnell, daß es keine sensationellen Fotografien vom Mars geben würde. Der gesamte gasförmige Vorrat an Stickstoff, der als Arbeitsgas im Orientierungssystem vorhanden gewesen war, war verloren gegangen. Wie? Die Analyse der telemetrischen Information zeigte genau, daß eines der Ventile des Orientierungssystems die Schuld trug. Es war die ganze Zeit über geöffnet gewesen. Schließlich war ein großes Fremdteilchen unter den Ventilsattel geraten und durch das geöffnete Ventil der gesamte wertvolle Vorrat entwichen.
Durch unsere Berichte wurde Koroljow und allen, die vom Schießplatz nach Moskau eingeflogen waren, die Stimmung zu den Novemberfeiertagen verdorben. Koroljow organisierte sofort die Analyse der Technologie der Ventilproduktion des Orientierungssystems. Diese wurden in der Flugzeugindustrie hergestellt. Man zog sogar Kriminalisten hinzu. Die Ursache des Versagens des Ventils klärte sich eindeutig. Beim Verlegen einer elektromagnetischen Spule wurde Kolophonium verwendet. Reste dieses Kolophoniums gelangten unter den Ventilsattel und störten das dichte Schließen des Ventils mit der Satteloberfläche. Die verbleibende Spur reichte aus, um den gesamten Vorrat des Arbeitsgases entweichen zu lassen. Im Herstellerbetrieb wurde diese Erscheinung reproduziert.
Den Vorfall analysierte die staatliche Kommission und sogar die Sitzung der militärisch-politischen Kommission sehr genau.
Ungeachtet dessen flog die automatische Station zum Mars, mag sein, nicht voll orientiert, aber im übrigen völlig in Ordnung. Sie führte Funkübertragungen im Dezimeterbereich regulär durch, die gesamte „Wissenschaft", die hätte arbeiten können, funktionierte, und was besonders wichtig war, wurde überprüft und war

Training für den gesamten Dienst des NIP-16, dem Zentrum für kosmische Fernverbindungen.
Die Verbindung im Dezimeterbereich mit Hilfe wenig bündelnder Antennen funktionierte 140 Tage lang. Nach einer Entfernung von 106 Millionen Kilometern brach die Verbindung ab. Das war damals ein Funkreichweitenfernrekord.
Der Flug von „Mars-1" vermittelte uns Erfahrungen, die uns zu Optimismus Anlaß gab. Es begann die nächste Etappe, die Projektierung und Fertigung einer vervollkommneten Serie vereinheitlichter interplanetarer Apparate. Diese Serie erhielt den Werksindex 3MW. Die Hauptmaßnahmen zur Erhöhung der Zuverlässigkeit der Apparate der Serie 3MW war die Dublierung der Arbeitsorgane des Orientierungssystems.
Der Start der automatischen Apparate der Serie 3MW sollte mit der Überprüfung des Gesamtkomplexes in der Form interplanetarer Sonden mit der Aufgabe, die Mondrückseite in hoher Qualität zu fotografieren beginnen. Der erste Start einer solchen Sonde war für November 1963 geplant.
Ungeachtet der Schwierigkeiten, Mißerfolge und Havarien wurde die Finanzierung der Arbeit des Programms zur Erforschung von Mars und Venus nicht gekürzt. Parallel zur Nutzung derselben Rakete 8K78 wurde ein Programm zur weichen Landung auf dem Mond bearbeitet und es stand der Start des Nachrichtensputniks „Molnija-1" auf eine hochelliptische Umlaufbahn bevor. Über die mit diesen Programmen verbundenen Fragen werde ich im folgenden Buch berichten.

# Kapitel 7

## Ein Mensch im Weltraum

### *Das erste Sputnikraumschiff*

Die Ära der bemannten Weltraumflüge begann nach der offiziellen Geschichtsschreibung mit dem Flug Jurij Gagarins am 12. April 1961.
Für uns, die Entwickler der kosmischen Raumschiffe ist der faktische Beginn mit dem Datum des 15. Mai 1960 verbunden.
Beginnend mit dem 15. Mai 1942 – dem Erstflug von Bachtschiwandshi auf dem Raketenflugzeug BI-1 – ist das Datum des 15. Mai irgendwie mit Raumfahrtereignissen verbunden:
15. Mai 1957 – die erste R-7
15. Mai 1958 – der dritte Sputnik
15. Mai 1960 – das erste Sputnikraumschiff (Korabel-Sputnik)
Und es waren weitere bemerkenswerte Ereignisse mit dem Datum des 15. Mai verbunden. Wenn ich Astrologie studiert hätte, würde ich wahrscheinlich eine Erklärung für dieses Phänomen finden. Wir wollen jedoch davon ausgehen, daß diese Zusammenhänge zufällig sind.
Das erste Sputnikraumschiff existierte nicht nur eineinhalb Stunden, wie die Gagarinsche „Wostok“, sondern 28 Monate und 5 Tage!
30 Jahre nach dem Triumph Gagarins gab es unter den Journalisten Vertreter, die mit Hilfe sensationeller Enthüllungen der Geheimnisse der sowjetischen Kosmonautik schnelles Geld verdienen wollten. Ohne jeden Bezug auf Dokumente beschrieben sie den tragischen Tod eines Kosmonauten, der noch vor Gagarin im Kosmos gewesen sein sollte. Einer dieser Kosmonauten war für immer im Weltraum geblieben, ein anderer starb durch die Explosion der Trägerrakete beim Start, der dritte übertrug das „Schlagen“ seines Herzens auf die Erde. Bestimmte Funkamateure wollten sein Stöhnen und Weinen gehört haben. Um überzeugen zu können, nannten sie sogar den Familiennamen des gestorbenen Kosmonauten. Alle diese Enthüllungen sind reinste Lügen!
Aber dies geschah nicht nur bei uns.
In den USA erschien drei Jahre nach der Landung der Astronauten auf dem Mond ein Büchlein, in dem behauptet wurde, daß niemals ein Flug zum Mond stattgefunden habe. Es handele sich angeblich um Film- und Fernsehaufnahmen, die in speziellen geheimen Filmstudios inszeniert und realisiert wurden. Die NASA beeilte sich mit Dementis. Es folgte ein Skandal, der den großen Verkaufserfolg des verleumderischen Buches ermöglichte. Der Autor und der Herausgeber verdienten an dem offensichtlichen Schwindel sehr gut

Ich bezeuge und erkläre nochmals feierlich, daß bis zum Start Gagarins von sowjetischem Territorium aus kein Mensch der Erde in den Kosmos gestartet ist! Im Ergebnis von Havarien sowjetischer Weltraumschiffe starben insgesamt in der kosmischen Ära (bis zum 12. April 1996) Komarow, Dobrowolskij, Wolkow und Pazaew.

In den USA sind in derselben Periode zehn Astronauten umgekommen. Drei verbrannten bei den Bodenversuchen mit der „Apollo" und vier bei der Explosion des Raumschiffes „Challenger".

Die Kosmonauten und Astronauten sind auch nach ihrer Rückkehr zur Erde sterbliche Menschen. Durch Unglücksfälle oder Krankheiten können beliebige von ihnen sterben. Gagarin starb in einer Flugzeugkatastrophe. Beljaew kehrte durch ein Wunder aus dem Kosmos auf die Erde zurück und starb fünf Jahre später im Krankenhaus auf dem Operationstisch. Havarien von Raumschiffen hat es auch vor dem Flug Gagarins gegeben. Aber dies waren unbemannte oder mit „Hunden" besetzte Raumschiffe.

Die ideologische Situation in dieser Zeit zwang dazu, nur die Erfolge zu beschreiben und die Mißerfolge zu verheimlichen. Die Politik der strengen Geheimhaltung brachte mehr Schaden als Nutzen. Unter dem Vorwand, staatliche Geheimnisse wahren zu müssen, wurde die Leistung der Schöpfer der kosmischen Technik in der Regel erst in den Nachrufen gewürdigt und ihre wissenschaftliche und schöpferische Arbeitsleistung bewertet.

Im übrigen sind aus Vorstellungen heraus, die nichts mit den allgemeinen Geheimhaltungsregeln zu tun hatten, der Welt die Namen vieler wahrer Schöpfer des amerikanischen Mondprogrammes außer Wernher von Braun unbekannt geblieben. Er ist der Entwickler der Trägerrakete. Wer sind die Chefkonstrukteure der Mondraumschiffe, der Triebwerke und der Steuerungssysteme?

Die Namen der entsprechenden Kooperationen, der wissenschaftlichen Zentren, ihre Adressen und die Namen der Präsidenten wurden breit popularisiert. Die wahren Schöpfer sind nur einem engen Kreis von Spezialisten bekannt. Für unsere Chefkonstrukteure, den zweifachen Helden der Sowjetunion wurden wenigstens nach dem Tod Erinnerungsbüsten aufgestellt. Die Lebenden erhielten die Goldene Medaille eines Helden der sozialistischen Arbeit, Medaillen und Preise, Orden und wissenschaftliche Grade und die „armen" Amerikaner - Dollars, komfortable Eigenheime, Luxusautos und viele Attribute des zivilen Wohlstandes.

Ich schweife jetzt etwas von meinen Erinnerungen ab und begründe dies damit, daß ich unlängst Fernsehfilme gesehen habe, in denen Hunderte Millionen Zuschauer Dokumentarfilme von Starts, Interviews mit Kosmonauten, Präsidenten, aber kein einziges mit einem Ingenieur sehen konnten.

In der Weltraumtechnik habe ich jene Ingenieure im Auge, die die Hauptlast der schöpferischen Arbeit und der Verantwortung trugen und im Verlaufe vieler Jahre unvergleichliche Heldentaten vollbrachten.

Ich bemühe mich, verstärkt darüber zu berichten.

Als wir für kurze Zeit vom Schießplatz nach Podlipki und Moskau nach zwei verunglückten Starts der E-3 zurückkehrten, befaßten wir uns hauptsächlich mit der 1-KP. Dies war der erste Prototyp eines zukünftigen einsitzigen Sputniks für bemannte Flüge. Die Nichteinhaltung aller denkbaren Fristen zur Entwicklung der Geräte für die Oktoberstarts zum Mars hätte zum Abbruch dieses Programms führen können. Koroljow verstand dies, wollte aber keine Argumente und Rechtfertigungen hören. Nachdem er sich vom „Mond" befreit hatte, ließ er sich auf eine riskante Jagd ein, um den ersten Menschen in den Kosmos zu bringen. Wer würde der erste Mensch im Kosmos sein: ein Russe oder ein Amerikaner?

Wir verstanden sehr gut, daß es drei Jahre nach dem Start des ersten Sputniks nicht zulässig war, den Amerikanern die Priorität zu überlassen. Manchmal schien es als ob SP besser wußte, was in den mir unterstellten Abteilungen und meinen Entwicklungen vor sich ging. Er verstand es, sich so zu informieren und die Informationen so zu nutzen, daß wir die ganze Zeit fühlten, unter seiner unsichtbaren Kontrolle zu stehen. Um zu erreichen, daß eine Information, die Koroljow auf einem nicht offiziellen Weg erhielt, ihm nicht die Stimmung verdarb und nicht zu voreiligen gewitterartigen Ausbrüchen gegenüber den Schuldigen ausartete, war ich in meinen Reden und Bemerkungen bemüht mit ihm in einem vorwiegend optimistischen Tone zu sprechen. Aber bei der Erläuterung des Orientierungssystems für den 1-KP befriedigten ihn meine und Rauschenbachs optimistischen Berichte nicht.

Die Hauptgruppe der Entwickler und Erprober des 1-KP waren am 28. April zum Schießplatz geflogen. Der kosmische Apparat selbst wurde mit dem Transportflugzeug An-12 zum Schießplatz gebracht und dies war schneller dort, als die Monteure, die ihn auf dem Flug empfangen und zur technischen Position begleiten sollten.

Sofort nach der Ankunft begannen Hunderte Ingenieure zusammen mit den militärischen Erprobern, Versuchssgeräte und Kabelnetze zu entfalten. Sie überprüften die Bereitschaft der unzähligen Nomenklatursysteme, der Start- und technischen Position. Sie untersuchten die Befehls- und Meßkomplexe sowie die Nachrichtenverbindungszentren. Sie interessierten sich aber auch für die Hotels, die Restaurants sowie den Automobiltransport. Die Frierenden begannen mit der Bestellung von Alkohol.

Diese Vorbereitungen in den ersten Stunden nach dem Eintreffen auf dem Schießplatz zeigten, was alles in dem Wirrwarr vor der Abreise der Expedition vergessen worden war.

Der führende Konstrukteur, Oleg Iwanowskij, der gerade eingeflogen war, sandte ein Telegramm nach dem anderen an seinen Betrieb und forderte die sofortige Nachlieferung der vergessenen Dinge. Bei vielen Leitern änderte sich nach acht Stunden Flug aus Moskau auf dem Schießplatz die Psychologie. Vor dem Abflug hatte jeder aus persönlicher Verantwortung die für die Arbeit auf dem Schießplatz notwendigen Sachen vorbereitet. Jetzt aber nach einer Stunde Aufenthalt auf dem Schießplatz stellten sie das Fehlen von Dokumentationen fest, von Ausrüstungen oder Geräten. Und waren empört: „Seht das nur dort an?! Überall Schlamperei! Es ist notwendig, sofort HF-Telegramme zu verschicken". Aber weil die Arbeit nach Tagen, Stunden und sogar Minuten geplant war, waren die führenden Konstrukteure gezwungen, das Prinzip zu verwirklichen: „Alles ist vorhanden und keinerlei Fehler existieren".

SP forderte, daß ich nicht abfliege, solange nicht das Orientierungs- und Landungssystem endgültig bearbeitet waren. Die Mannschaft Rauschenbachs bezeichnete das Steuerungssystem der Bewegung als„Tschaika". Dieser Begriff ging später in die Umgangssprache ein. Bis heute wird das Steuerungssystem der Bewegung bemannter Raumschiffe als „Tschaika" bezeichnet. Die heutigen „Tschaikas" sind natürlich nicht mit den ersten vergleichbar. Genauso wie das Auto „Moskwitsch" der heutigen Produktion nicht mit dem „Moskwitsch" des Modell 401 verglichen werden kann.

Alle, die konnten, waren schon zum Schießplatz geflogen. Aber ich wurde täglich von Koroljow schärfstens kritisiert. Ich setzte in der Abteilung Nr. 39 mit den neuen „Wunderkindern" und meinen kampferfahrenen Elektrikern die Bearbeitung des ersten „Tschaika" fort.

Die erste „Tschaika" für den Apparat 1KP war zu dieser Zeit prinzipiell neu und der Aufbau der Apparatur war ein kompliziertes System. Es war notwendig, eine hohe Zuverlässigkeit des Orientierungsprozesses nach dem Einschalten des Bremsimpulses zu sichern, um die Rückkehr des Landeapparates zur Erde zu garantieren. Und nicht nur auf die Erde, sondern auf das Gebiet der Sowjetunion.

Um die Zuverlässigkeit der „Tschaika" zu erhöhen, enthielt diese zwei unabhängige Steuerungssysteme, eine Haupt- und eine Reservesteuerung. Im Hauptsteuerungssystem mußte eine Dreiachsen-Orientierung mit Hilfe eines Infrarotvertikalkreiselgerätes und einer Kreiselbahn garantiert werden. Ein Infrarotvertikalkreisel wurde im ZKB „Geophysika" von Wladimir Chrustalew und Boris Medwedew entwickelt. Dieses Gerät unterscheidet die Grenze zwischen dem erdnahen Raum und dem Kosmos. Nach der Bearbeitung des Signals, das vom Infrarotvertikalkreisel gegeben wird, orientiert das Steuerungssystem den kosmischen Apparat mit einer Achse zum Erdzentrum, daß er nicht richtungslos um diese Achse pendelt, wird er mit Hilfe einer Kreiselbahn in Richtung des Geschwindigkeitsvektors orientiert. Die Kreiselbahn ist eine Erfindung des damals jungen Ingenieurs und späteren Professors Tokarew. Die Kreiselbahn wurde von Viktor Kusnezow nach langen nichtigen Streitereien zur konstruktiven Entwicklung und Produktion freigegeben. Viktor liebte es überhaupt nicht, fremde Erfindungen zu realisieren. Aber hier hatte er sich herabgelassen, weil es keine anderen Vorschläge gab.

Die Schwingungsbewegungen des Sputniks mußten mit Hilfe dreier Kreiselwinkelgeschwindigkeitssensoren gedämpft werden. Sie wurden durch das KB des Betriebes „Awiapribor" entwickelt. Chefkonstrukteur war dort Jewgenij Antipow Es war eben jener Antipow, der mich noch 1934 davon überzeugte, keinen elektronischen Bombenwerfer für das Flugzeug TB-3 zu entwickeln. Er war damals mit dem von ihm unter Qualen entwickelten elektro-

mechanischen Bombenabwurfgerät beschäftigt und der Streit des 22-jährigen Erfinders mit dem Betrieb Nr. 22 störte ihn.
Jetzt bat ich ihn als ehemaligen Erfinder, nein ich bat ihn nicht, sondern forderte auf der Grundlage eines Regierungsbeschlusses, einen besonders zuverlässigen Kreiselwinkelgeschwindigkeitssensor für kosmische Apparate zu entwickeln.
Die Reserveorientierungssysteme, die von Rauschenbach und Legostaew vorgeschlagen worden waren, waren verhältnismäßig einfach. Sie enthielten einen optischen Sensor zur Orientierung an der Sonne und einen Kreiselwinkelgeschwindigkeitssensor zum Ausgleich der Schwingungen. Beide Systeme hatten Steuerungsrelaisblöcke, die Befehle für die pneumatischen Ventile der Mikroantriebe zur Orientierung gaben.
Diese gesamte Gerätevielfalt wurde zum ersten Mal in der Montageabteilung gemeinsam montiert. Es handelte sich um die Kabelschaltungen, das System der Elektroversorgung, die Befehlsfunklinien, die Telemetrie sowie die Erprobungspulte.
Ähnliche Systeme arbeiteten beim ersten Einschalten nicht, wenn sie auch von noch so genialen Entwicklern ausgedacht worden waren. Gut war es außerdem, wenn durch irgendwelche Kurzschlüsse kein Rauch emporstieg.
Betriebsdirektor Turkow, der die Montageabteilung dreimal am Tage besuchte und keine Möglichkeit hatte, sich unmittelbar in den Montageprozeß einzumischen, lachte über mich: „Du mit Deinen ‚Wunderkindern’ treibst Koroljow zum Herzanfall, wenn Du nicht selbst vorher im Krankenhaus landest“.
Aber über die ‚Wunderkinder’ konnte ich mich nicht beschweren. Die Umstände der objektiven Realität waren stärker. Als der Zorn Koroljows und die Vielzahl der Pannen mich tatsächlich zur Weißglut brachten, schlug ich vor, die gesamte „Tschaika“ zu demontieren, zu verpacken und in ein Flugzeug zu befördern: „Wir werden das System auf dem Schießplatz zu Ende bringen, zumindest können wir berichten, daß wir schon zur Flugerprobung übergegangen sind.“
Es erwies sich, daß das Sprichwort, dort, wo „sieben Nöte“ sind, gibt es „eine Antwort“, nicht gilt. Der Hauptsteuerungsblock zusammen mit den Kreiselgeräten wurde zum Flugplatz nach Podlipki auf einem LKW ohne Begleitung transportiert. Der Fahrer wußte nicht, was für ein wertvolles Gut er auf seinem Lkw transportiert. Zu Beginn schüttelte er es auf dem Eisenbahnübergang richtig durch. Dann setzte er die „Erprobung“ des Systems auf seine Schlagfestigkeit fort. Er hatte aus Kühnheit auf seinem Weg eine unbekannte Menge Schnaps zu sich genommen, die er aus der Montageabteilung entwendet hatte und fuhr als „Halbbetrunkener“ gegen einen Baum.
Ähnliche Vorfälle wirkten auf das Nervensystem der Leiter viel stärker als eine Havarie mit einer Rakete, trotz deren große Kosten. Letzteres wird als gesetzmäßige Erscheinung bei der Erprobung komplizierter Systeme betrachtet. Die gewöhnliche Schlamperei bei unserem Straßentransport wird als Randerscheinung der verbrecherischen Fahrlässigkeit eingestuft. Es wurde nicht

nur der unmittelbar Schuldige bestraft, sondern die vielfältigen Leiter der gesamten Produktionshierarchie bis hin zu den Ingenieuren, die nicht gesehen hatten, wie man ihre wertvollen Geräte transportiert.
Ungeachtet der zusätzlichen Fracht in Form eines vollen Satzes aller möglichen Zusatzgeräte gelangte die „Tschaika" schließlich zusammen mit uns an Bord einer Il-14.
Die ersten Maigewitter paßten nicht mit den strengen Anweisungen Koroljows zusammen. Der Flugplatz Wnukowo war in alle Richtungen gesperrt. Für uns war dies wieder eine schlaflose Nacht. Erst am 3. Mai früh ließ man uns nach Uralsk abfliegen. Auf dem „Schwalbenflughafen" in Tjuratam warteten schon mit Ungeduld die Autobusse, die Lastkraftwagen und die Pkws.
Genau zu der vom Chefkonstrukteur Iwanowskij vorgegebenen Zeit am 5. Mai um 24 Uhr begann die autonome Erprobung der „Tschaika" innerhalb des gesamten Apparates –1KP. Nur hier auf der technischen Position des zweiten Platzes im Montage- und Erprobungsgebäude, wo schließlich alle und jeder mit einer Vielzahl von Ideen, Systemen und vielgestaltigen Geräten und Aggregaten vertreten war, begreift man, was wir in die 4600 kg Masse des neuen Sputnik gepreßt hatten.
Wie würde es möglich sein, dies alles in Bewegung zu setzen? An jedem System arbeitet eine Brigade von Entwicklern angespannt mit den Schaltungen, Instruktionen, Versuchspulten und dem Wunsch, schon installierte Bordgeräte durch zuverlässigere zu ersetzen. Bei keinem reichte die Zeit zur Erprobung. Alle forderten die Monteurinnen an, um die falschen Schaltungen umzulöten oder die zu kurz geratenen Kabel zu verlängern.
Innerhalb von sieben Tagen ununterbrochener Montage- und Erprobungsarbeit war 1-KP in einen solchen Zustand versetzt, daß alle Systeme des Flugprogramms gleichzeitig eingesetzt werden konnten. Am 9. Mai, dem Tag des Sieges, wollten wir die komplexe Erprobung feiern und die Filme der telemetrischen Aufzeichnungen auswerten.
Praktisch begann diese aber erst am 12. Mai. Wir wurden aufgehalten: Dutzende, nicht vorhergesehene, doch notwendige Überprüfungen und Nachprüfungen des Befehlsdurchgangs durch die Funksteuerung, die wiederholte Erprobung der verschiedenen Betriebszustände der „Tschaika", das Drehen der Sonnenbatterien, die sich an Elektrolampen als Simulatoren selbst orientierten und viele andere Beanstandungen, die nur bei den ersten Erprobungen neuer Systeme auftreten.
Der gesamte Tag des 13. Mai wurde anstelle der geplanten vier Stunden für die Endmontage und die Kopplung des Objektes, d. h. des Landeapparates mit der Gerätesektion aufgewendet. Nach der vollen Überprüfung der „Tschaika" wurde der viele Tonnen schwere Sputnik mit einem Kran auf eine elastische Aufhängung gebracht und dort von Hand in Richtung dreier Achsen hin- und herbewegt. Die Mikroantriebe „fauchten" zur allgemeinen Freude und bestätigten damit, daß bei den letzten Umlötungen an Bord die Befehlsadressen nicht verwechselt worden waren.

Für die Endmontage auf die Trägerrakete benötigten wir anstelle der geplanten neun insgesamt zwanzig Stunden. Der vorgegebene Zeitplan berücksichtigte weder das Verkanten der Kopplungsaggregate noch das Abreißen überprüfter Kabel.
Schließlich wurde die Rakete nicht am 12. sondern in der Nacht des 14. Mai zum Start gefahren.
Im Bunker und auf dem Erprobungsplatz wunderten wir uns über die Vielgestaltigkeit, über die unterschiedlichen Dimensionen und die isoliert angeordneten Erprobungspulte, die für jedes System isoliert ausgedacht worden waren. Ich begreife, daß jetzt nicht die Zeit dazu ist, aber ich versuche, alle zu überreden, die nach einer schlaflosen Woche noch etwas aufnehmen können: „So kann es nicht weitergehen. Versuchen wir, darüber nachzudenken, wie wir das Ganze vereinheitlichen können."
Beim Start wird zum ersten Mal der Aufzug mit dem Fahrstuhl für den zukünftigen Kosmonauten erprobt. Dieser zusätzliche Anbau, an den sich in den Jahren viele, seit langem auch die Fernsehzuschauer, gewöhnt haben, erschien damals als vollkommen phantastisch.
Um 23 Uhr begann der Vorsitzende der Staatlichen Kommission Nedelin, die traditionsgemäße Kommissionssitzung mit dem Bericht über die Bereitschaft.
Alles verlief ruhig, bis Koroljow in scharfem Ton erklärte, daß er von allen Chefkonstrukteuren, die Einhaltung der Sicherheitsrichtlinien und der Evakuierung in der 5-km-Zone oder den Aufenthalt im Bunker fordere. Derselbe Dienst forderte einen Evakuierungsplan aller nicht notwendigen Personen und einen Unterstand mit speziell ausgehobenen Gräben für den Fall von Startschwierigkeiten.
„Sieh Boris, zu welchen harten Maßnahmen Dein zerschlagenes Knie geführt hat", sagte Woskresenskij ziemlich laut.
Koroljow, der diesen Witz als einen Anschlag gegen die Maßnahmen der Sicherheit ansah, wandte sich an Woskresenskij mit „Sie":
„Sie, Genosse Woskresenskij, als mein Stellvertreter für Erprobung müßten sich um die Sicherheit der Menschen selbst sorgen. Ich bestehe darauf, daß die Staatliche Kommission im Falle der Verletzung der Sicherheitsbestimmungen die Schuldigen von der weiteren Arbeit ausschließt. Wenn die Chefkonstrukteure es wünschen, auf dem ersten Meßpunkt zu verweilen, dann müssen sie die Genehmigung beim Hauptmarschall einholen".
Der neben mir sitzende Leonid stieß mich derb an und sagte diesmal sehr leise: „Dieses Schauspiel gilt speziell für Valentin."
Dann erfuhren wir, daß Koroljow mit Gluschko vor dem Abflug aus Moskau ein ernsthaftes Streitgespräch über das Triebwerk für die A-9 gehabt hatte. Gluschko hatte sich an Grischin gewandt, den Stellvertreter der Staatlichen Kommission für Verteidigungstechnik, und gefordert, ihn von dem Diktat Koroljows bei der Auswahl der Bauart des Triebwerkes zu befreien.
Nedelin bat alle, unerschütterlich ihre Pflicht zu erfüllen.
Um 5 Uhr morgens verwandelte sich der Himmel im Osten aus schwarzviolett allmählich in hellrot. Der Mai, die Verfärbungen beim Sonnenauf- und -

untergang, solange die Luft klar ist, das ist in der kasachischen Steppe unwiederholbar, weich und gleichzeitig grell.
Die Patrouille auf dem ersten Meßpunkt jagte alle gnadenlos in die mit Balken befestigten Unterstände, die in Mannshöhe ausgehoben waren. so daß man den Start von dort nicht beobachten konnte. Während der fünzehnminütigen Bereitschaft gelang es mir, unter der Plane der Kastenabdeckung eines Lkw „Kama" hervorzukriechen und verdeckt in eine „offene Position" überzugehen.
Der Start verlief normal. Diesmal war ich fest davon überzeugt, daß sich die Rakete gut benehmen würde. Das Trennungskreuz der ersten Stufe leuchtete die noch hinter dem Horizont versteckte Sonne sehr gut aus. In der 300. Sekunde zeigten die Telemetriespezialisten, die sich aus dem Auto reckten, den nach oben gerichteten Daumen. Aber in der 460. Sekunde wurde nach ihrem Bericht das Signal schwächer und die Aufzeichnungen waren nicht mehr identifizierbar.
Mit gesenkten Köpfen, voll überzeugt, daß am Block „E" der dritten Stufe eine Explosion oder ein Brand stattgefunden hatte, gingen wir langsam zu unseren Autos und fuhren zu unserer Baracke, die den Namen „Expedition" trug. Hier in dem engen Zimmerchen war der einzige HF-Funkapparat, der mit Moskau und dem Koordinations- und Rechenzentrum des NII-4 verbunden war, in dem die Informationen von allen Meßpunkten zusammenliefen. In unserem engen Zimmerchen mit schmutzigen Tapeten hatten sich schon an die zwanzig Menschen hineingezwängt.
Aus dem NII-4 wurde mitgeteilt, daß Jenissejsk, Saryschagan und Ulan-Ude das normale Abschalten der dritten Stufe durch den Integrator fixiert hatten. Alle Funkgeräte auf dem Sputnik arbeiteten, folglich waren die Antennen ausgeklappt, die Sonnenbatterien drehten sich. Um volle Gewißheit zu erhalten, gingen wir in den Raum, den wir als „Kinosaal" bezeichneten. Hier war ein Apparat für den unmittelbaren Empfang des Bordsenders „Signal" aufgestellt, der im Kurzwellenbereich arbeitete. Der Saal war mit Enthusiasten überfüllt. Die im „Kinosaal" keinen Platz gefunden hatten, drängten sich von außen an die geöffneten Fenster. Der Leiter des „Signals", Jurij Bykow, überredete seinen Operator, die Einstellung nicht zu verändern.
Aus dem Lautsprecher war am Anfang ein leises und dann ein immer stärker anwachsendes exaktes Funksignal zu hören.
Allgemeiner Jubel! Er war größer als beim Start des ersten Sputniks im Oktober 1957.
Traditionsgemäß gingen wir mit Woskresenskij und Kusnezow in unser Häuschen und feierten dieses historische Ereignis. Nach den schlaflosen Nächten wirkte der Kognak stärker als gewöhnlich. Leonid legte sich auf das Bett und schlief ein, so daß er für die Zusammenstellung des Kommuniqués nicht zu gebrauchen war.
Ich kehrte in die Baracke zurück. Dort waren aus dem Koordinations- und Rechenzentrum bereits Daten über die Umlaufbahn eingetroffen. Der Sputnik würde nach den vorliegenden Berechnungen lange existieren und mit dem Landeapparat brauchte man sich vorerst nicht zu beeilen.

Das Kommuniqué wurde von Koroljow, Keldysch, Ischlinsky und Grischin formuliert. Der Hauptmarschall hörte deren Streit, nahm Berichte aus Moskau entgegen und, so schien es, durchlebte alles viel stärker als die anderen. Wahrscheinlich hatte er sich während des Krieges in den Frontbefehlspunkten kaum so erregt.

Schließlich wird der historische Beschluß gefaßt, den 1-KP als „Weltraumschiff" zu bezeichnen.

„Und warum denn nicht" sagte Koroljow, „es gibt Seeschiffe, es gibt Flußschiffe und es gibt Luftschiffe und jetzt gibt es auch Weltraumschiffe!"

Als der Text des Kommuniqués geschrieben und nach Moskau übertragen worden war, kam der vor sich hindösende Grischin zu sich:

„Genossen, begreift Ihr, was wir formuliert haben! Das Wort ‚Weltraumschiff' ist eine Revolution!" Bei mir sträubten sich die im Rückenhaare.

Nedelin hielt die Verbindung nach Moskau und beeilte sich mit der Übertragung zu beginnen. Dort war es 7 Uhr frühmorgens und mit der Übertragung des Kommuniqués hatten sie keine Eile. Man teilte mit: „Am Ende der Nachrichten ist es möglich." Hier kam gewöhnlich die Wetterzusammenfassung.

Schließlich erklangen die alle erregenden, der ganzen Welt bekannten Pausenzeichen Moskaus und die Stimme des in das Studio geeilten Lewitan: *„Es spricht Moskau. Hier sind alle Nachrichtensender der Sowjetunion...."* Lewitan sprach mit einem solchen Pathos, daß wir jeden Satz erlebten, als würden wir erstmalig über die Vorbereitung des Fluges eines Menschen in den Kosmos erfahren.

Nedelin gefiel die Konkretisierung, die im Kommuniqué vom Koordinierungs- und Rechenzentrum im Ergebnis der Berechnungen gemacht wurde, sehr: *„Um 7 Uhr 38 Minuten Moskauer Zeit war der sowjetische Raumschiffsputnik über Paris.... Um 10 Uhr 36 Minuten Moskauer Zeit flog der Raumschiffsputnik über New York"*. Nedelin erklärte uns feierlich: „Weil Nikita Sergejewitsch jetzt in Paris ist, haben sie die Übertragung verzögert. So haben sie ihn geweckt und gewarnt. Dies ist eine Melone für ihn! Über New York, das ist noch eine Melone!"

Wir hatten die Politik Chruschtschows erneut kosmisch unterstützt.

Die Staatliche Kommission beschloß, zusammen mit den Chefkonstrukteuren nach Moskau zu fliegen, um im Informationszentrum zu verweilen. Dort wurden die kosmischen und politischen Informationen empfangen und verarbeitet. Es war notwendig, die Euphorie des Erfolgs für die Forcierung und Vorbereitung anderer Raumschiffe zu nutzen und einen Beschluß über den Erstflug eines Menschen zu fassen. Vorläufig legten wir fest, der Start solle am 18. oder 19. Mai erfolgen. Unser erster Landeapparat, eine Kugel, hatte keine Wärmeisolierung. Deshalb würde er beim Eintritt in die Atmosphäre so und so verbrennen. Aber der Prozeß der Orientierung vor der Bremsung, die Arbeit des Korrekturtriebwerkes, der Eintritt in die Atmosphäre mußten überprüft werden.

In diesen Tagen wurden für die operative Arbeit zwei Gruppen aufgestellt. In Moskau die Gruppe „M" mit Koroljow als Leiter, die sich mit der Gesamtleitung befaßte, und auf dem Schießplatz die Gruppe „T", deren Leitung mir übertragen wurde. In der Gruppe „T“ arbeiteten die Vertreter jedes einzelnen Systems, das im Kosmos überprüft werden mußte. Vor allem unserer Gruppe „T“ war es möglich, unmittelbar die telemetrischen Informationen, die wir beim Durchgang des Sputnikraumschiffes durch Zone der Funksicht am ersten Meßpunkt erhielten, zu analysieren. Die Telemetriespezialisten der Gruppe „T“ betrachteten die Filme nach jeder Funkübertragung gemeinsam mit den Systementwicklern. Dann versammelten wir uns, stellten einen Gesamtbericht zusammen und übersandten diesen zur Gruppe „M“. Dort trafen die Informationen von allen Meßpunkten des Landes ein, aber nur die Informationen und nicht die Filme selbst. In allen Punkten außer „T“ war es nicht möglich, die Filme entsprechend qualifiziert zu analysieren, weil dort keine Systemspezialisten vorhanden waren. Dieser Umstand führte zum Konflikt zwischen „T“ und „M“. Nach der Durchführung der Testübertragungen des Orientierungssystems bezweifelten wir die exakte Arbeit des Infrarotvertikalkreisels, der zur Orientierung des Raumschiffes an der örtlichen Vertikalen bestimmt war. Die Drehgeschwindigkeit des für Infrarotstrahlung empfindlichen Sensors, der den Horizont abtastete, wurde von Übertragung zu Übertragung geringer. Schließlich überzeugten wir uns davon, daß der Sensor nicht mehr arbeitete. Offensichtlich hatte der Elektroantrieb versagt oder es war etwas zerbrochen. Zur gleichen Zeit arbeitete das Hauptorientierungssystem normal. Alle anderen Parameter entsprachen der Norm. Das Reservesonnenorientierungssystem hatte beim Test keinerlei Gelegenheit zur Nutzung. Über den Funk berieten und stritten wir mit Rauschenbach, Legostaew, Baschkin und Chrustalew, die darauf bestanden, daß vor der Landung das Hauptorientierungssystem gearbeitet haben sollte. Bei einer Beratung der Gruppe „T“ widersprachen der junge Ingenieur der Abteilung Rauschenbachs, Branez, und der Stellvertreter Chrustalew, Medwedew, kategorisch der Nutzung des Hauptsystems.

Nachdem ich mich vom großen Risiko der Orientierung mit Hilfe des Hauptsystems überzeugt hatte, brauchte ich lange, um Koroljow über Funk zu überzeugen, die Entscheidung zu treffen, die Landung mit Hilfe des Reservesystems vorzunehmen.

Er versammelte bei sich fast die gesamte technische Leitung, beriet sich mit Keldysch und ungeachtet meines Widerspruchs entschied die Staatliche Kommission, mit Hilfe des Hauptsystems zu landen. Alle Anweisungen wurden über die Station der Befehlsfunklinien der östlichen Punkte gegeben und an Bord wurden die Befehle zur Orientierung mit Hilfe des Hauptsystems und der Einschaltung des Korrekturtriebwerkes in der vorgesehenen Zeit übertragen.

In diesen Jahren hatten wir noch kein zuverlässiges Kriterium für die Bereitschaft des Orientierungssystems. Die moderne Technik erlaubt mit Hilfe der Bordrechner die Diagnostik des Systems und es wird möglich, das Triebwerk zur Umlaufbahnkorrektur einzuschalten oder die Landung nur bei Vorhandenseins des Kennzeichens der Bereitschaft des Orientierungssystems durchzuführen. Die Erde muß sich nur einmischen, wenn zur notwendigen Zeit die Bereitschaft des Orientierungssystems nicht gegeben ist. Bis zur

Entwicklung der Bordrechner war es noch weit. Die Navigation unseres ersten kosmischen Raumschiffes unterschied sich von den modernen etwa so, wie die Karawelle des Colombus von den Atomunterseebooten.

Die Befehle wurden an Bord empfangen. Das Korrekturtriebwerk arbeitete, bei nicht verständlichen zufälligen Abweichungen des Bremsimpulses. Im folgenden wurde in der entsprechenden TASS-Mitteilung festgestellt, daß *„das Bremstriebwerk bei der Stabilisierung des Raumschiffes während der Arbeit des Triebwerks arbeitete. Jedoch wurde infolge eines Fehlers in einem der Geräte des Orientierungssystems das Sputnikraumschiff durch den Bremsimpuls von der berechneten Richtung abgelenkt. Im Ergebnis erhöhte das Raumschiff seine Geschwindigkeit, anstelle sie zu vermindern, und das Sputnikraumschiff ging in eine neue elliptische Umlaufbahn über, die in der ursprünglichen Fläche lag, jedoch ein wesentlich höheres Apogäum besaß.*

*Die hermetische Kabine wurde vom Sputnikraumschiff abgetrennt und dabei wurde eine normale Arbeit des Stabilisierungssystems der Kabine registriert.*

*Im Ergebnis des ersten Starts sind eine Reihe wichtiger wissenschaftlicher und technischer Aufgaben gelöst worden- Die Systeme des Raumschiffes arbeiteten normal und garantierten Bedingungen, die für den zukünftigen Flug eines Menschen notwendig sind.*

*Die Ergebnisse der durchgeführten Arbeiten erlauben, zu weiteren Erprobungsetappen überzugehen."*

Das Kommuniqué war in einem ruhigem Ton abgefaßt. Aber wir hatten uns beim ersten Start in der Praxis davon überzeugen können, daß es eine reale Gefahr für den Fehler gibt, daß ein zukünftiger Kosmonaut für viele Jahre in einer solchen Umlaufbahn bleiben müßte.

Nach Moskau zurückgekehrt, war ich lange damit beschäftigt, die Beziehungen zu unseren Kollegen der Gruppe „M" zu klären. Im Ergebnis ihres „Starrsinns" war das Raumschiff von der Umlaufbahn aus 320 km in eine Höhe von 690 km gelangt. Dort würde es nach vorliegenden Prognosen mindestens drei bis sechs Jahre verbleiben.

„Stellen Sie sich vor, was werden wird, wenn sich ein Mensch in einer solchen Situation befindet", dramatisierte ich die Situation, um sie zu zwingen, ihr Verhalten zu bereuen. „Die ganze Welt wird die Qualen dieses Menschen verfolgen. Er stirbt eher an Sauerstoffmangel als an Hunger. Dann werden wir feststellen, daß das System wegen Elektroenergiemangel nicht mehr arbeitet. Das „Signal" wird verstummen und dann die Telemetrie. Und dies alles vor den Augen der Weltöffentlichkeit."

Sie stimmten mir zu, aber eine überzeugende Erklärung für die falsche Entscheidung konnte ich nicht erhalten.

Vor vielen Jahren, als die Weltraumflüge des Menschen zur Normalität wurden, produzierten die Amerikaner den halb phantastischen Film „Gefangene des Weltalls". Ein Versagen des Korrekturtriebwerkes machte es zwei Amerikanern unmöglich, mit ihrem Raumschiff auf die Erde zurückzukehren. Ein sowjetisches Raumschiff, das dem Raumschiff „Wostok" sehr ähnlich war, flog, um Hilfe zu leisten, aber ein Fehler im Steuerungssystem machte es ihnen unmöglich, bei den Amerikanern anzudocken. Nachdem das sowjetische Raumschiff sehr viel Treibstoff verbraucht hatte, war es gezwungen, auf die Erde zurückzukehren. Um das Leben des jüngeren Kollegen zu retten, geht einer der amerikanischen Astronauten in den offenen Kosmos. Nach wenigen Tagen, als der Lebensvorrat nur noch wenige Stunden beträgt, startet das erste geheime amerikanische militärische Raumschiff mehrfacher Verwendung und rettet den Astronauten. Dieser Flug wurde einige Jahre vor dem Flug des „Space shuttle" gedreht und diente als anschauliche Agitation der NASA zur Erhöhung des Haushalts für diese Programm

## *Die folgenden Sputnikraumschiffe*

Bei den folgenden Sputnikraumschiffen war der Landeapparat durch eine Wärmeisolation geschützt. Er sollte zum ersten Mal in der menschlichen Geschichte aus dem Weltraum mit lebenden Hunden (Lisitschka und Tschaika) auf die Erde zurückkehren. Im Jahre 1957 hatte der englische Tierschutzverein anläßlich des Todes der Hündin Laika auf dem zweiten Sputnik Chruschtschow ein Protesttelegramm geschickt. Der Tod der Laika war vorprogrammiert. Laika war das erste Opfer des Kosmosprogrammes. Sie wurde programmgemäß in den Tod geschickt und ist dafür aber für immer in die Geschichte der Kosmonautik eingegangen.

Die zarte rote Lisitschka gefiel Koroljow sehr. Im Montage- und Erprobungsgebäude bereiteten die Mediziner die Katapultkapsel des Landeapparates zur Anprobe der Hündin vor. Zusammen mit dem Ingenieur Schewelew führten wir die notwendigen Anweisungen zur Kopplung der elektrischen Schaltung des Hundecontainers und des Landeapparates aus. Lisitschka reagierte überhaupt nicht auf unsere Streitgespräche und das allgemeine Erprobungsdurcheinander. Es kam Koroljow. Ich wollte berichten, aber er winkte ab. Er fragte die Mediziner nichts und nahm Lisitschka auf den Arm. Sie schmiegte sich vertrauensvoll an ihn. SP schaute den Hund vorsichtig an und ohne sich um die Anwesenden zu kümmern sagte er: „Ich möchte sehr, daß Du zurückkehrst". Das Gesicht Koroljows war ungewöhnlich traurig. Er behielt sie noch eine kurze Zeit und gab sie dann jemanden im weißen Kittel und ohne sich umzuschauen, ging er langsam in die lärmende Halle des Monate- und Erprobungsgebäudes.

Ich war mit Koroljow in den gemeinsamen Arbeitsjahren schon verschiedene Male in schwierigsten Lebenssituationen. Meine Gefühle ihm gegenüber waren in Abhängigkeit von den Lebensumständen unterschiedlich. Manchmal hatte ich sehr widersprüchliche Gefühle. Im Gedächtnis ist die Episode eines heißen Julitages 1960 zurückgeblieben. Koroljow schaute auf Lisitschka und ich empfand zum ersten Mal ein solches Gefühl des Mitleides, daß sich in meinem Hals ein Klumpen zusammenballte.

Es kann sein, daß dies auch ein Vorgefühl war.

Am 28. Juli startete eine Rakete mit dem Index 8K72. Das Sputnikraumschiff 1K Nr. 1 mit Lisitschka und Tschaika an Bord war wesentlich besser ausgerüstet und vorbereitet als sein Vorgänger 1-KP. Diesmal hatten wir alle möglichen Situationen durchgespielt, um keine Fehler bei der Auswahl des Orientierungssystems und beim Auslösen des Befehls zur Landung aus der Umlaufbahn zu machen.

Es war jedoch Lisitschka und Tschaika nicht vergönnt, in den Weltraum zu fliegen. Das Raumschiff zerschellte gar nicht weit vom Start bei einer Havarie der ersten Stufe der Trägerrakete.

Die Havariekommission schlußfolgerte, daß die wahrscheinlichste Ursache des Verlustes der Trägerrakete und des Raumschiffes die Zerstörung der Brennkammer eines Seitenblockes durch eine hochfrequente Schwingung gewesen ist. Warum dies plötzlich aufgetreten war, konnte Gluschko nicht klarstellen. Ich schrieb es einem Fehler der Technologie des Kujbyschewsker Werkes zu, „dessen Direktor der Genosse Tschetschenja war".

Diesmal riskierte ich nichts, als ich die Explosion und den Brand der Trägerrakete beobachtete. Mit meinem noch nicht heilen Knie sprang ich vorher in den Graben. Das Paket zerfiel in der 23. Sekunde und die Raketenblöcke flogen in die Steppe, ohne einen Schaden anzurichten. Irgend jemand im Graben brummte: „Es war nicht gut, eine rote Hündin in die Rakete zu setzen."

Die Havarie zeigte, wie aktuell die Entwicklung eines Rettungssystems des Landeapparates unmittelbar für den Start war. Der Tod der Hündinnen Lisitschka und Tschaika wirkte stimulierend auf die Entwicklung eines solchen Systems. Keinerlei Mitteilungen kamen von TASS über die Ergebnisse des Havariestarts am 28. Juli.

Im August herrschte Tjuratamer Hitze. Im Schatten gingen die Temperaturen bis auf 40° C. Wir begannen, das dritte Raumschiff 1K Nr. 2 vorzubereiten.

Es handelte sich um ein vollwertiges Sputnikraumschiff mit einer reichen Geräteausstattung für wissenschaftliche Experimente. Die medizinisch-biologischen Experimente waren für das Studium der Besonderheiten der Lebenstätigkeiten der Tiere unter den Bedingungen des kosmischen Fluges, der Wirkung der kosmischen Strahlung auf die Pflanzenorganismen, der Effektivität der Regenerationssysteme der Abfälle, der Ernährung, der Wasserversorgung und der Abfallbeseitigung gerichtet. Zu diesem Zweck befanden sich in einer hermetischen Kabine zwei weiße Raten und viele schwarze und weiße Mäuse.

Die Wichtigste waren jedoch zwei Hunde als Passagiere – Belka und Strelka. Es waren sehr bewegliche und lebensfrohe Hunde, um keine Zweifel an ihrer wohlbehaltenen Rückkehr aufkommen zu lassen. Für die Hunde wurden sehr komfortable Bedingungen geschaffen. Sie waren in einer hermetischen Kabine eines katapultierbaren Containers, der mit einem System der Lebenserhaltung ausgerüstet war, untergebracht.

Da wir die Vorliebe Chruschtschows für den Mais kannten, kamen auch Maissamen verschiedener Sorten in den Landeapparat, um die Folgen des Einflusses der Schwerelosigkeit auf die Ertragsfähigkeit zu überprüfen.

Durch die Hartnäckigkeit Keldyschs und Koroljows war das Streben vieler Wissenschaftler darauf gerichtet, den neuen Forschungsbereich, maximal zu nutzen. Die Objekte für die mikrobiologische, zytologische, genetische, immunologische Forschung füllten einen großen Teil des Inhalts des Landeapparates.

Konkurrenten der Biologen und Mediziner im Kampf um einen Platz im Landeapparat waren unsere alten Kollegen, die die kosmische Strahlung. erforschten. Die schweren Blöcke mit den Platten, die mit schwerlöslicher Kernfotoemulsion beschichtet waren, riefen zunächst nicht den Protest unserer Projektanten hervor. Dem Leiter dieser Forschungsrichtung, Wernow, gelang es, einen Block zur unmittelbaren (sofortigen)Entwicklung an Bord des Schiffes zu installieren. Das autonome Gerät, das diese Operationen in Gang setzte, entstand mit unserer Beteiligung. Die Spezialisten zum Studium der ultravioletten und Röntgenstrahlung der Sonne brachten ihre Geräte an Bord unter.

Wenn ich mich heute an dieses wissenschaftliche Durcheinander vor 35 Jahren zurück erinnere, kann ich nicht sagen, ob während des Fluges dieses Sputnikraumschiffes hervorragende wissenschaftliche Entdeckungen gemacht worden sind. Es wurden jedoch, wie schon erwähnt, durch die Hartnäckigkeit der zwei „K" – Keldysch und Koroljow – fundamentale Untersuchungen durchgeführt. Dies sollte auch in unserer Zeit Verehrung hervorrufen.

Die alten Raketenerprobungskader sollten dieses Mal bei der Vorbereitung des Raumschiffes im Schatten bleiben. Die Helden der heißen Tage und der schwülen Nächte waren die Ingenieure der Flugzeugindustrie und die Flugzeugmediziner. Die medizinisch-biologische Mannschaft leitete der Oberst des medizinischen Dienstes, Wladimir Jasdowskij. Er arbeitete mit uns seit der Zeit der Höhenstarts der Hunde mit Hilfe der Raketen R-1E in Kapustin Jar zusammen, duzte sich mit Koroljow, Woskresenskij, mir und allen Chefkonstrukteuren, und die Raketenkaste betrachtete ihn als Mitglied.

Die Flugzeugindustrie arbeitete mit vier weltraumtechnischen Organisationen zusammen.

Der Chefkonstrukteur Semen Alexeew entwickelte im Betrieb Nr. 918 die Katapultsessel, die Schutzanzüge (Skafander) für die zukünftigen Kosmonauten, die Versorgung mit einem Sauerstoffgemisch zum Atmen, die hermetischen Kabinen für die Tiere und eine Toiletteneinrichtung.

Der Chefkonstrukteur, Grigorij Woronin, entwickelte im Gerätewerk der Flugzeugindustrie ein System der Thermostabilisierung und Regeneration (Veredlung) aller biologischen Abfälle.

Der Chefkonstrukteur Fjodor Kaschew, als Leiter des NIIPDS (das wissenschaftlichen Forschungsinstitut der Fallschirm-Luftlandetruppen-Dienste) entwickelte ein Fallschirmsystem für den Landeapparat und den daraus zu katapultierenden Sessel beim Flug eines Menschen oder der hermetischen Kabine für Tiere. Die Fallschirme des kosmischen Landeapparates öffneten sich in einer Höhe von ca. 8000 m. Während des Sinkfluges bis auf 5000 m wurde das Lukendach abgesprengt und aus dem Landeapparat der Container mit den

Tieren katapultiert. Zukünftig sollte dies ein Sessel mit einem Menschen im Raumanzug (Skafander) sein, der an seinem Fallschirm landet.
Signale zum Öffnen der Fallschirme gingen vom barometrischen Höhensensorsystem aus. Dies waren komplizierte redundante Blöcke, die in einem Flugzeugbaubetrieb unter der Leitung von Ruben Tschatschikjan entwickelt worden waren.
Der Fallschirmkomplex mit unserer Elektrosteuerungsautomatik war das „aufregendste“ System. Mit dem Leiter des NIIPDS Tkatschew, seinem Stellvertreter Lobanow und ihren furchtlosen Fallschirmspringern entwickelten wir gemeinsam die Logik und das Schema des Absprengens der Luke und der anschließenden Befehlsgebung zum Fallschirmsystem für das Katapultieren des Sessels. In der Militärluftfahrt gab es zu dieser Zeit vielerlei Probleme. Wir mußten in unseren Schaltungen dies alles berücksichtigen und die Automatik mußte alles realisieren, was sonst Pflicht des Fallschirmspringers war. Die detaillierte Entwicklung, die Elektroautomatik des Absprengens der Fallschirmkuppel und die Befehlsgebung zum Öffnen der Fallschirme hatte Ingenieur Valentin Gradusow zu verantworten. Koroljow, der die Erprobungsergebnisse der Landeautomatik auswertete, sagte mir: „Dieser Dein Gradusow muß begreifen, daß er anstelle des Fliegers den Ring bedient. Beachte bitte, wenn der Fallschirm nicht aufgeht.“ An dieser Stelle schwieg er trotz seiner Redegewandtheit. In dem Sputnikraumschiffen (und dann auf den „Wostoks“) war das Landesystem komplizierter als das moderne. Der Landeapparat und der aus diesem herauskatapultierte Kosmonaut mußten getrennt gerettet werden. Das heißt, es mußten zwei Landesysteme entwickelt werden. Die „Woschod“, „Sojus“ und „Apollo“ hatten nur ein System und vom Katapultieren wurde bald Abstand genommen.
Die auf dem Schießplatz gestählten Kader des Fernseh-NII-380 (wissenschaftliches Fernsehforschungsinstitut) installierten mit den Ärzten Jasdowskijs zwei speziell vorbereitete Kameras so, daß durch die Containerluke bei der Übertragung die Bilder Belkas von vorn und Strelkas von der Seite erfaßt und übertragen wurden..
Ich verfolgte die heißen Streitgespräche zwischen den Ärzten und den Fernsehleuten mit Interesse und ließ die Gelegenheit nicht verstreichen, um zu witzeln, in dem ich mich an beide wandte: „Brazlawez und Walik hatten bis jetzt nur Erfahrung bei der Übertragung der Rückseite des Mondes. Wenn sie die Kamera für die Übertragung von Belka nicht von vorn, sondern von der Schwanzseite her einrichten, dann wird sofort alles gelingen.“
„Du begreifst die Größe des Augenblicks überhaupt nicht“, sagte Jasdowskij und lachend setzten wir die Einrichtung, Überprüfung und unseren Streit fort. Die Hunde ließen die Zunge heraushängen und schmachteten mehr unter der Hitze als die Menschen.
Die Vorbereitung aller Systeme für das Raumschiff nahm auf der technischen Position zwölf Tage in Anspruch. Am 16. August erfolgte der anstehende feierliche Abtransport zum Start und am nächsten Tag sollte gestartet werden. Unerwartet war an der Trägerrakete das Hauptsauerstoffventil defekt, so daß der

Start angehalten und ein neues Ventil aus Kujbyschew beschafft werden mußte. Die Mediziner litten am meisten durch die Verzögerung. Sie erklärten, daß die Hunde durch die ungewohnte Situation auf der Startposition eher den Verstand verlieren, als in den Kosmos gelangen werden. Die Natur erhörte ihre Klagen und erbarmte sich, denn es wurde kühler.

Und der 19. August war ein blendend klarer Tag. Das Ventil wurde gewechselt, alles wurde schon zum fünften Mal nachgeprüft und um 15 Uhr 44 Minuten und 6 Sekunden startete die Trägerrakete mit dem Raumschiff 1K Nr. 2. Die Staatliche Kommission, die Chefkonstrukteure und die „ihnen Gleichgestellten" zwängten sich in den engen Raum der Operativgruppe „T" auf der „Zwei". Wieviel versteckte Erregungen und zur Schau getragene Ruhe bei allen, die vom Schweiß naß waren, solange nicht aus Jenissejsk und dann aus Kamtschatka bestätigt wurde, daß die Abtrennung normal verlief und das Raumschiff die Umlaufbahn eines künstlichen Erdsatelliten erreicht hatte.

Nachts drängten wir uns in die Empfangsstation des kosmischen Fernsehens. Brazlawez gab seinen Emotionen freien Lauf. Es war ausgezeichnet sichtbar, daß im Moment des Fluges über dem Schießplatz beide Hunde zu bellen anfingen. Zur gleichen Zeit befand sich im Rayon Tjuratam in einer sehr gut sichtbaren klaren Nacht der amerikanische passive Informationssputnik

„Echo-1. Eine Kugel, die bis zu einem Durchmesser von 30 m aufgeblasen war, spiegelte nicht nur das Sonnenlicht sehr gut wider, sondern auch die Funksignale. Dieser Satellit war von den Amerikanern am 12. August gestartet und auf eine kreisrunde Umlaufbahn in einer Höhe von 1500 km gebracht worden.

Das Zusammenfallen des Hundegebells mit dem Durchgang des amerikanischen Sputniks rief erregte Reaktionen hervor: „Unsere Hunde bellen auf dem amerikanischen ‚Echo'. Gut wäre es, wenn sie zur gleichen Zeit auch noch pinkeln würden!"

Jasdowskij war zufrieden: „Wenn die Hunde nicht heulen, sondern kläffen, dann heißt es, daß sie zurückkehren."

Nach dem letzten Umlauf informierten die Bodenmeßpunkte : „An Bord ist alles in Ordnung."

Mit großer Erregung wurde das Kommuniqué „für Lewitan" formulierte und mehrmals redaktionell überarbeitet.

Bogomolow bestand darauf, daß in der TASS-Mitteilung unbedingt ein Absatz sein sollte, der dem Fernsehen gewidmet war. Dies wurde gemacht und führte zu einem sensationellen Lärm in der Presse und in den Fernsehübertragungen über die Erfolge „der sowjetischen Technik des kosmischen Fernsehens".

Im Restaurant beim Frühstück wurden alle von Lew Grischin mit seinen einmaligen frischen neuen Anekdoten belustigt: „Wir sind heute auf die vorbereitende Stufe für ‚Hunde' gelangt und morgen folgt die Haupt- und zwar die ‚menschliche' Stufe." Auf dieses Ereignisse tranken wir „fünfzehn Tropfen". Auf dem Höhepunkt des Frühstücks mußte Koroljow zum Telefon. Golunskij rief an. Das Gesicht Koroljows hatte sich verändert, als er

zurückkehrte und sagte: „Die Telemetriespezialisten versichern, daß der Infrarotvertikalkreisel wieder genauso versagt hat wie auf dem 1KP“
„Weißt Du, Sergej Pawlowitsch, das ist ein bequemer Fall, um das Reserveorientierungssystem zu überprüfen“, schlug ich vor.
Koroljow schaute mich zornig an und begann zu kommandieren:
„Schnell über den HF-Funk und dort über das NII-4. Rjasanskij und Buschuew sollen aufhören, die Bilder zu betrachten! Sie sollen mit den Ballistikern ein Landeprogramm erarbeiten.“
Meine Gruppe „T“ vereinigte sich mit der Staatlichen Kommission. Wir hielten eine Sitzung ab, stritten den ganzen Tag und in den Abend hinein bis zwei Uhr nachts. Am Morgen um 9 Uhr 30 Minuten wurde die Sitzung und die Konsultation mit Moskau fortgesetzt.
Letztendlich wurde die Entscheidung gefällt, die Landung mit Hilfe des Lande-Havarie-Systems durchzuführen (des Reservesystems).
Der NIP-4 – Jenissejsk – gab den Befehl zum Landen. Das heißt, es startete das System „Granit“, eine Programmzeitautomatik, die von Sosnowik entwickelt und im Betrieb „Plastik“ hergestellt worden war. Der NIP-6 von Kamtschatka bestätigte, daß die Landung eingeleitet sei. „Granit“ setzte Zeitmarken aus, das heißt, die Befehle wurden ausgeführt. Das Korrekturtriebwerk zündete irgendwo über Afrika. Aber würde das System bis zur Landung die Orientierung auf die Sonne halten? Wir erhielten lediglich die über Afrika aufgezeichneten Informationen. Als diese bei uns ankamen, war die Gerätesektion schon abgetrennt. Vielleicht könnten wir, wenn alles in Ordnung war, das „Signal“ hören.
Um 10 Uhr 50 Minuten ertönte das Piepsen des „Signals“. Das hieß, das Korrekturtriebwerk hatte gearbeitet. Wenn der Landeapparat in die Atmosphäre eindrang und nicht in den Kosmos, wie dies beim 1KP passiert war, dann mußte um 10 Uhr 57 Minuten das „Signal“ schweigen. Der Apparat durchdringt die Atmosphäre, die Antennen brennen im heißen Plasma, das den Landeapparat umgibt.
Die Anspannung erreicht den Höhepunkt, als um 10 Uhr 57 Minuten, der IP-1 (Meßpunkt-1) und Moskau bestätigen, daß das „Signal“ noch hörbar ist. Nach 10 Sekunden wird das „Signal“ schwächer und geht im Rauschen unter. Allgemeiner Jubel. Jetzt erwarten wir die Mitteilung über den Empfang der Signale des Senders „Pelenga“. Dieser bestätigt das Öffnen der Fallschirme des Landeapparates. Die Antennen sind an den Seiten des Fallschirms eingelassen.
Um 11 Uhr 4 Minuten über Telefon ein begeisterter Schrei: „Ich höre P-3!“ Wahrscheinlich hatte der Beobachter vom Mast der alten Karavelle, die den Ozean überquert hatte, so geschrien : „Land in Sicht!“
Moskau bestätigte: „Wir hören P-1, P-2, P-3. Die Katapultierung ist ebenfalls vollzogen!“
Die Beobachter der Luftabwehr und des KGB, die für die Verfolgung der Signale mobilisiert waren, berichteten: „Die Landung erfolgt im Dreieck Orsk-Kustanaj-Amangeldy. Die Abweichung vom berechneten Punkt beträgt lediglich 10 km.“

Koroljow war erregt. Er forderte, über alle Funklinien anzuweisen, die Hunde und alles was aus dem Kosmos zurückgekommen ist, zu bergen. Schließlich kommt über unbekannte Kanäle die Information: „Der Apparat und der Container sind in der Nähe eines Sowchos gefunden worden. Die Abteilungen der Miliz werden zum Landeort dirigiert."

„Solche skandalösen Vorfälle können ohne Miliz nicht beendet werden", resümierte Grischin. „Als erstes entwenden sie die Fallschirmseide."

Koroljow und Nedelin hörten auf, die Enthusiasten, Ärzte und Werksmonteure zu befehligen und entschieden sich, sofort zum Landeort zu fliegen. Den übrigen erlaubte und empfahl man, so schnell wie möglich nach Moskau zu fliegen.

Ich feierte dieses so freudige Ereignis zusammen mit Woskresenskij in unserem Häuschen, und wir stritten uns über das Verhalten des Vorsitzenden der Staatlichen Kommission.

„Für Koroljow, das ist verständlich, ist es sehr wichtig, am Landeort zu sein und zu überprüfen, in welchem Zustand die Hunde sind, solange sie nicht von anderen beeinflußt werden", sagte ich. „Aber der Hauptmarschall der Artillerie warum muß er dort hin?"

„Er ist ein hasarder und anziehender Mensch", äußerte Woskresenskij. „Er macht dies nicht aus dienstlichen Gründen, sondern aus Berufung."

Wir schlußfolgerten beide, daß unsere Sache gesiegt hatte.

„Nedelin ist kein Kommißhengst, sondern unser Verbündeter, sogar in den ‚Hundesachen'."

Nachdem wir zusammen mit den eingetroffenen Freunden die Reste einer armenischen „Dreisterneflasche" geleert hatten, setzten wir uns in die Autos und fuhren zum Flugplatz.

Weiter oben habe ich schon geschrieben, daß ich am zweiten Tag, nach der Rückkehr vom Schießplatz zusammen mit Koroljow, Buschuew und Ostaschew zum SKB-567 gefahren bin. Nach Beendigung der Zurechtweisung, die wegen der Verzögerung der Entwicklung des Funkkomplexes für die 1M ausgesprochen worden war, schaltete Koroljow auf Belka und Strelka um.

Anstelle nach Podlipki fuhren wir zur Villa in der Frunsestraße. Es war die Residenz von Nedelin. Der empfing uns in einem weiträumigen Saal mit einer gewölbten Stuckdecke, die reich mit Liebesszenen verziert war. Keldysch und noch jemand aus dem ZK kamen ebenfalls. Alle setzten sich an den riesigen Tisch, umgeben von altmodischen Stühlen mit hochgezogenen Lehnen. Nedelin als Hausherr und Vorsitzender der Staatlichen Kommission, eröffnete die Diskussion mit der Frage, was und wie man die Ergebnisse des so erfolgreichen Fluges des Sputnikraumschiffes veröffentlichen könne. Er bildete auch eine Gruppe zur Vorbereitung des Kommuniqués und fragte, wer das Recht zur ersten Publikation erhalten solle.

In dem Streit teilte irgend jemand mit, daß schon um 12 Uhr die Ärzte des Institutes für Flugmedizin, Oleg Gasenko und Ljudmila Radkewitsch, die wertvollen Hunde zur Pressekonferenz zu TASS auf dem Twersker Boulevard gebracht hätten. Auf diese Pressekonferenz seien außer unseren gesetzestreuen

Korrespondenten, auch die amerikanischen Korrespondenten von „Associeted Press“ und die Franzosen von der Zeitung „Matin“ gekommen. Es erhob sich Lärm: Wer hat das wann und warum erlaubt? Jetzt würden die Fotografien ohne unsere Zensur in New York und Paris eher erscheinen als in der „Prawda“.
Die Adjutanten Nedelins begannen im Außenministerium und noch irgendwo anzurufen und forderten im Namen der Staatlichen Kommission, das selbständige Handeln einzustellen. Aber es war schon zu spät, TASS hatte, solange wir stritten, eine Pressekonferenz im Radio übertragen.
Sie hatten auch entschieden, Belka und Strelka im Fernsehen zu zeigen.
Um 21 Uhr 30 Minuten konnten wir auf den Bildschirmen den in ziviler Kleidung auftretenden Oberst des medizinischen Dienstes, Gasenko, und die vom Hundedurcheinander ermüdete, aber herausgeputzte und glückliche Ljudmila Radkewitsch verfolgen.
Dies war am Abend, aber in der Villa bei Nedelin wurde die Diskussion fortgesetzt. War es angebracht am Ort der erfolgreichen Landung der Hunde, einen Obelisk oder ein anderes Denkmal zu errichten. Keldysch lachte ironisch und erinnerte daran, daß der Akademiker Pawlow in Koltuschach ein Denkmal für den namenlosen Hund errichtete. Und sind unsere schlechter?
Man entschloß sich, eine so strittige Frage der Verteidigungsabteilung des ZK und zwar Iwan Serbin überprüfen zu lassen.
Die meiste Zeit wurde für die Beratung folgender Fragen aufgewendet: Was kann in offenen Publikationen über die Rakete und die technische Ausrüstung des Raumschiffes selbst gezeigt und beschrieben werden? Aber auch, könnte man den Landeapparat auf der Volkswirtschaftsausstellung ausstellen. Die Mehrheit war für eine genaue Beschreibung und die Ausstellung.
Nedelin resümierte: „Ich fliege morgen nach Süden und werde mich mit Nikita Sergejewitsch beraten. Er ist dort zur Erholung Sie wissen, wie kühn er manchmal die Fragen löst, wenn wir schwanken. Zum Beispiel – Kuba! Nach dem erfolgreichen Start der 8K74 im Stillen Ozean hat er sofort gesagt: ‚Wenn es notwendig ist, fliegen sie auch bis Kuba‘.“

## *Die Katastrophe*

Nach zwei erfolglosen Startversuchen zum Mars flogen wir, die Erprober und Entwickler, zusammen mit Koroljow in sehr gedrückter Stimmung vom Flugplatz ab.
Für düstere Gedanken gab es ausreichende Begründung. Das Jahr hatte mit der Havarie der militärischen 8K74 begonnen. Im April erfolgten nacheinander zwei Havarien der Trägerrakete mit den Mondsonden E-3. Im heißen Juli wurden die zwei ersten Versuchslandeapparate, die zukünftigen „Wostoks“ zerstört. Jetzt wieder zwei mißlungene Starts. Sie haben sogar nicht einmal den erdnahen Raum auf einer Umlaufbahn erreicht und sollten zum Mars fliegen.

Im Flugzeug goß Woskresenskij die Reste des für den Erfolgsfall mitgeführten Kognaks in geschliffene Gläser und schlug folgenden Toast vor: „Auf das Ende der Mißerfolge!"
„Trinken wir" sagte Koroljow, „aber berücksichtige, daß dieses Schaltjahr noch nicht zu Ende gegangen ist."
Und es erwies sich, daß er leider recht. hatte.
Am Abend des 24. Oktober rief Koroljow Ostaschew zu sich. Über Funk hatte Sabarow vom Schießplatz mitgeteilt, daß eine schwere Havarie stattgefunden habe, in die der Bruder Arkadis, Ewgenij Ostaschew, verwickelt war. Koroljow schlug Arkadij vor, am nächsten Morgen nach Tjuratam zu fliegen.
Später, nachdem Koroljow streng geheime Informationen aus anderen Moskauer Quellen erhalten hatte, teilte er nur seinen Stellvertretern mit, daß auf dem 41. Startplatz von Jangel bei der Vorbereitung der Rakete R-16, ein Brand und eine Explosion erfolgt waren. Es gab menschliche Opfer. Wieviel und wer war bisher nicht bekannt. Die Regierungskommission, die schon gebildet worden war, leitete Breshnew selbst.
Bei der weiter unten folgenden Beschreibung benutze ich die Berichte von Schabarow, der zu dieser Zeit auf dem Schießplatz weilte, von Ostaschew, der am nächsten Tag dorthin geflogen war, von dem zufällig am Leben gebliebenen Chefkonstrukteur des OKB MEI, Bogomolow, und vom Chefkonstrukteur, dem Direktors des WNIIEM (Allrussisches Wissenschaftliches Forschungs- und Projektierungsinstitut der Elektroindustrie), Iosifjan.
Mein persönliches Urteil über dieses Ereignis berücksichtigt auch die technische Analyse der Havarieursachen sowie die Ingenieurexpertisen auf verschiedenen Ebenen und die offiziellen Schlußfolgerungen.
Die erste Rakete R-16, die als Erzeugnis 8K64 bezeichnet wurde, hatte ohne den Startplatz zu verlassen, mehr Menschen vernichtet, als in London im Durchschnitt beim Einschlag Dutzender militärischer Raketen V-2 während des 2. Weltkrieges ums Leben gekommen sind.
Der Kopfteil der Rakete R-16 war mit trägem Ballast gefüllt, dort war keinerlei Sprengstoff. Ungeachtet dessen vernichtete die Rakete 126 Menschen: Erprober, Entwickler und den Oberkommandierenden der strategischen Raketenstreitkräfte Nedelin.
Der Chefkonstrukteur des OKB-586 Michail Jangel war ein leidenschaftlicher Anhänger der Raketen auf der Basis hochsiedender Komponenten. Schon während seiner Arbeit als Direktor des NII-88 trat er gegen die Entwicklung militärischer interkontinentaler Raketen auf der Basis von flüssigem Sauerstoff als Oxidator auf. Seine unbeugsame Position in dieser Frage führte zu einer Verschärfung der Beziehungen zu Koroljow, nachdem der Vorschlag gemacht worden war, eine neue interkontinentale Sauerstoffrakete R-9 zu entwickeln. Die Rakete R-9 sollte nach unseren Vorstellung im System der strategischen Waffen, die R-7 und R-7A ersetzen. Nach Entwicklung der R-9 sollte die „Semjorka" von dem militärischen wachhabenden System abgezogen und vollkommen in den Dienst der Kosmonautik gestellt werden.

Gründe dafür gab es genügend. Die von allen Seiten offene und leicht verwundbare Startposition der „Semjorka“, die komplizierte und lange Startvorbereitung, die zumindest sieben Stunden forderte, befriedigte die neue Doktrin des Raketenkernwaffenkrieges nicht. Wenn der erste Schlag von den amerikanischen Kernwaffenraketen geführt würde, dann wäre die Startposition der „Semjorka“ mit Sicherheit vernichtet worden. Beim Gegenschlag würden wir dann schon keine interkontinentalen Raketen besitzen.
Die Entwicklung neuer interkontinentaler Raketen war notwendig. Der Start dieser mußte zuverlässig geschützt und innerhalb zehn Minuten mußte ein Gegenschlag geführt werden können. Über Dutzende von Minuten der militärischen Vorbereitung redete man zu Beginn der sechziger Jahre. Jetzt wird die Vorbereitungszeit zum Start der Kernwaffenraketen in Sekunden angegeben. Welche interkontinentalen Raketen: die R-9 von Koroljow oder die R-16 von Jangel wird in den Raketensilos im wachhabenden System zur Verteidigung des Landes bereit stehen? In dieser Frage hatten sich die Beziehungen zwischen Koroljow und Jangel zugespitzt.
Auch Gluschko stand nicht abseits. Er entwickelte die Triebwerke der ersten Stufe für beide dreistufigen Raketen, die R-9 und die R-16. In den Jahren der Entwicklung der Raketen R-1, R-2, R-5 und R-7 war für Gluschko eine leistungsfähige Basis von Ständen zur Feuererprobung geschaffen worden, auf denen er wertvolle Erfahrungen zur Entwicklung von Sauerstofftriebwerken sammeln konnte. Ungeachtet dessen nahm er am Wettbewerb mit der offensichtlichen Tendenz zur Entwicklung von Triebwerken auf der Basis hochsiedender Komponenten, d. h. von Salpetersäure und des nicht symmetrischen Dimethylhydrazins als Treibstoff teil. Beide Komponenten waren toxisch, explosiv und bei den militärischen Erprobern riefen sie Widerwillen im Vergleich zu den angenehmen Komponenten, dem Äthylalkohol und Kerosin, hervor. Die Raketen auf der Basis von hochsiedenden Komponenten hatten jedoch zweifelsfreie Vorzüge in Bezug auf den Faktor der Startbereitschaft, wenn es um Hunderte Raketen im Verlaufe von Monaten oder sogar Jahren ging. Das intensive Verdampfen des flüssigen Sauerstoffs nach dem Betanken der Rakete machte ständiges Nachtanken notwendig. Wegen dieser Verluste wurden für die Rakete R-9 spezielle Lager mit Systemen zum Ersatz der Verdampfungsverluste projektiert. Die Betankung der Rakete mit Sauerstoff wurde unmittelbar vor dem Start durchgeführt. Die hochsiendenden Raketen wurden in betanktem Zustand gelagert und forderten keine erhöhte Vorbereitungszeit für das Betanken. Dies wurde bei dem Versuch der Nutzung der Raketen mittlerer Reichweite R-12 und R-14 bewiesen, die Jangel mit Hilfe der Triebwerke von Gluschko bis 1960 entwickeln konnte. Zwei Jahre später wurden die Raketen R-12 und R-14 in die Bewaffnung aufgenommen. Sie hätten fast den Frieden während der Zeit der Karibischen Krise zerstört.
Nicht eine dieser Raketen wurde zum Glück für die Menschheit im Jahre 1962 auf die USA gestartet. Aber selbst die Reise der Raketen R-12 und R-14 von der UdSSR nach Kuba und zurück wurde als Beweis der Überlegenheit der

„hochsiedenden“ angesehen. Aber dies war schon zwei Jahre nach der Katastrophe.
Jangel wetteiferte mit Koroljow und besaß die Erfahrung der Schießplatzerprobungen mit den Raketen R-12 und R-14. Gluschko zeigte, wie uns schien, in diesen Jahren nicht den notwendigen Eifer und Enthusiasmus zur Entwicklung der Triebwerke für die R-9. Einer der Gründe dafür war die „hohe Frequenz“. Diese Erscheinung trat in den leistungsstarken Sauerstofftriebwerken bei erhöhten spezifischen Parametern auf. Nach einer Serie rätselhafter Zerstörungen der Sauerstofftriebwerke während der Standerprobungen wurde festgestellt, daß den Havarien Druckschwankungen in der Kammer mit einer „hohen Frequenz“ vorausgingen. Diese „hohe Frequenz“ führte zur Zerstörung der Brennkammer oder der Düse des Triebwerkes. Für die Triebwerke der R-9 war die „hohe Frequenz“ ein Mangel, der die Fristen für die Montage der ersten Rakete nicht einzuhalten gestattete. Die Erforschung der Ursache für das Entstehen der „hohen Frequenz„ in den Sauerstofftriebwerken gelang weder den Theoretikern noch den Erprobern. Indem ich weit vorauseile, kann ich sagen, daß sogar bei der erprobten, zehn Jahre fliegenden „Semjorka“ in ihren Modifikationen, die als „Sojus“ bezeichnet werden, im zentralen Block lange keine und dann plötzlich hohe Frequenzen auftreten.
Die Rakete R-16 begann fristgemäß die Flugerprobung und preschte voran. Sie wurde beschleunigt unter der Losung: „Koroljow einholen und überholen!“ geschaffen. Das Kommando der strategischen Raketenstreitkräfte und der Oberkommandierende, der Hauptmarschall Nedelin selbst, unterstützten Jangel. Das Vorhandensein alternativer Varianten erlaubte, die realen Nutzungsparameter objektiv zu vergleichen. Der Apparat der Militärabnehmer des Werkes „Jushmasch“ verhielt sich gegenüber dem Abweichen von den strengen Regeln der Endbearbeitung der Rakete am Boden, die eine Verkürzung der Fristen ermöglichte, sehr liberal.
Die Rakete R-16 hatte einen prinzipiellen Unterschied zu allen Vorgängern. Erstmals wurde seit 1946 vom ZK und der Regierung der Beschluß gefaßt, daß ein Raketensteuerungssystem ohne Teilnahme von Rjasanskij und Piljugin entwickelt werden sollte. Zum Chefkonstrukteur des Gesamtkomplexes eines kombinierten Steuerungssystems wurde Boris Konoplew ernannt. Sein Neuerertalent auf dem Gebiet funktechnischer Systeme war unangefochten. Obwohl es auch Verärgerung bei den Kollegen Funkspezialisten hervorrief. Der Arbeitsstil Konoplews, daran erinnere ich mich noch seit unserem Treffen im Jahre 1937 bei der Vorbereitung der Transpolarflüge, besaß die Besonderheit, die viele Erfinder gemeinsam haben, aber für einen Chefkonstrukteur gefährlich ist. Er strebte danach, eine Aufgabe möglichst schnell und originell zu lösen, ohne die vorhandene Erfahrung anderer aufmerksam zu studieren. Bei der gemeinsamen Arbeit mit Konoplew an der Rakete R-5R überzeugte ich mich davon, daß es ihm vor allem darum ging, die Lebensfähigkeit neuer Prinzipien zu erproben. Wie und wer im weiteren die schwierige Nutzung seiner ausgearbeiteten Systeme übernahm, war ihm egal. Die Überzeugtheit Konoplews von den eigenen neuen Ideen störte ihn, etwas aufzunehmen, was

schon überprüft und zuverlässig war,.
Die in Charkow im OKB Konoplews neu entwickelten elektrischen komplexen logischen Schaltungen unterschieden sich von denen Piljugins. Die Schaltungen erforderten vor allem eine aufwendige Standerprobung. Piljugin erlaubte nur nach intensiver Standerprobung auf die Raketen Koroljows elektrische Geräte und das gesamte Kabelsystem jedes einzelnen Komplexes zu montieren. Dabei wurden alle Etappen der Vorbereitung, des Starts und des Flugs simuliert. Während der Standerprobung wurde auch das Verhalten der Schaltungen bei möglichen Fehlern studiert. Ungeachtet dessen, konnten wir uns nicht nur einmal davon überzeugen, daß auch beim Start bei der Vorbereitung der Raketen Situationen entstanden, die vorher im Stand nicht simuliert worden waren. Und deshalb war es für einen normalen Start notwendig, Veränderungen vorzunehmen und den Vorbereitungsprozeß zu stoppen.
In solchen Fällen wurde die Erprobung angehalten und die Fristen verstrichen. Piljugin kontrollierte vom Schießplatz aus den Verlauf der Arbeiten in Moskau mit Hilfe des Funks, und nur, nachdem er ein offizielles Telegramm erhalten hatte, in dem die Richtigkeit der getroffenen Entscheidungen anhand der Ergebnisse der Standerprobungen bestätigt wurde, erlaubte er die Weiterarbeit. Diese Ordnung war während der Zeit der serienweisen Havarien im Jahre 1958 praktisch für alle Systeme eingeführt worden. Koroljow forderte seine unbedingte Einhaltung und setzte dies auch gegenüber dem Vorsitzenden der Staatlichen Kommission durch.
Die Standerprobung elektrischer Schaltungen ist für eine schöpferische Persönlichkeit eine sehr langweilige und mühevolle Arbeit. Sie ist mit der Suche nach nicht richtig gesetzten Kommata und Druckfehlern in einem vielbändigen Werk vergleichbar. Der Standüberprüfung der Schaltung folgt die endgültige Formulierung der Erprobungsinstruktionen. Die Instruktion mußte so geschrieben sein, daß die Erprober und Schützen bei der Vorbereitung der Rakete nicht ängstlich werden, weil sie nicht alle Feinheiten der logischen Grundlagen der Schaltung kennen.. Jedes Abweichen von der Instruktion mußte analysiert und vom Chefkonstrukteur des Systems nach Konsultation mit entsprechenden Spezialisten genehmigt werden. Dabei mußten die möglichen Folgen der Abweichung gründlich überprüft werden.
Wenn bei der Vorbereitung des Steuerungssystems der Rakete R-16 zu den ersten Flug- und Konstruktionserprobungen die Erpobungsinstruktionen eingehalten worden wären, dann wäre die Rakete wahrscheinlich im Oktober 1960 nicht auf der Startposition erschienen. Das Bestreben, die Rakete R-9 zu überholen, war sehr groß.
Die erste Rakete R-16 wurde zum Start auf einem neuen Startplatz vorbereitet, während die R-9 zu dieser Zeit noch im Werk in Podlipki war und dort auf das Triebwerk aus Chimki wartete.
Die Projektierungs- und Konstruktionsfehler und die technologischen Produktionsmängel standen bei den verschiedenen Havarieursachen, d.h. dem katastrophalen Versagen der Raketen bei der Startvorbereitung und beim Flug, die sich innerhalb von 13 Jahren ereignet hatten, an erster Stelle. Ich gehe dabei

vom Jahre 1947 aus. Die Mehrheit der katastrophalen Versagensfälle, hatte ihre primären Ursachen in dem Fehlen der notwendigen, allseitig gesicherten Arbeitsbedingungen.

Die Katastrophe, und eben die Katastrophe und nicht das Versagen, die auf dem Schießplatz am 24. Oktober 1960 stattfand, ist in ihren Ursachen nicht mit der Terminologie der Zuverlässigkeitstheorie, die für die Raketentechnik ausgearbeitet wurde, zu umschreiben. Die Vorbereitung der Rakete R-16 wurde auf einer neuen Jangelsker Position des Schießplatzes durchgeführt. Die Startposition wurde als Platz 41 bezeichnet und die technische Position als 42. Die vierziger Plätze, wenn man sie in geraden Linien von unserer aus mißt, befanden sich etwa in 15 bis 16 km Entfernung von unserem zweiten Platz.

Der Vorsitzende der Staatlichen Kommission zur Erprobung der R-16 war der Oberkommandierende der strategischen Raketenstreitkräfte, der Hauptmarschall der Artillerie Nedelin, selbst. Zusammen mit Jangel hatten sie entschieden, zum 43. Jahrestag der Großen Oktoberrevolution ein Geschenk vorzubereiten und den ersten Start bis zum 7. November zu realisieren!

So waren in unserem Land die Traditionen – mit Arbeitsgeschenken die Revolutionsfeierlichkeiten, wichtige Daten oder die Eröffnung von Parteitagen in Mißkredit zu bringen. Von Anbeginn an wurde die neue Interkontinentalrakete in einer Atmosphäre äußerst angespannter Fristen erprobt. Die militärischen Erprober, die mit uns auf diesem Schießplatz alle möglichen Arbeitskampagnen seit dem Beginn des Jahres 1957 überstanden hatten, erzählten, daß eine solche Verletzung der Erprobungsnormative noch nicht dagewesen war.

Unter den vielen Ursachen der Katastrophe ist an erster Stelle die aus keinerlei militärischen oder staatlichen Gründen vorhandene Eile zu nennen, wer ist im gegebenen Fall schuld.

In dem Bestreben, zum Feiertag ein Geschenk zu machen, wurde eine noch nicht auf dem Boden erprobte Rakete in die Startposition gebracht. Der erste Verantwortliche ist in einem solchen Falle der Chefkonstrukteur. Aber es gibt auch noch die militärische Abnahme, die die Schwachstellen nicht schlechter, manchmal sogar besser als der Chefkonstrukteur kennt. Der Rayoningenieur (Gebietsingenieur) (er ist der Hauptmilitärabnehmer) hat die Rakete zur Flugerprobung zugelassen. Er ist der zweite Verantwortliche. Wenn wir die Untersuchungen weiter treiben, dann zeigt sich, daß diese ersten zwei Verantwortlichen sich formal auf die Lieferung des nicht erprobten Steuerungssystems hätten berufen können. Der Chefkonstrukteur Konoplew und dessen oberster Militärvertreter hatten es zur Flugerprobung zugelassen. So gibt es offensichtlich bereits formal vier Schuldige. Sie hätten anweisen müssen, daß noch diese oder jene Beanstandung beseitigt werden muß, um die notwendige Sicherheit zu erlangen. Keiner von ihnen hat es getan, obwohl keinem irgendwelche juristische Sanktionen gedroht hätten.

Hat der Vorsitzende der Staatlichen Kommission Nedelin die Verletzungen im Bearbeitungszyklus gekannt? Man kann nur annehmen, daß ihm entsprechende Berichte vorlagen. Auf jede Beanstandung ist in diesen Fällen die Entscheidung

„Zulassen“ erfolgt. Diese sind logisch begründet und jeweils durch entsprechende Unterschriften von Autoritäten bestätigt.
Solche Verletzungen, die juristisch formal die Zulassung zu den Flugerprobungen rechtfertigten, hatten jetzt zu neuen Folgeverletzungen auf der Startposition geführt. Während der Erprobungen zur Vorbereitung des Starts kam es zu vielen Beanstandungen, die, den ursprünglichen Zeitplan der Vorbereitung nicht einzuhalten, gestattete. Die Hauptmaßnahme in einer solchen Situation ist die Arbeit rund um die Uhr. Die Erprobungsmannschaft hatte drei Tage gearbeitet, ohne die Startposition zu verlassen. Es ergab sich häufig in solchen Situationen bei der Starvorbereitung von Raketen, daß die Startmannschaft und die Mannschaft der Erprober keine Möglichkeit zur Erholung hatten. In der Regel war das immer dann der Fall, wenn der Start in streng durch die Himmelsmechanik vorgegebenen Fristen erfolgen mußte.
Aber im gegebenen Falle spielte die Astronomie keine Rolle. Nedelin gab in der Staatlichen Kontrolle nicht nur nicht die Erlaubnis zur Erholung, sondern verpflichtete alle zu noch selbstloserer Arbeit vor dem großen Feiertag . Wer konnte es sich erlauben, dem Hauptmarschall der Artillerie zu widersprechen, der zur Festigung der Verteidigungsfähigkeit der Heimat nicht zum Kampf sondern zur aufopfernden Arbeit aufruft. Hier ist keine Front, hier wird niemand in den sicheren Tod geschickt. Hier gibt es keinerlei Risiko für die Gesundheit oder gar für das Leben.
Schließlich erlaubte man das Betanken. Beide Raketenstufen wurden mit toxischen selbstzündenden Komponenten betankt. Die Raketen R-12 und R-14 mit ähnlichen Komponenten hatten alle Erprobungsetappen auf dem Staatlichen Zentralen Schießplatz in Kapustin Jar durchlaufen. Dort machte man die ersten Erfahrungen bei der Nutzung der Raketen mit hochsiedenden Komponenten, die für den Einsatz Gasmasken erforderten.
In Tjuratam erschienen solche stinkenden Komponenten zum ersten Mal. Die an den ungefährlichen Sauerstoff und das Kerosin gewohnten Militärerprober atmeten ohne besondere Furcht die giftigen Dämpfe des neuen Treibstoffs ein. Über die Gefahr, daß beim Einatmen des Dampfes der hochsiedenden Komponenten Lungenödome auftreten konnten, hatte niemand nachgedacht. Mit der Anwendung von Gasmasken hatte man sich nicht beschäftigt, das hätte nur stören können.
In der letzten Etappe der Starterprobungen, schon an der aufgetankten Rakete wurde die elektrische Schaltung beanstandet. Die Ursachen hätte man aufklären und beseitigen müssen. Die Fehlersuche hätte das Entkoppeln des Kabelnetzes und die elektrische Überprüfung erfordert. Mit Hilfe spezieller Einsätze wären alle Blockierungen aufgehoben worden, die das Triebwerk vor nicht sanktionierten Starts schützen. Dutzende von Erprobern umschwärmten die Rakete von oben nach unten. Berater und Konsultanten in Überzahl befanden sich auf der sogenannten Nullmarke, das heißt unmittelbar an der Rakete. Verantwortlich für die operative Leitung waren hier Jangel, Konoplew, Bogomolow, Iosifjan und die Stellvertreter und Konsultanten, die die anderen Chefkonstrukteure vertraten.

Nedelin blieb auf dem Platz. Man brachte ihm einen Stuhl, er setzte sich etwa fünfundzwanzig Meter entfernt von der betankten Rakete nieder und war bestrebt, das hier Ablaufende zu verstehen und ein Beispiel von Furchtlosigkeit zu geben. Das Militärgefolge stand um ihn herum. Es war notwendig, jede beliebige Frage beantworten zu können oder neue Befehle auszuführen. Auf jeden militärischen Leiter sollte zumindest ein Unterstellter oder einfach ein Helfer kommen.

Eine solche Situation auf der Startposition war nach dem Betanken der Rakete eine eklatante Verletzung der Sicherheitsbestimmungen. Man konnte wegen des großen Ziels Dutzende von Erprobern und Elektrikern mit ihren Steckdosen, Kästen und tragbaren Batterien verpflichten, an Bord der Rakete zu arbeiten Alle, die an dieser Arbeit nicht beteiligt waren, hätte der Leiter der Erprobung vom Platz verweisen müssen, ungeachtet ihres Ranges und ihres Namens. Das war in erster Linie die Pflicht des Schießplatzleiters. Dieser aber war Nedelin untergeordnet.

Der Chefkonstrukteur der Rakete Jangel und der Chefkonstrukteur des Steuerungssystems Konoplew sowie ihre Stellvertreter für Erprobung wären verpflichtet gewesen, alle elektrischen Erprobungen einzustellen, solange vom Start nicht alle für die Fehlersuche nicht notwendigen Leute entfernt worden waren. Dieses Recht hatten sie. Sie haben aber davon keinen Gebrauch gemacht. Machmal wird das Streben, die elementaren Sicherheitsbestimmungen einzuhalten als Feigheit bewertet. Wenn an der Front ein General bei Kugelhagel nicht gebeugt im Schützengraben geht, dann rühmt man ihn: „Was ist er doch für ein tapferer Kerl." Der neben im Gehende, ihm Unterstellte geht ebenfalls ungeachtet der tödlichen Gefahr nicht gebeugt. Aber in diesem Fall riskieren die Tapferen nur ihr eigenes Leben.

Die Erprober waren so ermüdet, daß man ihnen nach dem Tod diese oder jene unbedachte Fehler nachsehen konnte. Insbesondere die Beseitigung aller Sicherheitsblockierungen, die das Triebwerk der zweiten Stufe vor einem nicht sanktioniertem Start bewahren sollte, war ein gefährlicher Fehler. Sie dachten nicht bis zu Ende, kapierten nichts, eilten nur. „Gott möge ihnen verzeihen", sagt man in solchen Fällen, „denn ihnen war nicht bewußt, was sie angerichtet hatten." Aber die Entwickler elektrischer Schaltungen sind verpflichtet zu wissen, was sie tun. Unter der Bedingung, daß alle elektrischen Blockierungen für den Start des Triebwerks der zweiten Stufe entfernt sind, hatte der im Bunker anwesende, für das Schießen verantwortliche Offizier aus bisher nicht geklärten Gründen, den Entschluß gefaßt, den Programmstromverteilungsschalter der zweiten Stufe in die Ausgangslage zu bringen. Man kann nur vermuten, daß einer der Stellvertreter Jangels ihm dazu die Erlaubnis gegeben hatte, als er ihn bei einem Funkgespräch danach gefragt hat. Eine solche Operation selbständig durchzuführen, ohne sie mit den Leitern der Erprobung abzustimmen, dazu hatte er kein Recht. Jener, der die Erlaubnis zu dieser Operation gab, vergaß oder wußte nicht, daß die Schaltungslogik zu überprüfen war, um festzustellen, was in Folge dieser Operation passieren kann. Und es passierte!

Die Schaltung sah die Möglichkeit vor, einen Reservebefehl zum Start des Triebwerks der zweiten Stufe durch eine der Lamellen des Programmstromverteilungsschalters zu geben. Es war dies eine Neuentwicklung zur Erhöhung der Zuverlässigkeit für den Fall, wenn ein Versagen der Befehlsgebung über den gewöhnlichen Kanal nach Beendigung der Arbeit des Triebwerks der ersten Stufe eintritt.
Der Befehl zur Schaltung des Programmstromverteilungsschalters in die Ausgangsposition war der letzte und fatalste Fehler in der langen Kette der Ereignisse, die die größte Katastrophe in der Raketentechnik zu Friedenszeiten zur Folge hatte. Auf dem Weg in die Ausgangsposition zündete der Programmstromverteilungsschalter die Schaltung zum Start des Triebwerks der zweiten Stufe. Alle in der Schaltung vorgesehenen Blockierungen waren im Prozeß der Fehlersuche beseitigt worden.
Das Triebwerk führte den Befehl aus.
Ein heulender Feuerstrom ergoß sich von oben auf die aufgetankte erste Stufe. Zuerst verbrannten alle, die sich auf den mehretagigen bei der Startvorbereitung genutzten Masten aufhielten. Nach Sekunden loderte auch die erste Stufe in Flammen. Eine Explosion verspritzte die heißen Komponenten Hunderte Meter hoch. Für alle, die sich in der Nähe der Rakete aufhielten, war der Tod kurz aber furchtbar. Sie konnten das Geschehene lediglich innerhalb weniger Sekunden wahrnehmen. Die giftigen Dämpfe und der Feuersturm nahm ihnen schnell das Bewußtsein. Furchtbarer waren die Qualen derjenigen, die sich entfernt vom Marschall aufhielten. Sie konnten begreifen, daß eine Katastrophe vor sich ging, und versuchten zu fliehen. Die heißen Komponenten breiteten sich auf dem Beton aus und überholten die Fliehenden. Bei ihnen brannte die Kleidung. Die als Feuerfackeln lodernden Menschen stürzten während der Flucht zu Boden und verbrannten in Qualen. Sie erstickten durch die giftigen und heißen Dämpfe der Stickstoffoxide und des Dymethylhydrazins.
Im übrigen wird die Tragödie auf der Startposition emotionslos und sehr prosaisch in den technischen Schlußfolgerungen der Kommission zur Ursachenklärung der Katastrophe beschrieben: Ich zitiere: *„Die Starvorbereitung des Erzeugnisses erfolgte bis zum 23. Oktober,18 Uhr, ohne wesentliche Beanstandungen, danach wurde die Vorbereitung gestoppt, weil bei der Durchführung der laufenden Operation – des Absprengens der Pyromembran der Zuleitungen des Oxidators der zweiten Stufe – folgende Anormalitäten festgestellt wurden:.*

1. *Anstelle der Pyromembran der Zuleitungen des Oxidators der zweiten Stufe wurde die Pyromembran der Treibstoffzuleitungen der ersten Stufe abgesprengt.*
2. *Einige Minuten nach der Absprengung der angegebenen Pyromembran entzündeten sich die Pyropatronen der verschlossenen Ventile des Gasgenerators des ersten Blocks des Marschtriebwerkes der ersten Stufe selbständig.*

*Im Ergebnis der folgenden Ursachenerforschung des Auftretens der angeführten Fehler wurde am 24. Oktober die Vorbereitung abgebrochen, weil die falsche*

*Ausführung des Befehls zum Absprengen der Pyromembran und der selbständigen Zündung der Pyropatronen des Gasgenerators wegen eines Konstruktions- und Produktionsfehlers im Schaltpult zur Steuerung der Absprengung erfolgte. Diese ist im OKB-692 des GKRE entwickelt worden. Dieselbe Ursache zerstörte den Hauptverteiler A-120 (das Bordkabelnetz wurde dabei nicht beschädigt).“*

Dies ereignete sich mit einer voll getankten Rakete!

Der gesunde Menschenverstand hätte das Entfernen aller Arbeiter von der Startposition erfordert, das Ablassen (Enttanken) aller Komponenten und die Herunternahme der Rakete oder zumindest die Fortsetzung der Arbeiten mit einer leeren („trockenen“) Rakete.

Statt dessen entschloß sich die technische Leitung der Erprobungsabteilung, die geschlossenen Ventile des Gasgenerators und den Hauptverteiler A-120 auszuwechseln.

Nachdem sie das Vertrauen in das Schaltpult verloren hatten, weil es sich als defekt erwiesen hatte, wurde die Trennmembran der zweiten Stufe nicht vom Schaltpult der zweiten Stufe aus, sondern mit Hilfe einer autonomen Schaltung von einer getrennten Stromquelle aus abgesprengt.

Ich zitiere weiter: *„Nach dieser Operation wurde die Startvorbereitung des Erzeugnisses fortgesetzt.*

*Während der weiteren Operationen zur Vorbereitung des Erzeugnisses kam es am 24. Oktober 1960 um 18 Uhr 45 Minuten Ortszeit an dem Erzeugnis im Gebiet der Hecksektion der zweiten Stufe zu einem Brand, der zur Zerstörung des Erzeugnisses und der Aggregate der Bodengeräte führte, die sich zu dieser Zeit auf dem Startplatz im Raum des Starttisches befanden.*

*Der Brand entstand nach dem Eintritt der Stundenbereitschaft während der Umschaltung des Programmzeitschalters des Steuerungssystems in die Ausgangslage. In diesem Moment wurden an Bord des Erzeugnisses nach Anweisung der technischen Leitung die am Boden vorhandenen Ampullenbatterien der ersten und zweiten Stufe zugeschaltet.“*

Die zitierten technischen Schlußfolgerungen sind von siebzehn, mir gut bekannten Spezialisten unterschrieben worden. Sie berichteten ehrlich über die „Zerstörung des Erzeugnisses und der Bodengeräte“. Aber warum wird nicht darauf hingewiesen, daß auf dem Startplatz außer 100 Arbeitskräften noch 150 Zuschauer anwesend waren. Diese 250 Menschen wurden überwiegend genau wie die Bodengeräte „zerstört“ oder „geschädigt“.

Insgesamt starben 126 Menschen. Diese Zahl umfaßt die auf dem Startplatz und die später im Krankenhaus verstorbenen Patienten. Mehr als 50 Menschen wurden verletzt oder erlitten Verbrennungen.

Den von allen Plätzen zusammengezogenen Feuerwehrkommandos, den Besatzungen der Sanitätsautos der Schnellen Medizinische Hilfe und allen die herbei geeilt waren, um Hilfe zu leisten, bot sich ein furchtbares Bild. Unter denen, denen es gelang, vor der Rakete zu fliehen, waren noch Lebende. Sie wurden sofort ins Krankenhaus eingeliefert. Die Mehrzahl der Toten war nicht zu identifizieren. Die Leichen wurden in einer speziellen Baracke zur

Identifikation aufgebahrt. Der am Folgetag nach der Katastrophe eingeflogene Arkadie Ostaschew verbrachte 14 Stunden in der Baracke und versuchte, seinen Bruder Ewgenij zu finden. Nedelin konnte mit Hilfe der erhaltenen gebliebenen Medaille „Goldener Stern“ identifiziert werden. Der Körper Konoplews erkannte man an den Körpermaßen. Er war der größte von allen, die sich auf dem Startplatz befanden.

In der angespannten Atmosphäre, die in den Stunden herrschte, die der Katastrophe vorausging, verspürten die Raucher einen erhöhten Bedarf an Nikotin. Das Rauchen rettete Jangel, Iosifjan und allen das Leben, die ihnen auf der Raucherinsel Gesellschaft leisteten, denn diese befand sich in einer vom Startplatz ungefährlichen Entfernung. Bogomolow, der niemals geraucht hatte, war von Iosifjan überredet worden, mit ihm zur Raucherinsel zu gehen, um die Situation zu besprechen. Iosifjan und Bogomolow verfügten über große Arbeitserfahrungen auf unserer Startposition. Sie wollten Jangel überreden, das Regiment in die Hände zu nehmen und eine Pause bei der Vorbereitung der Rakete zu machen. Alle sollten sich erholen und in einer ruhigen Atmosphäre sollte das weitere Vorgehen beraten werden. Beide hielten das Vorgehen Konoplews und seiner Spezialisten bei der Fehlersuche für gefährlich. Sie hatten auch den stellvertretenden Minister Lew Grischin überredet, mit ihnen rauchen zu gehen. Er hatte versprochen nachzukommen, wurde aber aus irgendwelchen Gründen aufgehalten. Nach elf Tagen furchtbarer Qualen verstarb er im Krankenhaus. Dem Leiter des Schießplatzes General Konstantin Gertschik war es gelungen, etwas weiter vom Marschall in Richtung Raucherinsel zu gehen. Er wurde in lebensbedrohlichem Zustand ins Krankenhaus gebracht. Er hatte Verbrennungen und eine Vergiftung, aber er überlebte und war mehr als ein halbes Jahr im Krankenhaus.

Unter den Überlebenden mit Verbrennungen waren die Stellvertreter Jangels – Konzewoj und Berlin, der Stellvertreter Gluschkos – Firsow, der Stellvertreter des Leiters des Schießplatzes – Nosow, die Leiter der Verwaltung des Schießplatzes – Oberstleutnant Ostaschew und Oberstleutnant Grigorjanz.

Der Oberst Alexandr Nosow hatte einige Tage vor der Katastrophe die Berufung zum Dienst nach Moskau mit einer erhöhten Dienstposition bekommen und sollte sofort ausfliegen. Er war aufgehalten worden, um zur Begleitung des Marschalls bei dem ersten Start einer neuen Rakete dabeizusein. Diese Verzögerung kostete ihm das Leben. Der Oberstleutnant Jewgenij Ostaschew wäre aus Dienstgründen gar nicht verpflichtet gewesen, auf dem Jangelsker 41. Platz anwesend zu sein. Das Feld seiner Tätigkeit waren Erprobungsarbeiten auf dem Gebiet der Thematik Koroljows. Ich glaube, er sollte Nedelin irgendwelche Dokumente zur Bestätigung vorlegen. Ob es ihm gelungen war, dies noch zu tun, ist unbekannt. Es kann sein, daß er sich nach dem Gespräch als erfahrener Erprober auf dem Platz aufgehalten hat, um zu erkunden, was dort vor sich geht, und um seinen Kollegen gute Ratschläge zu erteilen.

In Übereinstimmung mit einem Auftrag des ZK der KPdSU wurden die Umstände der Katastrophe am Ort von einer Kommission unter der Leitung von Breshnew geklärt, die Mitglieder dieser Kommission waren Gretschko,

Ustinow, Rudnew, Kalmykow, Serbin, Tabakow, Tjulin und Gluschko.
Leonid Breshnew, der den noch verbliebenen Leitungsstab zusammennahm, erklärte: „Wir werden niemand bestrafen."
Das war eine weise Entscheidung. Die unmittelbar Schuldigen an der Katastrophe waren tot. Die zufällig am Leben gebliebenen zu bestrafen, wäre inhuman gewesen.
In ihrem Bericht waren die sehr erfahrenen Leiter und Zeugen vieler Havarien, ungeachtet der Anweisung Breshnews, gezwungen zu schreiben: *„Die Leiter der Erprobungen zeigten eine überflüssige Überzeugtheit in die Sicherheit der Arbeit des gesamten Komplexes des Erzeugnisses. In dessen Folge wurden von ihnen einzelne Entscheidungen voreilig, ohne notwendige Analyse der fürchterlichen möglichen Folgen getroffen."* Und weiter: *„Viele Gespräche mit unmittelbaren Teilnehmern der Erprobungen, Augenzeugen der Katastrophe und Leidtragenden zeugen von dem würdigen und mutigen Verhalten der Menschen, die sich unter äußerst schwierigen Bedingungen befanden. Ungeachtet der ernsthaften Folgen der vorangegangenen Ereignisse sind die Mannschaft des Schießplatzes und die r der Industriearbeiter fähig und bereit, die verdeckten Mängel zu beseitigen und die Aufgaben zur Endfertigung der Rakete R-16 zu erfüllen."*
Und dies war tatsächliche die Wahrheit!
Aus Moskau wurden die besten Spezialisten zur Behandlung von Brandwunden herbeigerufen, um möglichst alle Überlebenden zu retten. Über die Form der Beisetzung mußte entschieden werden, die Verwandten mußten informiert und ihr Flug zum Schießplatz organisiert werden. 84 Soldaten und Offizieren wurde in einem Massengrab im Stadtpark beigesetzt. Erst drei Jahre später errichtete man dort einen Obelisk mit den Namen der Toten. 42 Zinksärge transportierten Flugzeuge zur Beisetzung in die Wohn- oder Arbeitsorte. Konoplew und seine Mitarbeiter wurden in Charkow beerdigt, die Stellvertreter und Mitarbeiter Jangels in Dnepropetrowsk.
Über die Katastrophe auf dem Raketenschießplatz teilte man offiziell nichts mit. Den Verwandten, Nahestehenden und allen Zeugen wurde empfohlen, über die wahren Maßstäbe der Ereignisse zu schweigen. Den Bekannten bei den Beerdigungen in den anderen Städten legte man nahe zu erklären, es handele sich um einen Unglücksfall oder eine Flugzeugkatastrophe.
Den Tod des Marschalls zu verschweigen, war nicht möglich. Es erschien eine kurze Regierungsmitteilung über den tragischen Tod Nedelins bei einer Flugzeugkatastrophe. Welches Schicksal die Mannschaft und andere Passagiere des Flugzeuges erlitten hatten, blieb unerwähnt.
Die Beisetzung Nedelins auf dem Roten Platz erfolgte nach dem traditionellen Ritual. Die Urne mit der Asche wurde in die Urnenreihe an der Kremlmauer neben der Urne von Kurtschatow beigesetzt. So befand sich in unmittelbarer Nähe der Physiker Nr. 1, der die Entwicklung der ersten Atombombe geleitet hatte und der Chefmilitärideologe der Kernwaffenstrategie gewesen war.
Auf dem Nowodewitscher Friedhof wurde der bei „Erfüllung seiner Dienstpflichten" verstorbene Leiter des Raketenzweiges, Lew Archipowitsch

Grischin beigesetzt. Er war der optimistischste und intelligenteste von allen damaligen Leitern.
Die Familien der Verunglückten erhielten durch Regierungsbeschluß mit Unterschrift von Kossygin eine zur damaligen Zeit sehr gute Pension.
Jangel war von Beginn bis zum Ende Augenzeuge der Tragödie. Vor seinen Augen vernichtete seine Rakete ihre Schöpfer. Die Nervenanspannung Jangels war, obwohl er keinerlei physische Trauma erlitten hatte, so stark, daß er einen Monat lang nicht arbeiten konnte.
Die bald zur gemeinsamen Arbeit zurückgekehrten Iosifjan und Bogomolow erzählten lange Zeit, durch welches Wunder sie am Leben geblieben waren, und flehten Koroljow an, sich vorsichtig zu verhalten. Koroljow verstand auch ohne Ermahnungen, wie wichtig es war, die technischen und organisatorischen Schlußfolgerungen aus dieser Katastrophe zu ziehen. Obwohl die Katastrophe, die Rakete R-16 (den Konkurrenten der R-9) betroffen hatte, waren wir alle durch die Maßstäbe des Vorgefallenen betroffen. Unendlich viele Freunde, Bekannte und einfach gute Menschen waren unter den Verstorbenen. Wer auch der Chefkonstrukteur dieser Rakete war, es war nicht seine, sondern unsere Rakete. Wir alle waren Bürger und Patrioten unseres Landes.
Auf dem Platz wurde eine neue Ordnung eingeführt. Die Zulassung zur sogenannten Nullmarke, dem Hauptbetonplatz der Startposition, wurde stark eingeschränkt. Es herrschte ab sofort mit Beginn des Betankens ein besonderer Betriebszustand. Für alle Teilnehmer der Vorbereitung waren spezielle farbige Armbinden Pflicht. Je kürzer die Vorbereitungszeit, um so größer wurde die Zahl der farbigen Binden, die den Start verlassen mußten. Als letzte mußten innerhalb der fünzehnminütigen Vorbereitungszeit die Träger der roten Binden im Bunker verschwinden.
Zum ersten Mal begann die Netzwerkplanung der Arbeiten auf der Startposition. Die Netzwerkplanung gab die genaue Zeit und den Ort der Realisierung jeder Operation an. Der verantwortliche Diensthabende des Truppenteils, der ihn kontrollierende Offizier der Leitung des Schießplatzes und der Vertreter der Industrie sollten nach Erfüllung ihrer Operation ihren Arbeitsplatz bis zum planmäßigen Abruf verlassen oder an einen vorher bestimmten Platz evakuiert werden. Auch die Gesamtzahl der Operatoren und Kontrolleure verminderte sich, weil man viele Operationen vereinigte und im Umfang vergrößerte. Von jedem Leiter und Anführer der Bedienmannschaft oder der Erprobungsbrigade, dem militärischen oder dem Vertreter der Industrie wurde ein intensives Studium ihrer Operationen gefordert, die volle Verantwortlichkeit der Durchführung in Übereinstimmung mit der Netzwerkplanung und einen Bericht an den Leiter des Starts über jede beliebige Beanstandung.
Durch keinerlei organisatorische Maßnahmen waren mögliche Fehler und Abbrüche der Arbeiten bei Versagen der Systeme auszuschließen. Es gab spezielle Brigaden, die Vorschläge zum „Idiotenschutz" entwickelten, Handoperationen maximal reduzierten, den Umfang der Automatisierung funktionell erhöhten und ein automatisch arbeitendes Havariesystem der Brandbekämpfung einführten.

Nicht alle vernünftigen Lösungen konnten sofort auf den Raketen des Typs R-7 eingeführt werden. Dies erforderte weitgehende Veränderungen. Die Maßnahmen wurde in einer bestimmten Reihenfolge durchgeführt.
Alle denkbaren Sicherheitsmaßnahmen wurden für die Rakete R-9 und später für das neue Projekt, die Feststoffinterkontinentalrakete RT-2, bekannter unter der Chiffre 8K98, ergriffen.
Genau drei Jahre nach der beschriebenen Katastrophe brach wieder an einem 24. Oktober, nämlich am 24. Oktober 1963 auf demselben Schießplatz in einem der militärischen Schächte der Rakete R-9 ein Brand aus, der das Leben von sieben Militärerprobern kostete. Dieses Mal war die Rakete nicht betankt. Die Erprober führten die vorgeschriebenen Arbeiten durch, ohne vorher die Schächte auf Vorhandensein von verdampftem Sauerstoff zu überprüfen.
Im Park der Stadt Leninsk entstand das zweite Massengrab. Nach diesem Ereignis erklärte man den 24. Oktober zum schwarzen Tag auf dem Schießplatz. Insgeheim wurde er zum arbeitsfreien Tag nicht nur im Dienst sondern auch in der Familienatmosphäre. Die Militärerprober verweigerten ernsthaft die Hausarbeit. Fünf Jahre später sah der neue Leiter des Schießplatzes dies als schädlichen Aberglauben an und befahl, den 24. Oktober für alle Militärs als normalen Arbeitstag anzusehen.
An diesem Datum versuchten die Einwohner von Leninsk, die Führer und die speziell eingeflogenen Verwandten, mit Spürsinn frische Blumen aufzutreiben und an den Massengräbern niederzulegen. Blumen zu finden, war in diesen kalten Oktobertagen in Tjuratam sehr schwierig.
Das Dnjepropetrowsker Kollektiv Jangels, das sich von den Erschütterungen erholt hatte, führte nach einem halben Jahr die Flug- und Konstruktionserprobungen der Rakete R-16 durch. Im weiteren ging alles seinen normalen Gang. Auch dieser Rakete erwuchsen genau wie der R-9 neue Konkurrenten. Es waren dies die von Tschelomej entwickelten Raketen und dann auch Feststoffraketen.
Breshnew, jetzt schon Generalsekretär und Vorsitzender des Verteidigungsrates, stand bevor, Friedensstifter im Raketenbürgerkrieg, der zwischen den Schulen der Chefkonstrukteure und den hinter ihnen stehenden Ministern, Generälen und Beamten des Partei- und Staatsapparates ausgebrochen war, zu sein. Dies ist ein besonderes und noch nicht erforschtes Gebiet der Geschichte unserer Raketentechnik. Vieles in unserer Raketentechnik hätte sich anders entwickelt, wenn Nedelin nicht gestorben wäre. Unter den hohen Militärleitern dieser Jahre war er der einzige Marschall und stellvertretende Verteidigungsminister, der sich in unseren Problemen auskannte. Er war Militärtechnokrat und deshalb wurde er von den Militär- und bürgerlichen Spezialisten verehrt.
Den Verlust Nedelins spürten wir erst richtig, nachdem sein Platz hintereinander von den Marschällen Moskalenko, Birjusow und Krylow eingenommen wurde. Dies waren verdiente Heerführer des zweiten Weltkrieges mit einer großen Erfahrung bei der Leitung allgemeiner Truppenbewegungen. In unseren Marine- und Luftstreitkräften galt die Regel, zum Oberkommandierenden wird ernannt, wer den Dienst auf dem Meer oder in der Luft absolviert hatte. Für die raketen-

kosmischen Kräfte wurde nach dem Tod Nedelins diese natürliche und vernünftige Ordnung zerstört.

## *Ungefährliche Havarien*

Als ich die Ereignisse der letzten Monate überdachte, kam ich für mich zu der Schlußfolgerung, daß wir Schülerarbeit verrichteten. Wie klein jedoch erschien mir der Verdruß der ersten beiden „Mars-Sonden" im Vergleich zu der fruchtbaren Nachricht von der Katastrophe am 24. Oktober!

Als ich nach den Novemberfeierlichkeiten auf den Schießplatz zurückgekehrt war, beeilten wir uns nicht, vom Flugplatz auf den „Zweiten" zu kommen. Die gesamte eingeflogene Mannschaft besuchte das frische Massengrab. Auf die schon vertrockneten Blumen legten wir die aus Moskau mitgebrachten Sträuße roter Nelken und Rosen. Mit gesenktem Haupt, in trauerndem Schweigen standen wir an dem mit Kränzen bedeckten Hügel. In diesen Minuten denkt jeder über die Seinen und unweigerlich über das gesamte Leben nach. Hier liegen unsere Kampfgenossen. Sie wurden durch die Rakete R-16, dem Konkurrenten unserer Rakete R-9, vernichtet. Aber die R-16 war auch unsere Rakete. Sie wurde für unser Land entwickelt, zur Verteidigung für mich, meine Familie, mein Moskau. Den Weg in den Kosmos haben militärische Raketen geebnet.

Hätte ich mir damals vorstellen können, daß ich dreiunddreißig Jahre später an einer Sitzung des wissenschaftlich-technischen Rates der Russischen kosmischen Agentur zur Verteidigung eines Projektes des Einsatzes der Rakete „Zyklon" zum gleichzeitigen Transport von 6 Sputniks im Rahmen eines von uns ausgearbeiteten Nachrichtensystems teilnehmen werde. Die moderne Rakete „Zyklon" ist eine Trägerrakete, die man schon ohne die Teilnahme Jangels auf der folgenden Modifikationen der R-16 entwickelte. Um so weniger hätte ich mir vorstellen können, daß ich in Rußland berichten werde, in Moskau und nicht in der Sowjetunion.

Am folgenden Start des Sputnik-Raumschiffes 1K Nr. 5 nahmen alle „ersten Personen" teil. Die sechs ersten Chefkonstrukteure waren in voller Mannschaft angetreten. Nach der Katastrophe hielt es jeder für notwendig, ein Beispiel der persönlichen Teilnahme bei der Startvorbereitung zu geben. Jeder Chefkonstrukteur war von der Kompetenz und Ergebenheit seiner Spezialisten ihrer Sache gegenüber überzeugt. Dies galt insbesondere für jene, die zur Erprobung abkommandiert waren.

Aber die Dienststellung, die Situation und das allgemeine Verantwortungsgefühl zwang sie, sich in solche Details einzumischen, mit denen sich die Chefkonstrukteure in den Konstruktionsbüros gewöhnlich nicht beschäftigen, weil sie in vollem Vertrauen von den Unterstellten ausgeführt werden.

Isaew verbrachte auf den vorangegangenen Dienstreisen die meiste Zeit gewöhnlich im Hotel und nutzte die freie Zeit zum Schlafen und Lesen. Aber dieses Mal examinierte er seine Unterstellten sehr genau, und sogar mich fragte

er nach den Feinheiten der elektrischen Logik der Steuerung des Bremstriebwerkes. Isaew studierte die elektrischen Schaltungen nicht, seine Fragen jedoch führten mich manchmal in eine Sackgasse. Ich lud Karpow oder Schewelew ein, um mit ihnen gemeinsam zu untersuchen, wo, wann, welches Relais welchen Befehl auslöst und welchen falschen Befehl es unterdrückt. Isaew war sehr damit zufrieden, daß er mich in die Enge getrieben hatte. Und noch mehr damit, daß er einen erschöpfenden Beweis für die Zuverlässigkeit der Schaltungen erhielt.
Die Vorbereitung des Raumschiffes begann noch vor unserem Eintreffen und verlief diesmal ruhig. Nach den marsianischen angespannten ganztägigen Arbeitstagen erschien die Vorbereitung diesmal als Schongang.
Rudnew ernannte man anstelle des verstorbenen Nedelin zum Vorsitzenden der Staatlichen Kommission. Auf den Sitzungen der Staatlichen Kommission rief Rudnew alle zu besonderer Wachsamkeit, Vorsicht, Zuverlässigkeit und Disziplin auf. Aber diese Aufrufe waren im Prinzip nicht notwendig. Die Soldaten, Offiziere und alle zivilen Spezialisten hatten eine solche Lehrstunde erhalten, daß sie mit besonderer Aufmerksamkeit auch über die geringste Beanstandung berichteten.
An die zwei armen Hunde jedoch, die in einem bequemen Container untergebracht und „nebenan begraben“ würden, dachte niemand. Im Landeapparat war eine Sprengladung angebracht. Das System der Havariesprengung des Objektes sollte dann arbeiten, wenn die Landung außerhalb des Territoriums der UdSSR prognostiziert wurde. Um zu verhindern, daß der Landeapparat in falsche Hände fiel, sollte er noch vor dem Eintritt in die Atmosphäre zerstört werden. Auf dem Weg zur Erde würde die Atmosphäre ihn und alle möglichen Staatsgeheimnisse endgültig vernichten. Dies wurde nur für unbemannte Raumschiffe ausgedacht. Was die Hunde betraf, so wurden sie im gegebenen Falle den übrigen geheimen Geräten des Raumschiffes gleichgesetzt.
Der Start des Raumschiffes fand am 1. Dezember 1960 statt. Darüber berichtete die Stimme Lewitans über alle Radiosender der UdSSR. Das Schicksal der Hunde mit den Spitznamen Ptschelka und Muschka erregte die Erwachsenen und die Kinder in gleichem Maße. In vielen Schulen waren nach dem erfolgreichen Flug von Belka und Strelka spezielle Lehrstunden über das gute Verhältnis zu den Gebrauchshunden durchgeführt worden. Man erfuhr, daß auf dem Geflügelmarkt in Moskau der Bedarf an kleinen Gebrauchshunden um ein Vielfaches angestiegen war.
An Bord des Raumschiffes verlief alles programmgemäß. In den Funkübertragungen überzeugten sich die Entwickler von der Zuverlässigkeit der Arbeit aller Systeme und das Fernsehen erhielt die Möglichkeit, die durch die Kraftnahrung vollkommen zufriedenen Gebrauchshunde zu beobachten.
Das entsprechende Kommuniqué von TASS über den Flug des dritten sowjetischen Sputnikraumschiffes hatte den Wortlaut: *„Am 2. Dezember 1960, um 12 Uhr Moskauer Zeit setzte das dritte sowjetische Sputnikraumschiff seinen Weg um den Erdball fort...*

*Nach Erhalt der notwendigen Daten wurde der Befehl zum Landen des Sputnikraumschiffes auf die Erde gegeben. Auf Grund des Übergangs in eine nicht berechnete Flugbahn beendete das Sputnikraumschiff seine Existenz beim Eintritt in die dichten Atmosphärenschichten.*
*Die letzte Stufe der Trägerrakete setzt ihren Flug auf der früheren Umlaufbahn fort."*
Was war das für eine geheime nicht berechnete Flugbahn, die die Existenz des Raumschiffes beendet? Die natürliche Frage: aber wenn ein Mensch bei der Landung auf eine nicht berechnete Flugbahn gerät?
Unsere Korrespondenten waren gut erzogen und stellten keine solchen provokatorischen Fragen. Auf die Fragen ausländischer Journalisten antworteten Wissenschaftler des Institutes für Kosmosforschung, die selbst nicht wußten, was mit dem Raumschiff tatsächlich geschehen war.
Und tatsächlich war folgendes geschehen. Der Befehl zur Landung war zeitgerecht von der Erde gegeben worden und in Übereinstimmung damit wurde im Raumschiff das Korrekturtriebwerk Isaews eingeschaltet. Während der Arbeit dieses Triebwerkes sollte das Raumschiff so stabilisiert werden, daß der Strahl des aus der Düse austretenden Gases streng auf den Vektor der Orbitalgeschwindigkeit gerichtet sein sollte. Diese Bedingung konnte wegen eines Defektes des Stabiliserungssystems nicht erfüllt werden. Der resultierende Bremsimpuls war wesentlich kleiner als der berechnete. Die Landebahn wurde dadurch stark gestreckt und der Landeapparat gelangte später in die Atmosphäre als zur berechneten Zeit und flog außerhalb der Grenzen der Sowjetunion. Und hier begann die Arbeit der Logik des Systems der Havariesprengung. Nach Erhalt des Befehls zur Landung starten die Uhren der „Bordhöllenmaschine". Die Uhr sollte den Befehl zur Sprengung nach einer festgesetzten Zeit geben, wenn vom Überlastungssensor nicht das Signal über den Eintritt in die Atmosphäre gegeben wird.
In der festgelegten Zeit wurde das rettende Signal, das die elektrische Schaltung des Zünders zerstört, nicht gegeben und der Landeapparat verwandelte sich in den oberen Atmosphärenschichten in eine Wolke kleiner Splitter. So starben Ptschelka und Muschka. Volle Befriedigung erhielten nur die Entwickler des Systems der Havariesprengung. Dies war ein seltener Fall, daß es gelang, das System unter realen Bedingungen zu überprüfen und seine Zuverlässigkeit zu bestätigen. Für bemannte Raumschiffe konnte es selbstverständlich nicht angewandt werden. Seine Effektivität war aber für zukünftige geheime Aufklärungsraumschiffe bewiesen.
Der nächste experimentelle Start eines Sputnikraumschiffes fand am 22. Dezember statt. Es war der letzte Versuch, das Jahr 1960 mit noch einem kosmischen Erfolg zu beenden. Auf dem Raumschiff 1K Nr. 6 flogen die Hunde Schutka und Kometa, Mäuse, Ratten und andere Kleintiere. Als die dritte Stufe zu arbeiten begann, versagte das Triebwerk. Das Steuerungssystem gab den Befehl zur Abtrennung des Raumschiffes und der Landeapparat wurde nach Berechnungen der Ballistiker im Raum von Jakutien gesucht. War dieser heil geblieben, als er nach der Havarie auf dem aktiven Flugbahnabschnitt landete?

Was ist mit den Hunden, die mit Hilfe des Katapultes in ihrem ungeheizten Container in den jakutischen Frost befördert worden waren? Wir mußten die Antworten auf diese Fragen unbedingt finden.
Koroljow bestand darauf und die Staatliche Kommission schickte eine Suchgruppe nach Jakutien mit Arwid Pallo an der Spitze. Der Veteran der Raketentechnik hatte „das Feuer, Wasser und die Kupferrohre“ mit Koroljow noch im RNII, dann mit uns während des Krieges in Bilambaj, mit mir und Isaew in Deutschland und dann erneut mit Koroljow in Podlipki durchschritten. Jetzt sollte er in dem menschenleeren Jakutien bei 40° Frost die Reste des Raumschiffes finden. Zu seiner Gruppe gehörten Spezialisten zur Unschädlichmachung der Ladung der Absprengeinrichtung und dazu für alle Fälle ein Vertreter des Institutes für Flugzeugmedizin. Die örtlichen Organe und die Luftfahrt erfüllten mit großer Bereitschaft die Forderungen Pallos. Bald fanden die Hubschrauber auf der angegebenen Trasse, nicht weit von dem Städtchen Tura, die bunten Fallschirme.
Der Landeapparat war unversehrt.
Die Gruppe um Pallo ging mit großer Vorsicht an das Öffnen der Luken und entkoppelte alle elektrischen Schaltungen und erinnerte sich an das Sprichwort, daß ein „Pionier sich nur einmal irrt“. Die Katapulte hatten den Container mit den Hunden nicht aus dem Landeapparat herausbefördert. Dieses zufällige Versagen rettete den Hunden das Leben. Durch den wärmeisolierten geschützten Landeapparat fühlten sie sich ausgezeichnet, ungeachtet des viertägigen Wartens bei 40° jakutischer Kälte.
Man holte die Hunde heraus, wickelte sie in Pelze ein und brachte sie schnellstens als wertvolle Fracht nach Moskau. Pallo leitete noch einige Tage die Evakuierung des Landeapparates mit Hilfe von Hubschraubern.
Über diesen Start erfolgten keinerlei offizielle Publikationen. Schutka und Kometa hatten, ungeachtet ihres heroischen Verhaltens bei der Havarielandung, keine Triumphe wie Laika, Belka und Strelka zu feiern. Die Idee, einen Erinnerungsobelisken an den Ort der Landung von Belka und Strelka zu setzen, wurde vom Apparat des ZK abgelehnt. Irgend jemand, der das Gefühl für Humor nicht verloren hatte, bemerkte, daß es besser sei, allen Hunden ein Denkmal zu setzen, die gestorben seien und die Unglücksdaten der Havariestarts einzumeißeln.
So endete das Schaltjahr 1960.
Es waren lediglich drei Jahre seit Beginn der kosmischen Ära vergangen. Im letzten Jahr hatten wir neun Versuche kosmischer Starts unternommen, zwei zum Mond, zwei zum Mars, fünf innerhalb des Programms der zukünftigen „Wostok“.
Lediglich in drei von neun Versuchen hatten wir es geschafft, die Apparate in den Kosmos zu bringen und nur einen von neun Starts kann man als gelungen in dem Sinne bezeichnen, daß das vorgesehene Programm ohne ernsthafte Abweichungen erfüllt wurde. Sechs Mißerfolge gingen zu Lasten der Trägerrakete, einer zu Lasten der Bodensteuerung (das war das erste Sputnikweltraumschiff) und einer zu Lasten eines Defektes im System der

Raumschiffsteuerung beim Bremsen. Die Ergebnisse des Jahres wurden auf verschiedenen administrativen und partei- und wirtschaftlichen Ebenen beraten. In meinem Rechenschaftsbericht vor unserem Aktiv führte ich im Stile einer scharfen Kritik eine lange Liste unserer Fehler an. Dabei nannte ich die Namen der schuldigen und verantwortlichen Leiter.

In diesen Jahren war die Selbstkritik die beste Methode der Prophylaxe vor Partei- und administrativer Kritik von oben. Aber in unserem Kollektiv, in dem sich tatsächliche Enthusiasten und sogar Fanatiker versammelt hatten, herrschte eine Atmosphäre des gegenseitigen Vertrauens und des schnellen Reagierens auf alle Ereignisse. Als Antwort auf meine Kritik erhielt ich keine kläglichen Rechtfertigungen, sondern völlig konkrete Mitteilungen darüber, was schon unternommen worden war, damit es besser, zuverlässiger und sicherer gehe. Es gäbe Vorschläge zur Verstärkung der Geräteproduktion, Beschuldigungen an die Adresse der Kooperationspartner, Kritik an den Projektanten, gerechte Forderungen für Zeit zum Training am Boden einzuräumen.

Keinerlei Pessimismus oder Verwirrung! Nach jeder Beratung, die von heftiger Polemik begleitet wurde, ging man mit der Überzeugung auseinander, daß letztendlich alles gut würde.

Vor uns lagen Jahre der Siege und schwerer Niederlagen

## *Neue Aufgaben und alte Freunde*

Die Entwicklung des Sputnikraumschiffes erwies sich nicht nur technisch, sonder auch organisatorisch als eine neue und komplizierte Aufgabe.

Im Verlaufe des ersten Raketenjahrzehnts wurden nicht weniger als 90 % der wissenschaftlich-technischen Probleme, in der Kompetenz des ersten Rates der Chefkonstrukteure gelöst. Um diesen Rat bildete sich eine Art geschlossener Raketenkaste von Wissenschaftlern, von Ingenieuren, Produktions- und der ballistischen Zentren sowie der Erprobungsschießplätze. Als wir das Programm der bemannten Flüge ausarbeiteten, begriffen wir, daß es notwendig war, unsere Kooperationen wesentlich zu erweitern.

Das Programm zur Entwicklung der kosmischen Apparate für den Flug des Menschen wurde im OKB-1 ausgearbeitet. An der Entwicklung des Programms nahmen viele Menschen teil, aber die Seele, der wirkliche Autor war Koroljow.

Zur Realisierung des entwickelten Plans der Fertigung der Apparate und aller notwendigen Systeme zu diesem Thema wurde ein erster Regierungsbeschluß exakt vorbereitet und im Mai 1959 verabschiedet. In diesem Beschluß waren die wichtigsten Produzenten aufgezählt. Die Produzenten nahmen unsere Vorschläge nicht immer mit Wohlwollen auf.

Es war manchmal viel Energie notwendig, um den entsprechenden Chefkonstrukteur in den Regierungsbeschluß zu bringen.

Die kosmischen Starts der Jahre 1957 bis 1959, die ersten Mondsonden hatten gezeigt, daß die neuen Aufgaben den Rahmen der Tätigkeit, der Interessen und Möglichkeiten der ersten historischen Sechsergruppe der Chefkonstrukteure

sprengen.
Den Einbruch in das Monopol der „großen Sechs“ vollzogen zuerst die jungen Funkingenieure. Die Konkurrenten zu den funktechnischen Problemen, die das Monopol des NII-885 nicht anerkannten, nutzten das Vorhandensein neuer Aufgaben und mischten sich kühn in die Sphäre der Tätigkeit Rjasanskijs ein, der keine Möglichkeit hatte, mit seinen Kräfte die sich schnell erweiternde Front der Arbeit zu umfassen.
Alexej Bogomolow, der vom Akademiemitglied Kotelnikow die Leitung eines Funkkollektivs des MEI übernahm, organisierte ein OKB zur Entwicklung neuer Systeme der Telemetrie und der Kontrolle der Flugbahn.
Zur Übertragung an Bord des dritten Sputniks und in der Folge an alle Sputnikraumschiffe der vielzähligen Funkbefehle der Steuerung waren spezielle störungssichere Befehlsfunklinien notwendig. Diese Aufgabe löste der Chefkonstrukteur Armen Mnazakanjan im NII-648.
Das kosmische Fernsehen belegte seine eigenen Funklinien und verwandelte sich in einen notwendigen Teil aller kosmischen Raumschiffe. Der Direktor des NII-380, Igor Alexandrowitsch Rosselewitsch, und zwei Chefentwickler, Walik und Brazlawez, waren rechenschaftspflichtige und verantwortliche Personen, die an jeder Fernsehübertragung teilnahmen.
Das NII-695 und sein Chefkonstrukteur Jurij Bykow erhielten alle Rechte zur Entwicklung einer speziellen Funksprechlinie der Bodenstationen, die zur Zeit des Fluges von Gagarin der gesamten Welt durch ihren Codenamen „Sarja“ bekannt wurden. Bykow entwickelte ein Kurzwellensystem der operativen Telemetriesignalsuche und zur Anpeilung des Landeapparates. Dieses Funksystem wurde mit entsprechenden Stationen der Bodenpunkte des Befehlsmeßkomplexes ausgerüstet.
Nachdem das Monopol für Funksysteme gebrochen war, wurde auch das Monopol Gluschkos von Triebwerken beseitigt. Als erster schaffte dies Alexej Isaew, der ein Triebwerk für die Rakete R-11 entwickelt hatte. Damals im Jahre 1954 war Gluschko nicht beleidigt. Aber schon für die R-7 drang der Schüler von Isaew, Michail Melnikow, der die Rudertriebwerke entwickelt hatte, in das Triebwerkssystem ein. Dann erschien Kosberg als Entwickler des Triebwerksaggregates der dritten Stufe und erneut Melnikow, der das Triebwerk der vierten Stufe derselben R-7 entwickelte („das Erzeugnis 8K78“).
Als das OKB-1 Koroljows die bemannten Apparate zu projektieren begann, entstand das Problem der Raketenbremstriebwerke. Der Schub des Bremstriebwerkes mußte entgegen dem Vektor der Orbitalgeschwindigkeit des kosmischen Apparates gerichtet werden. Erst, wenn das Triebwerk den Bremsimpuls ausgelöst hat, geht der Apparat aus der Umlaufbahn und dringt in die Atmosphäre ein. Die Bremswirkung der Atmosphäre nimmt den restlichen Teil der Energie auf, der von der Trägerrakete auf den Apparat bei seinem Transport in den Weltraum übergeben wird. Zur Entwicklung eines Rückkehrsystems des bemannten Apparates auf die Erde, waren zwei Chefkonstrukteure notwendig – für das Bremstriebwerk und für das Fallschirmlandesystem.

Die neuen Chefkonstrukteure, die neuen Organisationen drangen sehr schnell in unsere aktuelle Tätigkeit ein, die durch die anziehende Perspektive verführerisch war. Wenn sie nicht den guten Willen hatten, wirkte die Diplomatie Koroljows und nur in den äußersten Fällen der Zwang von oben.

Koroljow hatte zu dieser Zeit nicht den später erfundenen Namen Generalkonstrukteur. Er war der Chefkonstrukteur unter den übrigen. Seine Autorität war nicht durch den Namen und nicht durch die Dienststellung begründet. Mit dem Beginn der Ära des bemannten Kosmos war er verpflichtet, nicht nur den alten Rat aus sechs Chefkonstrukteuren zu sprengen, sondern zur Entscheidungsfindung mindestens fünfzehn Menschen einzubeziehen, darunter auch Keldysch, die Chefkonstrukteure der neuen Systeme, die Leiter des Befehls-Meßkomplexes, die ballistischen Zentren, das Institut der Flugzeugmedizin, das Kommando der Luftstreitkräfte.

Das große komplizierte System, das wir jetzt als raketen-kosmischen Komplex bezeichneten, mußte in seinem kosmischen Teil gesteuert werden. Der Chefkonstrukteur der ersten Steuerungssysteme der Raketen, Piljugin, zeigte am Anfang der kosmischen Ära nicht das Bestreben, die Entwicklung eines solchen Systems zu übernehmen.

Zeit für die Suche eines neuen einheitlichen Chefkonstrukteurs für alle Steuerungssysteme verblieb nicht. Koroljow faßte den Mut, ohne jemanden zu beleidigen, die technische Leitung aller Komplexe selbst in die Hand zu nehmen und die Verantwortlichkeit zwischen seinen unmittelbaren Stellvertretern zu verteilen, von denen jeder mit seinen „kooperativen" Chefkonstrukteuren zusammenarbeitete.

Buschuew, Tichonrawow, Feoktistow, die Leiter der Projektierung aller kosmischen Apparate waren jetzt nicht nur für sich verantwortlich. Sie formulierten die Forderungen an das System der Bremstriebwerke, an die Sicherung der Lebenserhaltung, die Landung, die medizinische Kontrolle und sogar die Ernährung im Kosmos. Unmittelbar verantwortlich für die Entwicklung jedes dieser Systeme waren die Chefkonstrukteure der anderen Organisationen.

Für die Steuerungssysteme der kosmischen Apparate fand sich nebenbei kein neuer Chefkonstrukteur.

Die Absage Piljugins an die Entwicklung der Steuerungssysteme der kosmischen Apparate erschreckte Koroljow nicht. Er verstand, daß auf der ersten Etappe der Gesamtkomplex der Steuerungsprobleme des kosmischen Fluges ihm direkt untergeordnet sein muß. Koroljow ernannte mich nach Mischin zu seinem ersten Stellvertreter und übertrug mir die Koordinierung der Arbeiten für den Gesamtkomplex der Steuerungsprobleme der neuen kosmischen Apparate einschließlich aller funktechnischen Probleme.

Die Entwicklung der Systeme mit unseren Kräften und die Koordination der Arbeit der anderen Chefkonstrukteure war eng miteinander verflochten. Es war schwer zu bestimmen, wem die größere Aufmerksamkeit zu widmen sei.

Die Vereinigung mit dem ZNII-58 und die Überführung des Kollektivs von Rauschenbach aus dem NII-1 verstärkte die potentiellen Möglichkeiten des

OKB-1 derart, daß wir keine Angst verspürten, die neuen, sehr komplizierten Aufgaben anzugehen.
In den neu organisierten Abteilungen übernahmen die jungen Ingenieure mit großer Kühnheit und Enthusiasmus die Verantwortung für die Entwicklung neuer Systeme. Dies wurde jedoch auch dadurch erklärt, daß sie den Grad des Risikos noch nicht verstanden hatten. Im übrigen ist dies allen Pionieren und Bahnbrechern eigen. Wenn jeder von ihnen gewußt hätte, was ihn in der Zukunft erwartet, dann wären viele Entdeckungen nicht möglich gewesen.
Im Verlaufe der Jahre 1959 bis 1962 hatte sich die Organisationsstruktur der Arbeit zur Entwicklung der Bordsteuerungssysteme der Weltraumschiffe herausgebildet. Diese blieb für viele Folgejahre erhalten, mehr noch, mit dem Entstehen der neuen kosmischen Organisation wurde von den Chefkonstrukteuren Tschelomej, Babakin und dann Koslow und Reschetnew unser Prinzip übernommen. Das Steuerungssystem des kosmischen Objekts leitete das Chefkonstruktionsbüro in Kooperation mit den spezialisierten NII und KB's, die Chefkonstrukteure leiteten diese und waren Mitglieder des Gesamtrates der Chefkonstrukteure. Ich war dadurch für die Entwicklung des gesamten Steuerungskomplexes verantwortlich. Die Verantwortlichkeit innerhalb unseres OKB-1 wurde ohne besonderen Streit und Konflikte verteilt. Rauschenbach leitete die Entwicklung des Orientierungssystems und der gesteuerten Landung. Jurasow war für das Steuerungssystem der Landung, die Stabilisierung auf dem Arbeitsabschnitt der Korrekturtriebwerke und die Entwicklung der Bordelektrogeräte verantwortlich. Kalaschnikow leitete die Konstruktionsabteilungen, die Erprobung der Geräte, die gesamte Elektromechanik, die Rudermaschinen der Trägerraketen und das Pumpensystem zur Wärmeregulierung. Mir direkt unterstellt blieb die funktechnische Abteilung von Schustow, das Antennenlabor von Krajuschkin sowie die Abteilung der Bodenerprobungsgeräte von Kuprijantschik. Die Chefkonstrukteure, mit denen wir Steuerungsspezialisten in diesen Jahren arbeiten mußten, wurden bedingt in drei Kategorien eingeteilt.
Zur ersten Gruppe gehörten die Entwickler von Elementen, die in die vom OKB-1 entwickelten Systeme eingingen. Hierzu zählten Chrustalew (optische Sensoren für die Orientierungssysteme), Kusnezow und Antipow (Kreiselgeräte), Iosifjan (alle Arten von Elektroenergiewandlern), Lidorenko (Sonnenbatterien und chemische Stromquellen) und Tschatschikjan (Baroblöcke des Landesystems).
Die zweite Gruppe bildeten die Chefkonstrukteure kosmischer Funksysteme: Boguslawskij, Bogomolow, Bykow, Mnazakanjan, Rosselewitsch. Sie scherzten, daß sie Diener dreier Herren seien: Koroljow, vor dem sie für alles verantwortlich waren, Tschertok, der ihre Apparaturen an Bord bringt, Antennen anfertigt und die Elektroversorgung installiert und die Militärs, die die Bodenstationen auf einem großen Territorium der Sowjetunion einrichten und bedienen.
In die dritte Gruppe der Chefkonstrukteure gingen alle ein, die zum Betrieb ihrer Systeme die Befehlssteuerung, die Elektroversorgung und Telemetrie brauchten.

Sie hatten im OKB-1 ihre Chefberater, aber ohne unsere „Steuerungsspezialisten“ konnten sie nicht auskommen.
Im Sprichwort heißt es: „Auch auf der Sonne gibt es Flecken“. Wenn heute jemand fordert, sich an die Flecken der Chefkonstrukteure zu erinnern, mit denen wir zusammen die Ära der bemannten Raumfahrt entwickelt haben, dann befinde ich mich in einer sehr schwierigen Situation. Mein Gedächtnis, die Aufzeichnungen und die Dokumente haben viel Interessantes festgehalten. Aber unter dieser Masse gibt es nicht einen einzigen Fakt, der Schatten auf die Kompetenz, die fachlichen und menschlichen Eigenschaften der Chefkonstrukteure der kosmischen Kohorde dieser ersten Jahre werfen würde. Es gab Fehler aus Unwissenheit. Die Erfahrung wuchs mit jedem neuen Start. Wir haben zusammen in unseren kosmischen Universitäten studiert. Diese Lehren waren oft sehr teuer und grausam. Manchmal haben wir im engen vertrauten Kreis gebrummt, daß der „eiserne Vorhang“ es nicht erlaubte, uns mit unseren über dem Ozean lebenden Spezialisten zu beraten und auszutauschen. Aber wir haben an unsere Kraft geglaubt.
In diesem Zusammenhang berichte ich über zwei Episoden der Stellung der zwei Chefkonstrukteure, Isaew und Bykow, in der bemannten Raumfahrt. Bei der Beratung des Problems der Rückkehr aus dem Kosmos flammte die Diskussion über die Auswahl des Bremstriebwerkes auf. Koroljow schlug vor, eilig ein Feststofftriebwerk zu bestellen und sich mit Pobedonoszew zu konsultieren, der schon seit langem auf die Feststofftriebwerksproblematik umgeschaltet hatte. Mischin, Buschuew und Melnikow widersprachen, die Impulsgröße eines Flüssigkeitstriebwerkes sei viel einfacher zu steuern, als die eines Feststofftriebwerkes. Die Ballistiker berechneten, daß das Bremstriebwerk mit Hilfe eines Feststofftriebwerkes zu einer Streuung des berechneten Landeplatzes von 400 bis 500 km führt. Für ein Flüssigkeitsraketentriebwerk wäre der mögliche Fehler zehnmal geringer.
Letztendlich überzeugten sie Koroljow. Er beauftragte Mischin und Melnikow, sich möglichst schnell mit Isaew zu treffen und ihn zu überreden, ein spezielles Flüssigkeitsraketentriebwerk als Bremstriebwerk zu entwickeln. Isaew sagte glattweg ab. Koroljow wich nicht zurück. Er kannte meine alte Freundschaft zu Isaew und bat mich, in das Konstruktionsbüro Isaews zu fahren und, was es auch kosten möge, ihn zu einem Treffen zu bringen.
Isaew empfing mich in der Position der aktiven Verteidigung. Er hatte tatsächlich viel zu tun. Er entwickelte Triebwerke für das Luftabwehrsystem von Lawotschkin. Mit großer Mühe führten sie die Großserienproduktion ein, denn es wurden Hunderte zuverlässiger Triebwerke gefordert. Gruschin – ein neuer Chefkonstrukteur für Raketen – tauchte auf. Er ließ sich in Chimki auf dem Platz unseres ehemaligen Betriebes Nr. 292, unserer „Alma-Mater“, nieder. Er brauchte dringend neue Triebwerke für die Raketen der Antiraketenabwehr (PRO)!
„Berija lebt längst nicht mehr“ sagte Isaew, „aber seine Sache lebt“. Die dritte Hauptverwaltung bindet mir die Hände. Ich verletze jeden Tag irgendwelche Zeitpläne. Die Raketen für die U-Boote brauchen auch Triebwerke. Die im

Serienbetrieb, das sind keine Technologen, sondern Banditen. Es gibt keinerlei Handhabe, ihnen beizukommen. Und du möchtest mir mit Koroljow noch eine Schlinge um den Hals legen. Wenn ein Triebwerk bei Lawotschkin oder Gruschin explodiert, dann erfährt davon niemand etwas, aber auf mich wird gespuckt. Und wenn wegen meiner Schuld ein Mensch nicht zur Erde zurückkehrt? Dann bleibt mir nur noch die Kugel in die Stirn! Nein, Koroljow wird mich nicht überreden. Es ist besser, wir gehen in die Abteilung, und ich zeige dir eine neue Idee. Wir wollen ein Triebwerk, ein ‚Ertrunkenes' entwickeln. Es soll im Treibstofftank einer Unterwasserrakete arbeiten."

Alexej sprach mit Begeisterung über das „Neue". Ich ging mit ihm in die Abteilung. Dann habe ich den Auftrag erfüllt und Isaew zu Koroljow gebracht. Im Empfangszimmer bat er mich zu warten und versicherte mir, daß er nach fünf Minuten das Arbeitszimmer Koroljows verläßt. Aber es vergingen nicht fünf sondern vierzig Minuten. Isaew kam hochrot und verwirrt von Koroljow. Als er meinen fragenden Blick gesehen hatte, wehrte er mit den Armen ab und sagte mir: „Du bist ein Schauspieler, ein großer Schauspieler!" Dann rauchte er ohne Eile Belomor und fügte hinzu: „Aber beachte bitte, ich habe mit Koroljow abgesprochen, daß du für die gesamte Elektrik verantwortlich bist."

Im Ergebnis dieses historischen Treffens kehren alle Kosmonauten mit den Triebwerken Isaews auf die Erde zurück. Das Kollektiv Isaews wurde Monopolist bei der Entwicklung von Triebwerken für kosmische Apparate.

Jetzt über Bykow. Wir kehrten ohne die hohen Leiter nach Moskau zurück. Alle waren nach dem erfolgreichen Start von Belka und Strelka in den Kosmos in ausgezeichneter Stimmung. Jeder nutzte die acht Stunden Flugzeit an Bord der Il-14 für sich selbst. Die Ermüdeten schliefen. Woskresenskij organisierte eine Runde zum Kartenspielen. Ich unterbrach Juri Bykow beim Lesen und schlug ihm vor, die Probleme der kosmischen Funkverbindungen mit den zukünftigen Raumschiffen unter der Prämisse: „Mensch an Bord" zu überdenken.

Mit Bykow war ich noch aus der Vorkriegszeit bekannt. Wir waren beide Absolventen des MEI, jedoch unterschiedlicher Fakultäten. Wir lernten uns erst kennen, als wir schon Ingenieure waren. Bykow beendete die funkphysikalische Fakultät und war als Funktechniker beschäftigt. Wir lernten uns im Jahre 1940 durch meinen Kommilitonen, den Genossen Sergej Losjakow, kennen. Darüber habe ich schon berichtet.

Im Jahre 1944 entwickelten wir, Bykow, Losjakow und ich, ein Gerät zur Funkentstörung des Zündsystems der neuen Flugzeugjägertypen. Im Jahre 1945 wurde ich zusammen mit Smirnow und Tschistjakow nach Deutschland abkommandiert und arbeitete mit ihnen im Großraum Berlin. Nach vielen Reorganisationen beorderte sie ein Funkbefehl von Professor Lewin an verschiedene Stellen. Tschistjakow wurde Professor des Institutes für Nachrichtenwesen, Smirnow fand ich in Leningrad wieder. Im Jahre 1964 war er Chef einer neuen Funkfirma, die wir zur Entwicklung einer Variante der Funksysteme zur Steuerung der Annäherung verpflichteten. Später nahm Professor Smirnow den Posten eines Lehrstuhlleiters des Leningrader elektrotechischen Institutes ein. Seinen Vorgänger, Professor Viktor Milschstein, der

Autor klassischer Arbeiten zur elektrischen Meßtheorie, raffte der gnadenlose Krebs in der Blüte seiner Jahre dahin. Losjakow und Bykow wurden durch laufende Reorganisationsmaßnahmen in das NII-695 auf der Großen Kalitnikowstraße in Moskau in der Nähe des bekannten Geflügelmarktes verschlagen. Hier arbeitete Bykow als Chefkonstrukteur für Flugzeugfunkstationen. Mir der früheren jugendlichen Begeisterung hielt er an seinem Vorschlag fest, ein Funksystem für den Flug eines Menschen in den Weltraum zu entwickeln. Nach einem Gespräch mit dem Institutsdirektor Gusew brodelte die Arbeit nicht nur in den Labors, sondern auch in den Regierungskanzeleien. Es wurde beschlossen, Bykow zum Chefkonstrukteur eines Funk- und Peilungssystems für unser Programm des bemannten Weltraumfluges zu ernennen.

Indem wir mit Bykow im Flugzeug die neuen Ideen besprachen, überlebten wir das starke Schwanken leichter. Er erzählte über die Ideen der Entwicklung, Endbearbeitung und Erprobung einer Funksprechlinie.

Losjakow, der im NII-695 die Abteilung für Funkempfänger leitete, schlug vor, die Zuverlässigkeit der Verbindungen durch die Methode der Retranslation zu überprüfen. Zu diesem Zweck entwickelte er einen Bordempfänger, der die Übertragungen der gewöhnlichen Rundfunksender empfangen sollte, um diese zu retranslieren und durch den vorhandenen Bordsender als Funktelefon eines zukünftigen Kosmonauten zu nutzen. Ich bezweifelte damals die Zweckmäßigkeit dieser Idee und hatte im Auge, daß die Funkbandbreite der Rundfunkstationen nicht für die Verbreitung im Kosmos vorgesehen ist. Aber Bykow überzeugte mich mit Hilfe eines einfachen Arguments. Das Experiment ist billig, und wenn es gelingt, dann gelingt es.

Auf einem unbemannten Sputnikraumschiff führte man dieses Experiment durch. Der Empfang der retranslierten Sprache auf der Erde war sehr schlecht. Die Musik, z. B. die gespielten populären Lieder, wurde durch das Rauschen und das Verschwinden des Empfanges bis zur völligen Unkenntlichkeit verzerrt. Wahrscheinlich diente dieses Experiment den italienischen Funkamateuren als Anlaß, uns 1960 mitzuteilen, daß sie aus dem Kosmos eine nicht zusammenhängende Rede, Stöhnen und Schreie gehört hatten.

Koroljow schätzte Bykow von Beginn an als zukünftigen Partner bei der Herstellung der direkten Telefonverbindung zu den Kosmonauten ein. Ihm imponierte die ausgeprägte Korrektheit, die äußere und innere Intelligenz Bykows. Aber war er in der Lage, wenn das Leben eines Kosmonauten auf dem Spiel stand, das Prestige des Landes zu wahren? Bald ließ Koroljow diese Vorsicht gegenüber Bykow fallen und vertraute ihm im vollen Maße bei allen seinen Anordnungen. Er rief dadurch die Eifersucht der anderen Chefkonstrukteure, der Teilnehmer an den bemannten Starts hervor.

## *Vor dem Flug Gagarins*

Der allgemeine Volksjubel am 12. April 1961 wird mit den Maßstäben des Siegestages am 9. Mai 1945 verglichen

Ein solcher Vergleich erscheint mir bei äußerer Ähnlichkeit nicht gerechtfertigt. Der Tag des Sieges war ein unausweichlicher, lang erwarteter, durch die Geschichte selbst vorprogrammierter Feiertag für das gesamte Volk mit „Tränen in den Augen". Die offizielle Erklärung über den endgültigen Sieg und die Unterschrift unter die bedingungslose Kapitulation Deutschlands war das Signal für den Ausbruch des Jubels und der Trauer. Diese Massenfeiern waren historisch gesetzmäßig.

Die Vorbereitung des Fluges eines Menschen in den Kosmos war geheim, wie das gesamte kosmische Programm bei uns. Die Mitteilung über den Flug des unbekannten Majors Gagarin in den Kosmos war für die Erdbewohner völlig unerwartet und rief Jubel in der ganzen Welt hervor. Die Moskauer strömten auf die Straßen und füllten den Roten Platz. Sie lachten und trugen selbst angefertigte Plakate. „Alle in den Kosmos"! Es feierte das ganze Land!

Der Flug des ersten Menschen in den Kosmos, die Erfolge der sowjetischen Wissenschaft und Technik waren eine Stimulans zur moralischen Vereinigung aller Schichten der Gesellschaft. Das „Chruschtschowsche Tauwetter" war schon im Abklingen, man fühlte den ideologischen Druck des „kalten Krieges". Der Flug Gagarins gab erneut Hoffnung auf eine helle Zukunft.

Es war noch schwierig einzuschätzen, was konkret dem Vaterland und der Menschheit der Flug eines Menschen in den Kosmos bringen wird, aber jeder Bürger der Sowjetunion fühlte sich persönlich als Teilnehmer einer großen Errungenschaft. Weder die Amerikaner noch die Europäer, sondern unser Smolensker vollbrachte diese Heldentat durch die Arbeit unserer Wissenschaftler und die Anstrengungen des ganzen Volkes.

Ich war weder am 9. Mai 1945 noch am Tage des triumphalen Empfangs Gagarins in Moskau. Darüber, was an diesen Tagen vor sich ging, gibt es eine ausreichende Anzahl von Publikationen, von Fotos und Kinodokumenten. Vor Jahren erschienen ernsthafte Bücher über die Vorbereitung des Weltraumschiffes, über den Flug und über Gagarin selbst.

Von den Autoren, die am objektivsten an der Memoirenliteratur gearbeitet haben, halte ich folgende für wert, sie aufzuzählen: Mark Gallaj, ein verdienter Testpilot, Instrukteur und Methodiker der ersten Kosmonautengruppe; Oleg Iwanowskij, der führende Konstrukteur des Raumschiffes Wostok; Nikolai Kamanin, der Helfer des Oberkommandierenden der Luftstreitkräfte und Verantwortlicher für die Vorbereitung der Kosmonauten, er hat faktisch die Arbeit in den Luftstreitkräften zur bemannten Raumfahrt geleitet; Juri Gagarin selbst (in der Literatur aufgetreten als S. Borsenko und S. Denisow) und German Titow, ein Kamerad von Gagarin, der zweite Kosmonaut der Welt; Jaroslaw Golowanow, ein Ingenieur, der professioneller Journalist und Schriftsteller wurde und den raketen-kosmischen Kreisen nahesteht.

Die von Golowanow geschriebene Biographie Koroljows ist eine talentierte Synthese der Darstellung historischer Fakten, eine Beschreibung der Teilnehmer dieser Tage und der allgemeinen Atmosphäre „der Kosmonautik". Dieses Buch besitzt außer den übrigen Vorteilen die Eigenschaft, daß es gegenüber allen anderen Ausgaben zu einer Zeit erschien, als es schon möglich war, die Dinge beim Namen zu nennen. Die harte und zum größten Teil unkluge Zensur früherer Jahre hielt die Autoren an der kurzen Leine.

In dem bemerkenswerten Buch „Die ersten Stufen" von Oleg Iwanowski hat sich der Autor selbst als A. Iwanow bezeichnet. Konstantin Dawidowitsch (Buschujew) verwandelte sich in Konstatin Dimitriewitsch, Alexej Bogomolow in Wasilij Fjedorowitsch, Nikolai Alexeewitsch (Piljugin) in Nikolai Alexandrowitsch, Wilnitziki wurde zu Wiltschizkij, ich wurde als Boris Efimowitsch bezeichnet usw. Uneingeweihten ist zu empfehlen, die Ausgaben der ersten Jahre der kosmischen Ära mit Hilfe des speziellen Handbuches: „Wer war wer" zu lesen. Jetzt ist es möglich, ohne jede Verzerrung zu schreiben und zu erzählen. Die Zeit hat jedoch die unwiederbringliche Würze jener Tage und Nächte verweht.

Wenn ich mich mit Erinnerungen über die ersten bemannten Flüge in den Kosmos intensiv befasse, empfinde ich zu den Teilnehmern eine Art von Neid. Ich bin nicht in der Lage, in meinen Erinnerungen die Erzählung über Gagarin und seinen Flug am 12. April „in reiner Form" darzustellen, wenn ich die unmittelbaren Ereignisse beschreiben würde! Jetzt im Abstand von fünfunddreißig Jahren mischen sich in die „historischen Tage" andere Ereignisse ein. Und es ist so, als würdest du aus Gedankenlosigkeit den Fotoapparat mit einem schon belichteten Film noch einmal belichten. Bei der Entwicklung des Films vermischen sich verschiedene Sujets.

Im März und April 1961 befand ich mich in Tjuratam. Bei der Vorbereitung des Fluges Gagarins und danach ereigneten sich auf dem Schießplatz auch andere Dinge, die unmittelbar mit unserer Arbeit zusammenhingen. Über verschiedene davon, die parallel abliefen, schreibe ich in einem anderen Kapitel.

Die Ordnungen, die auf dem Schießplatz in den Tagen der Vorbereitung des Starts eines Menschen in den Kosmos herrschten, unterschieden sich äußerlich wenig von den vorangegangenen, als die Sputnik-Weltraumschiffe in den Kosmos starteten, die noch nicht als „Wostok" bezeichnet wurden.. Die Anspannung und die Schlaflosigkeit während der Vorbereitung der ersten Raketen und des ersten Sputniks war wesentlich größer. Jetzt gab es mehr elementare Ordnung. In der Atmosphäre von Tjuratam erschien etwas Unfaßbares. Ein Mensch, der nach langer Pause zum Schießplatz zurückkehrte, konnte bemerken, daß bei den „Alteingesessenen" ein Selbstwertgefühl, ein Gefühl der Selbstachtung entstanden war.

In diesen Tagen flogen viele neue Leute ein. Die zum ersten Mal hier Erschienenen gewöhnten sich sehr schnell an die Schießplatzatmosphäre. Die überfüllten Hotels und Restaurants regten die Leute nicht auf, sondern söhnte sie aus und näherte sie an. Wir, die Schießplatzalteingesessenen bemerkten gar nicht, daß in der Steppe die niedrig wachsenden Tulpen früher als gewöhnlich erblühten. Alle aus Moskau Eingeflogenen bemerkten dies sofort. Alle fühlten das Nahen eines historischen Ereignisses. Aber niemand zeigte seine angespannten Gefühle. Keiner sprach die begeisterten, feierlichen Worte aus. Es war beim Treffen gleichsam so, daß sich die Leute begrüßten und dabei häufiger lächelten als gewöhnlich.

Ich erlaube mir, einige abweichende Bemerkungen zur Geschichte der „Wostoks" zu machen. Die Vorbereitung der Entwicklung eines „bemannten" Sputniks bezieht sich auf den August des Jahres 1958. Die wichtigsten Persönlichkeiten bei dieser Arbeit waren Tichonrawow und Feoktistow. Am Ende des Jahres wurde mit der Entwicklung von Steuerungssystemen und von Systemen der Lebenserhaltung und anderer Systeme begonnen.

Die Rolle des Chefprojektanten füllte Konstantin Feoktitstow aus. Während der gesamten Projektierungsarbeiten bemannter Raumschiffe von den „Wostoks" bis zu den „Sojus" zeigte er unter den Projektanten, mit denen ich zusammen gearbeitet habe, den „schnellsten Verstand". Erstaunlich war zu beobachten, daß Koroljow im Charakter von Feoktistow die Starrköpfigkeit und manchmal die übertriebene Prinzipienfestigkeit, die bis zum Fanatismus ging geduldig ertrug.

Irgend jemand von meinen Kollegen beschwerte sich manchmal über den diktatorischen und sogar despotischen Stil Feoktisitows bei der Beratung von Projektierungsfragen. Dies betraf nur die Projekte und nicht die menschlichen Beziehungen in denen Feoktistow als Beispiel der intelligenten Ehrenhaftigkeit hätte dienen können. Sein Fanatismus erklärte sich auch noch damit, daß er vom Flug in den Kosmos träumte. Diese Möglichkeit erhielt er durch die Hartnäckigkeit Koroljows, aber erst drei Jahre nach dem Flug Gagarins.

Im April 1959 wurde das geheime Entwurfsprojekt des Raumschiffes „Wostok" verabschiedet, und im Mai erschienen die ersten ballistischen Berechnungen mit Landungsvarianten aus dem Orbit.

Nach oben konnte man sich mit dem Vorschlag über den Flug eines Menschen in den Kosmos nur mit Unterstützung der Militärs wenden. Jede Rakete R-7, die für neue Programme notwendig war, ging so oder anders auf ihre Rechnung. Wir haben auch so die Geduld des Verteidigungsministeriums mißbraucht, indem wir ihren Schießplatz, ihr Kontingent an Militärspezialisten und Militärbasen für die Starts zum Mond, zum Mars und zur Venus nutzten.

Die Rakete R-7 in ihrer modernisierten Variante R7-A (8K74), die mit der dritten Stufe – dem Block E – ergänzt wurde, war schon 1959 in der Lage, einen Sputnik mit einer Masse von 5 t in den Weltraum zu bringen. Dies reichte aus, um mit experimentellen Starts eines Menschen zu beginnen.

Nicht das erste und letzte Mal haben die Amerikaner indirekt unser neues Programm unterstützt. Auf Initiative des CIA begannen sie, Aufklärungssatelliten zu entwickeln Die Fotoaufnahmen ihrer Sputniks „Discovery" kehrten in speziellen Kapseln zur Erde zurück. Darin, daß muß man anerkennen, hatten uns die Amerikaner überholt. Im Mai 1959 beherrschten wir die Technik der Zurückführung von Nutzlasten aus dem Orbit noch nicht.

Das Problem der Rückkehr aus dem Orbit war eins der wichtigsten sowohl für den Menschen an Bord als auch für die Materialien der Foto- und jeder Art anderer Aufklärung.
Gemeinsame Interessen waren Ursache für die Verabschiedung eines völlig geheimen Regierungsbeschlusses zum Thema „Wostok“ am 22. Mai 1959. Durch diesen Beschluß war das OKB-1 verpflichtet, die experimentelle Endbearbeitung der wichtigsten Systeme und Konstruktionen des automatischen Sputnikaufklärer zu übernehmen. Die Entwicklung eines künstlichen Aufklärungs- und Navigationssatelliten wurde durch die unaufschiebbaren Verteidigungsaufgaben erklärt. Mit Hilfe von Keldysch und Rudnew gelang es Koroljow, in diesen Beschluß zusätzlich folgende Worte hineinzuschreiben: „aber auch eines Sputniks, der für den Flug eines Menschen vorgesehen ist“.
Eine solche, aus taktischen Gründen erfolgte Vereinigung zweier, so schien es, völlig unterschiedlicher Aufgaben in einem Beschluß führte im weiteren zur technischen Vereinheitlichung der Grundkonstruktionselemente der bemannten „Wostoks“ und „Zenits“ – der ersten Fotoaufklärer.
Der Apparat des Staatlichen Komitees der Verteidigungsindustrie sowie des Militär- und Industriekomitees unter Teilnahme von Koroljow und der anderen Chefkonstrukteure bereitete diesen Beschluß vor. Ohne Verzögerung überprüfte und unterzeichnete ihn Chruschtschow.
Was der Flug eines sowjetischen Menschen in den Kosmos für das Prestige des Landes und den Beweis der Vorzüge des sozialistischen Systems bedeutete, verstand Chruschtschow besser als die Autoren dieses Vorschlags.
Die Erfahrung der Arbeit mit den ersten komplizierten Apparaten des Mond-, Mars- und Venusprogrammes hatte die Notwendigkeit gezeigt, mit viel härteren Forderungen an die Probleme der Zuverlässigkeit zu gehen.
Bei der Auswahl des Schemas der Rückkehr zur Erde gab es in der Form und Konstruktion des Landeapparates verschiedene Varianten. Unter dem Druck von Tichonrawow und Feoktistow hat Koroljow auf einer der stürmischen Beratungen, als schon alle Zeitvorräte in den Streitgesprächen zu diesem Anlaß erschöpft waren, das ballistische Schema der Landung und des Landeapparates in Form einer Kugel bestätigt. Ein solcher Landeapparat war bei einem zuverlässigen Wärmeschutz der einfachste sowohl für die Aerodynamiker als auch die Konstrukteure. Alle Geräte, die zur Rückkehr nicht notwendig waren, wurden dem Landeapparat in zwei abtrennbaren Sektionen der Geräte- und Aggragatesektion zugeordnet, die vor Eintritt in die Atmosphäre abgetrennt wurden Im Unterschied zur Luftfahrt hatten wir die Möglichkeit, die Zuverlässigkeit eines bemannten Flugapparates ohne Piloten zu überprüfen.
Der Regierungsbeschluß vom 10. Dezember 1959 formulierte die Aufgabe zur Realisierung der ersten Flüge eines Menschen in den kosmischen Raum schon exakt. Innerhalb von drei Monaten entwickelte man das Entwurfsprojekt eines automatischen Sputniks 1K. Koroljow bestätigt es am 26. April 1960. Dies machte es möglich, ein Programm zur Landung der ersten experimentellen Sputniks zu beginnen und am 4. Juni 1960 durch den fälligen Beschluß zum Gesetz zu machen. Die Flugerprobung war von Mai bis Dezember 1960 geplant.

Der erste Start des „Erzeugnisses 1K“ fand am 15. Mai 1960 statt. Der Landeapparat des ersten 1K hatte keine Wärmeisolierung und erhielt deshalb die Bezeichnung „1-KP“. Der zweite Start am 28. Juli 1960 endete tragisch. Die Passagiere des ersten Musters des Raumschiffes „Wostok“, die Hunde Tschaika und Lisitschka, starben bei einer Havarie der ersten Stufe der Trägerrakete.
Am 19. August 1960 startete das Sputnikraumschiff mit den berühmten Hunden Belka und Strelka und erreichte die Umlaufbahn erfolgreich. Die Hunde kehrten in einer katapultierten Kapsel zur Erde zurück.
Am 1. Dezember 1960 starben in demselben Sputnikraumschiff in der Umlaufbahn die Hunde Ptschelka und Muschka. Das Raumschiff wurde mit Hilfe des Systems der automatischen Absprengung des Objektes (APO) gesprengt. Dies erfolgte in Übereinstimmung mit der Logik, das Raumschiffes zu vernichten, wenn die Gefahr bestand, daß es auf fremdem Territorium landen könne.
Am 22. Dezember landeten infolge einer Havarie in der dritten Stufe der Trägerrakete die Hunde Schutka und Kometa nicht planmäßig im Landeapparat in Folge des Versagens des Katapultes. Dies rettete ihnen das Leben.
Das Programm der Starts unbemannter Sputniks war noch nicht beendet, als der Rummel um den Start des Menschen entflammte. Dies wurde durch die Mitteilung über den Start eines Menschen mit Hilfe der Trägerrakete „Atlas“ in den USA hervorgerufen. Die Flugerprobungen dieser militärischen Rakete begannen am 11. Juni 1957 fast gleichzeitig mit unserer „Semjorka“. Die geplante Reichweite konnte jedoch erst nach dem 11. Start, am 28. August 1958, realisiert werden. Nach einer Reihe von Modernisierungen an der Rakete konnte diese mit einer Nutzlast von 1300 kg in eine Umlaufbahn gebracht werden. Dies erlaubte es den Amerikanern, die bemannte Kapsel „Mercury“ zu projektieren und einen bemannten Flug für das Jahr 1961 zu planen.
Den Amerikanern die Priorität für den Start eines Menschen zu überlassen, daran war nach all unseren kosmischen Siegen überhaupt nicht zu denken.
Am 11. Oktober 1960 unterzeichnete Chruschtschow einen Beschluß, in dem die Entwicklung eines bemannten kosmischen Raumschiffes „Wostok“ zu einer besonders wichtigen Aufgabe erklärt wurde.
Zu Beginn des Jahres 1960 faßte man einen speziellen „Beschluß für 3KA“ (betrieblicher Zeichnungsindex „Wostok“). Darin wurde zum ersten Mal direktiv eine Ordnung festgelegt, nach der alle Systeme für den bemannten Flug hergestellt und erprobt werden wollten.
Die für „Wostok“ vorgesehenen Geräte und Systeme sollten mit Hilfe einer Aufschrift in einem Formular: „geeignet für 3KA“ markiert werden. Die Lieferung irgendwelcher komplettierender Erzeugnisse zur Montage des 3KA ohne Durchlauf des vollen Zyklus der Fabrikerprobungen war verboten. Den Militärvertretern wurde befohlen, die Qualität und Zuverlässigkeit strengstens zu kontrollieren. Für die Qualität der Erzeugnisse mit der Markierung „geeignet für 3KA“ waren die Chefkonstrukteure und die Leiter der Betriebe persönlich verantwortlich. Sie hatten nicht das Recht, ihre Unterschriftspflicht an einen Stellvertreter abzutreten.

Die Anordnung über 3KA spielte bei der disziplinierenden Rolle in unserer Industrie eine große Rolle. Das Entwurfsprojekt für das Raumschiff 3KA stellte zunächst die Aufgabe, einen mehrstündigen Flug eines Menschen im Weltraum auf der Umlaufbahn eines Sputniks um die Erde sowie die sichere Landung zur Rückkehr auf die Erde zu garantieren. Für die zukünftige Kosmonautik waren keinerlei wissenschaftliche, praktische oder militärische Aufgaben gestellt. Nur fliegen und am Leben bleiben, das war die Aufgabe, und dann sehen wir weiter! Das erste Raumschiff besaß alle für diese Aufgabe notwendigen Systeme. Irgendeine der psychologischen Autoritäten äußerte sich in dem Sinne, daß ein Mensch, der sich außerhalb der Erde „eins zu eins mit dem Weltall" befände, nicht die Verantwortung für die Steuerung des Raumschiffes übernehmen könne. Die Physiologen (ich nenne die Namen der Berater und Konsultanten nicht, ungeachtet der Geheimhaltung waren es ziemlich viele) machten angst vor einer Bewußtseinstrübung unter den Bedingungen der Schwerelosigkeit. Deshalb wurde ganz zu Beginn der Projektierung die Verantwortlichkeit für die Orientierung, für die Auslösung des Bremsimpulses und für alle Operationen, die die Rückkehr auf die Erde garantieren sollten, völlig dem automatischen Steuerungssystem übergeben.
Die Auswahl der Kandidaten für den Weltraumflug war den Luftstreitkräften aufgetragen worden. Das flugmedizinische Institut bildete eine spezielle Abteilung für die Vorbereitung und Auswahl der Kosmonauten. Der Arzt Nikolaj Gurowskij leitete sie. Er war ein sehr guter Mensch. Wir nutzten später seine medizinische Hilfe nicht nur für die Kosmonauten, sondern auch für die mit ihnen zusammen arbeitenden Spezialisten.
Eine medizinische Kommission, die zu dieser Zeit über die modernsten Apparate und Methoden verfügte, wählte die Kosmonauten aus. Nach dem Test der Gesamtgesundheit wurde eine Vielzahl von Trainingsübungen auf Drehsesseln, Schaukeln, Zentrifugen, darunter auch ein zehntägiger Aufenthalt in einer schalldichten Kammer, absolviert. Das Gedächtnis, das Vorstellungsvermögen, die Findigkeit in Streßsituationen, die Beobachtungsfähigkeit, die Widerstandsfähigkeit gegen Hypoxie (Sauerstoffmangel) und vieles andere wurde überprüft. Außerdem gehörte ein sportliches Training sowie Fallschirmsprünge und das Studium der Grundlagen der Raketentechnik dazu. Von anfangs 250 Fliegerkandidaten nahm die Kommission lediglich 20 als brauchbar an.
Im April des Jahres 1960 rief Koroljow mich, Tichonrawow, Buschuew Feoktistow und noch irgend jemand anderes zu sich und stellte uns den Leiter der Kosmonautenbrigade vor. Es war der Helfer des Oberkommandierenden der Luftstreitkräfte, Held der Sowjetunion, Generalleutnant der Luftstreitkräfte, Nikolaj Petrowitsch Kamanin. Dieser Name war uns bei der Erinnerung an die Tscheljuskinsker Ereignisse im Jahre 1934 gut bekannt. Bei dem Treffen war auch der uns schon bekannte Militärarzt Wladimir Jasdowskij anwesend. Er war in unsere raketen-kosmische Gemeinschaft eingegangen, weil er alle vorangegangenen Hundeflüge organisiert hatte. Als weiterer „Leiter" der Kosmonauten, war der Fliegerarzt Jewgenij Karpow anwesend. Beide Ärzte im

Range eines Oberst setzten ihre Kraft nicht nur für die medizinische Kontrolle der physischen Vorbereitung zu den Flügen, sondern auch bei den Nachfluguntersuchungen der Kosmonauten ein. Karpow ernannte man zum ersten Leiter des Vorbereitungszentrums der Kosmonauten.
Beim Studium der Auswahlmethoden der Kosmonauten wandte ich mich an Jasdowskij und sagte ihm: „Nicht einer Deiner Hunde hätte das ausgehalten." Ehe Jasdowskij antworten konnte, unterbrach Koroljow ihn heftig: „Hören Sie auf mit Ihren dummen Scherzen! Ihnen, Genosse Tschertok, tragen wir auf, ein Vorbereitungsprogramm für die Kosmonauten zu Fragen der Funkverbindungen und der Steuerungssysteme vorzubereiten. Stimmen Sie es mit Nikolaj Petrowitsch ab!"
Der Übergang Koroljows auf „Sie" und auch noch auf „Genosse Tschertok" zeugte von äußerster Gereiztheit durch mein albernes Benehmen.
Das entsprechende Programm zu der noch nicht vorhandenen Handsteuerung der Orientierung entwickelte Rauschenbach. Ich überredete Bykow, das Funkprogramm zu entwickeln. Er war der Chef der „Sarja". Er beauftragte seinen Stellvertreter Meschtscherjakow, diese Arbeit zu übernehmen. Alle Fragen des Trainings am Pilotenpult löste Sergej Darewskij. Er war Chefkonstrukteur im SKB des LII (Luftfahrtforschungsinstitut). Dort wurde das Pult und die ersten kosmischen Trainer entwickelt. Kamanin war durch mein unkorrektes Benehmen, das ich vor Koroljow an den Tag gelegt hatte, nicht beleidigt. Er lud Buschuew und mich ein, uns mit den zukünftigen Kosmonauten bekanntzumachen. Sie waren zeitweilig in einem der Gebäude des zentralen Frunseflugplatzes untergebracht. Es befand sich fast gegenüber der Metrostation „Dynamo".
In diesem Gebäude habe ich im August 1937 zwei Tage zusammen mit Bolchowitinow zugebracht, als noch Hoffnung bestand, die Funkverbindung zur Mannschaft Lewanewskij wieder herzustellen.
Ich muß gestehen, daß ich enttäuscht war, als ich die möglichen Kosmonauten zum ersten Mal gesehen habe. Ich erinnere mich an ihre Jugend, in dieser Hinsicht waren sie sich alle ähnlich, aber eben keiner war ein seriöser Leutnant. Von der Kriegszeit her verband sich mit dem Begriff Jagdflieger ein völlig anderes Bild. Wenn uns damals jemand gesagt hätte, daß diese Jüngelchen einer nach dem anderen Helden werden und einige von ihnen sogar Generäle, hätte ich geantwortet, daß so etwas nur während des Krieges möglich sei. Es erwies sich, daß der dritte Weltkrieg dazu überhaupt nicht notwendig war. Es lief eine Schlacht an der äußersten Grenze der wissenschaftlich-technischen Front des „kalten Krieges". Den Ausgang der Schlacht bestimmten die Wissenschaftler, die Ingenieure, die „Generäle" der Industrie und die Arbeiter, aber nicht die Soldaten. Jetzt war noch eine Art von Kämpfern aufgetaucht – die Kosmonauten!
So oder so hatten wir es mit Jagdfliegern zu tun. Die Jagdflugzeuge waren für die Flieger entwickelt worden. Wir mußten einen Apparat entwickeln, in dem kein Flieger, sondern ein „Mensch an Bord" fliegt! Brauchte dieser ein System der Handsteuerung?

Es gab verschiedene Versionen über die Idee zur Entwicklung des Systems der Handsteuerung. Die erste war eine Forderung Koroljows, als Zugeständnis an die Flieger. Koroljow hatte nicht vergessen, daß er selbst einmal einen Flugapparat gesteuert hatte. Die zweite Version war glaubhafter. Bei Beurteilung des Systems der automatischen Orientierung und dem Einschalten des Bremstriebwerkes entstand bei Rauschenbach, Legostaew, Baschkin und Feoktistow der Gedanke, was würde es kosten, wenn man zu dieser automatischen ein Handsteuerungssystem hinzufügt. Das System der Handsteuerung wurde so entwickelt, daß es die Möglichkeit bot, eine havarierte (oder auch redundante) Automatik für die Rückkehr zur Erde zu dublieren. Denn alles, was mit der Technik der Handsteuerung verbunden war, projektierten wir und beurteilten es als sehr interessiert, obwohl wir davon ausgingen, das ist „für alle Fälle".
Für den ersten Flug schlug jemand vor – weil man befürchtete, daß der Kosmonaut das Bewußtsein verlieren könne – ein numerisches Codeschloß zu installieren. Nur, wer den Code „125" wählen konnte, wäre in der Lage, das System der Handsteuerung einzuschalten. Für den ersten Flug würde der Code dem Kosmonauten in einem geschlossenen Kuvert übergeben. Wenn er das Kuvert aus der Instruktionsmappe entnehmen, es öffnen, durchlesen und den Code wählen kann, war er folglich bei Verstand und man konnte ihm die Handsteuerung anvertrauen.
Nach dem Flug gaben Iwanowskij und Gallaj zu, daß sie den Code „125" Gagarin heimlich vor der Landung im Raumschiff mitgeteilt und dadurch den Beschluß der Staatlichen Kommission verletzt hatten. Außer dem System der automatischen und Handsteuerung war für die garantierte Rückkehr auch eine ballistische vorgesehen. Für den Fall, das Bremstriebwerk arbeitet nicht, würde eine so niedrige Umlaufbahn gewählt, daß sich durch aerodynamische Bremsung in den obersten Atmosphärenschichten allmählich die Geschwindigkeit vermindert, und in nicht mehr als fünf bis sechs Tagen würde das Raumschiff zur Erde zurückkehren. Das Raumschiff würde dann in einem vorgesehenem Gebiet, nach der Wahrscheinlichkeitstheorie im Ozean niedergehen.
Die Systeme der automatischen und Handsteuerung arbeiteten! Sie waren sehr einfach und zuverlässig. Es ist erstaunlich, daß jetzt niemand solche einfachen und zuverlässigen Systeme vorschlagen würde. Jeder beliebige Experte unserer Zeit ist der Meinung, daß dies ohne Computer einfach nicht seriös ist!
Der historischen Wahrheit wegen muß unter allen Ereignissen, die dem erfolgreichen Flug des ersten Menschen in den Kosmos vorausgingen, die Entscheidung über die Zuordnung des Kollektivs von Grabin (NII-58) sowie des Kollektivs von Rauschbach in das OKB-1 auf den ersten Platz gesetzt werden. In der Summe erhielten wir im Verlaufe der Jahre 1959 und 1960 ein intellektuelles Potential, das zu dieser Zeit für eine solche komplexe zielgerichtete Tätigkeit keine andere Organisation in unserem Lande besaß. Nicht nur in unserem Lande! Als die ausländischen Wissenschaftler die Möglichkeit erhielten, sich mit den Steuerungsprinzipien der „Wostoks"

bekanntzumachen, gerieten sie durch die Einfachheit und Zuverlässigkeit in Entzücken wenn sie dies mit den ersten amerikanischen Apparaten des Typs „Mercuy“ verglichen.
Auf das System der automatischen Sonnenorientierung und die dublizierende Handsteuerung der Orientierung konnten Rauschenbach, Legostaew, Tokar, Skotnikow, Baschkin und unsere Kooperationspartner, die in der Geophysik in der Stromynker Gasse optische Sensoren und Geräte der automatischen und visuellen Orientierung entwickelten, zu ihrer Zeit mit Recht stolz sein. Durch die Einschaltung des Systems über die Funkbefehlslinie konnten von der Erde aus die möglichen Steuerungen vom Pult des Piloten aus dubliert werden. Für diese Ziele entwickelten die Elektriker logische Relaisautomaten, die mit der Handsteuerung, dem Programmzeitschalter und den Befehlsfunklinien gekoppelt waren. Dabei zeichneten sich besonders die frischen Absolventen des Taganroker funktechnischen Instituts, Karpow und Schewelew, durch ihren fachlichen Beitrag aus. Die Befehlsfunklinien für die „Wostok“ wurden von Armen Mnazakanjan entwickelt, der zu dieser Zeit das Kollektiv des NII-648 leitete.
Die Amerikaner erreichten es nicht, ein ähnlich zuverlässiges automatisches System zu entwickeln und stützten sich in weit umfangreicherem Maße auf den Menschen. Erst im Jahre 1965 gelang es ihnen, die „Wostok“ mit dem zweisitzigen amerikanischen Raumschiff „Gemini“ in den Hauptparametern zu überholen. Wir brauchten danach drei Jahre um wiederum voranzugehen, jetzt schon mit Hilfe der Raumschiffe „Sojus“. Die Wahrheit ist, daß dieser Wettlauf Wladimir Komarow das Leben kostete. Aber dies war nicht die Schuld der Entwickler des Steuerungssystems.
Von allen Systemen der „Wostoks“ war das Landesystem überkompliziert.( Es war eine größere Redundanz vorhanden als notwendig) Aus Angst vor der Überlastung beim Aufprall auf die Erde riskierte man nicht, den Kosmonauten im Apparat selbst landen zu lassen, sondern machte das System zweistufig. Der Landeapparat und der Kosmonaut landeten getrennt!
Nach dem Eintritt in die Atmosphäre wurde die Luke in einer Höhe von sieben Kilometern abgesprengt, aus der der Kosmonaut zusammen mit dem Sessel katapultiert wurde. Der Kosmonaut befand sich im freien Fall und erwartete bis in eine Höhe von vier Kilometern das Öffnen des Fallschirms. Schließlich entfaltete sich der Hauptfallschirm, und dann wurde der Sessel abgetrennt, der frei herunterfiel. Der Landeapparat ohne Kosmonaut landete an einem eigenem Fallschirm parallel. Dadurch gab es zwei Landesysteme und der Kosmonaut im Raumanzug (Skafander) sollte die Erde nach allen Regeln des Fallschirmsprunges erreichen.
Die Entwicklung der Schaltungen, die zum Absprengen der Luke, des Katapultierens und der Entfaltung der Fallschirme notwendig waren, bereiteten den Elektrikern größere Sorgen als alle anderen Systeme. Hier konnten schon keinerlei Handsysteme das Leben des Kosmonauten bei einem zufälligen Versagen mehr retten.

Die ersten zwei aus den Luftstreitkräften ausgewählten Kosmonauten, Gagarin und Titow, wandten in Zusammenarbeit mit dem Chefkonstrukteur von Skafander und Sessel, Alexeew, viel Zeit für die individuelle Anpassung des ziemlich komplizierten Hängesystems auf.
Tatschew als Chefkonstrukteur der Fallschirme hielt sein System für sehr einfach. Mir schien es viel schwieriger, sich in Dutzenden von Halteleinen, Trageriemen und Schlössern zurechtzufinden, als sich in den elektrischen Schaltungen auszukennen.. Aber man mußte sich kundig machen, weil sich das Fallschirmsystem ohne elektrische Befehle nicht öffnete.
Wenn wir von den heutigen Zuverlässigkeitsstandards der Trägerraketen ausgehen, so hatten wir im April 1961 keinen Grund dafür, optimistisch zu sein. Für kommerzielle Starts nicht bemannter Automaten, insbesondere für Nachrichtensputniks benutzte man in den achtziger Jahren entsprechend den internationalen Normen nur Trägerraketen, die mindestens acht gelungene Starts hintereinander aufweisen konnten.
Von fünf Sputnikraumschiffen, die im Jahre 1960 zur Erprobung der Systeme starteten, waren vier geflogen. Von diesen vier gelangten drei auf eine Umlaufbahn und zwei sind gelandet. Von den zwei zurückgekehrten landete nur eines normal! Bis zum Start eines Menschen war es unbedingt notwendig, zumindest zwei bis drei gelungene nicht bemannte Starts aufzuweisen.
Bei einem Start der zwei Venussonden am 4. und 12. Februar 1961 verhielten sich die drei ersten Stufen normal. Am 9. März fand der Start eines Sputnikraumschiffes mit einer Puppe und dem Hund Tschernuschka mit einem für den Menschen ausgearbeiteten Programm statt. Nach einem Umlauf landete das Raumschiff im vorgesehen Gebiet, 260 km von Kujbyschew entfernt. Den Hund Tschernuschka führte Wladimir Jasdowskij den Kolchosbauern in dem Landeort vor. Am 25. März 1961 startete das Raumschiff 3KA mit denselben Funkgeräten, die Jurij Bykow für das normale bemannte Raumschiff entwickelt hatte. Der Start war erfolgreich. Die auf dem Schießplatz anwesenden Kosmonauten konnten sich von der Zuverlässigkeit der Funkverbindung auf der Etappe des Starts, beim Flug, auf der Umlaufbahn, solange sich das Raumschiff in der Funksichtbarkeitszone unserer Bodenmeßpunkte befand, überzeugen. Die Landung war im Gebiet von Wotkinsk erfolgreich. Die Puppe „Iwan Iwanowitsch“ und der Hund Swesdotschka (Sternchen) – so wurde er am Tage des Starts auf den Vorschlag von Gagarin getauft – kehrten auf die Erde zurück.
„Der Hund ist der Freund des Menschen“ diese Wahrheit erwies sich auch für die Kosmonautik als richtig. Den Weg des Menschen in den Kosmos ebneten einfache Gebrauchshunde.
Am 29. März 1961 fand eine Sitzung des Militär-Industrie-Komitees statt, auf der Koroljow mit dem Vorschlag über den Start eines Menschen an Bord des Raumschiffes „Wostok“ auftrat. Die Sitzung leitete Ustinow. Er fühlte die historische Bedeutung der anstehenden Entscheidung, und es kann sein, daß er deshalb darum bat, daß jeder der Chefkonstrukteure seine Meinung äußerte. Nachdem er die Zusicherung erhalten hatte, daß jedes System bereit sei und die Unterstützung des Vorsitzenden des Staatlichen Komitees vorliege, formulierte

Ustinow den Beschluß: „Den Vorschlag der Chefkonstrukteure anzunehmen." So muß man Ustinow als ersten hohen staatlichen Leiter einschätzen, der grünes Licht für den Start des Menschen in den Kosmos gab.

Am 3. April fand eine Sitzung des Präsidium des ZK der KPdSU statt, die Chruschtschow leitete. Nach dem Bericht Ustinows faßte das Präsidium des ZK der KPdSU den Beschluß, den Start eines Menschen in den Kosmos zu bewilligen.

Den ganzen Tag des 4. April verbrachte man im OKB-1 zur Klärung organisatorischer Fragen wie – Beladung der Flugzeuge mit Passagieren, Dokumentationen und Nutzlasten für die Entsendung auf den Schießplatz. Man kann nicht sagen, daß der Beschluß des Präsidiums des ZK der KPdSU unerwartet gekommen wäre, aber dessen ungeachtet, gab es bei den Chefkonstrukteuren oder ihren Vertretern Gründe, einen Tag oder länger in Moskau zu verweilen, um noch etwas schnell vorzubereiten, etwas zu Ende zu bringen oder ein Ersatzinstrument oder Ersatzgerät in die Liste der mit dem Flugzeug zu transportierenden Güter einzutragen. Außer den Ersatzgeräten und Materialien war es plötzlich unerwartet notwendig, früher nicht vorgesehene in keinen Listen vorhandene Spezialisten zu entsenden, ohne die es kaum möglich wäre, den Start zu sichern.

Ich antwortete auf solche Bitten in Übereinstimmung mit den Anweisung: „Wenden Sie sich persönlich an Sergej Pawlowitsch!"

In den meisten Fälle wagten es diese Leute nicht, das Risiko einzugehen, solche Fragen zu stellen, weil sie das Verhältnis Koroljows zu dieser Art Vergeßlichkeit und Unordnung kannten.

Am 4. April wollten wir zusammen mit Mischin und Keldysch von Wnukowo aus abfliegen. Keldysch wurde den ganzen Tag aufgehalten, und der Flug verzögerte sich bis 23 Uhr. Auf dem Flughafen Wnukowo breitete sich ein für den April ungewöhnlicher Schneesturm aus. Das Flugzeug wurde durch eine nasse Schneeschicht so bedeckt, daß es eine ganze Stunde mit heißem Wasser bespült werden mußte. Wir flogen erst um 24 Uhr ab und ich schlief sofort ein bis Aktjubinsk.

Auf der „Schwalbe", so hatten wir den Flugplatz des Schießplatzes getauft, glänzte die Sonne. Weil Keldych einflog, wurden wir vom Leiter des Schießplatzes, General Sacharow, und dessen Begleitung begrüßt.

Koroljow hielt es für notwendig, eher auf dem Schießplatz einzutreffen als die Kosmonauten. Mit uns flogen Mark Gallaj und alle Chefkonstrukteure .

Am 5.April kam die gesamte Mannschaft der Kosmonauten in Begleitung der Ärzte, der Kameramänner und der Reporter auf dem Schießplatz an.

Am 6. April flog Konstantin Rudnew, Vorsitzender des Staatlichen Komitees für Verteidigungstechnik und Vorsitzender der Staatlichen Kommission, ein.

Am 8. April bestätigte die Staatliche Kommission die Aufgabe des ersten bemannten Weltraumfluges: „Einen Flug mit einem Umlauf um die Erde in einer Höhe von 180 bis 230 km und der Dauer von einer Stunde und 30 Minuten zu vollführen und im vorgegebenen Gebiet zu landen. Das Ziel des Fluges ist es, die Möglichkeit des Aufenthaltes eines Menschen in einem speziell ausgerüsteten Raumschiff zu überprüfen, die Geräte des Raumschiffes während des Fluges zu testen, die Funkverbindung des Raumschiffes mit der Erde zu überprüfen und die Zuverlässigkeit der Landung des Raumschiffes und des Kosmonauten zu beweisen."

Nach dem öffentlichen Teil der Sitzung blieb die Kommission im „engen" Kreise zusammen und bestätigte den Vorschlag Kamanins, Gagarin zum Flug zuzulassen und als Reservepilot Titow zu benennen. Jetzt scheint es lachhaft, daß damals im Jahre 1961 die Kommission ernsthaft den Beschluß faßte, daß bei Veröffentlichung der Ergebnisse des Fluges und der Registratur als Weltrekord, die geheimen Daten über den Schießplatz und die Trägerrakete „nicht preisgegeben werden".

So erfuhr die Welt im Jahre 1961 nicht, von wo aus Gagarin gestartet war und welche Rakete ihn in den Kosmos getragen hatte.

Es schien so, als wären alle, einschließlich des Wetters, vom Erfolg überzeugt. Wir organisierten uns selbst Schwierigkeiten, um sie dann heroisch zu überwinden. Drei Tage vor dem Start Gagarins, am 9. April, wurde beschlossen, zum ersten Mal die interkontinentale Rakete R-9 mit der nicht geheimen Bezeichnung „Erzeugnis 8K75" zu starten. Dieses Ereignis schob sich in die Vorbereitung des Starts Gagarins ein und verdarb vielen von uns den folgenden Feiertag. Der Start der R-9 war für 5 Uhr am 9. April angesetzt.

Tatsächlich fand der Start um 12 Uhr 15 Minuten statt.

Die Rakete stand mit Sauerstoff vollgetankt sieben Stunden, weil Fehler in der Schaltautomatik der Bodensteuerung des Betankens gesucht wurden. Nach langen und quälenden Versuchen wurde die startbereite Rakete mit einer für das Auge ungewöhnlichen Schnelligkeit vom Start genommen.

Der erste Start der neuen interkontinentalen Rakete wurde mit einer feierlichen Aufstellung aller militärischen und zivilen Teilnehmer auf dem Startplatz begangen, obwohl über die vorherige Abschaltung der zweiten Stufe berichtet worden war. Vor den angetretenen Mannschaften trat Marschall Moskalenko auf und beglückwünschte alle zum großen Erfolg, nach ihm wandten sich Rudnew und Koroljow mit Dank an die Erprober. Koroljow war der einzige, der berichtete, daß noch längst nicht alles glatt verlaufen sei, daß die Rakete das Ziel nicht erreicht habe und vor uns noch viele Arbeiten stünden.

Nach dem festlichen Antreten auf dem Platz berichtete Koroljow, Moskalenko und Rudnew, daß er Mischin und mich unmittelbar beauftragt, die Ursachen aller Fehler, die bei der Vorbereitung der R-9 beim Start aufgetreten waren, zu ergründen. Dann nahm er uns beide auf die Seite, lachte lustig und erklärte, daß wir uns morgen mit ihm zu einem „Treffen mit Genossen" am Ufer der Syrdarja im „nullten" Quartal einfinden sollten. „Und bringt Leonid mit", fügte er hinzu.

Das Treffen am Ufer der Syrdarja war von Rudnew vorgeschlagen worden, er überredete Moskalenko, ein nicht formelles Treffen mit den zukünftigen Kosmonauten im engen Kreis durchzuführen und ein intimes Gespräch „ohne jedes Protokoll" mit ihnen zu führen. Es war sogar ein Bootsausflug geplant!

Für eine solche Zusammenkunft nutzte man eine offene Veranda, die am Flußufer unmittelbar auf dem Territorium des „Nullquartals der Marschalle" auf dem zehnten Platz. errichtete wurde. Die Veranda war für die höchste Militärführung errichtet worden. Sie sollte vor der glühenden Sonne während der Erholung und den Spaziergängen schützen. Um ein vertrauliches Gespräch auf der Veranda führen zu können, das im nachhinein die historische Bezeichnung „Gagarins Unterhaltung" erhielt, waren Stühle aufgestellt, ein bescheidener Imbiß serviert und verschiedene, nicht alkoholische Getränke aufgetischt. Es versammelte sich tatsächlich eine sorgfältig auserlesene Gesellschaft, etwa 25 Personen, darunter sechs zukünftige Kosmonauten.
Gagarin und Titow, beides Oberleutnante, saßen zusammen mit dem Marschall der Sowjetunion Moskalenko, dem Vorsitzenden der Staatlichen Kommission, Minister Rudnew, dem Chefkonstrukteur Koroljow und dem Cheftheoretiker der Kosmonautik Keldysch. Mir gefiel es, daß sie beide überhaupt nicht schüchtern waren. Offensichtlich hatten sie die vorangegangenen Prozeduren schon gestählt. Das „reine Gesetz" bewirkte keine Belebung am Tisch. Ungeachtet dessen verliefen alle Gespräche mit Toasten bei Mineral- und Fruchtwasser tatsächlich in einer warmen Atmosphäre im Vergleich mit den formalen Berichten beim Militär- und Industriekomitee und den Staatlichen Kommissionen.
Koroljow sprach sehr einfach ohne jegliches Pathos: „Hier nehmen sechs Kosmonauten teil, von denen jeder bereit ist zu fliegen. Es ist beschlossen, als erster fliegt Gagarin. Nach ihm alle anderen. Mögen Sie Erfolg haben, Jurij Alexejewitsch!"
Ich hörte und schätzte Gagarin zum ersten Mal ein, als er sprach und sich an die versammelte Elite der raketen-kosmischen Gemeinschaft wandte und über die ihm gestellte Aufgabe berichtete. Es gab keine überflüssigen schönen Worte. Er war einfach, klar und tatsächlich sympathisch. „Nein, wir haben uns nicht in der Auswahl geirrt", dachte ich und erinnerte mich an die Gespräche, an die lange Prozedur der Auswahl der Kandidaten für den ersten Flug.
Bis zu diesem Gespräch hatte es bei uns einen inoffiziellen Streit gegeben: Gagarin oder Titow? Ich erinnere mich, daß Rjasanskij mehr Gefallen an Titow hatte. Woskresenskij sagte, Gagarin verfüge über ein gewisses Draufgängertum, daß wir noch gar nicht entdeckt hatten. Rauschenbach, der die Kosmonauten examinierte, gefielen beide gleichermaßen. Feoktistow war sehr darum bemüht, aber konnte nicht verheimlichen, daß er gern ihren Platz einnehmen würde. Bis zum Treffen am Ufer schien es mir, daß beide Kandidaten ziemlich jung für den bevorstehenden Weltruhm seien.
„Ach, weißt Du", sagte Isaew, „ich erinnere mich an Bachtschi. Irgendwie sind wir vor ihm schuldig. An einem solchen Menschen würde ich nicht zweifeln. Beim Flug auf der 'Wostok" ist das Risiko größer, als es bei der BI war. Aber bei mir haben sich die Emotionen so angestaut, daß ich hier alles noch einmal ruhiger durchlebe, als damals im Ural."
Unter allen, die in diesen Tagen auf den Flugplatz geflogen kamen, waren nur zwei, Isaew und ich, die sich an Bachtschiwandshi erinnerten, dessen Tod am

27. März 1943 für uns ein schwerer Schlag gewesen war, aber damals war Krieg!
So ruhige Reden, ohne überflüssige Hinweise auf die große Verantwortung vor der Partei und dem Volk wurde, auch von Rudnew, Moskalenko, Kamanin und Karpow gehalten.
Außer Gagarin dankten Titow und Neljubow für das Vertrauen.
Die Worte Koroljows „die anderen folgen nach ihm“ bezogen sich auf die dort sitzenden Kandidaten. Sie erwiesen sich als prophetisch, aber nicht vollkommen. Von den dort damals am Ufer der Syrdarja anwesenden Kandidaten flogen alle, außer Neljubow.
Wir hatten uns in Gagarin nicht geirrt. Ärgerlich war nur, daß an diesem sonnigen Apriltag nach den strengen Regeln des Gesetzes nur eine geheime Filmkamera des Kameramanns von „Mosnautschfilm“ von Wolodi Suworow anwesend war.
Nach 34 Jahren nahm ich erneut bei „Gagarins Unterhaltung“ teil. Aber dieses Mal zusammen mit der Tochter und den Enkeln Koroljows. Die Foto- und Videotechnik war vollkommen ausreichend. Jene wieder auferstehen zu lassen, die hier am 10. April 1961 anwesend waren, erlaubte die Technik nicht. Traurig war der Anblick der vollkommen versandeten Syrdarja. „Sogar mit dem Paddelboot kann man nicht fahren“, dachte ich. Im Jahre 1995 konnte ich die einfache Frage nicht beantworten: „Wer außer mir und den vier Kosmonauten (Titow, Popowitsch, Nikolaew und Bykowskij) ist von den 25, die damals an dieser Unterhaltung vor dem historischen Ereignis teilgenommen haben, noch am Leben?“
Am Abend des 10. April 1961 fand in einer feierlichen Atmosphäre in großer Enge, bei blendender Zusatzbeleuchtung für die Foto-Kino-Aufnahmen die Sitzung der Staatlichen Kommission statt. Zu dieser Sitzung versammelten sich viele Menschen. Alle sprachen kurz, exakt und feierlich nur für die Kino- und die Tonaufnahmen. Der gesamte Beschluß war schon hinter verschlossenen Türen gefaßt worden. Aber auch dieser einzige für die Chronik gedachte Film über die Sitzung der Staatlichen Kommission wurde für die Öffentlichkeit erst 10 Jahre später zur Demonstration auf öffentlichen Vorführungen zugelassen.
Am 11. April wurde die Trägerrakete und das Raumschiff nach den vorliegenden Instruktionen auf der Startposition erprobt und überprüft. Jeder der Verantwortlichen für ein System, ehe er im entsprechenden Journal für die durchgeführte Operation unterschrieb, redete vor sich hin: „Tfu, tfu, tfu – keine bösen Hexen, – keine Beanstandungen“.
Und tatsächlich am Morgen des 11. April war alles fertig und ohne Beanstandungen unterschrieben. Innerhalb der vierstündigen Bereitschaft begann das Betanken. Innerhalb der zweistündigen Bereitschaft fuhren die Kosmonauten im Autobus zum Startplatz. Es waren wesentlich mehr Freunde in Begleitung Gagarins, als im Protokoll vorgesehen. Zum Glück sind zwar nur einige, aber zuverlässige Bilder als Filmchronik erhalten geblieben. Dies ist zum großen Teil das Verdienst des Kameramannes des Studios „Mosnautschfilm“ und insbesondere des unermüdlichen Wolodja Suworow, den ich schon erwähnt

hatte. Jetzt werden zu Jahrestagen auf feierlichen Versammlungen die Namen der Begleitung genannt und es wird gezeigt, wie Gagarin den Lift besteigt. Zum Lift wird er von Woskresenskij und Iwanowskij begleitet. Iwanowskij und Gagarin fahren mit dem Lift nach oben und dieser hilft ihm, sich im Landeapparat einzurichten.
Ich ging hinab in den Bunker und betrachtete die konzentrierten, ernsten, militärischen Schaltwärter der Trägerrakete. Piljugin hatte in einer Ecke des Schaltraumes mit seinen Konsultanten Platz genommen. Im Gästezimmer hatten Moskalenko und Rudnew Platz gefunden und überzeugten sich, daß es bei dem am Pult des „Objektes" arbeitenden Jurij Karpow auch keine „Beanstandungen" gab.
Jurij Bykow begann die „Sarja" vom Bunker aus zu überprüfen. Nach 10 Minuten war die Verbindung mit „Kedr", das war der Deckname von Gagarin, hergestellt. Bis zum Eintreffen Koroljows im Bunker wurde die Verbindung Gagarins aus dem Gästezimmer von Kamanin und Popowitsch gehalten.
Nachdem ich mich aus dem Bunker begeben hatte, berichtete ich dem auf dem Platz anwesenden Koroljow, daß in meinem Abschnitt keine Beanstandungen seien und erhielt das „in Ordnung", um mich auf den ersten Meßpunkt zu entfernen. Nachdem ich den Meßpunkt erreicht hatte, erfuhr ich davon, daß es bei dem Einstieg Gagarins in das Raumschiff einen Zwischenfall gegeben hatte. Auf dem Pult im Bunker wurde der Verschluß der Einstiegsluke nicht durch Leuchtschrift auf der Anzeige bestätigt. Iwanowskij und der Monteur Morosow wiederholten schnell zur Überprüfung der Endkontakte das Öffnen und Schließen der Luke. Im Laufe der Zeit ging diese Episode in Ermangelung anderer Beanstandungen, die den Heroismus der Startmannschaft erfordert hätten, allmählich angereichert mit anderen dramatischen Details in die mündlichen und schriftlichen Erinnerungen über den Start des ersten Menschen in den Weltraum ein.

## *„Wir sind abgefahren!..."*

Zum ersten Meßpunkt wurden die Gespräche zwischen „Sarja" und „Kedr" übertragen. Die letzten Berichte aus dem Bunker: „Zündung, „Vorbereitende", „Haupt", „Abheben!", dies band uns alle an die startende Rakete. Die flotten Worte von Gagarin: „Wir sind abgefahren!." ging in dem anwachsenden Brüllen der Triebwerke unter.
Jetzt schnell zum „Zweiten". Dort sprechen sie schon mit Gagarin. Die Verständigung ist ausgezeichnet. Bykow strahlt. Seine „Sarja" spricht zum ersten Mal aus dem Kosmos mit der Stimme eines lebendigen Menschen.
„Die Sicht ist ausgezeichnet! Im Bullauge beobachte ich die Erde, Wolken..., ich sehe Flüsse..., es ist herrlich!"
Das aller Quälendste an diesem Tag war die erwartete Mitteilung über die geglückte Landung. Aber das ist jetzt alles schon vorbei. Wir nehmen Abschied

und verlieren keinen Blick, sondern beneiden den, der in das jubelnde Moskau abfliegt.
Am folgenden Tag nach dem Start Gagarins schalteten wir, die auf dem Schießplatz nach dem „bösen Willens Koroljows" zurückbleiben mußten, so drückte sich Kalaschnikow aus, manchmal die Rundfunkempfänger ein, um am Jubel des gesamten Landes teilzunehmen. Ich tröstete die Freunde damit, daß wir auch die ersten in der Welt sind, die die Möglichkeit hatten, die Filme der telemetrischen Aufzeichnungen über das Verhalten der Systeme der historischen Trägerrakete und des Raumschiffes zu studieren. Nachdem wir die Filme überprüft hatten, konnten wir uns davon überzeugen, daß alle drei Stufen der Trägerrakete ohne Beanstandungen gearbeitet hatten.
Eine Ausnahme bildete das Systems der funkgesteuerten Weite und des Geschwindigkeitsintegrators, die den Befehl des Abschaltens des Blockes „A" gegeben hatten.
Die Funker von Michail Borisenko erklärten, daß der Gleichsstrom-Wechselstrom-Umformer versagt hatte. Aber die von Piljugin geliebten elektrolytischen Geschwindigkeitsintegratoren im zentralen Block hatten ebenfalls versagt. Der Fehler von 0,25 m/s führte zu einer Vergrößerung der Höhe des Apogäums gegenüber dem berechneten von 40 km. Wenn das von Isaew stammende Bremstriebwerk nicht gearbeitet hätte, dann würde die „Wostok" in der Umlaufbahn nicht fünf bis sieben der berechneten sondern 15 bis 20 Tage existieren.
Nach dem Abschalten des Bremstriebwerkes begann das Raumschiff sich um seine Achsen zu drehen, nach Einschätzung von Gagarin mit einer Geschwindigkeit von ca. $30^0$/s. Das System zur Beruhigung der Drehmomente, die nach dem Abschalten des Bremstriebwerkes auftraten, gab es auf der „Wostok" noch nicht. Die Abtrennung des Landeapparates von der Gerätesektion erfolgte auf Befehl des Programmzeitschalters zehn Minuten nach dem Abschalten des Bremstriebwerkes. Es gab keinerlei Abweichungen vom Programm der Landung. Alles endete glücklich in einer so langen vielgliedrigen Wahrscheinlichkeitskette.
Die Einzelheiten über die Demonstrationen in Moskau, den Empfang im Kreml und die begeisterte Aufnahme durch die Welt erfuhren wir aus Reportagen von Lewitan und dem BBC! Der Zorn auf Koroljow verstärkte sich noch, nachdem wir aus einem Gespräch über HF-Funk vom Diensthabenden in Podlipki erfuhren, daß Mischin und ich von der Regierungsadministration aus dem Kreml eine Einladung zum Besuch des Abendempfangs zusammen mit den Ehegatten erhalten hatten.
In Moskau fand am Abend des 14. April ein großes Salut statt. Bei uns in Tjuratam stand im laufenden Programm der Start von 8K74 vom 31. Platz aus auf der Tagesordnung. Mit Mischin und Ostaschew fuhren wir zum 31. Startplatz und gingen davon aus, daß ein solcher Start auch ein nicht schlechtes Salut sein würde. Der Start wurde vollkommen von der militärischen Bedienmannschaft ausgeführt. Und unser Salut fand statt, denn am nächsten Tag überzeugten wir uns anhand der Filme von „Tral", daß etwa in der 52.

Flugsekunde der Druck im Gasgenerator und dann in den Brennkammern gefallen war. Die Rakete wurde eine Zeit lang noch von den Rudertriebwerken in der Flugbahn gehalten und wurde dann während des Drehens zerstört. Die Havarieabschaltung der Triebwerke hatte gearbeitet.
Die Triebwerke wurden ausgeklinkt und der Kopfteil abgetrennt. Es handelte sich um eine militärische Rakete, aber ohne Kernsprengkopf!
Zur Verärgerung führte eine Radiomitteilung. Am 15. April hatte im Haus der Wissenschaftler eine Pressekonferenz anläßlich des ersten Weltraumfluges eines Menschen stattgefunden. Nach dem Auftritt Gagarins auf der Pressekonferenz traten die Akademiemitglieder Parin, Federow, Sisakjan und Nesmejanow auf. Nicht ein einziges Wort, keine Hinweise auf die Akademiemitglieder, die die tatsächlichen Helden dieses Ereignisses waren. Ihre Anwesenheit im Saale war offensichtlich unerwünscht. Mag sein, daß dies in der „Hitze des Gefechts" irgend jemand nicht bedacht hatte? Nein. Es war dies eine voll durchdachte und folgerichtig durchgeführte schädliche Rückversicherung.
Eine bestimmte Beruhigung der Masse der namenlosen Helden brachte die Veröffentlichung einer offiziellen Mitteilung vom 16.April:
*Das ZK der KPdSU und der Ministerrat der UdSSR halten es für notwendig, Wissenschaftler, Arbeiter, Ingenieure und Techniker, die an der Entwicklung des Weltraumschiffs „Wostok" und am ersten Weltraumflug eines sowjetischen Menschen teilgenommen haben, mit Medaillen der UdSSR auszuzeichnen. Die entsprechenden Ministerien und Behörden sind beauftragt, die Auszeichnungen der entsprechenden Mitarbeiter der Entwicklung des Raumschiffes „Wostok" und der Durchführung des ersten bemannten Weltraumfluges durchzuführen."*
Der Präsident der Akademie der Wissenschaften Nesmejanow entschuldigte sich vor den Weltraumforschern in keiner Weise, aber Chruschtschow und Suslow waren mit irgend etwas nicht einverstanden. Am 18. Mai entsprach die Vollversammlung der Akademie dem Wunsch Nesmejanows, ihn vom Posten des Akademiepräsidenten zu befreien. Als neuer Akademiepräsident wurde Msitslaw Keldysch gewählt. Am 19. Mai eröffnete der Präsident die Vollversammlung der Akademie und widmete sie vollkommen dem ersten bemannten Weltraumflug. Alles, was er in seiner Einführungsrede sagte, war nicht schablonenhaft und für die Nichteingeweihten völlig neu. Bei der Aufzählung aller Errungenschaften wurden jedoch nur zwei Namen genannt: Gagarin und Ziolkowski. Das Hauptreferat auf der Versammlung hielt das Akademiemitglied Blagonrawow. Er beschäftigte sich ausführlich mit den technischen Problemen des Fluges, der Abtrennung der Landekapsel, die wir im OKB-1 vorbereiteten. Der Redner hatte sich mit Koroljow sorgfältig abgestimmt und entsprechende Informationen erhalten.
Die Geschichte war nun so verlaufen, daß beim Start des ersten Sputniks Blagonrawow sich auf einer wissenschaftlichen Dienstreise in den USA befand. Beim Flug Gagarins war er in Italien gewesen. Zum Abschluß seines Referates führte er aus: „Ich persönlich war Zeuge jener Begeisterung und Bewunderung, die durch die Nachricht vom historischen Fluge unseres ersten Kosmonauten unter den breiten Massen des italienischen Volkes hervorgerufen wurde."

Blagonrawow konnte man keineswegs beschuldigen, daß er bestrebt gewesen wäre, sich einen Teil fremden Ruhmes anzueignen. Er wehrte sich und wollte nicht mit einem solchen Referat auftreten, weil er davon ausging, daß dieses Koroljow und den restlichen Mitgliedern des Rates der Chefkonstrukteure gegenüber, die auch Akademiemitglieder waren, unfair sei. Aber das Präsidium der Akademie verpflichtete ihn im Auftrag des ZK der KPdSU.
Die Mehrheit der Teilnehmer der Versammlung verstanden ausgezeichnet, daß, wenn das verehrte Akademiemitglied am Tag des Fluges von Gagarin sich in Italien aufgehalten hatte, er dann keinerlei Verantwortung für diesen konkreten Erfolg unserer Wissenschaft und Technik tragen konnte.
Nach einem Jahr wurde durch einen Erlaß des Präsidiums des Obersten Sowjets der UdSSR vom 9. April 1962 zum Gedenken an den Flug Gagarins, der Tag der Kosmonautik am 12. April eingerichtet. Im Saal des Kremlpalastes fand eine feierliche Versammlung statt, die dem ersten Jahrestag des Fluges gewidmet war. Gagarin trat mit einer Rede auf. Im Präsidium war nicht einer der Cefkonstrukteure! Nicht einer, der tatsächlich Teilnehmer der Entwicklung der Raketen und des Raumschiffes war!
Fast ein ganzes Jahr nach dem Flug bereiste Gagarin die ganze Welt. Die Belastung des Ruhms – physisch und moralisch-sittlich – war an der Grenze der menschlichen Belastbarkeit. Aber Jurij hat das alles mit Ehre überstanden. Während der Besuche Gagarins in Dutzenden von Ländern und Hunderten von Städten der Welt gab es nicht einen einzigen Fall irgendwelcher Vorwürfe an die Adresse des ersten Menschen der Welt, der die Erde aus dem Kosmos gesehen hatte.
In dem ersten Jahr nach dem Flug besuchte Gagarin die Tschechoslowakei, Finnland, England, Island, Brasilien, Kanada, Ungarn, Frankreich, Indien, Afghanistan, Kuba und Ceylon. Dabei sind die Treffen und Reisen im eigenen Land nicht mit berücksichtigt. Gagarin arbeitete für den Ruhm seines Landes auf der Erde buchstäblich auf „Verschleiß“.
Nachdem er schließlich zur Arbeit im Kosmonautenvorbereitungszentrum zurückgekehrt war, dies war schon nach dem Tagesweltraumflug Titows, nahm Gagarin eine aktive Tätigkeit bei der Flugvorbereitung seiner Kollegen auf. Er selbst begann mit dem Studium des Projektes „Sojus“ und bereitete sich auf den Flug in zukünftigen Raumschiffen vor. Im Jahre 1963 wurde Gagarin für seine Verdienste zum stellvertretenden Leiter des zentralen Ausbildungszentrums der Kosmonauten ernannt. Zu jedem bemannten Flug flog Gagarin auf den Schießplatz und begleitete seine Kollegen bis zum Abflug. Er hielt die Verbindung über „Sarja“ nach der Erreichung der Umlaufbahn der Raumschiffe. Der Codename „Kedr“ blieb auch nach ihm auf der Erde erhalten.
Die Direktive des ZK und des Ministerrats über die Auszeichnung der Teilnehmer der Vorbereitung und Realisierung des ersten Fluges eines Menschen in den Kosmos wurde innerhalb von zwei Monaten erfüllt. Unter Berücksichtigung der Vielstufigkeit der Prozedur der Auswahl in den Ministerien und Behörden von Hunderten würdiger Auszuzeichnender fühlte sich durch diese Frist niemand beleidigt. In der abschließenden Mitteilung über

die Erfüllung der Direktive vom 17. Juni 1961 wurden die Namen der Ausgezeichneten nicht genannt. Ich erhielt die Auszeichnung „Held der Sozialistischen Arbeit".

Jedoch weder Koroljow noch ein anderer Chefkonstrukteur konnte sich bis zum Ende seiner Tage hinsichtlich der Zahl der unterschiedlichen Auszeichnungen mit Gagarin messen. Er erhielt die höchsten staatlichen Auszeichnungen fast jedes Landes, das er besuchte. Nach unseren ungeschriebenen Gesetzen des „kalten Krieges" durfte nicht ein einziger Wissenschaftler der Weltraumtechnik, wie groß seine Verdienste auch sein mochten, im Ausland bekannt werden oder hatte das Recht auf Ruhm im eigenen Lande.

Das Akademiemitglied Petr Kapiza trat mit dem Vorschlag auf, dem Schöpfer des ersten künstlichen Sputnik, den Nobelpreis zu verleihen. Denn ein Wissenschaftler, der den Traum der Menschheit über den Flug in den Kosmos verwirklicht hat, ist des Nobelpreises würdig. Aber der Auftritt Kapizas blieb die Stimme eines Rufers in der Wüste.

Der Flug Gagarins rief in den USA keinen geringeren Schock hervor als die Mitteilung über den ersten Sputnik am 4. Oktober 1957.

Der Astronaut Schepard vollführte am 15. Mai 1961 in der Kapsle „Mercury" einen suborbitalen Flug auf einer ballistischen Flugbahn. Dies erfolgte nach acht Versuchsstarts mit der Rakete „Redston". Der erste Amerikaner, der einen tatsächlichen Kosmosflug absolvierte, war der Astronaut Glen. In einer weiter entwickelten „Mercury" Kapsel vollführte er einen drei Umkreisungen umfassenden Flug und startete mit der Trägerrakete „Atlas-D" am 20. Februar 1962.

Präsident Kennedy kritisierte seinen Amtsvorgänger Eisenhower wegen der Unterbewertung des kosmischen Programms und insbesondere der bemannten Flüge. Am 25. Mai 1961 trat er mit seiner berühmten Botschaft an den Kongreß auf und den faktischen Aufruf an das Volk über den Flug auf den Mond in den nächsten 10 Jahren. Dieses war ein langfristiges Programm, bei dessen Erfüllung die USA die Vorherrschaft im Weltraum zurückgewinnen sollte.

Der Flug Jurij Gagarins war der stärkste Stimulus für das amerikanische bemannte Programm, das mit der Expedition auf den Mond abgeschlossen werden sollte.

Ich beende dieses Buch im April 1996, 35 Jahre nach dem Flug Gagarins. Aus dieser Distanz ist es leichter, die große Bedeutung dieses Ereignisses in der Geschichte der Zivilisation zu bewerten.

Zu Beginn des „kalten Krieges", den die Historiker auf das Jahr 1946 beziffern, stürzten sich die UdSSR und die USA in eine aufreibende Raketenkernwaffenaufrüstung. Der Flug des ersten künstlichen Sputniks schwächte diesen Wettkampf nicht ab, sondern stimulierte die Entwicklung von strategischen Raketen. Zu Beginn der sechziger Jahre existierte zwischen der UdSSR und den westlichen Ländern noch keine Parität bei der Kernrüstung. Erst später wurde der Raketenkernwaffenschild die Grundlage der Sicherheit der Sowjetunion.

Der Flug Gagarins diente als Stimulus des Beginns des parallelen Wettbewerbs auf einem Gebiet, der objektiv zur Schwächung der Position der Apologeten des „kalten Krieges“ führte. Das historische Paradoxon der Kosmonautik besteht darin, daß die Errungenschaften der Raketentechnik die Konfrontation der zwei Supermächte stimulierte und die Erfolge des bemannten Programms, das auf diesen Erfolgen aufbaute, diente der Annäherung, Zusammenarbeit und zum Streben nach Ideen- und Erfahrungsaustausch.
Die Flüge unserer Kosmonauten und der amerikanischen Astronauten zogen große Mittel von der Aufrüstungstechnik ab und lösten dabei keine militärischen Aufgaben. Jeder neue Flug eines Menschen um unserer gemeinsamen Planeten war objektiv ein Aufruf zur Zusammenarbeit, zur Verhinderung der Konfrontation.
Wenn man den Heroismus Gagarins, aller nachfolgenden Kosmonauten, den der amerikanischen Atsronauten, die aufopferungsvolle Arbeit der Wissenschaftler und aller Entwickler der Weltraumtechnik entsprechend würdigt, braucht man die Rolle der zwei Führer der sich im „kalten Krieg“ gegenüberstehenden Supermächte, N. S. Chruschtschow und J. Kennedy, nicht vergessen. Beide bewiesen sie außerordentlichen Mut, Initiative, indem sie ihre Macht für die Realisierung des bemannten Flugprogramms einsetzten. Die Flüge der „Wostoks“, Woschods“, „Sojus“, „Salut“, „Mir“, „Mercuy“, „Gemini“, „Apollo“, Space Shuttle“ haben die Furcht der Menschen in der gesamten Welt vor der Gefahr, durch Kernwaffen vernichtet zu werden, beseitigt. Sie haben objektiv die wissenschaftlichen Ideen der Kosmonautik, einer neuen grandiosen Tätigkeitssphäre der Menschheit vereinigt. Aber bevor dies erreicht war, ging die Kosmonautik den Weg durch den „kalten Krieg. Und eben darüber werde ich im dritten Buch berichten.

## ***Abkürzungen***

| | |
|---|---|
| ADU | Ferngesteuerter Apparat |
| APO | Unfallabsprengung |
| FIAN | Physikalisches Institut der Akademie der Wissenschaften |
| FRT | Flüssigkeitsraketentriebwerk |
| FTU | Foto-Fernsehapparat |
| GDL | Gasdynamisches Laboratorium Leningrad |
| GIRD | Gruppe zum Studium der Rückstoßbewegung |
| GZP | Staatlicher Zentraler Flugplatz |
| GTT | Gasturbinentriebwerk |
| IP | Meßpunkt |
| KGB | Komitee für Staatssicherheit |
| KOSTR | Betriebliches Konstruktionsbüro |
| MEI | Moskauer Energetisches Institut |
| MNII | Moskauer Wissenschaftliches Forschungsinstitut |
| NII | Wissenschaftliches Forschungsinstitut |
| NIIPDS | Wissenschaftliches Forschungsinstitut für Fallschirm u. Luftlandeoperationen |
| NISO | Wissenschaftliches Institut für Flugzeuggeräte |
| NIP | Bodenmeßpunkt |
| NPO | Wissenschaftliche Produktionsvereinigung |
| NKWD | Volkskommissariat des Inneren |
| OKB | Versuchskonstruktionsbüro |
| Rabe | Raketenbau und Entwicklung |
| RNII | Reaktives Wissenschaftliches Forschungsinstitut |
| SEP | System der Elektroversorgung |

| | |
|---|---|
| SKB | Spezialisiertes Konstruktionsbüro |
| SUS | System des Abstiegs |
| SAS | System der Unfallrettung |
| TASS | Telegraphenagentur der Sowjetunion |
| TL | TL-Triebwerk- Trubinenluftstrahltriebwerk |
| ZIAM | Zentralinstitut für Flugzeugmaterialien |
| ZIK | Zentrales Ausführungskomitee |
| ZK | Zentralkomitee |
| ZKAB | Zentrales Konstruktionsbüro der Artilleriebewaffnung |
| ZKB | Zentrales Konstruktionsbüro |
| ZNIIMasch | Zentrales Wissenschaftliches Forschungsinstitut des Maschinenbau |

| | | „Sputnik“ (8K71) | „Wostok“ (8K72) | „Molnija“ (8K78) | „Sojus“ 11A514 |
|---|---|---|---|---|---|
| I | II | III | IV | V | VI |
| 1 | Jahr des Erststarts | 1957 | 1961 | 1965 | 1966 |
| 2 | Anzahl der Stufen | 2 | 3 | 4 | 3 |
| 3 | Anfangsmasse der 1. Stufe, t | 272,4 | 282,5 | 305,722 | 317 |
| 4 | Endmasse der 1. Stufe, t | | 93,0 | 115,8 | 115,8 |
| 5 | Anfangsmasse der 2. Stufe, t | | 72,76 | 95,8 | 95,8 |
| 6 | Endmasse der 2. Stufe | | 16,13 | 39,345 | 39,345 |
| 7 | Anfangsmasse der 3. Stufe, t | — | 8,52 | 30,41 | 30,41 |
| 8 | Endmasse der 3. Stufe, t | — | 3,52 | 8,34 | 8,34 |
| 9 | Anfangsmasse der 4. Stufe | — | — | 6,07 (5,554 nach dem Abwurf des Trägers | |
| 10 | Endmasse der 4. Stufe, t | — | — | 1,610 | |
| 11 | Schub d. Triebwerks 1. Stufe am Boden, t | 406,9 | 406,9 | 406,9 | 406,9 |
| 12 | Schub d. Triebwerks 1. Stufe im Vakuum, t | 501,5 | 505,1 | 505,1 | 505,1 |
| 13 | Schub d. Triebwerks 2. Stufe im Vakuum, t, t | 95,5 | 95,5 | 95,5 | 95,5 |
| 14 | Schub d. Triebwerks 3. Stufe im Vakuum, t | — | — | 30,5 | 30,5 |
| 15 | Schub d. Triebwerks 4. Stufe im Vakuum, t | — | — | 7,44 | |
| 16 | Spezifischer Schub 1. Stufe am Boden, s | | | 239,1 | 239,1 |
| 17 | Spezifischer Schub 1. Stufe im Vakuum, s | | | 303,7 | 303,7 |
| 18 | Spezifischer Schub 2. Stufe am Boden, s | | | $330^{\pm 3}$ | $330^{\pm 3}$ |
| 19 | Spezifischer Schub 3. Stufe am Boden, s | — | — | $330^{\pm 3}$ | $330^{\pm 3}$ |
| 20 | Spezifischer Schub 4. Stufe im Vakuum, s | — | — | 335 | |
| 21 | Masse d. Nutzlast in Erdumlaufbahn, t | -1,5 | 4,25 | 3,0 | 6,8 |
| 22 | Parameter der Umlaufbahn in | | | | |
| | a) Höhe des Perigäums, km | | 113 | 301 | 110 |
| | b) Höhe des Apogäums, km | | 237 | 34987 | 370-380 |
| | c) Bahnneigung, Grad | | 65,51 | 65,51 | 65,51 |

Tabelle: Hauptparameter der kosmischen Raketen, die auf der Basis der R-7 entwickelt wurden

**Anhang Nr. 2:**

Im OKB-1 des MOP unter Leitung von S.P. Koroljow entwickelte Trägerraketen zum Transport von Satelliten, automatisierten kosmischen Apparaturen und bemannten Raumschiffen

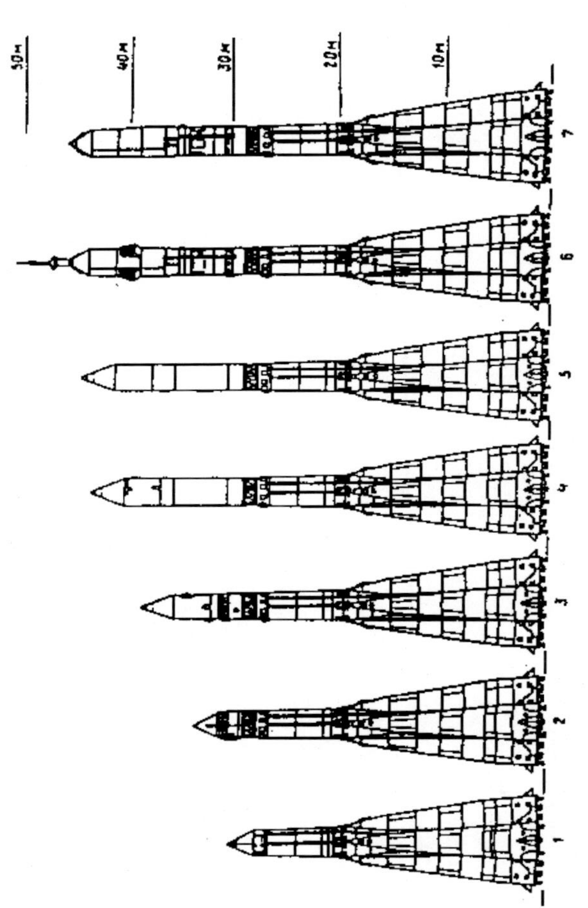

Abb. Trägerraketenfamilie „Wostok“:1 - „Sputnik“, 2 - „Luna“, 3 - „Wostok“, 4 - „Woschod“, 5 - „Luna-Venus“, 6 - „Sojus“,7 - „Progress“

Trägerraketen, die auf der Basis der interkontinentalen ballistischen Rakete R-7 entwickelt wurden

Der Cheftheoretiker und Chefkonstrukteur M. W. Keldysch und S. P. Koroljow

Vor dem Start der N-209, Flugplatz Schtschelkowski. Von links nach rechts: Tschishikow, Tschertok, Bolchowitinow, Frolow, Archidjakonski, Alschwang. 12. August 1937

Das Flugzeug N-209 beim Start, 12. August 1937

Das Raketenflugzeug BI, Winter 1943

Veteranen des Flugzeuges BI. Von links nach rechts: S. G. Tschishikow, B. A. Schtokolow, L. S. Duschkin, K. D. Buschuew, G. G. Golowenzowa, B. E. Tschertok, A. A. Tolstow; stehend: S. M. Gwosdew, I. I. Rajkow

Tjuratam, Bau des ersten Startkomplexes1956

Der dritte künstliche Sputnik der Erde

Der dritte künstliche Sputnik der Erde

S. P. Koroljow überreicht B. E. Tschertok eine Erinnerungsmedaille zu Ehren des Starts des ersten Sputniks der Erde

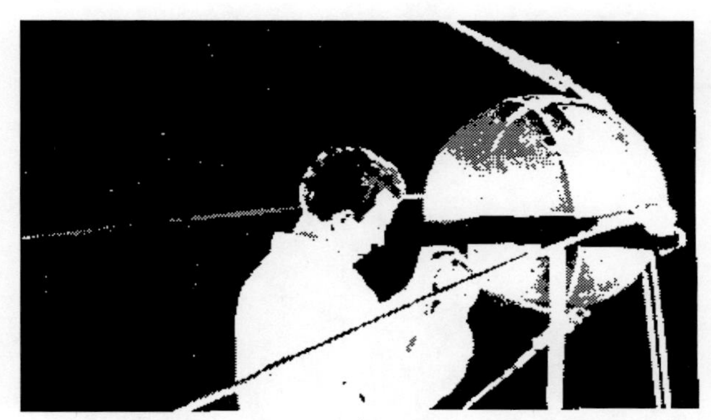

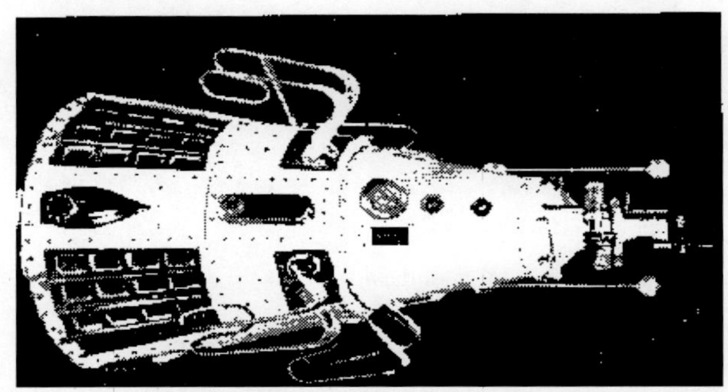

N.. S. Chruschtschow überreicht dem Präsidenten Eisenhower die Kopie eines Wimpels der auf den Mond entsandt wurde. September 1959

Auf dem Berg Koschka: In der ersten Reihe von links nach rechts: N. S. Liderenko, M. W. Keldysch, S. P. Koroljow, W. S. Rjassanskij. Oktober 1958

Die Mondsonde „Luna 3,
die Mondrückseite
fotografierte

Die automatische interplanetare“
Station „Mars-1

Auf dem Schießlatz in Tjuratam.
Von links nach rechts: N. A. Piljugin. A.M. Wotjenko, N.P. Kaminin, S.P. Koroljow, E.W. Schabarow, 1961

Juri Gagarin betritt den Lift für den Ausstieg in das Raumschiff „Wostok", 12. April 1961

S.P. Koroljow und J.A. Gagarin

M.K. TICHONRAWOW

W:P: GLUSCHKO

W:P: MISCHIN

M:K: JANGEL

N.A. PILJUGIN

V:I: KUSNEZOW

W.P. Barmin

P.W. ZYBIN

B.N. PETROW

B.V. RAUSCHENBACH

A.G. IOSEFAN

A.S. MNAZAKANJAN

E.J. BOGUSLAWSKIJ

J.S. BYKOW

E.I. OSTASCHEW

A.I. OSTASCHEW

S.P. Koroljow und A.M. Isaew

Die Stellvertreter S.P. Koroljows: S.O. Ochapkin (links) und K.D. Buschuew

Ein Schwarzmeerfischzug in der Nähe des Zentrums der kosmischen Fernverbindung bei Jewpatoria. Von links nach rechts: W.P. Mischin, P.A. Agadshanow, B.E. Tschertok

B.E. Tschertok und L.S. Termen bei Spiel, 1990

Enthüllung einer Erinnerungstafel an: W. P. Gluschko am Gebäude von NPO „Ernergija“. Von links nach rechts: M. S. Homjakow, W. M. Filin, A. I. Ostaschew, N. I. Setenschtschikow, B. E. Tschertok, O. D. Baklanow, W. M. Karaschtin, B. W. Iwanow

## Inhaltsverzeichnis — Seite